OREGON / W

VERLAG MARTIN VELBINGER
Bahnhofstr. 106 82166 Gräfelfing/München

Dieses vorliegende Buch erscheint als BAND 54 einer Reihe unkonventioneller Reiseführer im VERLAG MARTIN VELBINGER:

SÜDOST - EUROPA
- Bd. 04 Griechenland/Gesamt
- Bd. 30 Griechenland/Kykladen
- Bd. 32 Griechenland/Dodekanes
- Bd. 33 Nordöstl. Ägäis
- Bd. 21 Kreta
- Bd. 35 Ungarn
- Bd. 41 Österreich/Ost
- Bd. 42 Österreich/West
- Bd. 16 Jugoslawien/Gesamt
- Bd. 34 Jugoslawien/Inseln-Küste
- Bd. 52 Türkei/Küste

SÜD - EUROPA
- Bd. 11 Toscana/Elba
- Bd. 15 Golf von Neapel/Campanien
- Bd. 12 Süditalien
- Bd. 14 Sardinien
- Bd. 23 Sizilien/Eol.Inseln
- Bd. 06 Südfrankreich
- Bd. 46 Côte d'Azur/Provence
- Bd. 13 Korsika

SÜDWEST - EUROPA
- Bd. 05 Portugal/Azoren/Madeira
- Bd. 48 Andalusien

WEST - EUROPA
- Bd. 25 Bretagne/Normandie/Kanalinseln
- Bd. 26 Franz. Atlantikküste/Loire
- Bd. 24 Irland
- Bd. 17 Schottland
- Bd. 27 Südengland
- Bd. 57 Wales

NORD - EUROPA
- Bd. 18 Schweden
- Bd. 19 Norwegen/Süd-Mitte
- Bd. 28 Skandinavien/Nord
- Bd. 29 Finnland
- Bd. 50 Dänemark

STÄDTEFÜHRER
- Bd. 07 Paris
- Bd. 10 Wien

AMERIKA
- Bd. 53 USA/Westküste Kalifornien
- Bd. 54 USA/ Der Nordwesten Oregon, Washington
- Bd. 58 USA/ Der Südwesten
- Bd. 08 Bahamas/Florida
- Bd. 02 Südliche Karibik
- Bd. 03 Mexiko
- Bd. 36 Chile/Antarktis
- Bd. 37 Venezuela/Guyanas
- Bd. 38 Kolumbien/Ecuador
- Bd. 39 Brasilien
- Bd. 56 Argentinien/Uruguay/Paraguay

NAHER OSTEN/AFRIKA
- Bd. 44 Togo
- Bd. 43 Kenia
- Bd. 51 Marokko

Weitere Titel in Vorbereitung. Bitte Anfrage an den Verlag.

Karten: Pedro Zegarra V. (PZ), Martin Velbinger (MVE)
Cover: Nils Peterson

Herzlichen Dank an

* **Anna Cramer-Mehnert** für wertvolle Ratschläge und engagierte Mithilfe.
* **Washington State- sowie Oregon Tourism Division**, deren Mitarbeiter uns bestens unterstützten.

Lektorat und zusätzliche Texte: Martin Velbinger

ISBN: 3-88316-060-1

ALLE ANGEGEBENEN PREISE sind Ca.-Preise, auch wenn sie nicht als solche bezeichnet sind. Für die Richtigkeit und Vollständigkeit aller Angaben, insbesondere der Abfahrtszeiten und Preise kann keine Gewähr übernommen werden.

© Copyright 1994 by Verlag Martin Velbinger, Gräfelfing/München. Alle Rechte vorbehalten, auch die der auszugsweisen Veröffentlichung, Übersetzung, Entnahme von Abbildungen etc. Die Wiedergabe von Gebrauchsnamen, Warenbezeichnungen, Handelsnamen u.ä. ohne besondere Kennzeichnung in diesem Buch berechtigen nicht zu der Annahme, daß diese im Sinne der Warenzeichen- und Markenschutzgesetzgebung als frei zu betrachten wären und daher von jedermann benutzt werden dürfen.

DRUCK und BINDUNG: Ebner Ulm
SATZ: Verlag Martin Velbinger, Gräfelfing/München
PRINTED IN GERMANY   **1. AUFLAGE 1994**

Volker Mehnert

OREGON / WASHINGTON

Erhältlich im Buchhandel oder gegen Voreinsendung von DM 46,- auf das Postgirokonto München, Konto-Nr. 2o 65 6o-8o8, BLZ 7oo 1oo 8o oder gegen Verrechnungsscheck im Brief.

VERLAG MARTIN VELBINGER, Bahnhofstr. 1o6, 82166 Gräfelfing/München

Anreise

generelle Übersicht 11
    Anreise Flug..11
    Auswahlkriterien 11
    Seattle oder Portland 12
    ANREISE VIA NEW YORK........................12
    ANREISE VIA SAN FRANCISCO................13
    ANREISE VIA VANCOUVER/KANADA.........13
    Anreise Zug..13
    Anreise Bus..19
    Mietwagen...19
    Wichtigste Straßen- Verbindungen
    Ostküste -> Nordwesten.............................20
    Autokauf..21
    Trampen, Mitfahrerzentralen........................21

Transport in Oregon/Washington

generelle Übersicht 23
    Mietwagen 23
    Preise 23
    Auswahl...23
    Motorrad..25
    Wohnmobil 25
    Autofahren in Oregon/Washington................26
    Tanken...27
    Highways...27
    Parken 29
    Sonderregelungen 29
    Überlandbusse..30
    Ameri-Pass...31
    Stadtbusse..31
    Zug..32
    Nord/ Süd-Strecke 32
    West/ Ost-Strecke 32
    Museums- Züge 33
    Stadtbahnen...35
    Flug...36
    Fähren..37
    Taxi..38
    Fahrrad..38
    Trampen 39

Allgemeine Tips

Einreise.....41/ Zollbestimmungen.....41/ Tourist Info.....41/ Post .....42/ Telefon.....43/ Geld.....45/ Klima.....48/ Reisezeiten.....48/ Gesundheit.....49/ Sicherheit.....50/ Maße und Gewichte....51/ Elektrizität.....51/ Zeitzonen.....51/ Uhrzeit....52/ Datum.....52/ Öffnungszeiten.....52/ Feiertage ....52/ Feste & Festivals.....53/ Kinder.....54/ Senioren.....54/ Behinderte.....54/ Fotografieren und Filmen.....55/ Shopping.....55/ Souvenirs.....56/ Radio.....57/ Fernsehen.....57/ Zeitungen.....59/ Highlights.....60/ Ausrüstung, Gepäck.....62/ Literatur.....160

Unterkunft

Hotels 65
Motels 66
Hotel-Motelgutscheine 68
Inn 69
Resort 69
Lodge 70
Bed & Breakfast 70
YMCA/YWCA 72
Jugendherbergen 72
Camping 74
Wohnmobile 75

Essen und Trinken

Fast Food 75
Restaurants 76
Einwanderer-Küchen 77
Die Mahlzeiten 79
Getränke 80
Selbstversorger,
Supermärkte 82

Sport

Schwimmen/Baden 85
Segeln 85
Kanu/Kajak 86
Angeln 86
Windsurfen 87
Tennis 87
Golf 87
Reiten 87
Jogging 87
Radfahren 87
Wandern 88
Klettern/Bergsteigen 90
Ski alpin 91
Ski Langlauf 91
Zuschauer-Sport 92

Geschichte 95

Natur und Umwelt

Vulkane 149
Erdbeben 150
Bären 150
Wölfe 151
Lachse 152
Wale 153
Nationalparks 156
Umweltschutz 158

SEATTLE

Stadtgeschichte 166
Klima 168
TOURIST INFO/POST 168
Verbindungen ab Seattle 169
Transport in Seattle 172
Seattle Center 173
Waterfront 174
International District 182
Capitol Hill/ Broadmoor 182
University 184
Lake Washington Ship Canal . 185
Boeing Field 186
Unterkunft 187
Restaurants 189
Einkaufszentren 193
Unterhaltung 194
Feste & Festivals 195
Zeitungen 195
Sport 195

PUGET SOUND

Klima 199
Olympia 200
Tacoma 204
Vashon Island 208
Blake Island 208
Bainbridge Island 208
Kitsap Peninsula 210
Everett 211
Geschichte der Boeing
Company 212
Jet- Zeitalter 216
Grossraum- Flugzeuge 218
Konkurrenz für den Jumbo.... 220
Whidbey Island 221
San Juan Islands 226
Bellingham 229
Blaine 230
Grenzübergang Kanada 230

OLYMPIC PENIN-SULA

Klima 233
Olympic Nat. Park 234
Port Townsend 236
Port Angeles 240
Hurricane Ridge 243
Forks 245
Hoh Rainforest 246
Lake Quinault 248

SÜDWEST-WASHINGTON

Klima 251
Long Beach Peninsula 252
Chinook 256

CASCADE MOUNTAINS/WASHINGTON

Klima 262
Strassennetz 262
Mount Baker 264
North Cascades Highway 265
Concrete 268
Rockport 268
Marblemount 268
Gorge Creek Falls 269
Rainy Pass 271
Washington Pass 271
Winthrop 271
Chelan 273
Lake Chelan 275
Wenatchee 276
Ellensburg 277
Mount Rainier Nat. Park 278
Mount St. Helens 286
Columbia River Gorge 291

OST- WASHINGTON

Klima 295
Yakima 295
Grand Coulee 301
Spokane 307
Hells Canyon/Oregon 313
Richland 314

PAZIFIKKÜSTE/ OREGON

Klima 318

Brookings 318
Gold Beach...................... 319
Port Orfort 320
Bandon 321
Coos Bay/ North Bend 325
Oregon Dunes 326
Reedsport 328
Florence 328
Newport 329
Depoe Bay 332
Lincoln City 332
Tillamook 333
Rockaway Beach 334
Cannon Beach 334
Seaside 335
Astoria 336

PORTLAND

Geschichte 343
Verbindungen ab Portland 348
Transport in Portland 350
Orientierung 352
Downtown 352
Old Town 356
East Side 358
Washington Park 359
Maclay Park 362
Forest Park 362
Mt. Tabor Park 363
Hawthorne, Sellwood 363
Council Crest Park 364
Tryon State Park, Lake
Oswego 364
Ausflüge ab Portland 365
Museen Portland 366
Hotels 366
Jugendherbergen 367
Camping 367
Restaurants 367
Selbstversorger 370
Shopping 371
Unterhaltung 372
Sport 373

WILLAMETTE VALLEY

Klima 375

Oregon City 375
Oregons Weinstraße 376
Salem 378
Silverton 380
Albany 380
Lebanon 380
Corvallis 380
Eugene 381
Oakland 384
Roseburg 384

SÜD - OREGON

Grants Pass 384
Rogue River 385
Galice 386
Illinois Valley 386
Applegate Valley 387
Jacksonville 387
Medford 388
Ashland 388

CASCADE MOUNTAINS/ OREGON

Klima 393
Klamath Falls 394
Crater Lake Nat. Park 396
Lava Lands 401
Mount Bachelor 402
Bend 405
Mount Hood 409
Hood River 413
Columbia River Gorge 413

OST - OREGON

Klima 418
The Dalles 418
Pendleton 419
La Grande 419
Prineville 420
John Day Fossil Beds
National Monument 420
Clarno 420
Painted Hills 420
Sheep Rock 421
John Day 421
Baker City 424

Hells Canyon 427
Wallowa Mountains 429
Joseph 429
Wallowa Lake 429
Wallowa 430

SÜDOST- OREGON
Geschichte 430
Lakeview 431
Paisley 433
Christmas Valley 434
Fossil Lake 434
Fort Rock State Park 434

Burns 435
Malheur Lake 436
French Glen 437
Steens Mountains 437
Fields 437
Ontario 438
Owyhee River 438
Jordan Valley 438
Burns Junction 438

INDEX 440

Handwerkszeug

 Fremdenverkehrsamt der USA, Frankfurt/M. Bethmannstr. 56
Tel.: (o69) - 295.211. Fax: (o69) - 294.173.

Versenden umfangreiches Prospektmaterial, aber auch Karten. Von daher nützlich, - unbedingt das Zielgebiet angeben. Wer jedoch Spezialfragen hat, wendet sich besser an das jeweilige Regionalbüro, Adressen siehe Hauptteil dieses Bandes beim jeweiligen Ort. Weitere Details siehe auch Seite 41.

KARTEN
GESAMT USA (inkl. Kanada und Mexiko) im "Rand McNally Road Atlas" bzw. im "Gousha Road Atlas". Je 14o - 16o Seiten dick, im Format von fast DIN A 3. Für großflächiges Reisen in den USA sind sie gute Wahl.

ÜBERSICHTSKARTEN für OREGON und WASHINGTON von Rand McNally und Gousha. Sie sind handlich im Format, sehr übersichtlich gestaltet und daher bequem lesbar. Die Hwys und Freeways mit Nummern, Waldgebiete grün, ebenfalls verzeichnet sind die Nationalparks und Forest Parks. Mit Index sowie auf der Rückseite Stadtpläne in Grobübersicht.

Die Oregon- und Washington- Karte nennt sich bei Rand McNally "Statemap" und bei Gousha "Roadmap". Die Karten von Gousha sind Tip, da detaillierter (z.B. in Angabe von Campingplätzen, Nebenstraßen und besseren Übersichts-Stadtplänen), zudem auch billiger. Preis in den USA 2 - 3 US, auch in Deutschland, Schweiz und Österreich erhältlich (dort Aufpreis, da die Buchhandlung aus den USA bestellen muß).

Gratis sind die beiden Karten der staatl. Tourismus- Büros "Washington State Highway Map" und "Official Highway Map of Oregon". Sie sind auf rund 25 % größerem Papier gedruckt, enthalten aber nicht die Fülle an Campingplätzen wie Gousha, teilweise auch weniger Nebenstraßen. Dafür aber die Strecken der Amtrak und viele Museen im Plan eingetragen.

REGIONALKARTEN und STADTPLÄNE: Auch wenn die o.g. Karten fürs grobflächige Reisen ausreichen, sollte man sich unbedingt vor Ort Detailkarten kaufen. Dies gilt besonders, wer mit dem Mietwagen fährt.

Grund: insbesondere in den größeren Städten wie Seattle und Portland gibt es eine Vielzahl an parallel laufender oder sich kreuzender Schnellstraßen, Ausfahrten etc. Eine gute Detailkarte kann hier viel Zeit sparen.
Erhältlich sind diese Karten von Gousha und Rand McNally vor Ort in Buchhandlungen, Souvenirshops und Supermärkten, teils auch Touristbüros. Pro Karte ca. 2 -3 US,- eine Geldausgabe, die sich allein in Zeit- und Spritersparnis lohnt.

WANDERKARTEN: bei den örtlichen Touristbüros oder den Visitor Centers in den Nationalparks. Meist gratis und sehr gute Infoqualität (allerdings auf schlechtem Kunstdruckpapier, das schnell zerreißt). Für längere Touren gibt es vielfach für 1 - 2 US detaillierte Wanderkarten mit Höhenlinen etc.

ANREISE: durch die Wahl des preisgünstigsten aber auch bequemsten Fluges lässt sich viel Geld sparen. Details siehe .... ab Seite 11

Unter Umständen für Eisenbahn- Fans keine schlechte Idee, einen der Transkontinental- Züge ab z.B. Chicago zu wählen. Dauert ca. 2 Tage und bringt viel Komfort und Relaxing an Bord des Luxusliners. Entsprechend schön ist die Einstimmung für Region/Washington. Details ....Seite 13

TRANSPORTMITTEL: Bus, Zug, Flug, Mietwagen. Beim harten Konkurrenzkampf zwischen den einzelnen Mietwagenanbietern ist dieses Transportmittel keine schlechte Wahl, wer knapp mit Urlaubszeit ist und unabhängig von Abfahrtzeiten reisen und viel sehen möchte. Dies bei günstigen Preisen. Alle Details ....ab Seite 23.

Anreise 11

*Retourflüge ab Europa nach **SEATTLE** oder **PORTLAND** sind derzeit je nach Saison ab ca. 1.ooo - 1.8oo DM möglich.*

Am besten die Tageszeitungen im Reiseteil nach Anbietern von günstigen Flügen studieren. Der Preiskampf auf den Flugrouten über den Atlantik und innerhalb der USA ist knallhart, entsprechend unterbieten sich die Angebote.

AUSWAHLKRITERIEN

* NON-STOP-FLÜGE: sind natürlich das Nonplusultra an Zeitersparnis und Bequemlichkeit. Aber sorry: derzeit keine ab Deutschland/Schweiz/Österreich nach Portland oder Seattle. Man muß in jedem Fall umsteigen: entweder in Europa oder in den USA.

* UMSTEIGEN in den USA: US- Airlines wie "American" fliegen nonstop ab z.b. München oder Frankfurt zu ihrem Drehkreuz in den USA, z.B. Chicago. Dort in der Regel nur kurze Wartezeiten für den Anschlußflug nach Seattle oder Portland. Zudem oft sehr preisgünstige Tickets für die Gesamtstrecke, wenn man in einem Billigflug-Reisebüro in Europa kauft.
Derartige Flugtickets z.B. der "American" sind derzeit TIP für möglichst kurze Flugzeiten und günstigen Preis.

* LUFTHANSA: glänzt durch hervorragende Wartung seiner Flugzeuge und bietet den Direktflug Frankfurt -> San Francisco an (12 Std.). Dort muß man umsteigen auf US- Airline nach Portland oder Seattle. Zwar kooperiert die Lufthansa nunmehr mit der US- Airline "United" und kann sogenannte "Durchgangstickets" anbieten, die ab Deutschland bis Portland oder Seattle gleiche Flugnummer besitzen.
Ob sich "Lufthansa & United"- Connection jedoch preislich lohnen, wäre zu prüfen.

* BILLIGFLUGBÜROS: arbeiten oft mit Billig-Airlines (Naher Osten, Asien) zusammen, die die Passagiere über den Atlantik fliegen. In den USA dann Anschluß mit US- Airlines. Zwar kauft man das Flugticket komplett Europa -> Seattle/Portland, riskiert aber u.U. sehr lange Anschlußwartereien in den USA.
Vor dem Kauf derartiger "preisgünstiger" Tickets genau den Flugplan studieren, u.U. ist man bis zu 24 Std. unterwegs.

* GABELFLÜGE: bei vielen Airlines möglich. Z.B. hinwärts Frankfurt -> Chicago. Dort fährt man auf eigene Faust z.B. mit dem Transkontinental-Zug Amtrak nach Portland oder Seattle (Details siehe Kapitel "Anreise Zug ab Chicago"). Retour dann per Flug Seattle/Portland -> Frankfurt.

* TICKETGÜLTIGKEIT, REISESAISON: während die eine Airline bereits den günstigeren Saisontarif anbietet, - gilt bei der anderen Airline noch der teurere Tarif. Auch hier lohnt der Preisvergleich. Ebenfalls gibt es bei den Airlines unterschiedliche Ticketgültigkeit, - sowie unterschiedliche Möglichkeit der nachträglichen Umbuchung des Flugtermins. Bei manchen Airlines ist die nachträgliche Umbuchung nicht möglich oder nur gegen entsprechenden Aufpreis. Auch hier lohnt der Vergleich.

> * FLUGTERMINE: Engpässe bestehen um die Weihnachtstage, Ostern und im Sommer. Hier nicht nur höhere Tarife, sondern auch ohne langfristige Vorreservierung oft keine Chance, einen Platz im Flugzeug zu bekommen.
> Bezüglich Preis und freier Sitzplätze sind die günstigsten Monate: Mitte Okt. - bis Mitte Dez. und Febr. - Mai (ausgen. Ostern).

WIE KOMMT MAN AN GÜNSTIGE TICKETS?
Die Szene der "Billigtickets" ist zwischenzeitlich perfekt organisiert. Die sogenannten "Studenten- und Billigflugbüros" gibts in allen größeren Städten. Sie annoncieren ihre Angebote in den dortigen Stadtzeitungen, - aber auch im Reiseteil überregionaler Zeitungen wie Süddeutsche, Zeit etc.

Die Billigflugbüros stehen in ungeheurem Konkurrenzkampf untereinander und unterbieten sich nicht selten hart an ihrer unteren Verdienstgrenze.

Darüber hinaus werden die Billigtarife auch per Computerverbund in fast allen anderen Reisebüros angeboten. Man kommt also selbst in kleinen Vorstadt- Reisebüros oft an erstaunlich günstige Tarife, die sich kaum von denen der "Billigflugbüros" unterscheiden. Dies hat den Vorteil, daß man nicht umständlich in die Innenstadt zum sogenannten "Billigflugbüro" fahren muß, sondern sich "ums Eck" das Ticket abholt.

In jedem Fall gilt aber: Preise und Bedingungen der Angebote vergleichen.

✶ Seattle oder Portland
Kaum Preisunterschied. Welchen Zielairport man wählt, ist daher abhängig von der Reiseplanung vor Ort.

Touren durch den gesamten Nordwesten der USA können gleich gut in Portland wie auch in Seattle begonnen und beendet werden, da beide Airports häufige Flugverbindungen mit dem "Rest der USA" besitzen.

> Gabelflüge sind u.a. bei der "American Airline" möglich (z.B. Hinflug Frankfurt -> Seattle, Rückflug Portland -> Frankfurt). Da derartige Gabelflüge kaum oder keinen Aufpreis auf diesen Strecken kosten, sind sie u.U. sinnvoll für denjenigen, der vor Ort mit öffentlichem Transport (Bus, Zug, Flug) reist. Spart doppelt gefahrene Strecken und damit Zeit.
> Wer dagegen vor Ort einen Mietwagen nimmt: dieser muß in der Regel am Ort der Anmietung (z.B. Airport Seattle) wieder abgegeben werden. Andernfalls teure Überführungskosten.

✶ Anreise via New York
Zwar gibts extrem günstige Flugpreise ab Europa über den Atlantik bis New York (in Billigflugbüros je nach Saison retour ab ca. 7oo DM). Zusammen mit einem vor Ort in New York gekauften Flugticket nach Portland oder Seattle reist man meist aber teurer, als wenn man gleich ab Europa die Gesamtstrecke bis Portland/Seattle kauft.

Zudem läßt sich je nach gekauftem Flugticket Europa-> Seattle/Portland noch ein Zwischenstop mit Aufenthalt in New York, Chicago, Denver etc. vereinbaren.

Anreise via San Francisco

Bei genügend Urlaubszeit keine schlechte Idee. Es gibt ganzjährig jede Menge an Billigflügen von Europa nach S.F. und zudem tägliche Verbindungen. Die Retourpreise ab Europa <-> S.F. je nach Saison ab ca. 1.ooo bis 1.600 DM.

SAN FRANCISCO ist als West Coast- Einstieg ausgesprochen lohnend. Die Stadt erstreckt sich über mehrere Hügel am Golden Gate, hat viele interessante Museen und ausgesprochen gute Restaurant- und Kneipenszene. Vom Stadtbild eine der schönsten Städte an der US- Westküste! Alle weiteren Details im VELBINGER Band 53 Kalifornien.

Von San Francisco entweder rauf nach Oregon mit dem Mietwagen, was wegen der Entfernungen Zeit braucht, aber unbedingt lohnt im Norden Kaliforniens. Oder auf den Railpass der Amtrak (Details siehe "Zug") bzw. einen Airpass zurückgreifen, der preisgünstig S.F. mit Oregon und Washington verbindet.

Gabelflüge bei der American möglich (z.B. hinwärts Europa -> S.F. und retour Portland bzw. Seattle -> Europa). Ebenso möglich: Europa -> S.F. -> Portland -> Seattle -> Europa.

Anreise via Vancouver/Kanada

Generell möglich als Anreise auf einem Direktflug der Lufthansa bzw. Canadian Airlines von Frankfurt nach Vancouver (ca. 12 Std.).

Vorteil ist die Zeitersparnis auf dem Nonstop Flug bis Vancouver, welches nahe Seattle/US- Bundesstaat Washington liegt. Ob sich die Verbindung auch preislich lohnt, wäre abzuprüfen.

ZUG
Zwar nicht die billigste und schnellste Anreise, so doch die schönste. Im Vordergrund steht das Erlebnis der gewaltigen Entfernungen.

Die großen TRANSKONTINENTAL-STRECKEN quer über den Kontinent beginnen in **CHICAGO**. Zu erreichen im Direktflug mit der "American Airlines" ab Frankfurt oder München (ca. 1o Std. Direktflug).

Anschließend 1 1/2 bis 2 1/2 Tage im Zug quer über die Weiten des Westens: herrlich relaxing in komfortablen Zügen der "Amtrak".

Man hat Zeit, vom Streß in Europa auszuspannen und positiv den Freiraum von "Langeweile" zu genießen.

Echt langweilig dürfte es an Bord der superluxuriösen Amtrak- Züge nie werden. Silberne, zweistöckige Luxusliner mit excellentem Restaurant und Video an Bord. Wegen des Langstreckentrips kommt es zwangsläufig zu Kontakten mit Mitreisenden, - an der Bar, - im Panoramawagen oder wo sonst. In jedem Fall aber Schlafwagen buchen und genügend Lesestoff mitnehmen.

14 Anreise

CHICAGO: ab O'HARE AIRPORT (übrigens einer der meistfrequentierten Airports der Welt) fahren Busse ins Stadtzentrum und halten dort vor den größeren Hotels (ca. 15 US/Person). Erheblich billiger: eine Schnellbahn verbindet die einzelnen Airport-Terminals (gratis). Ab Terminal 3 Abfahrt der Metro ins Stadtzentrum (ca. 4o Min.) für lediglich 1,5 US. Vorteil zudem: die Metro unterliegt keinerlei Gefahr von Staus. Ab z.B. Station "Washington" kann man sich dann preiswert für die Kurzstrecke bis zum Hotel ein Taxi nehmen.

CHICAGO DOWNTOWN (nennt sich "Loop"): Ansammlung der größten Hochhäuser der Welt. Gigantische Szenerie, lohnend die Fahrt mit dem Fahrstuhl auf den Hancock Tower (343 m) mit spektakulärem Blick tagsüber sowie nachts auf die Skyline am Michigan Lake. - Noch höher (und derzeit höchstes Hochhaus der Welt) ist der Sears Tower mit 443 m, er steht rund 2oo m vom Bahnhof entfernt.

Der Bahnhof UNION STATION (Channel St./Adams St.) liegt unter einem 3o stöckigen Hochhaus, ein Gang verbindet mit der traditionsreichen Bahnhofshalle, die renoviert wurde. Für First Class Passagiere gibt es eine eigene Amtrak- Lounge mit gratis softdrinks und Kaffee.

Nach Stadtbesichtigung CHICAGO (lohnende Museen sowie Musikszene insbes. Blues und Jazz) dann der Transkontinental- Trip mit Amtrak. Folgende Möglichkeiten, die Buchung eines Schlafwagens wegen Langstreckentrip zu empfehlen:

* **Empire Builder** (9): tägl. von Chicago via Spokane nach Portland bzw. Seattle. Die Fahrt dauert 1 1/2 Tage und ist die schnellste Verbindung von Chicago in den Nordwesten.

  Landschaftliches Erlebnis zunächst die endlosen Weiten im äußersten Norden der USA mit Weizenanbau. Nach derzeitigem Fahrplan wird dieser Streckenabschnitt zum Teil nachts gefahren: um 8 Uhr am nächsten Morgen ist man bereits nahe der kanad. Grenze in Ruby. Die Strecke folgt nun den ganzen Tag in rund 8o km Entfernung zur Grenze westwärts. Landschaftlich wenig Abwechslung, aber relaxing im komfortablem Zug. Zeit für Kontakte mit Mitreisenden, Unterhaltungen und das Erlebnis der gigantischen Dimensionen im Norden der USA.

  Gegen Abend werden die Rocky Mountains erreicht (Glacier Park), Überquerung nach derzeitigem Fahrplan leider nachts. Mitten in der Nacht erreicht der Zug dann Spokane im Bundesstaat Washington und wird aufgeteilt:

  * einige Waggons kommen an die Lok Richtung Portland. Den Wecker stellen, ab ca. 6 Uhr früh schöne Fahrt durch die Schlucht der Columbia Gorge (Details siehe Seite 413). Ankunft in Portland gegen 1o Uhr.
  * Andere Waggons kommen an die Lok nach Seattle: landschaftlich sehr lohnende Strecke über die Cascade Mountains (Überquerung nach derzeitigem Fahrplan aber leider in der Nacht), Ankunft Seattle gegen 1/2 11 Uhr vormittags.

  Nach Möglichkeit mit dem "Empire Builder" von Chicago Ri. West nach Portland fahren. In Gegenrichtung werden nach derzeitigem Fahrplan die schönsten Streckenabschnitte nachts gefahren. Zumindest ist hier der Zug ab Portland die bessere Wahl, der den Abschnitt durch die Columbia Gorge tagsüber realisiert.

* **Pioneer** (8): tägl. von Chicago via Denver nach Portland bzw. Seattle. Die Fahrt dauert 2 1/2 Tage. Längere Fahrzeit als (9), aber unterwegs mehr lohnende Zwischen-

stops. - Landschaftliches Erlebnis ist zunächst die Weite des Midwest mit Weidegebieten für Rinder und endlosen Getreide- und Maisfeldern bis zum Horizont. Nach derzeitigem Fahrplan am Nachmittag "anzuschnuppern", - der Großteil der Strecke (auch die Überquerung des Mississippi) wird aber nachts realisiert. Ankunft früh am nächsten Morgen in Denver am Rand der Ostseite der Rocky Mountains. Denver lohnt für mehrtägigen Zwischenstop wegen Ausflügen in die Rockies.

In Denver werden die Waggons des "Pioneer" abgekoppelt und der Lok Richtung

Transkontinentale Züge, sowie Züge an der West Coast

1 CALIFORNIA ZEPHYR (Chigago -> Reno -> Sacramento -> San Francisco)
2 DESERT WIND (Chicago -> Denver -> Las Vegas -> Los Angeles)
3 SOUTHWEST CHIEF (Chicago -> Kansas City -> Las Vegas -> Los Angeles)
4 SUNSET LIMITED (New York -> New Orelans -> Tucson -> Los Angeles)
5 SAN DIEGANS (San Diego -> Los Angeles -> Santa Barbara)
6 SAN JOAQUINS (Bakersfield-> Fresno-> San Francisco)
7 COAST STARLIGHT (Los Angeles-> Oakland-> Portland-> Seattle)
8 PIONEER (Chicago-> Omaha-> Denver-> Portland-> Seattle)
9 EMPIRE BUILDER (Chicago-> Seattle)
1o SILVER METEOR (New York-> Washington-> Jacksonville-> Miami)

Nordwest angehängt. Im weiteren Streckenverlauf tagsüber die Überquerung der Rockies auf der "sanfteren Strecke" rauf in die Prairie- Hochebene, die sich endlos Richtung West erstrecken. Ogden wird am Abend erreicht, nachts gehts durch weitere endlose Prairiegebiete rauf nach Baker City: Ausgangspunkt für die Wallowa Mountains (Details Seite 429), den Hells Canyon (Details Seite 427) und die ehemaligen Goldgräbersiedlungen des 19. Jhds. z.B. im Sumpter Valley (Seite 423).

Im weiteren Tagesverlauf führt das Gleis durch die Columbia Gorge und erreicht Portland gegen Mittag. Von hier noch 4 Std. nach Seattle, ein Gleis mit teils schönem Blick auf Vulkangipfel.

In Gegenrichtung wird nach derzeitigem Fahrplan der lohnende Abschnitt Seattle -> Portland -> Columbia Gorge tagsüber realisiert und Baker City am frühen Abend erreicht. Anschließend nachts die Durchquerung der Prairiegebiete, Ogden am nächsten Morgen und Denver gegen Abend.

* **California Zephyr** (1): tägl. von Chicago via Denver und Reno nach Oakland/San Francisco. Die Fahrt dauert 2 Tage und ist eine der schönsten der Transkontinental- Strecken. Vorteil: man kann noch San Francisco auf der Reise einbauen. Von hier dann mit dem "**Coast Starlight**" (7) rauf nach Oregon/Washington, Details siehe unten.

  Ab Chicago zunächst wie (8) nach Denver am Fuß der Rocky Mountains. Im weiteren Tagesverlauf auf teils spektakulärer Strecke von der Ebene um Denver rauf in die Rocky Mountains, die in engen Tälern und über Pässe überquert werden. Ankunft nachts in Salt Lake City und Überquerung der endlosen Prairie- Hochebenen die Nacht über.

  Reno/Nevada Nähe der Grenze zu Kalifornien wird am nächsten Morgen erreicht. Hier beginnt ein weiteres Bonbon: spektakuläre Gleisführung über die Sierra Nevada runter nach Sacramento und Oakland/San Francisco, welches am späten Nachmittag erreicht wird.

* **Coast Starlight** (7): tägl. von Los Angeles via Küste nach Oakland/San Francisco und weiter als Nachtverbindung rauf nach Klamath Falls/Oregon (Seite 394), welches am nächsten Morgen erreicht wird. Lohnender Abstecher zum Crater Lake (Details S. 396), im Ort Klamath Falls Mietwagenverleih.

  Der "Coast Starlight" fährt ab Klamath Falls im weiteren Tagesverlauf über Bergketten runter ins Willamette Valley nach Portland (Ankunft gegen 3 Uhr nachmittags) und Seattle (Ankunft 8 Uhr abends).

Die Kombination "California Zephyr" + "Coast Starlight" ist die schönste Anreise per Zug ab Chicago nach Oregon und Washington. Vom Zeitbedarf 3 Tage und dem Pluspunkt, daß man noch San Francisco mit einbauen kann.

Auch vom Preis günstig, wer sich den *"West Region Rail Pass"* der Amtrak kauft, der innerhalb seiner Gültigkeit auch zur Benutzung der Gleise z.B. (8) und (9) retour nach Chicago berechtigt.

PREISE UND BUCHUNG: wegen ihrer Beliebtheit sind die Transkontinental- Strecken (insbes. 1, 2, 3 und 4) oft langfristig ausgebucht. Gilt insbesondere für die Ferienmonate Juni bis August. Zu dieser Zeit sollte man möglichst frühzeitig buchen.

AMTRAK- Generalagenten:

DEUTSCHLAND

DER- Deutsches Reisebüro, Emil von Behring Straße 6, Frankfurt/M., Tel: (o69) - 9588-1758.

Jetair Deutschland, Liesegangstr. 18/I, Düsseldorf, Tel: (o211) - 361-3o51.
Kaiserstr. 72/IV, Frankfurt/M., Tel.: (o69) - 252-o21.
Karlsplatz 3/IV, München, Tel.: (o89) - 553-311. Persönlich haben wir dort gute Erfahrung bei Buchungen gemacht!

ÖSTERREICH

Austria Reiseservice, Hessgasse 7, Wien, Tel.: (o222) - 31o-7441.

SCHWEIZ

Kuoni Travel Ltd., Neue Hard, Neugasse 231, Zürich, Tel.: (o1) - 277-4583

SSR Reisen, Bäckerstraße 52, Zürich, Tel.: (o1) - 297-1111

Travac, Seilergraben 61, Zürich, Tel.: (o1) - 252-2288

Bei den Generalagenten ist Buchung und Reservierung möglich, - aber auch bei jedem größeren Reisebüro, das Zugtickets verkauft. Da jedes Ticket in den USA angefragt werden muß, ist der schnellere und effizientere Weg die Buchung und Reservierung über den Generalagenten.

Weitere Abwicklung: nach Reservierung muß zunächst der Betrag in einem Reisebüro eingezahlt werden (stellt Quittung aus), worauf der Generalagent das Ticket zuschickt. Dies gilt auch für den Amtrak - Railpass siehe unten.

Ab dem Zeitpunkt, wo die Reservierung besteht, benötigt die weitere Abwicklung inkl. des Postversands der Tickets rund 1 Woche. Schneller gehts natürlich, wenn man die Tickets direkt beim Generalagenten bezahlt und abholt.

PREISE: bezüglich SITZPLATZ gibt es nur eine Klasse. Preisbeispiel ab Chicago nach San Francisco bzw. Los Angeles derzeit 211 US.

RAIL PASS: erhältlich für Nicht Amerikaner bei den o.g. Generalagenturen (siehe Kasten), bzw. bei allen großen Reisebüros außerhalb der USA. Es gibt verschiedene Rail Pässe, die auf Langstrecken u.U. viel Geld sparen können.

Speziell für die Transkontinental-Strecken ab Chicago sowie in Kalifornien, Oregon und Washington interessant der:

---

* WEST REGION RAIL PASS: bei einer Gültigkeit von 15 bzw. 3o Tagen berechtigt er während dieser Zeit zu beliebigem Fahren mit allen Amtrak- Zügen auf den Strecken ab Chicago/New Orleans westlich.

15 Tage: 188 US (Off-Peak)   228 US (Peak)
3o Tage: 259 US (Off-Peak)   289 US (Peak)

* NATIONAL RAIL PASS: gilt für sämtliche Amtrak Strecken der USA

15 Tage: 2o8 US (Off-Peak)   3o8 US (Peak)
3o Tage: 3o9 US (Off Peak)   389 US (Peak)

Off-Peak ist die Zeit 3o.8 - 27.5., - Peak: 28.5. - 29.8.

Der **RAIL PASS** (egal ob 15 oder 3o Tage Gültigkeit) ist für Trips nach Oregon/Washington in jedem Fall die preisgünstigere Wahl. Einzige Ausnahme: wer lediglich one-way Chicago -> Westküste per Zug fährt und retour das Flugzeug nimmt.

Bei der Zugkombination: Chicago -> San Francisco -> Portland -> Seattle -> Chicago spart der *"WEST REGION RAIL PASS"* zugleich viel Geld. - Dies auch in Bezug, daß Retourflüge nach Chicago billiger sind als ein Gabelflug z.B. Europa -> Chicago plus: Portland -> Europa. Persönlichen Fall durchrechnen.

"NATIONAL RAIL PASS": für Leute mit entsprechend Zeit. Er gilt für den gesamten Bereich Festland- USA, somit auch ab New York, welches sehr billige Transatlantikflüge ab Europa besitzt. Fahrzeit Zug ab New York bis Chicago 1 Nacht plus 1/2 Tag.

Sitzplatz oder Schlafwagen?

Die "Hardliner" durchqueren den Kontinent im Amtrak Sitz. Er ist erstaunlich gut gepolstert, relativ breit, zurückklappbar und besitzt genügend Beinfreiheit. Kein Aufpreis, sondern im Amtrak Rail Pass inkl. Eine Nacht im Liegesitz läßt sich durchaus überstehen, - vor allem, wenn man anschließend einen Zwischenstop (z.B. in Denver) einbaut. Unterm Strich eine sehr bequeme Möglichkeit, den Kontinent preiswert zu durchqueren.

Für Nonstop- Trips mit 2 Übernachtungen sollte man aber Schlafwagen buchen, der Aufpreis kostet. In der preiswerteren 2. Klasse sind dies Mini- Abteile von gerade 2 gegenüberliegenden Sitzen, die nachts ausgezogen werden zum Bett. Immerhin: man liegt flach. Pro Abteil (2 Personen) ca. 4oo US für Chicago -> Oakland bzw. ca. 3oo US für Chicago -> Los Angeles.

In den wenigen 1. Klasse Abteilen Komfort mit Doppelstockbett und Dusche/Toilette. Die Abteile sind größer und sehr schnell ausgebucht. Pro Abteil ca. 8oo US auf der Strecke Chicago- > Oakland (6oo US für Chicago -> Los Angeles) inkl. aller Mahlzeiten. Unter Berücksichtigung, daß es sich hier um 2 Übernachtungen und mehrere Frühstücke, Mittag- und Abendessen handelt, nicht mehr ganz so teuer.

RESERVIERUNG: sowohl für Sitzplätze wie auch Schlafwagen nötig. Während man für Sitzplätze in der Regel auch noch kurzfristig in den USA reservieren kann, sollte man den Schlafwagen (vor allem für Ferientermine) möglichst früh buchen. Wir haben allerdings die Erfahrung gemacht, daß man selbst im Sommer noch kurzfristig Chance hat, - nämlich wenn jemand anders abgesprungen ist.

RAUCHVERBOT: die Amerikaner sind zwischenzeitlich sehr gesundheitsbewußt geworden. Rauchen ist nur in bestimmten Stellen im Zug gestattet sowie im Schlafwagenabteil.

STROM: zum Nachladen von Batterien (z.B. von Videokameras) gibts in den Schlafwagenabteilen Stromanschluß. Man braucht allerdings einen Zwischenstecker (erhältlich in US- Elektrogeschäften).

NEW YORK -> CHICAGO: schnellste Verbindung ist der tägliche "Lake Shore Limited". Er fährt auf der Strecke via Buffalo (Abstecher zu den Niagara Falls möglich) und Cleveland, Fahrzeit 1 Nacht plus 1/2 Tag.

Daß man die Rail Pässe auch innerhalb der Strecken des Nordwestens benutzen und dort Transportkosten sparen kann, liegt auf der Hand. Weitere Details siehe auch Seite 32.

Bus

Als Anreise (z.B. ab New York oder Chicago) in den Nordwesten wegen der gewaltigen Entfernungen super-stressig. Fahrzeit 3 - 4 Tage.

Im Gegensatz zum Zug, wo man sich die Beine vertreten kann und es einen Restaurant- Waggon gibt, - ist man im Bus mehr oder weniger an seinen Sitzplatz gefesselt. Auch ist die Beinfreiheit geringer und das Schlafen nachts unbequemer.

Greyhound "Ameri-Pass": kostet ca. 25o DM bei einer Gültigkeit 7 Tage, bzw. 375 DM für 15 Tage und 5oo DM für 3o Tage.
Generalvertretung Deutschland: DER, Frankfurt/M., Emil von Behring Str. 6

Preislich bringt die Kombination "billiger Transatlantikflug bis New York retour" plus "Greyhound Nonstop quer durch den Kontinent" keinen Vorteil gegenüber einem günstigen Retourflug ab Europa nach Seattle oder Portland. Dafür aber den Zeitverlust von rund 1 Woche in An- und Rückreise per Bus.

Anders, wer ab New York bei genügend Urlaubszeit noch große andere Bereiche der USA per Greyhound erschließen will. Tip ist hier der Greyhound- Pass für 3o Tage. Viel Zeit für den Nordwesten dürfte einem dann aber nicht mehr bleiben.

Mietwagen

Ab Ostküste die variabelste Möglichkeit, den Kontinent in den Nordwesten zu durchqueren. Man kann dort stoppen, wo es Spaß macht und ist unabhängig vom Streckennetz und den Fahrplänen der Greyhound Busse bzw. der Amtrak Züge.

Ohne Frage die teuerste Anreise in den Nordwesten. Bei den gewaltigen Entfernungen braucht man mindestens 1 Monat Urlaubszeit und hat nur wenig "Restzeit" für den Nordwesten. Insofern keine eigentliche "Anreisevariante", sondern eher lohnend als Teil eines längeren USA- Aufenthaltes mit Teilstrecken im Nordwesten.

★**Mietwagen**: die meisten Vermieter bieten auf Wochenbasis vergünstigte Tarife an. Man zahlt pro Woche, egal wieviel Meilen abgespult werden. Daß der Vermieter hier ein neuwertiges Auto überreicht und es nach 3 oder 4 Wochen mit 2o.ooo Meilen zurück-

bekommt, ist in den USA keine Seltenheit.
Für derartige Transkontinental- Trips per Mietwagen ist u.U. auch der <u>Ausgangspunkt</u> der Anmiete interessant. So hat beispielsweise Miami/Florida besonders günstige Preise und ist zudem günstig per Transatlantikflug zu erreichen.
Europäische Reiseveranstalter bieten günstige Kombis an: preiswerter Transatlantikflug plus Mietwagen vor Ort. Mietdauer genau planen, die Verlängerung vor Ort kann teuer werden! Zudem prüfen: in der Regel muß das Fahrzeug an dem Ort zurückgegeben werden, wo es angemietet wurde.

* **Wohnmobil**: beliebte Variante für die Durchquerung der USA. Die Spritpreise halten sich in den USA noch in Grenzen, und das Wohnmobil spart teure Hotelübernachtung. Verschiedene europäische Veranstalter bieten günstigen Flug plus Wohnmobil an, Preisvergleich lohnt. Teils große Unterschiede, was Preis aber auch Fahrzeug betrifft.

* **"Driveaway"**: Überführung von Privatautos von z.B. der Ostküste zur Pazifikküste im Auftrag der Fahrzeugbesitzer. Die Fahrzeit wird hierbei individuell vereinbart, die Benzinkosten trägt der Fahrer. Auf den ersten Blick eine äußerst preisgünstige Möglichkeit, quer über den Kontinent nach Seattle oder Portland zu kommen.

Man sollte jedoch vorab sehr genau den <u>Zustand</u> des zu überführenden Fahrzeuges studieren, sowie die <u>Vertragsbedingungen</u>: hier wird man teils für eventuelle Reperaturen am Fahrzeug unterwegs haftbar gemacht.

Selbst wenn derartige Bedingungen nicht im Vertrag stehen: Was passiert, wenn unterwegs kostspielige Pannen wie z.B. am Getriebe entstehen, die man zahlt, um weiterzukommen, - und am Zielort (aus welchen Gründen auch immer) der Fahrzeugbesitzer entweder nicht erreichbar ist und/oder nicht zahlen will...

Hinzu kommen kann Ärger, daß z.B. Drogen im zu "überführenden" Fahrzeug eingebaut sind, oder aber es sich um ein gestohlenes Fahrzeug handelt...

Kann sein, - muß aber nicht. <u>Unterm Strich eine Variante</u>, die gegenüber z.B. Greyhound "30 Tage Ameripass" abzügl. Spritkosten ca. 250 DM spart, mehr Flexibilität aber auch Ärger bringen kann. <u>Vermittler dieser Anreisevariante</u> stehen in den gelben Seiten der Telefonbücher unter "Driveaway".

Wichtigste Straßen-Verbindungen
Ostküste -> Nordwesten (reine Fahrzeit ca. 5 - 6 Tage)

* <u>INTERSTATE 90</u>: die direkteste und schnellste Route. Sie beginnt in Boston und führt nach Buffalo (Abstecher über den Hwy 190 nach Niagara Falls), - weiter entlang des Erie Sees nach Cleveland und Chicago. Von dort durch den Midwest via Sioux Falls zu den nördlichen Rocky Mountains nach Spokane im Bundesstaat Washington und über die Cascade Mountains nach Seattle.

* <u>INTERSTATE 94</u>: Nimmt ab Chicago den nördlicheren Verlauf via Milwaukee und Minneapolis. Vereinigt sich in Montana, kurz vor der Überquerung der Rockies wieder mit I-90.

* <u>INTERSTATE 80</u>: Variante zu I-90, vor allem auf dem Weg nach Oregon: von New York via Chicago und Omaha nach Salt Lake City. Von dort auf I-84 über Boise/Idaho durchs östliche Oregon nach

Portland. Ab Salt Lake City läßt sich auf dieser Route auch ein lohnender Umweg durch Nevada und Nordkalifornien fahren: I-8o weiter über Reno nach San Francisco und von dort entlang der Küste nach Oregon.

* TRANS CANADA HIGHWAY: landschaftlich reizvolle Alternative. Ab Montreal/Ottawa via Winnipeg und Calgary nach Vancouver. Von dort nur wenige Kilometer bis zur US-Grenze und Einstieg in die Tour durch Washington und Oregon.

Weitere Querverbindungen nach Kalifornien siehe Velbinger Reihe Band 53 "Kalifornien".

✦ Autokauf

Zwar kommt man im "Land des Automobils" relativ preisgünstig an Neu- und Gebrauchtfahrzeuge. Lohnt sich wegen des damit verbundenen Zeitaufwandes jedoch nur bei mehrmonatigem USA-Aufenthalt.

Der Kauf selbst ist das geringste Problem: das Angebot in größeren Städten ist immens. Am besten kauft man in Städten der Ostküste (wegen billigerem Transatlantikflug). Der weitere Gang benötigt jedoch Zeit. Neben organisatorischen und behördlichen Problemen kommt hinzu, daß mögliche Reparaturkosten die Preiskalkulation schnell verderben können. Auch der Verkauf geht in der Regel nicht reibungslos über die Bühne, zumindest benötigt er weitere Zeit.

Vermittlung von PKW-Ankauf in den USA mit dortiger Rückkaufgarantie über die Firma Mutorius, Kirchgasse 22, CH 8302 Kloten, Schweiz. Hier auch Informationen über Anmeldung, Versicherung etc.

Wer sich von seinem Ami-Schlitten nicht mehr trennen kann: Verschiffung ab Westküste nach Europa ca. 1.000 DM. Allerdings kommen in Europa dann noch einige 1oo DM-Scheine hinzu: zunächst mal die Zollgebühren, weiterhin verlangt der deutsche TÜV eine ganze Reihe an kostspieligen Umbauten, bevor es die deutsche Zulassung gibt. Später geht's dann je nach Fahrzeugmodell u.U. weiter mit komplizierter und kostspieliger Ersatzteile-Beschaffung.

✦ Trampen, Mitfahrerzentralen

Quer durch den Kontinent von der Ostküste in den Nordwesten zu trampen, benötigt Zeit und geht in der Regel nicht unter 1 Woche pro Richtung (außer man bekommt 1 oder 2 "direkt-lifts"). Es bringt aber viel Einblick in Land und Leute. In Oregon ist Trampen allerdings generell verboten.

Transport in
OREGON/WASHINGTON

VORAB: Die Dimensionen der Bundesstaaten <u>OREGON</u> und <u>WAS-HINGTON</u> nicht unterschätzen. Sie besitzen eine Fläche wie die Deutschlands, - allerdings erheblich weniger Autobahnen und hohe Gebirgsketten, die auf den kurvenreichen Straßen Extrazeit benötigen.

Mietwagen

Die beste Wahl, um <u>vor Ort flexibel</u> zu reisen. Im Gegensatz zu öffentlichem Transport (Zug, Bus) hat man mit dem Mietwagen keinerlei Gepäcktransport- Probleme. Einfach hinten rein ins Auto und vors Motel/Hotel fahren. Zudem ist man unabhängig von Bus- und Zugabfahrtszeiten, - Verbindungen, die zudem nicht jeden Punkt in Oregon und Washington erreichen.

Die <u>PKW- Anmiete</u> läuft in den USA ähnlich unkompliziert wie der Kauf in einem Supermarkt. Jeder <u>Airport</u> aber auch jede einigermaßen große <u>Stadt</u> hat Verleihstationen.

Die <u>Preise</u> liegen für einen Kleinwagen ab ca. 35o DM/Woche, gehobene Mittelklasse ca. 45o DM/Woche inkl. Vollkasko und unbegrenzter Meilen.

Der <u>Preisvergleich</u> vor Ort lohnt, da die Vermieter untereinander unter erheblichem Konkurrenzdruck stehen und zum Teil sehr günstige Spezialangebote haben. Beste Stelle für Preisvergleich sind die Airports von Portland und Seattle, da die Vermieter nahe nebeneinander liegen und man kurze Wege hat. Insbesondere kann man auch die angebotenen Fahrzeugtypen per Foto sehen (vielfach in Deutschland nicht bekannte Typen).

* <u>AUSWAHL</u>: die Zeiten großer Straßenkreuzer sind in den USA passé. Nicht nur die Japaner, sondern auch US- Hersteller wie Ford und Chevrolet bauen heute Kleinwagen, die mit allem technischem Komfort wie selbstanlegende Gurte etc. ausgestattet sind und sich auf der Straße (und Parklücken) bequemer fahren. Sie rangieren in der "Compact Class", die zudem die preisgünstigste ist. Nachteil allenfalls der kleine Kofferraum.

* Preisgünstige <u>VERMIETER</u> sind <u>Alamo</u> und <u>Dollar</u>, auch <u>Budget</u> hat günstige Tarife. Andere Vermieter wie Avis und Hertz bieten für Firmen, Mitgliedern von speziellen Kreditkarten etc. Rabatte an. Als Mitglied des ADAC erhielten wir bei Budget 5 % Rabatt, kann zukünftig sein, muß aber nicht. Rumfragen und Verhandeln lohnt, insbesondere, wer für mehrere Wochen ein Auto anmietet.

Wegen der großen Entfernungen sollte man den Wagen in jedem Fall auf <u>Basis unbegrenzter Kilometer</u> anmieten. Bei der Miete von <u>1 Woche oder mehr</u> gibt es einen vergünstigten Tarif. Es wird wie folgt abgerechnet: wer z.B. 2 Wochen und 3 Tage mietet, zahlt zweimal den vereinbarten Wochenpreis plus 3 mal den Tagespreis.

Bereits bei Anmiete wird in den Mietvertrag der <u>Tag der Fahrzeugrückgabe</u> eingetragen.

Wer das Fahrzeug länger braucht, ruft rechtzeitig den Vermieter an und teilt ihm dies mit. Diesen Anruf sollte man nicht versäumen (Datum und Name des Gesprächspartners notieren), damit man nicht eventuell den Versicherungsschutz verliert und/oder gar wegen "verschwundenem Fahrzeug" polizeilich gesucht wird.

In der Regel muß der Mietwagen an der Station zurückgegeben werden, wo er angemietet wurde. Ansonsten Rückführungsgebühr im Bereich Oregon/Washington 7o - 2oo US. Die sogenannte "Einweg-Miete" (z.B. Auto in Seattle übernommen und in Portland zurückgegeben) ist nicht bei jedem Vermieter möglich. Sie muß zudem beim Anmieten des Fahrzeuges bereits im Mietvertrag schriftlich vereinbart werden.

VERSICHERUNG: LDW (loss damage waiver) ist nicht obligatorisch, aber unbedingt ratsam. Sie schließt die Selbstbeteiligung bei Diebstahl oder Unfällen aus. Genaue Versicherungsbedingungen im Kleintext des Vertrages studieren: teils wird auch anteilige Selbstbeteiligung gefordert. Bei Verlust oder Beschädigung des Fahrzeuges dies sofort der nächsten Polizeistation sowie dem Vermieter melden, damit man den Versicherungsschutz nicht verliert.

Der Versicherungsschutz erlischt in der Regel, wer akoholisiert oder unter Einfluß von Drogen das Auto fährt, - beim Vergessen des Zündschlüssels im Wagen sowie bei vorsätzlichem Fehlverhalten im Straßenverkehr.

Weitere Zusatzversicherungen kann man bei Anmiete abschließen, die Aufpreis kosten, aber nicht immer nötig sind.

BEZAHLUNG: bei Anmiete ist die Vorlage einer Creditcard wie Diners, American Express, Visa, Masters Card etc. üblich. Sie spart die sonst nötige Hinterlegung einer Kautionssumme. Manche Verleiher vermieten das Fahrzeug nur gegen Vorlage o.g. Creditcards.

MINDESTALTER des Automieters: je nach Vermieter unterschiedlich, in der Regel 21- 25 Jahre. Höchstalter des vermieteten Autos: 1 - 2 Jahre. Vermieter von älteren Autos haben beim harten Konkurrenzkampf kaum Chance.

In Portland gibt es übrigens einen regionalen Autovermieter, der sich _"Rent a Wreck"_ ("miete ein Autowrack") nennt. Wir haben ihn angerufen, und er beteuerte, daß er ausschließlich neuwertige Autos nicht älter als 2 Jahre vermietet. Offenbar ein Werbegag im Amiland?

PKW- ÜBERNAHME: das Fahrzeug kontrollieren bezüglich Schäden an Lack und Karosserie sowie des im Vertrag angegebenen Tankinhaltes. Er ist in der Regel voll, und muß so auch zurückgegeben werden. Andernfalls wird die Differenz berechnet.

Achtung: nicht nur die Japaner sondern auch moderne amerikanische Autos sind heute mit Elektronik vollgestopft. Wer mit der Bedienung nicht klarkommt, sollte sich diese bei der Anmiete kurz erklären lassen. Gilt auch für automatisches Getriebe (heute fast eine Selbstverständlichkeit in US- Neuwagen).

Automatischer Gurtanleger: vielfach auch in Kleinwagen und für uns Europäer gewöhnungsbedürftig. Die Gurte hängen diagonal seitlich am vorderen Teil der Fahrer- und Beifahrertüre. Erst wenn man die Zündung einschaltet, ziehen sie sich automatisch am Fenster entlang und legen sich über den Oberkörper. Soweit alles klar, - man darf aber unter keinen Umständen versäumen, zusätzlich noch per Hand den Beckengurt anzulegen. Andernfalls riskiert man bei Unfällen, daß man durchrutscht und am Hals stranguliert wird.

Mietwagen ohne Nummernschild: bei einer unserer USA- Reisen passiert. Das angemietete Auto, ein Ford, war fast neu und hatte lediglich rund 1.ooo Meilen auf dem Tacho. Was ihm jedoch fehlte, war ein Nummernschild vorn und hinten. Das Fahrzeug hatte aber im Rückfenster einen Computerausdruck mit Klebestreifen angebracht, wo Shippingnummer, der Autovermieter als Besitzer des Fahrzeuges etc. verzeichnet war. Es wurde uns mitgeteilt, dies sei absolut ok für den Straßenverkehr. Auch 2 Polizeikontrollen während 4 Wochen bestand der Mietwagen ohne Probleme. Wer ein derartiges Fahrzeug bekommt, sollte trotzdem nochmal auf Nr.- Sicher gehen und rückfragen.

Die RÜCKGABE des Fahrzeuges läuft bei den Großvermietern wie Alamo, Dollar, Budget, Hertz, Avis etc. in der Regel problemlos: man reiht sich an der Verleihstation Nähe Airport in die Schlange und übergibt die Wagenpapiere. Im Gegenzug der Computerausdruck der Rechnung...

Vorbuchen ab Europa: Rumtelefonieren lohnt, z.B. vermittelt CA-Ferntouristik München preisgünstig amerikanische Mietwagen der Firmen "Alamo" und "Dollar". Anmiete pro Tag oder Woche auf der Basis unbegrenzter Kilometer.

Fly & Drive: Angebote europäischer Reiseveranstalter für günstigen Flug nach USA plus Mietwagen vor Ort.

✦ Motorrad

Für Fans und Könner sicher eine reizvolle Sache, à la "Easyrider" über die Highways zu "reiten". Attraktiv sind die Küstenroute, aber auch die Gebirgsstrecken über die Cascade Mountains.

Auch wenn Rasen verführerisch ist: Geschwindigkeitsbegrenzungen unbedingt einhalten. Die Polizei ist besonders gern mit Strafzetteln bei der Hand, auch auf vermehrte Ausweiskontrollen gefaßt sein. Motorradfahrer haben in den USA kein übermäßig gutes Image, resultiert noch aus Zeiten der "Hell's Angels", die damals auf Kaliforniens Straßen wenig gern gesehene Verkehrsteilnehmer waren.

Anmietung von Motorrädern am besten in Seattle oder Portland. Ansonsten auch im Angebot von CA- Ferntouristik München sowie anderer USA-Veranstalter (ausführliche Liste im Heft "America" Nr. 2/93, Bonn, Borsingallee 6, Tel.: o228-252.o91. Die Zeitschrift ist Tip für Amerika Fans, Heft 2/93 enthält auch Infos für die Mitnahme des eigenen Motorrades nach USA).

✦ Wohnmobile

In den USA sehr verbreitet und im Angebot vieler Veranstalter. Man kann anhalten, wo man will, führt Küche, Bett und Dusche/Toilette mit sich. Sehr beliebt auch bei Familien mit Kindern.

In den USA nennen sich Wohnmobile "Recreational Vehicles" (RV). Auch große Fahrzeuge dürfen mit dem PKW-Führerschein gefahren werden.

Es gibt folgende **TYPEN**:

VAN bzw. VW-CAMPER: voll eingerichtete VW-Busse oder ähliche Fahrzeuge amerik. Fabrikate (z.B. Ford). Vorteil: sie sind kompakt, auch beim Einrangieren in enge Parklücken weniger Probleme, sowie geringerer Spritverbrauch. Nachteil: im Fahrzeug selber gehts eng zu, daher für maximal 2 Personen sinnvoll.

MOTORHOME: die Luxusversion, die viel Freiheit im Inneren des Fahrzeuges bietet, allerdings auch 6 bis 1o m lang ist und sich für den Großstadtverkehr/Parken kaum noch eignet. Auf den Weiten der Highways, den Campingplätzen und Nationalparks sind sie dagegen das Non-Plus-Ultra an Komfort, - vor allem, wenn man zu mehreren reist.

PICK UP CAMPER: hier wurde auf einen soliden, größeren PKW eine Wohn/Schlaf-Kabine aufgesetzt. Vorteil ist die Handlichkeit im Fahren, dafür innen extrem eng.

ANMIETUNG entweder in Seattle (Adresse siehe Seite 172) oder bereits vorab in Europa. Auch hier lohnt ein Vergleich der einzelnen Veranstalter. Größter Anbieter für Wohnmobile in den USA ist "Cruise America" (mehr als 3.5oo Fahrzeuge neuer Bauart, unbegrenzte Meilen). Vorbuchen über europäische Reiseveranstalter möglich, z.B. "Campertours Worldwide", Hermann-Bähr-Str.3, Moers, BRD, Tel.: (o2841)- 164.64, "CA- Ferntouristik" München und anderer. Auch kann u.U. "Fly & Drive" preisgünstig sein.

VORBUCHEN AB EUROPA: dürfte für Wohnmobile der sinnvollere Weg sein, da es bei weitem nicht so viele Wohnmobile wie Mietwagen der Verleiher gibt. Klartext: zur Hauptsaison/Sommer erhebliche Engpässe im Angebot. Zudem hat man bei geringer Urlaubszeit auch sicher vor Ort sein Fahrzeug reserviert. Andererseits lassen sich außerhalb der Saison bei einer Anmiete vor Ort u.U. Rabatte aushandeln wegen ungenügender Auslastung der Vermieter.

VERMEIDUNG VON PROBLEMEN: nach Übernahme des Fahrzeugs erst mal ein oder zwei Tage in der Nähe der Vermietstation verbringen. Evtl. Mängel zeigen sich oft recht bald, und man kann rechtzeitig reklamieren, statt sich während des gesamten Urlaubs damit herumzuschlagen.

PKW oder WOHNMOBIL? Die Unabhängigkeit des Wohnmobils auf Touren durch die Cascade Mountains oder durch die einsamen Landschaften speziell im Osten von Oregon ist natürlich unschlagbar. Die Campingplätze sind überall auf Wohnmobile eingestellt (Wasser, Stromanschluß).

Andererseits existieren selbst in abgelegenen Gebieten einfache Motels, so daß PKW-Fahrer in den seltensten Fällen Übernachtungsprobleme haben. Lediglich in den Nationalparks kann es zur Hauptsaison eng werden, dann müssen allerdings auch für Wohnmobile die Stellplätze vorher reserviert werden.

Bei den niedrigen Maximalgeschwindigkeiten auf US-Autobahnen und Highways spielt der Vorteil des PS- stärkeren Mietwagens gegenüber Wohnmobil kaum eine Rolle. Fast alle Ziele sind über gut ausgebaute Straßen zu erreichen, die auch für große Campmobile kein Problem darstellen. Im Zentrum der größeren Städte ist wegen der Parkplatznot ein Wohnmobil allerdings extrem unpraktisch.

FAZIT: Beide Möglichkeiten (PKW oder Wohnmobil) sind komfortabel und praktisch. Wegen Einsparung von Hotels und (teils) Restaurants sind beide Varianten preislich nur gering im Unterschied.

Die Entscheidung hängt also weniger von objektiven Kriterien, sondern hauptsächlich von individuellen Reisebedürfnissen ab.

Autofahren in Oregon/Washington

Prinzipiell eine zuvorkommende und entspannte Atmosphäre auf den

Straßen von Oregon/Washington. Kaum Raser, viel Rücksichtnahme beim Einfädeln und Spurenwechseln. Kein Drängeln oder Lichthupen auf der Überholspur. Dafür ist bei mehrspurigen Autobahnen rechts Überholen üblich, nicht nur im Stadtbereich.

In der Metropolitan Area von Seattle ist der Verkehr allerdings sehr dicht und hektisch, vor allem zur Rush- Hour. Dort vergessen auch die Amerikaner schon mal ihre ansonsten vorbildlichen Manieren im Straßenverkehr. Aber längst nicht so aggressiv wie auf Deutschlands Autobahnen.

FÜHRERSCHEIN: der Nationale Führerschein reicht aus und wird ohne Probleme auch von Internat. Autovermietern akzeptiert. Übervorsichtige USA- Reisende legen sich jedoch noch den Internat. Führerschein zu, da er auch englischen Text besitzt. Persönliche Entscheidung; wir sind zumindest auch bei Polizeikontrollen immer mit dem Nation. Führerschein klar gekommen, der volle Gültigkeit besitzt.

Tanken: die Benzinpreise sind erheblich niedriger als in Europa (umgerechnet auf Liter derzeit ca. 60 Pfennige), dies senkt die Reisekosten. Unleaded = bleifrei, und bei modernen Fahrzeugen in der USA allgemein üblich. Super kostet nur wenige cents pro Gallone mehr. Besonders niedrig sind die Preise in den Ballungsgebieten. Dort lohnt das Volltanken kurz vor dem Aufstieg in die Berge und zu den Nationalparks, wo die höchsten Preise verlangt werden.

Viele Tankstellen sind rund um die Uhr geöffnet. Trotzdem sollte man bei Fahrten abseits der Hauptstrecken und -orte rechtzeitig nachtanken. Die Bezahlung mit Creditcards ist allgemein üblich, Bargeld wird auch akzeptiert. Die Tankstellen besitzen in der Regel Shops, wo man Coke, Bier bis hin zu Milch, Yoghurt, teils auch Snacks, T-Shirts etc. kaufen kann.

Im Bundesstaat Washington haben fast alle Tankstellen Selbstbedienung, viele bieten die Alternative zwischen Bedienung und Selbsttanken (Hinweisschilder: "full service" oder "self-service"). - Im Bundesstaat Oregon gibt es wegen dortiger Gesetze (Sicherheit an den Zapfsäulen) keine Selbstbedienung, der Benzinpreis jedoch kaum teurer.

Bedienung der Zapfsäulen: in der Regel muß zunächst ein Hebel runter- oder hochgeklappt werden, bevor das Benzin läuft (Erläuterung an der Zapfsäule, bei Problemen hilft der Tankwart). Anschließend kann man tanken, danach wird bezahlt.

Oder aber: es handelt sich um eine Tankstelle, in der man zuerst an der Kasse zahlen muß ("pay first"), bevor der Tankwart die Zapfsäule freigibt. Nicht zuviel veranschlagen, da es keine Rückzahlung gibt, wenn der Tank vorzeitig voll wird.

Bei manchen Säulen darf man zwischendurch nicht mit dem Zapfen aufhören, sonst stoppt der Vorgang, und man muß erst bezahlen, bevor es weitergeht.

Informationen über den Gebrauch stehen auf jeder Zapfsäule. Die Amerikaner verstehen aber eine eventuelle Hilflosigkeit vor den Tücken der Technik und springen gern unterstützend ein.

Highways: Landstraßen und mit HWY bezeichnet plus Nummer. Gerade Zahlen, wenn der HWY in Ost-West-Richtung läuft, - ungerade Zahlen in Nord-Süd-Richtung.

Transport in Oregon/Washington

- **Interstates**: <u>Langstrecken-Autobahnen</u> zwischen den Bundesstaaten. Sie tragen ein **I** vor ihrer jeweiligen Nummer.
- **Freeways**: autobahnähnliche Schnellstraßen durch Großstädte. Sie sind mehrspurig, rechts überholen ist in den USA genehmigt. Ein <u>fast durchgezogener weißer Streifen</u> auf der Fahrbahn bedeutet: die rechts liegende Spur führt demnächst zu einer Ausfahrt oder zu einem Autobahnabzweiger.

Die Ausfahrten sind oft in Kurve schärfer als bei bundesdeutschen Ausfahrten. Mit welcher Geschwindigkeit die Ausfahrts-Kurve befahren werden kann, ist auf einem Hinweisschild mit Pfeil und Angabe der Miles angegeben.

Die <u>AUSSCHILDERUNG</u> gibt zwar Ortsnamen an, bezieht sich in der Regel aber auf die Nummern der HWY, I oder Freeway. Man sollte daher eine gute <u>Detail- Straßenkarte</u> im Auto haben, die sowohl die Straßennummern wie auch die Ausfahrten genau bezeichnet. Dies besonders im Großraum der Städte wie Portland und Seattle. Derartige Karten gibts für ca. 2 US jeweils in den regionalen Supermärkten.

An großen Autobahnen <u>selten Raststätten oder Parkplätze</u> nach europäischem Muster. Man verläßt die Straße an einer der Ausfahrten zum Tanken, Pausieren und Verpflegen.

<u>MAUT</u>: nur selten werden Straßengebühren erhoben. Wenn, dann geringe Beträge bei der Überquerung von Brücken z.B. der Columbia Brücke bei Astoria.

<u>STRASSENZUSTAND</u>: bis auf Ausnahmen in den Cascade Mountains und im Osten von Oregon und Washington sind selbst Nebenstraßen hervorragend ausgebaut. Befahrbar auch für sperrige Wohnmobile, Einschränkungen sind immer angezeigt.

<u>KLIMATISCHE SCHWIERIGKEITEN</u>: in den <u>Cascade Mountains</u> sind mehrere Pässe zwischen Mitte Oktober und Mitte Mai wegen Schnee generell gesperrt. Besonders bedauerlich beim <u>Highway 2o</u> durch den Cascades National Park, am Mount St. Helens sowie der Ringstraße um den Crater Lake in Oregon. Auch nach längeren Perioden ohne Schneefall wird in dieser Jahreszeit nicht geräumt.

Die beiden wichtigsten Ost-West Verbindungen sind ganzjährig passierbar: <u>Interstate 9o</u> von Seattle nach Spokane und <u>Interstate 84</u> durchs Tal des Columbia River. Außerhalb des Zeitraums kann es ebenfalls zu vorübergehenden Schneefällen und Sperrungen kommen. Ausgenommen der Sommermonate bei Fahrten in die Cascade Mountains unbedingt Schneeketten mitführen.

<u>VERKEHRSFUNK</u>: im Raum Seattle bringen Rundfunksender Verkehrsdurchsagen. In der Nähe von Nationalparks oder Paßüberquerungen weisen manchmal Schilder auf spezielle Frequenzen hin, die Berichte zum Straßenzustand senden.

<u>PANNEN/UNFÄLLE</u>: in städtischen Bereichen kommt über Notruf 911 Hilfe; auf dem Land per "0" die Telefonvermittlung wählen, die den Notruf weiterleitet. Bei technischen Schwierigkeiten mit dem Mietwagen die nächste Firmenvertretung oder die Zentrale verständigen. Große Firmen haben einen eigenen Hilfsdienst.

<u>AUTOMOBIL-CLUBS</u>: die "American Automobile Association" (AAA)hat in größeren Städten Filialen. Bietet für Mitglieder Karten- und Informationsmaterial sowie Pannenhilfsdienst und Preisnachlässe in angeschlossenen Hotels. Gleicher Service auch für Mitglieder assoziierter europäischer Automobil-Clubs. Weitere Info geben die jeweiligen Clubs in Deutschland, Österreich und der Schweiz.

Transport in Oregon/Washington

✶ Parken: In Kleinstädten und mittleren Großstädten selten Probleme, da es überall riesige Parkflächen vor Einkaufszentren und Veranstaltungsorten gibt.

Absolut schwierig dagegen die Situation in den Innenstädten von Seattle und Portland. Dort nach Möglichkeit gar nicht erst mit dem Auto aufkreuzen oder es gleich beim Vermieter abgeben. Parkraum ist extrem knapp und damit teuer; an Parkuhren sowie in privaten Parkhäusern sind die Gebühren saftig, in einigen Fällen bis zu 5 US pro Stunde.

An manchen Stellen ausgeschilderte Gratis-Kurzzeitparkzonen: Parkzeiten genau einhalten. Falschparken wird schnell und radikal geahndet, die Abschleppwagen stehen bereit. Kontrolle geht ohne die bei uns übliche Parkscheibe, die Kontrolleure ("parking reinforcement") haben ihr eigenes System mit Kreidestrichen am Reifen etc. Parken vor Hydranten ist ebenfalls streng verboten.

In größeren Städten ist das Parken oft auch reguliert durch die Farben am Bürgersteig-Rand:

rot	absolutes Halteverbot
gelb	Be- und Entladen nur für Fahrzeuge mit Sondererlaubnis
blau	reserviert für Behinderte
grün	max. 1o Min. Parkzeit
weiß	max. 5 Min. Parkzeit

Motels bieten für ihre Gäste Gratis-Parkplätze. Hotels in Portland und Los Angeles kassieren fürs Parken oft ein stattliches Extrasümmchen. Bessere Hotels haben "valet parking", d.h. das Hotelpersonal kümmert sich um das Abstellen des Wagens, natürlich gegen Gebühr und Trinkgeld.

Nicht immer hat man in diesen Hotels die Wahl, den Wagen selbst zu parken oder "valet parking" in Anspruch zu nehmen, zumal wenn das nächstgelegene Parkhaus voll ist (Hotels haben ihre Stellplätze reserviert). Ähnliches gilt für gute Restaurants, wo der Kunde vorfährt, sich um Parkplatzsuche nicht zu kümmern braucht, sondern den Zündschlüssel vertrauensvoll abgibt. Gewisse Vorsicht ist hierbei jedoch geboten!

✶Sonderregelungen:

Geschwindigkeitsbegrenzungen (in Meilen pro Stunde):

Interstate Highways 55- 65	Wohngegenden 25
sonstige Highways 55	Schulbereiche 15
Stadtstraßen 35- 45	

Mancherorts sehr strikte Kontrollen, bei Überschreitung saftige Strafen.

Anschnallpflicht: in Oregon, Washington sowie in den angrenzenden Bundesstaaten Nevada und Kalifornien. Sie gilt auch für Kinder, die einen speziellen Sitz benötigen. Wer ein Auto anmietet, bekommt diesen Kindersitz vom Autovermieter gegen Aufpreis.

Alkohol: Promillegrenze bei o,8. Darüber empfindliche Strafen. Angebrochene Flaschen oder Dosen dürfen im Wagen nicht mitgeführt werden!

Rechts abbiegen an roter Ampel: erlaubt nach kurzem Stop und Versicherung, daß die Verkehrslage es erlaubt.

"XING": kein Zugeständnis an chinesische Einwanderer, sondern ein ernstzunehmendes

Transport in Oregon/Washington

Warnschild, das auf Fußgänger, Kinder oder Wild hinweist, die möglicherweise die Straße unverhofft überqueren. Kurzform von "exiting".

"4-way-stops": an Kreuzungen oft Stopschilder für alle vier Fahrtrichtungen. Wer zuerst kommt, darf zuerst fahren. Staut sich der Verkehr, fährt man abwechselnd reihum. Die Amerikaner sind sehr rücksichtsvoll, und die Einfädelung in die Kreuzungen funktioniert ohne Hupen oder Gedrängel.

Schulbusse: kenntlich an der knallgelben Farbe. Auf keinen Fall überholen, wenn die roten Lampen blinken oder das seitliche Stop-Zeichen ausgeklappt ist. In diesem Fall auch nicht an entgegenkommenden Schulbussen vorbeifahren. Die Kinder steigen aus und überqueren die Straße im Vertrauen auf die korrekte Einhaltung dieser Regeln durch die Autofahrer.

Ausscheren auf kurvenreichen Strecken, wenn sich mehr als fünf Autos hinter einem stauen, ist eine rücksichtsvolle Selbstverständlichkeit, manchmal auch auf Hinweisschildern vorgeschrieben.

"littering": Abfall aus dem Auto auf die Straße zu werfen ist streng verboten, auf Zuwiderhandlungen stehen hohe Geldstrafen. Oregon und Washington gehören zu den US-Staaten, die auf Umweltbewußtsein großen Wert legen.

Überlandbusse

Auf allen Langstrecken im Nordwesten besitzt die Firma GREYHOUND das Monopol. Nur wenige lokale Verbindungen (vorwiegend auf der Olympic Peninsula und in Ost Washington) werden von regionalen Buslinien aufrecht erhalten.

Busfahren gilt in den USA als Sache armer Leute, allenfalls noch akzeptabel für Studenten in den Sommerferien. Entsprechend sieht die Mehrzahl der Terminals von Greyhound aus: heruntergekommen und nicht gerade das feinste Publikum. Wer mit dem Bus unterwegs ist, lernt also einen Teil des "anderen" Amerikas kennen. Diese Begegnungen können durchaus interessant sein, sind aber nicht immer erfreulich.

Die Busterminals sind nur in den seltensten Fällen ein gepflegtes, modernes Gebäude. Ihre Schalterhallen oft öde und leer, nur kurz vor den Abfahrten hektische Betriebsamkeit. Toiletten sind immer vorhanden, manchmal auch ein Fast-Food Restaurant. Fast überall Schließfächer für Gepäck. Im Extremfall findet der Ticketverkauf in einer Tankstelle oder einem Gemischtwarenladen statt, vor dem der Bus auf der Straße hält. Die Busse selbst sind komfortabel mit Klimaanlagen und Toiletten; aber keinen Luxus erwarten.

Positive Aspekte: Die Terminals liegen meist relativ zentral mit guter Anbindung an die öffentlichen Verkehrsmittel der jeweiligen Stadt.

FAHRPLÄNE: wechseln ständig, je nach Saison, Nachfrage und Verfügbarkeit von Bussen. Ein kurzer Telefonanruf beim örtlichen Greyhound-Büro erspart Wege und unnötige Wartezeiten. Vor Ort in den Terminals gibt es jeweils aktualisierte Broschüren mit den Fahrplänen der lokalen Routen. Achtung: kleinere Terminals sind oft nur rund um die Abfahrtszeiten der Busse geöffnet. Wer Informationen außerhalb dieser Zeit benötigt, wendet sich ans regionale Touristbüro, bzw. in kleinen Orten an die Besitzer von Motels, Restaurants etc.

FAHRPREISE: zur groben Orientierung, ein Normalticket Seattle -> Portland kostet ca. 2o US, Portland -> Ashland (Nähe der kalif. Grenze) ca. 32 US.

Darüber hinaus gibt es eine Fülle an Vergünstigungen und Rabatten, die abhängig sind von jeweiligen Promocions- Aktionen, Auslastung der Busse, Zeitpunkt der Buchung etc. So kann beispielsweise ein Retour- Ticket kaum teurer sein als die Strecke einfach gefahren. Auf Langstrecken kann eine frühzeitige Buchung entsprechend Geld sparen, je nach Angebot. Es lohnt, hier hartnäckig nach Vergünstigungen zu fragen. Besonders hilfreich sind die Greyhound Angestellten nicht immer, vielleicht sind sie aber auch im Gewirr bestehender Sondervergünstigungen überfordert.

Auch der Preisvergleich zum Mietwagen lohnt: bei 2 Personen ist der Mietwagen oft günstiger als das normale Greyhound Ticket. Und per Mietwagen reist man erheblich flexibler.

SITZPLATZ im Bus: als schlechteste Plätze gelten die letzten hinteren, da der Bus dort am meisten schaukelt, sowie die vordersten. Platzreservierung vorab ist nicht möglich. In den Bussen besteht Rauchverbot, an das sich aber nicht alle Passagiere halten.

FAHRZEITEN: kann zwischen zwei Städten unterschiedlich sein, je nach Anzahl der Stops und gewählter Route. Zwischen großen Städten verkehren täglich mehrere Expressbusse, mit denen man Zeit spart. Vor der Buchung also nachfragen, denn auf den Schautafeln im Terminal sind meist nur die Abfahrtszeiten angegeben und Expressbusse nicht gesondert gekennzeichnet.

Ameri-Pass: eine Netzkarte zur beliebig häufigen Benutzung aller Greyhound- Strecken der USA innerhalb ihrer Gültigkeit..

Sie kostet bei Gültigkeit 4 Tage: 15o DM, - 7 Tage: 25o Tage, - 15 Tage: 375 DM, 3o Tage: 5oo DM.

Die Netzkarte gibt es in Deutschland bei allen größeren Reisebüros sowie bei der Greyhound- Generalvertretuig oder DER, Frankfurt/M., Emil von Behring Str. 6.

Die Netzkarte ist auch in den USA erhältlich, dort allerdings 15- 2o % teurer. Ihre Gültigkeit beginnt ab dem ersten Tag ihrer Benutzung.

Ob sich der Ameri-Pass lohnt, sei dahingestellt. In der Regel nur, wenn man sehr viel und vor allem Langstrecken fährt.

Stadtbusse: Amerikanische Städte besitzen zu Recht den Ruf, vollkommen auf den Autoverkehr eingestellt zu sein. Für SEATTLE und PORTLAND (die beiden Metropolen des Nordwestens) trifft dies jedoch nur mit Einschränkungen zu. Beide Städte verfügen im Innenstadtbereich über ein exzellentes öffentliches Verkehrssystem, das fast alle touristisch wichtigen Punkte erreicht, - zudem gratis ist und die Anmietung eines Autos zur Stadterkundung erübrigt. Für die Außenbezirke und die nähere Umgebung der Städte ist der Mietwagen jedoch sinnvoll.

Mittlere Großstädte wie Spokane, Tacoma, Olympia oder Eugene haben zumindest im Zentrum ein brauchbares Busnetz.

Zug

AMTRAK besitzt in den Bundesstaaten Oregon, Washington zwar ein bei weitem nicht so dichtes Streckennetz wie die "Greyhound" Busse, - bedient dafür aber die wichtigsten Langstrecken und ist dort komfortabler als der Bus.

* **Nord/Süd- Strecke**: mehrmals täglich Seattle -> Tacoma -> Olympia -> Portland und weiter südwärts durchs Willamette Valley -> Eugene.

Im ersten Abschnitt Seattle -> Portland ist der Zug gleich schnell wie der Bus, aber ohne Frage bequemer. Im Bereich des Willamette Valley bis Eugene ist der Bus schneller als der Zug. Allerdings setzt auch Amtrak hier Busse ein. Sie sind gleich schnell wie Greyhound und können im Rahmen des "West Regional Rail Pass" benutzt werden.

Der *"Coast Starlight"* fährt 1 mal tägl. von Seattle via Portland und Klamath Falls nach Kalifornien (Oakland/San Francisco -> Los Angeles). Wer von Portland nach Klamath Falls will (Einstiegspunkt für den Crater Lake Nat. Park), ist der Zug die schnellere und bequemere Verbindung (gegenüber Greyhound). Zudem landschaftlich schöne Strecke ab Eugene in Überquerung der Cascade Mountains. Fahrzeit Portland -> Klamath Falls ca. 7 Std.

* **West/Ost- Strecken**: ab Seattle 1 mal tägl. der *"Empire Builder"* via Everett über die Cascade Mountains nach Spokane. Ganzjährig freigehaltene Strecke, die zudem die Skigebiete im Bereich der Cascade Mountains erschließt. Fahrzeit Seattle -> Spokane ca. 7 Std.

Weiterhin ab Portland 1 mal tägl. mit dem *"Empire Builder"* via Vancouver WA. entlang des Nordufers des Columbia Rivers nach Pasco und weiter nach Spokane. Fahrzeit Portland -> Spokane ca. 7 Std.

West/Ost- Verbindung im Bundesstaat Oregon: Strecke Portland -> Hood River -> The Dalles -> Baker City. Zunächst landschaftlich lohnende Strecke durch die Schlucht des Columbia Rivers bei Hood River, Fahrzeit 1 Std. - Baker City (ab Portland ca. 6 Std.) ist Ausgangspunkt für die Wallowa Mountains, den Hells Canyon sowie die Region um Sumpter mit einer Museums- Dampflokstrecke und ehemaligen Goldgräbercamps.

ZUGPREISE: als normal gekauftes Ticket teurer als der Bus. Allerdings gibt es auch bei Amtrak eine Fülle an Sondervergünstigungen und Spezialtarifen. Ständig wechselnde Angebote, Infos innerhalb der USA über die gratis 800- Telefonnummer (steht im Telefonbuch). Über diesen Telefonanschluß können auch Sitzplatz und Schlafwagen reserviert werden.

US- RAILPASS: lohnt für Oregon/Washington, wer gleichzeitig den Zug als Anreise über den Kontinent benutzt. Details siehe Seite 13. Der dort beschriebene *"West Region Railpass"* gilt für das gesamte Amtrak Streckennetz westlich ab Chicago.

Transport in Oregon/Washington 33

Rund 5o US billiger ist der _"Far West Railpass"_ ab Höhe Denver westlich. Keine schlechte Idee, da man sich die Anreise durch den Midwest ab Chicago bis Denver spart (= 1/2 Tag plus 1 Nacht). Zudem ist auch der Schlafwagen wegen kürzerer Strecke billiger! Preisgünstige Transatlantikflüge ab Europa retour nach Denver u.a. mit American und Delta über Reisebüros.

MUSEUMS- ZÜGE: eine Vielzahl der früheren Eisenbahnstrecken in Oregon und Washington sind heute stillgelegt. Sie dienten dem Warentransport, dem Personenverkehr, aber auch der Forstwirtschaft.

34 Transport in Oregon/Washington

<u>OREGON COASTLINE EXPRESS</u> (1): liebevoll restaurierter Schienenbus, verbindet Tillamook an der Pazifikküste Oregons mit Wheeler. Der Retour-Trip auf der landschaftlich lohnenden Strecke dauert 4 Std. und kostet ca. 15 US.

<u>MOUNT HOOD RAILROAD</u> (2): ab Hood River am Columbia Gorge. Das Gleis wurde zu Beginn des Jhds. angelegt, um Holz zum Flußhafen zu transportieren, auch Personentransport. Restaurierung der Strecke und des Wagenmaterials Ende der 8o-er Jahre.

Heute ein lohnender 4 Std.- Retourtrip im Hood Valley (ca. 17 US, 4 Std.) mit Einblick ins Tal, besonders schön zur Zeit der Apfelbaum- Blüte im April. Für Eisenbahn- Fans jedoch weniger spektakulär; der Zug wird von einer modernen Diesellok gezogen.

<u>SUMPTER VALLEY RAILROAD</u> (3): Nähe Baker City im Osten von Oregon. In der Region wurde in der 2. Hälfte des 19. Jhds. Gold gewaschen sowie in Minen gefördert. Damals eines der am dichtesten besiedeltsten Gebiete Oregons.

WHEELER/Oregon an der Pazifikküste. Ein gasbetriebener Schienenbus zur Jhd.-Wende.

Transport in Oregon/Washington

MT. RAINIER SCENIC RAILROAD (4): in Elbe am Hwy 7o6 südwestlich des Mt. Rainier im Bundesstaat Washington. Auf einem 22 km Gleis fährt eine Dampflok aus den 2o-er Jahren durch dichte Vegetation südwärts nach Morton. Abfahrten am Wochenende zwischen Ende Mai und Ende Sept., sowie tägl. zwischen 15. Juli und Labor Day. Der Roundtrip dauert 4 Std. An Bord der Waggons Life Musik sowie Fahrten mit "nostalgic dining" (5-Gänge prime rib dinner, ca. 45 US).

SPIRIT OF WASHINGTON DINNER CAR (5): ab Yakima, 32 North Front Street, im Bundesstaat Washington. Silberne Leichtmetall- Waggons, gezogen von einer Diesellok. Serviert werden an Bord Spitzenweine aus Washington sowie Brunch (Mittagessen) bzw. Dinner, Preise ca. 4o - 6o US.

Stadtbahnen

PORTLAND/Oregon: eine moderne Straßenbahn (MAX = Metropolitan Area Express) fährt im Stadtzentrum und ist ins Verbundnetz mit den Bussen eingegliedert. Straßenbahn und Busse sind im Zentrum gratis, ein vernünftiges Konzept, um die Autoflut einzudämmen.

Für Nostalgik- Fans gibts in Portland den Willamette Shore Trolley, ein restaurierter Straßenbahnwaggon BJ 1913, der auf landschaftlich schöner Strecke durch Villenviertel und Waldgebiete zum Lake Oswego fährt. - Weiterhin die Vintage Trolleys: nostalgische Straßenbahnwaggons auf der Strecke die Berge rauf nach Council Crest. Alle Details siehe "Portland".

DAMPFLOK der Oregonian Railway Company 1885. Es handelt sich um einen "woodburner" (Befeuerung des Dampfkessels mit Holz) siehe Tender aber auch breitem Schornstein zum Schutz gegen Funkenflug. Derselbe Lok-Typ wurde auch bei der Sumpter Valley R.R. eingesetzt.

36 Transport in Oregon/Washington

SEATTLE/Washington: die Monorail (Einschienen-Bahn, gebaut für die Weltausstellung 1962) verbindet Downtown mit dem Seattle Center. Die Fahrt dauert nur wenige Minuten und ist touristische Attraktion. Für Nostalgie Fans fahren Waterfront Streetcars (alte Straßenbahn-Waggons) vom Pioneer Square entlang der Küste zum Pier 7o. Details siehe Seattle.

Flug

Bei den gewaltigen Entfernungen innerhalb beider Bundesstaaten Oregon/Washington kann sich ein Flug lohnen. Dies insbesondere bei knapper Urlaubszeit.

Die HORIZON AIR hat das dichteste Flugnetz in Oregon/Washington und ist hier der Marktführer. Sie bedient rund 2o Städte sowie Flugverbindungen in die östl. angrenzenden Bundesstaaten und nach Vancouver/Canada.

Innerhalb der USA ist die HORIZON AIR über die Gratis- Telefonnummer: **1 - 8oo - 547 - 93o8** erreichbar: hier Auskünfte und Reservierungen von Flügen. Leider ist diese Telefonnummer nicht ab Europa durchwählbar, - und die Auslandsauskunft konnte uns lediglich die 8oo- Nummer der Horizont Air bestätigen.

Die Horizon Air hat leider keine Vertretung in Deutschland. Dies ist nicht als Abwertung zu sehen, da sie eine Fülle kleinster Airports mit Propeller- Maschinen von 1o - 4o Sitzen bedient. Sie arbeitet eng mit der Alaska Airline (AS) und der Northwest Airline (NW) zusammen. Gemeinsame Flug- Buchungsnummern und vom Ausland auch über diese Airlines zu buchen. Ansonsten innerhalb Oregon und Washington Infos und Buchung über die o.g. Gratis- Telefon- Nummer.

Ob sich <u>Fliegen innerhalb Oregon/Washington</u> lohnt, ist abhängig von der eigenen Reiseplanung.

Entlang der <u>Strecke Seattle -> Portland -> Eugene</u> wohl kaum, da es gute Bus- und Zugverbindungen gibt. Zudem kurze Entfernungen, wo das Flugzeug kaum lohnt, und der Überland- Trip jede Menge an lohnenden Stops bringt.

Anders auf <u>Flugstrecken über die Cascade Mountains</u>, die hier erheblich Zeit gegenüber Bus (oder Zug) sparen. Zudem bei klarem Wetter grandioses Panorama auf die Vulkangipfel! Ebenso sind Städte im Osten beider Bundesstaaten erheblich schneller per Flug als Bus/Zug zu erreichen.

Wichtigste <u>Airports</u> in Oregon und Washington sind PORTLAND und SEATTLE mit einer Vielzahl an Jetverbindungen in alle Teile der USA. Sie werden von allen wichtigen US- Airlines geflogen, teils mehrmals am Tag, z.B. nach San Francisco (Flugzeit 1 Std.).

Fähren

Der <u>PUGET SOUND</u> westl. von Seattle ist die Region der Welt mit den dichtesten Fährschiff- Verbindungen.

Die mit Abstand meisten Verbindungen mit "<u>Washington State Ferries</u>", die ab Seattle und einer Vielzahl weiterer Punkte im östlichen Bereich des Puget Sounds zu vorgelagerten Inseln fahren. Auch Querverbindungen rüber zur Olympic Halbinsel und nach Sidney/Kanada. Abfahrten mehrmals täglich, teils halbstündlich. Oft großartiger Blick auf die Vulkangipfel von Washington, allein schon deswegen lohnt die Fahrt.

<u>Washington State Ferries</u> transportiert jährlich rund 2o Millionen (!) Passagiere. An Bord der Fähren Restaurant- Betrieb. Meist handelt es sich um <u>Kurzüberfahrten</u> von 3o Min. bis 1 Std.

Man fährt zum Fähranleger und reiht sich in die <u>Warteschlange</u> ein, für Fahrten zu den San Juan Islands sind zur Saison Wartezeiten von 2 Std. und mehr möglich, keine Vorreservierung. <u>Bezahlung</u> auf allen Strecken in Cash oder mit Travellerschecks, Credit Cards werden nicht akzeptiert. - <u>Infos zu Abfahrtszeiten</u> über Tel.: (2o6) - 587 - 55oo bzw. innerhalb der USA gratis über Tel.: 1- 8oo - 833 - 6388.

"<u>Victoria Clipper</u>": Privatgesellschaft, täglich ab Seattle nach Port Townsend/Olympic Halbinsel und weiter nach Victoria/Kanada. Mit derselben Fährgesellschaft nach Friday Harbour/San Juan Island. Auskünfte zu Abfahrtszeiten Tel.: (2o6) - 448 - 5ooo.

"<u>Alaska Marine Highway</u>": 1 mal pro Woche ab <u>Bellingham</u> Nähe kanad. Grenze rauf nach Juneau und Skagway/Alaska. Als Trip spektakulär entlang der Inseln und durch die Meerespassagen der Westküste. Für den PKW- Transport mindestens 1/2 Jahr voraus buchen, auch ohne Auto ist langfristige Vorabreservierung nötig.

Ausflugsfahrten auf Binnenseen und Flüssen

SEATTLE: Ausflugsboote der "Grey Line" fahren ab Seattle/Waterfront zum Washington Canal und auf ihm zu den historischen Schleusen sowie dem Lake Union mit seinen Hausbooten (Details Seite 185).

LAKE CHELAN/Cascade Mountains im Bundesstaat Washington. In den Sommermonaten Schiffe ab Ort Chelan über den See zu seinem nördlichen Ende, wo sich eine Vielzahl an Campingplätzen und Trails befinden (Details siehe Seite 276).

COLUMBIA GORGE: der Columbia River ist Grenzfluß zwischen den Bundesstaaten Washington und Oregon. Der früher spektakulärste Abschnitt mit tiefer Schlucht im Bereich Ort Hood River wurde zu Beginn unseres Jhds. durch Staudämme aufgestaut und bildet langgestreckte Seen, die wegen ihren Winden heute Eldorado für Windsurfer sind. Ab Hood River Fahrten mit Flußdampfern über den dortigen Stausee.

PORTLAND/Oregon: im Sommer touristische Fahrten auf dem Willamette River mit alten Schaufelraddampfern, die früher den Waren- und Personentransport auf dem Fluß besorgten.

ROGUE RIVER in den Coast Ranges/Südwest- Oregon: Wildwasserfahrten mit Jet-Booten, bzw. Schlauchbooten. In den wildesten Abschnitten des Flusses ein ganz schöner Nervenkitzel, knapp um Felsen im Fluß rum. Buchen kann man derartige Trips in Gold Beach an der Küste (Seite 319), das breitere Angebot aber in Grants Pass (Details siehe Seite 384).

HELLS CANYON/Nordost Oregon an der Grenze zu Idaho. Ab Bootsanleger unterhalb des Hells Canyon Staudamms ebenfalls organisierte Wildwassertrips auf dem Snake River, Details siehe Seite 428.

Taxi

In größeren Städten gelegentlich eine notwendige und sichere Alternative zu den öffentlichen Verkehrsmitteln, z.B. bei Ankunft im Flughafen oder bei Rückkehr zum Hotel spät in der Nacht. Wer mit Bus, Bahn oder Flugzeug reist, muß immer dann auf Taxis zurückgreifen, wenn sich kein anderes lokales Verkehrsmittel anbietet, was vor allem in den Außenbezirken und der Umgebung der Städte nicht selten der Fall ist.

Fahrpreise: In der Regel ca. 2- 3 US für die erste Meile, 1,5o US für jede weitere. Zuverlässige Taxi-Unternehmen und Preise für die Strecken von den internationalen Flughäfen nach Downtown Portland und Seattle: siehe dort.

Fahrrad

Klimatisch wegen hoher Regenwahrscheinlichkeit und starken Winden an der KÜSTE nicht gerade ideal. Rauf in die BERGE der Cascade Mountains: steile Anstiege, die Kraft und Zeit kosten. Problem auf kurvenreichen Strecken in den Bergen sind vor allem die überdimensionalen Wohnmobile. Am Steuer oftmals Senioren, die das Gefährt nicht immer so beherrschen wie ein routinierter Lastwagenfahrer.

Im NORDWESTEN und -OSTEN WASHINGTONS stören auf vielen Strecken die Holztransporter, die mit schöner Regelmäßigkeit vorbeibrummen und einen fast vom Rad wehen. Sie verschaffen auf kurvenreichen Strecken selbst Autofahrern unangenehme Begegnungen.

OREGON COAST BIKE ROUTE: Fahrradweg, der entlang des gesamten Küsten- Highways 1o1 führt und landschaftlich spektakulär ist. Die asphaltierte Spur für die Radler ist von der Fahrstraße abgetrennt und verläuft entweder in gewisser Entfernung oder aber parallel und mit weißem Strich auf der Straße abgetrennt. Guter Regenschutz, Problem auch die teils sehr starken Meereswinde.

SEATTLE: Radfahren macht viel Spaß in und um Seattle. Ein dichtes Netz von landschaftlich schönen Radwegen entlang der Seen. Außerdem bequemes Übersetzen per Fähre auf eine der Inseln im Puget Sound, wo der Autoverkehr nicht besonders stört.

Trampen

In OREGON generell verboten. In WASHINGTON prinzipiell erlaubt, aber es bestehen viele Ausnahmen, vor allem in Vororten der Städte. Da der Ausländer die speziellen Bestimmungen nicht kennen kann, macht er sich schnell unwissentlich strafbar. Außerdem beachten, daß man nicht auf der Straße selber stehen darf, ebenso nicht im Bereich der Freeways (vergleichbar mit unseren Autobahnen). Tramper sind ein beliebtes Objekt für intensive Polizeikontrollen; kleinste Vergehen gegen Vorschriften werden rigoros geahndet.

Die Chancen für einen "lift" sind von Ort zu Ort sehr unterschiedlich. In ländlichen Gebieten zwar weniger Verkehr, dafür aber (wenn ein Auto kommt) schnellere Mitnahme. Im Stadtbereich sehr schwierig, da die Autobahnen oft mitten in der Innenstadt beginnen, der Nahverkehr vom Fernverkehr nicht getrennt ist und kaum Haltemöglichkeiten bestehen.

Empfehlenswert: direktes Ansprechen von Fahrern an Tankstellen oder Fast-Food Stops. Die Chancen sind hier größer als an der Straße per Daumen, da man mit ein paar freundlichen Worten sich persönlich "vorstellen" kann. Auch kann man sich selber ein Bild vom Fahrer machen. Für alleinreisende Frauen ist Trampen nicht zu empfehlen, - Belästigungen und mehr sind leider an der Tagesordnung.

Alternative sind die Mitfahrzentralen der Universitäten und Angebote auf den dortigen Schwarzen Brettern. Funktioniert in der Regel gegen Benzinkostenbeteiligung. Bei den niedrigen Spritpreisen ist man günstig dabei.

VERTRETUNGEN DER USA IN EUROPA

Deutschland:

Botschaft, Deichmanns Aue 29,
Bonn, Tel. (o228)- 3391.

Generalkonsulat, Siesmayerstr. 21,
Frankfurt, Tel. (o69)- 74oo71.

Generalkonsulat, Alsterufer 27-28,
Hamburg, Tel.(o4o)- 441o61.

Generalkonsulat, Königinstr. 5,
München, Tel. (o89)- 23o11.

Generalkonsulat, Urbanstr. 7,
Stuttgart, Tel. (o711)- 21o221.

Generalkonsulat, Clayallee 17o,
Berlin, Tel. (o3o)- 8195523.

United States Travel & Tourism
Administration, Bethmannstr. 56,
Frankfurt, Tel. (o69)- 295213.

Schweiz:

Botschaft, Jubiläumsstr. 93,
3oo5 Bern, Tel. (o31)- 437o11.

Generalkonsulat, Zollikerstr. 141,
8oo8 Zürich, Tel. (o1)- 552566.

Österreich:

Botschaft, Boltzmanngasse 16,
1o9o Wien, Tel. (o222)- 31511.

Generalkonsulat, Gisela Kai 51,
5o2o Salzburg, Tel. (o6222)- 86o1.

KONSULARISCHE VERTRETUNGEN

Deutschland

Seattle, 6oo University St., Suite 25oo
Tel. 682-4312.

Portland, 4oo SW 6th St., Tel. 222-o49o.

Schweiz

Seattle, P.O. Box 81 oo3. Tel. 762-1223

Österreich:

Seattle, 4131 11th Ave. NE
Tel. 633-36o6.

Allgemeine Tips

EINREISE

Deutsche, Schweizer und Österreicher benötigen einen gültigen REISEPAß und ein RÜCKFLUGTICKET. Dies gilt auch für die Einreise auf dem Landweg von Kanada oder Mexiko.

Ausgefüllt werden muß eine Einreisekarte, worauf man eine Aufenthaltsgenehmigung für max. 3 Monate erhält. Sie ist nicht verlängerbar. Ein Teil der Karte wird bis zur Beendigung des Aufenthaltes in den Paß eingeheftet. Das Ausfüllen der Zeilen für die Adresse in den USA (Adresse von Freunden oder des ersten Hotels) erspart evtl. Rückfragen des Beamten der Einreisebehörde und Zweifel an der "Bonität" des Touristen.

Vorübergehende Ausreise: wer zwischendurch nach Kanada oder Mexiko ausreist, besorgt sich an der Grenze ein besonderes Formular, mit dem er dann problemlos wieder einreisen kann. Man muß sich selbst um dieses Formular kümmern, da die Grenzbeamten bei der Ausreise oft keinerlei Kontrollen vornehmen, man bei Wiedereinreise ohne das Papier aber Schwierigkeiten bekommt.

Wer länger als 3 Monate in den USA bleiben will, sollte sich bei Botschaft oder Generalkonsulat im voraus ein Visum besorgen und bei der Einreise darauf achten, daß die Immigrationsbehörden die entsprechende Frist genehmigen. Auf dem Visum erscheint nämlich nur das Datum, von dem an die Einreise möglich ist, - den spätesten Ausreisetermin legt der Beamte der Einwanderungsbehörde bei der Einreise fest.

ZOLLBESTIMMUNGEN

Die Behörden verlangen bei der Einreise eine Zollerklärung: Beträge in bar oder Reiseschecks im Wert von mehr als 1o.ooo Dollar müssen deklariert werden. Einfuhr von 2oo Zigaretten, 1 Liter Alkoholika und Geschenke im Wert von bis zu 1oo US sind erlaubt. Verboten: Einfuhr von Obst, Gemüse, Fleisch, offenen Lebensmitteln, Drogen und pornographischer Literatur. Weitere Einschränkungen gelten für Tiere sowie Produkte aus kommunistischen Ländern wie Kuba und Nordkorea.

Die Amerikaner haben ein umfassendes System für die Information von Besuchern aufgebaut. Einheimische Touristen nehmen es gerne und häufig wahr. Für eine erste Orientierung und die Beantwortung spezieller Fragen in jedem Fall empfehlenswert.

Zuständig sind in den STÄDTEN entweder das Visitors & Convention Bureau oder die örtliche Handelskammer Chamber of Commerce. In größeren Orten unterhalten oft beide ein Informationsbüro. In der Regel viel Karten- und Infomaterial sowie Auskünfte über aktuelle Veranstaltungen. Örtliche Adressen in den Regionalkapiteln dieses Bandes.

NATIONALPARKS: verfügen jeweils über mindestens ein <u>Visitor Center</u>, zumeist verkehrsgünstig an der Zufahrtsstraße gelegen. In Einzelfällen aufwendig ausgestattet mit Museum, Dia- oder Filmshows. Die dort tätigen Ranger sind hilfsbereit und beantworten Fragen hinsichtlich Wetterverhältnissen und Touren. Ihre Ratschäge und Warnungen sollten vor allem Wanderer und Bergsteiger auf jeden Fall ernst nehmen.

> Tip: die Zufahrt zu den meisten National Parks und National Monuments kostet derzeit 5 US pro PKW. Wer eine Reihe dieser Naturparks besucht, ist u.U. besser bedient mit dem Kauf des Golden Eagle Pass: für 25 US freier Eintritt in alle National Parks und National Monuments der USA während eines Jahres. Zusätzlicher Vorteil: Preisnachlässe auf vielen Campingplätzen. Erhältlich in jedem Visitor Center.

Staatliche Tourismus-Büros

WASHINGTON: Department of Trade and Economic Development, General Administration Building, Olympia, WA 98504-0613, Tel. 206-753-5630.

OREGON: Oregon Tourism Division, 775 Summer St. NE, Salem, OR 97310, Tel. 503-373-1200.

POST

"Post office" nahezu in jedem Ort, meist zentral gelegen. Öffnungszeiten in der Regel Mo-Fr von 9- 18 Uhr, manchmal auch samstags vormittags. Der "United States Postal Service" ist zuverlässig, wenn auch nicht immer besonders schnell. Briefe von der Westküste nach Europa brauchen meist knapp 1 Woche. Pakete benötigen ca. 4 Wochen per "surface" (Schiff). - Wer eilige Sendungen hat, nutzt private Firmen wie z.B. "UPS". Ist zwar teurer, dafür in ca. 2 Arbeitstagen am Ziel. Adressen im Telefonbuch.

<u>Zip Code</u>: Amerikanische Postleitzahl. Wegen der Größe des Landes noch wichtiger als bei uns, wenn die Sendung schnell und zuverlässig zugestellt werden soll. Große Städte haben mehrere Zustellbezirke mit unterschiedlichen Zip Codes. Die meist fünfstellige Zahl steht am Ende der Adresse, hinter Ort und Abkürzung für den Bundesstaat. Beispiel: Portland, OR 97208.

<u>General Delivery</u>: Möglichkeit, sich Briefe von daheim an ein bestimmtes Postamt zuschicken zu lassen. Werden dort einen Monat aufbewahrt, Aushändigung gegen Vorlage des Ausweises. Zip Code des jeweiligen Postamts in diesem Fall ganz besonders wichtig. Beispiel: Mr. X, General Delivery, Seattle, WA 98101. Name des Adressaten deutlich schreiben. Wird der erwartete Brief nicht gleich gefunden, auch mal unter dem Anfangsbuchstaben des Vornamens nachsehen lassen.

TELEFON

Öffentliche Apparate (auch für Gespräche ins Ausland) gibts fast an jeder Straßenecke. Genaue Bedienungsanweisung steht auf jedem Apparat. Funktioniert so: Hörer abnehmen, Freizeichen abwarten (ein sich alle 4 Sek. wiederholender sanfter Ton), Münzen einwerfen und die Nummer wählen. - Besetztzeichen: härterer, sich wiederholender Ton.

ORTSGESPRÄCHE: Nummer wählen. - FERNGESPRÄCHE (innerhalb USA): zunächst "1" wählen, dann den Area Code (siehe Kasten), dann die Teilnehmernummer.

Die Telefonapparate in den USA haben auf der Wählscheibe (Tastatur) neben den Nummern auch Buchstaben. Sinn und Zweck: manche Firmen geben ihre Telefonnummern zwecks besserer Einprägsamkeit in kurzem Wort an, Beispiel: "711-PARK". Dann die Tasten mit den entsprechenden Buchstaben drücken.

Area Codes von Oregon, Washington sowie Kalifornien/-Nord, Mitte und Nevada

- **206** Seattle und Washington State westlich der Cascade Mountains
- **509** Washington State östlich der Cascade Mountains
- **503** Oregon State. Achtung: Änderung geplant, siehe Seite 45
- **707** Kalifornische Nordküste
- **916** Kalifornisches Central Valley um Sacramento sowie der kalifornische Teil der Cascades
- **415** Großraum San Francisco
- **510** Östliche Bay Area (Berkeley, Oakland)
- **209** Central Valley um Merced, Fresno
- **408** Silicon Valley und Central Coast zwischen San Francisco und Monterey
- **805** Central Valley um Bakersfield und südliche Central Coast
- **702** Nevada (Las Vegas, Reno)

INTERNATIONALE GESPRÄCHE: USA ->:	BRD, CH ->USA:
Deutschland: o1149 + Stadt (ohne Null) + Teilnehmer Schweiz: o1141 + Stadt (ohne Null) + Teilnehmer Österreich: o1143 + Stadt (ohne Null) + Teilnehmer	oo1 + Area Code + Teilnehmer **A ->USA:** 9oo1 + Area Code + Teilnehmer

Das Telefonnetz in den USA wird von privaten Gesellschaften betrieben, die untereinander in Konkurrenz stehen. Sie bedienen sowohl die nationalen Telefonverbindungen innerhalb der USA, wie auch die internationalen Verbindungen.

PREISE: für ein Ortsgespräch o,25 US (in Ausnahmefällen: o,2o US). Bei Ferngesprächen variieren die Kosten je nach Telefongesellschaft, Uhrzeit und gewünschtem Ortsnetz.

Die öffentlichen Apparate akzeptieren nur Münzen von 5 cent (Nickel), - 1o cent (Dime) und 25 cent (Quarter). Wer also ein längeres Ferngespräch per Münzbetrieb ab öffentlichem Telefon führen will, sollte sich gleich einen ganzen Sack an Münzen mitbringen!

44 Allgemeine Tips

★ Bei <u>Ferngesprächen</u> gibts in der Regel eine <u>freundliche Computerstimme</u>, die darauf hinweist, wieviel Geld man für die ersten 3 Minuten einwerfen muß. Hat das Gespräch länger gedauert, verlangt die Stimme den Restbetrag.
Legt man gleich auf, so klingelt kurz darauf das Telefon, und die Stimme verkündet noch einmal die Restschuld. Zahlt man nicht, bekommt der Angerufene den Betrag aufgebrummt. Manchmal muß man schon während des Gesprächs Münzen nachwerfen, die Stimme fordert freundlich dazu auf. Zuviel gezahlte Beträge kommen nicht zurück.

★ <u>Alternative per Credit Card</u>: manche öffentlichen Telefone lassen sich mit Credit Cards wie American Express, Visa etc. betreiben, bzw. mit Plastic Cards der US- Telefongesellschaften wie z.B. AT&T (letztere bekommt man bei entsprechendem Antrag auch bei deren Europa-Vertretungen).

★ "<u>Deutschland Direkt</u>": spezieller Service, bei dem ab USA eine Vermittlung in Frankfurt gratis angerufen werden kann (Tel.: 1.8oo.292.oo49). Sie vermittelt dann das Gespräch innerhalb BRD weiter. Auch als R- Gespräch möglich (=Angerufene bezahlt das Telefonat). Allerdings für die ersten 3 Min. nicht billig: rund 25 DM, je weitere Minute preisgünstig für ca. 3 DM. - <u>Selber Service für Österreicher</u>: "Austria Direct": Tel. 1.8oo-624-oo43.

TELEFONIEREN ab HOTEL/MOTEL: Ortsgespräche sind manchmal gratis, abhängig je nach Hotel/Motel. Ferngespräche: vorab fragen nach dem Preis pro Gesprächseinheit; manche Hotels verlangen für den Service satten Aufpreis. Wer hier Geld sparen will, ruft in der Heimat an und lässt sich im Hotel zurückrufen.

<u>Ferngespräche ab Hotel/Motel nach Europa</u>: Bedienung sehr unterschiedlich. Ab großen <u>Luxushotels</u> kann man in der Regel direkt vom Zimmertelefon nach Europa durchwählen, allerdings sehr teure Gesprächseinheiten je nach Hotel. - Bei <u>kleineren Hotels und Motels</u> sind die Zimmertelefone in der Regel für Übersee-Telefonate gesperrt. Als Besitzer einer Credit Card (American Express, Visa etc.) kann man aber ab Hotelzimmer die Telefonnummer eines Operators in den USA anrufen. Diesem teilt man Namen und Nummer der Credit Card mit sowie die gewünschte Telefonnummer in Europa. Der Operator verbindet, und die Gebühr fürs Telefonat wird vom Credit Card- Konto abgebucht. - Über welche Telefonnummer man den betreffenden Operator erreicht, ist in der Rezeption zu erfahren.

<u>TOLL FREE</u>: alle Nummern mit dem Präfix "8oo" sind für den Anrufer kostenlos. Damit läßt sich viel Geld sparen beim Automieten und Reservieren von Hotels, Flügen etc., da die meisten größeren Unternehmen neben ihrer normalen Nummer auch "toll free" erreichbar sind. Dies allerdings nur innerhalb der USA.

<u>TELEFONBÜCHER</u>: das <u>normale Telefonbuch</u> hat auf seinen ersten Seiten eine Beilage mit relativ genauen Stadtplänen und einer Kurzbeschreibung der lohnendsten Sight-Seeing Punkte, der Parks sowie der Convention Centers und Theaters mit Sitzplan-Nummern. - Das <u>Branchenverzeichnis</u> ("yellow pages") ist nützlich bei der Auffindung von Adressen und Telefonnummern z.B. von Autovermietern.

<u>OPERATOR</u>: in Zweifelsfällen die "O" wählen, die Vermittlung hilft weiter. Der Anruf ist kostenlos.

COLLECT CALL: nach Rückfrage durch den Operator kann der Angerufene die Kosten des Gesprächs übernehmen (R-Gespräch). Funktioniert auch ins Ausland.

Achtung **Vorwahl in OREGON (5o3)**: sie gilt bisher für gesamt Oregon. Insbesondere wegen der Einführung von Faxgeräten (die oft eigene Tel.- Nummer haben) sowie neu hinzugekommener sonstiger Amtsleitungen wird bald eine einzige Vorwahlnummer für den gesamten Bundesstaat Oregon nicht mehr ausreichen. Es ist geplant, Oregon in Regionen mit verschiedenen Vorwahlnummern zu unterteilen, - wie z.B. in Kalifornien.

Notruf: in den Städten 911, auf dem Lande die O. Der Operator leitet den Notruf weiter.

GELD

Der Wechselkurs der vergangenen Jahre von 1 US = ca. 1,7o DM führte zu starkem Anstieg des USA- Tourismus ab Europa. Das Preisniveau in den USA ist derzeit in etwa vergleichbar mit dem in Deutschland.

ZAHLUNGSMITTEL: sollte man entsprechend stückeln je nach persönlichem "Sicherheitsbedürfnis".

* **Traveller- Schecks**: wer auf Nr. Sicher gehen will, legt sie sich zu, denn bei Diebstahl und/oder Verlust gibts vollen Ersatz. Sie sind in US-Dollar auszustellen. Nachteil: für das Einlösen der Traveller-Schecks verlangen die manche Banken hohe Abzüge ("commission"). Bei anderen Banken kein Abzug, dafür entsprechende Wege, um die betreffende Bank zu erreichen. Bevor man die Traveller- Schecks einlöst, sollte man daher wegen Abzügen fragen. Auch Hotels akzeptieren normalerweise bei Bezahlung der Rechnung Traveller Schecks.

* **Credit Cards**: neben Bargeld die Nr. 1 im nordam. Zahlungsverkehr. Akzeptiert in Hotels und selbst kleineren Motels, den meisten Restaurants, in Shops und Supermärkten, bei Airlines und Autoanmiete.

    Vorteil: bei Bezahlung von z.B. Flugtickets ist eine Reiseversicherung inkl., bei Mietwagen entfällt die vorab zu hinterlegende Kaution etc. Vor allem ist man nicht gezwungen, mit größeren Bargeldsummen zu reisen, was zusätzlich die Sicherheit steigert. Vor allem gibts bei Bezahlung per Credit Card (im Gegensatz zu Traveller Schecks) keinen Abzug für die Verwendung dieses Zahlungsmittels.

    Die Credit Card bringt zudem den Vorteil, daß man in festgelegten Abständen auch Bargeld von Automaten der jeweil. Gesellschaft (z.B. in Airports) beziehen kann. Somit also nicht als "rollender Bargeld-Transporter" reisen muß.

Allgemeine Tips

Am gängigsten und am meisten verbreitet sind in den USA _"Visa"_ und _"Master Card"_ (=Eurocard). Sie sind die Credit Cards schlechthin, mit denen man fast überall klar kommt. Seltener akzeptiert dagegen _"Diners"_ und _"American Express"_.

Die Credit Card ist in den USA extrem verbreitet. Manche Amerikaner haben gleich ein ganzes Paket dieser Plastikkarten, die je nach Karte zusätzliche Vergünstigungen bei Hotels, Airlines, Mietwagen etc. einräumen. Ähnliches setzt sich langsam auch in Europa durch.

Wer noch keine Credit Card besitzt, sollte sich eine für die USA-Reise zulegen. Um eine Credit Card zu erhalten, ist ein gewisses Mindesteinkommen nötig. Bei VISA und MASTER CARD/EUROCARD liegt der Betrag relativ niedrig. Auch sollte man die einzelnen Angebote vergleichen; unterschiedliche Jahresbeiträge und Extraleistungen.

✱ Da KRIMINELLER MISSBRAUCH von Credit Cards in den USA zwischenzeitlich an der Tagesordnung ist, besitzen fast alle angeschlossenen Unternehmen (Hotels, Shops etc.) neben oder in der Kasse ein Magnetstreifen- Lesegerät, durch das die Credit Card gezogen wird. Das Lesegerät hat per Telefonleitung Anschluß an den Großcomputer des Credit Card Unternehmens. Der Computer prüft verschiedene Daten, z.B. die Bonität des Kunden und seinen Kreditrahmen, - aber auch, wie oft die Karte innerhalb der letzten Zeit eingesetzt wurde.

Wer die Credit Card häufig und innerhalb kurzer Zeit einsetzt, - dem kann es passieren, daß der Computer nach Paß, Geburtsdatum oder gar der Nummer des Autokennzeichens fragt.

Grund: das Credit Card Unternehmen will sich hier vor Kartenmißbrauch schützen. Denn nach Verlust oder Diebstahl werden Credit Cards oft von unberechtigten Personen in großem Stil zum "Einkaufen" eingesetzt.

Mit derartigen Rückfragen muß man im "land of Credit Cards" leben. Zudem dienen solche Rückfragen letzendlich dem eigenen Schutz und gehen "on-line" mit dem Großcomputer in der Regel fix.

✱ KARTENVERLUST: gemäß der Vertragsbestimmungen im Kleingedruckten umgehend melden. In dem Fall ist man nicht haftbar bei anschließender Fremdbenutzung der Karte durch Diebe etc.

✱ Ärgerlicher ist dagegen der offenbar sehr niedrige KREDITRAHMEN bei manchen Kredit- Karten (vor allem solchen, die sehr häufig in den USA verwendet werden). Wer seine Karte innerhalb eines kurzen Zeitraumes oft und/oder für hohe Beträge einsetzt, erreicht schnell das Limit des Kreditrahmens und muß dann feststellen, daß die Karte gesperrt wird. Uns selber mal passiert, obwohl wir die Vollmacht des Bankeinzuges gegeben hatten und unser eigenes Bankkonto mit hohem Betrag mehr als gedeckt war! Die Folge: ein Weekend auf dem Trockenen und ein reichliches Maß an Verärgerung.

Der US- Repräsentant konnte uns nicht weiterhelfen und bestand auf Sperrung der Karte. Er verwies uns auf den Aussteller unserer Credit Card mit Sitz Deutschland.

Dieser war erst am darauffolgenden Montag erreichbar. Dort entschuldigte man sich: "sorry, wir haben keinen täglichen Datenaustausch mit den USA. Und dort war halt ihr Konto überzogen"...

Allgemeine Tips 47

> Abhilfe: vorab der Reise einen höheren Kreditrahmen vereinbaren. Zumindest mit American Express hatten wir derartige Probleme nie.
>
> ✱ SELBSTÄNDIGE ABBUCHUNG ohne Genehmigung des Credit Card Besitzers: Es ist in den USA durchaus üblich, daß beim Einchecken in Luxus- oder Mittelklasse-Hotel sowie auch bei Autovermietern die <u>Credit Card durch das Magnetlese- Gerät</u> gezogen wird und <u>pauschal der "zu erwartende Betrag"</u> dem Konto des Credit Card Besitzers belastet wird. Beim Auschecken korrigiert das Hotel/Motel, die Mietwagen-Firma dann auf den korrekt angefallenen Betrag.
>
> Der Vorgang läuft in der Regel gemäß der angefallenen Kosten korrekt. Zudem hat man gemäß des Kleingedruckten im Credit Card Antrag das Recht, <u>falsch berechnete Beträge</u> (z.B. in der Room- Bar) schriftlich zu monieren. Die im Kleingedruckten genannten Einspruchsfristen sind jedoch zu beachten. Sprich: Kontoauszüge rechtzeitig überprüfen, sowie rechtzeitiger einschriftlicher Einspruch!
>
> <u>Nie Quittungsbelege pauschal unterschreiben</u>, ohne daß dort der Betrag verzeichnet ist! Auch sollte man im Quittungsbeleg nicht ausgefüllte Stellen vor dem US-Betrag per Linie ausstreichen.
>
> ✱ RESTAURANT- QUITTUNGEN per Credit Card: da in den USA das Tipping (Trinkgeld) üblich ist, enthalten die Quittungsbelege der Credit Cards eine eigene Rubrik für "tipping", den man entsprechend ausfüllt.

* **Bargeld**: gehört in jedem Fall ins Reisegepäck und sollte bereits ab Europa in <u>US-Dollar</u> mitgeführt werden. In den USA wechseln nur wenige Banken die DM (ÖS bzw. SF) und meist zu schlechtem Kurs.

> Risiko bei Bargeld: wer nicht gerade stattliche Beträge bei nächtlichen Wanderungen durch düstere Downtowns mit sich trägt, läuft kein größeres Sicherheitsrisiko als in Mitteleuropa. Vorsichtiges Verhalten ist natürlich immer angeraten. Ebenso sollte man nicht Bargeld im Hotelzimmer rumliegen lassen, welches vom Zimmerpersonal u.U. als "Trinkgeld" verstanden wird...

STEUER: auf alle Waren und Dienstleistungen wird in <u>WASHINGTON</u> eine Verkaufssteuer ("tax") von ca. 7 % aufgeschlagen, variiert geringfügig bei bestimmten Produkten, manchmal auch von Ort zu Ort.

Leider ist die Steuer fast nie ausgewiesen, angegebene Preise sind immer Nettopreise. An der Kasse staunt man dann, daß es mehr kostet. Die Preisangaben in diesem Buch (Hotels, Restaurants etc.) enthalten die Steuer bereits.

In <u>OREGON</u> keine Verkaufssteuer. Wer also teurere Waren kaufen möchte (Bücher etc.) und warten kann, ist in Oregon billiger bedient.

> **Wichtig**: die Anmiete eines <u>AUTOS</u> ist in Oregon wegen fehlender Verkaufssteuer zumindest diesbezüglich billiger. Portland als Ausgangs- und Endpunkt für einen Rundtrip kann daher billiger sein.

TRINKGELD: in den USA im Betrag höher als in Europa. Dies hat geschichtlichen Ursprung.

Im Land der "Tellerwäscher zum Millionär" honorierten bereits im letzten Jhd. die Aufsteiger und zu Geld gekommenen Amerikaner gute Leistungen des Personals. Durch "üppige Trinkgelder" wurde einmal der eigene Aufstieg repräsentiert, zum anderen sollte das Engagement der Mitarbeiter im Bereich Dienstleistungen motiviert werden.
Auch heute werden gute Serviceleistungen mit entsprechend höherem Trinkgeld honoriert und miserable Leistungen mit Null- Trinkgeld.

In <u>RESTAURANTS</u> ist das Trinkgeld im Preis der Gerichte nicht enthalten. 15 - 2o % der Rechnungssumme für die Bedienung sind normalüblich. Bitte diesen Prozentsatz beachten, da die Kellner und Kellnerinnen hauptsächlich von den Trinkgeldern leben. Wer weniger gibt, setzt deutliche Zeichen der Unzufriedenheit mit dem Service.

Bei <u>TAXIS</u> ebenfalls 15 % und den Preis aufrunden.

KLIMA

Das Wetter im Nordwesten wird hauptsächlich beeinflußt durch die <u>Gebirgskette der Cascade Mountains</u>. Westlich der Berge ein gemäßigt-feuchtes Klima mit milden, regenreichen Wintern und relativ sonnigen Sommern. Daß die Menschen im Nordwesten nicht braun werden, sondern rosten, ist ein Gerücht, das sie selbst aufgebracht haben, um sich vor dem drohenden Massentourismus zu schützen.

In den Bergen bis spät in den Frühling hinein Schnee und gesperrte Strassen. In Höhenlagen auch im Sommer kühl, vor allem nachts. Niederschläge sind das ganze Jahr über möglich. Östlich der Cascades extremere Wetterverhältnisse: trockene, heiße Sommer und ebenfalls trockene und kalte Winter. Zahlreiche Mikroklimata bieten Abwechslung von diesen Grundregeln, Anmerkungen dazu im Regionalteil.

KLEIDUNG: hängt weitgehend von Reisezeit und Region ab. Zu allen Jahreszeiten sollte man aber vorbereitet sein auf extremere Klimawechsel als in Mitteleuropa, daher den Koffer variabel packen, wenn man nicht bloß in ein bestimmtes Gebiet fährt.

Gewicht sparen läßt sich vor allem an formalen Kleidungsstücken. Im Nordwesten geht es locker bis extrem lässig zu, man beurteilt die Menschen hier weniger nach ihrer Kleidung als anderswo. Selbst in besseren Stadthotels sind Shorts und T-Shirt nichts Ungewöhnliches. Kein Problem auch mit der Wäsche: entweder den teuren Hotel-Service in Anspruch nehmen oder selbst waschen in den überall vorhandenen "laundry-mats", den Waschsalons.

Reisezeiten

<u>Sommerhalbjahr</u>: mit dem meisten Sonnenschein kann man von Juni bis September rechnen. Hauptreisezeit Juli/August. Die Saison endet mit dem "Labor Day" (Anfang Sept.). Küste und Nationalparks in dieser Zeit gut

besucht, einige Orte auch überfüllt. Im Osten von Oregon und Washington sowie in den Cascade Mountains findet sich aber immer ein einsames Plätzchen.

Winterhalbjahr: während der Wintermonate bieten die Metropolen Seattle und Portland ein vielfältiges Kulturprogramm. Skilaufen ist in Oregon und Washington ideal von Mitte November bis Ende April, in manchen Wintersport- Orten sogar bis in den Frühsommer. Wem der Regen westlich der Cascades zuviel wird, braucht nur die Berge zu überqueren. Im Osten auch im Winter meist sonnig.

Gesundheit

Krankenversicherung: abchecken, ob die eigene Versicherung die Kosten im Ausland übernimmt. Vorsicht: auch Kassen, die im Ausland entstandene Kosten zahlen, übernehmen meist nur die ortsüblichen heimischen Tarife. Da das Gesundheitssystem in den USA zu den teuersten der Welt gehört, können Arzt- und Krankenhaustarife dort erheblich höher liegen. Daher empfiehlt sich in der Regel eine zusätzliche Reise-Krankenversicherung, die das nicht abgedeckte Risiko übernimmt. Manche Kreditkarten übernehmen Unfallkosten, wenn das Verkehrsmittel mit der Karte bezahlt wurde.

Arztkosten: müssen an Ort und Stelle bar vorgeschossen oder per Kreditkarte bezahlt werden. Ein weiterer Grund, nicht ohne Kreditkarte zu reisen, denn auch in Notfällen erfolgt vielfach keine Behandlung, wenn Zweifel an der Zahlungsfähigkeit des Kranken bestehen.

Impfungen: derzeit sind für die Einreise in die USA für Europäer keine Impfungen vorgeschrieben.

Sonne: Vorsicht ist vor allem geboten bei Wanderungen und Kletterpartien in den Cascade Mountains. Wegen der niedrigen Temperaturen nimmt man die starke Sonneneinstrahlung subjektiv nicht so deutlich wahr.

Erkältungen: kein größeres Risiko als in unseren Breiten. Gefährlich allerdings an heißen Sommertagen die weit verbreiteten Klimaanlagen in Hotels und Restaurants.

Höhenkrankheit: kann bei Bergbesteigungen in den Cascade Mountains über 3.000 m auftreten. Äußert sich je nach Höhe durch Kopfschmerzen und Übelkeit. Leicht zu vermeiden durch langsame Höhenanpassung mit anfänglicher Zurückhaltung bei körperlicher Anstrengung. Alkoholgenuß meiden.

Apotheken: die "Farmacies" sind weit verbreitet, viele Supermärkte haben eine entsprechende Abteilung. Die Rezeptpflicht wird streng gehandhabt. Wer bestimmte Medikamente benötigt, bringt sie am besten mit, ersatzweise ein deutlich geschriebenes Rezept.

Persönliche Hausapotheke: empfehlenswert. Ausstatten mit den wichtigsten Medikamenten für die gewöhnlichen Zwischenfälle wie Erkältungen, Durchfall, Kopfschmerzen, kleinere Wunden. Unerläßlich bei Wanderungen in einsamen Gegenden, da Hilfe oft weit und breit nicht zu erwarten ist.

Rauchen: die Nichtraucher-Fraktion ist an der amerikanischen Westküste besonders stark. Rauchen ist gesetzlich verboten in öffentlichen Verkehrsmitteln, Fahrstühlen und der Mehrzahl der staatlichen und kommunalen Gebäude. In vielen Restaurants existieren Nichtraucherzonen, beim Empfang gibt man den gewünschten Bereich an.

SICHERHEIT

Der Nordwesten der USA ist im Prinzip ein ausgesprochen sicheres Reisegebiet. Auf dem Land, in Kleinstädten und Nationalparks kein größeres Risiko als in Mitteleuropa.

In einigen Bezirken der Großstädte ist allerdings nach Einbruch der Dunkelheit Vorsicht geboten: längere Gänge durch die Straßen meiden, es ist kaum jemand zu Fuß unterwegs, die meisten Amerikaner benutzen das Auto. Lieber mal 5 US für ein Taxi ausgeben als einen Überfall riskieren. Ist man trotzdem zu nachtschlafener Zeit unterwegs, möglichst wenig Bargeld und keine Wertsachen mitnehmen. Sollte es zu einer bedrohlichen Situation kommen, am besten das Geld herausgeben. Im Zweifelsfall eine Drohung lieber zu ernst als zu leicht nehmen.

Bei Verlust des Passes sofort das nächstgelegene Konsulat benachrichtigen, spätestens am Tag der Ausreise gibt es sonst Schwierigkeiten. Bei rechtzeitiger Information der Aussteller-Firmen (Telefonbuch "Yellow Pages") sind Verluste von Reiseschecks oder Kreditkarten nicht tragisch. Die Versicherung tritt in Kraft, Ersatz ist relativ schnell zu beschaffen.

Frauen allein: die Situation für alleinreisende Frauen ist in Oregon und Washington vergleichbar mit derjenigen in Mitteleuropa. Die erwähnten Sicherheitsvorkehrungen in den Großstädten allerdings besonders ernst nehmen. In einigen Großstädten gibt es Unterkünfte, die nur für Frauen reserviert sind (z.B. "YWCA", Adressen in den Regionalkapiteln), jede größere Stadt hat ein Notruftelefon speziell für Frauen.

Alkohol: in Washington und Oregon werden alkoholische Getränke nur an Personen über 21 Jahre verkauft und ausgeschenkt. Wer jünger ist, sollte die Finger davon lassen; man verbringt schnell mal eine Nacht im Knast, wenn ein police officer gewillt ist, durchzugreifen.

Drogen: trotz offiziellen Verbots gibt es in den USA einen ausgedehnten Markt für Rauschmittel aller Art. Hände weg: mit dem Besitz oder Konsum von Drogen ist in den USA nicht mehr zu spaßen, auch Ausländern drohen rigorose Strafen.

MASSE UND GEWICHTE

Auch wenn manchmal eine metrische Angabe auftaucht, benutzen die Amerikaner weiterhin die traditionellen angelsächsischen Maßeinheiten: Sie messen die Länge in *"inches"* und *"miles"*, trinken *"quarts"* von Milch und Whiskey, - ihre Autos schlucken *"gallons"* an Benzin, Hamburger verzehren sie nach *"pounds"*, geschwitzt und gefroren wird in *"Fahrenheit"*. Für den Mitteleuropäer ist also Umrechnung an der Tagesordnung (gegebenenfalls bewährt sich hier ein Taschenrechner):

TEMPERATUR: die Umrechnungsformel von Fahrenheit in Celsius lautet: minus 32, geteilt durch 9, mal 5. Bequemer merkt man sich folgende vier Eckwerte; was dazwischen liegt, läßt sich dann leicht über den Daumen peilen:

32 Grad F = 0 Grad C   68 Grad F = 2o Grad C
5o Grad F = 1o Grad C   86 Grad F = 3o Grad C

LÄNGE: 1 inch = 2,54 cm (1 cm = 0,39 inch), - 1 foot = 3o,48 cm (3,28 feet = 1 m), - 1 yard = 0,91 m (1 m = 1,09 yard).

ENTFERNUNGEN auf Straßenschildern in Meilen angegeben, in diesem Buch bereits umgerechnet auf Kilometer. 1 mile = 1,609 km. (1 km = 0,62 miles). - HÖHENANGABEN: meist in feet (siehe oben).

FLÜSSIGKEITEN: 1 cup = 0,24 l, - 1 pint = 0,47 l, - 1 quart = 0,95 l, - 1 gallon = 3,79 l (1 l = 0,26 gallon).

BENZIN TANKEN: 1 gallon = 3,78 Liter.

GEWICHT: ounces x 28 = Gramm, - pounds x 0,45 = Kilogramm. In Gegenrichtung: Gramm x 0,035 = ounces, - Kilogramm x 2,2 = Pounds.

ELEKTRIZITÄT

Stromspannung 11o Volt Wechselstrom. Elektrische Geräte also nur mitnehmen, wenn sie von 22o auf 11o Volt umschaltbar sind.

Steckdosen: teils solche, in die Flachstecker (wie auch bei uns üblich) reinpassen, z.B. Stecker von Rassierapparatkabeln. Teils aber Steckdosen, die für Flachstecker einen Adapter benötigen. Diesen gibts in US-Elektro Shops (nach einem Adapter für einen Rasierapparat fragen).

ZEITZONEN

Wegen der gewaltigen Ost-West Ausdehnung sind die USA in 6 Zeitzonen aufgeteilt:

* Eastern Time (Ostküste z.B. New York, Boston, Miami), - * Central Time (z.B. Chicago, Dallas, St. Louis), - * Mountain Time (z.B. Denver, Phoenix, Salt Lake City), - * Pacific Time: gilt für die West Coast, also auch Oregon, Washington sowie für Nevada. - Hinzu kommen die Alaska Time und die Hawaii Time.

Allgemeine Tips

> UMRECHNUNG: pro Zeitzone ist von New York Richtung West Coast die Uhr jeweils um 1 Std. zurückzustellen. Beispiel: New York/Eastern Time: 6 Uhr früh = 3 Uhr früh in Seattle, Portland/Pacific Time.
>
> Mitteleuropa (BRD, CH, A) gegenüber Oregon/Washington 9 Std. Beispiel: München: 12 Uhr = Seattle, Portland/Pacific Time = 3 Uhr früh.
>
> Wechsel zwischen Winter- und Sommerzeit in Oregon/Washington: am letzten Sonntag im April sowie am letzten Sonntag im Oktober.

UHRZEIT: in den USA eingeteilt in **AM** (Mitternacht bis 12 Uhr Mittags) und **PM** (ab 12 Uhr bis Mitternacht). Beispiel: wenn die Digital-Uhr "0001 AM" zeigt, entspricht dies unserer Zeitangabe: 1 Min. nach Mitternacht. Analog: "0310 PM" = 15 Uhr nachmittags plus 1o Min.

DATUM: die Zahl des Monats steht vor dem Tag. Beispiel: 8.1.95 = 1. August 1995. Aufpassen bei Reservierungen und Flugdaten.

ÖFFNUNGSZEITEN

Kein einheitlicher Ladenschluß. Zwischen 9 und 18 Uhr (Mo- Fr) dürfte fast alles geöffnet sein (Banken bis 15 Uhr), Mittagspausen sind selten.

Geschäfte und Kaufhäuser haben oft bis in den Abend geöffnet, Supermärkte meist bis 22 Uhr, manchmal auch bis 24 Uhr. Es gibt sogar Supermarktketten, die damit werben, daß sie rund um die Uhr offen haben. Sie sind hauptsächlich im Einzugsbereich der großen Städte zu finden. - Shopping Centers haben auch Sa/So geöffnet, ebenso manche Supermärkte. Einige Banken am Samstagvormittag.

Die meisten Museen haben wie bei uns montags geschlossen, Ausnahmen sind im Text vermerkt. Die Öffnungszeiten variieren stark, man sollte sich aber darauf einstellen, daß in der in der Regel 16- 17 Uhr Schluß ist.

FEIERTAGE

Da fast alle Feiertage in den USA ein verlängertes Wochenende bewirken, muß man zu dieser Zeit mit einem verstärkten Ansturm auf Urlaubsorte und Nationalparks rechnen. Unterkünfte sind dort meist schon frühzeitig ausgebucht.

Entweder selbst langfristig vorreservieren, oder aber solche Wochenenden für den Aufenthalt in Seattle oder Portland einplanen. Aufgepaßt auch beim Transport: vor allem Flugtickets werden absolute Mangelware.

Neben Weihnachten, Neujahr und Ostern bleiben an folgenden Tagen Behörden, Banken und die meisten Geschäfte geschlossen:

15. Januar:	Geburtstag von Martin Luther King
dritter Montag im Februar:	President's Day

letzter Montag im Mai:	Memorial Day (Heldengedenktag)
4. Juli:	Independence Day
erster Montag im September:	Labor Day (Tag der Arbeit)
zweiter Montag im Oktober:	Columbus Day
zweiter Montag im November:	Veteran's Day
letzter Donnerstag im November:	Thanksgiving

FERIEN: Schul- und Universitätsferien von Mitte Juni bis einschließlich Labor Day/Anfang September. Außerdem über Weihnachten/Neujahr und während der Osterwoche.

FESTE & FESTIVALS

Der Kalender ist voll mit nationalen, regionalen und örtlichen Festen. Das "Pendleton Round Up" (2. Wo./Sept.) ist eines der größten Rodeos im Westen der USA. - Berühmt das "Shakespeare Festival" (Ende Febr. bis Ende Okt.) in Ashland an der Interstate 5 Nähe Grenze zu Kalifornien, - das "Britt Festival" in Jacksonville Nähe Ashland (Mitte Juni bis Anf. Sept.) mit Folk, Jazz und Country & Western, - Konzertaufführungen in Portland und Seattle etc.

Weitere Details im jeweiligen Regional-Kapitel dieses Buches. Wer darüber hinaus Interesse hat, fragt beim örtlichen Visitors Center nach. Auch die staatlichen Touristenbüros von Oregon und Washington versenden eine lange Liste der Feierlichkeiten im Jahresverlauf.

Irgendwo dazwischen liegen die ethnischen Feste der verschiedenen Einwanderergruppen: mehr traditionell und ursprünglich das chinesische Neujahr oder die mexikanischen Unabhängigkeitstage, kommerziell orientiert dagegen deutsche Oktoberfeste oder skandinavische Mittsommer-Feiern.

Typisch amerikanische Feiern in Gesamt-USA:

"INDEPENDENCE DAY": Erinnerung an die Unabhängigkeitserklärung der USA. Wichtigster Feiertag der Nation. Der 4. Juli wird überall mit Festen und Paraden begangen. Höhepunkt meistens ein Feuerwerk.

"HALLOWEEN": traditionelles Kinderfest am 31. Oktober, bei dem sich der Nachwuchs kostümiert, von Haus zu Haus zieht und um Süßigkeiten und Geschenke bittet. Wer sich nicht drauf einläßt, dem spielen sie einen Streich ("trick or treat"). Symbol dieses Tages sind die schauerlichen Gesichter ausgehöhlter Kürbisköpfe, die bei Dunkelheit gespenstisch leuchten.

Die latent bedrohliche Atmosphäre an diesem Tag übrigens hervorragend eingefangen in John Carpenters Grusel-Klassiker "Halloween". Allerdings nur im ersten Film der Serie; die zahlreichen kommerzialisierten Fortsetzungen sind verkommen zu blutrünstigen Schockern.

"THANKSGIVING": Erntedankfest am letzten Donnerstag im November. In fast allen Familien, die es sich leisten können, kommt der traditionelle gefüllte Truthahn auf die Festtafel.

KINDER

Die USA sind prinzipiell ein kinderfreundliches Reiseland. Es gibt speziell auf Kinder zugeschnittene Museen zum "Anfassen und Mitmachen". Auch die Sehenswürdigkeiten der Erwachsenen haben manchmal ihre "Kinderabteilung" oder sind für den Nachwuchs verständlich angelegt. Technische Museen verfügen oft über gute Abteilungen mit Animation für Kinder. In den Nationalparks bieten die Ranger besondere Aktivitäten und Programme für Kinder und Jugendliche an. Und wer sportlich ist, findet sowieso umgehend Anschluß an interessierte Gleichaltrige.

Erhebliche Preisnachlässe für Minderjährige in vielen Hotels, keine "stille Benachteiligung" kinderreicher Familien. Der Hochstuhl für die Kleinsten ist in praktisch jedem Restaurant ungefragt zur Hand, spezielle Kindergerichte sind ebenso selbstverständlich wie Kindersitze für Mietwagen und die kostenlose Benutzung von Kinderbuggies in Vergnügungsparks.

SENIOREN

Weitaus häufiger als bei uns sind amerikanische Senioren "auf der Walze", genießen ihren Lebensabend auf Rundreisen oder im Wohnmobil. Eine ganze Generation scheint permanent unterwegs zu sein, oft auch, um den Winter in warmen Gefilden zu verbringen. Rücksicht auf Ferientermine ist für sie nicht mehr nötig.

Das schlägt sich auch in der Tourismus-Industrie nieder: Senioren werden umworben wie nirgendwo sonst. Es gibt Sondertarife und Rabatte bei Airlines, Bahn und Bus. Viele Hotels locken mit erheblichen Preisnachlässen, Eintrittspreise zu Museen und Veranstaltungen sind reduziert. Der "Golden Age Passport", erhältlich in den Visitor Centers, verschafft freien Eintritt in alle National Parks und National Monuments.

Oft gilt die Seniorenregelung schon ab 55. Es lohnt also, den Ausweis parat zu haben und nach Sondertarifen Ausschau zu halten bzw. ohne Scheu zu fragen.

BEHINDERTE

Manches ist noch zu verbessern, aber in Oregon und Washington macht man ernst mit dem Versuch, das Reisen auch für Behinderte so angenehm wie möglich zu gestalten. Viele Restaurants und Hotels sind auf Rollstuhlfahrer eingerichtet. Blaue Markierungen reservieren fast überall Parkplätze für Behinderte direkt an den Eingängen.

Auch die Nationalparks kümmern sich: fast überall ein kurzer, asphaltierter Rundweg, auf dem Rollstuhlfahrer einen Eindruck von den jeweiligen Naturschönheiten bekommen können. Freier Eintritt in alle National Parks und National Monuments mit dem "Golden Access Passport", erhältlich in den Visitor Centers. - Weitere Auskünfte über behindertengerechte Einrichtungen bei den örtlichen Tourismusbehörden.

FOTOGRAFIEREN und FILMEN

Der Nordwesten bietet Foto- und Videomotive in Hülle und Fülle: Städte, Menschen und vor allem grandiose Landschaften. Der Nachschub an <u>Filmmaterial</u> ist kein Problem (Kodakfilme sind überall erhältlich), wer aber auf bestimmte andere Marken (z.b. Agfa) eingeschworen ist, sollte sich genügend Vorrat aus Europa mitbringen.

★FOTOTIPS: neue Technologien bei der Herstellung von Linsen sowie Mikrochips ermöglichten hervorragende neue <u>Spiegelreflexkameras</u>, die aber Gewicht und Volumen bedeuten. Wer die Reise lediglich zur Urlaubserinnerung dokumentieren will, ist gut mit den <u>Kompaktkameras</u> bedient, die bequem in die Handtasche (teils auch Hosentasche) passen und je nach Modell gute Abbildungsqualität (auch bei Vergrößerungen) bringen.

In den USA gibt es sogenannte "<u>Panorama Kameras</u>" für ca. 15 US. Sie verwenden Kleinbildfilme, allerdings in Breite einen größeren Abschnitt. Wer's Geld hat: Fun, die Sache mal auszuprobieren. Spart das sonst übliche Aneinanderstückeln von Einzelaufnahmen. Die Kameras lassen aber an Schärfe je nach Modell zu wünschen übrig.

★VIDEOTIPS: der Nachschub an <u>8 mm- Filmkassetten</u> ist auch in den USA problemlos. Bei unseren in den USA gekauften Kasetten hatten wir allerdings das Gefühl, daß die Farbwiedergabe (trotz hochwertiger Kasetten) nicht so gut ist wie bei in Europa gekauften.

<u>Achtung</u>: die Amerikaner haben eine andere Fernsehnorm (NTCS) als wir in Europa. Dort gefilmte Videos kann man also nicht im Hotel-/Motelzimmer über den Fernseher ansehen. Wer bereits vor Ort sich die Aufnahmen in Farbe ansehen will, muß sich einen der kleinen Matrix- Farbbildschirme aus Europa mitbringen.

Daß Videofilmen die "3. Dimension in lebendiger Urlaubsdokumentation" bringen kann, hat sich zwischenzeitlich rumgesprochen. Gegenüber der Fotografie bringt das Video das bewegte Bild plus Life- Ton. Auch kann man selbst bei geringstem Licht (z.B. nachts auf Straßen, in Shops, Kneipen etc.) aufnehmen, was mit bisherigen Schmalfilmkameras nicht geht. Zudem sind Videokameras preiswert geworden.

Wer plant, sich für die Reise eine <u>Video Kamera zu kaufen</u>: momentan konkurrieren noch 2 Systeme miteinander, das <u>VHS-C- System</u> sowie das <u>8 mm System</u>. Letzteres hat den Vorteil erheblich kleinerer Kasetten, die zudem längere Zeit aufnehmen können. Es sieht so aus, als ob sich dieses System wegen seiner Vorteile langfristig durchsetzen wird. In jedem Fall "<u>Hi-8</u>" kaufen, da erheblich bessere Farbqualität und zudem Vorteile, wer seine Videoaufnahmen zu Hause dann elektronisch "schneiden" möchte.

Vorab zu Hause die <u>Kamera ausprobieren</u>, Probefilme drehen und Bekannten als Testpublikum vorführen. Videofilmen will gelernt sein. Nichts schlimmer, als wenn ein ehemaliger "Fotograf" die Videokammera wüst in der Gegend rumschwenkt und die Filmschnitte sowie Anschlüsse nicht stimmen. Zwischenzeitlich gibts auch Literatur zum Videofilmen betreffend Filmdramatury, Aufbau einer "Story" etc., um lebendige und interessante Filme zu gestalten.

SHOPPING

Neben Fernsehen ist *"SHOPPING"* eine der attraktivsten Freizeitbeschäftigung der Amerikaner. Nicht ohne Grund haben die vielen <u>Shopping</u>

Centers auch am Wochenende offen und sind dann am dichtesten frequentiert. Wahre Menschenmassen zelebrieren hier das Weekend, und die Parkplätze sind vollgeparkt.

Oft befinden sich Hunderte von Läden unter einem Dach, dazu Kaufhäuser, Restaurants, Spielplätze, Fitneß-Center und Kinderhorte. Das Bummeln durch diese Shopping Centers und Malls macht Spaß, da man viel Interessantes für den eigenen Einkauf entdecken kann - oder aber einfach den Flair und Rummel erlebt. Zudem preisgünstige Selbstbedienungs-Restaurants. Die wichtigsten SHOPPING CENTERS von Portland und Seattle siehe Hauptteil dieses Bandes, - sie sind auch in den Stadtplänen von Rand McNally und Gousha eingetragen.

Wie sich Shopping und Leben zu einer beinahe untrennbaren Einheit entwickeln können, führen Bette Middler und Woody Allen in dem brillianten Film "Scenes from a Mall" (Ein ganz normaler Hochzeitstag) vor: In einem Shopping-Center verschwimmen für die beiden die Grenzen zwischen Shopping und menschlicher Existenz; das Einkaufszentrum wird zur Privatsphäre, und im Konsum lösen sich selbst die schwerwiegendsten Probleme wie von selbst auf.

GIFT SHOPS: keine Touristenattraktion, kein Museum, kein Nationalpark, der nicht über seinen "Gift Shop" verfügt. Verkauft wird alles, was sich verkaufen Läßt. Die Palette reicht von Souvenirs, jeder Menge an Sachen von Kitsch bis Kunst oder Geschenk für die Lieben daheim.

Manchmal ist der "gift shop" wichtiger als die Sehenswürdigkeit selbst. Shopping ist das "Non-Plus-Ultra", - und amerikanische Sprüche wie "shop till you drop" oder "I am shopping, therefore I am" sind wohl kaum ironisch gemeint, sondern eher Ausdruck eines wirklichen Lebensgefühls der US- Gesellschaft.

In National Parks sind die dortigen Shops wichtige Infoquelle. Erhältlich hochwertige Publikationen zum Nationalpark sowie detailliertes Kartenmaterial.

SOUVENIRS

Abgesehen von bedruckten Feuerzeugen und T-Shirts etc., die bei originellem Design durchaus ein Urlaubssouvenir sein können, - gibt es eine Vielzahl weiterer Mitbringsel. Kunstvolle Holzartikel, Schmuck, Malerei auf Seide, schön gerahmte Stiche und Zeichnungen, mutige Dekorationsgegenstände.

BÜCHER: erstklassige Bildbände zu Oregon, Washington und den Nationalparks. Die schönsten Titel siehe unser Kapitel "Literatur". Die größte Buchhandlung ist Powells Bookshop in Portland/Oregon. Besuch lohnt allein wegen der gewaltigen Dimensionen. Tip für Liebhaber von Büchern auch der Hawthorne Boulevard/Portland (neu und Antiquariat). Details siehe "Portland".

KLEIDUNG: vor allem in den großen Städten gibt es Geschäfte mit Markenkleidung zu stark reduzierten Preisen, manchmal direkt aus der Fabrik. Motto: "Designer Labels for less".

Allgemeine Tips 57

SATURDAY MARKET/ Portland, Ankeney Park: einer der größten Open Air Märkte der USA. Angebot: von Lebensmitteln über Souvenirs, Kunsthandwerk hin zu Flohmarkt. Details siehe "Portland".

PIKE PLACE MARKET/Seattle: die Markthallen gelten als eine der ältesten der USA, gebaut 19o7- 3o. Als in den 6o-er Jahren die Hallen baufällig geworden waren, plante man den Abriß zu Gunsten von Bürobauten und Parkhäusern. Zum Glück konnten die alten Hallen jedoch gerettet werden. Sie wurden renoviert und sind heute lebendiges Viertel mit Shops, Kneipen und Restaurants. Das Angebot reicht vom Lebensmittelhandel über Souvenirs hin zu Kunstgewerbe.

MUSIC SHOPS: gut sortierte Läden in Seattle und Portland (Platten, Kassettten, CDs). Gute Music- Shops auch in den Shopping Centers von Portland und Seattle. Hochburg des Jazz ist vor allem Portland.

LEBENSMITTEL: ausgezeichnet sind Weine aus Oregon und Washington. In Europa kaum zu bekommen, aber vor Ort relativ preiswert. Orientalische Tees und Gewürze vor allem im International District von Seattle.

KUNST UND KUNSTHANDWERK der Küsten-Indianer vorwiegend in den gift shops einschlägiger Museen. Zu empfehlen sind Web- und Flechtarbeiten sowie ausgefallener Silberschmuck. Spezialgeschäfte auch in Seattle.

KUNSTGALERIEN UND ANTIQUITÄTENGESCHÄFTE: in Seattle am Pioneer Square. In Portland in Old Town sowie den Stadtvierteln Hawthorne und Sellwood, Details siehe dort.

RADIO

In den großen Städten Dutzende von Sendern, die sich meist auf eine besondere Musikrichtung spezialisiert haben: Klassik, Rock, Jazz, Oldies, Country & Western etc. Einige Stationen bringen nur Nachrichten oder Sport, evtl. Verkehrsdurchsagen. Alle Programme sind ständig unterbrochen durch Werbung.

Die besten Musiksender auf UKW (FM), Nachrichten in der Regel über Mittelwelle (AM). In abgelegenen Gebieten wird der Radioempfang dünn.

Bei Autoanmiete hat das Fahrzeug in der Regel auch einen Kassettenteil. Wer auf bestimmte Musik steht, sollte sich daher auf ein paar Kassetten sein eigenes Musikprogramm mitnehmen. - Lohnend ist auch die Mitnahme eines Walkmans mit Radioteil und der Möglichkeit der Aufnahme. Man kann unterwegs gute Stücke mitschneiden und hat vor Ort dann im Walkman oder Kassettenteil des Mietwagens das Programm, das einem am meisten liegt.

FERNSEHEN

Kaum ein Hotel- oder Motelzimmer ohne den Fernsehapparat. 6 Programme sind das Minimum, manchmal auch über 3o. Der Empfang und die Bildqualität entsprechen nicht immer dem, was wir in Europa per Antenne, via Satellit oder Kabelanschluß gewohnt sind. Aber immerhin flimmert die Kiste. Teils dienen die TVs auch zum Radioempfang im Zimmer. Radio und normale TV- Sender sind gratis.

✱ Spezielle VIDEO- PROGRAMME in Hotels/Inns. Nennen sich "HBO" (=home box office). Gezeigt werden aktuelle Hollywood Hits bis hin zu Pornos. Vorteil zumindest: keine Werbeunterbrechung. Sie kosten pro Film rund 8 US, in manchen Hotels/Inns aber auch gratis.

Besser vorab in der Hotelrezeption fragen, damit man später nicht mit satter Extrarechnung belastet wird. Denn teils wird auch für das "kurze Reinschauen" in den seichten Porno der komplette Film berechnet. In anderen Hotels/Motels darf man 1o Min. gratis reinschauen, erst dann wird berechnet. Über das jeweilige Video- Angebot berichtet ein Prospekt im Zimmer.

✱ Reguläre TV- PROGRAMME (gratis): in der Regel seichte Unterhaltung, viele Spielfilme, oft aber von geringer Qualität. Alle permanent von Werbung unterbrochen. Sportfans kommen auf ihre Kosten, sofern sie eine der US-Profisportarten wie Baseball, Basketball, Football oder Eishockey mögen. CNN (der 24 Std.-Nachrichtensender) ist spätestens seit dem Golfkrieg auch in Europa hinreichend bekannt.

Die TV-Mentalität der Nation zeigt sich besonders deutlich in den billig produzierten Comedy-Shows: Witzemacher und Parodisten unterschiedlicher Qualität. - Sowie bei Fernsehserien mit Szenen aus dem Familien- und Arbeitsleben, voll "absurder" und "komischer" Situationen. Ein imaginäres Publikum im Hintergrund lacht an der jeweils "richtigen Stelle". Im Klartext: verschiedene Arten des Lachens sind im Computer eingespeichert und werden auf Knopfdruck dem Film beigefügt. Bei besonders schlechten TV- Serien wird spätestens nach jedem 3. Satz gelacht. Das Ganze nennt sich *"Seifenoper"* und gibts in allen Varianten, - auch solchen, wo nicht gelacht wird, die Filme aber nicht minder banal sind.

Charakteristisch für's amerikanische Fernsehen sind auch die Verkaufsprogramme im TV: Bieten rund um die Uhr Schmuck, patentierte Zwiebelschneider und andere angeblich "erlesene Sachen" zu sogenannten "Niedrigpreisen". Die Zuschauer rufen im Sender an und bestellen bei Nennung ihrer Kreditkartennummer.

Variante sind die sogen. *"Game-Shows"*: der Show-Master (oder die an der Show Teilnehmenden) drehen an einem "Glücksrad". Anschließend sind Quizfragen zu beantworten. Richtig beantwortet, kann man eine Fülle schöner Gegenstände gewinnen, die entsprechend werbeträchtig auf dem Bildschirm präsentiert werden. Unterm Strich satte Produktwerbung.

*Was hier an seichter TV- "Unterhaltung" im Endeffekt möglich ist (verbunden mit ständig massiver Werbung), zeigt der "Genuß" der US-Privatsender. Sie sind oft Vorbild dessen, was sich momentan in **Deutschland im Aufbau befindet.***

Gravierend in Deutschland insbesondere, daß man sich derzeit vom ungestörten Abspielen von Spielfilmen trennt und statt dessen die Filme satt mit Werbeunterbrechung spickt.
Wer hier (gewissermaßen 5 Min. vor 12) aktiv werden will, sollte massiv - zumindest bei ZDF und ARD per Einschreiben protestieren!

Eine Nummer härter sind US- Programe, - wo ein Mr. Cleaven (etc.) der Kamera berichtet, er sei arbeitslos gewesen und tief verschuldet, - bis er die Idee hatte, Kleinanzeigen für die Idee xy aufzugeben. Daraufhin sei er reich geworden (das TV- Bild zeigt ihn und seine Frau, Typ "Modell" am Swimmingpool in vollem Luxus). Im weiteren Bericht wird doukumentiert, daß der TV Zuschauer ähnliches "Luxuslife" realisieren kann, wenn er nur 3oo US auf Konto yz überweist: er erhält dafür die Unterlagen, "wie man das so macht"...

Das, was hier über den Bildschirm flimmert, geht arg unter die Gürtellinie. Da werden vor der Kamera "Zeugen" befragt, die die "Richtigkeit dieser Geschäftsidee" bestätigen. Selbstverständlich ist der "Report zum Reichtum" mit Werbung für Zahnpasta etc. unterbrochen. Anschließend gehts weiter mit Infos zur Realisierung der "Geschäftsidee". Für den Außenstehenden ein faszinierendes TV- Programm, wie hier nach allen Regeln der Kunst und Psychologie Leute für dumm verkauft werden. In den USA sind derartige Sendungen gesetzlich legal.

Legal in den USA ist auch die Unterbrechung von NACHRICHTENSENDUNGEN durch Werbespots. Da sieht man Menschen auf Kriegsschauplätzen sterben, - und anschließend einen Werbespot, wie toll der Hamburger der Fa. xy schmeckt... (Bleibt nur zu hoffen, daß derartiges in Deutschland nie eingeführt wird!)

Abschließend mal reinschauen in eines der Programme des RELIGIÖSEN SHOW-BUSINESS: Prediger dozieren vor der Kamera. Soweit o.k.
Dann aber auch extreme Szenen vor laufender Kamera und Saalpublikum, wo der Prediger sogenannt Geheilte präsentiert, die wie Verrückte auf dem Boden rumkriechen und ekstatisch (teils heulend) bestätigen, - sie seien nunmehr frei von ihren Leiden.
Alles ist möglich in diesen Sendungen, in denen es vor allem um Spenden geht: für Afrika, aber auch für Paläste der Evangelisten oder deren Wohlergehen. (Fast) alles ist erlaubt, - Religion als Medienspektakel.

ZEITUNGEN
Europäische Zeitungen und Zeitschriften erhältlich an den internationalen Flughäfen sowie an großen Zeitungsständen und in bedeutenden Buchhandlungen von Seattle und Portland.

PROVINZBLÄTTER bieten kaum mehr als Lokalnachrichten, Sport und knappe Info zu Wirtschaft und Politik. Dafür jede Menge Werbung. Die besten lokalen Zeitungen erscheinen in Portland und Seattle.

Hilfreich die überdimensionalen <u>Wochenendausgaben</u>, die zwar fast Paketformat besitzen und extrem viel Werbung, aber auch brauchbare Beilagen wie Fernsehprogramm und der wöchentliche Veranstaltungskalender mit Hinweisen zu Ausstellungen, Konzerten, Theater, Kino und Sportveranstaltungen.

ÜBERREGIONALE PRESSE: dominierend die beiden Wochenmagazine für Politik, Wirtschaft und Kultur *"<u>Time</u>"* und *"<u>Newsweek</u>"*. Weiterhin überall erhältlich die Tageszeitung *"<u>USA Today</u>"* (Mo-Do und Wochenendausgabe): knapper Abriß des Weltgeschehens. Die Zeitung greift auch kontroverse Themen auf und setzt sich kritisch mit Aspekten des öffentlichen Lebens in den USA auseinander. Übersichtlich durch Grafiken und Statistiken. Gut für Überblick und ersten Einstieg ins US-Geschehen.

HIGHLIGHTS

Die folgenden Hinweise auf besonders attraktive oder ausgefallene Reiseziele im Nordwesten unterliegen natürlich einer subjektiven Wertung. Trotzdem können sie zur Orientierung dienen, so daß man die Reiseplanung an einigen markanten Punkten ausrichten kann.

1.) Landschaften

<u>Mount St. Helens Nat. Volcanic Monument</u> (Cascade Mountains, Wash.): faszinierendes Zerstörungsgebiet, entstanden 1980 nach der Eruption des Vulkans. Lava- und Aschefelder mit einer langsam wieder zum Leben erwachenden Vegetation.

<u>North Cascades National Park</u> (Washington): erschlossen durch den North Casc. Highway 20. Eldorado für Wanderer.

<u>Grand Coulee</u> (Ost-Wash.): von eiszeitlichen Wassermassen ausgeschürfter tiefer Canyon mit vielen geologischen Besonderheiten.

<u>Pazifikküste</u> (Oregon): einer der schönsten Küstenabschnitte an der US-West Coast mit ständig wechselnder Kulisse. Riesige Sanddünen, Strände, schroffe Felsen, Landzungen und vorgelagerte Inseln. Wegen starker Winde insbes. im Herbst und Frühjahr überwältigendes Schauspiel, wie die Pazifikwellen in hoher Gischt auf die Küstenfelsen schlagen. Organisierte Touren für "<u>Storm Watching</u>":

<u>Crater Lake</u> (Cascade Mountains, Oregon): Wunderwerk der Natur, ein tiefblauer See von 10 km Durchmesser mit kleiner Insel in einem erloschenen Vulkankrater.

<u>John Day Fossil Beds</u> (Ost-Oregon): Fundstätte von 40 bis 50 Millionen Jahre alten Fossilien in einer wüstenartigen Mondlandschaft.

Allgemeine Tips 61

2.) Highways

Hwy 2o (Nord- Wash.): führt durch den North Cascades Nat. Park und eine der abgelegensten Regionen der USA. Schroffe Bergwände, Stauseen und Gipfel um 2.5oo m. Im Bereich viele Trails und Campingplätze. Achtung: der Hwy 2o ist durchgehend nur in den Sommermonaten befahrbar.

Historic Highway durch die Columbia River Gorge (Cascade Mountains, Oregon). Kurvenreiche Straße aus dem Jahr 1916 mit Original- Trassenführung und Straßenbegrenzungen. Grandiose Ausblicke auf den Durchbruch des Columbia River durch die Cascades.

3.) Aussichtspunkte

Astoria Column (Astoria, Oregon): vom Aussichtsturm oberhalb der Stadt ein totaler Überblick über die Mündung des Columbia River und den nördlichen Teil der Pazifikküste Oregons.

Mount Bachelor (Cascade Mountains, Oregon): per Lift zum Gipfel des schlafenden Vulkans. Weiter Panorama-Blick über die Gipfel der Cascades sowie in die Ebenen Ost-Oregons.

Hurricane Ridge (Olympic Peninsula, Wash.): Ausblick auf den Mount Olympus und andere veschneite Gipfel der Olympic Mountains sowie auf die Meerenge zwischen Washington und Kanada.

Portland (Oregon): viele lohnende Ausblicke auf die Stadt und umliegende Vulkane, so vom Pittock Mansion, vom Council Crest Park und vom Mt. Tabor Park. Details siehe "Portland".

4.) Museen, Besichtigungen

Yakima Indian Nation Cultural Center (Yakima, Ost-Wash.): einfühlsame Darstellung der Indianerkulturen und ihrer Geschichte im Osten des heutigen Bundesstaates Washington.

Museum of Native American Cultures (Spokane, Ost-Washington): größte Sammlung der Westküste zu Indianerkulturen auf dem gesamten amerikanischen Kontinent.

Boeing Fabrik (Everett, Wash.): einer der erfolgreichsten Flugzeughersteller der Welt, in der Everett- Fabrik von Boeing werden u.a. die Jumbo Großraumflugzeuge gebaut. Faszinierend ist die Besichtigung der Fertigungsstätten (Mo- Fr., lange Warteschlangen. Möglichst früh eintreffen, bzw. per Tour ab Seattle buchen).

Museum of Flight (Seattle/Wash.): mehr als 3o Originalflugzeuge aus fast einem Jahrhundert der Fluggeschichte.

5.) Sport

Mount Bachelor (Cascade Mountains, Oregon): ungewöhnliches Skigebiet auf den Hängen des Vulkans, zählt zu den 5 besten der USA.

62 Allgemeine Tips

> <u>White River Rafting und Jetboat Trips</u> auf dem Snake River (Ost- Oregon) und dem Rouge River (Süd- Oregon). Beide Flüsse besitzen in bestimmten Abschnitten Stromschnellen, über die man in kleinen Schlauchbooten "drüberreitet", bzw. die in hoch-PS- bestückten Booten befahren werden.
>
> <u>Hoh Rain Forest Trail</u> (Olympic Peninsula, Wash.): Langstrecken-Wanderweg durch die Wildnis des Regenwaldes im Olympic National Park. Führt bis zum Gletscher von Mount Olympus.
>
> <u>Mount Rainier</u> (Cascade Mountains, Wash.): die Besteigung des Bergriesen ist ein kleines Abenteuer, nicht nur für ausgebildete Bergsteiger möglich. Bei entsprechender Vorbereitung auch für Nicht-Experten ein zwar anstrengendes, aber phantastisches Naturerlebnis.
>
> "<u>Portland Trail Blazers</u>": eines der besten Basketball-Teams der US-Profi-Liga. Bei jedem Heimspiel Weltklasse-Basketball, garniert mit einer gehörigen Portion Show-Business rund um den eigentlichen Sport. Die Begeisterung der Zuschauer kennt keine Grenzen.

✦ Ausrüstung, Gepäck (vergl. auch Kapitel "Kleidung" S. 48)

Man sollte sich in Mitnahme von Gegenständen ab Europa <u>auf das Notwendigste beschränken</u>, damit das Gewicht und vor allem das Volumen des Koffers etc. nicht zu groß wird. Immerhin gibt es praktisch alles (von Unterwäsche bis hin zu Shampoo und Kosmetik) vor Ort zu kaufen.

<u>SHOPPING</u> in den USA (vor allem in den großen Shopping Centern) macht Spaß. Es gibt jede Menge schöner Sachen zu kaufen, - und schnell platzt der Koffer aus "allen Nähten" sowie wird das 2o kg Limit bei den Airlines auf dem Rückflug massiv überschritten, was dort erheblichen Aufpreis kosten kann.

<u>Abhilfe</u>: einige Sachen vorab per Post (am billigsten ist "surface") an die Heimatadresse schicken. 1o kg kosten ca. 25 US, stabile gebrauchte Kartons und Klebeband zur Verpackung gibts in Supermärkten. Reisezeit des Paketes ca. 3 - 4 Wochen.

Bei Abgabe des Paketes im US- Postamt muß eine Zollerklärung bezüglich des Inhaltes ausgefüllt werden.

> Unter "<u>personal belongings</u>" versteht man Dinge, die man zum täglichen Leben braucht, also beispielsweise T-Shirts, Pullover, Hosen, Röcke, Schuhe etc. Derartiges ist zollfrei. Das Paket läuft dann in Deutschland durchs Zollamt (gelegentliche Stichproben). Bei dreckiger Unterwäsche, Pullovern etc. wird man in der Regel keine Probleme haben.
>
> Anders dagegen, wenn an der Hose noch der Preis hängt, aus dem hervorgeht, daß die Hose etc. in den USA gekauft wurde. In dem Fall muß in der Zollerklärung der Gegenstand und Warenwert genannt werden. Dieser ist dann zu verzollen bei Erhalt des Paketes in Deutschland.
>
> Selbes gilt selbstverständlich auch für alle anderen Waren. Es ist sinnvoll, daß man

Allgemeine Tips 63

> beim Kauf derartiger Waren in den USA sich vom Geschäft eine Rechnung ausstellen läßt, aus dem der Warenwert hervorgeht. Wie hoch in "US- Dollar" die Rechnung ausgestellt ist, daran richtet sich dann die Zahlung der Zollsumme beim Empfang des Paketes in Deutschland...

KOFFER: so praktisch die sogen. "Schalenkoffer" sind, sie bringen ein hohes Eigengewicht auf die Waage. Praktischer erscheinen uns Koffer aus Nylonstoff mit Schnallen. Sie sind im Eigengewicht leichter und vor allem in ihrem Volumen durch die Schnallen an den Gepäckinhalt anpaßbar. In jedem Fall sollte der Koffer Rollen besitzen, damit man ihn durch Airporthallen etc. ziehen kann und nicht schleppen muß.

Koffergröße: wer plant, vor Ort mit dem Mietwagen zu reisen, sollte einen Koffer von nicht zu großen Abmessungen wählen, - maxim. 9o cm Breite.
Grund: die handlichen Mietwagen der Kompaktklasse haben einen meist nur äußerst kleinen Kofferraum. Voluminöse Koffer versperren hier den Kofferraum und lassen kaum Platz für sonstige Gegenstände, wie z.B. eine in den USA gekaufte Kühlbox (für Mitnahme von Lebensmitteln) etc.

Tip: wesentlich cleverer ist hier ein handlicher Koffer plus ein oder mehrere Nylon- Tragetaschen, die zudem kaum wiegen und sich flexibel den Abmessungen des Autokofferraums anpassen lassen.

Weiterer Vorteil: unterwegs kann man in die einzelnen Nylon- Tragetaschen (vor Ort im Auto gehen auch Plastiktüten), das Reisegepäck nach "Themen" sortieren. Z.B. in eine Tüte die dreckige Wäsche, - in andere Tüte Reiseliteratur, in dritte Tüte frische Wäsche, Pullover etc. Man muß daher nicht einen voluminösen und schweren Großkoffer ins Hotel/Motel schleppen, - sondern nimmt sich in der Tragetasche lediglich das mit, was man pro Nacht braucht.

Besonders praktisch hier die Übernachtung im Motel wegen der kurzen Wege ins Zimmer, Details siehe dort.

Unterkunft

Breites Angebot an Übernachtungsmöglichkeiten. Es reicht von <u>HOTELS</u> (vorwiegend in größeren Städten und teuer) hin zu den selbst in kleinsten Orten existierenden, preiswerten <u>MOTELS</u>. Weiterhin <u>COUNTRY INNS</u> und <u>BED & BREAKFAST</u> - Häuser.

Speziell in den Nat. Parks und an der Küste viele <u>Campingplätze</u> fürs Zelten bzw. Wohnmobil.

HOTELS

Hauptsächlich in großen Städten im Stadtzentrum. Meist Mittelklasse oder gehobene Kategorien, guter Service und feudale Eingangslobby. Sie werden vorwiegend von Geschäftsleuten genutzt. Die **Preise** für ein DZ liegen bei ca. 7o US rauf zu 2oo US und mehr pro Nacht. Am Weekend gibts bei Stadthotels teils etwas reduzierte Preise (nachfragen, sonst zahlt man den normalen Preis der Übernachtung).

Ein Privatbad ist ebenso selbstverständlich wie Room-Service, Tel. und Farb-TV im Zimmer, teils auch Minibar, Kaffeemaschine und Mikrowellenherd. Hotels der gehobenen Klasse besitzen meist auch einen eigenen Swimmingpool sowie Whirl-Pool, Sauna, Fax-Service etc. <u>Vorteil</u> der Übernachtung im Hotel ist die meist zentrale Lage im Stadtzentrum, fürs Parken in der Hotelgarage wird oft Extragebühr verlangt.

<u>Reservierung</u>: durchaus praktisch, ein kurzer Anruf beim ausgewählten Hotel ist schnell getätigt und geht oft sogar auf Kosten des Unternehmens ("8oo"er Nummer). Für Reservierungen verlangen die Hotels teils die Nennung der Nummer der eigenen Credit Card. Wer dann trotz Reservierung im Hotel nicht erscheint, bekommt die entsprechend gebuchten Nächte u. U. vom Konto abgezogen.

Bei der telefonischen Reservierung sollte man auch angeben, wenn man später als 18 Uhr im Hotel eintreffen wird, da andernfalls die Reservierung verloren gehen kann. Ob sich das Hotel darauf einläßt, ist Frage seiner Auslastung.

Preise: oft bestehen für ein und das selbe Hotel eine <u>Vielzahl unterschiedlicher Preise</u>. Sie sind abhängig von Zimmergröße und Ausstattung. Aber auch abhängig von der Saison, Auslastung des Hotels - und der Frage, ob man einer bestimmten Personengruppe gehört, der das Hotel Rabatte gewährt. Bei geringer Auslastung des Hotels kann man u.U. auch als Tourist einen günstigeren Preis aushandeln.

<u>NOBEL- HOTELS</u>: abgesehen von 5- Sterne Luxuspalästen in supermodernen Wolkenkratzern gibt's auch stilvolle Hotels in schönen Backsteingebäuden. Wer ein Faible für die Atmosphäre und den gediegenen Luxus eines klassischen Grand-Hotels hat: *"<u>The Heathman</u>"* in Portland und das *"<u>Mayflower Park Hotel</u>"* in Seattle garantieren Zufriedenheit bei hohen Ansprüchen.

<u>BILLIG- HOTELS</u>: in Seattle, Portland und anderen großen Städten existiert eine Sorte von extrem preiswerten Absteigen, die man aber meiden

sollte: heruntergekommene Hotels in Uralt-Häusern, ein Großteil der Zimmer langfristig vermietet an manchmal zwielichtiges Publikum. Nicht nur schmutzig und ungepflegt, sondern oft auch gefährlich. Empfehlenswerte Alternativen dazu sind Jugendherbergen, YMCA/YWCA und Billig-Motels am Stadtrand.

★ MOTELS

Nr. 1 für preiswerte Übernachtung in den USA. Die <u>Zimmer</u> in der Regel recht groß, sauber, mit Telefon und modernem Farb- TV, - hinten das Privatbad, das in der Regel ebenfalls ausreichend Platz, Handtücher und Seife bietet. Gegenüber Luxushotels allerdings keinen Marmor etc. erwarten.

<u>Preise</u> fürs DZ ca. 25 - 4o US je nach Lage und Konkurrenzmotels. Der Betrag wird für die erste Nacht bereits beim Einchecken fällig und kann auch per Credit Card (meist Visa und Mastercard) bezahlt werden. Wer länger bleiben will, muß an der Rezeption bis 11 Uhr früh Bescheid geben. Ansonsten muß man das Zimmer bis 11 Uhr verlassen, sonst riskiert man die Forderung für eine weitere Nacht.

Abgesehen vom günstigen Preis haben <u>MOTELS</u> (gegenüber Hotels) den <u>entscheidenden Vorteil</u>: man kann mit dem Auto direkt bis vors Zimmer vorfahren. Dies bedeutet <u>kürzeste Wege</u> des Gepäcktransports ins Zimmer (im Hotel muß man durch endlose Gänge).

Wer mit <u>viel Gepäck reist</u>, hat im Motel einen weiteren Vorteil: hinten im Kofferraum des Autos die einzelnen Stücke sortieren, z.B. rechts die Kühlbox mit Lebensmitteln, benutzte Wäsche links etc. Man muß daher in kleiner Tasche nur das ins Zimmer nehmen, was man für die Nacht braucht. Auch kann man per kurzem Weg vom Zimmer zur Auto-Kühlbox, um dort Bier etc. nachzufassen.

<u>MOTELS</u> finden sich in <u>größeren Städten</u> an den Einfallstraßen. Dort oft Gruppierung von 5 bis 2o Motels nebeneinander, - so daß man die Preise vergleichen kann. Um unnötige Anfahrten zur Rezeption zu sparen, haben die Motels zudem eine <u>grüne Neonschrift</u>: *"vacancy"* (= Zimmer frei) bzw. *"no vacancy"*. Manche Motels werben sogar mit großen Schildern betreffend ihres Zimmerpreises.

In <u>kleineren Orten und Siedlungen</u> befinden sich die Motels an der Durchgangsstraße, oft auch in Nähe von Tankstellen. Wegen großer Werbeschilder kein Problem, die dortigen Motels zu finden.

Daß <u>Motels "steril in Atmosphäre"</u> seien, ist ein Vorurteil europäischer Reisender, die einen Flair eines kuschligen Schwarzwald- Hotels etc. erwarten. Derartigen Flair findet man weder in US- Motels noch (in der Regel) in US- Hotels.

Dafür aber im <u>Rezeptionsbereich</u> des Motels oft eine Kaffee-Maschine für den Gratis-Cafe. Irgendwo im Hof des Motels stehen die Coke- Maschinen für Softdrinks gegen Münzeinwurf sowie Gratis- Eismaschinen. Bei gehobenen Motels im Zimmer auch Eisschrank und teils Mikrowellenherd.

Zugegeben, Motels sind reine Zweckbauten: Hufeisen- oder U-Form, davor die Autos der Gäste geparkt. Entscheidend ist das "Innenleben": die Zimmer sind genauso geräumig wie in Hotels, teils sogar größer. Sie sind in der Regel sehr sauber, hierfür sorgt allein der Konkurrenzdruck der umliegenden Motels. Im Vergleich zu Hotels hat man zwar keine feudale Eingangshalle, dafür kostet die Übernachtung im Motel erheblich weniger. Und abends kann man es sich im Motelzimmer genauso gemütlich machen wie im Hotel...

Motels haben einen weiteren wichtigen Vorteil: Während man bei Hotels mühsam die angegebene Adresse per Stadtplan (guter Beifahrer als Kartenleser und Führer insbes. in Großstädten wie Portland und Seattle nötig) suchen muß, - stößt man von den Autobahn- und Highway-Abfahrten automatisch auf Motels. Dies spart viel Sucherei und Zeit.

Reservierungen: bei Motels normalerweise nicht nötig. Wenn ein Motel voll ist, geht man zum nächsten. Man sollte allerdings nicht nach 23.oo Uhr eintreffen, da später die Motel- Manager zu Bett gehen und mühsam rausgeklingelt werden müssen.

Achtung: Motels, die in der weiteren Umgebung von Nationalparks und sonstiger Feriengebiete liegen, sind am Wochenende und zu Ferienterminen oft restlos ausgebucht.

Preise: bei 3o - 4o US/DZ ist kaum noch Spielraum für Preisverhandlungen. Bitte beachten, daß der Betrieb und Unterhalt eines Motels sehr arbeitsaufwendig und teuer ist (Wäsche waschen, Zimmer säubern, zudem Reparaturen etc.). Zwar kann man das Runterhandeln des Preises versuchen bei gering ausgelastetem Motel (= am frühen abend wenig Fahrzeuge vor den Zimmern). Viel mehr als 5 US ist nicht drin und sollte auch nicht verhandelt werden.

Anders dagegen, wer 5 Tage oder mehr im selben Motel bleiben will. Hier ist Rabatt durchaus üblich. Man sollte ihn vorab anfragen, da er nicht automatisch gewährt wird.

Anders dagegen auch, wenn offenkundig überhöhte Preise verlangt werden. In dem Fall das Zimmer vorab besichtigen, ob der Preis durch Extraausstatung (eventuell Blick etc.) gerechtfertigt ist. Ansonsten führt bei überhöhten Preisen der Gang zum gegenüberliegenden Motel schneller zum Ziel, als daß man hier mühsam rumhandelt.

BILLIG- MOTELS: gibts insbes. im Bereich von Großstädten. Hier logiert der abgebrannte Traveller. Ausgelatschte Teppichböden, ramschige Uraltmöbel, - und die Bettwäsche hat schon mehrere Gäste erlebt, ohne daß sie gewaschen wurde. Die Preise liegen bei ca. 2o US/DZ. Die paar Dollar mehr für ein ordentliches, anderes Motel sollte man drauflegen. Ob es sich um ein "Billig-Motel" handelt, erkennt man meist schon in der ramschigen Rezeption. In jedem Fall vorab das Zimmer besichtigen.

MITNEHMEN VON ESSEN INS ZIMMER: bei *MOTELS* absolut üblich. Spart Geld gegenüber teuren Hotel- oder sonstigen Restaurants. Bei *HOTELS* der gehobenen Preisklasse sieht man seltener Gäste, die mit der braunen Packpapiertüte voll mit Essen und Getränken durch die Lobby

marschieren. Grund: das Klientel, das über das Geld verfügt, 15o oder 2oo US pro Nacht hinzulegen, speist lieber bequem im Restaurant, als sich mit braunen Papiertüten + Inhalt quer durch die Lobby abzumühen...
Auch möchte das Hotel mit seinem Restaurant und Room- Service verdienen. Eine rechtliche Handhabe, den Lebensmittel- und Getränketransport per Packpapier durch die Lobby zu verbieten, gibt es nicht. Wer's praktiziert: bitte dezent, aber auch ohne übertriebene Scham...(Peinlich, wenn die Tüte dann vor der Rezeption wegen Übergewicht aufplatzt).

★ **Hotel-/Motelgutscheine**: gibts für verschiedene Hotel- und Motel-Ketten in den USA. Funktioniert so: man kauft vorab einen Schwung an Gutscheinen für Übernachtung in den jeweiligen Hotels/Motels der Kette.

Dies hat zwar den Vorteil, daß man dort vergünstigten Preis bekommt. Gleichzeitig aber Nachteile:

* man ist auf ein spezielles Hotel/Motel der Kette fixiert, was umständliche Anfahrt und Stadtplan- Sucherei inkl. Zeitverlust bedeutet. Per "Motelsuche auf eigene Faust" vor Ort und ohne Gutschein ist man oft schneller und billiger bedient.

* Vorabreservierung sinnvoll, damit man nach mühsamer Adress- Suche vor ausgebuchtem Hotel/Motel steht. Dies schränkt flexibles Reisen ein, zumal man bis spätestens 18 Uhr an der betreffenden Adresse erscheinen sollte, um die Reservierung nicht zu verlieren.

* Vor allem sind derartige Übernachtungs-"Ketten" nie flächendeckend. Um den betreffenden Gutschein loszuwerden, muß man manchmal reichlich abseits der geplanten Reisestrecke logieren.

* Bevor man derartige Gutscheinhefte kauft, sollte man daher sehr genau prüfen, in welchen Orten und Städten man die Gutscheine einsetzen kann. Für mehrtägige Übernachtung in gutem Stadthotel Seattle/Portland können derartige Gutscheine lohnen, da man nur einmal die Anreisesucherei hat. Vorausgesetzt, die Ermäßigung stimmt.

* Manche Übernachtungsketten bieten auch ihre Gutscheine in gestaffelten Preisen an. Bei der Kette "Days Inn" gibt es die rote, grüne, blaue und goldene Voucher- Kategorie, deren Gutscheine je nach Farbkategorie unterschiedlich ca. 8o - 15o DM pro Übernachtung kosten.

* Prüfen, wieviel Stunden vorher man eine Reservierung stornieren muß, um bei Nichtbenutzung eines reservierten Zimmers nicht trotzdem zur Kasse gebeten zu werden. Bei manchen Gutscheinpaketen muß man 72 Std. (!) vorher stornieren, was erheblich das flexible Reisen einschränken kann!

* Prüfen, inwieweit man nicht benutzte Gutscheine nach Beendigung der Reise zurückerstattet bekommt und in welcher Höhe Stornogebühren anfallen. In der Regel sind 2o DM/Coupon, mindestens aber 5o DM fällig. Beispiel: wer 2 Coupons zurückgibt zahlt 5o DM Bearbeitungsgebühr, bei 4 Coupons sind 8o DM fällig. Den genauen Betrag vorab prüfen, kann auch höher sein, bzw. gar nicht möglich.

Vorsicht auch beim Kauf dieser Gutscheine bei Anbietern in Europa: die Preise können erheblich höher liegen als vor Ort.

Preise: in Europa zahlt man je nach Kette pro Übernachtungs-Gutschein (DZ/Nacht) ca. 75 - 11o DM, teils auch 15o DM.

Unterm Strich dürften sich derartige Gutscheine nur mit Einschränkung lohnen. Wer trotzdem auf Gutscheine steht:

BEST WESTERN INTERNATIONAL, Blvd. Lemmonier 14, B-1ooo Brüssel, Belgien, Tel. (o2) - 511737o. Normalerweise gute Hotels und Motels der Mittelklasse.

HOLIDAY INN, Adolfstr. 16, 62oo Wiesbaden, Tel. (o6121)- 16o5o. Hauptsächlich Hotels im bekannten Einheitstil der Kette.

CHOICE, Am Hauptbahnhof 12, Frankfurt/M. 1, Tel. (o69)- 231oo2. Zusammenschluß mehrerer Motel-Ketten, u.a. Quality Inn. Billig- bis Mittelklasse.

DAYS INN, c/o Herzog HC, Savignystr. 28, Frankfurt/M.. Mittelklasse, nur begrenzte Verbreitung in Oregon und Washington.

MOTEL 6, c/o Anglo-American Reisebüro, Bodelschwinghstr. 13, Westerkappeln, Tel. (o54o4)- 257o. Preisweiteste Kette, Motels gepflegt, und sauber. In fast allen wichtigen Orten von Oregon/Washington eine Filiale.

TRAVELODGE, Neue Mainzer Str. 22, Frankfurt/M. 1, Tel. (o69)- 239196-9. An der gesamten Westküste weit verbreitet, zuverlässiger Standard in der Billig- und Mittelklasse.

✦ INN

Mittelding zwischen Hotel und Motel. In der Regel umfangreiche Parkmöglichkeiten für's Auto (ähnlich wie bei Motels), aber die Rezeption und der dortige Aufenthaltsbereich etwas "feudaler", in wärmeren Gegenden auch SW-Pool im Garten. Die **Preise** fürs DZ je nach Lage und Ausstattung ca. 4o- 8o US/Nacht fürs DZ.

Derartige "Inns" sind teils in Übernachtungsketten zusammengeschlossen und bieten per Gutschein bzw. per Plasticcard vergünstigte Übernachtung.

Achtung: ein "Inn" kann sowohl Hotel- Charakter haben, also mehrstöckiges großes Gebäude mit Eingangslobby, weitläufigen Aufenthaltsräumen und Restaurant (z.B. "Holiday Inn"- Kette oder vielfach bei Häuserrn "Days Inn"- Kette). Er kann aber auch Motel-Charakter haben und nennt sich dann meist "Motor Inn". Ebenso gibt es den "Country Inn", der meist in die Kategorie "Bed&Breakfast" fällt, Details siehe unten.

✦ RESORT

Komfortable Motels in Feriengebieten und/oder einsamen, aber landschaftlich lohnenden Gebieten der Cascade Mountains bzw. der Küste. Ähnlich wie normale Motels verfügen sie über relativ große und komfortable Zimmer mit Privatbad und TV.

Sie sind billiger als die "Lodges". **Preise** je nach Saison und Auslastung ca. 6o- 12o US/DZ. Insbesondere zur HS ist langfristige Vorbuchung nötig, da nur wenige Zimmer.

✦ LODGE

Vor allem in Sommer-Feriengebieten und Winterskigebieten wie z.b. am Vulkan Mt. Hood oder Mt. Bachelor. Meist feudale, größere Hotels in rustikalem Baustil, relativ vielen Zimmern und je nach Höhenlage auch SW-Pool. Große Aufenthaltsräume, Restaurant, im Zimmer Privatbad und TV. Die **Preise** fürs DZ in kleineren Lodges ca. 5o- 8o US, - in größeren ab ca. 6o US, zur HS bis zu 2oo US und mehr. Langfristige Vorbuchung für HS nötig insbesondere in den Topquartieren wie der "Timberline Lodge" am Mt. Hood/Oregon oder die Skihotels am Mt. Bachelor/Oregon.

Achtung: Begriffe wie "Inn" und "Lodge" etc. sind offenbar in den USA nicht geschützt. Dies kann bedeuten, daß sich auch ein Mini- Motel als "Lodge" bezeichnen kann, - z.B. die "Alpine West Lodge" in Bend/Oregon. Für den Preis von ca. 3o US/ DZ ist sie eine akzeptable Unterkunft in Bend, - die aber mit Top- Lodges wie z.B. "Timberline Lodge" am Mt. Hood/Oregon weder in Größe noch Ausstattung etwas gemein hat. - Ebenso können "Lodges" auch als Bed&Braeakfast geführt sein (z.B. die "Birch Leaf Lodge" in Halfway/Ost- Oregon).

Generelles zu Betten und Frühstück

Ähnlich, wie es eine Vielzahl an Übernachtungsmöglichkeiten in den USA gibt, gilt dies auch für die Rubrik Betten und Frühstück.

BETTEN: "Queen Size" entspricht etwa dem französischen Doppelbett, "King Size" hat Überbreite bis hin zu 2 m. In vielen Zimmern stehen auch zwei Betten der jeweiligen Kategorie. Für Familien natürlich billiger als das Anmieten von zwei Zimmern. Wer das preiswerteste Doppelzimmer sucht, fragt am besten nach "one bed, queen size".

Inwieweit Zimmer z.B. in Motels von mehr als 2 Personen ohne Aufpreis benutzt werden dürfen, wäre vorab bei Anmiete abzuklären.

FRÜHSTÜCK: bei Hotels und Inns teils im Übernachtungspreis inbegriffen (oft großes Frühstücksbuffet), - teils aber auch nicht. Daher vorab fragen!

Bei Motels kein Frühstück (da entsprechende Aufenthaltsräume fehlen). Trotzdem gibts hier (seltene) Ausnahmen, wo einem größeren Motel noch ein Restaurantbetrieb angegliedert ist und man für 3 - 5 US/Person ein relativ üppiges Frühstück mit Kaffee und Fruchtsaft bekommt. Ansonsten frühstückt man in einem Café oder Fastfood Laden.

Bei Bed& Breakfast Häusern ist das Frühstück im Preis inkl.

✦ BED & BREAKFAST

Vorab: nicht zu vergleichen mit den gleichnamigen Unterkünften in Großbritannien. Im Nordwesten immer mittlere bis gehobene Kategorie, die **Preise** ca. 5o- 15o US pro DZ, in abgelegenen Landstrichen Ost-Washingtons oder Ost-Oregons auch weniger.

Die Häuser sind oft renovierte Privatvillen im viktorianischen Stil. Innenausstattung: Antiquitäten, Landhausmöbel und stilvolle Badezimmer. Manchmal auch zuviel des Guten mit einer Überdosis an viktorianischem Firlefanz. Derartige B&B liegen vielfach am Stadtrand in einem Wohnviertel oder gleich auf dem Land. - Ebenfalls B&B. in gemütlichen ehemaligen Farmhäusern.

Die Zimmer: oft klein (je nach Haus auch ohne TV und Tel.). Manchmal gibts Gemeinschaftsbäder auf dem Flur, teils auch Privatbad im Zimmer. In der Regel blitzblank und sauber. Da die Bed & Breakfast Häuser nur über wenige Zimmer verfügen, dürfte es vor dem Gemeinschaftsbad nie ernsthafte Warteschlangen geben.

Frühstück ist im Preis eingeschlossen, meist ein "Continental Breakfast". Teils zaubert auch die Dame des Hauses ein "Feuerwerk" aus mehreren Gängen: excellent und üppig,- eine Mahlzeit, die oft das Mittagessen ersetzen kann. Je nach Haus besteht auch die Möglichkeit, das Frühstück im Zimmer im Bett zu genießen.

In manchen B&B Häusern nachmittags Teestunde oder Cocktail, bei dem sich die Gäste für ein halbes Stündchen einfinden und sich mit Käse, Wein und Früchten bedienen.

Aufenthaltsraum: in der Regel gemütliches Wohnzimmer mit Sofas und Tischchen, wo man lesen und fernsehen , bzw. mit anderen Gästen Kontakt knüpfen kann. Wer dagegen signalisiert, daß er lieber in Ruhe alleine ein Magazin lesen möchte, wird ebenso respektiert.

Das Zimmer gehört ausschließlich den Gästen. Auch der Besitzer des B&B fühlt sich in diesem Raum als Gast unter Gästen, die er zusammenführt. Er kennt viele interessante Anekdoten zur Region und Tips für Ausflüge in die nähere Umgebung. Viele haben auch die Speisekarten örtlicher Restaurants im Haus und Tips, wo es sich besonders gut speisen läßt.

Diese Form einer angenehmen privaten Atmosphäre im komfortablen B&B wird bei immer mehr Amerikanern beliebt, - die die steril-neutrale Atmosphäre in Hotels oder Motels leid sind. Sie reisen in B&B- Häusern nach dem Motto: "home away from home". - Als Ausländer ist man gern gesehener Gast. Die Besitzer sehen darin eine persönliche Bereicherung ihres Hauses und kümmern sich rührend um den Fremdling. Insgesamt eine gute Gelegenheit, etwas näheren Kontakt zu Amerikanern zu bekommen.

Reservieren: da B&B- Häuser meist nur wenige Zimmer haben, ist eine Vorreservierung je nach Ferienzeit, Weekend langfristig sinnvoll. Mit Bitte um Verständnis, daß besonders schön gelegene B&B nur gegen Nennung der Credit Card vorreservieren. Wer dann nicht erscheint, bekommt den Betrag für das reservierte Zimmer vom Konto abgezogen.

Eincheck-Zeit in der Regel 15- 18 Uhr, bei telefonischer Voranmeldung läßt sich je nach Saison auch eine andere Zeit verabreden.

> Einschränkungen: in den meisten B&B sind kleinere Kinder nicht erwünscht. Grund: man hat nur wenige Zimmer zu vergeben und wünscht Gäste, die ungestört von "Kindergeschrei und Rumtoben" relaxen können. - Rauchen ist fast überall strikt verboten (mit Rücksicht auf die anderen Gäste sowie (teils) Feuergefahr in den alten Holzhäusern).

Ein Verzeichnis vieler (wenn auch längst nicht aller) B&B Häuser in Oregon ist erhältlich über "Oregon Bed&Breakfast Directory", 23o Red Spur Drive, Grants Pass, OR 97527. Jährlich auf den neuesten Stand gebracht mit kurzer Beschreibung und Preisen.

✱ YMCA/YWCA

Die Häuser der christlichen Vereine sind Alternative zu den Jugendherbergen und Billighotels in Portland und Seattle. **Preise**: übernachtet wird entweder in Schlafsälen (preiswertes Bett), oder in DZ- Zimmer (ca. 25 - 45 US). Auch für Nichtmitglieder möglich. In Relation zum Motel ist die Übernachtung im YMCA/YWCA per DZ daher kaum billiger und zudem oft ausgebucht.

YMCA für Männer und Frauen, YWCA nur für Frauen. Vorteil der Übernachtung in diesen Häusern: Treffpunkt junger Reisender, lockere und offene Atmosphäre, teils auch SW- Pool, Sauna, Fitness Center und Spiele.

> YMCA und YWCA - Übernachtung gibts in Oregon/Washington nur in den Städten Portland und Seattle. Weitere Informationen und Liste aller "Ys" in Gesamt- USA versendet CVJM-Reisen, Postfach 41o149, Kassel, Tel. (o561) 3o87-0. Das Reisebüro bietet auch ein System von Übernachtungsschecks, die vor Ort eingelöst werden können und nimmt Reservierungen entgegen.

✱ JUGENDHERBERGEN

Die preiswerteste Art, ein festes Dach über dem Kopf zu bekommen. Die Organisation "American Youth Hostels" ist Mitglied im Internationalen Jugendherbergs-Verband. Die Unterkünfte stehen auch Nicht-Mitgliedern offen. Mitglieder werden jedoch bei starker Nachfrage bevorzugt, der Jugendherbergsausweis lohnt sich also. **Preise**: ca. 1o- 12 US pro Nacht und Person, Nicht-Mitglieder zahlen ca. 2- 5 US mehr. Keine Altersbeschränkung.

Vor allem im Juli/August übersteigt die Nachfrage häufig das Angebot. Rechtzeitige Reservierung ist daher ratsam. Ausweichmöglichkeit in den großen Städten sind YMCA/YWCA und private Jugenherbergen.

Wer hauptsächlich in Jugendherbergen und YMCA/YWCA übernachten will, sollte seine Reise gut vorplanen. Zur leichteren Orientierung daher untenstehend eine Liste der Herbergen mit Hinweis auf nahe gelegene Sehenswürdigkeiten und Ausflugsmöglichkeiten. Nähere Beschreibung der Häuser im Regionalteil.

✱ SEATTLE

> "Seattle International Hostel", 84 Union St., Seattle, Tel. (2o6) 622-5443. Beste Lage

Unterkunft 73

in Downtown. Ideal für die Erkundung von Seattle und Umgebung.

"YMCA", 9o9 4th Ave., Seattle, Tel. (2o6) 382-5ooo. Ebenfalls zentral in Downtown.

"YWCA", 118 5th Ave., Seattle, Tel. (2o6) 461-4851 und (2o6) 461-4888. Zentral in Seattle. Nur für Frauen.

★PUGET SOUND

"Vashon Island Hostel", auf der grünen Insel Vashon Island im südlichen Puget Sound, Tel. (2o6) 463-2592. Gut erreichbar ab Seattle mit Fähre. Ausweichmöglichkeit, wenn die städtischen Herbergen voll sind. Gut auch für ein paar ruhige Tage auf einer abgeschiedenen Insel.

"Friday Harbor Youth Hostel", 1st St./Ecke Spring St. Auf San Juan Island im Norden des Puget Sound. Ausgangspunkt für die Erkundung der Inselgruppe. Eine weitere Jugendherberge existiert auf der Nachbarinsel Orcas Island: "Doe Bay Village Resort".

★OLYMPIC PENINSULA

"Fort Worden Hostel", 4 km nordwestlich von Pt. Townsend im ehemaligen Militärkomplex. Zwischenstop in einem malerischen Ort auf dem Weg zum Olympic National Park.

"House of Health Hostel", 511 E. First St., Port Angeles, Tel. (2o6) 457-3515. Zentral am Hafen. Ausgangspunkt für Trips zur Hurricane Ridge, in den Olympic National Park und nach Vancouver Island/Kanada.

"Rainforest Hostel", Hwy. 1o1, etwa auf halber Strecke zwischen Forks und Kalaloch am Westrand des Olympic National Park, Tel. (2o6) 374-227o. Nächstgelegene Unterkunft zum Hoh Rain Forest.

★SÜDWEST- WASHINGTON

"Fort Columbia State Park", einige Kilometer östlich der Long Beach Peninsula beim Ort Chinook, Tel. (2o6) 777-8755. Günstig für Trips zur Long Beach Peninsula und rüber nach Astoria/Oregon.

★OST- WASHINGTON

"Youth Hostel", 93o Lincoln St., Spokane, Tel. (5o9) 838-5968. In weitem Umkreis die einzige Jugendherberge. Zwischenstop auf dem Weg von und nach Osten.

★PAZIFIKKÜSTE OREGON

"Sea Star Hostel", 375 2nd Street, Bandon, Tel. (5o3) 347-9632. Schöner Standort an der südlichen Pazifikküste von Oregon.

★SÜD- OREGON

"Ashland Hostel", 15o N. Main St., Ashland. Tel. (5o3) 482-9217. Beliebt bei den Besuchern des dortigen Shakespeare Festivals (dann allerdings sehr langfristig vorbuchen!) und als Zwischenstation auf dem direkten Weg von Nordkalifornien nach Portland.

★PORTLAND

"Portland International Hostel", 3o31 SE Hawthorne Blvd., Portland, Tel. (5o3) 236-338o. Nicht sehr günstig gelegen in einem Außenbezirk. Trotzdem passabel für die Stadterkundung.

"YWCA", 1111 SW 1th Ave., Portland, Tel. (5o3) 223-6281. Zentrale Lage in Downtown. Nur für Frauen.

Unterkunft

CAMPING

Es gibt in Oregon und Washington eine Vielzahl an Campingplätzen, die je nach Platz sowohl von Campern, teils auch Wohnmobilfahrern benutzt werden können.

Generell muß unterschieden werden zwischen * Campingplätzen für Ferientourismus. Sie sind in der Regel gut ausgestattet und finden sich an der Küste sowie in den Cascade Mountains an landschaftlich schönen Stellen, auch für Wohnmobile möglich. - Und * Campingplätze in Nationalparks und Wilderness Areas. Sie sind (vor allem bei Lage abseits der Straßen) sehr einfach ausgestattet und dienen dort Wanderern auf Mehrtagestrails.

Preise: einfache Plätze sind gratis oder kosten ein paar Dollar. Für einen gut ausgestatteten Platz nach europäischem Muster sind 15- 2o US zu berappen. Viele Plätze gewähren Ermäßigung für Besitzer des "Golden Eagle Pass" (25 US), der für ein Jahr freien Eintritt in alle Nationalparks gewährt. Details zum Erwerb siehe "Allgemeine Tips/ Tourist-Info".

Kartentip: die Roadmaps von Gousha ("Oregon" und "Washington") haben haben fast alle größeren Campingplätze mit Symbol eingetragen. Ansonsten gibts in Nationalparks Gratiskarten, die die dortigen Campgrounds verzeichnen.

Komfort: Camper in den USA verzichten in der freien Natur gern darauf, viele Plätze sind daher äußerst einfach ausgestattet und oft ohne Duschen. Dies gilt vor allem für landschaftlich schöne Gebiete sowie die Nationalparks in den Olympic Mountains und den Cascade Mountains. In der Nähe von Städten und entlang der wichtigsten Highways gut ausgestatteten Campgrounds, hauptsächlich von Wohnmobilen frequentiert, aber meist auch für Zelter zugänglich.

Reservierung: viele Campgrounds haben eine Telefonnummer. Reservierung vor allem während der Sommermonate und an Feiertagen sinnvoll. Dies gilt besonders für beliebte Plätze innerhalb von Nationalparks oder entlang der Küste. Wo nötig, finden sich entsprechende Hinweise im Text. Beim Anruf die Kreditkartennummer parat haben.

"Self-registration": vielerorts die Art, den Stellplatz zu bezahlen. Meist am Eingang ein Kasten mit vorgefertigten Umschlägen und Anweisungen. Geldschein hinein, Namen und Autonummer darauf notieren und den Umschlag in den bezeichneten Briefkasten werfen. Diese Aufgabe sofort nach der Entscheidung für einen bestimmten Stellplatz erledigen. Kommt der Ranger und man hat nicht gezahlt, hagelt es saftige Bußgelder.

Wilderness Camping: Übernachtung im Freien außerhalb von Campingplätzen ist in fast allen National und State Parks sowie den National Forests für Wanderer erlaubt. Voraussetzung ist eine kostenlose schriftliche Erlaubnis _("wilderness permit")_, erhältlich beim zuständigen Visitor Center oder der nächsten Ranger Station. Strikte Einhaltung der Verhaltensregeln (z.B. bezüglich Feuerstellen) sowie Rücknahme von Müll sind eine Selbstverständlichkeit. Beachten, daß es in den Höhenlagen der Cascade Mountains auch in Sommernächten empfindlich kalt werden kann.

Wild Zelten oder Übernachten im Wohnmobil außerhalb ausgewiesener Plätze ist ansonsten nicht erlaubt und wird in den Nationalparks streng kontrolliert (Hinweisschilder: "day use area only").

"Oregon State Parks Guide": Infobroschüre mit kompletter Liste aller Campgrounds in den State Parks von Oregon. Gratis erhältlich beim staatlichen Tourist Büro.

"KOA" (Campgrounds of America): größte private Kette mit vielen Plätzen in Oregon und Washington. Hervorragend ausgestattete Campgrounds entlang der wichtigen Highways und bei größeren Orten. Katalog mit ausführlichen Beschreibungen und Lageplänen gratis auf jedem der Plätze.

Wohnmobile: größere Campingplätze haben den sogenannten _"hook-up"_: Anschluß an Wasser, Elektrizität und Entsorgunsleitungen. Korrekte Entsorgung von Abwasser und Müll wird überall großgeschrieben. Wildes Ablassen der Tanks in der Landschaft ist "littering" und damit strafbar.

Wegen der Flexibilität, die das Wohnmobil bietet, ist es auf jeden Fall eine bedenkenswerte Alternative. Preislich allerdings eher ungünstiger als eine Reise mit PKW und Übernachtung im Motel. Weitere Informationen zum Anmieten und Fahren eines Wohnmobils in den USA, siehe Seite 25.

Abgesehen von Fast Food- "Tempeln", Pizzaketten etc. gibts exzellente Restaurants, die insbesondere für Fisch und Meeresfrüchte (Shrimps, Lobster, Muscheln etc.) berühmt sind. Hinzu kommt die Küche von Einwanderern aus z.B. Italien, Mexiko und Asien.

Fast Food

Die <u>HAMBURGER- KETTEN</u> (McDonald's, Burger King etc.) gehören zu Amerika wie Coca Cola und Pepsi. Es gibt sie massenweise in den Städten, an den Ausfallsstraßen und selbst in kleineren Siedlungen. Vorteil: Parkplatz vor der Tür (teils sogar "Drive- In") und keinelei Formalitäten wie Tisch-Reservieren. Man geht rein, bestellt an der Kasse und verspeist dann den Hamburger im steril- sauberen Styling der jeweiligen Kette.

Da die Ketten untereinander in hartem Konkurrenzkampf stehen, gibt es verbilligte Angebote a la "Hamburger + Coke + Salat" etc. Das Salatbuffet (sofern vorhanden) ist oft keine schlechte Wahl, - vor allem wenn man beliebig nachfassen kann. Ob der Hamburger satt macht, muß jeder selbst entscheiden... PS: die "Burgers" werden immer dicker, und man muß oft schon einen großen Mund haben, um das Ding ("King Size" oder wie es sonst heißt) zwischen die Zähne zu bekommen.

<u>PIZZA- KETTEN</u>: arbeiten nach ähnlichem Muster, teils nicht schlechte

Qualität. Werden vermarktet wie die Burger-Ketten, allerdings auch Pizzen in gepflegten Italiener- Restaurants.

SHOPPING- CENTER: **Tip**, wer schnelles und preiswertes Fast Food sucht, aber nicht auf Hamburgers steht. Hier bieten Chinesen, Griechen etc. zum Teil exzellente Fastfood- Gerichte an, die man sich an der Kasse selber zusammenstellt. Fleisch, Seafood, Gemüse etc. zu günstigem Preis und vor allem auch sättigend. Die Preiswert- Alternative, - wer billig essen will. Kein Problem mit Parken vor dem Shopping Center. Die großen Shopping Centers sind in den Stadtplänen von Rand McNally und Gousha eingezeichnet.

MÄRKTE: der Pike Place Market/Seattle sowie andere Märkte in den Städten und kleineren Orten der Küste mit hervorragenden Fast Food-Ständen für kurze oder üppigere Snacks mit frischem Fisch und Meeresfrüchten.

✱ Restaurants

Breite Palette von o8/15- Restaurants bis hin zu Feinschmeckerlokalen, - letztere insbesondere in den Großstädten wie Seattle und Portland sowie in touristisch wichtigen Orten z.B. an der Pazifikküste.

STEAK- RESTAURANTS: nach wie vor das Non-plus-ultra und nicht verwunderlich bei der hervorragenden Rindfleischqualität in den besseren Steak Häusern. In diesen Restaurants dominiert der Genuß lecker gegrillten Fleisches zusammen mit der Kartoffel in der Alufolie plus Sauce und frischem Salat.

> SALAT- SAUCEN: egal ob am Selbstbedienungsbuffet oder vom Tisch kann man in der Regel unter folgenden Dressings wählen: gängig sind *"Thousand Island"* (sahnig mit Paprika, Tomatenmark oder Ketchup), *"Italian"* (Essig, Öl, Kräuter), *"French"* (cremig mit Kräutern), *"Blue Cheese"* (sahnig mit Blauschimmelkäse).

SEAFOOD- RESTAURANTS: die Pazifikküste ist reich an frischem Fisch und Meeresfrüchten (Muscheln, Austern, Lobster, Shrimps etc.). Entsprechend in den Großstädten Portland, Seattle sowie wichtigen Küstenorten eine reiche Palette an exzellenten Restaurants für Seafood.

"Oyster" = Auster, - "Scallops" = Jacobsmuscheln. Tip ist auch "Clam Chowder" (Muschelcreme-Suppe), die in einer großen ausgehöhlten Weißbrotsemmel serviert wird, und die es in verschiedenen Zubereitungsarten sowohl in Restaurants als auch Fast- Food Ständen gibt. Restaurant- Tips siehe Hauptteil dieses Bandes.

REGIONAL-KÜCHE: eine lokale Abwandlung der franz. "nouvelle cuisine" hat sich in einigen Restaurants von Portland und Seattle sowie auf dem Land entwickelt. Aufgebaut auf den Rohprodukten, die das Land, die Flüsse und der Pazifische Ozean zu bieten haben.

Essen und Trinken 77

"WAIT TO BE SEATED": in den meisten Restaurants wartet der Gast am Eingang, bis die Bedienung ihm einen Tisch zuweist. Selbstverständlich kann man Wünsche bezüglich der Plazierung äußern (z.B. Nähe Piano oder am Fenster). Je nach Restaurant kann man auch zwischen "smoking" und "non-smoking"- Zone wählen. In immer mehr Restaurants herrscht jedoch Rauchverbot, insbes. im Bundesstaat Kalifornien. In China-Restaurants wird dagegen nach wie vor meist kräftig gepafft.

Sollten alle Tische des Restaurants besetzt sein, reiht man sich am Eingang in die Warteschlange. Je nach Lokal gibt's dafür einen gratis welcome- drink.

Für uns Europäer ist die amerikanische Variante der Platzeinweisung im Restaurant ungewohnt. Die Regelung dient jedoch nicht der Bevormundung, sondern gilt als Dienst am Gast. Man will vermeiden, daß sich ein Gast in einer entfernten Ecke im Restaurant niederläßt und dann eventuell von der Bedienung übersehen wird.

"ALL YOU CAN EAT": manche Restaurants oder Fast-Food Lokale offerieren kalte oder warme Buffets. Für einen Festpreis bedient man sich, sooft man will. Gelegentlich auch als "Salat-Bar" eine Ergänzung zum bestellten Essen.

ENTREE: nicht, wie das Wort nahelegt eine Vorspeise, sondern das Hauptgericht im Rahmen eines mehrgängigen Menüs.

DOGGY BAG: was in einem amerikanischen Restaurant auf dem Teller übrigbleibt, nimmt der Gast völlig selbstverständlich mit nach Hause - ob für den Hund oder die nächste eigene Mahlzeit sei dahingestellt. Die Frage nach der "doggy bag" ist auch in guten Restaurants keinesfalls peinlich, sondern stößt bei der Bedienung auf vollstes Verständnis: die Überbleibsel werden ordnungsgemäß verpackt.

SALMON: der Lachs war das Grundnahrungsmittel der Indianer im Nordwesten. Frisch und geräuchert stand er zur Zeit der Lachswanderung auf dem Speisezettel, für den langen Winter wurde er getrocknet und so konserviert. Auch heute noch ist "salmon" eine Art Nationalgericht im Nordwesten, zubereitet in unzähligen köstlichen Varianten und kaum teurer als andere Gerichte. Für Fans die Gelegenheit, sich mal ausgiebig daran zu laben.

TIP: (engl. für "Trinkgeld") Bedienungsgeld, von dem Kellner und Serviererinnen teilweise oder ganz leben. Taucht nicht in der Rechnung auf, daher werden zusätzlich 15 % erwartet und von Amerikanern selbstverständlich gegeben. Auch der Tourist sollte sich daran halten, wenn er nicht als unverschämt gelten will.

Einwanderer-Küchen

In den Städten, insbesondere in Portland und Seattle, viele Restaurants mit Kochkunst und Spezialitäten aus aller Welt, - wo sogenanntes "ethnic food" auf der Speisekarte steht. Die Qualität meist gut bei moderaten Preisen.

ASIATISCHE KÜCHE: hat lange Tradition, eingeführt vor allem durch die chinesischen Einwanderer des vergangenen Jhds., später ergänzt durch thailändische, koreanische und indische Immigranten. Die Wirren des Vietnam-Krieges haben Flüchtlinge aus Vietnam, Kambodscha und Laos an die Westküste der USA verschlagen, die ihrerseits die kulinarische Palette bereichern.

Viele Restaurants wandeln ihre Gerichte zwar etwas nach amerikanischem

Geschmack ab, aber Authentisches ist dabei längst nicht endgültig verlorengegangen. Im International District von Seattle gibt es sogar Lokale, in denen die Speisekarte kein Wort Englisch enthält und das Personal nur seine jeweilige Muttersprache versteht. Die Regel ist aber eine zweisprachige Speisekarte und englisch sprechende Bedienung.

Die meisten asiatischen Restaurants besitzen ein spartanisches Ambiente mit kahlen Wänden und Plastikstühlen, oder auch die bei uns bekannte Dekoration mit roten Lampions, goldenen Drachen, eventuell auch ein Goldfischaquarium. Die Tierchen gibts aber nicht zu essen.

Am verbreitetsten sind die <u>chinesischen Restaurants</u>, zudem meist recht preiswert und große Portionen. Gut und preisgünstig auch die <u>thailändischen Lokale</u>. - <u>Japanische Restaurants</u>: die Küche gilt nicht zu unrecht als "edel", entsprechend auch gehobene Preise. <u>Sushi</u>: Japanische Spezialität. Um die Sushi-Bar dreht sich das Essen der guten Lokale: kleine in Seetang gewickelte Reis-Häppchen mit verschiedenen Zubereitungen von rohem Fisch, Muscheln, Kaviar, Gemüse.

<u>MEXIKANISCHE KÜCHE</u>: eingeführt durch mexikanische Wanderarbeiter, die in den Obst- und Weinbergen von Oregon/Washington die Ernte einbringen. Manche dieser Einwanderer investierten ihre Einkünfte dann in ein kleines Restaurant oder in ein Fast- Food Lokal.

<u>Tex-Mex</u>: amerikanisierte Fassung der mexikanischen Küche. Hauptmerkmal: Verzicht auf scharfe Gewürze, serviert meist in einer Fast-Food Umgebung.

<u>Taco</u>: der exponierteste Vertreter der mexikanischen Küche. Knusprig gebratener Maisfladen, gefüllt mit Huhn, Fleisch, Gemüse und Saucen nach Art des Hauses. Hat auch erfolgreich Einzug gehalten in die Speisekarten mancher Fast-Food Kette und wurde zum Markenzeichen der allgegenwärtigen mexikanischen Kette "Taco Bell".

<u>ITALIENISCHE KÜCHE</u>: überall präsent, vom einfachen Pizza-Laden bis hin zum Gourmet-Restaurant mit Spezialitäten aus einzelnen Regionen. Die Preise unterschiedlich und der Qualität von Essen und Ambiente angepaßt.

<u>FRANZÖSISCHE KÜCHE</u>: umgeben von der Aura des Exklusiven. Die Restaurants sind meist sehr vornehm und teuer, hauptsächlich in den Metropolen zu finden.

<u>DEUTSCHE KÜCHE</u>: gelegentlich vertreten. Gehört leider zu den traurigsten Beispielen der Einwandererküchen und kommt nur in Ausnahmefällen über Bratwurst, Kraut und Schnitzel hinaus.

Ähnlich unrühmlich auch die weit verbreitete <u>englische Version</u>: schönstes Gemüse und frischester Fisch mit Panade verklebt und in der Friteuse bis zur Unkenntlichkeit zerbrutzelt. In den Pub-ähnlichen Lokalen allerdings häufig eine gemütliche Atmosphäre.

<u>GRIECHEN</u>: haben sich auch im Nordwesten der USA etabliert, sind allerdings nicht zu häufig anzutreffen. Preisliche Mittelklasse in Restau-

rants für Souflaki, Mousaka, Greek Salat etc. Tip sind die preiswerten griechischen Fast Food- Stände in Supermärkten und dort meist die Quelle für die besten Salat- Beigaben.

SKANDINAVISCHE KÜCHE: insbesondere in den Küstengebieten von Oregon und Washington, aber auch in Portland und Seattle.

Weitere Tips siehe Restaurant- Kapitel im Hauptteil dieses Bandes.

Die Mahlzeiten

FRÜHSTÜCK (breakfast): wird je nach **Hotel** ab ca. 6 Uhr serviert und kann je nach Wunsch auch im Zimmer eingenommen werden. Achtung: teils ist bereits um 1o Uhr Schluß.

Serviert wird Kaffee oder Tee nach Wahl, Fruchtsaft (meist Orangensaft), sowie Toast, Marmelade, Wurst und Käse. In guten Hotels gibts ein üppiges Frühstücksbuffet zur Selbstbedienung nach freier Wahl und zu beliebigem "Nachfassen" (inkl. Joghurt, Cornflakes, Milch, Quark etc.), bis man satt ist. In dem Fall kann ein derartiges "breakfast" weit in den Tag hinein sättigen.

Das Breakfast ist in Hotels teils im Übernachtungspreis inklusive, teils erheblicher Aufpreis. Bevor man ein Hotel bucht, sollte man daher fragen, ob das Frühstück im Preis inkl. ist und ob es ein Buffet gibt.

EIER: "scrambled eggs" = Rührei, - "hard egg" = hartes Ei, Min. angeben, wer ein weiches Ei will. - Beim Spiegelei gibts 3 Varianten: "sunny side up" = einseitig gebraten, - "over easy" = kurz gewendet, - "over" = gewendet und beidseitig gebraten.

BROT: die Amerikaner lieben Weißbrot, welches als Toast auf den Tisch kommt. Auch in brauner Farbe (aus Roggen) möglich. Darüber hinaus gibt es Brötchen, teils auch Croissants. In der Regel keine Brotsorten wie bei uns in Mitteleuropa üblich. Sorry, damit muß man leben.

COFFEE: gehört zum amerikanischen Leben als elementarer Bestandteil. Sowohl Filterkaffee wie auch aufgebrühter Instant Coffee. Es wird nach Wunsch beliebig oft nachgeschenkt. Dies gilt auch im Restaurant: wer eine Tasse bezahlt hat, bekommt so oft mehr Kaffee wie er möchte, ohne Aufpreis.

In **Motels** gibts kein Frühstück. Hier fährt man entweder in den nächsten Supermarkt und holt sich Brot, Aufstrich, Marmelade, Joghurt etc. (der Kaffee an der Motelrezeption gratis) und speist im Zimmer. Oder: rüber zum nächsten Fast Food Lokal, wo es Frühstück für ca. 3 - 5 US/Person mit Ei, Toast etc. gibt. Dies bis ca. 11 Uhr zu vergünstigtem Preis.

In **Bed&Breakfast** Häusern ist das Frühstück im Preis inkl. Die Leistungen, die einen dann am morgendlichen Frühstückstisch erwarten, sind allerdings je nach Haus unterschiedlich.

MITTAGESSEN (lunch, brunch): gibts werktags in Restaurants von ca. 11.3o - 14 Uhr (in Ausnahmen auch bis 16 Uhr). Viele Amerikaner gehen über Mittag nicht nach Hause (oft wegen großer Entfernungen auch nicht möglich), sondern essen im Restaurant. Letztere bieten mittags vergünstigte Menüs an (Preisersparnis bis zu 5o %), bzw. kleinere billige Gerichte a la Carte. Je nach Restauranttyp (Chinese bis Steakhouse) kann man durchaus für ca. 7- 12 US passabel sattwerden, Getränke gehen extra.

> "Lunch" = Mittagessen. "Brunch" = Mischung aus "breakfast" und "lunch", für diejenigen, die keine Zeit zum Frühstücken hatten bzw. beides kombinieren wollen. Es wird in manchen Restaurants am Wochenende zwischen ca. 1o und 14 Uhr serviert. Meist ein Buffet zur Selbstbedienung, Preise unterschiedlich ca. 1o - 15 US.

Burgerketten und Fast Food (auch in Shopping Centers) sind dagegen rund um die Uhr offen und haben in der Regel keine, auf den Mittag bezogene Spezialangebote. TIP (wie bereits erwähnt) sind die Fast Food-Stände von Chinesen, Griechen etc. in den großen Shopping Centers, wo man sich üppige und sättigende Mahlzeiten für ca. 7 US zusammenstellen kann.

★ ABENDESSEN (Dinner): die Amerikaner essen in der Regel ziemlich früh zu Abend. Ab 17 Uhr servieren die Restaurants und haben werktags in der Provinz bis ca. 21 Uhr offen, - in den Großstädten wie Portland und Seattle bis ca. 22.3o bis 24 Uhr. - Am Weekend haben auch in Provinzorten die Restaurants länger offen, abhängig von Qualität und Lage unterschiedlich bis ca. 23 Uhr.

Fast Food- Lokale sind rund um die Woche bis ca. 23.3o Uhr offen, - teils auch rund um die Uhr. Anders die Fast Food Stände in Shopping Centers: sie schließen zum Zeitpunkt, wo auch das Shopping Center seine Tore zumacht.

✴ Getränke

SOFTDRINKS: im Land des Coca Cola jede Menge an Kribbelwasser von Coke und Pepsi hin zu allen anderen kohlensäurehaltigen Getränken jeglicher Geschmacksrichtung. Sie werden leider meist in der Alu-Dose verkauft, nicht gerade Nonplusultra an Umweltschutz, da die Herstellung von Aluminium u.a. gewaltige Mengen an Strom benötigt.

FRUCHTSÄFTE: in Supermärkten oft preisgünstiger Orangensaft in 1/2 oder 1/1 Gallon- Plastikkanistern. - Aus den Obstanbaugebieten Washingtons kommen die herrlichsten Fruchtsäfte, oft frisch ausgepreßt.

KAFFEE: wird als Filterkaffee ausgeschenkt oder in Pulverform als "instant - coffee" in Tütchen oder Dosen.

In Seattle sind die Einheimischen geradezu "kaffee-verrückt": Kaffee ist in der Stadt ein magisches Wort, der Kult hat an beinahe jeder zweiten Straßenecke verführerisch duftende COFFEE-SHOPS entstehen lassen. Von Seattle breitet sich die Kaffee-Kultur auch in andere Regionen des

Nordwestens aus. Details im Regionalteil.

BIER: US- Großbrauereien bestimmen den Markt und konkurrieren mit Sonderangeboten im 6-er Pack in den Supermärkten. Dort auch gelegentlich mexikanische Biere und teure europäische Importe.

Micro-Breweries: lokale Brauereien, die oft lediglich für den Bedarf ihrer eigenen Kneipe produzieren und nur ganz selten überregional bekannt sind. Sind in Oregon/Washington weit verbreitet und kommen seit Beginn der 9o--er Jahre auch in anderen Teilen der USA in Mode.

Brauverfahren der "Micros": orientieren sich hauptsächlich an englischen Vorbildern. Porter, Ale und Stout sind leichter herzustellen als Pils. Im Angebot meist 3 oder 4 Sorten, oft je nach Jahreszeit unterschiedlich. Viele Brauereien experimentieren mit Rohstoffen und Verfahren.

Die Atmosphäre in den "Brew-Pubs" meist gemütlich-rustikal, hier treffen sich Kenner und Bier-Liebhaber zum Plausch und zur Verkostung des neuesten Produkts, über das dann mit dem Besitzer und Braumeister ausgiebig diskutiert wird. Für Biertrinker eine liebens- und lobenswerte Entwicklung, die in den nächsten Jahren weitere Anhänger finden dürfte.

WEIN: nach Kalifornien gehören die Staaten Oregon und Washington zu den größten Produzenten von Qualitätsweinen in den USA. Zwar begann die rasante Entwicklung des Weinbaus im Nordwesten erst zu Beginn der 70-er Jahre, die Weine haben aber bei Kennern bereits einen hervorragenden Ruf.

Die Anbaugebiete in Washington liegen meist östlich der Cascade Mountains, in den Tälern des Columbia und Yakima River. Zentrum des Weinbaus ist dort die Stadt Yakima. In dem trockenen und heißen Klima gedeihen vor allem Pinot Noir, Cabernet Sauvignon und Chardonnay.

Die Weinbau-Regionen Oregons befinden sich dagegen westlich der Cascades im Willamette Valley. Die dichteste Konzentration von Betrieben an der "Weinstraße" zwischen Portland und Salem. Hauptprodukte sind dort Pinot Noir, Chardonnay, Riesling und Gewürztraminer. - Weitere Details zum Weinbau in den Regionalkapiteln "Yakima" und "Willamette Valley".

WHISKEY: wenn nicht anders bestellt, schenkt der Bar-Keeper den amerikanischen Bourbon ein, gebrannt aus Mais und mehrere Jahre in Holzfässern gelagert.

Happy Hour: Erfindung zur Förderung des Umsatzes während schleppender Geschäftszeiten. In vielen Bars und Restaurants gibt's zwei Stunden lang (etwa 16- 18 Uhr) zwei Drinks zum Preis von einem (aber nicht etwa einen zum halben Preis).

Alkoholische Getränke dürfen in Washington und Oregon nur an Personen über 21 Jahre verkauft oder ausgeschenkt werden. Bei Kontrollen ist die Polizei unnachsichtig und mit Strafen auch für den Konsumenten schnell bei der Hand.

✱ Selbstversorger, Supermärkte

Der Einkauf von Lebensmitteln in Supermärkten spart natürlich Geld gegenüber Essengehen im Restaurant. Die Supermärkte sind gut bestückt, - angenehm das anschließende Picknick am "Busen der Natur".

Insbesondere in den Cascade Mountains und an der Küste gibt es viele Picknick- Plätze an landschaftlich besonders schönen Stellen. Allerdings nur in den Sommermonaten praktikabel, ansonsten zu naß oder kalt.

Über eigenes Auto sollte man verfügen, da die Supermärkte meist abseits entlang der Ausfallsstraßen in Shopping Centers liegen. Genügend Parkplatz ist dort ebenso Selbstverständlichkeit wie eine Computerkasse, die auch Creditcards (vorwiegend Visa, Master) zur Bezahlung akzeptiert.

"Tante Emma"- Lebensmittelshops gibts so gut wie gar nicht (Ausnahmen: in äußerst abseits gelegenen Gebieten). Es dominiert auch im Nordwesten der USA der riesige und gut sortierte SUPERMARKT. Zu kaufen gibts praktisch alles von Lebensmitteln bis hin zu Non- Food Artikeln, teils auch kleine Pharmacie.

Neben Getränken, Konserven und Milchprodukten eine große Auswahl an Obst und Gemüse. Dazu häufig Salatbars mit angemachten und frischen Salaten, gelegentlich auch fertige Suppen sowie vorbereitete Nudelgerichte. Preise in etwa wie in Deutschland.

Brot: in den USA dominiert Toastbrot (weiß = Weizen) bzw. braun = Roggen. Es läßt sich auch ohne vorherigen Toast- Vorgang mit Margarine bestreichen. In Deutschland übliche Brotsorten sind jedoch absolute Rarität in den USA. In den Regalen der Supermärkte stößt man nach einigem Suchen allenfalls auf heimisches und oder importiertes Knäckebrot (zu finden meist nicht in der Brot-, sondern in der Keksabteilung "cookies").

Sandwich: fertig eingeschweißt in dreieckigen Plastikverpackungen. Gibts im Kühlfach der Supermärkte, aber auch der Tankstellen. Relativ teuer.

Getränke: Milch meist in Plastikflaschen von 4- Pints (2,27 Liter) oder 1 Gallon (3,79 Liter). Unterschiedlicher Fettgehalt, teils besitzt die Milch auch Vitaminzusätze (auf der Flasche gekennzeichnet). Erfrischend sind die Fruchtsaftgetränke (insbes. Orangen- und Apfelsaft), die Preise ähnlich wie Deutschland oder billiger.

Bei Kauf von Plastikflaschen darauf achten, daß sie Schraubverschluß besitzen. Manche Flaschen haben Plastikverschluß, deren Lasche man abzieht. Übrig bleibt eine Kappe, die lediglich übergestülpt wird und natürlich im Kofferraum des Autos aufgeht...

Alkohol: Bier wird leider in Aludosen angeboten. Im 6-er Pack meist billiger, darüber hinaus Sonderangebote. Achtung: sehr unterschiedlicher Alkoholgehalt (auf der Dose angegeben). - Daneben gibt es ein breites Angebot an Wein, auch aus Oregon und Washington. Neben Massenware gute Tropfen dazwischen, die Preise meist recht hoch (ca. 6 DM oder mehr pro Flasche).

Zigaretten: viele Presseberichte über "cancer", aber auch die Liga der "Non- Smoker" führten in USA zu einer starken Abstinenz vom Rauchen und vielen Verbotszonen. Wer trotzdem raucht, wird nicht selten von Passanten auf das Risiko des Rauchens angesprochen! - Die Zigarettenindustrie kontert mit Sonderangeboten Nähe der Kasse (z.B. 3 Schachteln Glimmstengel plus gratis Kaffeetasse etc.).

Kosmetik: breites Angebot von Shampoo, Hautcremes bis Lippenstift. Besonderer Renner sind derzeit künstlich angeklebten Fingernägel, die bis zu 1 cm überstehen. Kosmetika sind in der Regel in den USA billiger als bei uns. Man braucht also das Fluggepäck ab Europa nicht mit Shampoo- Flaschen und Cremedosen zu belasten.

Non- Food: Socken, Unterwäsche, Schuhe etc. Je nach Supermarkt teils günstige Angebote, insbes. am Ende der Regale, wo die Sonderangebote stehen. Mal preiswerte Daunenjacke, mal günstige Sportschuhe etc. Ein US- Supermarkt ist von Verkaufspsychologen durchstrukturiert. Allein von daher ist der Besuch interessant, wie hier verkauft, geworben und vermarktet wird....

Die Kette SAFEWAY ist auch im Nordwesten der USA dicht vertreten, teils sind ihre, aber auch andere Supermärkte rund um die Uhr offen. - Sofern nachts geschlossen sind: vielfach bieten Tankstellen rund um die Uhr ein limitiertes Angebot der wichtigsten Lebensmittel: Milch, Brot, Käse, Snacks, Bier etc., allerdings teurer als im Supermarkt.

PIKE PLACE MARKET/Seattle: in den Markthallen ein verschwenderisches Angebot an Lebensmitteln und Feinkost, das auch dem anspruchsvollsten Feinschmecker alles Notwendige bietet. Der Market ist das Gourmet- Mekka des gesamten Nordwestens.

Transport von Lebensmitteln und Kostenrechnung

Für den gemütlichen Snack im Motelzimmer oder am Picknickplatz reichen kleinere Mengen an Lebensmitteln. Sie sind schnell genug aufgegessen, ohne daß man Kühlmöglichkeit braucht.

Trotzdem kann eine Kühlbox aus Styropor (z.B. Fabrikat "Cooleman") sinnvoll sein. Erhältlich in Supermärkten für ca. 2o - 3o DM (je nach Größe). Man plaziert die Kühlbox seitlich im Kofferraum des Autos. Vorteil: die Lebensmittel sind kompakt im Auto für schnellen Zugriff gesammelt und fliegen nicht in Plastiktüten rum. Kühlung: durch Kühlelemente, die nachts im Eisschrank des Motels "aufgeladen" werden müssen. Effizienter sind aber die Eiswürfel der Maschinen in Motels und Hotels (gratis).

Die Kühlbox kann dann am Ende der Reise an das Zimmermädchen verschenkt oder für 1o DM verkauft werden. Oder aber im Fluggepäck als stabile Verpackung für gebrechliche Gegenstände dienen, die man unterwegs als Souvenir gekauft hat, Keramik etc.

Ob sich die Selbstverpflegung in großem Stil lohnt, sei dahingestellt. Als Fahrer eines Miet- PKW's hat man im Kofferraum nur limitierten Platz und kann sich auch keine warmen Gerichte zubereiten. Zwar möglich der Kauf eines Gaskochers, von Töpfen und Pfannen etc. Aber bitte nicht im Motel- oder Hotelzimmer praktizieren; dürfte Ärger geben.

Vor allem sind die Fast Food- Stände (Chinesen, Griechen etc.) in den Shopping Centers kaum teurer, - als wenn man sich die Zutaten für eine Mahlzeit kauft und diese selbst zubereitet.

Ice-Cream: Leidenschaft aller Amerikaner. Eisdielen haben oft Dutzende von Geschmacksrichtungen im Angebot. Neuerdings beliebt ist Joghurt- Eis: "frozen yoghurt". Ice Cream ist zu allen Jahreszeiten Selbstverständlichkeit als Nachtisch in Restaurants, - gibts aber in jedem Supermarkt sowie Fast Food Lokal (dort als leckerer Milchshake).

Turkey (Truthahn): Festtagsbraten der Amerikaner. Besonders beliebt als Komplett- Vogel beim Familientreffen an "Thanksgiving", gefüllt aus der Bratröhre. Ansonsten in Scheiben auf diversen Sandwiches.

Muffins: süße Küchlein, beliebt zum Frühstück oder als Beigabe zum Kaffee, oft mit Blaubeeren, Nüssen oder anderem angereichert.

SPORT

Die beiden Bundesstaaten Oregon, Washington bieten optimale Möglichkeiten für SPORT- URLAUB: ausgesprochen schöne Trails für Wanderer an der Küste und in den Cascade Mountains. Bergsteiger können die Vulkangipfel besteigen, im Winter liegen hier die einige der besten Skigebiete der USA. Jogger kommen auf speziell angelegten Trails in den Stadtparks der Großstädte (wie Seattle, Portland, aber auch Eugene) auf ihre Kosten.

Für Segler exzellentes Revier zwischen den Inseln des Puget Sound, für Angler in den Flüssen der Cascades. Dort auch ausgezeichnete Bedingungen für Kajak- und Kanufahrer sowie für Whitewater-Rafting, einem in den USA sehr beliebten Sport und Nervenkitzel: in Schlauchbooten über die Stromschnellen. Für Radfahrer spezielle Wege in den Großstädten und entlang der Küste, - für Windsurfer auf aufgestauten Flüssen sowie Seen im Landesinneren.

Reizvoll ist auch die Kombination von Stadtbesichtigung, Rundfahrt durch die Staaten Oregon und Washington mit anschließendem Aufenthalt an einem ausgewählten Ort, der die gewünschten sportlichen Aktivitäten bietet.

Die Ausrüstung (z.B. Ski, Windsurfbretter etc.) kann vor Ort gemietet werden. Die Preise für sportliche Aktivitäten, Unterricht und Gerät sind von Ort zu Ort verschieden, liegen aber etwa auf europäischem Niveau. Details dazu im Regionalteil.

BADEN Keine guten Bedingungen an der Pazifikküste Oregons und Washingtons. Zwar schöne Sandstrände, gesäumt von Klippen und Wäldern, das Wasser aber sehr kalt. Vielerorts ist zusätzliche Vorsicht geboten: der Pazifik hat einen gewaltigen Wellengang und gefährliche Strömungen. Warnungen und Hinweisschilder daher absolut ernst nehmen.

Gute Bademöglichkeiten in den vielen Seen der Olmypic und Cascade Mountains sowie im Osten der beiden Staaten. Das Wasser dieser Gebirgsseen ist allerdings auch im Sommer nicht sehr warm, zumal die Seen oft von abtauenden Schneefeldern gespeist werden.

Segeln: insbesondere zwischen den Inseln des Puget Sound/ Washington ein ideales Revier. Kräftige Winde ohne übermäßigen Seegang, allerdings starke Gezeitenströme. Großartige Landschaften mit der Kette der Vulkangipfel am Horizont, die Wasserfläche unterbrochen von Inseln, Buchten und schmalen Meeresarmen.

In Seattle das besondere Erlebnis des Segelns auf Binnenseen vor der imposanten Skyline der Metropole. - Lake Chelan am Rande des

Cascade Mountains Nationalparks/Wash. ist weiteres lohnendes Segelrevier: der See zieht sich eng zwischen hohen Bergketten nordwärts; im Ort Chelan Vermietung von Booten.

Wasserski: auf dem Lake Chelan sowie einigen aufgestauten Abschnitten des Columbia River (z.B. in Hood River/Oregon).

Kanu/Kajak: absolute Spitzenreviere in beiden Bundesstaaten. Seattle/Wash.: kleine bis längere Touren auf den städtischen Seen und Kanälen. - Puget Sound: lohnend vor allem Touren im Bereich der San Juan Islands. Umrundung einzelner Inseln sowie Fahrten durch Buchten und enge Meerespasssagen. - Wanderfahrten auf Binnenseen vor allem im Osten Washingtons, z.B. auf dem 80 km langen Lake Chelan oder dem nördlichen Ross Lake, der rauf nach Kanada führt.

Wildwassertouren: auf Flüssen in den Cascade Mountains (insbes. Rogue River/Oregon) und dem Snake River/Oregon im Bereich des Hells Canyon. Es gibt jede Menge weiterer lohnender Strecken, Infos über die Tourist Boards der Bundesstaaten Oregon und Washington. Dort auch Infos über Verleiher von Kanu und Kajak sowie organisierte Touren und beste Jahreszeit.

Whitewater- Rafting: in den USA sehr beliebter Sport. Per Schlauchboot, das mit Rudern gesteuert wird, geht's im Nervenkitzel über Stromschnellen. Die Teilnehmer müssen sich gut festhalten, denn nicht selten taucht das Schlauchboot in die Wassermassen ein und wird von der Gischt übersprüht. Festgezurrt an "Bord" die Ausrüstung für kleinere Küche, Lebensmittel und Zelte. Je nach Länge des gebuchten Trips wird abends am Fluß campiert.

Wichtigste Flüsse sind der Rogue River in Süd Oregon/Cascade Mountains mit rund 15 Outfitter- Firmen (die derartige Trips veranstalten) im Ort Grants Pass an der Interstate 5. Sowie der Snake River, Bereich Hells Canyon/Oregon. Alle Details siehe Hauptteil dieses Bandes.

> Die Veranstalter derartiger "Whitewater- Rafting Trips" müssen vor Erhalt ihrer Lizenz umfangreiche Prüfungen ablegen, damit es auf diesen Trips nicht zu Unfällen kommt. Gilt insbesondere für die Bootsführer, die entsprechende Erfahrung der Steuerung der Boote über Stromschnellen nachweisen müssen. Wegen der strengen Prüfungsbedingungen ist es in der Vergangenheit nur selten zu schwereren Unfällen gekommen.

Angeln: in Tourismusorten an der Pazifikküste werden organisierte Trips zum Hochsee- Angeln angeboten. Die Kutter und Jachten sind bestens ausgerüstet, die Trips allerdings nicht billig.

Forellen in den Flüssen der Cascade Mountains. Spezielle Lizenz nötig, Details von den regionalen Tourist Büros.

Lachsangeln: die meisten Lachsarten steigen im Spätsommer und Herbst zu ihren Laichplätzen. Die Fangquoten sind limitiert, Genehmigungen für Sportangler erteilen die örtlichen Behörden. Lachssaison ist in Süd Oregon Anfang Mai bis Mitte September. Die Preise fürs Lachsangeln sind in Relation zu europäischen Revieren oft niedriger.

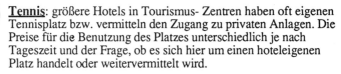

Windsurfen: exzellent Bedingungen zwischen den Inseln im Puget Sound/Washington sowie an der Pazifikküste/Oregon: hier insbesondere an den Stränden von Bandon und in der Mündung des Coquille Rivers. Ein ideales Revier für Könner wegen meist starker Winde. Am Hwy. 1o1 am Südrand des Ortes Verleih von Surfgerät.

Weiterhin auf dem Lake Chelan/Washington: Fallwinde von den Bergen, Verleih von Surfgerät im Ort Chelan für ca. 1o US/Stunde. - Ein exzellentes Windsurf-Revier ist auch der Stausee des Bonneville Damms/Columbia River, ebenfalls Verleih von Ausrüstung.

Tennis: größere Hotels in Tourismus- Zentren haben oft eigenen Tennisplatz bzw. vermitteln den Zugang zu privaten Anlagen. Die Preise für die Benutzung des Platzes unterschiedlich je nach Tageszeit und der Frage, ob es sich hier um einen hoteleigenen Platz handelt oder weitervermittelt wird.

Golf: Plätze Nähe der Metropolen Seattle und Portland sowie bei touristischen Resorts wie Mt. Bachelor/Oregon. Weitere Infos zu Golfplätzen vom Touristbüro Oregon und Washington.

Reiten: auf Sporturlaub ausgerichtete Motels und Lodges sowie Ranches bieten Reitferien an. Sie haben ihren Stützpunkt vor allem in den landschaftlich lohnenden Cascade Mountains. Teils auch Mehrtagestouren mit Pferden übers Gebirge durch einsame Wildnis. Detail-Info über die Touristbüros von Oregon und Washington.

Jogging: die Bewegung hatte ihren Ursprung in Eugene/Oregon. Von hier begann das Lauffieber einst seinen Siegeszug um die ganze Welt. Eine der beliebtesten Strecken in Eugene ist der 2,5 km lange "Pre's Trail" im Alton Baker Park am Fluß.

Auch in den Parks von Portland und Seattle gibt es viele Jogging Strecken.

Radfahren: dichtes Netz von Radwegen in Seattle mit schönen Touren durch Parks und entlang der innerstädtischen Gewässer. - Ideale Bedingungen auch auf einigen Inseln im Puget Sound, vor allem Vashon Island und Whidbey Island: wenig befahrene Landstraßen durch ländliche Umgebung mit schönem Blick aufs Meer und die Cascade Mountains.

Oregon Coast Bike Route: ein Fahrradweg entlang der gesamten Küste, Details siehe Kapitel "Transport in Oregon/Washington". - Überlandtouren z.B. in den Cascade Mountains sind prinzipiell möglich, dort allerdings für

Fahrradfahrer nicht unerhebliche Steigungen. Zudem stören auf vielen Straßen überbreite Holzlaster oder Wohnmobile; insbesondere auf schmalen Straßen unangenehm und teils auch gefährlich.

Fahrradverleih in mehreren Orten z.b. am Küsten-Hyway 1o1, Anmiete stunden- oder tageweise. Adressen und Preise im Hauptteil dieses Bandes.

Wandern: die beiden Bundesstaaten Oregon/Washington sind ein Eldorado für Wanderer. Großartige Trails an Vulkangipfeln, zu einsamen Bergseen, durch dichte Wälder und Überquerung von Hochgebirgspässen zwischen verschneiten Gipfeln von bis zu 3.ooo m. Lohnende Trails auch auf der Olympic Peninsula/Washington durch dichte Regenwälder sowie auf Inseln im Puget Sound und im gesamten Bereich der Pazifikküste.

Es gibt kürzere Rundwanderwege, die sich in 15 Min. bis 1 Std. realisieren lassen und viel Naturerlebnis bringen. Teils sind sie sogar asphaltiert und für Rollstuhlfahrer zugänglich. Aber auch anspruchsvolle Mehrstunden-Wanderungen bis hin zu Mehrtagestrails, die entsprechende Ausrüstung benötigen.

Insbesondere in **NATIONALPARKS** existieren gut markierte Trails. Bei den Park Rangern gibts Gratis- Übersichtskarten der einzelnen Trails sowie geographische Detailkarten (ca. 2 - 5 US) und Infos zur Realisierung.

Für Mehrtagestrails benötigt man in Nationalparks von der jeweiligen Rangerstation ein *"WILDERNESS PERMIT"* (gratis). Es dient dazu, während der sommerlichen Hochsaison auf den Haupttrails den übermäßigen Betrieb einzuschränken (=nur limitierte Ausgabe von Permits). Aber auch dazu, den Wanderer, der in der Wildnis mit Zelt nächtigt, auf Verhaltensregeln hinzuweisen (hierzu ein Merkblatt von den Parkrangern). Ebenso wird bei Nicht- Rückmeldung vom Mehrtagestrail eine Suchaktion eingeleitet.

TRAILS außerhalb von Nationalparks sind oft nicht minder lohnend. Die Trailmarkierung unterschiedlich, kein Permit nötig bei Mehrtageswanderungen. Trotzdem sollte man sich an die generellen Regelungen bezüglich Feuerstellen, Abfall etc. halten.

Infos zu Trails von den regionalen Tourist Büros, die teils Handkarten bereithalten inkl. Transportmöglichkeiten, Campingplätzen etc.

WANDERSAISON: an der Küste ganzjährig. Im östlichen Bereich der Cascade Mountains je nach Höhenlage, z.B. Mount Rainier Vulkan Mitte Juli- Mitte Oktober. - Im Zentrum der Cascade Mountains unterschiedlich ca. Mitte Mai bis Oktober, in höheren Lagen schmilzt der Schnee auf den Pfaden manchmal erst im Frühsommer.

Im Juli/August in einigen landschaftlich besonders reizvollen Gebieten (Mount Rainier, Mount St. Helens) viel Betrieb. Zu dieser Zeit kann es zu Einschränkungen bei Mehrtagestrails und "Wilderness Permit" kommen. Die Ranger akzeptieren nur bestimmte Maximalquoten auf einigen stark frequentierten Trails.

AUSRÜSTUNG: die einschlägigen Geschäfte der großen Städte sind für Wilderness Trails sehr gut bestückt. Nicht ohne Grund, denn beide Bundesstaaten sind Eldorado für

Outdoor-Fans. Man kann alles kaufen von Wanderschuhen hin zu warmen Daunenjacken, Schlafsack, Zelt etc. Die Preise entsprechen in etwa denen in Europa. Beste Stelle für den Einkauf vor Ort dürfte <u>Portland</u>/Oregon sein (Adressen von Shops im Branchenverzeichnis), da es in Oregon (im Gegensatz zu Washington) keine Verkaufssteuer gibt. Ansonsten: wer nur wenig Urlaubszeit hat, bringt sich seine Ausrüstung bereits von Europa im Fluggepäck mit.

<u>Wanderschuhe</u>: in jedem Fall nötig für längere Trails. Mit Turn- oder Sportschuhen kommt man schnell an die Grenzen des Erträglichen. In den Bergen oft steinige Pfade und bis in den Frühsommer Schneematsch, an der Küste ganzjährig Regenfälle und aufgeweichte Böden möglich.

<u>Regenschutz und Daunenjacke</u> ganzjährig nötig im Gebirge und an der Küste. In den Höhenlagen der Cascade Mountains auch im Sommer auf überraschende Kälteeinbrüche vorbereitet sein. Insbesondere starke Temperaturunterschiede zwischen Tag und Nacht. Generell wird sowohl warme Kleidung benötigt, wie auch Schutz gegen Feuchtigkeit und Regen. Wer in Höhenlagen durchnäßt wird, kann sich zusammen mit Winden und Kälte eine satte Erkältung zuziehen.

<u>Zelt</u> und <u>Schlafsack</u> für Mehrtagestrails. Beides sollte möglichst leicht sein, der Wärmefaktor des Schlafsacks je nach Höhenlage des betreffenden Trails. <u>Lebensmittel</u>: vorab einkaufen, da es z.B. in den Nationalparks oder auf Campingplätzen nur limitierte Versorgung gibt. - Guter <u>Sonnenschutz</u> (Brille, Hut, Creme) in Höhenlagen der Cascade Mountains erforderlich.

<u>ÜBERNACHTUNG</u>: entlang der Trails eine Vielzahl an ausgewiesenen <u>Campgrounds</u>. Sie liegen meist landschaftlich schön in der Nähe von Bachläufen oder Seen, besitzen jedoch keinerlei Service wie Toiletten oder Lebensmittelversorgung. - <u>Campingplätze</u> mit Service- Einrichtungen meist in der Nähe von Straßen.

<u>Hüttenübernachtung</u> wie bei uns in den europ. Alpen gibt es in den Bundesstaaten Oregon/Washington nicht. Man hat daher die Wahl, entweder einen 1- Tagestrail zu wandern, der zum nächsten Campingplatz führt bzw. retour zum Ausgangspunkt. Oder: man muß Zelt, Schlafsack mitführen und campiert an einem der ausgewiesenen Campgrounds.

<u>VERHALTENSREGELN</u>: bitte den Trail nicht verlassen. Die Natur ist sehr empfindlich, vor allem, wenn viele Menschen den Trail wandern. Keine Blumen pflücken, keine Äste abbrechen. Das Nachtlager mehrere hundert Meter von Fluß- oder Bachläufen entfernt aufschlagen, damit diese nicht verschmutzt werden. Exkremente vergraben, Lebensmittelabfälle wie Blechdosen, Plastikverpackung etc. im Gepäck zum Ausgangspunkt des Trails zurückführen und in dortige Abfalleimer.

Bei der Masse an Wanderern, die in den Sommermonaten die wichtigsten Trails frequentieren, fordern die Naturschützer zu Recht: "nichts zurücklassen, außer den Fußstapfen".

<u>Details zu lohnenden Wandergebieten</u> mit Trailbeschreibung siehe Hauptteil dieses Bandes. Im Folgenden Auswahl und Übersicht:

<u>PUGET SOUND</u>: lohnende Touren entlang der Küste und durch Wälder auf den Inseln und Halbinseln des Puget Sound. Einsame Regionen vor allem auf Whidbey Island und den San Juan Islands.

<u>OLYMPIC PENINSULA</u>: beste Bedingungen innerhalb der Grenzen des Olympic National Park. Teils alpine Trails in die Berge und zu zahlreichen

Gletschern. Höhepunkt sind die Pfade durch den nordwestlichen Regenwald bei Forks und am Lake Quinault.

KÜSTE: empfehlenswert der Küstenabschnitt des Olympic National Park bei Kalaloch sowie die Long Beach Peninsula im südwestlichen Washington: Unendliche Strände voller Muscheln und dekorativem ausgebleichtem Treibholz. Wanderungen an der Küste Oregons und den dortigen State Parks bieten vor allem atemberaubende Küstenformationen.

CASCADE MOUNTAINS: Wanderregion par excellence. Vulkane und endlose Wälder. In den Nationalparks am Crater Lake, Mount St. Helens, Mount Rainier und in den North Cascades ein dichtes Netz von Trails auf Berggipfel, zu Wasserfällen und spektakulären Felsformationen. Spuren vulkanischer Tätigkeit und ausgefallene geologische Gebilde in Hülle und Fülle.

> Im Juli/August sind die schönsten Trails in den Nationalparks überfüllt. Wer Ruhe sucht, muß ein paar Kilometer gehen, die Massen verlaufen sich schnell, und bald hat man auch in der Hochsaison den Wald fast für sich allein. Außerhalb der Nationalparks sind große Landstriche noch wenig erschlossen und völlig einsam. Auch im Sommer unter Umständen regnerisch und kühl; höhere Lagen schneefrei erst ab Frühsommer bis Mitte Oktober.

WALLOWA MOUNTAINS im Nordosten Oregons: Gebirgsregion mit alpinem Charakter. Wenig erschlossen mit einsamen Trails durch die Berge.

SELKIRK MOUNTAINS: im Nordosten Washingtons an der Grenze zu Idaho. Vergleichbar den Wallowa Mountains, aber noch weniger los. Ein Tip für alle, die der Zivilisation für ein paar Tage vollkommen den Rücken kehren wollen.

Klettern und Bergsteigen: in den Cascade Mountains attraktive Gipfel und Felswände, die Bergsteiger aus aller Welt anziehen. Dabei ist neben der Höhe wesentlich entscheidend die landschaftliche Schönheit und das Gefühl, beispielsweise einen Vulkan zu besteigen, in dessen Innerem die Erde noch nicht zur Ruhe gekommen ist.

Ohne ausgefeilte Klettertechniken erreicht man den Vulkangipfel des Mount Rainier/Wash. (4.394 m). Er ist mit 26 Gletschern zugleich der höchste Gipfel der Cascades. Besteigung in den Sommermonaten (Juli/Aug.) möglich, allerdings sollten Ausrüstung und Vorbereitung inkl. Höhenanpassung dem schwierigen Gelände angepaßt sein. Auch im Sommer noch Schnee- und Eisfelder. Details siehe "Mount Rainier".

Ein Leckerbissen ist der Aufstieg zum Krater des Mount St. Helens/Wash. (2.760 m). Technisch nicht schwierig, der Trail führt über die Lava- und Aschefelder, die bei der Eruption 1980 entstanden sind. In den Sommermonaten ist der Andrang extrem groß, nur eine begrenzte Zahl von Kletterern wird zugelassen. Details siehe "Mt. St. Helens".

Mount Hood/Oregon (3.424 m): markanter Vulkankegel östlich von Portland/Oregon. Zwar ist der Bereich um den Gipfel mit Straßen gut erschlossen, die Besteigung des Gipfels ist jedoch nur Mitte Mai bis Mitte Juli möglich. Im Hochsommer taut der Schnee, was zu gefährlichem Steinschlag führen kann. Der Gipfel wird alljährlich von vielen Bergsteigern aus aller Welt bestiegen. Entsprechende Ausrüstung wie Steigeisen, Pickel und Seil nötig, ebenso bergsteigerische Erfahrung im Gletschereis. Details siehe "Mt. Hood".

Smith Rock State Park/Oregon (nördlich von Redmond am Hwy 97) ist Paradies der Freeclimber und eines der besten sowie schwierigsten Gebiete der USA. Auch wer nicht diesem Sport frönt, kann (vor allem im Frühjahr und Herbst) die Freeclimber am Fels beobachten.

Ski alpin: der Nordwesten verfügt über einige der schönsten und besten Skigebiete der USA. Besonders interessant wegen der Schneesicherheit bis spät ins Frühjahr hinein. Skiprofis aus den USA und europäischen Ländern trainieren häufig am Mount Hood und Mount Bachelor. In den meisten alpinen Zentren existieren Pisten aller Schwierigkeitsgrade.

Saison von November bis April, mancherorts auch bis Anfang Juni sowie Sommerski am Mount Hood. Bemerkenswert auch die Tatsache, daß die beiden Metropolen Seattle und Portland mehrere Skigebiete direkt vor der Haustür haben, die in weniger als einer Stunde Fahrt zu erreichen sind.

Skischulen und Verleih von Ausrüstung in jedem Skiort. Skier wenn möglich nicht direkt am Lift mieten, im nächstgelegenen Ort sind sie meist ein paar Dollar billiger. Preise für Liftkarten variieren extrem zwischen den einzelnen Skigebieten, Details im Text.

SKIGEBIETE (Einzelbeschreibung im Text): Washington: nördlichstes Zentrum am Mount Baker in der Nähe der kanadischen Grenze. Wegen der Nähe zu Seattle attraktiv die Skigebiete am Snoqualmie Pass, leicht erreichbar über Interstate 9o. Kleinere Abfahrtshänge am Mount Rainier National Park. Zwei abgelegene Skizentren nördlich von Spokane in den Selkirk Mountains.

Oregon: beste Bedingungen in den drei Skizentren am Mount Hood (nur eine Stunde Fahrt ab Portland) sowie auf den Vulkanhängen am Mount Bachelor (leicht zu erreichen ab Bend, am Ostrand der Cascades).

Ski Langlauf: die besten Langlaufzentren in Washington, obwohl auch am Mount Hood und Mount Bachelor in Oregon "Cross Country" möglich. Gespurte Loipen am White Pass beim Mount Rainier National Park, am Snoqualmie Pass und am Mount Baker. Besonders interessant das Langlauf Zentrum bei Winthrop östlich des North Cascade National Park: Am

Osthang der Cascades sind die Wetterbedingungen stabiler, die Chancen für Sonnenschein weitaus größer als im westlichen oder zentralen Abschnitt des Gebirges.
<u>Saison</u> von November bis Mitte April. Verleih von <u>Ausrüstung</u> in den Skizentren. Geringe Gebühr für die Benutzung gespurter Loipen. Details im Text.

ZUSCHAUER-SPORT

Basketball: eine der fernsehgerechten Profi- Sportarten mit Millionenpublikum. Die Mannschaften von Portland und Seattle spielen in der Spitzenliga. Die "Portland Trail Blazers" gehören seit Jahren zu den Top-Teams und bieten Weltklasse-Basketball. Rund um die Auftritte der langen Helden ein perfektes Show-Business. Viel Begeisterung und guter Sport auch bei den Meisterschaften der Colleges. <u>Saison</u>: November- Mai.

Football: Amerikas Rugby-Variante, inzwischen auch in einigen europäischen Großstädten zu Hause. Die Spiele sind Spektakel zwischen Sport und Show-Business. Wer mal zuschauen möchte, sollte sich vorher etwas über die Regeln informieren, sonst wird das Durcheinander der behelmten und gepolsterten Draufgänger schlicht unverständlich. Ein Profi-Team in Seattle, College-Mannschaften an jeder Hochschule. <u>Saison</u>: Aug.- Dez.

Baseball: jahrzehntelang die unbestrittene Nr. 1 im amerikanischen Sport, inzwischen im Zuschauerinteresse abgelöst von telegeneren Disziplinen. Trotzdem hat Baseball noch eine Sonderstellung, die Berichte darüber kommen immer an erster Stelle. Für europäische Augen mutet das Spiel oft langwierig bis langweilig an; wer aber die Feinheiten kapiert hat, kann die Begeisterung der Amerikaner besser verstehen. Eine Profi-Mannschaft in Seattle. College-Baseball weit verbreitet. <u>Saison</u>: April- September.

Fußball/"Soccer": trotz millionenschwerer Investitionen und Entwicklungshilfe durch Pelé und Beckenbauer ist der Funke immer noch nicht übergesprungen. Allerdings gewannen die US-Damen 1991 in China die erste Frauenfußball- Weltmeisterschaft und sorgten damit für Publicity-Wirbel.

Eishockey: die Spiele der Spitzenmannschaften im nordamerikanischen Eishockey (USA und Kanada) werden häufig per TV übertragen. Trotz der nördlichen Lage und der Nähe zu Kanada besitzt Seattle kein Team der ersten Profi-Liga. In Portland eine (allerdings nicht sonderlich erfolgreiche) Mannschaft. <u>Saison</u>: September- März.

Pferderennen: Pferdesport und Wettleidenschaft sind auch in Seattle und Portland untrennbar miteinander verbunden. Jede der beiden Städte verfügt über eine Rennbahn. Saison unterschiedlich, Details im Text.

Rodeo: zwar nicht so beliebt wie beispielsweise Football oder Baseball, trotzdem aber der eigentliche Nationalsport des amerikanischen Westens. Im Rodeo hat sich das Ideal vom einsamen Cowboy erhalten, der die Weiten der Prairie durchstreift und dessen Männlichkeit ungerührt allen Gefahren trotzt.

Ein Rodeo ist nicht nur eine Sportveranstaltung, sondern gleichzeitig Volksfest und inzwischen auch perfektioniertes Show-Business. Kein Wunder, daß sich neben den ländlichen Rodeos längst ein nationales Wettkampfsystem herausgebildet hat, das alljährlich im Dezember bei den "Rodeo National Finals" in Las Vegas seinen Höhepunkt findet. Ein Riesenspektakel zwischen Sport und Show.

Ländliche Rodeos veranstalten viele Orte östlich der Cascade Mountains, wo das Cowboy-Dasein noch heute zum Alltag gehört. Am meisten los ist beim "Round-Up" in Pendleton im nordöstlichen Oregon, wo in der 2. Woche im September Zehntausende von Reitern und Fans eine ansonsten verträumte Kleinstadt überschwemmen.

Das Rodeo hat seinen Ursprung in der zweiten Hälfte des 19. Jhds., als die transkontinentale Eisenbahn den Westen erreichte. Auf wochenlangen Viehtrieben brachten die Cowboys ihre Herden zu den Verladebahnhöfen. Am Ende ihrer Strapazen sehnten sie sich natürlich nach Abwechslung und entwickelten verschiedene Wettkämpfe, in denen sich perfekte Reitkunst im Dienst der vielfältigen Aufgaben des Viehtreibens demonstrieren ließ.

Später hielt das Rodeo Einzug auf den riesigen Farmen des Westens, man organisierte Wettkämpfe von Ranch zu Ranch oder traf sich in den hölzernen Arenen der Städte. Schon in den zwanziger Jahren übernahm ein Verband die Reglementierung und Aufsicht, das Rodeo als Sport war geboren.

Ein Rodeo besteht aus mehreren Wettkampfarten. Die klassische Disziplin ist das Bronc Saddle Riding: der Cowboy hat ein wildes Pferd zu bändigen und versucht, solange wie möglich im Sattel zu bleiben. Damit's nicht so einfach ist, natürlich einhändig. Die Kampfrichter bewerten neben der Dauer des Ritts auch die Figur, die der Kerl macht, während ihn das Pferd mit aller Kraft abzuschütteln versucht.

Bareback Riding und Bull Riding funktionieren ähnlich, aber auf dem Rücken eines ungesattelten Pferdes bzw. auf einem Stier. Beim Calf Roping und Team Roping geht es um geschicktes Einfangen und Fesseln von Kälbern; beim Steer Wrestling wirft sich ein Reiter auf einen Stier, packt ihn bei den Hörnern und ringt ihn nieder.

Es ist unschwer zu erkennen, daß die Wettkämpfe der täglichen Arbeit der Cowboys entstammen: dem Einreiten wilder Mustangs, dem Einfangen verirrter Kälber oder dem Festhalten der Stiere zwecks Verabreichung eines Brandzeichens. Trotz Jeep und Helikopter bilden manche dieser ursprünglichen Tätigkeiten auch heute noch den Alltag der Cowboys und Rancher.

Planwagen auf dem Oregon-Trail

SCHNELLFINDER

INDIANER 95	Die Flucht der Nez Perce 124
Lebensgrundlagen an der Küste 95	Indianer- Reservate 125
Besitz, Macht und Prestige 97	TRANSKONTINENTAL-
Potlatch 97	EISENBAHN 126
Totem-Pfähle 98	Bau der Nordstrecken:
Lebensbedingungen der	* Northern Pacific Railroad 128
Plateau- Indianer 99	* Great Northern Railroad 134
EUROPÄISCHE ENTDECKER 1o0	Jerome Hill 134
Die Nordwest- Passage 1o1	Per Eisenbahn in den Nordwesten ... 137
Trapper und Pelzhändler 1o6	Komfort in den Zügen 139
Küsten- Indianer und Pelzhändler 1o9	Fahrzeiten 14o
Lewis-Clark Expedition 11o	Warentransporte 14o
OREGON- TRAIL 117	Landnahme 142
Reise auf dem Oregon Trail 117	ENTSTEHUNG DES MODERNEN
STAATSGRÜNDUNG 121	NORD- WESTENS 143
Indianer- Kämpfe 122	Der Nordwesten heute 145
Der Modoc- Krieg 123	Indianer im 2o. Jhd. 145

GESCHICHTE

Im 16. und 17. Jhd. waren Weiße an der heutigen US- Westküste nordwärts gesegelt zwecks Erforschung neuer Gebiete. Zu einer dauerhaften Besiedlung kam es jedoch erst im 19. Jhd., da der Raum zu weit abseits und zu schwer zu erreichen war.

INDIANER

Der KÜSTENBEREICH war besiedelt ab ca. 1o.ooo v. Chr. Die milden Temperaturen und der Fischreichtum in den Küstengewässern boten optimale Lebensbedingungen. Wegen des gewaltigen Nahrungsmittel- Überflusses erreichten sie einen kulturellen Entwicklungsstand, der in Nordamerika einmalig war. Zu den wichtigsten Stämmen zählten die *Makah*, *Chinook*, *Duwamish*, *Quinault* und *Salish*. Der Kontakt mit den ersten Weißen im 17. Jhd. war für sie zunächst nicht negativ: Englische und russische Pelzhändler hatten es nicht auf ihr Land abgesehen, sondern förderten regen Tauschhandel.

HOCHLAND- INDIANER: getrennt von der Bergkette Cascade Mountains hatten sie nur wenig Kontakt mit den Indianerstämmen der Küste. Sie führten ein karges Dasein, in dem die Sicherung der Lebensgrundlage Hauptaufgabe war und entwickelten eine eigenständige Kultur. Als Weiße im 19. Jhd. ihnen Teile ihres Landes streitig machten, bedeutete dies für sie eine unmittelbare Existenzbedrohung, Abwehrkämpfe gegen die Verbannung in Reservate waren die Folge. Vor allem die Stämme der *Modoc*, *Cayuse*, *Coeur d'Alene* und *Nez Perce* leisteten Widerstand gegen das unaufhaltsame Vordringen der Weißen.

✶LEBENSGRUNDLAGEN AN DER KÜSTE

Besondere Umweltfaktoren begünstigten die Bewohner entlang der Pazifikküste: Das regenreiche, aber milde Klima erlaubte ein problemloses Überwintern. Meer und Flüsse sorgten das ganze Jahr über für ein überreiches Angebot an Nahrungsmitteln. Am Strand sammelten die Indianer Muscheln und Schalentiere, in ihren seetüchtigen Kanus jagten sie Otter, Robben und sogar Wale. Die Stockfisch- und Heilbuttschwärme in Küstennähe erschienen unerschöpflich. Der sogenannte Kerzenfisch war so reich an Tran, daß man aus ihm Öl für die Beleuchtung gewinnen konnte.

Hauptnahrungsmittel war der Lachs. 7 versch. Arten schwammen in großen Schwärmen im Sommer und Herbst die Flüsse hinauf und sorgten regelmäßig für Nachschub. Die Lachse kamen in solchen Massen, daß man sie selbst mit primitiven Mitteln zu Tausenden fangen konnte. Die Flüsse waren geradezu verstopft von Lachsen. So war es keine allzu große Übertreibung, als die ersten Weißen ihren Eindruck schilderten, man könne die Flüsse auf dem Rücken der Lachse überqueren. Manches frühe Schwarzweiß-Foto indianischer Fischbeute wirkt heute regelrecht unglaubwürdig.

Selbst in den Wintermonaten, wenn die Lachse ausblieben, gab es keinen Mangel, denn die Indianer hatten effektive Methoden der Konservierung entwickelt. Durch Räuchern und Trocknen machten sie die Fische haltbar, legten ausreichende Vorräte an und mach-

Boot der Küstenindianer. Gefertigt aus Zedernstämmen waren die Boote bis zu 20 m lang und äußerst seetüchtig. Sie wurden eingesetzt zum Fischfang sowie als Transportmittel entlang der buchtenreichen Küste.

ten ihre Nahrungsversorgung von Witterung und Wechselfällen der Natur unabhängig.

Kein Wunder, daß die Indianer des Nordwestens der jährlichen Wiederkehr der Lachse besondere <u>Rituale</u> widmeten. Vor Beginn der jeweiligen Fisch-Saison veranstalteten sie Feste und Beschwörungen der Lachs-Geister. Da man nie sicher sein konnte, ob und wann die Lachse zurückkommen würden, galt es, ihnen Respekt zu erweisen: Fischfang wurde nur im Rahmen des für die Existenz Notwendigen betrieben. Die Gräten warf man in den Fluß zurück, damit eine neue Generation von Lachsen wiedergeboren werden konnte.

Die <u>Lachs-Riten</u> reflektieren besonders anschaulich die allgemeine <u>Naturanschauung der Indianer</u>. Grundzüge davon sind in der gegenwärtigen Ökologie-Debatte wieder aktuell geworden: Die Indianer verstanden sich selbst als Teil einer natürlichen Gemeinschaft, zu der jedes Lebewesen gehört und die daher als funktionierende Gesamtheit Respekt verdient.

Natur und Leben betrachteten sie als einen großen <u>Zyklus</u>: die Wiederkehr der Jahreszeiten, das regelmäßige Auftauchen von Sonne und Mond, die Ablösung einer Generation durch die andere. Um diese Kreise geschlossen zu halten, war jeder Eingriff tabu, der ihr Fortbestehen behindert oder unterbrochen hätte. Rücksichtnahme auf Ressourcen, die auch für die Zukunft noch zur Verfügung stehen mußten, war den Indianern daher eine Selbstverständlichkeit.

Eine pointierte Zusammenfassung der <u>indianischen Naturphilosophie</u> gibt die inzwischen auch bei uns bekanntgewordene Rede des Duwamish-Häuptlings <u>Sealth</u>, nach dem die Stadt <u>Seattle</u> benannt wurde. Die Rede aus dem Jahr 1855 richtete sich direkt an den Präsidenten der Vereinigten Staaten. Bezeichnender Titel: "Wir sind ein Teil der Erde". Zwar stimmt der heute in Umlauf befindliche Text nicht mit dem historischen Original überein, sondern ist eine variierte Fassung aus einem Film über den Häuptling, aber die indianische Haltung zur Natur wird darin trotzdem gültig wiedergegeben: Stellenweise liest sich die Rede wie ein modernes ökologisches Manifest, eine Warnung vor dem Raubbau an der Natur und der schrankenlosen Plünderung von Pflanzen- und Tierwelt. Zu damaliger Zeit war sie eher Ausdruck der Hilflosigkeit gegenüber den Denkweisen und Ansprüchen des Weißen Mannes. Vor allem die Käuflichkeit und Monopolisierung von Grund und Boden paßte absolut nicht ins Weltbild der Indianer vom göttlich bestimmten Naturkreislauf, in dem der Mensch nur ein Teil unter vielen ist.

BESITZ, MACHT UND PRESTIGE

Auf der Basis der Nahrungsmittelschwemme lebten die Indianer in relativ kleinen Gruppen entlang der Küste. Massive Holzkonstruktionen, die sogenannten "*long houses*", beherbergten mehrere Familien. Neben gemeinsamen Koch-, Wohn- und Lagerbereichen boten die bis zu 5o Meter langen Häuser ausreichend Platz für abgetrennte Schlafstätten.

Die größten long houses eines Dorfes dienten auch religiösen Zeremonien und Feierlichkeiten. Sie waren so konstruiert, daß sich Einzelteile abbauen und für die Errichtung von kleineren Sommerunterkünften verwenden ließen, denn während der wärmeren Jahreszeit verließen die Indianer ihre Küstendörfer und jagten und fischten entlang der Flüsse und im Landesinneren.

Jedes Dorf besaß einen Häuptling, der allerdings in unserem Sinne nicht über politische Macht verfügte. Es gab keine Organisations-Strukturen, die den Entscheidungen eines Häuptlings Nachdruck verleihen konnten. Er war allein auf die Autorität seiner Persönlichkeit und seines Besitzes sowie den Respekt der anderen Stammesmitglieder angewiesen.

Unterhalb des Häuptlings existierte eine sehr strenge Rangordnung, die sich auf Verwandtschaft und materiellen Reichtum gründete. Die Abstufungen waren graduell, es gab nur eine gravierende Kluft: die zwischen freien Menschen und Sklaven. Bei seltenen kriegerischen Auseinandersetzungen mit benachbarten Stämmen machte man Gefangene, die fortan als Sklaven lebten oder aber von ihren Familien mit Hilfe von Lebensmitteln oder Kleidung ausgelöst wurden.

Die Sklaven waren allerdings kein wirtschaftlicher Faktor im Leben der Stämme. Sie verrichteten zwar niedere Arbeiten, wurden aber wegen des Überflusses an Lebensmitteln nicht speziell ausgebeutet. Letztlich dienten sie vor allem als Prestigeobjekt für ihren Besitzer.

Die freien Indianer waren nämlich einer eifersüchtigen Konkurrenz um Ansehen und Besitz unterworfen, in der die Verfügung über Sklaven nur ein Element war. Die aus dieser Konkurrenz hervorgehende Rangordnung war die wichtigste Triebfeder im gesellschaftlichen Leben, sie mußte ständig bestätigt und abgesichert werden. Dieser Kampf um die gesellschaftliche Stellung wurde zwischen Familien und einzelnen Stammesgruppen ausgetragen, er führte aber nur selten zu gewaltsamen Auseinandersetzungen.

Stattdessen hatten die Indianer ein ausgeklügeltes System entwickelt, wie sie sich selbst als überlegen erweisen und den anderen erniedrigen konnten. Die charakteristischen Institutionen dieses Gerangels um Besitz und Geltung waren "Potlatch" und "Totem-Pfahl".

"POTLATCH"

Für europäische Einwanderer und amerikanische Siedler mag es noch verständlich gewesen sein, daß sich der soziale Status der Küsten-Indianer an der Größe ihres beweglichen Besitzes maß. Daß sich dies aber konkret darin äußerte, daß man den Besitz wegschenkte, war für die Neuankömmlinge im Nordwesten vollkommen unbegreiflich. Für die Indianer dagegen bedeutete das <u>Verschenken ihrer Güter</u> einen wichtigen Schritt zur Eroberung oder Bestätigung ihres Ranges innerhalb der Gruppe.

Im "<u>Potlatch</u>" war das Weggeben von Besitz institutionalisiert. Das Wort entstammt einem Begriff der Chinook- Indianer und bedeutet "geben". Anläßlich von persönlichen Festtagen oder Familienfeiern lud man zum "Potlatch" und verschenkte bei dieser Gelegenheit alle verfügbaren Güter an die Gäste. Je mehr der Gastgeber zu bieten hatte, desto größer wurde seine Geltung innerhalb der Rangordnung. Wer auf vieles verzichten konnte, demonstrierte seine Verachtung für materielle Güter und beschämte in gleichem Maße die Gäste.

Die Beschenkten nahmen ihrerseits die nächste Gelegenheit wahr, um sich der Güter zu entledigen und nach Möglichkeit noch mehr zu geben, womit sie ihre eigene Stellung festigten. Zwischen den Familien und Clans fand also eine beständige Übertragung von Reichtum statt, natürlich nur möglich auf der Basis einer gelungenen Existenzsicherung aller Gesellschaftsmitglieder.

In größeren Abständen feierten die Indianer auch ein gewaltiges "Potlatch", zu dem sich ganze Dörfer gegenseitig einluden und einander durch Verschenken von Gütern auszustechen versuchten. Bei diesen Veranstaltungen stand die Ehre des Häuptlings und des ganzen Stammes auf dem Spiel. Daher trugen alle zum Erfolg bei, indem sie so viel Reichtum wie möglich aufhäuften und die Gäste damit überschütteten.

Ein solches "Potlatch" dauerte mehrere Tage und drehte sich zunächst ums Essen und Trinken. Selbstverständlich war, daß die Gastgeber mehr Nahrungsmittel zur Verfügung stellten, als die Gäste beim besten Willen verzehren konnten. Um sie zu beschämen, stellte man vor die Geladenen riesige Schüsseln mit Essen und Getränken, manchmal füllten die Gastgeber sogar ganze Kanus. Je größer der Überfluß, desto höher das Ansehen und desto mehr mußten sich die Gäste bei einem späteren "Potlatch" in ihrem eigenen Dorf anstrengen.

Während des Gelages hielten die Häuptlinge <u>Ansprachen</u>, in denen sie ihre eigene Herkunft und ihren sozialen Rang in den höchsten Tönen lobten, während sie gleichzeitig versuchten, ihr Gegenüber herabzusetzen. Es kam zu verbalen Beleidigungen und Verspottungen, die die Erniedrigung durch das später durchgeführte Verschenken einleiteten.

Erst am Ende des "Potlatch" stand der <u>Vorgang des "Gebens"</u>: Je nach Rang innerhalb ihres eigenen Stammes erhielten die Gäste eine Unzahl von Geschenken. Bei einem bekanntgewordenen "Potlatch" im 19. Jhd. wechselten 8 Sklaven, fast 1o.ooo Armreifen und über 3o.ooo Decken die Besitzer. In ihrem Eifer, die Nichtigkeit materiellen Reichtums zu demonstrieren, zerstörten die Indianer in Einzelfällen auch Gegenstände oder töteten sogar Sklaven. Da dies jedoch ihrer Anschauung von einem zu respektierenden Gleichgewicht in der Natur im Grunde widersprach, blieben solche Handlungen vereinzelte Auswüchse des sozialen Gerangels um Rang und Ansehen.

Für Überleben und Kultur der Indianer- Gesellschaften an der Nordwestküste hatte der "Potlatch" eine wichtige Funktion: Die aus Hierarchie und Konkurrrenz ums Ansehen entstandenen Gegensätze kanalisierte er in einen friedlichen Wettstreit. Kriegerische Konflikte blieben dadurch eine absolute Seltenheit, so daß die Indianerkulturen ohne Angst vor Zerstörung immer mehr Reichtum anhäufen und sich damit einen Freiraum für künstlerische Tätigkeit schaffen konnten.

TOTEM-PFÄHLE

Augenfälligster Ausdruck des künstlerischen Schaffens waren die charakteristischen

Totem- Pfähle. Diese ausdrucksvoll geschnitzten und bemalten Holzstatuen haben die Weißen im Nordwesten von Anfang an fasziniert und erschreckt. Die Folge waren Fehlinterpretationen, Legendenbildung und Verteufelung: Das Wort "Totem" beispielsweise legt eine religiöse Bedeutung der Statuen nahe, die tatsächlich aber nicht vorhanden war. Unter der Bezeichnung "Marterpfahl" rankten sich Schauergeschichten über die Brutalität der sogenannten Wilden um diese Symbole.

Die Wirklichkeit sah anders aus: Die bis zu 2o Meter hohen Totem- Pfähle stellten eine Art Familienwappen dar, deren Zeichen Stammbäume, geschichtliche Ereignisse und Traditionen festhielten. Sie demonstrierten den Stolz auf die jeweiligen Ahnen und verherrlichten Heldentaten einzelner Familienmitglieder. Wieder war es der gesellschaftliche Rang, der sich durch die besondere Ausprägung des Familienwappens manifestierte und den man selbstbewußt zur Schau stellte.

Jede Statue war übersät mit unterschiedlichen Motiven einer äußerst komplexen Symbolik. Häufige Elemente waren Tiere wie Biber, Bären oder Wale. Sie repräsentierten in der Regel abstrakte Begriffe, der Adler beispielsweise stand für Adel und hohe Geburt. Ganz oben befand sich das Wappen für die Vorfahren des Hausherrn, weiter unten folgten Stammbäume der Familie und wichtige Ereignisse aus der Vergangenheit.

Die Statuen standen neben oder vor den "long houses" an der Küste und bildeten vor allem von See her einen eindrucksvollen Anblick. In der Regel zierten ähnliche Schnitzereien auch die Grundpfeiler der Häuser; zusätzlich waren die Wände mit den Motiven der jeweiligen Familie bemalt. Jeder Besucher wußte also sofort, welche gesellschaftliche Stellung die Bewohner innehatten, und konnte auf den ersten Blick feststellen, ob sie mit ihm verwandt waren.

Schnitzereien und Malereien schmückten auch die Kanus der Küsten-Indianer und kennzeichneten damit die soziale Stellung der Insassen. Als Grabmale hatten Totem-Pfähle eine vergleichbare Funktion; sie wiesen auf die Stellung des Verstorbenen in der gesellschaftlichen Hierarchie hin.

Von den ursprünglichen Totem-Pfählen sind leider nur noch wenige erhalten. Verwitterung hat am Holz genagt, und die Bekämpfung und Verdrängung der indianischen Kultur führte dazu, daß über ein Jahrhundert lang keine neuen mehr geschnitzt wurden. Erst mit dem wiedererwachten Selbstbewußtsein der Indianer erlebte die Kunst der Totem- Schnitzerei einen neuen Aufschwung. Heute sieht man die Statuen vorwiegend in indianischen Museen und Kulturzentren. Auch im Stadtgebiet von Seattle hat man wieder zahlreiche Totem-Pfähle aufgestellt (Details siehe dort).

LEBENSBEDINGUNGEN DER PLATEAU- INDIANER

Abgeschirmt von den Bergketten fand praktisch kein Kulturaustausch mit den Stämmen der Küste statt. Das Hochland im Osten der heutigen Staaten Oregon und Washington war weitaus weniger dicht bevölkert als die Küstenregion. Trockene, baumlose Ebenen boten den Indianern wenig Möglichkeiten, sich die notwendigen Nahrungsmittel zu verschaffen. Die Mehrzahl von ihnen lebte in den wenigen Flußtälern, vor allem in kleinen Dörfern entlang des mächtigen Columbia River.

Ihr karges Dasein fristeten sie durch Sammeln von Wurzeln und gelegentliche Jagd auf Vögel und Kaninchen. Lediglich die Wanderung der Lachse im Sommer und Herbst brachte ein wenig Fülle in den Speisezettel, war jedoch nicht vergleichbar mit dem Überfluß in Küstennähe. Durch ihren Kontakt mit den Prairie-Indianern des Mittleren Westens erhielten einige Stämme im Lauf der Zeit auch Pferde. Vor allem die *Nez Perce* und die *Cayuse* widmeten sich intensiv der Pferdezucht.

PLATEAU-INDIANER. Im Gegensatz zum Küstenbereich hatten sie erheblich erschwerte Lebensbedingungen.

Da das Land nur wenig Nahrungsmittel bot, lebten die Stämme weit verstreut und hatten kaum Kontakt untereinander. Bei Ankunft der weißen Siedler gab es für die Plateau-Indianer daher wenig Möglichkeiten eines gemeinsamen Widerstandes gegen die Vertreibung und Umsiedlung in Reservate. Weitere Details siehe Seite 122.

EUROPÄISCHE ENTDECKER

Die Spanier hatten **1521** Mexico City erobert und in Folge auch die Pazifikküste im Bereich des heutigen Mexiko bis Baja California erforscht.

1542 segelte der Portugiese João Rodríguez Cabrillo im Auftrag der spanischen Krone weiter nordwärts entlang der Pazifikküste, wobei er den Bereich des heutigen OREGON erreichte. Sein Auftrag lautete, nach Bodenschätzen zu suchen, - die er nicht fand. Somit war das Interesse der Spanier an diesen weltweit extrem abgelegenen Regionen zunächst erloschen. Die Spanier hatten wichtigere und lukrativere Aufgaben in Erschließung ihrer reichen Silberminen Mexikos.

Auch die Engländer, deren Kapitän Francis Drake auf seiner 3. Weltreise **1577- 80** u.a. entlang der Küste bis heutiges Oregon segelte, - gaben dieser Region wenig Bedeutung. Bei der Begründung ihres weltweiten Machtimperiums konzentrierten sie sich auf den asiatischen und afrikanischen Raum.

Über 2 Jahrhunderte hinweg gehörte der Bereich des heutigen Oregon/Washington zu den abgelegensten und unbekanntesten Gebieten der Welt. Dies hatte verschiedene Gründe: zum einen war der Landweg quer über den amerikanischen Kontinent zu weit, beschwerlich und vor allem noch ohne Verkehrswege. Und der Seeweg bedeutete mehrere 1o.ooo km um die Südspitze Südamerikas.

Bis **175o** hatten die Kolonialmächte England, Spanien und Rußland das Gebiet vorsorglich schon einmal für sich beansprucht, obwohl sie es weder tiefergehend erkundet noch besiedelt hatten. Nach Staatsgründung der USA **1776** meldeten dann auch die Amerikaner Ansprüche an.

Die USA umfaßten zu diesem Zeitpunkt die Bundesstaaten an der US-Ostküste und erweiterten ihr Territorium sukzessiv zum Mississippi/Missouri. Westlich lagen die unerschlossenen Weiten des Midwest, der Rocky Mountains und anschließend weites Präirieland, - eine Region, die den Indianern und riesigen Büffelherden gehörte.

Die Spanier besaßen Mexiko bis zum heutigen Kalifornien als Kolonialterritorium, - ein Bereich, der 1823 zur República de México wurde. - Die Engländer hatten Besitz im heutigen Kanada und beanspruchten *"British Columbia"* sowie das heutige Oregon/Washington.

Zu kriegerischen Auseinandersetzungen um das Gebiet, das die Amerikaner *"Oregon Territory"* nannten, kam es nicht. Dies allein wegen der gigantischen Entfernungen, die einen Truppentransport sowohl über Land als auch per Segelschiff unmöglich machten. Insbesondere lohnten sich auch kostspielige Kriege nicht, da in der Region keine bedeutenden Bodenschätze entdeckt waren. Für die dort lebenden Indianerstämme war dies eine weitere "Verschnaufpause" ohne Bedrohung durch Weiße.

DIE NORDWEST- PASSAGE

Bereits im 16. Jhd. hatten die Spanier die Idee, nach einer nördlichen Umfahrung des neu entdeckten amerikanischen Kontinentes zu suchen. Die Pläne wurden aber zu Gunsten anderer Eroberungszüge zurückgestellt.

Insbesondere bestanden auch strategische Überlegungen: sollten spanische Seefahrer den Weg um den Norden des Kontinents entdecken, würde er auch anderen europäischen Nationen einen bequemen Zugang zum Pazifik ermöglichen, der bis dahin von der spanischen Flotte beherrscht wurde. Finanzielle Unterstützung für Expeditionen in den Nordwesten stellte die Spanische Krone daher ein.

Trotzdem blieb die Idee der Nordwest-Passage lebendig. 1562 tauchte sie als "Straße von Anián" erstmals in einer Landkarte auf.

Mitte des 18. Jhds. entbrannte die Diskussion um eine eventuell mögliche Nordumfahrung erneut, da man Aufzeichnungen der Seefahrer Lorenzo Ferrer und Juan de Fuca gefunden hatte. Beide behaupteten unabhängig voneinander, 159o den Seeweg befahren zu haben. Beide Reisebeschreibungen halten einer objektiven Überprüfung jedoch nicht stand, und ihr Wahrheitsgehalt wurde auch damals angezweifelt.

Für die Weltmächte waren diese Aufzeichnungen jedoch Anstoß, nach neuen Verkehrswegen auf den Weltmeeren zu suchen. Im Wettlauf um die letzten auf der Weltkarte verbliebenen "weißen Gebiete" galt es, die eventuell existierende Nordwest-Passage als erster zu entdecken und die angrenzenden Landstriche für sich zu beanspruchen. Wenn es eine solche Meerenge gab, würde dieser Teil Nordamerikas an einem der wichtigsten Seewege der Welt liegen und den Handel zwischen Europa und Asien kontrollieren.

In einem regelrechten Wettlauf investierten die europäischen Nationen Gelder in Forschungsexpeditionen. England setzte sogar eine Prämie von damals gigantischen 2o.ooo Pfund für die Entdeckung der Passage aus.

1774 startete der Spanier Juan José Pérez unter extremer Geheimhaltung eine Expedition vom kalifornischen Monterey. Pérez stieß etwa bei der heutigen Grenze zwischen Alaska und Kanada auf die Nordwestküste und segelte von dort Richtung Süden. Einige Tage verbrachte er auf Vancouver Island, verpaßte aber kurz darauf die Einfahrt in die Strait of Juan de Fuca und den Puget Sound. Die Nordwest-Passage zu finden gelang ihm nicht.

JAMES COOK (1728-79), - er forschte u.a. die Küste Oregon/Wash.

1778 besegelte James Cook auf seiner 3. Weltreise weite Bereiche der nordamerikanischen Westküste und erreichte die Bering- Straße, wo er aber wegen Eismassen umkehren mußte. Die von der englischen Krone finanzierte Weltreise hatte u.a. auch den Auftrag, nach der Nordwestpassage zu suchen.

Auch wenn er die Nordwest-Passage nicht entdecken konnte, lieferte er so doch seinen englischen Auftraggebern umfangreiches Kartenmaterial zum Küstenverlauf des heutigen Oregon/ Washington. Auch hatte Cook von Küsten- Indianerstämmen Tierfelle gekauft, die sich dann im weiteren Verlauf seiner Reise in Asien gewinnträchtig gegen dortige Waren eintauschen ließen.

Ein Tauschhandel, den zuvor bereits die Russen in ihrem Bereich der Bering-Straße praktiziert hatten, der sich aber in zu erzielenden Gewinnen in Europa noch nicht herumgesprochen hatte.

1789 unternahmen die Spanier einen weiteren großangelegten Versuch: Der zuständige Marineminister ließ die umfangreichste Expedition der spanischen Geschichte ausrüsten:

ALEJ. MALASPINA

Unter Führung des Seefahrers Alejandro Malaspina begannen die Korvetten "Descubierta" und "Atrevida" eine Reise, die mehr als fünf Jahre dauerte. Ziel war die Erforschung großer Teile der Weltmeere, um den Vorsprung der Engländer auf diesem Gebiet zu verringern.

Die Schiffe waren ausgestattet mit allem damals erdenklichen Luxus. Wissenschaftliches Gerät und Bibliothek befanden sich auf dem neuesten Stand. An Bord war u.a. auch der deutsche Naturwissenschaftler Thaddäus Haenke, dessen botanische und mineralogische Studien über den amerikanischen Kontinent später weltweite Anerkennung fanden.

Über Südamerika und Acapulco erreichte die Expedition 1791 die Nordwestküste, um dort nach der legendären Passage Ausschau zu halten. Doch nach mehrmonatiger Suche gab auch Malaspina auf und setzte seine Reise über den Pazifik fort.

Mit dem Scheitern der beiden systematischen Erkundungen von Cook und Malaspina war die Hoffnung auf eine Meeres-Durchfahrt im Norden Amerikas vorerst enttäuscht. Trotzdem blieb der Gedanke wach, daß eine Durchfahrt doch möglich sei, zumal gut 7o andere Expeditionen diese nördlichen Gewässer besegelt hatten.

THADDÄUS HAENKE

Geschichte 1o3

1819/2o: auf seiner ersten Reise erreichte der Engländer <u>William E. Parry</u> extrem nördliche Bereiche bis zur Melvilleinsel im kanadisch-arktischen Archipel (Höhe 74 Grad Nord, 113 Grad West) und ist erster Weißer, der in diesen Breitengraden überwintert.

Damit war der Nachweis erbracht, daß zumindest diese klimatisch extrem unwirtlichen Zonen mit Segelschiffen bereist werden können und eine Überwinterung möglich ist.

← WILLIAM A. PARRY

JOHN FRANKLIN →

Die Nordwestpassage fand Parry aber nicht.

Ebenfalls im Auftrag der Engländer unternahm Captain <u>John Franklin</u> **182o/21** eine Expedition überland von der Hudson Bay nordwärts.

Frühere Expeditionen waren in diesem Bereich östlich der vermuteten Passage immer wieder mit ihren Schiffen im Packeis steckengeblieben und fanden ein Gewirr Tausender von Inseln. Franklin wollte daher zunächst überland großflächig die Küsten erkunden.

Eine weitere Expeditionen Frank-

<u>OBEN</u>: Expeditionsbericht von Fahrten Parry und Franklin, erschienen 1839. Esquimaux.

<u>OBEN</u>: die Schiffe <u>Erebus</u> und <u>Terror</u>, mit denen die Franklin Exped. von 1845 versuchte, die Nordwestpassage zu finden.

Geschichte

A View of the Vessels of the Northern Expedition.

lins (**1822/23**) mit Schiffen führte aber ebenso wenig zum Erfolg, wie Expeditionen von Parry (**1822 - 27**) und anderen englischen Kapitänen.

Zumindest hatte die Parry-Expedition von **1827** den <u>magnetischen Nordpol</u> entdeckt. Kapitän Parry hatte den Weg direkt nach Nord gewählt, in der Hoffnung, hier eine See-Passage rüber zur Bering-Straße und der Nordwestküste des Kontinents zu finden, blieb aber auch hier im Eis stecken und mußte aufgeben.

1829-33 unternahm der Engländer Sir <u>John Ross</u> im Auftrag der Royal Navy mit dem Schiff <u>Victory</u> eine Expedition tief in arktische Zonen. In seinem 1835 erschienenen Buch "Search of North West Passage" berichtet er "<u>1829</u>, als ich meine Reise begann, war die Erforschung des Gebietes zwischen Grönland und Asien erheblich fortgeschritten.

Lediglich 15o Meilen auf der westlichen Seite, Nähe der Bering Straße, - und 5oo Meilen auf der östlichen Seite sind unerforscht". Gleichzeitig kritisiert er das

Schiff VICTORY der Ross-Expedition in den Weiten des Atlantiks bei der Überquerung nach Grönland.

mangelhafte Kartenmaterial, das frühere Expeditionen zur Region erstellten. Zwar konnte Ross weite Bereiche in arktischen Gewässern entdecken und kartographieren. Er

Geschichte 1o5

wurde hierfür in den Adelsstand erhoben, konnte jedoch nicht die Nordwest- Passage finden.

Grund, warum England im 19. Jhd. die Suche nach der Nordwest- Passage intensiv betrieb und Expeditionen finanzierte: der bisherige Seeweg der Handelsschiffe von England nach China war extrem zeitaufwendig (und dadurch teuer).

Er führte von englischen Häfen zunächst über den Südatlantik und um die Südspitze Südamerikas/Cap Horn (=2o.ooo km). Zudem war die Umsegelung des Cap Horn wegen Winden sehr schwierig und benötigte allein in diesem Bereich rund 1 Monat mit Zickzack- Segelei. Anschließend ging es (nicht ungefährlich wegen Piraten) entlang der Ostküste Südamerikas rauf nach San Francisco. Von hier waren nochmals rund 1o.ooo km nach China zu segeln.

Durch die Entdeckung der Nordwest- Passage erhofften sich die Engländer eine erhebliche Verkürzung ihres Seeweges nach Asien (siehe auch Blick auf den Globus!).

1845-48: obwohl zwischenzeitlich verschiedene Überland-Expeditionen den Weg über den nordamerikanischen Kontinent entdeckt und erforscht hatten (-> siehe z.B. 18o4-o6 "Lewis/Clark- Expedition") und ab ca. 1841 immer größere Siedlertrecks (-> siehe "Oregon Trail") in den Nordwesten sich aufmachten, - suchten die Engländer immer noch nach der Nordwestpassage.

Man erhoffte sich hiermit eine bessere Warenverorgung im Nordwesten des Kontinents und insbesondere Verstärkung englischer Machtpräsenz in dieser Region.

19. Mai 1845 starteten in England die beiden Schiffe "Erebus" und "Terror" unter Leitung von Sir Parry zu einer großangelegten und von der Royal Navy finanzierten Expedition. Die Schiffe waren in ihrem Rumpfbau in Trogform konstruiert. Damit hoffte man, daß im Packeis arktischer Gewässer das Schiff vom Druck der Eismassen nicht erdrückt, sondern raufgehoben wird.

Der Nordatlantik wurde im Juni überquert und an der Küste Grönlands Nahrung aufgenommen. Anschließend kamen die Schiffe relativ flott voran Richtung West und erreichten die Devon Insel in der Baffin Bay. Massives Packeis bereitete erhebliche Probleme, und man überwinterte in der Bucht vor der Beechey Insel. Die Temperaturen sanken bis minus 4o Grad. Rings um das Schiff wurden Schneeblöcke aufgeschichtet, die als Isolierschicht wirkten. Wegen fehlender, der Temperatur angepaßter Kleidung erhielten viele Expeditionsteilnehmer Frostbeulen, und der Bordarzt mußte die Glieder bei Alkohol- "Narkose" amputieren. Seit Anfang November herrschte permanente Dunkelheit, und wegen schlechter Ernährung gab es die ersten Todesfälle.

Auch im Frühjahr 1846 wurde die Situation nicht besser: die Schiffe saßen im Eis fest, selbst 1847. Immer mehr Männer starben aus Erschöpfung, zumal auch die Lebensmittelvorräte zu Ende gingen. Wie spätere Forschungen ergaben, versuchten die restlichen 125 Männer im April 1848 Richtung Süd die Zivilisation zu erreichen.

£20,000 Sterling
(100,000 DOLLARS,)
REWARD.

TO BE GIVEN by her Britannic Majesty's Government to such a private Ship, or distributed among such private Ships, of any Country, as may, in the judgment of the Board of Admiralty, have rendered efficient assistance to

SIR JOHN FRANKLIN,
HIS SHIPS, or their Crews,
and may have contributed directly to extricate them from the Ice.

H. G. WARD,
SECRETARY TO THE ADMIRALTY.
LONDON, 23rd MARCH, 1849.

The attention of WHALERS, or any other Ships disposed to aid in this service, is particularly directed to SMITH'S SOUND and JONES'S SOUND, in BAFFIN'S BAY, to REGENT'S INLET and the GULF of BOOTHIA, as well as to any of the Inlets or Channels leading out of BARROW'S STRAIT, or the Sea beyond, either Northward or Southward.

VESSELS Entering through BEHRING'S STRAITS would necessarily direct their search North and South of MELVILLE ISLAND.

NOTE.—Persons desirous of obtaining Information relative to the Missing Expedition, which has not been heard of since JULY, 1845, are referred to EDMUND A. GRATTAN, Esq., Her Britannic Majesty's Consul, BOSTON, MASSACHUSETTS; or, ANTHONY BARCLAY, Esq., Her Majesty's Consul, NEW YORK.

In England machte man sich zunehmend Sorgen, da die Mitglieder der Expedition weder im Jahre 1846, noch in den folgenden Jahren zurückkehrten.

Zwischen 1848 und 59 wurden mehr als 4o englische Such-Expeditionen ausgestattet und hohe Belohnungen ausgesetzt. Diese Expeditionen fanden zugleich neue Bereiche im äußersten Norden des amerikanischen Kontinents. 185o wurden 3 Gräber der Parry-Expedition auf der Beechey Insel gefunden, jedoch keinerlei Hinweise, wo der "Rest" der 125 Mann der Expedition verblieben war.

Aufklärung brachte dann 1859 die Expedition von L. M'Clintock, der auf der König Wilhelm Insel Ausrüstungsgegenstände und Aufzeichnungen der Expedition fand. Niemand hatte überlebt. - Die Toten wurden übrigens bei einer Expedition 1984 exhumiert. Sie waren durch die Eiskonservierung perfekt erhalten; schockierende Fotos im Tessloff-Band "Begraben im Eis der Arktis".

Spätestens die Parry- Expedition hatte gezeigt, daß die Nordwest- Passage kein nutzbaren Handelsweg ist. Sie wurde erstmals 19o3-06 vom Norweger Roald Amundsen befahren, der 2 Überwinterungen benötigte.

TRAPPER UND PELZHÄNDLER

Zwar war der Küstenverlauf des heutigen Oregon/Washington bis Mitte des 17. Jhds. ausreichend kartographiert. Zu einer intensiven Besiedlung kam es jedoch vorerst nicht, da die Gebiete zu weit abseits der damaligen Verkehrsrouten lagen.

Es waren ab 17. Jh. vorwiegend Trapper und Pelzhändler, die die weite Reise in diese abgelegenen Regionen unternahmen, mit den Küstenindianern regen Handel betrieben und die Felle an Reeder von Segelschiffen nach Asien verkauften, wo die Felle großen Gewinn erzielten.

Da sich der Handel mit Fellen im 18. Jhd. steigerte und hohe Profite erzielte, wurde die vormals abgelegene Region für die <u>Engländer</u> zunehmend attraktiv.

Ein <u>Wettrennen</u> um den vielversprechenden <u>Pelzhandel</u> begann. Dafür sollten zunächst weitere Forschungsexpeditionen die jeweiligen Gebietsansprüche stützen:

1792 erkundete <u>George Vancouver</u> für die Engländer die Küste, die heutige Vancouver Island und den Meeresarm, den er nach einem seiner Offiziere "PUGET SOUND" nannte. Auf dem Landweg quer durchs heutige Kanada erreichte <u>Alexander Mackenzie</u> das Oregon-Territory. Im gleichen Jahr erreichte der Amerikaner <u>Robert Gray</u> als erster die Mündung des größten Flusses der Region, den er nach seinem Schiff "COLUMBIA" benannte.

Engländer und Russen intensivierten bereits vor **1800** die Pelztierjagd. Sie rüsteten entsprechende Schiffe aus und errichteten Handelsposten, wo Trapper und Indianer ihre Jagdbeute ablieferten. Die beiden britischen Gesellschaften *"<u>North West Company</u>"* und *"<u>Hudson's Bay Company</u>"* beherrschten den Markt im Oregon-Teritory, die Russen jagten weiterhin in Alaska und später an der nordkalifornischen Küste.

Dabei spielte vor allem die HUDSON'S BAY COMPANY eine entscheidende Rolle bei der Erschließung des Nordwestens. Von der englischen Regierung hatte sie jegliche Vollmachten erhalten, so daß sie westlich der Rocky Mountains die absolute Souveränität ausübte. Unter der Herrschaft der Company kam es zu einer anderen Entwicklung als beispielsweise in den USA. Das Vordringen der Pelzhändler ging relativ kontrolliert vonstatten, ausufernde Kriminalität oder Indianermetzeleien wie im "Wilden Westen" fanden nicht statt. Die Hudson's Bay Company propagierte einen friedlichen Handel mit den Indianern, um auf diese Weise leichter an die begehrten Felle heranzukommen.

Zwar unterstützte die Gesellschaft keinerlei dauerhafte Siedlungsversuche auf ihrem Territorium. Sie unternahm allerdings auch nichts gegen die ersten zaghaften Schritte der Amerikaner südlich des Columbia River. Mit dieser zurückhaltenden Einstellung gegenüber englischen Siedlungen sowie der Duldung von US-Siedlern bereitete die Gesellschaft unfreiwillig den Boden für die spätere Übernahme des Oregon- Territory durch die USA .

Der erste Amerikaner, der im großen Stil ins Geschäft einstieg, war der deutsche Auswanderer **John Jacob Astor**. Er hatte mit seiner *"<u>American Fur Company</u>"* im Osten bereits Millionen verdient und avancierte zum reichsten Mann im damaligen Amerika. Astor schickte seine Trapper zunächst auf dem Landweg ins östliche Oregon-Territory. Um ihm das Geschäft zu verderben, beauftragten nun die britischen Gesellschaften

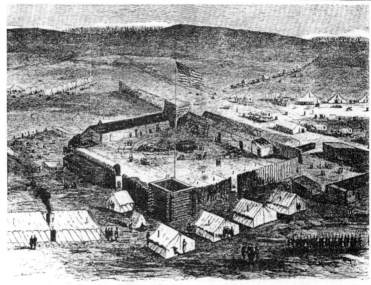

Amerikanisches Handelsfort im Indianerland.

einige ihrer Trapper, dort jedes Pelztier, das ihnen über den Weg lief, zu erschießen.

Doch Astor ließ sich nicht aufhalten. Sein Ziel war es, eine mächtige Handelsstation an der Mündung des Columbia River/Oregon einzurichten. Dort sollten die Felle aus dem Landesinneren angeliefert und auf Schiffe in den Orient verladen werden. Zu diesem Zweck organisierte er die *"Pacific Fur Company"* und rüstete zwei Expeditionen aus, die **1811** sowohl auf dem Land- als auch auf dem Seeweg den Columbia erreichten und an seiner Mündung den Handelsposten "Astoria" errichteten.

Der daraufhin unvermeidliche Streit mit den britischen Konkurrenten löste sich zu Astors Ungunsten im Rahmen eines übergeordneten Konflikts: Anläßlich der vielfältigen Expansionsbestrebungen der USA auf dem amerikanischen Kontinent kam es **1812** zum Krieg mit England. Während sich anderswo die Truppen schlugen, nutzten die britischen Gesellschaften vor Ort ihre wirtschaftliche Macht, um Astor und seine "Pacific Fur Company" zu verdrängen.

Der Krieg zwischen den beiden Nationen endete in einer Art Patt: Für das Oregon-Territory vereinbarten England und die USA eine gemeinsame Ausübung der Souveränität. Ganz offensichtlich setzten beide Mächte in dieser Frage auf den Faktor Zeit. Und der arbeitete eindeutig für die Amerikaner, auch wenn noch bis 1845 die britischen Pelzhändler das Geschehen im Nordwesten Amerikas bestimmten.

KÜSTEN- INDIANER UND PELZHÄNDLER

Anfangs benutzten die Pelzhändler Lastkanus auf den Flüssen. Den Indianern standen sie friedlich gegenüber und betrachteten sie als willkommene Lieferanten der begehrten Felle aus dem Landesinneren. In Gegenleistung lieferten sie den Indianern begehrte Waren wie Werkzeuge bis hin zu Gewehren, die den Indianern die Jagd erleichterten. Auch Feuerwasser (Alkohol) war ein beliebter Tauschgegenstand.

Die ersten Pelzhändler arbeiteten als Selbständige und auf eigene Rechnung. Sie waren de facto <u>vorgeschobene Posten der Handelshäuser</u>, von denen sie Waren an die Indianer tauschten.

Später bauten die Pelzhändler eigene <u>Handelsforts</u>, die mit Palisaden befestigt waren. Dies ermöglichte Stützpunkte weitab von Siedlungsgebieten der Weißen, und den Pelzhändlern kürzere Entfernungen zu den Punkten, wo sie mit den Indianern verhandelten. Nicht nur die Reisewege der Händler verkürzten sich dadurch. Vor allem konnten sie von diesen Handelsforts noch weiter in die Wildnis vorgeschobene Forts bauen.

Pelzhändler verhandelt mit Indianern... (beachte Körperhaltung). Illustration Mitte 19. Jhd.

In Folge kommerzialisierte sich das Geschäft im Handel mit den Indianern weiter: Große Pelzfirmen wie die "North West Company", die "Hudson's Bay Company" und die "American Fur Company" beherrschten den Markt. Sie hatten als Mitarbeiter die Pelzhändler, die für die großen Companies arbeiteten.

Die Mehrzahl der <u>Indianerstämme</u> ließ sich auf den Handel mit den Europäern ein. Der Austausch von Reichtum war ihnen schließlich nicht unbekannt, und die Palette fremder Produkte reizte ihre Neugier.

Da die Händler nur an den Fellen interessiert waren, ließen sie die Indianer im Prinzip in Ruhe und griffen nicht in deren internes Stammesleben ein. Auf diese Weise entwickelte sich zunächst ein reges Tauschgeschäft, von dem auch die Indianer profitierten und sich mit bisher unbekannten Gütern das Leben erleichtern konnten.

Indirekt jedoch hatte der Kontakt mit den Weißen gravierende Auswirkungen auf die innere Struktur der indianischen Gesellschaften. Vor allem für die Zeremonien des "Potlatch" standen nun immer mehr Güter zur Verfügung, so daß diese häufiger und umfangreicher wurden und am Ende in kaum noch kontrollierbare Verschenk-Orgien ausarteten. Die Beschenkten erhielten solche Gütermengen, daß sie ihr Gesicht nur wahren konnten mit einem Fest, daß das vorhergehende bei weitem übertraf. Dazu mußten sie aber ausreichend neue Dinge von den Europäern eintauschen und deshalb vorher intensiv auf Otter- und Biberjagd gehen.

Den <u>europäischen Pelzhändlern</u> paßte diese Entwicklung ins Konzept. Doch die zwanghafte Steigerung in der Akkumulation von letztlich überflüssigem Reichtum veränderte die traditionellen Tätigkeiten und Verhaltensmuster <u>innerhalb der indianischen Familien</u> und <u>Stämme</u>. Mehr Menschen mußten länger zur Jagd auf Pelztiere gehen, während die Lebensmittelversorgung vernachlässigt wurde. Ganze Familien zogen aus ihren angestammten Wohngebieten, um sich so nah wie möglich bei den Handelsposten der Europäer aufhalten zu können.

Dort entdeckten sie, daß die Pelzhändler außer für Felle auch für Dienstleistungen bezahlten: <u>Prostitution</u> war eine der ersten und gravierendsten Folgen des intensiveren Kontaktes. Auf diesem Wege verbreiteten sich dann sehr schnell <u>Krankheiten</u> wie Masern und Windpocken, gegen die die Indianer nicht immun waren und denen sie zu Tausenden zum Opfer fielen. Der zunächst als friedlich und gleichberechtigt erschienene Handel führte damit zur immer rascher fortschreitenden Zerstörung der indianischen Lebenszusammenhänge und auf Dauer zum Aussterben ganzer Stammesgruppen.

Nach einem <u>halben Jahrhundert Pelzhandel</u> waren Otter und Biber praktisch ausgerottet, und die einheimische Bevölkerung um etwa zwei Drittel dezimiert. Ab 1850 rückten weiße Siedler von Land her an die Küste des Nordwestens vor. Für sie war es nicht mehr schwer, die geschwächten Indianer zu verdrängen, sie in Reservate zu verbannen und ihnen die Ausübung ihrer Kultur zu verbieten. Es kam nur vereinzelt zu wenig effektiver Gegenwehr, die Indianer ergaben sich in ihr Schicksal.

LEWIS-CLARK EXPEDITION (1804-06)

Zwar hatte der <u>US- Präsident Thomas Jefferson</u> bei seiner Amtseinführung **1801** erklärt, daß das damals nur den äußersten Osten der heutigen USA umfassende Staatsgebiet für "Tausende kommender Generationen" ausreichen würde. Diese Meinung änderte er aber bereits **1803**. Grund: <u>New Orleans</u> an der Golfküste Nordamerikas war in fran-

US-Präsident Thomas Jefferson

zösischem Besitz und florierte als Handels- und Umschlagsplatz. Insbesondere mündet bei New Orleans der Mississippi. Als zu nutzende Fluß-Straße führt er weit nordwärts rauf bis fast zur heutigen Grenze Kanadas und biegt dort im Seitenarm Missouri westwärts zu den Rocky Mountains nahe Oregon. Gebiete, die teils von den USA als "Territorium" beansprucht, jedoch weitgehend unbesiedelt waren.
Teils waren sie auch von anderen europäischen Nationen beansprucht und de facto sehr fruchtbares Niemandsland, in dem Indianerstämme lebten, - wie Trapper und Pelzhändler berichteten.
Die Entscheidung Th. Jeffersons, sich um NEW ORLEANS als Schlüsselhafen zur Erschließung dieser gewaltigen Gebiete zu bemühen, war daher folgerichtig und stand im Rahmen damaliger US- Expansionspolitik.

18o3 schickte Jefferson seinen Unterhändler nach Frankreich, der mit Napoleon den Kauf der Hafenstadt New Orleans verhandeln sollte.
Der französische Außenminister Talleyrand machte folgendes Angebot: Für 15 Millionen US würde Frankreich nicht nur New Orleans, sondern auch sein gesamtes beanspruchtes LOUISIANA TERRITORIUM abtreten. Zwar existierten für dieses Gebiet keine exakten Grenzen, es umfaßte vage und weitläufig den Bereich um um die Flußstraße Misssissippi nordwärts. Zudem bestanden auch Gebietsansprüche der Spanier, - und besiedelt war es von Indianern, die das Gebiet zu Recht als ihren Besitz betrachteten. Somit ein Kaufangebot mit einer Reihe von Pferdefüßen.
Doch die Amerikaner griffen zu und hatten damit das Territorium der USA praktisch verdoppelt. Dies zunächst auf dem Vertragspapier.

18o4: es galt, zunächst diese neu angekauften Gebiete überland zu entdecken und zu kartographieren. Zur Erforschung des Neulandes ließ Jefferson eine Expedition ausrüsten. Deren Führung gab er seinem persönlichen Adjudanten Meriwether Lewis und dem Armee-Leutnant William Clark.

MERIWETHER LEWIS
(1774 - 1809)

WILLIAM CLARK
(1770 - 1838)

Die Lewis - Clark Expedition diente zur Erforschung neuer Gebiete zwischen St. Louis und der Nordwestküste

Zusammen mit 3o Leuten sollten sie nicht nur den nördlichen Teil des neu erworbenen Gebietes durchqueren, sondern auch versuchen, über den Wasserweg des Mississippi und Missouri bis zur Gebirgskette der Rocky Mountains vorzudringen und weiter bis zum Pazifik.

Jeffersons geopolitischer Appetit war geweckt: Eine durchgehende Landverbindung vom Atlantik bis zur pazifischen Nordwestküste war eine unwiderstehliche Vorstellung und würde den USA ungeheure strategische und handelspolitische Vorteile bringen.

Die LEWIS-CLARK- EXPEDITION begann im Mai 18o4 in ST. LOUIS am Oberlauf des Mississippi. Die Siedlung war damals Endpunkt der regelmäßigen Flußdampfer von New Orleans und bedeutender Stützpunkt der Trapper und Pelzhändler, die in den Weiten des Westens operierten.

Die Expedition versorgte sich hier mit Informationen und rüstete die Boote aus für die weite Reise. An Kartenmaterial bestanden nur Aufzeichnungen des Flußverlaufes von New Orleans bis knapp oberhalb von St. Louis, jedoch keinerlei schriftliche Aufzeichnungen des weiteren Weges bis zur Pazifikküste. Wohl aber konnte man auf Informationen von Trappern und Pelzhändlern zurückgreifen, die in der Region unterwegs waren, allerdings nur sehr kleine Teilbereiche kannten.

Die 3o-Mann Expeditions- Crew war zusammengesetzt aus erfahrenen Handwerkern im Bootsbau, Schmieden und Zimmerleuten (letztere für den Hausbau und das Überwintern in den Rockies). Zudem 11 Soldaten, die bei eventuellen Indianer- Angriffen schützen

ST. LOUIS: am Oberlauf des Mississippi Nähe Mündung des Missouri. Nach erfolgreicher Lewis-Clark Expedition (1804-06) entwickelte sich die Siedlung zu einer reichen und florierenden Stadt und Zentrum der Pelzhändler. Die Illustratio zeigt St. Louis von 1830.

Geschichte 113

sollten. Ausgewählt wurde nach strengen Kriterien, u.a. daß der Teilnehmer weder dem Alkohol verfallen, noch ein "romantischer Abenteurer- Träumer" war.

Das 2o m lange Boot für die Expedition wurde in Pittsburgh gebaut. An Bord waren auch wissenschaftliche Instrumente wie Mikroskop und Hydrometer sowie Geschenke an die Einheimischen unterwegs für damals beachtliche rund 7oo US.

Ab 14. Mai 18o4 startete die Expedition in St. Louis und arbeitete sich per Boot die rund 4.ooo Flußkilometer den Missouri River aufwärts zum Fuß der Rocky Mountains. Da es damals bekanntlich noch keinen Außenbordmotor gab, mußte man beschwerlich gegen die Strömung flußauf rudern. Wo es die Vegetation am Ufer zuließ, wurde das Schiff per Seil gezogen, wobei Pferde am Ufer entlangtrabten, bzw. bei dichterer Vegetation die Expeditionsteilnehmer selber das Schiff zogen. Ein ungeheuer beschwerliches Unterfangen, das entsprechend Zeit benötigte.

Man war schon bald völlig auf sich allein angewiesen, da es damals westlich von St. Louis keine weiteren Siedlungen von Weißen gab. Von der Schönheit und Unberührtheit der Landschaft waren die Expeditionsteilnehmer fasziniert. Man führte Buch, die Biologen an Bord zeichneten Tiere und Pflanzen, und die Kartographen fertigten Karten vom Flußverlauf an. Der in endlosen Kurven sich hinziehende Fluß hatte ungeheure Mengen an Moskitos, unter denen nicht nur die Expeditionsteilnehmer, sondern auch ihre Hunde sehr litten.

Nach 11 Wochen hatte man ersten Kontakt mit Indianern. Geschenke wurden ausgetauscht, und Lewis schoß mit seinem Gewehr in die Luft, was die Indianer sehr faszinierte, da sie noch keine Feuerwaffen kannten.

Während der Expedition hatte William Clark die wissenschafliche Leitung, während Meri-

Die Lewis-Clark-Expedition legte in Erforschung des Landweges quer über den Kontinent retour 12.000 km zurück. Die zeitgen. Illustration 19. Jhd. zeigt Kontakt eines Weißen mit einem Bären in den Rocky Mountains.

wether Lewis mit den Indianern verhandelte. Ein mitgeführter Dolmetscher half bei der Konversation. Der Dolmetscher war ein Indianerjunge, der von Trappern mit 11 Jahren gefangen worden war und die Sprache der Weißen erlernt hatte.

Er teilte den Indianern mit, daß Lewis im Auftrag des amerikanischen Präsidenten käme und die Indianer nun dem US- Präsidenten unterstünden. Dabei verteilte er Titel wie "Great Chief" oder "Great Father". Die Indianer konnten mit diesen Begriffen nur teilweise etwas anfangen, zudem waren ihnen auch die Folgen unbekannt. Zumindest standen sie den Weißen in der Regel freundlich gegenüber und versorgten sie auch mit nützlichen Informationen zum weiteren Flußverlauf.

Probleme waren insbesondere auch die "Great Falls" des Missouri mit ca. 25 m Höhe, die überwunden werden mußten: die Expeditionsteilnehmer hatten ihr Boot über 25 km entlang der Kaskaden und des Ufers zu schleifen, wobei Baumstämme untergelegt wurden. Ein Unterfangen, das fast 1 Monat und erheblichen Kraftaufwand benötigte.

Anschließend gings (wie die Expeditionsaufzeichnungen berichten) mit "viel pleasure" flußauf Richtung Quelle des Missouri in den Rocky Mountains, wobei Indianer wieder wertvolle Informationen lieferten und entscheidend zum Erfolg der Expedition beitrugen.

Anschließend wurde zu Fuß der Lemhi Pass in den Rocky Mountains überquert (die Wasserscheide des Kontinents) und die Quelle des Columbia Rivers erreicht, von dem bekannt war, daß er an die Pazifikküste führt. Die Shoshoni-Indianer versorgten die Expedition für die Überquerung des Passes mit Infos und Pferden, so daß Lewis und Clark noch rechtzeitig vor Wintereinbruch am 7. Dez. 1805 den Pazifik erreichten, wo sie am Südufer der Columbia- Mündung am Pazifik campierten.

Am 1. Jan. 1806 errichteten sie dort eine Befestigungsanlage (Fort Clatsop) mit eingerammten Palisaden zur Überwinterung. Regen und Kälte machten ihnen schwer zu schaffen. Clark bezeichnete diese Wintertage am Pazifik als die "ungemütlichste Zeit" seines Lebens, "ewig andonnernde Pazifikwellen und kein Segelschiff in Sicht", welches die Ex-

LEWIS-CLARK EXPEDITION: Lewis spricht mit Indianer zeitgen. Darstellung, der Rest spricht für sich...

peditionsteilnehmer einigermaßen bequem wieder in die Zivilisation zurücktransportiert. Da sich die Situation auch bis zum Frühjahr 1806 nicht änderte, verließ die Expedition am 23. März 1806 das Lager am Pazifik und machte sich auf den Rückweg überland nach St. Louis. Was dies an Strapazen bedeutet, war den Teilnehmern klar, die für den Hinweg bis zum Pazifik mehr als 1 1/2 Jahre gebraucht hatten.

Der Rückweg war in Bezug psychologischer Belastung zumindest leichter, da die Route zwischenzeitlich bekannt war, und es nach der Überquerung der Rockies flußab ging. Trotzdem kam es zum Streit unter den Expeditionsteilnehmern: Lewis trennte sich mit 6 Mann in den Rockies am Lola Pass von der Gruppe, um die sehr km- trächtigen Südschlenker des Missouri auf dem Landweg abzukürzen und nach einem neuen Trail einer Direktroute zu suchen. Der Großteil der Gruppe entschied sich jedoch für Clark und wählte aus Gründen der Sicherheit die längere, so doch bekannte Route des Hinwegs.

Bei der Mündung des Yellowstone Rivers in den Missouri trafen sich beide Gruppen wieder und setzten die gemeinsame Rückreise auf dem Missouri flußab bis St. Louis fort, welches am 23. September 1806 erreicht wurde.

Die LEWIS CLARK EXPEDITION legte insgesamt 12.000 km zurück und dauerte 2 Jahre, 4 Monate und 10 Tage. Sie zählt zu einer der schwierigsten und erfolgreichsten Pionierleistungen damaliger Zeit bei der Erschließung des Westens.

Die Expedition hatte während ihrer Reise nur 1 Mann verloren (Sergeant Charles Floyd). Er starb an einer Durchfallerkrankung wegen Trinkwassergenuß des Flusses und Parasiten (nach anderen hist. Darstellungen: Blinddarmentzündung).

Den Indianern entlang der Route trat man gemäß Auftrag des US- Präsiden-

LEWIS-CLARK EXPEDITION: Probleme während der Flußfahrt auf dem Missouri. zeitgen. Darstellung.

ten freundlich gegenüber und hatte sie mit Geschenken als Partner und Informanten gewonnen.

Insbesondere hatte die Expedition umfangreiche Daten zu Fauna und Flora mitgebracht, sowie detailliertes Kartenmaterial zum Verlauf der Flüsse.

Zum ersten Mal waren die USA offiziell auf dem Landweg an den Pazifik vorgestoßen und hatten damit international ihre Ansprüche auf das Oregon-Territory massiv untermauert. Auch in der einheimischen Öffentlichkeit fand die Expedition große Resonanz: Es entstand das politische Schlagwort von der "MANIFEST DESTINY", der amerikanischen Bestimmung, die Nation bis an den Pazifik auszudehnen.

Für die Trapper und Pelzhändler wurde die von der Lewis-Clark Expedition erforschte Strecke entlang des Missouri zur wichtigsten Verbindung in den Westen. Entlang der Route entstanden Handelsforts der Weißen, und St. Louis wurde in den 3o-er Jahren des 19. Jhds. zum wichtigsten Handelsstützpunkt für die im "far west" neu zu erschließender Gebiete.

Bereits 1806 befuhren Joseph Dickson und Forrest Hancock den Missouri aufwärts. Sie konnten John Coulter (Teilnehmer der Lewis-Clark Expedition) gewinnen, daß dieser sich als Führer nochmals in die Weiten des neuentdeckten Gebietes aufmachte. Die Gruppe bereiste ab Missouri den Oberlauf des Yellowstone Rivers und brachte detailliertes Kartenmaterial zurück nach St. Louis, welches weiteren Trappern und Pelzhändlern zur wirtschaftlichen Erschließung der neuen Regionen diente.

Auch erreichten Handelsschiffe die Pazifikküste des Oregon- Territory, wo Handelsstützpunkte für die Pelzhändlerhändler gegründet wurden.

Handelsschiff im Sturm vor der Mündung des Columbia Rivers/Orego

OREGON-TRAIL (ca. 1841- 6o)

Nach dem Kauf des Lousiana-Gebietes (18o3) war bis ca. 184o der Bereich des Mississippi bis St. Louis relativ dicht erschlossen und besiedelt. Westlich lag u.a. trockene Prairie, durchstreift von inzwischen kriegerischen Indianerstämmen und daher zunächst kein besonders einladendes Land für Siedler auf ihrer Suche nach einer neuen Existenz.

Im äußersten Nordwesten, jenseits der Gebirgskette der Rocky Mountains und heutiges Oregon/Washington lockte das Land der Trapper und Pelzjäger. Nicht selten kamen von dort Berichte, die das Gebiet in den rosigsten Farben dort zu erzielender Geschäfte und Gewinne schilderten. Bereits vor 183o hatten gelegentliche Siedlertrecks den Raum erreicht.

Der eigentliche "run" auf diese neuen Gebiete begann **1841**. Er hatte seinen Höhepunkt in den **5o-er bis Beginn 6o-er Jahren**, als sich Wagenkolonnen bis zu 6o.ooo Siedlern jährlich insbes. auf dem OREGON TRAIL auf den Weg in den Westen machten.

Die Gründe lagen im amerikanischen Pioniergeist, neue Gebiete zu erschließen: Das Land im Osten der USA war längst aufgeteilt, und Neuankömmlinge hatten es dort immer schwerer, ein Auskommen zu finden. Zudem war der Lebensraum am Mississipi eng geworden: immer mehr Menschen drängten sich an der "western frontier" zusammen.

Auch war die Gegend an den beiden großen Flüssen Mississipi/Misouri oft sumpfig. Malaria- Epidemien grassierten unter den Menschen und forderten Tausende von Opfern. Hinzu kam die bis dahin größte Wirtschaftskrise der Nation. Die Farmer blieben auf ihren Produkten sitzen und die Fleischpreise sanken derart, daß auf den Mississippi-Dampfern teils Schweinespeck im Kessel verfeuert wurde.

Kein Wunder, daß viele anbissen, als sie von Erzählungen aus dem "Goldenen Westen" hörten, wo es unendlich viel freies Land geben sollte. Sie waren vom OREGON-FEVER erfaßt und machten sich auf den 3.ooo km langen Weg zum Pazifik. Politiker und Öffentlichkeit an der Ostküste unterstützten den Treck nach Westen propagandistisch: Je mehr Siedler dort präsent waren, desto eher ließ sich die "Manifest Destiny" realisieren und der amerikanische Anspruch auf das Oregon-Territory untermauern.

Die Siedler selbst nannten sich "emigrants", fühlten sich also eher als Auswanderer, da es in Gebiete ging, die in ausländischem Besitz waren, bzw. von fremden Staaten beansprucht wurden: Kalifornien war mexikanisch, und im Nordwesten dominierten immer noch die britischen Pelzhändler.

REISE AUF DEM OREGON TRAIL:

Der Einstieg war die Siedlung INDEPENDENCE am Unterlauf des Missouri. Zu erreichen entweder ab New Orleans, von wo regelmäßig Schaufelrad- Dampfer in gut 1 Monat via St. Louis bis Independence fuhren. - Oder aber ab Ostküste (z.B. New York) überland per Postkutsche, teils auch erste Eisenbahnverbindungen auf Teilstrecken.

In Independence wurden die Wagen ausgerüstet mit Kochgerät bis hin zu Verteidigungswaffen gegen eventuelle Indianerangriffe. Teils waren die Siedler auch mit lediglich Handwagen, Kind und Kegel unterwegs.

Was folgte, war die zunächst beschwerliche Reise durch Prairieland bis zum Fuß der Rocky Mountains. Wer mehr Geld hatte, konnte sich Ochsen als Zugtiere für die Wagen leisten. Diejenigen mit Handkarren zogen diesen zu Fuß durch die Prairie. Entsprechend dauerte dieser Abschnitt bis zu 2 Monaten.

Die Siedler benutzten hierbei (da sie mit Wagen unterwegs waren) nicht die von Lewis-Clark erkundete Flußroute entlang des Missouri Rivers, der einen erheblichen Nordschlenker- Umweg beschreibt und zudem auch im Flußbereich Sumpfgebiete umfaßte. Sondern die an Meilen kürzere Südroute von Independence direkt in Nordwest Richtung durch die "Great Plains", ein flaches Prairie-Land entlang des N. Platte Rivers.

Waffenhändler von Independence verkauften die Strecke über die Great Plains als "extrem gefährlich wegen Indianerüberfällen", um Verkäufe zu tätigen. Gefährlich war die Prairie jedoch nur bedingt: Für die dort lebenden Indianer waren die weißen Siedlertrecks nur "Durchreisende", die ihnen das Gebiet nicht streitig machten. An den Durchreisenden verdienten die Indianer in Form eingetauschter Lebensmittel z.B. Büffelfleisch. Und die mitgeführten Feuerwaffen der Weißen führten eher zu Todesfällen wegen Streitigkeiten der Siedlertrecks untereinander...

Jahreszeit: auch diese mußte bei Trailbeginn in Independence exakt vorgeplant werden. Man durfte in Independence nicht zu früh aufbrechen, denn das Gras in der Prairie mußte kräftig genug sein, um die Zugtiere zu ernähren. Wer zu spät aufbrach, kam im weiteren Trailverlauf zwangsläufig in den Rockies in den Winter und fand tief zugeschneite Pässe. Die Folge waren Nahrungsmangel und nicht selten Tod erschöpfter Siedlertrecks.

Doch selbst mit guter Ausrüstung und Zeitplanung geriet der Trip zum entbehrungsreichen Abenteuer: Die beiden wichtigsten Ressourcen (Gras und Wasser) existierten nur spärlich entlang der Route. Je mehr Menschen und Tiere unterwegs waren, desto knapper wurden sie. Die mörderische Hitze auf der Prairie wurde nur gelegentlich unterbrochen durch ebenso unangenehme Gewitter und Hagelschauer.

Durch die Trockenheit schrumpfte das Holz der Wagenräder, die eisernen Beschläge hielten nicht mehr, und es kam ständig zu Pannen und Unfällen. Die Gespanne wirbelten einen solchen Staub auf, daß der Kutscher zeitweise seine eigenen Tiere nicht erkennen konnte. Im Laufe der Jahre türmten sich Abfälle und Exkremente am Wegesrand und rund um die Lagerplätze; regelmäßig brachen Cholera-Epidemien aus. Die unzähligen Gräber entlang des Oregon-Trail sprechen noch heute eine deutliche Sprache.

An den ROCKY MOUNTAINS begann weitere Schwierigkeit des Trails: Die Fuhrwerke und Handkarren mußten mit ihrem Gewicht steil in die Gebirgskette raufgezogen werden auf den SOUTH PASS (2.3oo m) im heutigen Wyoming. Jede Menge an Felsbrocken und Gestein im steil aufsteigenden Gebirgstal erschwerten zusätzlich den Weg der Siedlertecks.

Wer dieses "Extraspecial- Handycap" der Rockies erfolgreich überwundet hatte, reiste weiter nordwestl. auf dem Trail durch die Wüste des Great Basins mit Wasser und Nahrungsproblemen. Die Route führte in Richtung Oberlauf des Columbia Rivers, wo die nächste Belastungsprobe wartete:

Dort mußten die Siedler ihre Wagen auf Flöße verladen und mit ihnen gefährliche Stromschnellen des Flusses überwinden. So mancher Treck nahm kurz vor dem Ziel in den reißenden Fluten sein Ende. Auch der später entdeckte Weg durch die Berge der Cascade Mountains war nicht weniger gefährlich; auf steilen Teilstücken mußten die Siedler ihre Planwagen sogar entladen und abseilen.

PLANWAGEN noch in den Weiten der Prairie. Aus den Gesichtern spricht jedoch bereits die gewaltige Anstrengung.

Geschichte

Alltag auf dem Trail: nach Möglichkeit reisten die Siedler in Gruppen, um sich unterwegs auf dem Trail bei den vielfältigen Schwierigkeiten gegenseitig helfen zu können. Große Trecks umfaßten bis zu rund 60 Planwagen und führten Rinderherden bis zu ca. 5.000 Tieren mit sich. Die Regel in der Anfangszeit des Oregon Trails waren aber eher kleinere Gruppen von bis zu rund 10 Planwagen. Derartige Gruppen waren groß genug, um sich gegenseitig zu helfen - und zugleich klein genug, damit es unterwegs nicht wegen Fülle an Treck-Teilnehmern zu Streitigkeiten kam.

Die Planwagen mußte man sich am Beginn der Reise entweder selber bauen oder kaufen. Sie bestanden aus Hartholz wie Eiche, Hickory oder Ahorn, da sie die gewaltige Last von rund 1.500 kg oder mehr tragen mußten. Mitgeführt wurden wenige Möbelstücke, in der Hauptsache Kleidung für unterwegs, Ackergerät und Saatgut.

Der Bau des Planwagens mußte daher wegen seiner hohen Gepäckzuladung einen Kompromiß darstellen: einerseits waren schwere Harthölzer nötig, um genügend Last tragen zu können und bei den harten Trailbedingungen genügend Stabilität zu bieten. Andererseits durfte der Planwagen aber nicht zu schwer sein, damit die vorgespannten Ochsen ihn an steilen Anstiegen noch raufziehen konnten. Eisen wurde daher nur an den notwendigsten Stellen wie Radreifen, -naben sowie für Querverstrebungen verwendet. Hinten am Wagen hing der Eimer mit Schmierfett, seitlich außen wurden sperrige Gegenstände wie Ackergerät angebracht. Große Trecks hatten ihre eigenen "Gepäckwagen" (siehe Graphik unten), welches den Vorteil der Lastverteilung und damit größerer Flexibilität unterwegs brachte.

Frauen und Kinder reisten im Inneren der Planwagen auf dem dort aufgestapelten Gepäck, während den Planwagen der Führer auf dem Pferd vorausritt, um den jeweils günstigsten Weg (z.B. durch Fluß-Furten etc.) zu erkunden. Jugendliche Familienmitglieder hatten die Aufgabe, per Pferd seitlich des Trails auszuschwärmen und Büffel zu jagen. Bei zunehmendem "Verkehrsaufkommen" entlang des Oregon Trails (z.B. allein 1850 bereits von rund 60.000 Siedlern!) waren die Indianer diesen Siedlermassen, die durch ihr Gebiet

Größere Siedler-Karawane: mitgeführt wurden nur die lebensnotwendigsten Gegenstände, in der Hauptsache Kleidung sowie Saatgut und Ackergeräte, Werkzeuge etc. Große Trecks hatten eigene Gepäckwagen, um die Planwagen an Gewicht zu entlasten.

reisten, keinesfalls mehr so freundlich gesonnen wie in der Anfangszeit: Die Indianer trieben die ihnen gehörenden Büffelherden weit ab vom Trail, um sie vom Massenabschuß zu retten. Und die Treckteilnehmer mußten nicht selten bis zu 4o km von den Planwagen entfernt reiten, um sich Nahrung zu schießen. Oder aber sich auf teuren Tauschhandel mit den Indianern einlassen.

Der Tag begann mit gemeinsamem Frühstück und vor allem gegen 5 oder 6 Uhr früh bei Sonnenaufgang, um möglichst große Strecken zurückzulegen. Je nach Trailbedingungen reiste man tief in den Abend hinein, und der Planwagen war pro Tag bis zu 18 Stunden unterwegs auf rumpelnden und durchschüttelnden Strecken - . Extrem anstrengend; gemäß historischen Berichten überlebten viele Kinder die Strapazen nicht.

Wer Glück und genügend Ausdauer hatte, erreichte den Columbia River erschöpft aber halbwegs unversehrt und suchte sich dort ein Stück freies Land. Die meisten Siedler verteilten sich entlang des Flusses rund um das heutige Portland oder zogen von dort aus gen Süden ins fruchtbare Willamette Valley. Hinterlassen haben sie auf dem Oregon-Trail ein Gewirr von tief in den trockenen Boden eingekerbten Wagenspuren, die z.B. im östlichen Oregon noch heute sichtbar sind.

STAATSGRÜNDUNG

<u>1839</u> lebten weniger als 1oo amerikanische Familien im gemeinsam von den USA und England verwalteten Oregon-Territory. Nur 7 Jahre später waren es schon mehrere 1o.ooo. Die Engländer und ihre "Hudson's Bay Company" hatten der Einwanderungswelle über den Oregon-Trail nichts entgegenzusetzen, und die Expansionisten in der amerikanischen Politik drängten immer stärker auf die "Manifest Destiny" und eine endgültige Entscheidung über die Souveränität im Nordwesten.

<u>1846</u> einigten sich beiden Nationen auf eine Teilung des Gebietes: Die Trennungslinie verlief entlang des 49. Breitengrades, noch heute die Grenze zwischen den USA und Kanada. Den Süden mit den späteren Staaten Oregon, Washington und Idaho übernahmen die Amerikaner, im nördlichen British Columbia verblieben die Engländer.

Die USA hätten sich gern das gesamte Territorium einverleibt, doch während der Verhandlungen mit Großbritannien schürten sie gleichzeitig den Konflikt mit Mexiko. Um im Südwesten einen noch größeren Landgewinn zu verbuchen, vermieden sie die Auseinandersetzung mit England und zeigten sich in der Frage des Nordwestens kompromißbereit.

Kurz nachdem die Vereinigten Staaten die volle Souveränität über das Oregon-Territory erreicht hatten, begann in Kalifornien der Goldrausch (ab 1849). Für einige Jahre geriet das einstige Bevölkerungszentrum am Columbia River praktisch in Vergessenheit. Die Nation starrte gebannt auf Kalifornien; sogar viele Siedler aus dem Nordwesten machten sich auf den

Weg ins goldene kalifornische Paradies. Kalifornien hatte durch die Goldfunde in der Sierra Nevada dem Oregon-Territory den Rang abgelaufen und blieb bis heute das beherrschende Wirtschafts- und Bevölkerungszentrum an der nordamerikanischen Westküste.

Mit dem Abflauen des Goldfiebers nach 1853 kam es über den Oregon-Trail wieder zu einer stetigen Einwanderung in den Nordwesten. Aufgrund der direkten Handelsbeziehungen zu Kalifornien (insbes. via Schiffsverbindungen entlang der Küste) entwickelte sich der südliche Teil rascher und wurde **1859** unter dem Namen "OREGON" der 33. Bundesstaat der USA.

Der nördliche Abschnitt, fortan "WASHINGTON TERRITORY" genannt, wurde erst **1889** offiziell Bundesstaat der USA. Der Osten folgte 1890 unter dem Namen "Idaho"

INDIANER- KÄMPFE (1847 - 1877)

Die zunehmende Präsenz der Weißen im Indianerland führte zwangsläufig zu Streitigkeiten. Während sich die Indianerstämme der Küste mit den Weißen arrangierten und ihnen die gewünschen Felle lieferten, was ihnen Einkommen und Lebensgrundlage sicherte (Details siehe Seite 109), - bedeutete für die Plateau- Indianerstämme die Landnahme der Weißen eine Bedrohung der Existenzgrundlage vieler Stämme. Einige von ihnen führten einen verzweifelten und hoffnungslosen Abwehrkampf.

1847 probten als erste die CAYUSE den Aufstand, da viele ihrer Kinder in der Schule des Missionars Marcus Whitman an Masern erkrankten und starben. Als die Epidemie den ganzen Stamm ergriff, sahen die Indianer darin einen heimtückischen Angriff und setzten sich auf ihre Weise zur Wehr. Sie brachten Whitman und ein Dutzend seiner Mitarbeiter um. Die nachfolgenden Auseinandersetzungen zwischen einer Freiwilligen-Miliz und den Indianern führte zu weiteren Opfern und vergiftete das Klima zwischen Weißen und Indianern auf Jahre hinaus.

Spätere Konflikte entstanden vor allem wegen der territorialen Ansprüche der Siedler, die mit Rückendeckung von US-Regierung und Armee den Indianern ihr angestammtes Land

streitig machten. In der Regel blieb den Indianern nichts übrig, als sich in die zugewiesenen Reservate zurückzuziehen. Und auch von dort mußten sie oft genug wieder verschwinden, wenn die Siedler es für angebracht hielten oder dort gar Gold entdeckten. Die wenigen Widerstände wurden im Keim erstickt wie etwa zwischen 1855 und 1858 die wiederholten Proteste der Yakima und Coeur d'Alene gegen die ständigen Vertragsbrüche der Siedler und ihrer Verwaltungen im Osten Washingtons.

Spektakulär, wenn auch ebenso erfolglos, setzten sich lediglich die MODOCS und die NEZ PERCE zur Wehr. Sie lebten im Süden bzw. Nordosten von Oregon und gehörten zu den friedfertigsten Stämmen überhaupt. Sie waren ursprünglich auch bereit, sich mit dem verordneten Schicksal abzufinden. Erst als die Weißen sie in eine praktisch ausweglose Lage hineinmanövriert hatten, griffen sie zu den Waffen und versuchten einen tapferen Widerstand.

DER MODOC-KRIEG

Die Modoc Indianer lebten an den Ufern des Tule Lake, im Grenzgebiet der heutigen Staaten Oregon und Kalifornien, wo sie sich vom Fischfang und von der Jagd ernährten. Mit der Ankunft weißer Siedler entstanden Konflikte um die Nutzung des Landes. Wie anderswo auch hatten die Siedler die brutale Lösung schnell gefunden: Die Indianer hatten zu verschwinden und sich in ein ihnen zugewiesenes Reservat zu begeben.

Im Falle der Modocs jedoch stieß diese Maßnahme auf einen besonders motivierten Widerstand: Sie sollten nämlich in einem Reservat im Süden Oregons mit den Klamath und Snake Indianern zusammenleben, ihren traditionellen Feinden. Zweimal suchten sie im Jahr 1869 das Reservat auf, wurden jedoch beide Male von den Klamaths bedroht, so daß sie sich wieder in ihr angestammtes Siedlungsgebiet zurückzogen und von den Siedlern ein eigenes Reservat verlangten. Diese Forderung wurde verweigert, und gleichzeitig riefen die Farmer Truppen herbei, um die Modocs endgültig zu vertreiben. Im November 1872 erschienen die Soldaten, und der Krieg begann.

Die Modocs unter ihrem Anführer Kientpoos (die Weißen nannten ihn "Captain Jack") zogen sich auf kalifornischem Gebiet in den unzugänglichen Landstrich der sogenannten "Lava Beds" zurück, wo sie bewohnbare Höhlen und ein schützendes Gewirr von Lavabrocken und unterirdischen Gängen ausnutzen konnten. Aufgrund ihrer Ortskenntnis gelang es ihnen, mehrere Angriffe der um das Zehnfache überlegenen Armee abzuwehren und den Soldaten in einer Art Guerilla-Krieg heftige Verluste beizubringen.

Warm Springs Indianer, Scouts. Sie halfen den Weißen, um Captain Jack zu fangen.

Daraufhin schaltete sich sogar der US-Präsident Grant in den Konflikt ein und bildete ein Komittee, das Verhandlungen mit den Modocs aufnehmen sollte. Die Vertreter der Regierung lehnten jedoch bei einem gemeinsamen Treffen die Forderung der Indianer nach einem eigenen Reservat wiederum strikt ab. Daraufhin beendeten Kientpoos und seine Leute die Gespräche, indem sie die Verhandlungsführer der Gegenseite kurzerhand umbrachten. Nun erschienen Verstärkungstruppen der Armee auf der Bildfläche und machten sich an die Jagd auf die rund 16o Männer, Frauen und Kinder der Modocs in den Lava Beds. Einzelne Gruppen wurden aufgegriffen, und man zwang sie, das Versteck von Kientpoos zu verraten. Anfang Juni 1873 umstellten Soldaten die Verteidigungsanlage der letzten Modocs und nahmen sie gefangen. Nach gut einem halben Jahr war der Krieg beendet. Einige der Führer, unter ihnen Kientpoos, wurden erhängt. Die überlebenden Modocs verfrachtete man in ein Reservat im Staat Oklahoma, wo sie binnen kürzester Frist an Krankheiten und Epidemien starben.

DIE FLUCHT DER NEZ PERCE

Schon 1855 erklärten sich die Nez Perce einverstanden mit ihrem Rückzug in ein Reservat im Wallowa Valley im nordöstlichen Oregon. Bis dahin hatten sie immer gute Kontakte zu den Weißen gepflegt und rühmten sich, keinen einzigen Siedler auf dem Gewissen zu haben. Doch die Übereinkunft mit der amerikanischen Regierung half ihnen wenig. Immer wieder versuchten Gruppen von Siedlern, sich in dem Reservat niederzulassen. Nach Goldfunden in den sechziger Jahren sollten sich die Indianer endgültig auf ein minimales Territorium in Idaho zurückziehen. Doch sie widersetzten sich der Anordnung und blieben.

1873 garantierte ihnen Präsident Grant noch einmal förmlich das Wallowa Valley als Reservat. Aber die Siedler ließen nicht locker, und einige Jahre später nahm die Regierung die Zusicherung des Präsidenten zurück. 1877 stellte die Armee den Nez Perce ein Ultimatum: Innerhalb von 3o Tagen mußten sie mitsamt ihrem Vieh das Tal verlassen. Bei Nichtbeachtung dieser Anordnung sähe sich das Militär im Kriegszustand mit den Indianern.

Einige Nez Perce Krieger hatten genug vom ewigen Nachgeben und machten sich auf einen privaten Kriegspfad, bei dem sie mehrere Weiße umbrachten. In der Erwartung von

Häuptlinge der Nez Perce Indianer

Geschichte 125

Gegenmaßnahmen der Armee zogen sich die Indianer in eine befestigte Stellung zurück. Der militärische Konflikt war nicht mehr zu vermeiden.

Von hier aus begann ein Rückzug der Indianer quer durch die Staaten Idaho, Wyoming und Montana. Immer wieder wurden sie von verschiedenen Truppenteilen der US-Kavallerie eingeholt und mußten sich zur Wehr setzen. Trotz starker Unterlegenheit schafften die Krieger es in sechs Scharmützeln, den Rückzug ihrer Frauen und Kinder zu sichern. Was sie nicht wußten: Die US-Armee forderte per Telegraph neue Truppen aus anderen Forts an, die den Nez Perce entgegenkamen und sie zu neuen Kämpfen stellten.

Die Hoffnung der Indianerhäuptlinge, sich mit dem Stamm der Crows verbünden zu können, erfüllten sich nicht. Stattdessen marschierten sie mitten durch den gerade zum Nationalpark erklärten Yellowstone Park. Dort trafen sie auf eine Gruppe verdutzter Touristen, die das zerlumpte und ermüdete Indianervölkchen verständnislos bestaunten. Ziel der Nez Perce war nun das Erreichen der kanadischen Grenze. Dort wollten sie sich mit dem Sioux-Häuptling Sitting Bull zusammentun, der wegen seiner Konflikte mit den Erbauern der Eisenbahnlinie "Northern Pacific" nach Kanada geflüchtet war (Details dazu im Kapitel "Eisenbahn").

Auf ihrem Weg nach Norden wehrten sie noch einmal einen Angriff der US-Armee ab, bevor sie sich weitere zwei Wochen lang durch die Wildnis Montanas schleppten. Knapp 5o Kilometer vor der Grenze mußten sie campieren, um den erschöpften Frauen und Kindern eine Ruhepause zu gewähren. Die Verfolgertruppe sowie eine frisch beorderte Einheit aus dem Osten Montanas holten sie dort ein und umzingelten das Lager der Indianer.

Der letzte verbliebene Häuptling Chief Joseph erkannte die Auswegslosigkeit seiner Lage: Von den ursprünglich 7oo Menschen waren noch 43o übrig, davon 35o Frauen und Kinder. Die tragische Flucht der Nez Perce hatte nach 3 Monaten und rund 2.5oo Kilometern kurz vor dem rettenden Ziel ihr Ende gefunden. Sie mußten den Gang in ein neues Reservat antreten. Die Worte von Chief Joseph bei der Kapitulation brachten die Lage der Nez Perce und fast aller nordamerikanischen Indianer auf einen Nenner: "I am tired. My heart is sick and sad. From where the sun now stands, I will fight no more forever."

INDIANER- RESERVATE

Um 188o war die endgültige militärische Niederlage der Indianer im Nordwesten sowie auch im gesamten Nordamerika besiegelt. Fortan nahm sich die Politik ausschließlich

LINKS: Häuptling Sitting Bull der Sioux Indianer.
RECHTS: Chief Joseph, Häuptling der Nez Perce-Indianer

"Indian Affairs" an, bei entsprechend negativen Konsequenzen für die Indianer.

Die Staaten Oregon, Washington und Kalifornien waren seit **1850** Vorreiter für das System der Reservate, mit dem die US-Regierung die ständigen Reibereien zwischen Siedlern und Indianern zu reduzieren versuchte. Natürlich auf Kosten der Indianer, die in oft unbrauchbaren Landstrichen zusammengedrängt wurden und auf ihre ursprünglichen Jagdgründe verzichten mußten. Ende des 19. Jhds. setzte sich die Politik der Reservate im gesamten Westen der Vereinigten Staaten durch.

Zu Beginn des 20. Jhd. änderte sich die Indianerpolitik der US- Regierung. Details siehe Kapitel "Indianer im 20. Jhd.".

TRANSKONTINENTALE EISENBAHNEN

Der Bau der ersten Transkontinental- Eisenbahn (1862- 69, Strecke: Chicago -> Oakland/Kalifornien), war wichtigste Pionierleistung zur Erschließung des Westens der USA.

Die Transkontinental-Eisenbahn in der Prairie mit damals noch Tausenden von Büffeln.

Über das Gleis kamen viele Hunderttausende von Einwanderern, und die frühere Reisezeit von gut 1 Monat per Postkutsche reduzierte sich auf lediglich 4 Tage ab Chicago. Ausführliche Details siehe VELBINGER FÜHRER Band 53 Kalifornien.

STRECKENVERLAUF: dem Bau der ersten Transkontinental- Strecke waren umfangreiche Landvermessungen im gesamten Bereich westlich von Chicago vorhergegangen. Die Probleme waren gewaltig:

Es mußten nicht nur rund 3.000 km Gleis durch bisher unerschlossenes Land der Indianer

Dampflok der NORTHERN PACIFIC auf auf der erst 1883 eröffneten nördlichen Transkontinental-Strecke.

verlegt und eine Vielzahl an Flüssen überquert werden. Insbesondere waren auch 2 hohe Gebirgsketten zu überwinden, - die Rocky Mountains sowie die Sierra Nevada/Cascade Mountains.

Den Planern der transkontinentalen Gleisverbindung war klar, daß besonders diese Bereiche der Gebirgsketten erhebliche Kosten beim Heraussprengen von Trassen an Berghängen und dem Bau von Tunnels verursachen würden.

Für die Vermessungstrupps galt es daher, den preisgünstigsten Gleisverlauf zu erforschen.

Insgesamt wurden in den 5o-er Jahren des 19. Jahrhunderts 5 Routen vorgeschlagen, von denen die nördlichste weitgehend entlang der heutigen Grenze zu Kanada verlief und Portland bzw. Seattle erreichte (später von der "Northern Pacific" gebaut und betrieben), - die mittlere überquerte den Kontinent etwa auf dem 4o. Breitengrad und führte nach Oakland/Kalifornien, - sowie 2 Südrouten durch damals noch zu Mexiko gehörende Gebiete.

Anschließend wurden die Vorschläge der Vermessungstrupps von den Politikern diskutiert. Für die beiden Südrouten sprachen zwar die billigen Baukosten, da nur relativ wenige Steigungen überwunden werden mußten. Auch wünschten die Südstaaten der USA diesen Streckenverlauf, der ihnen an Infrastruktur einer Verkehrsverbindung durch ihr

Gebiet entsprechende Vorteile gebracht hätte.

* Gegen die <u>Nordroute</u> nach Portland/Seattle sprach, daß sie keinen Preisvorteil gegenüber der mittleren Route nach Oakland/Kalifornien bot (auf beiden Strecken mußten sehr hohe Gebirgsketten kostspielig überquert werden).
* Die <u>mittlere Route</u> hatte den Vorteil, daß sie zentral die US-Westküste in Kalifornien erreichte, wo sich bereits viele Menschen seit Goldrausch der 5o-er Jahre angesiedelt hatten. Zudem waren in Virginia City (Nähe Reno am geplanten Gleis) neue Silbervorkommen entdeckt worden.

<u>1861</u> brach dann der Bürgerkrieg zwischen den Nord- und den Südstaaten der USA aus. Schon bald zeigte sich, daß die bereits im Osten verlegten Eisenbahngleise in der Kriegsführung (Truppen- und Waffentransport) erhebliche Vorteile brachten.

Am <u>8.5.1862</u> unterschrieb daher <u>Präsident Abraham Lincoln</u> den <u>Eisenbahnvertrag</u> (Pacific Railroad Act), der den Bau des ersten transkontinentalen Eisenbahngleises auf der mittleren Trasse und gegen den Wunsch der Südstaaten bestimmte. In nur 7 Jahren Bauzeit wurde die Gleisverbindung fertiggestellt und am <u>1o. Mai 1869</u> der letzte Nagel beim <u>Promontory Point</u> (im heutigen Bundesstaat Utah) eingeschlagen. Damit war die erste durchgehende Gleisverbindung quer über den Kontinent von Chicago nach Oakland/Kalifornien an der US-Westküste fertiggestellt.

Der <u>Nordwesten</u> war mit der Eröffnung dieses Gleises zunächst leer ausgegangen. Man mußte per Zug nach Oakland reisen, von dort mit der Fähre nach San Francisco und von hier per Schiff entlang der Küste nach Portland bzw. Seattle, - was viel Extrazeit benötigte und auch sehr unbequem war.

<u>PULLMAN-WAGGONS</u> (hier der Strecke Chicago → Saint Louis)
Sie waren (in Chicago gefertigt) erheblich komfortabler als die ersten Waggons auf den Transk. Strecken.

BAU DES NORD- TRANSKONTINENTAL- GLEISES

Die Bundesstaaten Oregon, Washington drängten daher auf den Bau einer direkten Gleisverbindung über den Kontinent. Die Strecke sollte von St. Paul am Missouri nach Portland/Oregon führen. <u>Baubeginn 187o</u> durch die *"<u>NORTHERN PACIFIC RAILROAD</u>"*.

Da der <u>Streckenverlauf</u> des Gleises über die riesigen Gebirge der Rockies und der Cascade Mountains führt, war mit entsprechend <u>hohen Baukosten</u> zu rechnen. Im Gegensatz zur 1. Transkontinental- Strecke gab es von der US- Regierung keinerlei Zuschüsse und Darlehen mehr. Die Northern Pacific mußte sich daher das für den Bau benötigte Kapital durch <u>Vergabe von Aktien</u> beschaffen.

Hierbei konnte die Gesellschaft zwar darauf hinweisen, daß "Transkontinental- Gleise technisch realisierbar sind" (welches vor dem Bau der ersten Transkontinentalstrecke nach Oakland noch in der breiten Öffentlichkeit angezweifelt war). Daß sich aber mit dem <u>Bau derartiger Transkontinental- Gleise Gewinne</u> realisieren lassen, - dafür war zu wenig Zeit zwischen der Fertigstellung des ersten Gleises (1869) und dem Baubeginn des Nordgleises (1870) verstrichen: Der Verkauf von Aktien der Northern Railroad verlief daher schleppend und konnte nur einen Teil der geschätzten Baukosten beibringen.

<u>Landzuweisung</u>: beim Bau der <u>1. Transkontinentalstrecke</u> (1862- 69) hatte die <u>US-Regierung</u> großzügig den Erbauern (Union- und Central Pacific Railroad) Land zugewiesen und zwar 20 Meilen rechts und links des verlegten Gleises. Die Indianer, durch deren Gebiet das Gleis führte, waren mit dieser "Regelung" keinesfalls einverstanden. Sie griffen zunächst die Bautrupps an (da diese ihre "Nahrungsquelle Büffel" wegschossen) und später die Züge auf dem neuverlegten Gleis.

Um derartige Indianerangriffe beim <u>Bau des Nordgleises</u> (1870- 83) abzustellen, hatte die US- Regierung den Indianern des Mittleren Westens zugesichert, daß sie Land in den nördlichen Great Plains erhalten würden. Gleichzeitig räumte die US- Regierung der Northern Railroad erheblich <u>höhere Landzuweisung</u> rechts und links der verlegten Gleise ein: Land, das sie vorher den Indianern zugesichert hatte!

Die Indianerstämme zeigten daher keine Kompromißbereitschaft mehr. Unter Führung des Sioux-Häuptlings <u>Sitting Bull</u> vertrieben sie zunächst die Vermessungstrupps, die überall auf ihrem Land auftauchten. Selbst ein Expeditions-Korps der US-Kavallerie mit rund

BRÜCKEN-KONSTRUKTION im Gleisverlauf der Transcontinental-Strecken. Sie wurden im 19. Jhd. aus Holz gebaut, in Kurve gelegt, was zusätzliche Stabilität gab.

1.500 Soldaten schaffte es nicht, die Arbeit der Vermessungs-Ingenieure effektiv zu schützen. Der Bau der Linie kam nicht im geplanten Maß voran, - und wegen der ständig negativen Presseberichte war auch kaum noch jemand an Aktien der Northern Railroad interessiert.

Der <u>Börsenkrach</u> und die nationale <u>Wirtschaftskrise von 1873</u> verschafften den Indianer eine zusätzliche Atempause. Die Finanzen der Northern Pacific waren zerrüttet, und der Weiterbau mußte komplett gestoppt werden. 7 Jahre lang kam die Strecke in den Nordwesten keinen Meter voran.

General G.A. Custer
Kämpf u.a. gegen die Sioux.

Während der Auseinandersetzungen mit den <u>Sioux</u> hatte die US- Armee einen Feind ausgemacht, den zu bekämpfen sie entschlossen war. Ohne unmittelbare Verbindung mit dem Eisenbahnbau ging das Militär unter Führung von <u>General George Armstrong Custer</u> daran, den Widerstand der Indianer zu brechen.

1876 fand die entscheidende Schlacht am <u>Little Bighorn</u> statt, bei der Sitting Bulls Krieger Custer und seine Truppe besiegten. Doch die Sioux konnten ihre Stellung auf Dauer nicht halten und mußten sich Ende der 70-er Jahre noch weiter nach Norden zurückziehen. Sitting Bull flüchtete sogar ins <u>kanadische Exil</u>.

Ein großes Hindernis für die Northern Pacific war damit aus dem Weg geräumt. Als <u>1880</u> wieder genug Kapital vorhanden war, ging der Weiterbau der Gleisstrecke zügig voran.

<u>**BAU-BEDINGUNGEN**</u>: die Northern Pacific konnte hier auf die <u>Erfahrungen</u> der Union Pacific und Central Pacific zurückgreifen, die 10 Jahre zuvor das erste transkontinentale Gleis gebaut hatten. Dort hatten sich die fleißigen und genügsamen <u>Chinesen</u> als Bauarbeiter bewährt, die neben Iren und Arbeitern anderer Nationalitäten auch für den Bau der Nordstrecke eingesetzt wurden.

Der <u>Streckenverlauf</u> war durch Landvermesser bereits vorher im Groben festgelegt. Während des Baus der Gleisstrasse reisten nun die <u>Landvermesser</u> oft bis zu 300 km den Bautrupps voraus, um Einzelheiten im Gelände (Gebirgsvorsprünge, Flußverlauf etc.) zu erkunden und den detaillierten Streckenverlauf festzulegen.

Ebenfalls den Gleisverlegern voraus arbeiteten die <u>Brückenbauer</u>. Das benötigte Holz wurde entweder aus nahegelegenen Wäldern besorgt und mit Pferden herangeschleift, - oder aber mußte in <u>Prairiegebieten</u> aufwendig über weite Entfernungen über die Flüsse geflößt und anschließend per Fuhrwerk herangeschafft werden.

Die <u>Brückenbauwerke</u> über größere Täler und Schluchten im <u>Bergland</u> waren wahre Meisterwerke: die Holzbrücken hatten bis zu 335 m Länge und 40 m Höhe. Hierbei wurden die einzelnen Elemente mit Querverstrebungen vorgefertigt und dann per Seilzug quer übers Tal in die Brücke "eingehängt".

Um diesen Brücken, die wegen ihrer Holzbauweise entsprechend "arbeiteten" und bei der Überfahrt der schweren Eisenbahnzüge schwankten, - zusätzliche Stabilität zu geben, waren sie in der Regel in Kurve gebaut (siehe auch Abb. Vorseite).

<u>Gleisverleger</u>: sie wurden auf den von Ost kommenden und dort bereits verlegten Gleisen von einem <u>Arbeitszug</u> versorgt. Dieser transportierte die schweren Eisengleise und Bahn-

Geschichte 131

OBEN: Zeltlager von Landvermessern, die den Bautrupps oft bis zu 300 km voraus waren.
UNTEN: fahrbare "Hotel"-Waggons der Bauarbeiter.

schwellen. Er wurde von einer Dampflok nicht gezogen, sondern geschoben. Hinten befanden sich die <u>Waggons mit den Schlafkojen</u> der Bauarbeiter. Diese Holzwaggons hatten in 3 Stock angeordnete Mini- Kojen, in denen bis zu 7o Mann pro Waggon schlafen konnten. Dahinter angehängt der "Restaurant- Waggon", der aus einem langen Tisch bestand, an dem bis zu 125 Mann essen konnten. Sie mußten ihr Essen schnell runterdrücken, damit die nächste Gruppe Einlaß im Waggon fand.

Anschließend folgten die Waggons der <u>Küche</u> sowie die der <u>Ingenieure</u>.

Entlang des Gleises entstanden <u>Siedlungen</u>, wo Besitzer von Spielsalons, Bars und Bordells ihr Geld machten. Der Eisenbahngesellschaft war dies nicht unbedingt willkommen, denn ein besoffener Bauarbeiter leistete nicht das, was ein nüchterner pro Tag der Gesellschaft brachte.

Nun gab es <u>Schnapshändler</u>, die per Pferd bis zum Gleiskopf ritten und den dortigen Bauarbeitern Alkohol anboten. Um derartige Mißstände abzuschaffen, verlangte die Northern Pacific in dürren Prairiegebieten massiv überhöhte Preise für das dort von ihr herangeschaffte Trinkwasser; die Preise waren teurer als das, was die Schnapshändler vor Ort an Gewinnen mit ihrem Alkohol erzielen konnten.

<u>Tunnelbauten</u>: zwar hatten die Erbauer der ersten Transkontinentalstrecke mit dem damals neumodischen "Nitroglyzerin" operiert, welches eine 8 mal höhere Sprengkraft als das frühere Schwarzpulver besaß. Trotzdem waren die Tunnelbauten der Northern Pacific sehr arbeits- und zeitaufwendig: mühsam mußten per Hand Löcher in den Fels gebohrt werden zum Anbringen der Sprengladungen.

Das aufwendigste Projekt war der 3,2 km lange <u>Stampede- Tunnel</u> in den Cascade Mountains. Die Fertigstellung dauerte 2 Jahre.

<u>Schneestürme</u>: sie bereiteten den Bautrupps im Gebirge große Probleme. In einem besonders harten Winter fegte ein Blizzard über das Camp der Arbeiter, und die Männer mußten sich anschließend aus 12 m hohen Schneemassen ausgraben.

RECHTS: der letzte Nagel wird eingeschlagen für die Transkontinentalstrecke der <u>NORTHERN RAILROAD</u> Strecke: von Duluth am Lake Superior via St. Paul nach Portland/Oregon

Am **8. 9. 1883** schlugen Gleisarbeiter den letzten Bolzen in die Schwelle. Die Northern Pacific hatte die erste durchgehende Gleisverbindung im Norden der USA fertiggestellt.

Zur Einweihungsfeier war auch Sitting Bull eingeladen. Seine Protestrede gegen die Vertreibung der Indianer und die Annulierung von Regierungsverträgen verwandelte der Dolmetscher in ein Loblied auf die Eisenbahn. Der Sioux-Häuptling mag sich über den anschließenden Beifall der Anwesenden gewundert haben; die Zeremonie aber war nur der zynische Schlußpunkt unter mehr als ein Jahrzehnt Indianerausrottung in der Prairie, zu der auch die Landzuweisungen an die Northern Pacific den Auftakt gegeben hatten.

14 Jahre nach Kalifornien besaß nun auch der Nordwesten seine erste transkontinentale Eisenbahnverbindung, die Portland erreichte. Für die Reisenden verkürzte sich die Fahrzeit nach Oregon erheblich; viele neue Einwanderer kamen ins Gebiet, aber auch der Warenaustausch lief nunmehr schneller. Präsident der Northern Pacific war **Henry Villard**, ein früherer Journalist, dem hohe Bildung und Intelligenz nachgesagt wurden.

Der letzte Nagel wird eingeschlagen. Rechts wartet schon der Zug.

Empfang Henry Villard in St. Louis nach Eröffnung der Strecke

Als er nach Einschlagung des letzten Nagels dann mit dem Zug in St. Louis eintraf, wurde er begeistert gefeiert. Wie die Presse damals berichtete, floß der "Champagner in Strömen wie der Niagara Fall".

Trotz Tausender von Einwanderern, die die neue Verbindung benutzten und des großen Aufkommens im Warentransport entwickelte sich die Northern Pacific jedoch zunehmend defizitär und war wegen der schlechten Firmenführung ihres Präsidenten Villard zuletzt bankrott.

Aufgekauft wurde die Northern Pacific von **Jerome Hill**. Er hatte seine Karriere als Betreiber einer kleinen Dampfschiff-Linie auf dem Red River zwischen North Dakota und Minnesota begonnen. Gleichzeitig war er Besitzer einer Firma, die eine kleinere Eisenbahngesellschaft im Midwesten mit Kohle und Holz belieferte.

1878 hatte der ehrgeizige, äußerst fleißige und in Geschäften geschickte Hill die Firmenführung der *"St. Paul & Pacific Railroad"* übernommen. Diese besaß Strecken im Bereich des Missouri und befand sich in in Finanzproblemen. Hill gelang es, die Firma zu sanieren und mit ihr dicke Gewinne zu erzielen. Auch erweiterte er das Gleisnetz bis Manitoba/Kanada. Seine Eisenbahngesellschaft expandierte zunehmend und florierte wirtschaftlich.

Hill ging es nunmehr um die Erschließung des gesamten Nordens der USA. Abgesehen von der *Northern Railroad* kaufte er auch die in Finanznot geratene *Burlington Railroad*. All diese Gesellschaften faßte er unter dem Namen **GREAT NORTHERN RAILROAD** zusammen und war damit zum einflußreichsten und mächtigstem Mann im Norden der USA geworden.

Hill wurde bewundert wegen seiner Leistungen. Gleichzeitig hat-

JEROME HILL, Eisenbahn-Tycoon im Norden der USA. 1867 heiratete er die Kellnerin Mary Mehegan, die in "Lifetime-Ehe" entscheidend zu den wirtschaftlichen Erfolgen J. Hills beitrug.

te er aber auch einflußreiche Feinde: wie nicht anders zu erwarten, waren dies Eisenbahnmagnaten, mit denen Hill in Konkurrenz getreten war.

So im Norden Sir William Van Horne (Besitzer der Canadian Pacific Railroad) und im Südwesten Jay Gould, der 1874 die Union Pacific aufgekauft hatte und damit ein riesiges Schienennetz besaß, das vom Mississippi/Missouri bis an die Pazifikküste reichte.

Später auch Edward Harriman, mit dem Hill in Wettstreit um die Kontrolle von 12 kleineren bis mittleren Eisenbahngesellschaften stand. 1898 hatte Harriman die Union Pacific aufgekauft, besaß damit 12o.ooo km Gleise und war zum Hauptkonkurrent der Great Northern von Jerome Hill geworden.

Hills großer Lebenstraum war der Bau einer eigenen Transkontinental- Eisenbahn. Sie sollte im äußersten Norden der USA von Minneapolis/St. Paul entlang der kanadischen Grenze nach Seattle im Bundesstaat Washington führen.

Für den Bau dieses **letzten großen Transkontinental- Gleises** konnte Hill mit keiner staatlichen Hilfe rechnen. Weder erhielt seine Great Northern Railway Zuschüsse und Darlehen, - noch gab es die vormals üblichen Landzuweisungen rechts und links des verlegten Gleises. Hill war daher auf sich allein und sein unternehmerisches Geschick angewiesen.

Er setzte auf beste Technik und beste Landvermesser. Zu seinen Prämissen zählte, daß die Landvermesser den optimalen Streckenverlauf erkunden mußten, der nach Möglichkeit Steigungen vermied. Dies, um die späteren Betriebskosten der Strecke in Bezug auf Kohle, Holzverfeuerung bzw. Öl möglichst niedrig zu halten.

Im Bereich des Bundesstaates Montana wurden die Vorgaben Hills voll erfüllt. Es galt nun, den günstigsten Punkt bei der Überquerung der ROCKY MOUNTAINS zu finden.

Hill engagierte hierfür den 36-jährigen Landvermesser und Ingenieur John F. Stevens. Dieser hatte sich zuvor einen Namen gemacht wegen geschickter Gleisplanung im Bergland der südlichen Rockies für die "Denver & Rio Grande Railroad". Stevens erforschte im Auftrag der Great Northern den nördlichen Bereich der Rocky Mountains und fand

JAY GOULD
Kam zu großem Reichtum als Direktor der "Eirie Line". Kaufte 1874 die "Union Pacific"

EDWARD HARRIMAN
New Yorker Börsenmakler. Kaufte 1898 die "Union Pacific", die damals über 120.000 km Gleis verfügte.

JOSIAH PERHAM
wenig erfolgreicher Verkäufer von "Northern Pacific"- Aktien. Es gelang ihm nicht, die benötigten Gelder zu beschaffen.

1889 mit Hilfe von Indianern den dort niedrigsten Paß (1.56o m), der eine Gleisverlegung von nur 1 Prozent Steigung ermöglichte.

Nächstes Problem war die <u>Überquerung der CASCADE MOUNTAINS</u> nach Seattle am Puget Sound. Hier mußte der rund 1.34o m hohe **Stevens Pass** überwunden werden, - eine gewaltige Höhe wegen nur weniger anschließender Km runter nach Seattle auf Meereshöhe! Man entschied sich für die bereits in den südamerikanischen Anden bewährte Gleisführung, wobei der <u>Zug zick-zack am Hang raufrangiert</u>. Der Pass selber wurde in einem 4,2 km langen Tunnel unterquert. Dieser spektakuläre Gleisabschnitt wurde 1929 stillgelegt, als ein neuer Tunnel auf erheblich tieferem Niveau den Pass unterquert. Mit 12,5 km ist er heute der längste Eisenbahntunnel der USA.

Am <u>**6.1.1893**</u> konnte Jerome Hill seine Nord- Transkontinental- Verbindung einweihen. Vorhergegangen war ein Schneesturm in den Cascade Mountains, so daß der Chef der Great Northern beim Einschlagen des letzten Gleisnagels oben in den Bergen nicht anwesend war und die Zeremonie seinen Beamten überließ.

Damit war die letzte der Transkontinental Verbindungen quer über die USA fertiggestellt. Die <u>Great Northern</u> tätigte dicke Gewinne wegen der geschickten Firmenführung J. Hills und machte der parallel in Kanada verlaufenden Canadian Pacific massiv Konkurrenz.

Die Bundesstaaten Oregon/Washington hatten nunmehr <u>2 gutausgebaute Gleisverbindungen</u> vom Osten der USA. Über sie rollten die Einwandererströme, aber auch die Waren (ab Oregon/Wash. vorwiegend land- und forstwirtsch. Produkte).

<u>Jerome Hill</u> war nunmehr <u>führender Eisenbahn- Tycoon im Norden der USA</u>. Außerdem besaß er eine <u>Schiffslinie</u>, die ab den Pazifikhäfen operierte, die Hill mit seinen Eisenbahnen erreichte. Als er mit 78 Jahren starb, umfaßten seine Bankkonten 53 Millionen US Dollar, bei damaligem Geldwert eine beachtliche Summe.

PROBLEM der "Great Northern" waren winterliche Schneestürme. Die Passagiere saßen teils über Tage hinweg im eisig kalten Zug fest...

PER EISENBAHN IN DEN NORDWESTEN

Als die "Northern Pacific" **1883** Portland erreichte, verfügte man zwar über die 14 Jahre Erfahrung der Union/Central Pacific Railway in Langstrecken - Fahrten quer über den Kontinent und hatte die Waggons in Komfort erheblich verbessert. Auch waren die Dampfloks in PS-Leistung verstärkt, so daß Steigungen "etwas schneller" überwunden werden konnten.

Trotzdem war die Reise quer über den Kontinent nach wie vor ein Abenteuer. Wie auch andere Eisenbahngesellschaften litt insbesondere die "Northern Railroad" stark unter den ständigen Zugüberfällen, für die die Strecke bald berüchtigt war.

ZUGRÄUBER bedroht Passagiere und fordert Gold. Ständiges Problem der "Northern Railroad" Grafik aus der Police Gazette bezüglich eines Überfalls am 7. Juli 1888 in Montana.

Geschichte

In einsamen Gebieten z.B. von Montana ritten die Zugräuber auf Pferden an den Zug und sprangen rein. Dies war insbesondere an Steigungen der Fall, wo die Züge in Schrittgeschwindigkeit den Berg raufschnaubten. Die Police Gazette war voll mit derartigen Berichten von Überfällen auf die "Northern Pacific", - während die Betreibergesellschaft der Eisenbahn derartige Publikation gerne in der öffentlichen Presse unterdrücken wollte.

Die Zugräuber waren teils so frech, daß sie die Züge der "Northern Railroad" beim fahrplanmäßigen Stop in kleineren Bahnstationen überfielen. So geschehen 1888 in Billings, Montana, wo sie den Schaffner auf dem Bahnsteig "Can-Can" tanzen ließen. Dies um die Zugpassagiere einzuschüchtern und anschließend problemloser ihnen das Geld abzunehmen...

Die "Northern Railroad" hatte auf ihrer Strecke nach Portland/Oregon bald in Bezug auf Überfälle einen derart schlechten Ruf, daß viele Passagiere die Benutzung ihrer Züge vermied und den Umweg der Reise mit anderen Eisenbahngesellschaften in Kauf nahmen.

Dies führte bei der "Northern Railroad" zu erheblichen Verdiensteinbußen. Ihr damaliger Präsident Henry Villard fragte sich: "Wie kann man unter derartigen Bedingungen eine Eisenbahngesellschaft profitabel betreiben?".

1888, Billings/Montana: bei dem fahrplanmässigen Stop in der Bahnstation lassen die Zugräuber den Schaffner "CanCan" tanzen, um die Passagiere einzuschüchtern (Police Gazette)

Geschichte 139

Auch als <u>Jerome Hill</u> die "Northern Pacific" aufgekauft hatte, und selbst 1893 nach Eröffnung seines Nordgleises nach Seattle kam es immer wieder zu bewaffneten Überfällen auf seine Züge. Man versuchte, Derartiges durch verstärkte Bewaffnung des Zugpersonals abzustellen.

Erst stärkere Dampfloks zu Beginn unseres Jahrhunderts, die höhere Zuggeschwindigkeiten ermöglichen, sowie verstärkte Polizeipräsenz in den Siedlungen und Städten entlang der Strecke reduzierten die Gefahr bewaffneter Überfälle auf Züge.

KOMFORT IN DEN ZÜGEN: seit Eröffnung des ersten Transkontinental- Gleises nach Oakland/Kalifornien (1869) forderten die besser verdienenden Reisenden schon bald mehr Komfort. Auf ihrer Reise von Chicago mit der "Union Pacific" mußten sie in Ogden am Großen Salzsee umsteigen in die Waggons der "Central Pacific" nach Kalifornien.

Die Reisenden schimpften über den Gestank in den Waggons der "Union Pacific", der sich dort angesammelt hatte und lobten den besseren Komfort der bequemeren First Class- Waggons der "Central Pacific".

Satter "Rip-off" in einem Zug der "Great Northern Railroad" Nähe Ephrata im Bundesstaat Washington zwischen Spokane und Wenatchee. Während links oben die Banditen den Lokführer und Heizer in Schach halten, wird in den Passagier-Waggons "abgeräumt". Weitere Zugräuber bedienen sich im Güterwaggon dortiger Schätze.

Zu Beginn der 7o-er Jahre, also kurz nach Eröffnung der ersten Transkontinentalstrecke entstanden WAGGON- FABRIKEN, von denen Pullman in Chicago bald die bedeutendste war. Die zweitwichtigste war Wagner.

Die Waggons waren aus schweren Massivhölzern in Skelettbauweise gefertigt. Verwendet wurden Eiche oder andere sehr stabile Hölzer, da die Waggons auf den anfangs noch sehr holpernden Gleisen einer ständigen Verwindung Stand halten mußten. Außen waren die Waggons mit Holzbrettern verschalt.

Die Luxuswaggons der 1. Klasse besaßen Edelhölzer und Intarsienarbeiten sowie dicke Polstersitze (siehe Abb. rechts) und oben nachts rausklappbare Betten. Die 2. Klasse war weniger aufwendig ausgestattet, verfügte aber ebenfalls über Sitze, die nachts in Betten verwandelt wurden.

Während die Eisenbahngesellschaften ihre normalen Passagierwaggons entweder selber bauten oder durch Firmen bauen ließen, - wurden die komfortablen Waggons insbes. der 1. Klasse und spezieller Schlafwagen 2. Klasse von den Waggonherstellern wie Pullman und Wagner gebaut und per Exklusivvertrag an die Züge der Eisenbahngesellschaft angehängt.

Der Hersteller Pullman war diesbezüglich Marktführer und hatte die meisten Verträge, - zweitwichtigster war Wagner. Die Waggonhersteller verdienten hierbei an Gewinnbeteiligung pro zahlendem Passagier.

Eine andere Waggon- Kategorie waren die EINWANDERERZÜGE. Sie brachten den Eisenbahngesellschaften dicke Gewinne. Denn diese Waggons wiesen keinerlei teure Extras wie Edelhölzer, Polster und Intarsien auf. Sie waren daher billig zu fertigen. Auch reisten hier erheblich mehr Menschen eng zusammengepfercht in den Waggons.

FAHRZEITEN: bereits in der Anfangszeit der Union/Central Pacific auf ihrer Transkontinentalstrecke gab es Express-Züge, die nur in den allerwichtigsten Stationen Stops einlegten. Als dann der Restaurantwaggon eingeführt wurde, verkürzten sich die Reisezeiten zusätzlich (zuvor mußte für die Mahlzeiten in Bahnhöfen ein Stop eingelegt werden).

Dies war Entwicklungsstand, auf den die "Northern Railroad" bei ihrer Streckeneröffnung 1883 zurückgreifen konnte. Bezüglich der schnell verlegten Gleise und provisorischen Brücken hatte sie aber ähnliche Anfangsprobleme wie die erste Transkont. Strecke nach Kalifornien. Die Baugesellschaften hatten (um die enge Terminvorgabe einzuhalten) oft schlampig im Unterbau der Gleise gearbeitet. Dort mußten die Züge langsamer fahren. Erst nach und nach wurden die Abschnitte verbessert.

WARENTRANSPORT: die Eisenbahngesellschaften, und hier auch die "Northern" sowie "Great Northern" hatten bald völliges Monopol auf ihren Strecken, da es kein anderes Verkehrsmittel gab, welches schneller transportierte. Auto und Flugzeug waren im 19. Jhd. noch nicht erfunden, und die Eisenbahn war gegenüber Flußschiffen erheblich schneller.

Die Eisenbahngesellschaften nutzten daher ihr Monopol meist hemmungs-

Geschichte

SCHLAFWAGEN 1. Klasse, wie er auf Transkontinentalstrecken ab ca. 1870 eingesetzt wurde. Tagsüber wurden die oberen Betten schräg raufgeklappt.

RECHTS: Senator Webster Wagner. Er war nach Pullman der zweitwichtigste Hersteller von komfortablen Reisezügen im 19. Jhd. der USA.

los aus und forderten oft überhöhte Preise. Der Unternehmer mußte sie zahlen und konnte froh sein, wenn seine Ware rechtzeitig am Ziel ankam. Beschwerden hatten keinen Erfolg; die Gesellschaften waren teils so frech, daß sie den Kunden darauf hinwiesen, er solle "froh sein, daß die Ware überhaupt transportiert wird".

LANDNAHME: Beim Bau der Eisenbahngleise im Nordwesten der USA erhielt lediglich die "Northern Pacific" entlang ihrer 1883 eröffneten Verbindung nach Portland Landzuweisung von der Regierung (siehe S. 128).

Nach Fertigstellung des Gleises wurde dann das Land an Siedler mit hohen Profiten verkauft. Damals reisten Werbetrupps der Eisenbahngesellschaft auch nach Europa, um die Vorzüge der Neuen Welt anzupreisen. In Folge machten sich Hundterttausende auf den Weg nach Oregon und Washington. In den Städten der Ostküste wurden sie von Repräsentanten der Eisenbahn empfangen und nach Nationalitäten zusammengefaßt in bestimmte Regionen verfrachtet. Daher auch die oft heute noch vorherrschende Konzentration bestimmter Einwanderergruppen in ländlichen Gebieten.

Die Besiedlung des Nordwestens war gegen Ende des 19. Jhds. also zum großen Teil ein Werk der Northern Pacific.

Glücksspiel-Betrieb in den neu gegründeten Siedlungen entlang der Eisenbahn, - insbes. im Bundesstaat Montana. Bei Stops von Normal-Zügen verloren hier die Reisenden nicht selten hohe Beträge. - RECHTS: Nebenstrecken der Eisenbahn in Holzfäller Gebiete.

ENTSTEHUNG DES MODERNEN NORDWESTENS

OREGON: Seit Gründung des Bundesstaates (1859) war diese Region zunächst wirtschaftlich wie auch politisch führend im Nordwesten. Ihre Bundeshauptstadt Portland war damals die wichtigste Stadt im Nordwesten wegen ihrer verkehrsgünstigen Lage am Columbia River. Weiteren Entwicklungsschub brachte die Eröffnung der Eisenbahn nach Portland (1883).

WASHINGTON: kurz vor Eröffnung der Eisenbahn nach Portland erlebte auch Washington einen plötzlichen Entwicklungsschub. Ursache waren die Goldfunde am Yukon und in Alaska.

Die Stadt Seattle war Ende des 19. Jhds. zentrale Versorgungsbasis für die am Ende der Welt gelegenen Goldgräbercamps. Tausende von Abenteurern erreichten Seattle per Schiff und seit 1893 auch per Bahn und machten sich von dort auf den beschwerlichen Weg in die arktischen Breiten. Es entstand eine regelmäßige Fährverbindung nach Alaska, und für die Geschäftsleute in Seattle begannen goldene Zeiten. In wenigen Jahren verdreifachte sich die Bevölkerung der Stadt, die seither ihre Stellung als wirtschaftliches Zentrum des Nordwestens behielt (Details siehe "Seattle/Stadtgeschichte").

Zur gleichen Zeit boomte in Oregon und Washington das Geschäft der HOLZINDUSTRIE. Millionen von Bäumen wurden im Landesinneren gefällt und trieben die Flüsse hinab zu den Sägewerken. Nebenstrecken der

Eisenbahn entstanden, um die Stämme aus unwegsamen Gebirgslandschaften abzutransportieren.

Innerhalb weniger Jahre wurden die beiden Staaten zu einem der Hauptlieferanten für den Mittleren Westen und Kalifornien, wo die hereinströmenden Siedler unendlichen Bedarf an Baumaterial hatten. Somit profitierte der Nordwesten zumindest etwas von der rasanten Entwicklung Kaliforniens zur Wirtschaftsmetropole des gesamten amerikanischen Westens.

Die Forstwirtschaft gehört noch heute zu den wichtigsten Industriezweigen von Oregon und Washington. Sie steht allerdings zunehmend unter Druck äußerst starker Umweltschutzbewegungen und mußte seit 1990 ihre Produktion drastisch reduzieren (Details siehe Kapitel "Natur und Umwelt").

WIRTSCHAFTS- WACHSTUM: Das gleichmäßige, aber wenig spektakuläre Wachstum seit der Jahrhundertwende nahm mit dem Börsenkrach von 1929 ein jähes Ende. Die Produktionszahlen der Land- und Forstwirtschaft fielen in den Keller, und 1932 hatten 80 Prozent der Sägewerke ihre Tätigkeit eingestellt. In dieser Situation entwickelte Präsident Roosevelt sein Programm des "New Deal" zur Reduzierung der Arbeitslosenziffern: Öffentliche Bauvorhaben sollten wenigstens ein Minimum an Beschäftigung bringen.

Das größte und folgenschwerste dieser Projekte im Nordwesten war der Bau des Grand Coulee Staudammes im Norden Washingtons, für den 7.000 Menschen über 8 Jahre beschäftigt waren. Der Damm war geplant für ein gigantisches Bewässerungsprojekt der Landwirtschaft im Tal des Columbia River und sollte den 3 Jahre zuvor in der Nähe von Portland errichteten Bonneville Damm ergänzen.

Als die USA bei seiner Fertigstellung 1942 aktiv in den **II. WELTKRIEG** eingriffen, änderte sich die Zielsetzung. Jetzt ging es vorrangig um die Stromerzeugung. Wegen der riesigen Energiekapazitäten der beiden Staudämme verlagerte die US-Regierung einen bedeutenden Teil der Rüstungsindustrie nach Washington und Oregon (Details zur Konstruktion und Funktion des Coulee Dammes im Regional-Teil, Seite 303).

PORTLAND produzierte vorwiegend Kriegsschiffe. Dort wurden die sogenannten *"liberty ships"* gebaut, mit denen die USA große Mengen an Kriegsmaterial nach Europa und Asien verschifften. - In SEATTLE war die *"Boeing Company"* ansässig, die zu einer der wichtigsten Produktionsstätten für Flugzeuge ausgebaut wurde. Boeing fertigte insbesondere die Langstreckenbomber "Flying Fortress" und "Super Fortress", die im Kriegsverlauf deutsche und japanische Städte bombardierten.

Der gesamte PUGET SOUND verwandelte sich in eine Marine-Basis zur Unterstützung der US-Flotte im Pazifik. Beim Städtchen Hanford im südlichen Washington entstand das wichtigste Zentrum zur Entwicklung von Kernenergie in den USA. Folge war der Zustrom Hunderttausender von Menschen, die in den Betrieben Arbeit fanden. Allein die Firma Boeing stockte ihren Personalbestand innerhalb von fünf Jahren von 4.000 auf 50.000 Mitarbeiter auf, von denen sich viele nach dem Krieg dauerhaft im Nordwesten niederließen.

DER NORDWESTEN HEUTE

Mit dem Ende des II. Weltkrieges hatte der Nordwesten sein eher hinterwäldlerisches Image weitgehend abgelegt. Flugzeug- und Werftindustrie lockten Zulieferbetriebe an, die auf dem neuesten Stand der technologischen Entwicklung waren. Sie profitierten u.a. von den niedrigen Strompreisen des nun mit Überkapazitäten arbeitenden Coulee-Dammes.

SEATTLE und die Städte am PUGET SOUND entwickelten sich zu einer *"Metropolitan Area"* mit mehreren Millionen Einwohnern. Inzwischen gehören Seattle und Portland zu den US-Städten mit der modernsten Industriestruktur. Flugzeugbau, Raumfahrt und Elektronik sind dort beheimatet und sorgen für weiteres Wachstum an Wirtschaftskraft und Bevölkerung. Auch die US-Handelsbeziehungen mit den Nationen des pazifischen Raumes verlaufen in großem Maße über Seattle und den Nordwesten und tragen zum Wachstum bei.

Washington und Oregon bewegen sich damit zwar im allgemeinen Trend, bei dem der Westen der USA den klassischen Zentren im Osten nach und nach den Rang abläuft. Im Vergleich zu Kalifornien sind die Perspektiven des Nordwestens jedoch bescheiden geblieben. Außerhalb der Zentren um Portland und Seattle beherrschen Natur, Landwirtschaft und die große Weite das Bild.

NATURSCHUTZ: Daß sich die Bevölkerung der Schönheiten ihrer natürlichen Umgebung bewußt ist, beweist die Umweltschutzbewegung, die hier wesentlich einflußreicher ist als in vielen Teilen der USA und der restlichen Welt:

> Schon in den 6o-er Jahren existierte eine erfolgreiche Bürgerinitiative, die eine dauerhafte Reinigung des Willamette River in Oregon durchsetzte. Der einst völlig verschmutzte Fluß und seine Ufer dienen seither den Freizeitbedürfnissen der Bewohner. Ähnliches geschah mit dem Lake Washington im Zentrum von Seattle. Auch die Rückgabe sämtlicher Getränkeflaschen und -dosen ist in Oregon seit 1971 gesetzlich verankert und eine Selbstverständlichkeit.

INDIANER im 2o. Jhd:

Nach der endgültigen Niederlage der in Oregon/Washington lebenden Indianerstämme 188o war ihr Schicksal besiegelt. Sie wurden in Reservate verfrachtet.

Um die Jahrhundertwende änderte sich die Indianer-Politik der US-Regierung: Assimilation an die amerikanische Gesellschaft war das neue Ziel. Dazu wollte man die Reservate mit ihrer relativ selbständigen Kultur und Verwaltung langsam auflösen. Am Ende eines 25-jährigen "Lernprozesses" sollten die Indianer dann auch die volle Staatsbürgerschaft erhalten.

Um den Prozeß der Assimilation voranzutreiben, erhielten die Indianer **1924** tatsächlich die amerikanische Staatsbürgerschaft, obwohl zahlreiche

Bundesstaaten ihnen noch bis nach dem II. Weltkrieg das Wahlrecht vorenthielten.

* In der Praxis bedeutete das Assimilationsprogramm für die Indianer weitere und massive Landverluste: Die Reservate wurden aufgelöst; jeder Indianer erhielt Land von bestimmter Größe.

  Diese war so bemessen, daß nach Aufteilung unter alle Stammesmitglieder noch Flächen übrigblieben. Diese gab die Regierung frei zur Besiedlung von Weißen. Hierbei nahmen Spekulanten und skrupellose Makler den unerfahrenen, und nun auf sich allein gestellten indianischen Grundbesitzern weiteres Land für lächerliche Summen ab. Hierbei verloren die nordamerikanischen Indianer noch einmal zwei Drittel des Gebietes, das ihnen noch 1887 im Rahmen der Reservate gehört hatte.

* Mit Präsident Roosevelts Politik des "New Deal" erfolgte ab **1934** eine erneute Umkehrung der amerikanischen Indianer- Politik. Inhalt verschiedener gesetzgeberischer Maßnahmen war die Rückkehr zum Stammeswesen in den Reservaten und die teilweise Rückgabe von Grund und Boden. Erstmalig erhielten die Indianer auch offiziell die Religionsfreiheit zugebilligt.

* Ab **1946** kam es auch zu langwierigen Gerichtsprozessen, bei denen es um Entschädigung für über hundert Jahre Landverlust und Vertragsbrüche seitens der Regierung ging. Allerdings zogen nur wenige Stämme aus den Rechtsstreitigkeiten einen Vorteil. Die meisten gingen leer aus oder mußten sich mit minimalen Entschädigungssummen abfinden. Zu den wenigen, die davon profitierten, gehörten beispielsweise die Yakima-Indianer: sie erhielten **1972** riesige Landflächen im Osten des Staates Washington.

* Im Anschluß an die Kommunisten-Hatz des Senators McCarthy machte die Indianer-Politik der USA noch einmal einen Salto Mortale: Das Leben in den Reservaten und Stammeseinheiten erinnerte die konservativen Eiferer zu stark an kommunistische Wirtschaftsformen, weshalb wieder einmal die Abschaffung der Reservate zur Debatte stand. Über 6o indianische Gemeinwesen löste die Regierung in jener Zeit auf.

  Was dies bedeutete, erfuhr u.a. der Stamm der Klamath im südlichen Oregon: Die nun wieder auf sich allein gestellten Indianer waren dem Gewirr aus Verwaltungsvorschriften und Steuerforderungen nicht gewachsen und fielen fast alle in die Hände von unbarmherzigen Geschäftsleuten, die es auf die wertvollen Wälder des ehemaligen Reservats abgesehen hatten. In kürzester Zeit verloren die Klamath Millionen, fast alle wurden zu Wohlfahrtsempfängern.

* Mit der Zunahme indianischer Proteste und Aktivitäten erreichte die Politik in den 60-er Jahren einen Kurs, der bis heute relativ konstant geblieben ist: das Schlagwort heißt nun "Selbstbestimmung". Im Rahmen der Studentenproteste und der "Civil Rights"- Bewegung jener Jahre verschafften sich auch die Indianer Gehör als eine Minderheit, die auf ihre Rechte bestand. Sie verlangten und erreichten ein relativ großes Maß an Selbstverwaltung in den Reservaten, das u.a. Gesetzgebung, Rechtsprechung und Steuerpolitik betrifft.

  Eine der spektakulärsten Aktionen der "Red Power"- Bewegung fand 1964 im Staat Washington statt. Bei sogenannten *"fish-ins"* an den Flüssen demonstrierten die Indianer für ihre angestammten Fischerei- Rechte, die ihnen durch Regierung und Obersten Gerichtshof aberkannt worden waren. Noch heute ist die Auseinandersetzung mit Sport- und Berufsfischern um Quoten beim Lachsfang ein Hauptthema der Indianerpolitik im Nordwesten.

Trotz einiger Erfolge gehören die <u>Indianer</u> auch gegenwärtig noch zu den am schlechtesten gestellten Minderheiten in der amerikanischen Gesellschaft. Dies sowohl in den Städten wie auch in den meisten Reservaten. Ein wachsendes Selbstbewußtsein und eine eindrucksvolle Wiedergeburt ihrer Kunst und Kultur haben daran nicht viel ändern können.

Dennoch entsteht derzeit der Eindruck, daß die Indianer wieder etwas auf dem Vormarsch sind. Vor allem versuchen sie, ihre Interessen nicht mehr bloß auf Stammesebene zu vertreten, sondern die Vereinzelung in einer <u>pan-indianischen Bewegung</u> zu überwinden, die auch Kontakte zu den Stämmen in Kanada und Mexiko knüpft und mit ihnen gemeinsame Strategien entwickelt.

Ihre Zahl hat sich seit dem Niedrigststand um die Jahrhundertwende (25o.ooo) wieder auf rund 1,5 Millionen erhöht. Besonders stark sind sie im Pazifischen Nordwesten vertreten, wo ca. 1oo.ooo Indianer leben. Seattle, Tacoma und Portland gehören heute zu den US-Städten mit dem höchsten Indianer-Anteil in der Bevölkerung. Vor allem in Washington existieren zahlreiche Reservate, die flächenmäßig größten sind Colville im Nordosten und Yakima im Süden des Bundesstaates.

Eine Annäherung an die <u>aktuellen Probleme der Indianer</u> sollte vor Ort am besten erfolgen über eines der indianischen Kulturzentren oder Museen, die vor allem in Washington relativ zahlreich sind. Dort erhält auch der nur kurz Durchreisende einen informativen Einblick in Geschichte und Gegenwart des jeweiligen Stammes und kann bei tiefergehendem Interesse die entsprechenden Kontakte knüpfen.

Die besten <u>MUSEEN zur Indianer-Kultur</u> im Nordwesten (Details und Adressen im Regionalteil):

Thomas Burke Memorial Museum, Seattle..S. 184

Seattle Art Museum, Seattle..S. 180

Suquamish Museum, Poulsbo (Puget Sound, Washington) ....S. 210

Makah Museum, Neah Bay (Olympic Peninsula, Washington)..................S. 244

Museum of Native American Cultures, Spokane (Ost-Wash.) ....S. 3o9

Colville Tribal Cultural Museum, Grand Coulee (Ost-Wash.)....................S. 3o4

Yakima Indian Nation Cultural Center, Yakima (Ost-Wash.) ....S. 296

Portland Art Museum, Portland..S. 353

Oregon Historical Center, Portland...S. 353

HOLZFÄLLER IN DEN WÄLDERN VON OREGON/WASHINGTON, 19. JHD.

NATUR UND UMWELT
VULKANE

Die Cascade Mountains bilden das Rückgrat des amerikanischen Nordwestens. Sie erstrecken sich parallel zur Pazifikküste von Kanada durch die Staaten Oregon und Washington bis nach Nordkalifornien.

Der vulkanische Charakter dieses Gebirges verdankt sich dem Aufeinandertreffen von zwei riesigen Platten der Erdhülle, die sich vor der nordamerikanischen Pazifikküste ineinander verkeilen: Die Juan-de-Fuca-Platte schiebt sich derzeit mit einer Geschwindigkeit von gut 2 cm pro Jahr gen Osten schräg unter die kontinentale Nordamerikanische Platte.

Durch die dabei entstehende Reibung schmilzt etwa hundert Kilometer unter der Erdoberfläche das Gestein und verschafft sich als glühende Lava einen Ausweg nach oben. Hat sich im Erdinnern ein entsprechend großer Druck angesammelt, kommt es zum Ausbruch eines der Vulkane des Kaskadengebirges.

In den Staaten Washington und Oregon prägen 11 große Vulkane sowie eine Vielzahl weiterer die Cascade Mountains. Zu den schönsten und majestätischsten gehören die Vulkankegel z.B. des Mt. Hood/Oregon (3.424 m), der Mt. Rainier/Washington (4.394 m), der Mt. Bachelor/Oregon (2.76o m) sowie der Crater Lake/Süd Oregon: ursprünglich ein 3.5oo m hoher Vulkankegel, der vor 7.ooo Jahren explodierte, wobei ein Krater entstand, später angefüllt mit Wasser. Spektakulär auch Lava Lands (bei Bend/Oregon), wo sich 36o Vulkankegel ("buttes") befinden. Weitere Details siehe Kapitel "Cascade Mountains/Oregon und Washington".

In Nordkalifornien und Kanada finden sich nur noch die Ausläufer der Cascade Mountains mit wenigen vulkanischen Gipfeln.

Aufzeichnungen über Vulkaneruptionen existieren erst ab ca. Mitte des 19. Jhds., da weite Teile von Oregon und Washington von Weißen erst zu diesem Zeitpunkt besiedelt wurden. Im 2o. Jhd. ereigneten sich bisher 2 große Eruptionen: am Lassen Peak in Kalifornien und am Mount St. Helens im südlichen Washington.

Der Ausbruch des Lassen Peak erfolgte 1914/15 und begrub die umliegende Landschaft unter einer dichten Decke aus Asche und Steinen. Die Kette von Explosionen begann im Mai 1914 und erreichte ihren Höhepunkt ein Jahr später, als der Vulkan eine 11 km hohe Staub- und Gesteinswolke in die Atmosphäre jagte. Noch sieben weitere Jahre lang war der Vulkan sporadisch aktiv, bis er wieder zur Ruhe kam. Inzwischen hat sich die Vegetation einen großen Teil des Landes zurückerobert.

Wie die Region um Lassen Peak wenige Jahre nach dem Ausbruch aussah, läßt sich aber auch heute noch studieren: einige hundert Kilometer weiter nördlich am Mount St. Helens. Seit dem Ausbruch vom Mai 198o sind dort noch immer weite Teile der Landschaft verwüstet, die Natur macht erst ganz zaghafte Schritte zur Wiederbelebung des aschebedeckten Terrains. Details zur spektakulären Eruption sowie zu lohnenden Ausflügen in diesem Gebiet siehe Seite 286.

ERDBEBEN

Die Verschiebung der bis zu 2oo Kilometer dicken Kontinental-Platten ist auch die Ursache für die regelmäßigen Erdbeben an der amerikanischen Westküste. Die gewaltigen Kräfte aus dem Erdinnern, die die Platten in unterschiedliche Richtungen treiben, bewirken an manchen Nahtstellen durch Reibung den Aufbau von Spannungen.

Da diese Kontaktflächen nicht glatt sind, verkeilen sich die Ränder der Platten immer wieder ineinander. Dort, wo Widerstände auftreten, kommt die Verschiebung oft über hundert Jahre nicht voran, baut dadurch aber im Laufe der Zeit eine enorme Spannung auf. Wenn sich diese dann entlädt, legt die Erdplatte mit einem Ruck ein beträchtliches Stück auf einmal zurück, was sich an der Oberfläche als Erdbeben auswirkt.

Wissenschaftler gehen davon aus, daß ständige kleine Beben ein kontinuierliches Vorankommen der Erdplatte in der jeweiligen Region anzeigen. Herrscht jedoch über einen längeren Zeitraum Ruhe, so wächst die Gefahr eines größeren Bebens. Diese Tatsache stellt einen ersten Schritt zur Vorhersage von gravierenden Erdbeben dar. Die Geologen operieren zur Zeit zwar nur mit Wahrscheinlichkeiten, aber aufgrund verfeinerter Meßmethoden können sie besonders gefährdete Gebiete relativ präzise bestimmen. Den genauen Zeitpunkt allerdings gibt die Erde den Forschern im Moment noch nicht preis.

BÄREN

GRIZZLY BÄREN: zwar stehen die Chancen nicht gerade günstig, einen von ihnen zu Gesicht zu bekommen, aber in den Northern Cascades gibt es sie. Jährlich werden von den Rangern etwa 2o Exemplare gesichtet. Seit um die Mitte des 19. Jhds. Pelzjäger ihren Bestand drastisch reduzierten, ist diese Bärenart (*"ursus arctos horribilis"*) vom Aussterben bedroht und konnte nur noch in geringer Zahl in den völlig abgeschiedenen Regionen des Nordwestens der USA und in Teilen Kanadas und Alaskas überleben.

Man schätzt, daß südlich der kanadischen Grenze von den ehemals 1oo.ooo Grizzlies heute noch ungefähr tausend in den Bergen von Washington, Idaho, Montana und Wyoming leben. Trotz staatlicher Schutzgesetze sind die Tiere weiterhin bedroht durch Jäger, die ihr Image mit dem Ruf des "Bärentöters" aufbessern wollen. Kontrollen sind in der riesigen Wildnis wenig effektiv, und die modernen Jagdhelden nehmen oft sogar die hohen Geldstrafen in Kauf: "It's a free country, isn't it?". Oder gemäß einem deutschen Motto: "Freie Jagd für freie Bürger".

Doch auch die noch weitaus zahlreicheren BRAUNBÄREN (*"ursus ameri-*

canus") sind bedroht. Sie bereiten den Naturschützern vor allem seit der Zunahme des Massentourismus besonderes Kopfzerbrechen. Denn eigentlich sind sie zurückhaltende Burschen, leben im Wald und ernähren sich von Beeren, Eicheln und Ameisen. Doch seit sie die Wälder mit Touristen teilen müssen, haben sie gelernt, ihre tägliche Futtersuche besonders einfach zu gestalten: der rasche Griff in fremde Picknickkörbe verheißt den Braunbären Leckerbissen ohne viel Mühe.

Da die Bären intelligente Lebewesen sind, haben sie inzwischen nicht nur herausgefunden, wie die Leckereien der Touristen schmecken und riechen, sie kennen auch die typischen Verpackungen und Aufbewahrungsorte. Und darüber machen sie sich im Zweifelsfall her, ohne Respekt vor verschlossenen Kühlboxen oder Autotüren.

Zwar ist der Genuß menschlicher Nahrung für die Bären keineswegs ungesund, aber dadurch ändert sich abrupt ihr Lebensstil. Warum mühselig in der Wildnis nach Futter suchen, wenn es anderswo auf dem Tablett serviert wird? Sobald die Bären auf den Geschmack gekommen sind, treiben sie sich daher immer häufiger in der Nähe von Urlaubszentren herum, statt ihren angestammmten Beschäftigungen im Wald nachzugehen. Keine guten Bedingungen für ein natürliches Bärendasein und obendrein gefährlich für arglose Touristen.

Aus diesem Grunde sollten nicht nur Wanderer, sondern auch Autofahrer sich in den Cascade Mountains ein paar grundlegende Verhaltensweisen zu eigen machen:

* Keine Bären füttern.
* Lebensmittel unsichtbar und verpackt im Wagen verstauen (Kofferraum), im Freien keine Nahrung unbeaufsichtigt liegen lassen, beim Zelten sie verschlossen an einen unzugänglichen Ast hängen.
* Abfall nur in "bärensichere" Mülltonnen.

Wenn Bären keine menschliche Nahrung bekommen, ziehen sie sich von allein in ihre natürlichen Gefilde zurück. Das erspart den Rangern eine in letzter Zeit immer wieder notwendig gewordene und kostspielige Praxis: das Einfangen und den Abtransport per Hubschrauber von bärenstarken Rumtreibern aus der Nähe von Touristenzentren in einsame Gegenden. Dorthin, wo sie nicht sogleich wieder auf Milchtüten und Honigtöpfe treffen.

WÖLFE

Über Jahrhunderte war und auch heute noch ist der Wolf ein Sinnbild für Bösartigkeit und menschenfeindliches Verhalten. Das Märchen von Rotkäppchen ist das typische Beispiel dafür. Eine reale Grundlage für dieses Vorurteil gibt es nicht, im Gegenteil: Angriffe von Wölfen auf Menschen sind praktisch unbekannt. Die Tiere sind extrem scheu und meiden nach

Natur und Umwelt

Möglichkeit jeden Kontakt mit Menschen. Manchmal überqueren sie nicht einmal die Spur, die ein menschliches Wesen im Wald hinterlassen hat.

Wegen ihrer Felle und ihrer Angriffe auf Haustiere wurden die Wölfe praktisch überall ausgerottet. Während sie vorher in fast allen Klimazonen der nördlichen Hemisphäre zu Hause waren (ausgenommen Tropen und Wüstengebiete), leben sie heute nur noch in wenigen begrenzten Gebieten, nicht einmal mehr auf 1 Prozent ihres einstigen Lebensraumes.

Auch die ehemals große Wolfspopulation in den Cascade Mountains besteht längst nicht mehr. Dabei hatten die im Nordwesten ansässigen Indianer jahrtausendelang ein ausgesprochen positives Verhältnis zum Wolf; bei einigen Stämmen war es sogar tabu, ihn zu töten. In frühen Entwicklungsstadien schauten die Indianer ihm sogar spezielle Jagdtechniken ab. Mit der Ankunft weißer Siedler und Pelzhändler war es mit der Schonzeit der Wölfe jedoch vorbei. Vor allem die Hudson Bay Company machte zu Beginn des 19. Jhds. Jagd auf die Tiere und verkaufte Wolfspelze in Europa und Asien mit enormen Gewinnen.

Um die Jahrhundertwende war der Wolf in den Cascade Mountains praktisch ausgerottet, auch heute wird man ihm hier kaum jemals begegnen. Doch von den rund 5o.ooo überlebenden Tieren in Kanada und Alaska verirrt sich manchmal einer nach Süden. Engagierte Tierfreunde haben es sich inzwischen zur Aufgabe gemacht, diese Tiere zu schützen und dem Wolf damit einen Teil seines früheren Lebensraums im Nordwesten der USA zurückzugeben. Ein Beispiel dafür ist der Tierpark "Wolf's Haven" in der Nähe von Washingtons Hauptstadt Olympia (Details siehe dort).

Die Einsamkeit in vielen Teilen der Cascade Mountains wäre eine gute Bedingung für das Überleben der scheuen Tiere in einer ihnen gemäßen Umgebung. Haupthindernis dafür sind jedoch weiterhin die Vorurteile, die den Wolf als gefährliches Wesen ansehen und dazu führen, daß manch ein Jäger seine Jagdleidenschaft an den seltenen Exemplaren befriedigt. Es dürfte noch eine Weile dauern, bis sich ein gewandeltes Verhältnis zum Wolf durchsetzt und ihm damit ein Überleben ermöglicht wird. Der Nordwesten der USA jedenfalls besitzt dafür die natürlichen Voraussetzungen.

LACHSE

Der Nordwesten der USA ist eines der wichtigsten Reviere der PAZIFIK-LACHSE, einer Fischart mit einzigartigen, faszinierenden Verhaltensweisen. In den Flüssen an der amerikanischen Nordwestküste wachsen sie auf, unternehmen dann eine mehrjährige Wanderung durch den Ozean und kehren später zurück, um genau an ihrem Geburtsort zu laichen. Im Unterschied zu Atlantiklachsen, die eine erneute Reise ins Meer antreten können, sterben die Pazifiklachse nach der Ei-Ablage. Sie verwesen in den Gewässern und bilden die Nahrungsgrundlage für ihre Nachkommen.

Die phänomenale Rückkehr des Lachses in seinen Heimatfluß ist wissenschaftlich noch nicht eindeutig geklärt. Vieles deutet darauf hin, daß ihn sein Geruchssinn leitet, da jede Bucht, jeder Fluß und jeder Seitenarm besondere Charakteristika aufweisen, an denen er sich orientieren kann. Wie er allerdings aus den Weiten des Ozeans den Eingang zu "seinem" Gewässer findet, ist weiterhin ein Rätsel.

Hinzu kommt, daß die Lachse auf ihrem Rückweg durchs Süßwasser keinerlei Nahrung mehr zu sich nehmen. Da die Länge ihrer jeweiligen Flüsse sehr unterschiedlich ist (in Kanada haben einige Lachse noch über 3.000 km Flußlauf vor sich) müssen sie ihre <u>Nahrungsaufnahme</u> im Meer bereits so dosieren, daß sie den kräftezehrenden Rückweg zum Laichplatz überstehen, d.h. jeder Fisch muß sich sein individuelles Polster anfuttern.

Kehren die Lachse immer an ihren Heimatort zurück, so hat sich in jedem Flußarm eine genetisch voneinander abstammende Bevölkerung entwickelt, die nur dort zu Hause ist und auch nur dort wieder zum Laichen erscheint. Störungen im Ökosystem der Flüsse können also schnell dazu führen, daß die Lachse nicht zurückfinden und der Bestand eines Flusses oder seiner Nebenarme vollkommen und auf Dauer abstirbt. Denn Fische aus anderen Flüssen werden ihren Weg in der Regel nicht ändern und einen lachsfreien Fluß neu bevölkern.

Auch der Nordwesten der USA war in den letzten hundert Jahren häufig Schauplatz von verschiedensten menschlichen Eingriffen in den Haushalt der Natur, was zur Dezimierung der Lachse führte: Die Verschmutzung der Gewässer störte den Orientierungssinn der Fische, die nicht mehr zu ihren Laichplätzen fanden. Abholzung von Wäldern an Flußufern verminderte den Schatten und ließ die Wassertemperatur auf ein für Lachse nicht mehr erträgliches Maß steigen, und schließlich verbauten Staudämme den Fischen ihren Heimweg vollends. Besonders gravierend war in Washington die Eindämmung des Columbia River durch mehrere monumentale Staumauern.

Seit der Lachs allerdings auf den Märkten der Welt exorbitante Preise erzielt, geht man wieder etwas pfleglicher mit ihm um und versucht, ihm die Wege aus seinem Revier ins Meer und zurück weitgehend zu ebnen. In Zuchtanstalten *("hatcheries")* werden Eier und Jungtiere unter kontrollierten Bedingungen vor natürlichen Feinden geschützt, auf ihrem Weg ins Meer transportiert man sie sogar per Hubschrauber um Staudämme herum. Für ihre Rückkehr existieren Fischtreppen, über die sie ihr Heimatgewässer trotz Hindernissen erreichen können.

"Zu Hause" angekommen, werden sie eingefangen, den Weibchen die Eier entnommen und der Samen der Männchen darüber ausgedrückt, so daß der kontrollierte Zyklus erneut beginnen kann. Außerhalb menschlicher Kontrolle stehen allerdings die Prozesse, die im Ozean ablaufen. Niemand weiß bis jetzt, ob die künstliche Vermehrung der Lachse in den Tiefen des Meeres nicht eine Überbevölkerung schafft oder ob sich durch menschliche Eingriffe langsam die genetische Substanz der Lachse ändert, so daß ihr natürlicher Orientierungssinn verlorengeht.

Endgültig vorbei sind jedenfalls die Zeiten, als der Lachs das wichtigste <u>Lebensmittel der Indianer</u> an der Nordwestküste Amerikas war. Sie lebten vom unaufhörlichen Strom der Fische wie die Indianer des Mittleren Westens vom Büffel. Er war ihnen heilig; die Verschmutzung eines Lachsflusses galt als Tabu.

Jedes Jahr feierten sie die Ankunft des ersten Lachses mit einer Zeremonie, bei der sie den Fisch rituell schlachteten und verspeisten. Vom Hauptstrom der zurückkehrenden Fische fingen sie soviel, wie sie für ihre Versorgung brauchten. Für die lachslose Zeit legten sie einen Vorrat von getrocknetem und geräuchertem Fisch an, für den sie ein besonderes Verfahren der Haltbarmachung entwickelten.

Für ihre traditionellen Ansprüche am Lachsbestand haben Indianer im Nordwesten der USA lange gekämpft. Die Lebensweise früher Siedler, die Fischindustrie und sonstige Eingriffe der Weißen ins natürliche Gleichgewicht der Flüsse hatten den Indianern einen großen Teil ihrer Lebensgrundlage entzogen. Heute besitzen sie an manchen Flüssen ein verbrieftes Recht auf eine Fangquote, die für ihre Subsistenz ausreichen soll. Kontrollen allerdings sind nur schwer durchführbar, so daß es immer wieder dazu kommt, daß Sportfischer oder Fischindustrie den Indianern ihren Anteil wegschnappen, bevor dieser ihre Fischgründe erreicht hat.

WALE

Die Pazifikgewässer vor der Nordwestküste beherbergen zwei der interessantesten Walarten, <u>ORCA</u>- und <u>GRAUWALE</u> (*"orcinus orca"* und *"eschrichtius gibbosus"*).

Schwärme oder Einzelexemplare von <u>ORCA-WALEN</u> sieht man gelegentlich bei einer Bootsfahrt im Puget Sound. Trotz ihres Beinamens "Killer-Wal" sind die schwarzen Tiere mit den markanten weißen Flecken eher friedlich und daher auch besonders geeignet für ein Spezial-Training in den Vergnügungsparks von Florida und Südkalifornien. Dort werden sie vorgeführt als intelligente und lernwillige Tiere, die unter Anleitung ihrer Trainer allerlei Kunststücke vorführen. Im Puget Sound dagegen ziehen sie einsam ihre Bahn oder begleiten für ein paar Minuten eines der Fährschiffe oder Ausflugsboote.

Größer und in ihrem Verhalten rätselhafter sind die gigantischen <u>GRAUWALE</u>. Sie verlassen im Herbst ihre angestammten Fanggründe in den arktischen Gewässern der Beringsee, bevor diese endgültig zufrieren. An kürzer werdenden Tagen und kälterem Wasser merken sie, daß die Zeit für ihre Wanderung gekommen ist. Sie schwimmen an der Küste Washingtons und Oregons entlang nach Süden.

Mit rund 8.000 km ist dies eine der längsten jährlichen Migrationen, die von Säugetieren unseres Planeten vorgenommen wird. Dabei kommen die

Grauwale mit einer Geschwindigkeit von etwa 1oo km pro Tag voran, brauchen also für die Strecke knapp drei Monate. Der Rückweg kostet sie noch einmal die gleiche Zeit.

Ihr Ziel sind die warmen Gewässer vor der mexikanischen Halbinsel Baja California, wo sich die Grauwale in einigen flachen Buchten paaren und die Walkühe ihre Jungen bekommen. Die Muttertiere sind auch die ersten, die vor der Nordwestküste auftauchen. Später folgen männliche und weibliche Tiere in der Paarungsphase. Diese kommen langsamer voran, da die Paarungsriten entsprechend Zeit kosten. Nachzügler sind die Jüngsten, die zum ersten Mal den Weg machen und sich noch orientieren müssen.

Da das Meer in den Paarungsgebieten für die Grauwale praktisch keine Nahrung bietet, müssen sie sich während der wenigen Sommermonate einen Vorrat anfressen, der sie über den Rest des Jahres hinwegbringt. Ausgewachsene Tiere können bei einer Länge von 12- 17 Metern ein Gewicht von bis zu 4o Tonnen erreichen. Phänomenal, daß sie während ihrer langen Reise kaum etwas zu sich nehmen; kein Wunder aber auch, daß sie auf dem Rückweg nur noch halb soviel wiegen wie während des Hinwegs.

Die Navigationstechnik der Wale ist noch nicht vollständig erforscht. Vermutlich funktioniert sie durch eine Summe von Faktoren: Sonnenstand, Erinnerung an die Konturen des Meeresbodens, Wasserbeschaffenheit bei der Einmündung von Flüssen, Küstenverlauf.

Da sie Säugetiere sind, müssen Grauwale spätestens nach 5 Minuten zum Atmen auftauchen. Dann blasen sie die bis zu fünf Meter hohen charakteristischen Fontänen, die durch das Ausstoßen ihres warmen, feuchten Atems entstehen, der in der Luft kondensiert. Oft sieht man die Wale auch bei meterhohen Sprüngen aus dem Wasser. Der Grund für diese kraftvollen, abrupten Bewegungen ist nicht bekannt, evtl. sollen dadurch Muscheln und Parasiten abgeschüttelt werden, die sich auf der Haut festgesetzt haben. Andere Theorien sehen in den Sprüngen Orientierungsversuche oder ein Imponier- und Paarungsverhalten, wieder andere deuten sie als Ausdruck bloßer Lebensfreude.

Wie andere Walarten wurden auch die Grauwale gnadenlos gejagt und beinahe ausgerottet. Besonders leichte Beute waren sie natürlich in den Buchten von Baja California, wo man zunächst die Jungen erlegte, damit sich dann auch die Muttertiere näherten. Daß diese wütend reagierten, ist kaum verwunderlich: Mit ihrer gewaltigen Kraft brachten sie manches Walfängerboot zum Kentern und handelten sich den Ruf ein, besonders aggressive Tiere zu sein, was sie aber unter normalen Umständen nicht sind.

Erst mit dem internationalen Artenschutzabkommen von 1937 konnte die Dezimierung der grauen Riesen gebremst werden. Nach Schätzungen gibt es inzwischen wieder rund 15.000 Grauwale in den nordamerikanischen Küstengewässern. Vor der Küste Oregons und Washingtons tauchen sie im

Dezember und Januar sowie auf ihrem Rückweg im April/Mai auf. In den einzelnen Badeorten existieren zahlreiche Beobachtungsstellen, von wo aus man gute Chancen hat, einen oder mehrere Wale zu sehen. Besonders günstig ist Lincoln City in Oregon.

NATIONALPARKS

1872 stellte die US-Regierung den Yellowstone Park im Staat Wyoming unter die Aufsicht von Bundesbehörden und initiierte damit eine beispiellose Entwicklung hin zu einem Nationalpark-System, das heute über 35o unterschiedliche Einheiten umfaßt. "Die beste Idee, die Amerika jemals hatte", wie der frühere britische Botschafter James Bryce erklärte.

Die Entstehung der ersten Nationalparks verdankt sich u.a. einer Art Umweltschutzbewegung, die sich im Westen der USA bereits im 19. Jhd. Gehör verschaffte. Neben Siedlern, Goldsuchern und Eisenbahnkonstrukteuren, die sich die Erde des amerikanischen Westens geschäftstüchtig untertan machten, standen von Anfang an auch Menschen, die von den landschaftlichen Schönheiten entzückt waren und sie für erhaltenswert erklärten. Sie empörten sich über die Ausrottung von Büffeln und Bären sowie den Raubbau an den Wäldern.

Die Motive dieser ersten Ökologen entsprangen dem US-amerikanischen Ideal der "frontier". In der Eroberung von bisher unerschlossenem Neuland habe sich der besondere Charakter der Menschen in der Neuen Welt gebildet. Der zivilisierte Mensch des alten Europa habe sich angesichts der unberührten Wildnis erneuert und verbessert. Ein Teil dieser "frontier" müsse daher für nachfolgende Generationen erhalten bleiben, damit auch diese weiterhin den "American Spirit" entwickeln und bewahren können.

Bekanntester Sprecher der frühen Umweltschutz-Idee war der schottische Einwanderer John Muir, der sich vor allem für die Einrichtung von Nationalparks in der kalifornischen Sierra Nevada engagierte. Muirs Begeisterung für die unberührte Bergwelt der Sierra und der Cascade Mountains manifestierte sich in zahllosen Zeitungsartikeln und Büchern.

Die prompte Umsetzung von Ideen der Naturschützer im fortschritts- und technikgläubigen 19. Jhd. überrascht auf den ersten Blick. Alleine hätten sie dies wohl auch nie zustandegebracht, aber die Naturfreunde besaßen einen einflußreichen Partner mit starker Lobby in den Parlamenten: die Eisenbahngesellschaften. Diese griffen die Nationalpark-Idee begierig auf, da sie sich davon eine Ausweitung des Tourismus und damit die Erhöhung ihres Fahrgastaufkommens versprachen. Eine Kalkulation, die einige Jahrzehnte lang aufging.

Neben dem National Park institutionalisierte die US-Regierung später das National Monument. Liegen die Voraussetzungen für einen Nationalpark (vor allem hinsichtlich Größe und Vielfalt der Landschaften) nicht vor, kann der Präsident ein bestimmtes Gebiet durch Erklärung zum National

Monument unter die Aufsicht der zentralen Nationalparkverwaltung stellen und damit für die Allgemeinheit zugänglich machen.

Hatte John Muir noch die Vision von der Erhaltung der Wildnis innerhalb der Nationalparks, so verwandelte sich das Management-Konzept der Parkbehörden schnell in ein typisch amerikanisches Business. Mit Hotel- und Straßenbauten sowie spektakulären Publicity-Aktionen sollten Touristen angezogen, die Parks in ein Sport- und Freizeitgelände verwandelt werden. Tenniscourts, Golfplätze und Skilifte entstanden, man veranstaltete Bärenfütterungen vor großem Publikum und höhlte die Stämme riesiger Bäume aus, durch die dann die ersten Automobile rollten.

Erst in den 3o-er Jahren verschafften sich wieder diejenigen Gehör, die die Parks als ökologische Einheit sahen, die es zu erhalten gelte. Das Straßennetz in mehreren Naturreservaten wurde auf ein Minimum beschränkt. Besucher sollen sich den Park erwandern und in der freien Natur übernachten. Nicht mehr weitgehende Erschließung für die rekreativen Bedürfnisse der Besucher ist das oberste Gebot, vielmehr steht die Erhaltung des Ökosystems im Vordergrund.

Einen radikalen Schritt voran in dieser Richtung bedeutete der sogenannte Wilderness Act, den der amerikanische Kongress 1964 verabschiedete: Darin wurden große Flächen in den einzelnen Nationalparks zur wilderness area erklärt, in der die Natur Vorrang vor dem Menschen besitzt.

Um dies zu gewährleisten, sehen sich die Parkverwaltungen inzwischen gezwungen, den Besucheransturm durch Reglementierungen zu beschränken. Wilderness areas dürfen nur mit einer besonderen Erlaubnis betreten werden, die Anzahl der Wanderer hält man so auf einem Niveau, das der Natur nicht abträglich ist.

In den letzten Jahren stellt der moderne Massentourismus die Parks auch außerhalb der Wildnis-Reservate vor ständig steigende Schwierigkeiten. Einschränkungen des Besucherbetriebs sind die konsequente Folge. Freizeitangebote wie Skilaufen, Fischen, Jagen und selbst Wandern verlagern sich zunehmend aus den Nationalparks in die National Forests, die weniger strikten Regulierungen unterliegen.

Schnellfinder zu National Parks und National Monuments im Nordwesten:

NATIONAL PARKS:

North Cascades (Cascade Mountains, Washington): wilde, einsame Bergwelt mit vielen Seen, Gebirgsbächen und Wasserfällen..Seite 265
Mount Rainier (Cascade Mountains, Washington): verschneites Vulkanmassiv, Regenwälder..Seite 278
Olympic (Olympic Peninsula, Washington): alpine Bergwelt mit Gletschern und den dichtesten Regenwälder des Nordwestens ....Seite 234
Crater Lake (Cascade Mountains, Oregon): See in einem Vulkankrater..........Seite 396

NATIONAL MONUMENTS:

Mount St. Helens (Cascade Mountains, Washington): Lava- und Aschefelder sowie durch den Ausbruch von 1980 zerstörte Wälder und Vegetationszonen .... Seite 286

John Day Fossil Beds (Ost-Oregon): Fossilienfunde in bizarren Wüstenlandschaft. S. 420

Newberry Crater (Cascade Mountains, Oregon): erloschener Krater in einer Lava-Landschaft. Seen und Obsidian-Ablagerungen .... Seite 401

Oregon Caves (Illinois Valley, Oregon): große Kalkstein- und Marmorhöhle .. Seite 386

UMWELTSCHUTZ: DER KAMPF UM DIE REGENWÄLDER

Die Staaten der amerikanischen Westküste gelten heute weltweit in vielen Bereichen als Vorreiter in Fragen des Umweltschutzes und des ökologischen Managements natürlicher Ressourcen.

Diese Tatsache reflektiert allerdings nicht automatisch eine intaktere Umwelt als anderswo, sondern deutet eher den massiven Druck an, unter den die Landschaften durch das rapide <u>Wirtschafts- und Bevölkerungswachstum</u> der letzten Jahrzehnte geraten sind. Vor allem die radikale Abholzung der jahrhundertealten Baumbestände in Washington und Oregon hat eine erbitterte Debatte hervorgerufen und ist inzwischen zum landesweit beachteten Politikum geworden.

Zwischen Nordkalifornien und der kanadischen Westküste befinden sich noch die Reste des <u>weltweit größten Regenwalds</u> in gemäßigten Klimazonen. Was nicht in den Nationalparks unter Naturschutz steht, wurde in den letzten Jahrzehnten radikal abgeholzt; der Nordwesten liefert ein Drittel des Holzbedarfs der amerikanischen Nation und versorgt neuerdings auch zunehmend den japanischen Markt.

Nur noch ein geringer Prozentsatz der ursprünglichen Wälder steht. Ein Verlust, der erst in Hunderten von Jahren wieder ausgeglichen werden könnte. Doch dies ist seitens der Holzwirtschaft sowieso nicht vorgesehen. Abgeholzte Flächen werden zwar aufgeforstet, aber nicht mit dem ursprünglichen Baumbestand, sondern mit schnell wachsenden Nutzhölzern, die so bald wie möglich erneuten Gewinn versprechen.

Seit Jahren versucht die <u>Ökologie-Bewegung</u> an der Westküste, diese Tendenz zu unterbrechen und wenigstens die verbliebenen Wälder mit altem Baumbestand zu retten. Der einst von John Muir gegründete "Sierra Club" und andere gemäßigte Organisationen bemühen sich vor allem auf dem Wege der Aufklärung, ihren Standpunkt zu verbreiten.

Als flankierende Maßnahmen dienen juristische Schritte, von denen einer seit 1990 einen Riesenwirbel in der Öffentlichkeit verursacht hat: mit Hilfe eines US-Gesetzes zum Schutz aussterbender Tierarten konnte ein Abholzungs-Stop für große Flächen im Nordwesten der USA erreicht werden. Die Wälder bieten Schutz und Lebensraum für eine seltene Eulenart, die spotted owl, die auf diese Weise über Nacht ins Zentrum des Interesses geriet, wobei es weniger um das Tier als um den Wald geht. Der Erhalt dieser Eulenart dient den Umweltschützern nämlich als juristisches Vehikel, um die Abholzung zu bremsen, die auf anderem Wege bisher nicht zu verhindern war.

Kräftig beigetragen zur Zuspitzung des Konflikts um die Wälder des Nordwestens hat eine Gruppe von radikalen Umweltschützern mit dem Namen "Earth First!". Sie propagiert das sogenannte "monkeywrenching", eine Variante der Maschinenstürmerei aus dem 19. Jhd. Straßen durch Wälder werden aufgerissen, Autoreifen der Holzlaster zerstochen, und das Einschlagen von Nägeln in von Abholzung bedrohte Bäume soll die Kreissägen der Holzfäller lahmlegen. Die Gruppe nennt dies "Öko-Verteidigung" und rechtfertigt ihre umstrittenen Methoden als eine Art Notwehr für den vom Tode bedrohten Wald.

Die Gegner der Umweltschützer haben sich natürlich auch längst formiert. Sie fragen, ob das Überleben der Eule wichtiger sei als die wirtschaftliche Zukunft einer ganzen Region. Im ersten Jahr nach Inkrafttreten der Verordnung sank die Abholzungsquote auf etwa ein Viertel des vergleichbaren Vorjahreszeitraums, angeblich stehen 1oo.ooo Arbeitsplätze auf dem Spiel. Inzwischen bezeichnen sich die Holzfäller als eine schützenswerte, von der Ausrottung bedrohte Spezies. Die Aktionen von "Earth First!" werten Holzindustrie und die hinter ihr stehende Bevölkerungsgruppe gar als offene Kriegserklärung und kontern ihrerseits mit wenig zimperlichen Methoden.

Daß das letzte Wort in Fragen der "spotted owl" und damit der derzeit gültigen Abholzungsbeschränkungen längst nicht gesprochen ist, zeigen Erwägungen der US-Regierung, das Gesetz über den Artenschutz zu modifizieren und damit indirekt der Holzwirtschaft wieder zu ihrem "logging" zu verhelfen.

In manchen Gegenden Oregons und Washingtons hat die Polarisierung der Standpunkte bereits ein Ausmaß erreicht, das Gespräche zwischen den Konfliktparteien nicht mehr zuläßt. Die Atmosphäre ist aufgeheizt, und die "spotted owl" wurde zum ideologischen Schlagwort. Wer in den Staaten des Nordwestens unterwegs ist, sollte daher mit Äußerungen zu diesem Thema vorsichtig sein. Dort hat jeder Partei bezogen, und man kann leicht mit unbedachten Äußerungen anecken.

Literatur:

Bücher über den Nordwesten gibt es teilweise in <u>deutscher</u> Sprache, meist aber in <u>englisch</u> und diese nur vor Ort in Buchhandlungen von Oregon und Washington erhältlich.

Eine der größten Buchhandelsketten in den USA ist <u>Brentanos</u>. Gegen einmalige Zahlung von ca. 1o US bekommt man eine Plastic Card, die für 1 Jahr für alle bei Brentanos gekauften Bücher 1o % Rabatt gibt. - Eine der größten Buchhandlungen der USA ist "<u>Powells Book Shop</u>" in Portland (Details siehe dort), gehört nicht zur Brentanos- Kette. In Portland auch eine Vielzahl an Antiquariaten.

Die im folgenden ausgewählten Bücher geben einen ersten Einblick in das jeweilige Thema oder lohnen als Erinnerung an besondere Urlaubserlebnisse.

American Way of Life

"<u>American Dreams</u>", Maurice Kennal. Flotte Bild- und Textreportage zu typisch amerikanischen Phänomenen: Hollywood, Show-Business etc. Kritische und trotzdem verständnisvolle Ausführungen des Filmemachers Wim Wenders über seine Sicht des amerikanischen Traums. U. Bär Verlag.

"<u>Durch Amerika</u>", Frederik Hetmann. Alternativer Bericht von ungewöhnlichen Reisen durch das "andere" Amerika: Indianerreservate, Slums und Blicke hinter die glitzernden Kulissen. Gedanken über US-Folkmusik und Träume von einem besseren Amerika. Rororo-Jugendbuch.

"<u>West of the West</u>". Schriftsteller und berühmte Persönlichkeiten geben ihre Eindrücke über die Westküste wieder. Eine interessante Zusammenstellung von Dokumentation und Fiktion. Verlag Harper Perennial.

Bildbände

"<u>Oregon</u>", Ray Atkeson. Drei Bildbände über Oregon vom bekanntesten Fotografen des Staates. Hervorragend fotografiert und ausgestattet. Geographic Arts Center.

"<u>The Oregon Trail</u>", Bill and Jan Moeller. Bildband mit Farbfotos von Landschaften entlang des historischen Oregon Trail. Kurze Texte zu den jeweiligen Fotos. Beautiful America Publishing, ca. 35 US.

"<u>Oregon Backroads</u>", Mark Hoy. Fotografischer Reiseführer mit erklärenden Texten zu bekannten und weniger bekannten Landschaften und Orten in Oregon. American Geographic Publishing, ca. 15 US.

"<u>Photography and the Old West</u>", Karen Current. Werke zahlreicher Fotografen des 19. und 2o Jhds. Schöne Fotos von Menschen, Landschaften, Minenstädten und Eisenbahnen aus der Zeit der Eroberung und Besiedlung des Westens. Abradale Press.

Geschichte und Politik

"<u>Halleluja</u>", Joachim Fernau. Ironisch-vergnügliche Schilderung amerikanischer Geschichte von der Entdeckung der Neuen Welt bis in die Nachkriegszeit. Geschrieben vom Standpunkt eines deutschen Konservativen, der in den USA vor allem die Kultur vermißt. Ein Gegengewicht zur "offiziellen" Geschichtsschreibung mit ungewöhnlichen Informationen über den unaufhaltsamen Aufstieg der USA zur Weltmacht. Goldmann Verlag.

"Ami go home", Rolf Winter. Düstere Kapitel aus der amerikanischen Geschichte und Gegenwart: Armut, Gewalttätigkeit, Rassismus, Indianerkriege, Korruption. Eine negative Bilanz alles Amerikanischen und eine Abrechnung mit dem American Dream. Rasch und Röhring Verlag.

"Das Feuerroß erreicht das Große Wasser im Westen", Dee Brown. Die Geschichte der transkontinentalen Eisenbahn in den Nordwesten und nach Kalifornien aus der Sicht der Indianer und anderer Betroffener. Lebendige Schilderung der Schwierigkeiten beim Bau sowie der Skandale bei der Finanzierung. Hoffmann und Campe Verlag.

"Die Züge und die Träume", Timothy Jacobson/Dudley Whitney. Geschichte der amerikanischen Eisenbahnen mit erstklassigen Fotos aus Vergangenheit und Gegenwart. Orell Füssli Verlag.

Indianer-Kulturen

"People of the Totem", Norman Bancroft-Hunt. Lebensweise und Mythen der Indianer von Oregon bis Alaska. Hervorragende Fotos. Peter Bedrick Books, ca. 4o US, als Paperback ca. 2o US.

"Wir sind ein Teil der Erde". Rede des Häuptlings Seattle an den Präsidenten der Vereinigten Staaten von Amerika im Jahre 1855. Pointierte Zusammenfassung der Naturphilosophie der Westküsten-Indianer, die nicht begreifen konnten, warum ihr Land plötzlich käuflich geworden war. Liest sich streckenweise wie ein modernes Manifest von Umweltschützern. Walter Verlag, Schweiz.

"Indians of the Pacific Northwest", Ruby/Brown. Ausführliche Geschichte der verschiedenen Indianerstämme im Nordwesten. Kriege gegen die US-Truppen, Verträge, Reservate, Auseinandersetzungen mit Siedlern und Goldgräbern. Viele Schwarz/Weiß Fotos. University of Oklahoma Press, ca. 2o US.

"Indians of the Northwest Coast", Bruggmann/Gerber. Geschichte und Bräuche der verschiedenen Indianerstämme des Nordwestens (Washington und West-Kanada). Informativer Text und ausgezeichnete Fotos. Facts on File Publications, ca. 55 US.

"Looking at Indian Art of the Northwest Coast", Hilary Stewart. Indianische Kunst in Fotos, Zeichnungen und mit erläuternden Texten. University of Forest Press, ca. 12 US.

"A History of the Indians of the United States", Angie Debo. Übersichtliche und kompakte Geschichte der nordamerikanischen Indianer und ihrer Rückzugsgefechte gegen die Übermacht der weißen Siedler und US-Truppen. Mit Schwarz/Weiß Fotos. University of Oklahoma Press, ca. 15 US.

Natur und Umwelt

"The North Cascades Handbook". Das ideale Buch für einen guten Überblick über die nördlichen Cascade Mountains. Anschauliche Daten zur Geologie, Fauna und Flora. Liste der Freizeitmöglichkeiten. Ausgezeichnete Farbfotos. National Park Service, ca. 5 US.

"Field Guide to the Gray Whales". Beobachtungspunkte für Grauwale an der Westküste Amerikas. Mit Karten und kurzer Information über die Wanderung der Wale. Praktisches Kompendium fürs Wale-Beobachten. Oceanic Society, Legacy Publishing Co.

"Field Guide to North American Rocks and Minerals". Für geologisch Interessierte viel Information und schöne Farbfotos von Steinen und Kristallen. The Audubon Society.

Wandern

"Olympic Mountains Trail Guide", Robert L. Wood. Ausführliche Beschreibungen von Wanderungen im Olympic National Park und National Forest sowie durch die Regenwälder von Nordwest-Washington. The Mountaineers Publishing, ca. 14 US.

"1oo Hikes in the North Cascades". Detaillierte Beschreibung von Wanderungen im Gebiet der nördlichen Cascade Mountains. Dazu Karten und schwarz/weiß Fotos. Spring/ Manning, ca. 12 US.

"Desert Survival Handbook", Charles A. Lehmann. Handfeste Tips zum Wandern und Überleben in der Wüste. Wichtig für Wanderungen im Osten Oregons. Primer Publishers.

Belletristik

Einige Werke der amerikanischen Literatur spielen im Nordwesten und behandeln spezielle Aspekte des dortigen Lebens. Lohnend als informative Vor- und Nachbereitung einer Reise oder als unterhaltsame Ferienlektüre vor Ort.

"Ecotopia", Ernest Callenbach. Der Nordwesten der USA hat sich von den Vereinigten Staaten abgespalten und organisiert ein Staatswesen auf der Grundlage ökologischer Einsichten. Ein US-Reporter unternimmt im Jahre 1999 eine Reise in das für ihn seltsam fremde Land. 1975 eine Zukunftsvision, viele angesprochene Gedanken heute nicht mehr ganz so utopisch. Ökotopia, Rotbuch Verlag, ca. 15 DM.

"Short Stories", Raymond Carver. In den Kurzgeschichten (bzw. Anti-Kurzgeschichten) passiert wenig, jedenfalls selten etwas Dramatisches. Dennoch wird der Leser gefesselt von kurzen Einblicken in typische Alltagssituationen von Menschen der Unter- und Mittelklasse: Arbeitslosigkeit, Suff, Hausfrauen-Tristesse, Nachbarschaftskonflikte, versandete Lebenswege. Scharf beobachtet das Leben in den Städten der Westküste, auf dem Land, in Indianerreservaten. Einfache und prägnante Sprache. Ungekünstelte Dialoge. Erschienen bei Piper unter dem Titel "Kathedrale, Erzählungen", ca. 35 DM.

"Team Bells Woke Me", H.L. Davis. Gesammelte Erzählungen. Besonders gut die gleichnamige Geschichte über die originellen Charaktere, die um die Jahrhundertwende im Osten Oregons mit Planwagen übers Land zogen. Bericht aus einer Zeit, in der weder Eisenbahnen noch Lastwagen den Transport der landwirtschaftlichen Produkte übernommen hatten. Rasant und locker geschrieben.

"Honey in the Horn", H.L. Davis. Roman über einen jungen Mann in Oregon zu Beginn des 2o. Jhds. Seine Abenteuer führen ihn quer durchs Land zu Farmern, Indianern und Planwagen-Trecks. Ein Bild vom entbehrungsreichen Leben der Siedler im Nordwesten vor dem Hintergrund ständiger Ausbrüche von Gewalttätigkeit.

"Instructions to the Double", Tess Gallagher. Sensible Gedichte mit persönlichem Hintergrund. Gelegentliche Stimmungsbilder der Natur im Nordwesten sowie vom

Leben auf der Farm.

"The Dharma Bums", Jack Kerouac. Tramps und Beatniks auf der Suche nach Wahrheit und dem Sinn des Lebens durch einfache lebensweise und orientalische Philosophie. Atmosphäre der fünfziger Jahre in den Kneipen San Franciscos und der "Szene" von Berkeley. Am Ende verdingt sich der Erzähler als Waldbrandwache auf einem einsamen Berg im Norden Washingtons, um in der Abgeschiedenheit der Cascade Mountains zu sich selbst zu finden. Erschienen bei Rowohlt unter dem Titel "Gammler, Zen und hohe Berge", ca. 1o DM.

"Desolation Angels", Jack Kerouac. Die Fortsetzung der "Dharma Bums" durch den Kult-Autor der Beat-Generation. Auf dem Berg im Norden Washingtons überdenkt er sein Leben. Zwischendurch eindrucksvolle Schilderungen von Naturphänomen in den Northern Cascades. Am Ende des Sommers kehrt er in die Zivilisation zurück und versucht die gewonnenen Erkenntnisse umzusetzen. Erschienen bei Rowohlt unter dem Titel "Engel, Kif und neue Länder", ca. 1o DM.

"Sometimes a Great Notion", Ken Kesey. Vom Autor des Erfolgstitels "Einer flog über das Kuckucksnest". Zivilisationskritischer Roman um einen Streik in der Holzindustrie von Oregon. Lob des alten Westens und der Pioniere, die sich einer übermächtigen Natur entgegenstellen und am Ende mit der Gesellschaft in Konflikt geraten, die das Land auf ihre Weise verändert hat. Erschienen bei Rowohlt unter dem Titel "Manchmal ein großes Verlangen", 12,8o DM.

"Stories of Flo and Rose", Alice Munro. Psychologisch-einfühlsame Erzählungen, aus denen sich die Lebensgeschichte zweier Frauen zusammensetzt. Spielen in einer kanadischen Kleinstadt und in Vancouver. Die Milieu-Schilderungen könnten aber auch aus dem Nordwesten der USA stammen. Erschienen bei dtv unter dem Titel "Das Bettlermädchen", 12,8o DM.

"Traveling through the Dark", William Stafford. Gedichte mit komplexem Inhalt und Bildern, einfache Sprache. Hintergrund: die karge, kalte Welt des Nordwestens und das einfache Leben der Bewohner. Traurig-nachdenklicher Grundton.

"To a God Unknown", John Steinbeck. Spielt zwar in Kalifornien, die beschriebene Atmosphäre läßt sich aber auch auf den Nordwesten übertragen. Geschichte einer Siedlerfamilie, die aus Vermont an die Westküste kommt und dort eine Farm bewirtschaftet. Studie der Lebensbedingungen der ersten Siedler im "gelobten Land": Ihr Kampf gegen die Naturgewalten, ihre Einfachheit und Einsamkeit. Das Entstehen einer indianisch beeinflußten Naturmythologie ist Ausdruck der menschlichen Hilflosigkeit gegenüber den übermächtigen Naturphänomenen einer wenig erschlossenen Wildnis. Erschienen bei dtv unter dem Titel "Der fremde Gott", 1o,8o DM.

SEATTLE

(5oo.ooo Einw.)

Großartige Lage zwischen Cascade Mountains und Puget Sound. Angrenzend an Buchten und Seen, zahlreiche Parks und Wasserwege mitten in der Stadt und am Stadtrand. Hochhauskulisse mit einer attraktiven Mischung aus älteren Backstein- und Jugendstil-Gebäuden sowie postmodernen Wolkenkratzern mit originellen Formen und Design.

Seattle verfügt über eine gehobene Lebensqualität: saubere Luft, eine aktive Kulturszene (klassisch und alternativ), ausgezeichnete Freizeitmöglichkeiten und das beste öffentliche Verkehrssystem der USA. Immer wieder wird Seattle von amerikanischen Experten zur "most livable city in the USA" gewählt.

Seattle ist eine der wenigen amerikanischen Großstädte, wo sich das Leben auch nach Feierabend noch in Downtown abspielt: Die Bewohner stehen zu ihrer Stadt, bevölkern die Kneipen und Restaurants, haben eine traditionelle Markthalle zu neuem Leben erweckt oder wohnen auf Hausbooten in der Innenstadt. Sie sind mit Vorliebe im Freien unterwegs: mit Fahrrädern oder zu Fuß in den Parks, mit Kanus oder Segelbooten auf Seen, Kanälen und dem Meeresarm des Puget Sound.

SEATTLE Ende des 19. Jhds. Blick vom Denny Hotel über die Stadt zum Mount Tacoma.

Stadtgeschichte

Gegründet wurde Seattle 1851. Unter der Führung von Arthur Denny hatte eine Gruppe von 23 Erwachsenen und Kindern von Illinois den Kontinent überquert und via der Pässe der Rockies und Cascade Mountains den Meeresarm des Pudget Sound erreicht. Dort gründeten sie eine Siedlung am Alki Beach, südlich des heutigen Stadtzentrums.

Die Siedler arbeiteten als Holzfäller in den umliegenden und damals noch dichten Wäldern. Das Holz verschifften sie entlang der Küste nach Kalifornien, wo sich der Goldrausch gerade auf dem Höhepunkt befand und einen rasanten Bau-Boom ausgelöst hatte.

Der Standort ihrer kleinen Kolonie erwies sich jedoch für die Holzverladung bald als wenig geeignet. 1853 verlegten sie ihre Siedlung weiter nördlich (Bereich heutiger Hafen von Seattle). Sie benannten ihre Siedlung nach dem mit ihnen befreundeten Suquamish-Häupling Sealth, dessen Namen sie in "Seattle" abwandelten.

Während der folgenden Jahrzehnte wuchs der Ort nur sehr langsam, und die Holzverarbeitung blieb der einzige Wirtschaftszweig. Hauptproblem jener Jahre war der akute Mangel an weiblichen Bewohnern, die nur etwa zehn Prozent der Bevölkerung ausmachten. Folglich schickte die Stadtverwaltung in den 6o-er Jahren den jungen Universitätspräsidenten Asa Mercer auf Werbe- Trips gen Osten. Er kehrte von mehreren Reisen erfolgreich mit frisch angeworbenen Frauen zurück, die als "Mercer-Girls" problemlos einen Ehemann fanden und dem Bevölkerungswachstum der entlegenen Stadt im Nordwesten auf die Sprünge halfen.

1889 versetzte eine Feuersbrunst der aufstrebenden Stadt einen herben Rückschlag: fast der gesamte Geschäftsbezirk Seattles brannte nieder. Der Wiederaufbau fand zum einen auf den Ruinen statt, - weiterhin auf einem 1o m höher gelegenen Areal, um zugleich den häufigen Überflutungen bei Hochwasser zu entgehen.

Damit war der Grundstein für das moderne Seattle gelegt, auch wenn viele Häuser und Läden noch jahrelang ihre Eingänge unterhalb des neuen Straßenniveaus behielten. Es entstand dadurch zwischen den einzelnen Ebenen ein Labyrinth aus Treppen und Gängen, dessen Reste noch heute am Pioneer Square zu besichtigen ist. Auch manche der nach

SEATTLE Ende des 19. Jhds.: Blick auf die Stadt über den Puget Sound.

dem Brand erbauten Backsteinhäuser blieben dort erhalten und sind inzwischen restauriert.

Eisenbahnanschluß: bereits 185o diskutierte die US- Regierung den Bau eines transkontinentalen Eisenbahngleises, das an den Pazifik führen sollte. Seattle ging hierbei zunächst leer aus: die erste Transkontinentalverbindung wurde nach Oakland/San Francisco in Kalifornien verlegt und 1869 eröffnet. Für Kalifornien brachte dieses Eisenbahngleis erheblichen wirtschaftliche Aufschwung und großen Zustrom an weiteren Einwanderern. Auch die "Great Northern" verlegte in den 8o-er Jahren ihr Nordgleis über den Kontinent nicht nach Seattle, sondern nach Portland/Oregon (Strecke eröffnet 1883).

Erst 1893 erreichte die Eisenbahn Seattle, - gerade noch rechtzeitig, wie sich vier Jahre später herausstellen sollte: 1896 entdeckten Abenteurer Gold am Yukon und in Alaska. Als im Juli 1897 rund siebzig Goldschürfer an Bord des Schiffes "Portland" in Seattle eintrafen und rund eine Tonne Gold im Gepäck hatten, war die Aufregung entsprechend. Bauern, Lehrer, Ärzte, Polizisten, Huren und selbst Pastoren rangelten sich um die wenigen Plätze, die auf der "Portland" für die Rückfahrt nach Alaska zur Verfügung standen. Selbst der Bürgermeister trat zurück und rüstete eine Expedition zum Yukon aus.

Doch auch für Seattle war mit dem Goldrausch die große Chance gekommen: Im ganzen Land rührte man die Werbetrommel für das "ideale Eingangstor nach Alaska und zum Yukon". In den folgenden Jahren erreichten Tausende per Eisenbahn und Schiff die Stadt am Puget Sound, versorgten sich dort mit den nötigen Vorräten und machten sich auf ins große Abenteuer.

Für die Geschäftswelt von Seattle bedeutete dies Geld, viel Geld. Leute, die nie die eisigen Weiten Alaskas zu Gesicht bekommen hatten, verdienten am besten am Goldfieber, indem sie die Durchreisenden beherbergten und für überzogene Preise mit Lebensmitteln, Kleidung und Gerätschaften ausstatteten. Die Gesetzgebung unterstützte das Geschäft der Händler nach Kräften: Niemand durfte nach Kanada oder Alaska einreisen, wenn er nicht Ausrüstung und Verpflegung für mindestens ein Jahr mitbrachte. Das bedeutete schon 1897 etwa 3oo-2000 Dollar pro Mann, und ein großer

...d Hafenanlagen. Im Vordergrund ein Fährschiff

Teil davon wurde am Puget Sound ausgegeben. Kein Wunder also, daß man in Seattle besonders gute Erinnerungen an die letzten Jahre des 19. Jahrhunderts hat.

Chinesen: ähnlich wie bei früheren transkont. Eisenbahnstrecken waren sie auch am Bau der "Northern Pacific" nach Portland beteiligt. Als extrem fleißig und bei schwierigsten Bedingungen belastbar, waren sie bei beim Bau der Eisenbahn äußerst gesuchte Arbeitskräfte.

Als das Gleis dann 1883 fertig war, siedelten sich die Chinesen u.a. auch in Seattle in ihrer "China-Town" an (Second Ave./Washington Street). 1886 kam es in Seattle zum Sturm weißer Stadtbewohner auf Chinatown, um diese billigen Arbeitskräfte aus der Stadt zu vertreiben. Angeblich sei auch die Polizei bei der Chinesen- Vertreibung beteiligt gewesen. Rund 4oo Chinesen wurden auf Schiffe verfrachtet, die mit Ziel San Francisco den Hafen verließen.

Der mit dem Goldrausch begonnene Entwicklungsschub Seattles hielt auch in den folgenden Jahren an. Bis 191o verdreifachte sich die Bevölkerung auf 24o.ooo Einwohner. Zur "Alaska-Yukon-Pacific-Ausstellung" 191o kamen fast 4 Mill. Besucher.

Während des I. Weltkrieges baute die US-Regierung den Puget Sound zu einem der wichtigsten Marinehäfen aus, und Seattle produzierte in seinen Werften die benötigten Kriegsschiffe.

Ähnliche Folgen hatte der II. Weltkrieg: Neben Schiffbau boomte die Flugzeugindustrie, wobei ein großer Teil der Regierungsaufträge der ortsansässige Boeing Company erteilt wurde.

Auch nach Kriegsende waren die Luft- und Raumfahrtindustrie die wichtigsten Industriezweige Seattles. Für "Boeing", den größten Arbeitgeber im Nordwesten, arbeitete zeitweise jeder fünfte Beschäftigte in Seattle. Der Konzern expandierte sowohl im militärischen wie zivilen Bereich seiner Produktion (weitere Details siehe auch Seite 212).

Die Abhängigkeit von einer derart einseitig orientierten Industriestruktur erwies sich für Seattle zu Beginn der 7o-er Jahre als fatal: Kürzungen im Weltraumprogramm der USA sowie die Krise der internationalen Luftfahrt verwandelten die Region am Puget Sound in eines der Problemkinder der amerikanischen Wirtschaftspolitik.

Erst mit der Ansiedlung wichtiger Betriebe der Computer- und Software-Branche (z.B. "Aldus", dem Begründer der Postscript-Sprache, die Laserdrucker steuert) - sowie mit der Umstellung des Hafens auf Container-Betrieb erlebte die Stadt erneuten Aufschwung. Heute gilt der Großraum Seattle mit seinen rund 2,7 Millionen Einwohnern als eines der zukunftsorientierten Ballungsgebiete der USA.

Klima: Mildes Meeresklima. Im Sommer häufig sonnig und durchschnittliche Höchsttemperaturen um 25 Grad. Im Winter selten unter der Frostgrenze. Zwischen Oktober und Mai allerdings oft wolkig und regnerisch. Trotzdem im Jahresdurchschnitt nicht viel mehr Regen als in San Francisco und weitaus weniger als in Chicago oder New York.

 Zentral gelegen der kleine Stand gegenüber dem Occidental Park am Pioneer Square. Hauptbüro im Convention Center, Union St./Ecke 7th Ave., Tel. 461-584o.

 Zentrales Postamt in Downtown, Union St./Ecke 3rd Ave.

Karten: Sehr übersichtlich und handlich der Stadtplan "Seattle Tourmap" mit den Sehenswürdigkeiten von Downtown und Umgebung. Gratis beim Touristenbüro und in vielen Hotels. Weiteres Kartenmaterial (auch für Touren und Wanderungen im gesamten Nordwesten) erhältlich u.a. bei "Metsker Maps", 7o2 1st Street in Downtown. - Sowie in Supermärkten.

Verbindungen ab Seattle

FLÜGE: Der Internationale Flughafen SEATAC von Seattle und Tacoma liegt rund 2o km südlich von Downtown Seattle.

Täglich dichte und häufige Flugverbindungen zu allen wichtigen Airports der US- Westküste, sowie in den Rest der USA. - Internat. Direktflüge insbes. nach Japan und Südostasien sowie Kanada. Direktflüge nach Europa bestehen nach London und Kopenhagen.

AIRPORT: vom "Main Terminal" (Haupt- Terminal) werden sternförmig die 4 Terminals A - D erreicht. Weiterhin über einen "Passenger Pick-up Curb" der "South-" und der "North- Satellite Terminal". Wo die einzelnen Airlines ihre Terminals haben, ist ausgeschildert.

Im Airport jede Menge an Autovermietern, die man hier in Angebot und Preisen bequem vergleichen kann.

AIRPORT-> DOWNTOWN SEATTLE: reine Fahrzeit bei normalem Verkehrsaufkommen ca. 3o Min., zum Stoßverkehr ca. 1 Std.

* Grey Line Airport Express fährt mit Bussen 1o größere Hotels Downtown Seattle an, Abfahrt ca. 3o - 6o Min. je nach Tageszeit. Fahrzeit wegen Stops an den angefahrenen Hotels unterwegs (sowie Stoßverkehr) unterschiedlich. Pro Person ca. 7 US.

* Metro Transit: öffentlicher Bustransport. Nr. 174 pendelt zwischen Stadtzentrum (2nd Ave./Ecke Pike St.) und Airport, Fahrzeit ca. 45 Min. - Nr. 194 benutzt den "Bus Tunnel"/Downtown, Abfahrten dort ca. alle 3o Min. Beide Verbindungen sind die preisgünstigste Variante (ca. 1 - 1,5 US/Person je nach Tageszeit).

* Shuttle Express: Privat- Firma, die vom Airport zum jedem Hotel der Wahl Downtown transportiert, pro Person ca. 17 US. Angeblich seien entsprechende Wartezeiten nötig.

* Taxi: Airport <-> Downtown einfach ca. 25 US. Wenn man sich zu mehreren den Taxipreis teilen kann, kann das Taxi die schnellere und bequemere Variante sein, da man nicht bei Anfahrt zu diversen Hotels (siehe "Grey Line") warten muß.

Abfahrt: vor dem Gebäudebereich, wo man sein Fluggepäck in Empfang nimmt.

BUS: Greyhound-Terminal (siehe Karte, Nr. 11) zentral in Downtown, 8th Ave./Ecke Stewart St., Tel. 624-3456.

Dichte Verbindungen der Greyhound- Busse im Bundesstaat Washington, aber auch in alle anderen Bereiche der USA per Fernverbindungen.

-> Portland: 9 x tägl., 4- Std., ca. 21 US
-> Spokane: 4 x tägl., 6- 8 Std., ca. 35 US
-> Port Angeles: 1 x tägl., 3 Std., ca. 16 US
-> Vancouver/Kanada: 4 x tägl., 4- 5 Std., ca. 18 US

Ab Portland Anschlüsse nach Sacramento, San Francisco und Los Angeles. Weiter in den Osten der USA ab Spokane.

Preisangaben bei Greyhound nur grobe Richtwerte. Es gibt eine Vielzahl an Sonderangeboten, die man vorab erfragen sollte.

BAHN: der Bahnhof von Amtrak (siehe unsere Karte, 18) im alten Backsteinbau der King Street Station, Jackson St./ Ecke 3rd Ave. Fahrplanauskunft: Tel. 800-872-7245 (gratis).

Der Bahnhof im neoklassizistischem Stil wurde 1906 von den Architekten Stem und Reed gebaut, die 1913 auch die Pläne für die Central Station in New York lieferten. Die King St. Station war Endpunkt der "Great Northern Railroad", die entlang des äußersten Nordens und kanadischer Grenze nach Seattle führte. Heute ist der Bahnhof u.a. Endpunkt des *"Empire Builder"* und des *"Pioneer"* der Amtrak auf der Transkontinental- Strecke von Chicago nach Seattle/Washington.

SEATTLE -> Tacoma: 3 x tägl., 1 Std., ca. 1o US.
-> Portland: 3 x tägl. (via Olympia, Tacoma), 4 Std., ca. 3o US. Die Strecke geht weiter bis Eugene/Oregon (1 x tägl., ca. 2 1/2 Std ab Portland).
-> Spokane: 1 x tägl., ca. 7 Std., ca. 6o US. Das Gleis führt weiter nach Chicago.
-> Chicago: entweder via Spokane mit dem *"Empire Builder"*, 1 x tägl. Für die 3.535 km benötigt der Zug 45 Std., somit knapp 2 Tage plus 2 Nächte.
Oder via Denver mit dem *"Pioneer"*, 1 x tägl. Für die 4.259 km benötigt der Zug 61 Std. , somit 2 Tage und 2 Nächte. Schlafwagen rechtzeitig buchen.
-> Oakland/San Francisco: mit dem *"Coast Starlight"*. 1 x tägl., 23 Std. , ca. 15o US, auch Schlafwagen (rechtzeitig reservieren, oft ausgebucht). Ab Bahnhof Oakland Anschluß mit Amtrak-Bussen über die Brücke nach San Francisco (ca. 1o Min.).
-> Los Angeles: mit dem "Coast Starlight". 1 x tägl. via Oakland, ca. 34 Std. (sprich 2 Tage, 1 Nacht), ca. 2oo US. Die Strecke gehört wegen ihrer Abschnitte durch die Cascade Mountains sowie im Süden entlang der Küste Santa Barbara bis L.A. zu den schönsten Zugfahrten mit Amtrak. Allerdings Fahrplan prüfen, welche Abschnitte nachts zurückgelegt werden. Auch Schlafwagen, rechtzeitig vorbuchen!
-> Vancouver/Kanada: mit Amtrak nach Everett/Washington und weiter mit Amtrak-Bussen nach Vancouver. 1 x tägl., ca. 3 1/2 Std.

Fähren: -> VICTORIA/Kanada 1 x tägl. ab **Pier 69** im nördl. Stadtbereich mit "Victoria Clipper". Überfahrt ca. 3 Std., 42 US einfach, 67 US retour). Die Fähre legt unterwegs auch in PORT TOWNSEND/Washington an: Überfahrt ca. 1,5 Std., ca. 22 US, retour ca. 35 US. - FRIDAY HARBOUR/San Juan Island, USA mit selber Fährgesellschaft ca. 3 Std., 3o US einfach, 5o US retour.

Ab **Pier 51/52** mit "Washington State Ferries":

-> <u>WINSLOW</u> auf Bainbridge Island: alle halbe Stunde, Autofähre, Überfahrt 35 Min., pro Person ca. 4 US, Auto 6 US.

-> <u>BREMERTON</u> auf der Kitsap Peninsula: alle Stunde, Autofähre, Überfahrt ca. 1 Std., pro Person ca. 4 US, Auto 6 US.

-> <u>VASHON ISLAND</u>: Personenfähre. 8 x tägl., 3o Min., ca. 4 US.

"P.S. Express": Personenfähre nach <u>PORT TOWNSEND</u>. 3 x tägl., ca. 33 US retour.

Ab **BELLINGHAM** (am nördlichen Rand des Puget Sound, kurz vor der Grenze zu Kanada): 1 x pro Woche <u>Autofähre</u> der "<u>Alaska Marine Highway</u>" nach Juneau und Skagway/Alaska. Spektakulärer Trip entlang der Nordwestküste des amerikanischen Kontinents. Bis Skagway pro Person ca. 22o US, Auto 25o US. Meist langfristig ausgebucht (bis zu 6 Monate). Auch ohne Auto extrem frühzeitige Reservierung unbedingt nötig.

(Die angegebene Häufigkeit der Überfahrten sind Durchschnittswerte, je nach Wochentag oder Saison Abweichungen möglich).

AUTO: Dichtes Netz von Autobahnen aus Seattle heraus. Die schnellsten Verbindungen:

<u>NORD/SÜD</u>: Interstate 5 ist die wichtigste Nord/Süd-Ader. Führt direkt durchs Zentrum von Seattle mit mehreren Zufahrten in Downtown. Nach Vancouver/Kanada (22o km, ca. 2- 3 Std.) und Portland (26o km, ca. 3 Std).

Nach <u>WESTEN</u>: Per Seattle- Winslow Autofähre, dann weiter über Kitsap Peninsula und Hwy. 1o4 zur Olympic Peninsula.

Nach <u>OSTEN</u>: Per Interstate 9o über den Snoqualmie-Paß durch die Cascade Mountains und weiter bis Spokane (45o km, ca. 5 Std.). Beim Verlassen Seattles überquert man eine der beiden schwimmenden Brücken über den Lake Washington. Die andere Brücke (mit 2,3 km die längste Ponton-Brücke der Welt) beginnt weiter nördlich am Washington Park.

MIETWAGEN: Seattle ist ein guter Ausgangspunkt für Touren durch Washington und den gesamten Nordwesten inkl. West-Kanada. Gute Rundtrips möglich, so daß man den Wagen wieder am Ausgangspunkt abgeben kann und damit in den Genuß des günstigen Tarifs kommt. Außerdem lohnende Ausflüge in die Umgebung (Puget Sound, Olympic Peninsula, Cascade Mountains), die vielfach mit öffentlichen Verkehrsmitteln nicht zu realisieren sind.

Vertreten sind viele internationale Firmen sowie eine Anzahl lokaler Unternehmen. Der übliche Tarif-Dschungel und viele Spezialangebote je nach

Saison und Buchungslage der einzelnen Firma. Deshalb nicht gleich beim ersten besten zuschlagen, sondern vergleichen. Günstige Tarife u.a. bei "Dollar" und "Alamo".

Die meisten und wichtigsten der Vermieter haben ihre Büros im <u>Airport</u>. Ansonsten Branchen- Telefonbuch aufschlagen.

Wohnmobile: AAA, 12715 N.Aurora St., Tel. 364-7857. - CRUISE AMERICA, 19o15 S.Pacific Hwy., Tel. 243-4933.

Transport in SEATTLE

BUS: Das öffentliche Busnetz Seattles ("Metro Transit") gilt zu Recht als das beste in den Vereinigten Staaten. In Downtown ist die Benutzung von 4- 21 Uhr gratis (im Bereich zwischen Waterfront und 6th Ave. sowie Jackson St. und Battery St.). Hauptlinien in Downtown durchqueren das Zentrum entlang 1st Ave. und 4th Ave.

Besonders schneller Transport im <u>Transit Tunnel</u> unterhalb der 3rd Ave. und Pine Street. Eine Art "U-Bahn per Bus": die Fahrzeuge laufen im Tunnel elektrisch, überirdisch weiter mit Dieselmotor. Der Tunnel wurde 199o unterhalb dieses Geschäftsviertels fertiggestellt, um die Fahrzeiten zu verkürzen.

<u>Stationen im International District</u>: Jackson St./Ecke 5th Ave., Pioneer Square (Yesler Way/Ecke 3rd Ave.), University Street (Ecke 3rd Ave.), Westlake Center (Pine St./Ecke 3rd Ave.) und Convention Center (Pine St./Ecke 8th Ave.). Die Stationen angenehm, sauber und künstlerisch gestaltet. Dort auch übersichtliche Karten und Fahrpläne.

Auf der <u>Route des Transit Tunnel</u> erreicht man praktisch alles Sehenswerte in Downtown schnell, bequem und gratis. Ab Tunnelstationen auch die meisten wichtigen Busse in andere Stadtteile (Details zu den einzelnen Verbindungen siehe dort). Ab Westlake Center Umsteigemöglichkeit in die Mono Rail zum Seattle Center. Tunnel geöffnet Mo- Fr von 5- 19 Uhr, Sa von 1o- 18 Uhr, So geschlossen.

<u>Einzelticket</u> für Fahrten außerhalb von Downtown o,75 US, bei weiteren Entfernungen (z.B. zum Flughafen) 1 US. Zur Rush-hour 1 US bzw. 1,5o US.

Die <u>Zeiten der Rush-hour</u> sind auf den Fahrplänen an jeder Haltestelle rosa eingefärbt. Bei längeren Fahrten ab Downtown (da zunächst gratis) bezahlt man erst beim Aussteigen: Richtung Downtown bereits beim Einsteigen. Exakte Summe in Münzen parat halten, da der Fahrer kein Wechselgeld hat.

<u>Tages-Paß</u>: 3 US für die Benutzung aller Busse von Metro Transit, der Waterfront Streetcar sowie einer Hin- und Rückfahrt mit der Mono Rail. Lohnt sich, wenn man den Bereich von Downtown verläßt, vor allem zum Seattle Center und in die nördlichen Stadtbezirke um den Lake Washington Ship Canal. Erhältlich in der Station Westlake Center sowie beim Customer Service, 2nd Ave./Ecke Marion St.

Seattle 173

MONORAIL: Superschnelle und praktische Verbindung zwischen dem Zentrum von Downtown (Westlake Center, Pine Str./5th Ave.) und dem Seattle Center. Die Monorail verläuft weitgehend entlang der 5th Ave und verkehrt alle 15 Minuten von 9- 21 Uhr, im Sommer bis 24 Uhr. Einzelfahrt o,6o US, Rückfahrkarte 1,2o US.

WATERFRONT STREETCAR: Nostalgische Straßenbahnwaggons verkehren zwischen Pioneer Square und Pier 7o entlang der Waterfront. Pro Fahrt o,75 US, zur Rush-hour 1 US.

TAXI: Bei den guten und vielseitigen Möglichkeiten per öffentlichen Verkehrsmitteln eigentlich kaum nötig. Für alle Fälle zwei zuverlässige Unternehmen: "Far West Taxi" (Tel. 622-1717) oder "Yellow Cab" (Tel. 622-65oo). Fahrpreis ca. 2,4o US für die erste Meile, jede weitere 1,4o US. Zum Flughafen ca. 23 US.

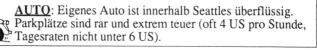

AUTO: Eigenes Auto ist innerhalb Seattles überflüssig. Parkplätze sind rar und extrem teuer (oft 4 US pro Stunde, Tagesraten nicht unter 6 US).

SEATTLE erstreckt sich über 4o km in Nord-Süd Richtung entlang des verästelten Meeresarms Puget Sound und seiner Inseln.

Im Stadtzentrum die übliche US- Hochhausarchitektur, sowie die früheren Hafen- Piers, von denen Schiffe insbesondere nach Alaska ablegten. Heute Vergnügungsviertel mit Shops, Museen und Restaurants.

Nördlich des Stadtzentrums befinden sich die Stadtteile der Universität, das Seattle Center mit dem Wahrzeichen der Stadt (Space Needle), der Washington Park sowie der Volunteer Park. Der Washington Ship Canal, verbindet den Puget Sound mit den im Stadtbereich liegenden Seen Union und Washington Lake.

Südlich vom Stadtzentrum lohnt der Besuch des Boeing Field. Der weltbekannte Flugzeughersteller Boeing hat hier ein Museum.

SEATTLE CENTER

Gelände der Weltausstellung von 1962 am Nordrand von Downtown. Heute Kulturzentrum sowie Vergnügungspark mit Schießbuden, Karussells und Popcornständen. Ausgesprochen gepflegte Anlagen.

Zu erreichen mit der Monorail, die ab Stadtzentrum (Westlake Center) direkt und schnell mit dem Seattle Center verbindet, dortiger Terminal bei der Space Needle. Die beiden Endpunkte der Monorail siehe Karte (1o).

SPACE NEEDLE (3): heute Wahrzeichen von Seattle. Erbaut 1962 für die Weltausstellung. Der 184 m hohe Turm aus fächerförmigen Stahlbetonpfeilern trägt an seiner Spitze ein Dreh- Restaurant in Form eines Ufos.

> Im Rahmen der Weltausstellung von 1962 wünschten sich die Stadtväter von Seattle ein markantes Wahrzeichen, - ähnlich wie es z.B. San Francisco mit seiner Golden Gate Bridge besitzt. Der Bau der "Nadel" benötigte ein Fundament von 1o m und knapp 6.000 Tonnen Stahlbeton. Gleichzeitig galt es, eine Konstruktion zu schaffen, die den starken Küstenwinden standhält.

Aufzug: 5 US (8- 24 Uhr). Besuch der Spitze lohnt wegen weitem Blick über die Stadt und den Puget Sound. Schautafeln erklären die markantesten Punkte.

CENTER HOUSE (2): neben dem Endpunkt der Monorail. Geschäfte, Restaurants und Ausstellungen.

PACIFIC SCIENCE CENTER (4): faszinierendes Museum für Natur und Technik. Ein Museum zum Anfassen und Mitmachen. Sehr anschaulich die Erklärung der Körperfunktionen des Menschen. Weiterhin vielseitiger Technikbereich vom Spülklosett bis zum Laserstrahl. Gesonderte Abteilung für kleine Kinder, die an einfachen Objekten Erfahrungen sammeln können. Außerdem die Nachbildung eines typischen Wohnhauses der Küstenindianer.

Insgesamt großzügig und übersichtlich angeordnet, dazu freundliche und kompetente Hilfe durch gut geschultes Personal. Geöffnet tägl. von 1o- 17 Uhr (im Sommer und an Wochenenden bis 18 Uhr), Eintritt ca. 5 US, Kinder 4 US.

Angrenzend das LASERIUM: Musikdarbietungen kombiniert mit einer Choreographie aus Laser-Lichteffekten. Shows Do- So abends, am Wochenende zusätzliche Nachmittagsvorstellungen. Eintritt ca. 5,5o US.

Gegenüber vom Science Center das IMAX THEATER: Filmsaal mit dreistöckiger Leinwand. Der Film läuft fast rundum auf Leinwand, Besuch lohnt! Vorstellungen täglich 11- 15 Uhr, am Wochenende auch abends. Eintritt ca. 4 US, Preisvergünstigungen in Kombination mit dem Pacific Science Center.

WATERFRONT

Uferbezirk im Zentrum von Downtown zwischen Pier 51 und 62. Weiterer Bereich mit Shopping Center Pier 7o. Bei schönem Wetter ist die Waterfront beliebtes Ausflugsziel der Einheimischen, - verbunden mit dem üblichem Rummel in Souvenirshops, relativ teuren Restaurants, die aber schönen Blick über die Bucht bieten.

Ab Pier 56 Abfahrt der Boote der Gray Line rauf zum Washington Ship Canal (Details siehe dort). - Ab Pier 51/52 Abfahrt der Fähren über den Puget Sound. (Details siehe Verbindungen ab Seattle).

SEATTLE AQUARIUM (6) am Pier 59. Besuch lohnt, im Gegensatz zu herkömmlichen Aquarien zeigt das "Biotop-Aquarium" von Seattle weni-

ger exotische Fische oder aus aller Welt importierte Meerestiere. Sondern eine möglichst lebensechte Demonstration des Unterwasserlebens direkt vor der Haustür: das Überleben von Pflanzen und Tieren im Puget Sound und seinen vielen Zuflüssen.

> Fische, Vögel und Marschbewohner in weitgehend natürlicher Umgebung. Anschauliche Darstellung des Lebenszyklus der Lachse sowie der verschiedenen Zuchtmethoden.
>
> Ausführliche Erläuterung von Lebensweisen der verschiedensten Fischarten (Atmung, Fortpflanzung, Tarnung, Überlebensstrategien). Becken mit Robben, Ottern und Seehunden. Besonders lebensnah die Nachbildung eines Sandstrands mit Schilfdickicht und Treibholz, an dem man Tauchvögel über und unter Wasser beobachten kann. Ausgiebig dargestellt auch die Bedrohung des Lebensraumes im Puget Sound und in den Flüssen des Nordwestens durch menschliche Eingriffe in das Gleichgewicht der Natur.

Eine spannende Lektion in Unterwasser-Biologie. Geöffn. tägl. 1o- 19 Uhr, im Winter von 1o- 17 Uhr; Eintritt ca. 6 US, Kinder 3,5o US.

Im gleichen Gebäude das <u>OMNIDOME</u> (6): Die Leinwand für Filmvorführungen umfaßt den Zuschauer 18o Grad, und man hat die Illusion, mitten im Geschehen selbst beteiligt zu sein. Zu besonders lohnenden Vorführungen gehören der Vulkanausbruch über Mount St. Helens sowie Filme über den Ozean. Täglich 1o- 21.3o Uhr, Fr/Sa auch Spätvorstellungen. Eintritt ca. 6 US, für 1o US gibt es ein ermäßigtes Ticket, das auch zum Eintritt ins Aquarium berechtigt.

<u>WATERFRONT PARK</u>: im Bereich des Aquariums (Pier 59) bis Pier 57. Der dazwischenliegenden Pier 58 war derjenige, wo im Juli 1897 das Schiff "Portland" anlegte. Es kam von Alaska, an Bord 7o Abenteurer und

LINKS: Ausrüstungsgeschäft Cooper & Levy/Seattle zur Zeit des Goldrausches. Derartige Firmen machten damals gewaltige Profite. Davor Gold-Prospektoren mit gekauften Waren kurz vor ihrer Abreise. Links daneben eine Agentur, die Zugtickets (Northern Pacific) und Schiffstickets verkauft.

OBEN: Das Schiff "Queen" im Hafen von Seattle und kurz vor der Abreise nach Alaska. Die Reise dauerte damals rund 1 Woche, kostete 1.000 US und war wegen der stürmischen Gewässer entlang der Nordwest Küste nicht ungefährlich.

rund 1 Tonne Gold, die sie in Alaska gefunden hatten. Dies war Auslöser des anschließenden Goldrausches am Yucon und in Alaska.

Vom Waterfront Park führt eine direkte Fußgängerverbindung zum:

PIKE PLACE MARKET (7): die alten Markthallen gebaut 19o7- 3o ziehen sich entlang des Pike Place über mehrere Straßenblocks.

Die Markthallen gelten als die ältesten der USA. Zur Zeit des Goldrausches ab 1898 war Seattle zum Versorgungsstützpunkt der Camps im Norden geworden. In Seattle verkauften die Farmer und Fischer ihre Waren an die Inhaber von Geschäften, die ihrerseits die Waren zu massiv überhöhten Preisen weitergaben.

178 Seattle

Der einmal eingeübte <u>Zwischenverkauf über Geschäfte</u> und deren <u>überhöhte Preise</u> hielt auch nach Abflauen des Goldrausches in Seattle an.

Um diesen Mißstand zu unterbinden, wollte man den Farmern und Fischern die Möglichkeit geben, daß sie ihre Waren auf einem Markt <u>direkt an den Endverbraucher</u> abgeben. Zunächst fand <u>Straßenverkauf</u> im Bereich des Pice Place statt. Die Sache war, - wie nicht anders zu erwarten, - ein voller Erfolg.

Um diesen Mißstand zu unterbinden, wollte man den Farmern und Fischern die Möglichkeit geben, daß sie ihre Waren auf einem Markt <u>direkt an den Endverbraucher</u> abgeben. Zunächst fand <u>Straßenverkauf</u> im Bereich des Pike Place statt. Die Sache war, - wie nicht anders zu erwarten, - ein voller Erfolg.

Hafenpiers lag.

Als in den <u>60-er Jahren</u> die alten Hallen und Gebäude baufällig geworden waren, gab es in Seattle Bestrebungen, das komplette Areal mit Bulldozern einzureißen. An selber Stelle sollten erheblich profitablere Parkhäuser und Geschäftsgebäude errichtet werden.

Zum Glück setzten sich jedoch die Kräfte in der Stadtbevölkerung durch, die eine Erhaltung der Gebäude forderten. Zu den Befürwortern gehörten u.a. bedeutende Politiker und Journalisten der Stadt Seattle, aber auch US-Präsident R. Reagan sowie der Architekt Victor Steinbrueck, der zuvor die Space Needle erbaut hatte.

In Folge wurden Spenden gesammelt, mit den Renovierungs- und Rekonstruktionsarbeiten begonnen und <u>1974</u> der "<u>Market Historical District</u>" eröffnet.

In den Markthallen heute ein Warenangebot und buntes Treiben wie sonst nur in südlichen Gefilden. Es gibt Lebensmittel aller Art: fangfrische Lachse, Krebse, Shrimps und Lobster, Muscheln, erstklassiges Obst und Ge-

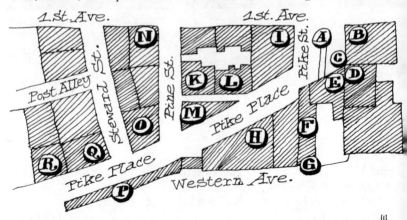

PIKE PLACE MARKET

- A Information
- B Economy Market
- C Lower Post Alley
- D LaSalle Hotel
- E Market Clock
- F Flower Row
- G Hillclimb Corridor
- H Main Arcade
- I Corner Market Building
- K Post Alley Market
- L Sanitary Market Building
- M Triangle Building
- N Inn at the Market
- O Graden Center
- P North Arcade
- Q Steward House
- R Soames Dunn Building

müse, ausgefallene Essig- und Senfsorten. Alles, was der Bürger braucht, um seinen Tisch zu decken, und der Feinschmecker, um Spitzengerichte zu zaubern. Weiterhin eine Vielzahl zum Teil exzellenter Restaurants sowie Shops.

Am Eingang zum Pike Place Market (1st Ave/Pike St.) ein Infostand (A).

Economy Market (B): Zu Beginn des Jhds. bezeichnete ein Journalist den Seattle- Markt als das "Marrakesch im Nordwesten der USA" wegen der Warenvielfalt und des Gewimmels zwischen den Ständen. Vor der Markthalle die Lower Post Alley (C): sie wurde mit Pflastersteinen rekonstruiert und war zu Beginn des Jhds. wichtigste Verbindung zwischen dem Markt und der Western Ave., die am Hafenbereich entlangführte. Die Post Alley diente dem Warentransport von den Schiffen zum Markt. Gleichzeitig befanden sich hier Bars für die Seeleute.

LaSalle Hotel (D): Gebaut 1909 diente es mit damaligem Namen "Outlook Hotel" als Bordell. Ende der 50-er Jahre im Besitz eines japan./amerik. Ehepaares und als reguläres Hotel geführt. Heute renoviert, u.a. Büros.- Market Clock (E): stammt aus den 30-er Jahren, beliebtes Fotomotiv.

Hillclimb Corridor (G): ab 1912 befand sich hier über die Western Ave. eine Holzbrücke, über die die Waren vom Hafen zum Markt transportiert wurden. Zu Beginn des Jhds. gab es eine Vielzahl an Schiffen, die den Warentransport zwischen den rund 350 Häfen der Inseln im Puget Sound und dem Seattle-Markt realisierten. Die 1973 rekonstruierte Brücke verbindet heute den historischen Market District (7) mit dem Aquarium (6).

Main Arcade (H): war das erste Marktgebäude Seattles (1907). Nach Wiedereröffnung des Market Districts 1974 liefert heute die Main Arcade rund 50 % des Fischfangs der Region in ihren Hallen.

Corner Market Building (I): das 3 stöckige Backsteingebäude wurde 1912 gebaut, - heute u.a. Restaurants. - Sanitary Market Building (L): das ursprüngliche Gebäude von 1910 wurde nach einem Brand von 1942 neu errichtet, heute verschiedene Restaurants.

Triangle Building (M): gebaut 1908 für die S.P. Poultry Company, heute mehrere Restaurants. - Inn at the Market (N): Das heutige Hotel der Mittelklasse ist Tip wegen zentraler Lage im Market District. - Garden Center (O): das frühere Marktgebäude von 1908 dient heute u.a. als Shop für Gartenliebhaber. - North Arcade (P): Verkauf von Pullovern, T-Shirts etc.

Steward House (Q): Hotel von 1902 bis in die 70-er Jahre. 1982 wurde es unter Beibehaltung der alten architekt. Elemente renoviert. - Soames Dunn Building (R): gebaut 1918, damals genutzt von der Soames Paper Company, die Papiertüten herstellte und der Dunn's Seed, die Saatgut verkaufte. Mitte der 70-er Jahre wurde das Haus renoviert, heute Bars und Shops.

Der gesamte Markt- Komplex um Pike Place besteht aus einer Vielzahl an Läden, Kneipen und Restaurants. Ein sozialer Treffpunkt, der dazu beigetragen hat, einer amerikanischen Downtown wieder Leben einzuhauchen. Keine leichte Aufgabe, aber hier zweifellos gelungen.

Aktivitäten: Zwischen 7 und 8 Uhr früh ist die beste Zeit, um den Händlern beim Aufbauen ihrer Waren zuzusehen. Der Verkauf von Lebensmitteln (Fisch bis Gemüse) findet bis ca. 17 Uhr statt (vorwiegend Mo.- Fr.), während für Kunsthandwerk bis Souvenirs (T- Shirts etc.) der Markt auch am Wochenende gut besucht ist. Nach 18 Uhr ist der Trubel vorbei.

Parken: am besten öffentliche Verkehrsmittel benutzen, da Parkplätze extrem knapp sind. Ansonsten die Market Garage (westl. der North Arcade).

SEATTLE ART MUSEUM / DOWNTOWN (8), 1st Ave./Ecke University St. Supermodernes Museumsgebäude, 1991 eingeweiht. Abteilungen zur europäischen, afrikanischen und amerikanischen Kunst. Außerdem hölzerne Skulpturen und Textilien der Indianer des Nordwestens. Die exquisite Asien-Sammlung ist nur teils hier untergebracht, weitere Exponate im zweiten Gebäude des Museums am Volunteer Park (siehe unten). Geöffnet Di-Sa von 1o- 17 Uhr, So 12- 17 Uhr, Do bis 21 Uhr. Eintritt 5 US, jeden ersten Di im Monat gratis.

Der Spaß am Bummel entlang der WATERFRONT wird leider getrübt durch den Anblick des Alaska Way Viaduct, einem grauen, doppelstöckigen Beton-Ungetüm, auf dem der Verkehr vorbeidonnert. Die Stadtautobahn auf Stelzen verdirbt zudem den Blick auf die Skyline der Stadt.

Wer die Flucht vor Lärm und Getümmel antreten und die SKYLINE im Überblick genießen will, muß aufs Wasser. Dafür existieren zwei Alternativen: Entweder die regelmäßige Fähre nach BAINBRIDGE ISLAND ab Pier 52 oder die HAFENRUNDFAHRT ab Pier 54 (ca. 1 Std., 8,5o US). Die Rundfahrt ist zwar teurer als die Fähre, dafür gibt es die Erklärungen des Tour-Guide.

Wie fast alle großen Städte an der amerikanischen Westküste hat auch Seattle in den 8o-er Jahren von postmodernen Architekten eine veränderte Skyline erhalten. Zahlreiche hypermoderne Glaspaläste ragen in den Himmel und bestimmen die Kulisse am Puget Sound. Ob schön oder nicht: in jedem Fall sind die Gebäude aufwendig und außergewöhnlich konstruiert und spiegeln bei Sonne eindrucksvoll Wolken und Wasser. Der Einfallsreichtum der Architekten kommt von der Bucht aus am besten zur Geltung, bei schönem Wetter ein imposantes Bild. Inzwischen haben die Bürger Seattles allerdings per Volksabstimmung beschlossen, daß die Konstrukteure in Zukunft nicht mehr so hoch hinaus dürfen.

Der HAFEN selbst ist nicht übermäßig interessant: Seattle hat sich frühzeitig und erfolgreich auf den Umschlag von Containern eingerichtet. Das Bild rund um die Hafenbecken bestimmen heute die rechteckigen Metallkästen und die orangefarbenen Kräne.

Lohnend ab Waterfront auch der Halbtagesausflug per Schiff zum Indianerdorf TILLICUM VILLAGE im Blake Island State Park. Details dazu im Kapitel Puget Sound/Blake Island.

PIONEER SQUARE (15): am südlichen Rand von Downtown um die Kreuzung 1st Ave./Main St. Der älteste erhaltene Stadtteil von Seattle, mehrere Straßenblocks mit Büro- und Warenhäusern aus der Zeit des Goldrausches in Alaska. Mehrstöckige Wohn- und Geschäftshäuser mit Backsteinfassaden. Heute restauriert und vollgepackt mit Läden, Kunstgalerien, Musik-Kneipen, Szene-Cafés und Restaurants. Eines der lebendigsten Zentren von Seattle, wo Tag und Nacht Betrieb herrscht.

Die kleinen Plätze präsentieren wenig Grün, das gibt's anderswo in Seattle genug. Dafür erinnern am Occidental Park und Pioneer Square Park mehrere TOTEMPFÄHLE aus Holz an die indianische Vergangenheit der Region um den Puget Sound. (Zur gesellschaftlichen Funktion der Totempfähle bei den Indianern des Nordwestens siehe Geschichtskapitel im Einleitungsteil des Bandes. Weitere Pfähle im Stadtgebiet von Seattle: u.a. am Burke Museum, am Center House im Seattle Center, am Museum of History and Industry und am Pacific Sience Center).

Der historische Charakter von Pioneer Square wird besonders deutlich an den beiden "klassischen" Sehenswürdigkeiten:

UNDERGROUND TOUR (15): Mehrmals täglich durch die unterirdischen Gänge, entstanden durch den Brand von 1889 und den späteren Wiederaufbau. Nach dem Brand entschied man sich, die Stadt auf den Ruinen und einem 1o Meter höheren Niveau neu zu errichten. Viele der alten Gänge und Räume blieben erhalten und wurden während der Prohibition zur illegalen Alkoholherstellung benutzt. Interessant vor allem die originellen Erzählungen des Führers zur Stadtgeschichte.

Tour-Termine je nach Wochentag und Jahreszeit unterschiedlich, Reservierung ratsam: Tel. 682-4646. Tickets und Ausgangspunkt im Restaurant "Doc Maynard's", 61o 1st Ave.

GOLD RUSH KLONDIKE NATIONAL HISTORICAL PARK (17), 117 S.Main St. Relativ kleines Museum, berichtet von der Zeit des Goldrausches, für den Seattle das Eingangstor und der Versorungsstützpunkt war. Zu sehen: Fotos, Zeitungsartikel und viele Dinge, die von den Goldsuchern gebraucht und mitgeschleppt wurden (von Zuckersäcken über Schaufeln und Hacken bis hin zur Bratpfanne). Interessant die Vorführung von Filmen aus der Zeit des Goldrauschs. Tägl. 9- 17 Uhr, Eintritt frei.

Am Rande von Pioneer Square (2nd Ave./Ecke Yesler Way) steht der SMITH TOWER (16): der erste und wegen seiner charakteristischen Turmspitze immer noch originellste Wolkenkratzer Seattles aus dem Jahr 1914. Damals war er mit seinen 42 Stockwerken und 172 m Höhe der größte Wolkenkratzer der USA (ausgenommen derjenigen in New York).

Bauherr war <u>Lyman C. Smith</u>, ein New Yorker, der 1906 nach Seattle kam und dort im Immobiliengeschäft spekulierte. Den Bauauftrag erteilte er der Firma Gaggin & Gaggin, konnte allerdings die Fertigstellung des Wolkenkratzers nicht mehr erleben, da er zuvor starb.

Höchster Turm Seattles blieb der Smith Tower bis 1962 (Fertigstellung der Speace Needle, 184 m). Der heute höchste Wolkenkratzer Seattles ist das 1oo1 Fourth Avenue Building mit 5o Stockwerken und 2oo m.

Heute versteckt sich der Smith Tower zwischen seinen hochaufgeschossenen Nachbarn und ist nur noch von wenigen Stellen zu sehen.

INTERNATIONAL DISTRICT

Ab Pioneer Square entlang der Jackson St. und Main St. sowie in den angrenzenden Straßen. Das heutige Viertel der <u>Chinesen</u> sowie Einwanderern aus allen anderen <u>südostasiatischen Ländern</u>.

Das Straßenleben zwar nicht so bunt und lebendig wie z.b. in der Chinatown von San Francisco, dafür aber eine <u>Restaurant-Szene</u>, die es in sich hat: Ein Wunderland für Freunde orientalischer Kochkunst und die große Chance für Neueinsteiger. Japanische und chinesische Küche sowieso, aber wie wär's mit laotisch, vietnamesisch, thailändisch oder kambodschanisch? Ausprobieren macht Spaß, das Essen ist in der Regel hervorragend. Nicht abschrecken lassen vom eher nüchternen bis sterilen Ambiente der Lokale. Empfehlungen siehe "Restaurants".

Im Zentrum des International District der <u>HING HAY PARK</u> (19), Jackson St./Ecke 6th Ave., mit einem charakteristischen chinesischen Tor. Ein Straßenblock weiter das <u>WING LUKE MUSEUM</u> (2o), 4o7 7th Ave. Kleine permanente Ausstellung zur Geschichte südostasiatischer Einwanderer in Seattle. Hauptsächlich Fotos. Dazu wechselnde Ausstellungen zur Kunst und Folklore asiatischer Völker. Geöffn. Di-So von 12- 16.3o Uhr, Eintritt ca. 2,5o US.

CAPITOL HILL/ BROADMOOR

Stadtviertel nordöstlich von Downtown auf einer weitläufigen Halbinsel zwischen Lake Washington und Lake Union. Wohnbezirke, eine lebendige Kneipenszene, zwei große Parks und ein Kunstmuseum.

VOLUNTEER PARK: Schöne, lichte Anlagen mit Rhododendron und Prachtexemplaren verschiedener Laub- und Nadelbäume. Auf der Kuppe eines kleinen Hügels das <u>SEATTLE ART MUSEUM / VOLUNTEER PARK</u>, der kleinere Ableger des Museums in Downtown. Schlichtes Art Deco Gebäude aus dem Jahr 1933. Zwei liegende Kamele aus Marmor bewachen den Eingang. Untergebracht ist hier der weitaus größte Teil der hervorragenden Asien-Sammlung des Museums. Wegen umfangreicher Renovierungsarbeiten jedoch auf unbestimmte Zeit geschlossen. Infos zur Wiedereröffnung im Hauptgebäude in Downtown.

Vom Museum führt eine Kastanienallee rüber zum CONSERVATORY, einem weißen Gewächshaus mit Farnen, Bromelien, Orchideen und anderen Pflanzen aus verschiedenen Klimazonen.

Vom Museum in Gegenrichtung der WATERTOWER, errichtet aus dunklen Ziegelsteinen. Von oben schöner Blick auf die Stadt und die nahegelegenen Seen und Wasserwege. Geöffn. 6- 2o Uhr.

WASHINGTON PARK: Östlich vom Volunteer Park, weitaus größer und bestückt mit unterschiedlichen Park- und Garteneinheiten. Am Südrand der JAPANESE GARDEN: Eine Augenweide mit Azaleen, Rhododendron, Kieswegen, Brücken, Laternen, einem Teehaus und einer Pagode. Geöffnet tägl. von 1o- 2o Uhr, Eintritt 2 US.

Nördlich das weitläufige ARBORETUM mit vielen Baumarten und verschlungenen Spazierwegen. Interessant der ca. 1 km lange ARBORETUM WATERFRONT TRAIL, ein manchmal recht matschiger Weg über schwimmende Stege durch ein Sumpfgebiet. Zu sehen sind eine vielfältige Sumpfflora, Gänse, Enten und andere Vogelarten. Ausgangspunkt am Nordrand des Parks beim Visitor Center.

Am Ende des Trails liegt das MUSEUM OF HISTORY AND INDUSTRY, 27oo 24th Ave. Sammlung diverser Exponate zu Themen aus Technik und Gesellschaft des 19. und 2o. Jhds.: Elektrizität, Telefon, Sport, Mode, ein viktorianisches Wohnzimmer sowie die Rekonstruktion einer typischen Straße Seattles um 188o.

Im historischen Teil weiterhin eine ausführliche Dokumentation des Brandes von 1889 und dem darauffolgenden Wiederaufbau der Stadt: Geräte, Feuerspritzen, Fotos. Außerdem Schiffsmodelle, alte Schreibmaschinen, eine Tankstelle aus dem Jahr 19o7 inkl. Tanklaster sowie Erinnerungsstücke an die Weltausstellung 1962. Geöffnet tägl. von 1o- 17 Uhr; Eintritt 3 US, dienstags gratis.

Transport: Die Stadtviertel Capitol Hill und Broadmoor mit den beiden Parks sind mit öffentlichen Verkehrsmitteln nur umständlich zu erreichen und auf mühsamen Fußmärschen zu erforschen. Vorschlag: Ausflug verbinden mit dem Besuch des Stadtteils University. Je nach Interessenschwerpunkt zwei Möglichkeiten:

* Ab Downtown (4th Ave./Ecke Pike St.) mit Bus Nr. 1o bis 15th Ave./Ecke Prospect St. Dort beginnt der Volunteer Park. Nach dem Besuch des Art Museum hügelabwärts zur 1oth Ave. und Bus Nr. 7 oder 9 Richtung Norden bis 15th Ave./Ecke 45th St. Dort liegt das Burke Museum.

* Ab Downtown (4th Ave./Ecke Pike St.) Bus Nr. 11 bis Madison St./ Ecke Lake Washington Blvd. Zu Fuß in nördlicher Richtung zum Japanese Garden im Washington Park. Von dort weiter nach Norden durchs Arboretum zum Visitor Center, Waterfront Trail und Museum of History and Industry. Vom Museum aus links über die Brücke, dann ein Block rechts zum Montlake Blvd. Von dort mit Bus Nr. 43 oder 48 zur Universität und Burke Museum.

UNIVERSITY

Stadtviertel rund ums Gelände der UNIVERSITY OF WASHINGTON. Die Hochschule mit altehrwürdigen neugotischen Gebäuden und modernen Backsteinbauten. Dazwischen Parkanlagen, lebendige Straßen, Buchläden, Kneipen. Das Informationszentrum befindet sich am Westrand des Campus, 4o14 University Way.

Im nordwestlichen Zipfel des Universitätsgeländes das THOMAS BURKE MEMORIAL MUSEUM, 45th St./Ecke 7th Ave. Vor dem Gebäude Totempfähle mit Motiven wie Killerwalen, Blaureihern, Bären und Raben. Im Museum eine anthropologische und naturhistorische Sammlung aus dem amerikanischen Nordwesten: Flecht- und Webarbeiten der Küstenindianer, Zeremonialgeräte aus Holz, alte Fotografien. Häufig ausgezeichnete Sonderausstellungen zu einheimischen Indianerkulturen. Im Untergeschoß Mineralien, Fossilien und ein Dinosaurier-Skelett. Geöffnet tägl. 1o- 17 Uhr, Do bis 2o Uhr; Eintritt frei.

Ein Fußweg führt durch den Park vom Burke Museum zur HENRY ART GALLERY, kurz genannt "The Henry", 15th Ave./Ecke Campus Parkway. Wechselnde Ausstellungen zur Malerei des 19. und 2o. Jhds., gelegentlich auch Fotos, Kostüme u.a. - Information über die jeweilige Sonderausstellung: Tel. 543-228o und 543-1544. Geöffn. Di- So von 1o- 17 Uhr, Do bis 21 Uhr.

LAKE WASHINGTON: zur Jhd.-Wende fuhren hier Schaufelrad-

LAKE WASHINGTON SHIP CANAL

Der Kanal wurde 1917 eröffnet und stellte die Verbindung zwischen dem Meeresarm Puget Sound und den im Inland gelegenen Lake Union und dem großen Lake Washington her.

Dort wo der Kanal am Puget Sound beginnt, im heutigen Stadtteil BALLARD, befanden sich zur Jahrhundertwende die wichtigsten Sägewerke der Region. Gemäß historischer Aufzeichnungen wurden z.B. 19o2 täglich u.a. 3 Millionen Holzschindeln produziert, sowie Bretter für die Hausverschalung. Außerdem war Ballard wichtiger Hafen für die Fischfangflotte.

Durch die Eröffnung des Kanals war eine durchgehende Schiffsverbindung zum langgestreckten Washington Lake ermöglicht. Da die Küstengewässer des Nordwestens oft sehr stürmisch sind, nutzten die damals noch relativ kleinen Schiffe den Kanal, um sich insbesondere in den Wintermonaten auf die ruhigeren Gewässer des Lake Washington zurückzuziehen. Dort wurden u.a. auch Reparaturarbeiten an den Schiffen vorgenommen. Die alten Werften sind zum Teil noch zu sehen, in seinem damaligen Zweck hat der Kanal jedoch ausgedient, da die modernen Küstenschiffe erheblich größer sind.

Heute ist der Kanal ein Eldorado für Freizeitkapitäne. An Sommerwochenenden wimmelt es hier von Schiffen, die von den Inlandseen ins Meer oder vice-versa fahren.

CHITTENDEN LOCKS im Stadtteil Ballard. Sie überwinden die Steigung zwischen dem tiefer gelegenen Meeresarm Puget Sound und den Seen Union und Washington. Die Schleusen wurden im Juli 1917 feierlich eingeweiht, wobei das Flaggschiff "Roosevelt" der US- Nordpolexpedition Robert Edwin Pearys im Konvoi weiterer Schiffe durch den Kanal fuhr.

1976 wurden bei den Schleusen Fischtreppen angelegt, über die die Lach

dampfer zu den einzelnen Siedlungen am See. Mitte: Blick über den See zum Mt. Baker.

se zwischen Aug. und Okt. zu ihren Laichplätzen springen. Zu <u>erreichen</u> ab Downtown mit Bus Nr. 17. Oder: schöne <u>Bootsfahrt</u> mit der Grey Line ab Seattle/Waterfront und auf dem Kanal. Ca. 18 US/Person.

Etwa auf halber Strecke weitet sich der Ship Canal zum <u>LAKE UNION</u>: beliebtes Bootsrevier und Liegeplatz einer ungewöhnlichen Hausbootkolonie. Die <u>schwimmende Wohnsiedlung</u> am Lake Union ist eines der Beispiele für die Liebenswürdigkeit und überdurchschnittliche Lebensqualität in der Stadt Seattle. Die rund 5oo architektonisch ausgefallenen "*floating homes*" gehören inzwischen zu den begehrtesten Wohnadressen.

Das war nicht immer so. Nach dem II. Weltkrieg wohnten einfache Arbeiter auf ärmlichen Hausbooten rund um die Fischfabriken und Werften am Lake Union. Elektrizität oder Kanalisation waren unbekannt, der See verkam zur Kloake. Als sich nach und nach allerlei zwielichtiges Gesindel in der Bootskolonie einnistete, betrieb die Stadtverwaltung von Seattle ihre Auflösung.

Fast wäre dies auch gelungen, hätten sich nicht zu Beginn der 7o-er Jahre Studenten, Architekten und Künstler für den Erhalt der heruntergekommenen Siedlung eingesetzt. Sie kauften die traurigen Hütten für wenig Geld auf und begannen eine erfolgreiche Sanierung. Als die "floating homes" an die Kanalisation angeschlossen wurden und der Lake Union wieder sauberes Wasser besaß, war der Durchbruch geschafft. Das einstige Armenviertel hatte sich zum schicken Wohngebiet gemausert.

Heute gilt die Kolonie mit ihren verwinkelten Häusern, Terrassen und Dachgärten als Beispiel für city-nahes Wohnen ohne Lärm und Abgase; eine echte Alternative zu den Einheitssiedlungen des amerikanischen "suburbia".

Nördlich des Lake Washington Ship Canal liegt der <u>WOODLAND PARK</u>, ein weitläufiges Parkgelände mit großem See (Green Lake) und dem <u>WOODLAND PARK ZOO</u>, 55oo Phinney Ave. Die meisten Tiere sind in großzügigen Freigehegen untergebracht, die ihren natürlichen Lebensräumen entsprechen, u.a. eine afrikanische Savanne und ein Haus für Nachtlebewesen. Weiträumig auch das tropisch inspirierte Elefantengehege. Geöffnet tägl. von 1o- 18 Uhr, Eintritt ca. 4 US. Zu erreichen ab Downtown (3rd Ave./Ecke Pine St.) mit Bus Nr. 5.

Etwas abgelegen im Stadtteil Ballard das <u>NORDIC HERITAGE MUSEUM</u>, 3o14 67th Street. Dokumentation der Geschichte skandinavischer Einwanderer im Nordwesten der USA. Zu empfehlen nur für besonders am Thema Interessierte. Geöffn. Di-Sa von 1o- 6 Uhr, So ab 12 Uhr; Eintritt ca. 2,5o US.

BOEING FIELD

Flugplatz im eher unansehnlichen Industrieviertel im Süden von Seattle. Lohnt den Besuch wegen des hervorragenden <u>MUSEUM OF FLIGHT</u>, 94o4 E.Marginal Way South. In großer, moderner Glashalle eine Ausstellung über viele Aspekte der Fliegerei.

Mehr als 3o Original-Flugzeuge aus beinahe einem Jahrhundert Luftfahrtgeschichte. Winzige Propellermaschinen aus der experimentellen Frühzeit, die ersten Passagierflugzeuge (Boeing 80-A und Douglas DC-3), eine Messerschmitt Taifun von 1934, ein originelles Flugauto von 1950, Militärjets der sechziger Jahre, Hubschrauber, Weltraumkapseln. Weitere Großraumflugzeuge an der Rollbahn hinter dem Museum. Alles großzügig ausgestellt mit kurzen, informativen Erklärungen.

Im angrenzenden Red Barn, dem ersten Konstruktionsgebäude der Boeing Company, eine kleine Abteilung mit Informationen zur Herstellung eines Flugzeuges vom Reißbrett bis in die Fabrik. Außerdem Exponate zur Geschichte der Luftfahrt.

Geöffnet tägl. von 10-17 Uhr, Do bis 21 Uhr; Eintritt ca. 5 US. Zu erreichen per Auto ab Downtown über Interstate 5 nach Süden, Exit 158 auf E.Marginal Way South. Von dort ausgeschildert. Problemlos auch mit öffentlichen Verkehrsmitteln: 20-minütige Busfahrt mit Linie 174 ab 2nd Ave./Ecke Pike St. in Downtown.

Tip: Wer sich als Ergänzung dazu für die aktuelle Seite des Flugzeugbaus interessiert, sollte unbedingt einen Abstecher zu den modernen Fertigungshallen von Boeing im Städtchen EVERETT nördlich von Seattle unternehmen. Dort bietet die Firma eine außergewöhnliche Tour durch die Produktionshallen der Boeing 747 an. Details (inkl. Geschichte der Boeing Company) im Kapitel Puget Sound/Everett.

Wegen der günstigen Verkehrsverbindungen und der Konzentration der meisten Sehenswürdigkeiten ist Downtown der angemessene Ort für Übernachtungen in Seattle. Große Auswahl an Hotels aller Preiskategorien sowie mehrere Jugendherbergen.

"**Sheraton**", 1400 6th Ave. Mit 850 Zimmern eines der größten Hotels in Downtown. Glas-Betonklotz in zentraler Lage. Viel Gewühl und anonyme Atmosphäre in der Lobby. Je weiter oben, desto besser die Ausblicke über den Puget Sound und auf die Berge. Fitneß-Center und Hallenbad im Haus. Zimmer modern und komfortabel. DZ ca. 175 US. Tel. 621-9000 und 800-325-3535.

"**Holiday Inn Crowne Plaza**", 1113 6th Ave. Zentral in Downtown. Hochhausturm mit Sauna, Whirlpool und Fitneß-Center. Zimmer komfortabel, teilweise mit herrlichen Ausblicken auf Puget Sound und Berge. DZ ab ca. 145 US. Tel. 464-1980 und 800-HOLIDAY.

"**Mayflower Park Hotel**", 405 Olive Way. Zentral am Westlake Center, Nähe Pike Place Market. Kleines Komforthotel mit persönlicher Note. Traditionelles Gebäude mit schöner Backsteinfassade, innen renoviert und stilvoll ausgestattet. Zimmer nicht groß, aber gemütlich und geschmackvoll eingerichtet. Aufmerksamer Service im Stil eines klassischen Stadthotels. DZ je nach Größe und Lage ca. 100-135 US. Tel. 623-8700 und 800-426-5100.

"**Pacific Plaza Hotel**", 400 Spring St. Gediegenes Stadthotel, zentral zwischen Pike Place Market und Pioneer Square. Backsteingebäude, von innen elegant renoviert. Gemütliche Lobby auf mehreren Ebenen mit Sitzecken. Freundliche Atmosphäre, hilfreiches Personal. Für DZ ab ca. 95 US eine gute Wahl.

Leichtes Frühstück inkl.; Rabatte während der Wintermonate möglich. Tel. 623-39oo und 8oo-426-1165.

"**Ramada Inn**", 22oo 5th Ave. Am Rande von Downtown Richtung Seattle Center. Modernes Gebäude mit eigenen Parkplätzen. Zimmer funktional und relativ komfortabel eingerichtet. DZ ab ca. 85 US. Tel. 441-9785.

"**West Coast Vance Hotel**", 62o Stewart St. Am Rande von Downtown. Schönes Backsteingebäude mit Stuckornamenten. Holzgetäfelte Lobby, stilvoll möbliert und ausgestattet. Zimmer elegant und komfortabel. Exklusive Atmosphäre in mittlerer Preislage. DZ ab ca. 8o US. Tel. 441-42oo und 8oo-426-o67o.

"**Seattle Hotel**", 315 Seneca St. Kleines Stadthotel im Zentrum zwischen Pike Place Market und Pioneer Square. Lobby und Zimmer gemütlich, wenn auch etwas "plüschig" mit Blümchentapeten und entsprechender Dekoration. Solide Mittelklasse mit persönlicher Atmosphäre. DZ je nach Größe und Lage ca. 67- 7o US. Tel. 623-511o und 8oo-426-2439.

"**The Kennedy Hotel**", 11oo 5th Ave. Altes Backsteingebäude, innen und außen nicht mehr taufrisch. Die Zimmer groß und hell, möbliert im Stil der fünfziger Jahre; teilweise grelle Bonbonfarben. DZ ab ca. 65 US. Tel. 623-6175 und 8oo-426-o67o.

"**Claremont Hotel**", 2oo4 4th Ave. Klinkerbau Nähe Pike Place Market. Lobby etwas kahl und wenig einladend. Zimmer geräumig und mit Kitchenette. Richtige Wahl für Leute, die sich auf dem Markt selbst versorgen und kochen wollen. DZ inkl. Küche ab ca. 65 US. Tel. 448-86oo.

"**Cosmopolitan Motor Inn**", 21o6 5th Ave. Motel am Rande von Downtown, Parkplätze im Hof. Für Leute, die auch in der Stadt ihr Auto prompt zur Hand haben möchten. Zimmer hell und funktional eingerichtet. Einfache Mittelklasse. DZ ca. 5o US. Tel. 441-8833 und 8oo-445-9665.

"**St. Regis Hotel**", 116 Stewart St. Zentrales Stadthotel Nähe Waterfront. Grauer Backsteinkasten, ziemlich heruntergekommen. Zimmer spärlich und einfach möbliert. Sanitäre Anlagen antiquiert. DZ mit Gemeinschaftsbad ca. 38 US, mit Privatbad ca. 43 US. Tel. 448-6366.

"**Pacific Hotel**", 317 Marion St. Einfaches, zentrales Stadthotel. Altes Gebäude, aber innen modernisiert. Zimmer klein und spärlich möbliert. Sanitäre Anlagen neu und sauber. DZ mit Gemeinschaftsbad ca. 37 US, mit Privatbad ab 48 US. Tel. 622-3985.

"**Commodore Motor Hotel**", 2o13 2nd Ave. Grauer Klotz Nähe Pike Place Market. Lobby mit gemütlichen Sitzecken, der Zahn der Zeit ist allerdings unübersehbar. Zimmer passabel eingerichtet, sanitäre Anlagen relativ neu und sauber. DZ mit Gemeinschaftsbad ca. 35 US, mit Privatbad ca. 5o US. Tel. 448-8868.

"**Moore Hotel**", 1926 2nd Ave., Nähe Pike Place Market. Älteres Stadthotel in einem Eckhaus, an lauter Straßenkreuzung. Zimmer einfach möbliert und abgewohnt. Bäder renoviert und sauber. DZ mit Gemeinschaftsbad ca. 32 US, mit Privatbad ab 38 US. Günstige Wochentarife, in der Wintersaison Handeln möglich. Tel. 448-4851 und 8oo-421-55o8.

"**Bush Hotel**", 621 Jackson St., Im International District Nähe Pioneer Square. Grauer Betonkasten, heruntergekommen. Zimmer einfach mit Bett, Stuhl und Tisch. Passabel sauber. DZ mit Gemeinschaftsbad ca. 3o US, mit Privatbad ca. 4o US.

"**Pioneer Square Hotel**", 77 Yesler Way Heruntergekommen in altem Backsteingebäude. Dafür zentral am Pioneer Square und Fähranleger. Außer dem Bett ist die Möb-

Seattle **189**

lierung in den meisten Zimmern gleich Null. Nicht übermäßig sauber. Ein Dach überm Kopf für ca. 3o US (Gemeinschaftsbad) oder 37 US (Privatbad). Tel. 34o-1234.

Juhe "Seattle International Hostel", 84 Union St., Tel. 622-5443. Beste Lage direkt am Pike Place Market. Schön restauriertes Backsteingebäude. Sehr beliebt, daher unbedingt frühzeitig reservieren, nicht nur im Sommer. Pro Person ca. 1o US.

"YMCA", 9o9 4th Ave., Tel. 382-5ooo. Hervorragend gelegen in Downtown. Altehrwürdiges Gebäude, renoviert und sehr gepflegt. Freundliche Atmosphäre. Für jedermann zugänglich: Männer, Frauen, Familien. EZ ab ca. 35 US, DZ ab 4o US. Preisgünstige Wochentarife. Eingeschlossen die Benutzung von Fitneß-Räumen und SW-Pool. Besser als alle Hotels dieser Preiskategorie. Unbedingt reservieren, da oft ausgebucht.

"YWCA", 118 5th Ave., Tel. 461-4851 oder 461-4888. Blitzsauberes Gebäude mit Fitneß-Center und Snack-Bar. Zimmer einfach und ordentlich. EZ mit Gemeinschaftsbad ca. 28 US, mit Privatbad 33 US. DZ jeweils rund 1o US teurer. Nur für Frauen. Rechtzeitig reservieren, da beliebt und oft voll belegt.

"Vashon Island Hostel", auf der grünen Insel Vashon Island im Puget Sound, Tel. 463-2592. Ausweichmöglichkeit, wenn die anderen Herbergen ausgebucht sind. Übernachtung ca. 11 US. Erreichbar mit der Fähre ab Pier 52, Downtown Seattle. Überfahrt etwa 3o Minuten. Auf der Insel weiter mit Bus Nr. 117 bis 121st Street.

Im Stadtgebiet keine Campingplätze. Nächste Möglichkeit bei Kent, südlich von Seattle: "Seattle South KOA", 58o1 South 212th St., Tel. 872-8652. Gut ausgerüstet, inkl. SW-Pool. Stellplatz ab ca. 18 US (zu erreichen ab Downtown über Interstate 5 und Hwy. 516).

Seattle ist ein ausgezeichnetes Pflaster für Feinschmecker. Dabei servieren aber nicht nur die einschlägigen Gourmet-Tempel hervorragendes Essen, auch eher unscheinbare Restaurants überraschen oft mit guter Qualität bei niedrigem Preisniveau. Im Zentrum der Stadt spielt amerikanische Fast-Food Kultur nur eine untergeordnete Rolle, der Pike Place Market mit seinem riesigen Lebensmittel-Angebot dagegen ist das Gourmet-Mekka des gesamten Nordwestens.

Seafood und Fisch ißt man am besten im Pike Place Market und entlang der Waterfront am Hafen.

Erstklassige südostasiatische Küche vor allem im International District. Kneipen und Bars mit kleinen Gerichten für zwischendurch finden sich am Pioneer Square, im Stadtteil Capitol Hill und im University District. Neuerdings existieren auch mehrere Klein-Brauereien, die ihr Bier meist nur in der angrenzenden Kneipe ausschenken.

Seit Jahren sind die Bewohner der Stadt "kaffee-verrückt". Kaffee ist geradezu ein magisches Wort, der Kaffee-Kult hat COFFEE-SHOPS an beinahe jeder zweiten Straßenecke hervorsprießen lassen. Ideal für ein schnelles Frühstück oder auch für stundenlanges Studieren der Zeitung. Aber Vorsicht: Wer einfach einen Kaffee bestellt, erregt höchste Verwunderung. Es sollte schon mindestens ein "Americano" sein, ein "2 % Latte" zeugt sogar von fortgeschrittener Kennerschaft.

Cafés und Kneipen, die weniger für die leiblichen Bedürfnisse als wegen der dort veranstalteten Live-Musik besucht werden, sind aufgelistet im Abschnitt "Musik/Disco".

"PIKE PLACE MARKET", 1st Ave./Ecke Pine St. In den Markthallen und entlang der angrenzenden Straßen und Gassen eine große Anzahl von Imbissen und Restaurants jeglicher Preislage. Die Produkte frisch vom Markt. Bei einem Bummel über den Markt die Augen offenhalten und das passende Lokal aussuchen (und wichtiger noch, sich die Lage merken). Der Appetit kommt über kurz oder lang von ganz allein. Wem hier nicht das Wasser im Mund zusammenläuft, dem ist höchstens noch mit Hamburger und Pommes zu helfen. Der Markt ist allerdings nichts für abends, dann ist außer einigen Restaurants fast alles geschlossen. Vom Frühstück bis zum späten Nachmittag jedoch ist Essengehen hier ein Erlebnis.

"PLACE PIGALLE", die Ausnahme im Pike Place Market, da auch abends geöffnet. Einrichtung eher einfach. Dafür schöner Blick auf den Hafen und hervorragendes Essen. Je nach Jahreszeit außergewöhnliche Zubereitungen der frischen Produkte des Marktes. Kleine, aber exquisite Auswahl. Weinkarte mit Spitzengewächsen von der amerikanischen Westküste sowie aus aller Welt. Gourmet- Tempel mit lockerer Atmosphäre. Hauptgerichte mittags 9- 12 US, abends ab 17 US.

"IVAR'S", Pier 54 an der Waterfront. Direkt neben dem Fähranleger. Großer Speisesaal mit Blick auf den Pier. Beliebt und abends oft gerammelt voll, auch wenn das Essen (hauptsächlich Fisch und Seafood) relativ teuer und nicht entsprechend gut ist. Aber hier bezahlt man die Lage mit. Nebenan weitere ähnliche Fischrestaurants wie "ELLIOT'S" oder "STEAMER'S SIDEWALK CAFE".

"VIRGINIA INN", Virginia St./Ecke 1st Ave. Gemütliche Kneipe mit Backsteinwänden und alten Weinschränken. Gemischtes Publikum vom Yuppie bis zum abgerissenen Studenten. Zehn Biere vom Faß aus verschiedenen Klein-Brauereien Washingtons, u.a. ein gutes Weizenbier. Auch die offenen Weine sind aus Washington und nicht zu verachten.

"ELLIOT BAY CAFE", 1st Ave./Ecke Main St., Pioneer Square. Gemütliche Café-Bar im Untergeschoß des gleichnamigen Buchladens. An den Wänden Bücherregale. Gut zum Stöbern in Büchern und Zeitschriften. Salate, Suppen und andere kleine Gerichte, außerdem Frühstück.

"THE CENTRAL", 2o7 1st St., Pioneer Square. Einfache Kneipe mit viel Atmosphäre, lange Theke und eine Gruppe kleiner Tische. Hauptsächlich kleine Gerichte von 5-7 US (Suppen, Sandwiches). Besonders gut die selbstgeräucherten Fische und Fleischgerichte (Rippchen, Truthahn).

"I+M CAFE", 1st Ave./Ecke Washington St. Großer Pub in einer langen Halle. Holzgearbeitete Theken und Wandverzierungen. Man sitzt am langen Tresen oder einfachen Tischen. Salate, Suppen, Sandwiches für ca. 4- 7 US.

"TRATTORIA MITCHELLI", 84 Yesler Way, Pioneer Square. Italienisches Lokal mit angenehmer Mischung aus tradtioneller Trattoria und modernem Bistro. Hervorragende Nudelgerichte für ca.7- 1o US.

"MERCHANT'S CAFE", 1o9 Yesler Way, Pioneer Square. Die Einrichtung inkl. hölzerner Bar zum großen Teil noch aus der Original-Kneipe, die an dieser Stelle 1889 eröffnet wurde. Dazu alte Fotos, Registrierkassen und ein Tresor. Kleine Gerichte wie Salate, Sandwiches und Nudeln für ca. 4- 8 US.

"THE PACIFIC NORTHWEST BREWING COMPANY", Occidental St./Jackson St. Mini-Brauerei und Pub. Die Braukessel aufgereiht an einer Wand. Einfache Holztische und Klappstühle. Serviert werden die eigenen Biersorten wie Ale und Porter.

"CAFE COURT", 4o1 2nd Ave. Glasüberdachter Teil eines Straßenzuges. Die alten Backsteinfassaden restauriert, und auf der einstigen Fahrbahn ein Straßencafé. Hell, warm und nicht steril wie so viele andere überdachte Einkaufsstraßen. Ein ruhiger Ort für einen Kaffee oder einen kleinen Imbiß. Salate, Suppen, Sandwiches für ca. 4- 7 US.

"CHAU'S", 4th Ave./Ecke Jackson St. Einrichtung weder gemütlich noch geschmackvoll. Dafür hervorragendes Seafood und andere chinesische Spezialitäten. Was auf den Teller soll, kann man sich vorher im Aquarium aussuchen. Hauptgerichte ca. 6- 1o US, mehrgängige Menüs ab 8 US.

"HONEY COURT", 516 Maynard Ave., International District. Gepflegtes chinesisches Lokal. Eher konventionell amerikanisch als chinesisch eingerichtet. Gute Küche (vor allem Seafood) in fast allen Preislagen, vom Huhn fur ca. 7 US bis zur Haifischflosse für 2o US.

"HO HO", 653 Weller St./Ecke Maynard Ave., International District. Etwas steril mit Stahlrohr und Kunststoff möbliert. Auf der Karte riesige Auswahl an chinesischen Gerichten aller Art. Krebse u.a. liegen zum Aussuchen im Bassin. Frische wird hier ernst genommen. Preise variieren von ca. 6 US für ein Reisgericht bis 2o US für Hummer.

"HOUSE OF HONG", 8th Ave./Ecke Jackson St. Großes Lokal, die Tische in verschiedenen Abteilungen und Nischen. Sehr beliebt und oft voll, Wartezeiten für einen Tisch einkalkulieren. Ausgezeichnete chinesische Küche. Die gebratenen Peking-Enten hängen einladend im Fenster.

Hauptgerichte ca. 8- 12 US, es geht aber auch billiger und teurer, das Angebot ist enorm.

"VIET MY", 129 Prefontaine St./Ecke 4th Ave. Nicht von der vergammelten Fassade oder der trostlosen Möblierung abschrecken lassen. In dem kleinen Lokal wird erstklassig vietnamesisch gekocht. Niedrige Preise: für ca. 5- 8 US ausreichende und gute Hauptgerichte.

"RANEE", 121 Prefontaine St./Ecke 4th Ave. Die thailändische Variante der südostasiatischen Küchen im International District. Klein und etwas gemütlicher als anderswo in der Gegend. Besonders gut und speziell gewürzt die Curries, Schärfe nach Wunsch. Auch vegetarische Kost. Hauptgerichte ca. 5- 7 US, abends etwas teurer.

"TOGETSU", Yesler Way/Ecke 3rd St. Gemütliches japanisches Ambiente mit Trennwänden zwischen den Tischen. Große Auswahl an Spezialitäten wie Sushi oder Sashimi. Lunch ca. 6- 8 US (es geht auch teurer); abends größere Menüs ab ca. 25 US mit einem wunderbaren Querschnitt durch die japanische Küche. Sonstige Hauptspeisen 1o- 15 US.

"NOGGINS", 4th Ave./Ecke Pine St. Im 1. Stock des Einkaufszentrums Westlake Center in einer Art Wintergarten unter Glasdach. Hell und schöner Blick über den Trubel auf der Straße. Im Ausschank die Biere aus der eigenen Brauerei, je nach Jahreszeit unterschiedliche Sorten. Gut das dunkle Weizenbier. Zu Salaten (ca. 7 US) gibt's Vollkornbrot. Abends neben kleineren Gerichten auch internationale Küche, ca. 1o- 15 US.

"THE BROOKLYN", 2nd Ave./Ecke University St. Restaurant und Nobel- Bar in einem restaurierten Gebäude von 188o. Elegant und gemütlich eingerichtet mit mehreren Theken. Internationale Küche gehobener Qualität. Spezialität: frische Austern. Hauptgerichte mittags ca. 8- 1o US, abends inkl. Vorspeise 1o- 15 US.

"SPACE NEEDLE RESTAURANT", Drehrestaurant mit fantastischem Blick in der Space Needle im Seattle Center. Gediegene Einrichtung in schwarz-weiß-grau. Zwei Reihen Tische, wegen des Blicks einen Außentisch reservieren (Tel. 443-21oo). Küche mit Spezialitäten des Nordwestens, Hauptgerichte mittags ca. 15 US, abends ab 2o US. Die "Emerald Suite" nebenan bietet dasselbe Panorama, ist aber etwas intimer und teurer. Hier ist auch der Druck nicht so groß, den nachfolgenden Gästen zu weichen.

SELBSTVERSORGER
"PIKE PLACE MARKET", 1st Ave./Ecke Pike St. Das Nonplusultra für frische Lebensmittel. Beste Auswahl und Qualität im gesamten Nordwesten der USA. Wer sein Essen selbst kocht oder ein Picknick vorbereitet, wird sicher zu einigen Extras verführt.

"SAVEWAY MARKET", Occidental St., Pioneer Square. Die konventionelle Alternative: zentral gelegener Supermarkt.

Picknick: Viele Möglichkeiten in den zahlreichen Parks der Stadt, im Seattle Center oder auf einer Schiffstour zu den Inseln im Puget Sound.

EINKAUFSZENTREN

Zahlreiche moderne Shopping-Malls in der Innenstadt. Gut erreichbar (per Transit Tunnel oder Mono Rail) das "WEST-LAKE CENTER", 4th Ave./Ecke Pine St. Heller Komplex mit viel Glas. Rund 8o Läden sowie viele Schnellimbisse und Restaurants. Direkt nebenan die großen Kaufhäuser von "NORDSTROM", "THE BON MAR-CHE" und "FREDERICK & NELSON".

Architektonisch interessanter mit Art Deco Stil und modernen Kunstwerken ist das "PACIFIC FIRST CITY CENTER", Pike St./Ecke 5th Ave. Ausgefallene Boutiquen mit internationalem Angebot, Designer-Läden, Keramik etc. Dazu Kinos und Restaurants. Ausruhen vom Einkaufsstreß am besten in den gemütlichen Ledersitzgruppen vor den Büroräumen der Bank im ersten Stock.

BÜCHER, LANDKARTEN, ZEITSCHRIFTEN

"ELLIOT BAY BOOKSTORE", 1st Ave./ Ecke Main St. Großer Buchladen auf mehreren Ebenen. Angenehm zum Stöbern und Lesen zwischen rohen Backsteinwänden. Im Untergeschoß ein Café.

"METSKER MAPS", 7o2 1st Ave. Die richtige Adresse für Landkarten aller Art. Große Auswahl auch an Wander- und Fahrradkarten für Seattle, den Nordwesten und Kanada.

"MAGAZINE CITY", 3rd Ave./Ecke Stewart St. Zeitschriften für alles und jeden. Fast unerschöpfliche Auswahl zu Hobby, Freizeit und ernsteren Angelegenheiten. Auch einige deutsche Zeitschriften vorhanden.

"CAPTAIN'S NAUTICAL SUPPLIES", 1914 4th Ave. Seekarten vom Puget Sound sowie Bücher über Wassersport und Seefahrt. Wer die Gewässer um Seattle nicht nur bestaunen, sondern aktiv nutzen will, bekommt hier die nötigen Informationen.

"FLORA & FAUNA", 121 1st Ave. Super- Auswahl an Büchern und Bildbänden zu Natur und Umwelt in Kalifornien und im Nordwesten der USA: Tierwelt, Pflanzen, Nationalparks. Wer tiefer in ökologische Fragestellungen eintauchen will, findet hier alles, was er braucht.

KUNST UND KUNSTHANDWERK

"NORTHWEST TRIBAL ART", 1417 1st Ave. Indianisches Kunsthandwerk aus dem Nordwesten: Schmuck, Holzmasken, Figuren. Teilweise exquisite Stücke, die allerdings ihren Preis haben.

"SEATTLE INDIAN ARTS AND CRAFTS SHOP", 113 Cherry St. Kunsthandwerk der Indianer aus dem Nordwesten. Zivile Preise. Der Laden arbeitet auf gemeinnütziger Basis, Gewinne werden für bedürftige Indianer und Stipendien für indianische Studenten verwendet.

KURIOSITÄTEN

"YE OLDE CURIOSITY SHOP", Pier 54, Waterfront. Beinahe schon ein Museum mit all dem absurden und witzigen Krimskrams, der zum Verkauf steht. Der Laden besteht seit 1899 und gehört quasi zum Inventar von Downtown Seattle.

UNTERHALTUNG

Veranstaltungskalender: SEATTLE GUIDE, erscheint wöchentlich. Er liegt gratis in vielen Hotels und Restaurants auf. Ausführliche Programme von Theatern, Kinos, Museen, Musik-Kneipen und Clubs. Dazu ordentliche Hintergrund-Infos zu aktuellen Themen und touristischen Attraktionen. Ebenfalls sehr gut und ausführlich die Beilage TEMPO in der Freitagsausgabe der Seattle Times.

THEATER, OPER, KONZERTE

Seattle besitzt eine der aktivsten und besten Theater-Szenen der USA. Viele moderne und experimentelle Inszenierungen. Veranstaltungskalender und Tageszeitungen informieren über das aktuelle Programm.

"SEATTLE OPERA HOUSE", Mercer St./Ecke 3rd Ave., im Seattle Center. Klassische Opern, Konzerte, Ballett.

"ANNEX THEATER", 1916 4th Ave., Downtown. Theaterstücke und erfolgreiche Musicals.

"BATHHOUSE THEATER", 7312 W. Green Lake, im Norden der Stadt. Häufig moderne Versionen klassischer Stücke. Auch Musicals und Komödien.

"NEW CITY THEATER AND ART CENTER", 1634 11th Ave., Capitol Hill. Experimentelles Theater, außergewöhn-liche Produktionen, moderner Tanz.

"ETHNIC CULTURAL THEATER", 3940 Brooklyn Ave., University District. Produktionen von und über ethnische Minderheiten in den USA.

"A CONTEMPORARY THEATER", 100 W.Roy St., Nähe Seattle Center. Gegenwartstheater, oft Stücke bekannter Autoren.

KINO

Ausgefallene und experimentelle Filme in folgenden Programmkinos:

"NEPTUNE", 1303 NE 45th Ave., University District.

"BROADWAY MARKET", 425 E. Broadway, Capitol Hill.

"EGYPTIAN", 801 E.Pine St., Capitol Hill.

Aktuelle Filmhits aus Hollywood u.a. in folgenden Kinos von Downtown:

"CITY CENTRE", 6th Ave./Ecke Union St.

"UA THEATERS", 6th Ave./Ecke Blanchard St.

MUSIK/DISCO

"LARRY'S", 209 1st Ave., Pioneer Square. Bar-Restaurant im Pub-Stil mit etwas Neon-Dekoration. Jeden Abend Live- Musik, in der Regel Rhythm&Blues Bands.

"DIMITRIOU'S JAZZ ALLEY", 2033 6th Ave., Downtown. Vornehme Bar. Sechs Tage in der Woche Live-Jazz mit wechselnden Gruppen und Solisten.

"NEW ORLEANS CREOLE CAFE", 114 1st Ave., Pioneer Square. Taverne und Jazz-Club. Jeden Abend Live-Konzerte.

"KELLS", 1916 Post Alley, am Pike Place Market. Mittwoch bis Samstag irische Folklore. Live Auftritte von Gruppen und Solisten.

"THE BORDERLINE", 124 S. Washington St., Pioneer Square. Taverne und Diskothek. Tanz ab 21 Uhr zu Live-Musik verschiedener Richtungen.

"THE HOLLYWOOD UNDERGROUND", 323 2nd Ave., Downtown. Musik und Dancing. Rhythm&Blues, lateinamerikanische Musik und andere Richtungen.

"LATITUDE 47", 1232 N.Westlake Ave, am Lake Union. Moderne Video-Diskothek.

"THE PINK DOOR", 1919 Post Alley, am Pike Place Market. Piano-Bar.

"DOC MAYNARD'S", 61o 1st St., Pioneer Square. Taverne mit Rock-Musik live.

Weitere Kneipen rund um Pioneer Square bieten Live-Musik verschiedener Stilrichtungen, verfügen teilweise auch über kleine Tanzflächen.

FESTE UND FESTIVALS

Praktisch jede Woche irgendein Fest in einem der Stadtteile. Vollständige Liste im Touristenbüro. Überregional bedeutend und für Besucher besonders attraktiv:

"Seattle Seafair": Größtes Stadtfest, über 3 Wochen Ende Juli bis Anfang August. Paraden, Kulturveranstaltungen und viele kulinarische Angebote.

"Seattle International Film Festival": Amerikanische und internationale Uraufführungen in zahlreichen Kinos der Stadt. Eines der besten Filmfestivals an der amerikanischen Westküste. Mitte Mai bis Anfang Juni.

Zeitungen: Die beiden führenden Tageszeitungen in Seattle: "Seattle Times" und "Seattle Post Intelligencer". Beide (vor allem freitags) mit ausführlichem Veranstaltungsprogramm.

SPORT

Seattle rühmt sich seiner vielseitigen Sport- und Freizeitmöglichkeiten. Das Angebot ist tatsächlich unüberschaubar groß. Spezielle Informationen durch das Touristenbüro. Manche Sportarten wie Jogging, Radfahren, Kanu oder sogar Skilaufen lohnen besonders und bieten ein zusätzliches "Seattle-Erlebnis". Sie lassen sich auch für den durchreisenden Besucher leicht organisieren.

Jogging: Viele Strecken durch die Parks und entlang der Seen. Besonders beliebt der ca. 5 Kilometer lange Rundweg um den Green Lake sowie die Strecken durch den küstennahen Discovery Park. Beide im Norden der Stadt.

Radfahren: Nur für Radfahrer und Fußgänger reserviert ist der "Burke Gilman Trail". Beginn am Gasworks Park (Lake Union), von dort ca. 2o Kilometer durch die nördlichen Stadtviertel und entlang des Lake Washington. Karte beim Touristenbüro. Schöne Touren auch auf den ländlichen Inseln Vashon Island und Bainbridge Island im Puget Sound; beide bequem per Fähre zu erreichen.

Weitere Tips in der handlichen Broschüre "Touring Seattle by Bicycle" von Peter Powers (Terragraphics-Verlag, ca. 1o US). Fahrrad-Verleih: "U-Pedal", 1416 Post Alley, Nähe Pike Place Market und Jugendherberge. Ca. 6 US pro Stunde, 15 US am Tag.

Kanu: Ein originelles Erlebnis: Kanu- oder Kajakfahren vor der Hochhauskulisse einer Großstadt. In Seattle kein Problem. Die Wasserflächen sind riesig und liegen direkt vor der Haustür, besser gesagt sogar "innerhalb der guten Stube". Bei schönem Wetter ist auch die Bergkulisse der Cascade Mountains zu sehen. Am Lake Union paddelt man z.B. durch die dort verankerte attraktive Hausbootkolonie. Bootsverleih am Lake Washington (University Activities Center, Nähe Husky Stadium, Tel. 543-2217) und am Lake Union (Swallow's Nest, Tel. 441-41oo).

Angeln: Der Puget Sound ist Lachs-Fanggebiet, eines der besten im gesamten Nordwesten. Info über Saison der einzelnen Lachsarten sowie Fangregulierung und Lizenzen beim "Department of Wildlife", Tel. 753-57o7.

Ski: Nur 75 km östlich von Seattle liegen vier Skigebiete am Snoqualmie-Pass (alpin und Langlauf). Leicht zu erreichen über Hwy. 9o. 21 Sessel- und 11 Schlepplifte, Pisten aller Schwierigkeitsgrade. Saison etwa von Mitte November bis Mitte April. Tagesticket ca. 14 US, am Wochenende 23 US. Info über Schnee- und Wetterbedingungen: Tel. 236-16oo.

ZUSCHAUERSPORT

Pferderennen: Der "Longacres Racetrack befindet sich südöstlich von Seattle in Renton, 1621 SW.16th Street. Zu erreichen über Interstate 5 und Interstate 4o5. Saison von Mai-September, Renntage und Zeiten variieren. Information: Tel. 226-3131.

Seattle verfügt über jeweils ein Profi-Team in den beliebten amerikanischen Massensportarten Baseball, Basketball und Football. In der jeweiligen Saison finden ständig Spiele statt, nicht nur am Wochenende. Für Kenner dieser Sportarten Leckerbissen auf höchstem Niveau. Auch sehenswert wegen des perfekten Show-Business rund um das Auftreten der lokalen und nationalen Helden.

Baseball: Die "Seattle Mariners" spielen im überdachten Kingdome am Pioneer Square. Saison von April-September. Info und Tickets über Tel. 628-o888.

Basketball: Die "Seattle Supersonics" gehören zu den besten Teams der Westküste. Spielen im Coliseum im Seattle Center. Saison von Nov.-April, bei Teilnahme an der Endrunde bis Mai/Juni. Info und Karten über Tel. 281-585o.

Football: Die "Seattle Seahawks" spielen wie die Baseballmannschaft im Kingdome. Saison von Sept.-Anfang Januar. Termine und Karten über Tel. 827-9766.

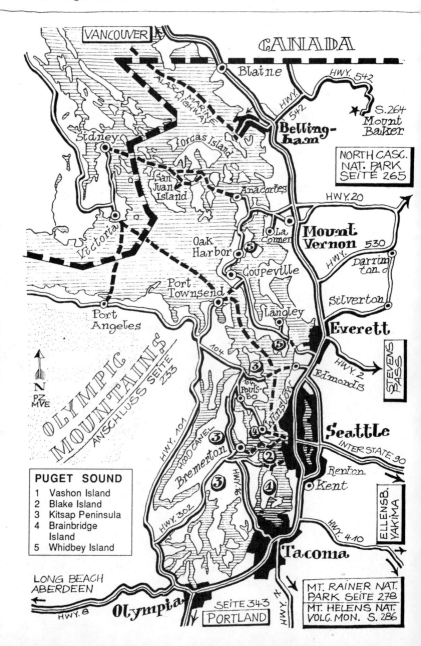

PUGET SOUND

Tief eingeschnittener Meeresarm, der sich von der kanadischen Grenze bis nach Olympia im Süden erstreckt.

Eine Fülle von Buchten, Inseln und Halbinseln ergeben ein landschaftlich zauberhaftes Labyrinth: Breite Schiffspassagen, enge Kanäle und Durchfahrten zwischen den Inseln sowie Meeresarme, die in einer Sackgasse enden. Dadurch ein Wassersport-Paradies erster Ordnung.

Im Hintergrund die schneebedeckten Gebirgsketten: Westlich die Olympic Mountains, im Osten die Cascade Mountains mit den Vulkankegeln von Mt. Rainier und Mt. Baker. Gebirge, Inseln und Meer bilden zusammen eine grandiose Kulisse.

In <u>Everett</u> lohnt der Besuch der Boeing Fabrik: u.a. zu sehen, wie ein Jumbo 747 entsteht.

Der Bereich Olympia, speziell dann Tacoma, Seattle bis Everett ist dicht besiedelt. Ansonsten ist der Puget Sound eine ländlich-beschauliche Region, die sich nur langsam dem Tourismus erschließt. Per <u>Segelboot</u> oder <u>Fähre</u> durch die Inselgruppen zu fahren ist bei schönem Wetter ein unvergeßliches Erlebnis und gehört bei einem Aufenthalt in Seattle unbedingt dazu.

<u>Klima</u>: Das feuchte Meeresklima des Nordwestens bestimmt weite Teile des Puget Sound. Viel Regen von Oktober bis Mai, relativ stabile Wetterlagen mit Sonnenschein in den Sommermonaten. Einige der Inseln (u.a. Whidbey Island, San Juan Islands) liegen im Windschatten der Olympic Mountains, wo sich viele Schlechtwetterfronten bereits abregnen. Die dahinterliegenden Inseln besitzen daher auch in den Wintermonaten ein

freundlicheres und trockeneres Klima als beispielsweise Seattle und der südliche Teil des Puget Sound.

★ Olympia (3o.ooo Einw.)

Hauptstadt des Bundesstaates Washington. Trotz Regierungs- und Parlamentssitz sowie einer Universität herrscht eine provinzielle Atmosphäre. Eigentlich schön gelegen am Capitol Lake und dem äußersten Zipfel eines Meeresarms, die Innenstadt aber trist mit einfallslosen Geschäftshäusern und grauen Hinterhöfen. Darüber thront das Regierungsviertel in einem weitläufigen Park mit großem See. Die Kuppel des Capitols beherrscht die gesamte Szenerie.

 Chamber of Commerce, 1.ooo Plum St., Tel.: 2o6-357-3362
Post: 9oo SE.Jefferson St.   Telefon: Vorwahl 2o6

Hauptattraktion im Stadtzentrum ist das STATE CAPITOL (1), das repräsentative Gebäude der Gesetzgebung von Washington State. Beeindruckend vor allem die 87 m hohe Kuppel, fertiggestellt 1928. Die Innenausstattung ist prunkvoll mit überdimensionalen Kronleuchtern und Teppichen. Täglich von 1o- 15 Uhr Gratis-Touren, die auch die Sitzungsräume des Senats und des House of Representatives einschließen. Von der Kuppel schöner Blick über die Stadt und den südlichen Puget Sound.

Wenig aufregend der ehemalige Regierungssitz, das kleine OLD CAPITOL BUILDING (3), Washington St./Ecke 7th Ave. Das Gebäude steht am SYLVESTER PARK, dem einzigen grünen Fleckchen in Downtown Olympia.

Bescheiden auch das STATE CAPITAL MUSEUM (6) südlich des Regierungsviertels, 211 21st Ave./Ecke Columbia St. Villa im spanischen Stil mit wenigen Exponaten aus der Geschichte Olympias, Kunst aus Washington State sowie indianischem Kunsthandwerk. Geöffn. Di-Fr von 1o- 16 Uhr, Sa/So 12- 16 Uhr. Eintritt frei.

Etwas außerhalb der Stadt und nur per Auto zu erreichen:

Die OLYMPIA BREWING COMPANY (9) gehört zu den bedeutendsten Brauerein des amerikanischen Westens. Gegründet bereits 1896 vom deutschen Einwanderer Leopold Schmidt. Das berühmte Bier verdankt seine Qualität u.a. dem hervorragenden Quellwasser. Der unterirdische Fluß, aus dem das Wasser abgeleitet wird, verläuft direkt unter der Brauerei. Nur wenige andere Brauereien in den USA verfügen über einen derart reinen, naturbelassenen Rohstoff.

Gratis-Touren tägl. von 8- 16.3o Uhr, Dauer ca. 1 Stunde. Man bekommt einen informativen Einblick in den Prozeß des Brauens und Abfüllens. Die Bierproben am Ende sind ebenfalls kostenlos und nicht gerade knapp bemessen.

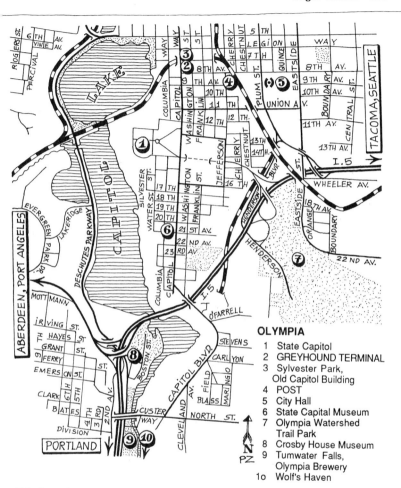

OLYMPIA

1. State Capitol
2. GREYHOUND TERMINAL
3. Sylvester Park, Old Capitol Building
4. POST
5. City Hall
6. State Capital Museum
7. Olympia Watershed Trail Park
8. Crosby House Museum
9. Tumwater Falls, Olympia Brewery
1o. Wolf's Haven

Direkt nebenan die <u>TUMWATER FALLS</u>, ein kleiner Wasserfall, über den zwischen August und Oktober die Lachse springen, um ihre Laichplätze flußaufwärts zu erreichen. (Verbindung über Interstate 5 Richtung Süden, Exit 1o3.)

Für Tierfreunde lohnt der etwas weitere Abstecher zu <u>WOLF HAVEN</u> (1o), einem Freigehege für rund 4o Wölfe. Die engagierten Gründer und Betreiber dieses winzigen Tierparks haben sich zur Aufgabe gemacht, durch Aufklärung und mit publikumswirksamen Maßnahmen das Überleben der Wölfe in Nordamerika zu sichern. Angesichts der beinahe schon vollständigen Ausrottung dieser Tiere keine leichte Aufgabe (Details über die wenigen verbliebenen Wölfe in den Cascade Mountains siehe Einleitungskapitel "Natur und Umwelt").

Geöffnet von Mai-Sept. täglich 1o- 17 Uhr, in der restlichen Jahreszeit nur Mi-So von 1o- 16 Uhr. Eintritt 5 US. Tip: Versuchen, mit einem der Angestellten ins Gespräch zu kommen oder sich einer der Touren für Schulklassen anzuschließen. Die Leute haben hervorragendes Sachwissen und können spannend erzählen. (Zu erreichen über Interstate 5, Exit 99; dann östlich auf die 93rd Ave. bis zur Kreuzung mit Hwy. Old 99; rechts ab und noch ca. 6 km.)

"Ramada Governor House", 621 S.Capitol Way, Moderner Neubau in bester Lage zwischen Downtown und Capitol. Von den oberen Stockwerken schöner Blick über Stadt und See. Fitneß-Center und SW-Pool im Sommer. Große Zimmer, Einrichtung komfortabel. DZ ab 85 US. Tel. 943-9349.

"Aladdin Motor Inn", 9oo Capitol Way Komfortables Motel im Stadtzentrum, Nähe Capitol. Im Sommer SW-Pool. DZ ca. 55 US. Tel. 754-94o9 und 8oo-528-1234.

"Super 8 Motel", 4615 Martin Way An der Ausfallstraße Richtung Lacey, auch zu erreichen über Interstate 5, Exit 1o9. Einfaches, aber gepflegtes Motel, DZ ab ca. 45 US. Tel. 459-8888.

Weitere preiswerte Motels u.a. entlang Martin Way sowie Capitol Way.

"Millersylvania State Park", ca. 15 km südlich von Olympia, erreichbar über Interstate 5. Park- und Waldgelände. Gepflegte sanitäre Anlagen inkl. Duschen. Stellplätze ca. 8- 1o US.

Die Restaurant- und Kneipen-Szene konzentriert sich in der 4th Ave. und den angrenzenden Straßen in der Nähe der Kreuzungen mit Columbia St. und Capitol Way. Leider in der Regel eine Mischung aus schlechter Kneipe und Fast-Food Laden. Da macht es wenig Unterschied, ob sich das Lokal Pub, Tavern, chinesisch oder vietnamesisch nennt. Selbst die etwas teureren Restaurants scheinen um die liebloseste Ausstattung zu konkurrieren. Aber es gibt auch Ausnahmen:

"BATDORF & BRONSON", 5135 Capitol Way. Café im Zentrum. Ein paar winzige Tische, der Rest spielt sich an der Theke ab. Zahlreiche und ausgezeichnete Kaffee- und Teesorten in urigen Glasbehältern. Lockere Atmosphäre. Geöffnet zum Frühstück und Lunch. Besonders gut die Croissants und die riesigen Chocolate Chip Cookies.

"JO MAMAS", Pearl St./Ecke State St. Ein "Hexenhäuschen" inmitten eines gepflegten Gartens. Was das Äußere verspricht, hält das Interieur: düster, verwinkelt, holzgetäfelt und dadurch gemütlich. Der Duft der ausgezeichneten Pizzas geistert durch die Räume. Salate ca. 5-6 US, Pizza nur in Riesenportionen (für 2 Pers. um 15 US).

"BUDD BAY CAFE", 525 N. Columbia St. Großräumiges Lokal, nicht gerade gemütlich. Dafür direkt am Jachthafen mit Blick auf die Segelboote. Bei schönem Wetter auch Tische auf der Terrasse. Fisch, Seafood und Steaks. Hauptgerichte abends ca. 1o-15 US, mittags etwas preiswerter.

"THE URBAN ONION", 117 E. Legion Way, am Sylvester Park. Hinter klassischer Backsteinfassade ein unerwartet simples Ambiente und auch lukullisch keine Erleuchtung. Tische im Stil von Eisenbahnabteilen angeordnet. Speisekarte quer durch den Garten von italienisch bis mexikanisch. Auch vegetarische Gerichte. Hauptspeisen 5- 1o US.

"BARB'S SOUL CUISINE", 4th Ave./Ecke Columbia St. Ein echtes "Soul"-Restaurant mit deftiger und würziger Hausmannskost. Gemütlich im Wohnzimmer-Stil einer Wohngemeinschaft. Alternativ angehaucht mit persönlicher Atmosphäre. Abends oft Live-Musik.

"FALLS TERRACE", 1o6 Deschutes Way, Tumwater. Neben der Olympia-Brauerei, direkt am Fluß. Schöner Blick aufs Wasser. Angenehme Atmosphäre, freundlicher Service. Ausgezeichnete Fisch- und Fleischgerichte, mittags ca. 6- 8 US, abends 1o-1 2 US.

SELBSTVERSORGER

"SAFEWAY", 4th Ave./Ecke Cherry St. Großer konventioneller Supermarkt mit dem üblichen weitgestreuten Warenangebot.

"FARMER'S MARKET", Columbia St./Ecke Thurston St. Von Do-So (1o- 15 Uhr) in einer kleinen Markthalle frische Lebensmittel direkt vom Produzenten.

Picknick: Zentrumsnah an den Ufern des Capitol Lake oder mit ein paar Flaschen Bier aus der benachbarten Olympia-Brauerei bei den Tumwater Falls südlich der Stadt.

Verbindungen ab Olympia

BUS: Greyhound-Terminal zentral (siehe unsere Karte Nr. 2), 1o7 E. 7th Street, Tel. 357-5541.
-> Seattle: 8 x tägl., 2 Std., ca. 9 US.
-> Portland: 7 x tägl., 3 Std., ca. 16 US.
-> Spokane: 3 x tägl., 8 Std., ca. 35 US.

ZUG: 1 x tägl. mit dem *"Pioneer"* nach Tacoma (1 Std.) und Seattle (2 Std.). Zeitlich gleichlang wie der Bus, aber per Zug bequemer.

Ebenfalls mit dem *"Pioneer"* 1 x tägl. -> Portland (1,5 Std.). Der Zug fährt weiter nach Denver und Chicago.

1 x tägl. fährt der *"Coast Starlight"* die Strecke Seattle -> Tacoma -> Olympia -> Portland (selbe Fahrzeiten wie der "Pioneer") und weiter nach Kalifornien (-> Oakland -> Santa Barbara -> Los Angeles).

Zusätzlich ein Regionalzug zwischen Seattle und Portland, so daß die dortigen Städte 3 mal tägl. per Zug erreicht werden.

-> Spokane: via Umsteigen in Portland oder Seattle zu erreichen. Fahrzeiten sind abhängig von den Anschlüssen.

FLUG: als Hauptstadt des Bundesstaates Washington besitzt Olympia Flugverbindungen. Der erheblich bedeutendere Airport ist jedoch der von Seattle.

Auto: Hauptsächliche Nord/Süd Verbindung über die Interstate 5: nach Seattle (95 km, ca. 1,5 Std.) und Portland (18o km, ca. 2,5 Std.). Nach Westen über Hwy. 8 zur Pazifikküste bis Aberdeen (80 km, ca. 1 Std.). Nach Norden auf die Olympic Peninsula per Hwy. 1o1 bis Port Townsend (16o km, ca. 3 Std.).

✶ Tacoma (16o.ooo Einw.)

Industrie- und Hafenstadt mit endlos sich ausbreitenden Vorstädten, Autobahnen und neonbeleuchteten Ausfallstraßen. Mehrere Militärbasen tragen auch nicht gerade zur Verschönerung der Stadt bei.

Noch in der 2. Hälfte des 19. Jhds. war Tacoma ein verschlafenes Nest am Ende der Welt. Erheblichen wirtschaftlichen Aufschwung

TACOMA: Ende des 19. Jhds. die wichtigste Stadt am Puget Sound wegen ihrer Holzindustrie.

brachte die Fertigstellung der
Eisenbahn, die Tacoma Mitte
der 8o-er Jahre erreichte. Die
Siedlung war nunmehr der
westlicher Endpunkt des
Transkontinentalgleises
der "Great Northern"
und expandierte zu-
nehmend im Holz-
handel. Die Baum-
stämme wurden im
weitläufigen Bereich

TACOMA -Theater, Ende des 19. Jhds.

des Puget Sounds gefällt und mit Schiffen nach Tacoma transportiert. Die gesamte
Meeresbucht mit ihrer Vielzahl an Inseln war damals ein einziges Holzfällerlager. Die
Baumstämme wurden entweder in Form von Flößen oder (siehe auch Foto Seite 2o9) zu
riesigen "Ballen" mit Ketten zusammengebunden und von kleineren Dampfschiffen zu
den Sägewerken geschleppt.

Tacoma hatte zunächst den Vorteil des Mitte der 8o-er Jahre einzigen Eisenbahnan-
schlusses an den "Rest der USA". Die Holzbarone und Besitzer der Sägewerke der Stadt
kamen zu großem Reichtum und überblickten von ihren feudalen Villen die Meeresbucht
(siehe auch zeitgen. Illustration unten). Mit der Eisenbahn kamen viele neue Siedler, die
in den Sägewerken und draußen in den Holzfällercamps arbeiteten.

Tacoma florierte; zu den wichtigsten Straßen zählte u.a. die Pacific Avenue mit präch-
tigen 3- stöckigen Steingebäuden und eigener Straßenbahn. Ein Theater wurde gebaut.
Umliegend die Einöde endloser Wälder an den Meeresarmen des Puget Sounds.

MITTE: Holzbarone, Blick von ihrer Villa auf den Mt. Tacoma. RECHTS: Sägewerk.

Endpunkt des Transkontinental-Gleises der "Northern Railway" am Hafen von Tacoma.

Als dann die "Great Northern Railway" 1893 in nördlicher Überquerung der Cascade Mountains die damalige Siedlung Seattle erreichte und 1896 Gold am Yukon und in Alaska entdeckt wurde, überflügelte Seattle zunehmend Tacoma an Bedeutung.

TACOMA Ende des 19. Jhds. Oben: Ninth Street. Unten die feudale Pacific Ave mit Straßenbahn.

Die Sehenswürdigkeiten in Downtown/Tacoma sind heute eher bescheiden. WASHINGTON STATE HISTORICAL SOCIETY MUSEUM (315 N. Stadium Way): zeigt Exponate zur Ökologie und Geschichte des Staates Washington. Außerdem Kunsthandwerk der Küstenindianer. Geöffn. Di-So von 9.3o- 17 Uhr; Eintritt ca. 2 US.

TACOMA ART MUSEUM (12th/Ecke Pacific Ave.): amerikanische Malerei sowie kleine Abteilungen mit französischen Impressionisten und asiatischer Kunst. Geöffnet Mo-Sa von 1o- 16 Uhr, So von 12- 17 Uhr; Eintritt frei.

POINT DEFIANCE PARK, lohnender Abstecher: Der Park befindet sich im äußersten Nordwesten der Stadt auf der Spitze einer Halbinsel, die weit in den Puget Sound rausragt. Großartiger Blick auf Buchten und Inseln, - an klaren Tagen auch der schneebedeckte Gipfel des Mt. Rainier am Horizont. Im Park das FORT NISQUALLY, ein Nachbau des Originals aus dem Jahre 1832. Damals errichtet von der Hudson's Bay Company als Handelsstützpunkt und zur Untermauerung britischer Ansprüche auf die Region am Puget Sound. Geöffn. Mi-So von 9- 16.3o Uhr. Eintritt frei.

Interessant auch das CAMP SIX LOGGING MUSEUM, ein rekonstruiertes Holzfäller-Camp aus dem 19. Jhd. Ein Zoo und Aquarium runden den Park ab und machen ihn zu einem beliebten lokalen Ausflugsgebiet. Zu erreichen über Hwy 16 Ri. Nord , Abfahrt Pearl St..

Verbindungen ab Tacoma

Tacoma liegt an allen Verkehrswegen zwischen Seattle und Olympia und ist von beiden Städten aus in weniger als einer Stunde zu erreichen. Mehrmals täglich Stops der Greyhound-Busse und Amtrak-Züge auf der Fahrt zwischen Seattle und Portland.

Auto: Interstate 5 zwischen Seattle und Olympia führt dicht am Zentrum von Tacoma vorbei. Für Fahrten zur Kitsap Peninsula und zum Olympic National Park unter Umstän-

Eine der Villen, die während des Holz-Booms Ende des 19. Jhds. in Tacoma gebaut wurden.

den noch interessant Hwy. 16 Richtung Bremerton, der in Tacoma von I-5 abzweigt.

✴ Vashon Island

Flache Insel im Puget Sound, direkt nördlich von Tacoma. Beliebtes Ausflugsziel am Wochenende, vor allem bei Radfahrern, die die flachen und wenig belebten Straßen schätzen. Für Touristen evtl. interessant wegen der Jugendherberge, wenn die entsprechenden Häuser in Seattle ausgebucht sind.

"Vashon Island Hostel", Tel. 463-2592. Übernachtung ca. 11 US. Erreichbar mit der Fähre ab Downtown Seattle. Auf der Insel weiter mit Bus Nr. 117 bis 121st Street.

Verbindungen: Personenfähre der "Washington State Ferries" ab Seattle Pier 52, ca. 8 x tägl., 3o Min., ca. 4 US one way. Ab Tacoma wird die Insel vom dortigen Ortsteil Ruston mit der Fähre nach Tahlequah erreicht.

✴ Blake Island

Kleine Insel nördlich von Vashon Island. Schön gelegen mit Blick über den Puget Sound und auf die Skyline von Seattle. Die Insel ist Naturschutzgebiet im Rahmen eines State Park. Dicht bewaldet, Wanderwege und einfache Campingplätze. Angeblich ist sie Geburtsstätte des Suquamish- Häuptlings Sealth, nach dem die Stadt Seattle benannt ist. Einziges Gebäude auf der Insel die Rekonstruktion eines indianischen long house.

Nur zu erreichen mit Schiffen der Tillicum Village Tour ab Seattle, Pier 54. Von Mai- Okt. mehrmals täglich, im Winter unregelmäßige Abfahrten.

Die Tour (ca. 35 US) umfaßt ein 4 Std.- Programm inkl. Hafenrundfahrt in Seattle. Im "long house" dann ein Lachs-Essen auf traditionell indianische Art: Der Fisch wird auf Stöcken schonend über dem offenen Feuer gegart. Anschließend gute Folklore-Darbietung indianischer Tänze und ein Stummfilm aus den 2o-er Jahren über das Leben der Indianer im Nordwesten. Das Ganze garniert mit etwas Show-Business und touristischem Klimbim. Trotzdem lohnend.

✴ Bainbridge Island

Größere, direkt westlich von Seattle gelegene Insel. Vor der Jhd.- Wende war Bainbridge noch von dichten Wäldern bedeckt, die im Rahmen des Holzbooms und wegen der Nähe zu Seattle radikal abgeholzt wurden.

Die gefällten Baumstämme wurden zu Sägewerken in Seattle, aber auch Tacoma und anderen Orten am Puget Sound transportiert, - bzw. direkt auf der Insel weiterverarbeitet. Damals befand sich an der Südspitze der Insel eines der größten Sägewerke der Region, das pro Tag 5oo.ooo board feet an Holz zersägte und maßgeblich an der Abholzung der Insel beteiligt war. Weiterhin gab es eine Reihe von Saloons und Hotels, von denen das "Bainbridge" mit 75 Zimmern das größte war.

Ab der 20-er Jahre unseres Jhds. wurde die Insel beliebtes Ferien- Resort reicher Familien aus Seattle, die hier ihre Ferienhäuser hatten, da die Grundstückpreise auf der Insel billiger waren als in den Nobelvororten Seattles.

Auch für die Hippies der 60-er Jahre war die vis-avis der Skyline Seattles liegende Insel ein beliebter Ausstiegspunkt in ländliche, alternative Lebensformen. - Die ursprünglichen Pläne einer Brückenverbindung von Seattle nach Bainbridge Island wurden jedoch aus Kostengründen aufgegeben.

FÄHRE: Seattle -> Winslow an der Westküste der Insel stündlich bis spät in die Nacht mit "Washington State Ferries". Die Überfahrt

UNTEN: Segelschiff-Frachter vor Bainbridge Island Ende 19. Jhd.
RECHTS: Holztransport kleinerer Stämme, die per Ketten gebündelt wurden.

dauert 35 Min., ca. 5 US pro Person, PKW ca. 6 US.

AUTO: Die Insel wird ab Winslow auf dem Hwy. 3o5 Ri. Nord durchquert und erreicht über eine Brücke Poulsbo auf der Kitsap Peninsula (2o km, ca. 15 Min.). Von hier über weitere Brücke Anschluß in den Norden der Olympic Peninsula: die kürzeste Verbindung Seattle -> Port Angeles.

Alternative: auf der Kistap Peninsula und Hwy. 16 Ri. Süd, Bremerton, nach Tacoma. Details siehe unten.

BUS: Winslow-> Poulsbo regelmäßig mit lokalen Bussen von "Kitsap Transit".

✦ Kitsap Peninsula

Fast schon eine Insel, sie ist nur durch eine extrem schmale Landzunge im Südwesten mit dem Festland verbunden.

Der Küstenverlauf mit tief eingeschnittenen Buchten. Eine ländliche Gegend mit Ferienhäusern und Yachthäfen. Gleichzeitig ist die Halbinsel gespickt mit militärischen Einrichtungen sowie Kasernen der US- Navy.

BREMERTON mit jeder Menge Militärs. Das "Bremerton Naval Museum" (13o Washington Ave.) befaßt sich mit der militärischen Seefahrtsgeschichte der Region. 1 Block entfernt im Hafen der Zerstörer "U.S.S. Turner Joy", der besichtigt werden kann. - Im Ort mehrere Motels.

KEYPORT: Marinestützpunktes südl. von Poulsbo am Hwy 3o8/3o8. Außerhalb der dortigen Naval Engineering Station befindet sich das NAVAL UNDERSEA MUSEUM: eine der Hauptattraktionen der Halbinsel, zu sehen: Unterwasserverteidigung der Navy in hervorragenden Displays. Geöffnet Di- So 1o- 16 Uhr (im Winter Di- Sa 1o- 16 Uhr), Eintritt 5 US.

BANGOR westl. von Poulsbo ist der Heimathafen der atomgetriebenen Trident U-Boote der US- Navy und militärisches Sperrgebiet.

POULSBO (4.ooo Einw.) gilt als schönster Ort der Halbinsel. Eine Art skandinavisches Musterstädtchen mit herausgeputzten Straßen und Fassaden. Einst Fischer- und Holzfällersiedlung norwegischer Einwanderer, heute Ausflugsziel vom nahen Seattle. Pittoreske Lage am Hafen.

> Die skandinavische Einwanderung in der Region am Puget Sound erlebte zwischen 189o und 191o ihren Höhepunkt. Damals kamen mehr als 13o.000 Norweger, Schweden und Dänen an die Nordwestküste, wo sie zeitweise ein Viertel der Einwohner stellten. Die überwiegende Mehrzahl von ihnen kam nicht direkt aus Skandinavien, sondern hatte bereits vorher im Mittleren Westen gesiedelt. Die Erschließung des neuen Bundesstaates Washington versprach ihnen jedoch die Ansiedlung in einem Land, das ihrer ursprünglichen Heimat geographisch und klimatisch sehr ähnlich war, so daß sie sich dort heimischer fühlten als in den Weiten der Prairie.

SUQUAMISH- MUSEUM (am Hwy. 3o5 Ri. Winslow kurz vor der

Brücke zur Bainbridge Insel, Abzw. ausgeschildert): Dokumentation zur Geschichte der Küsten-Indianer. Kleine anthropologische Ausstellung zur Lebens- und Arbeitsweise der Bewohner des Puget Sound, ein rekonstruiertes Haus, Kanus, Flechtarbeiten.

Außerdem eine Abteilung zur Geschichte des 19. Jhds.: Unterwerfung der Indianer durch die Weißen. Verträge und ihre Nichtbeachtung durch die US- Regierung. Versuche, per Internierung von Kindern in Internaten den kulturellen Zusammenhalt der Indianer zu brechen und sie so in die amerikanische Gesellschaft zu integrieren.

In diesem Zusammenhang wird auch die Person des Suquamish-Häuptlings Sealth herausgestellt, der in einer Botschaft an den damaligen US- Präsidenten eindringlich klarmachte, mit welchen Augen die Indianer das Vordringen der Weißen sahen und wie wenig sie von deren Wertvorstellungen und Handlungen begreifen konnten (siehe auch Kapitel "Geschichte" im Einleitungs-Teil dieses Bandes). - Ein Fußweg führt vom Museum zur Grabstätte des Häuptlings, die mit 2 hölzernen Kanus geschmückt ist.

Geöffnet tägl. 1o- 17 Uhr, im Winter 11- 16 Uhr. Eintritt ca. 2,5o US.

PORT GAMBLE: im Norden der Halbinsel. Das Städchen hat den Charme einer Holzfällersiedlung des 19. Jhds.: zahlreiche restaurierte viktorianische Villen und Kirchen.

Nähe des Ortes führt die HOOD CANAL BRIDGE (eine Pontonbrücke) über die Meerenge zur Olympic Halbinsel. Details siehe dort.

Verbindungen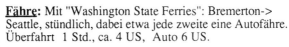

 Bus: Ab Poulsbo 2 x tägl. (außer So) nach Port Townsend mit "Jefferson County Transit" (1 Std., ca. o,75 US). Auf der Halbinsel regelmäßige Busse zwischen Poulsbo und Bremerton und Winslow/Bainbridge Island mit "Kitsap Transit".

Fähre: Mit "Washington State Ferries": Bremerton-> Seattle, stündlich, dabei etwa jede zweite eine Autofähre. Überfahrt 1 Std., ca. 4 US, Auto 6 US.

Kingston-> Edmonds (im Norden der Halbinsel), stündlich, 3o Min., ca. 4 US, Autos 6 US.

✦ Everett (6o.ooo Einw.)

Industriestadt nördlich von Seattle am Puget Sound. Mit Abstand wichtigster Arbeitgeber der Stadt ist der weltberühmte Flugzeughersteller BOEING. In seinem Zweigwerk von Everett fertigen Tausende von Arbeitern den Jumbo 747. Der vierstrahlige Jet in Größe eines Fußballfeldes kann bis zu 55o Personen transportieren. Bei seiner Einführung 197o revolutionierte er den Reiseverkehr und ist bisher das meistverkaufte Großraum- Verkehrsflugzeug der Welt.

Ähnlich wie z.B. in der Automobil- Industrie stammen rund 60 % der ca. 3 Millionen Einzelteile eines Jumbos von <u>Zuliefererfirmen</u>, die Baugruppen (z.B. Tragflächen, Rumpf etc.) vorfertigen und Boeing anliefern. Bis heute wurden mehr als 1.000 Jumbos verkauft, die in 33 Millionen Flugstunden rund 1.4 Milliarden (!) Passagiere beförderten. - Ebenfalls in Everett produziert: die zweistrahlige 767 und die Neuentwicklung 777.

Die <u>BOEING PLANT</u> (Fabrik) kann besichtigt werden, unbedingt lohnend! Eine atemberaubende Tour: mehrere Jumbos stehen in unterschiedlichen Fertigungsphasen neben- und hintereinander in einer riesigen Halle, die wegen ihrer Größe schon für sich ein Phänomen ist. Das Tor der Endmontagehalle hat 91 m Breite und ist 27 m hoch. Innerhalb von 46 Tagen findet die Endmontage statt. Ein faszinierender Einblick in die Fabrikation eines der erfolgreichsten Industrieprodukte des 20. Jhds.

<u>TOUREN</u> Mo-Fr 9- 15 Uhr, gratis. Fotografieren erlaubt, aber keine Video-Kameras. Beschränkte Teilnehmerzahl. Im Sommer ist der Andrang immens und führt nicht selten zu stundenlangen Wartezeiten. Daher unbedingt bereits gegen 8.30 Uhr dort sein. Zur Einführung eine informative <u>Dia/Film- Show</u> zur Geschichte der Fliegerei und der Firma Boeing sowie zur Konstruktion eines Jumbos (der Herstellungsprozeß von A-Z in rasantem 4 Min.-Zusammenschnitt).

<u>Zu erreichen</u>: ab Seattle über Interstate 5 Richtung Norden, Exit 189 West. Dann die Ausfahrt zum "Boeing Tour Center". <u>Kein öffentlicher Transport</u>, deshalb entweder mit dem <u>Mietwagen</u>, oder eine Tour ab Seattle mit "Gray Line": Dauer inkl. Hin- und Rückfahrt gut 3 Stunden, ca. 18 US. Reservierung über Tel. 654-5077 oder 800-426-7532. Vorteil der Gray Line: Ein Platz im Rahmen der Boeingtour ist auch bei größtem Andrang garantiert.

Geschichte der Boeing Company: Gegründet <u>1916</u> von <u>William Edward Boeing</u> (1.10.1881- 28.9.1956) und C. Westerverlt. Bis heute entwickelte sich die Boeing Company zu einem der wichtigsten Hersteller von Verkehrsflugzeugen, sowie auch in der Produktion militärischer Raketen (z.B. Minuteman) und des Saturn V Weltraum-Triebwerkes für die NASA.

W.E. Boeing war <u>1908</u> als Sohn deutscher Einwanderer nach Seattle gekommen, wo er sich zunächst in der Holzwirtschaft versuchte.

Gleichzeitig war er begeistert von der <u>Fliegerei</u>, die damals noch in den Kinderschuhen steckte: <u>1903</u> hatte Orville Wright den ersten Motorflug der Welt realisiert, der gerade

Fabrik für Flugzeuge am Duwamish River, eine der ersten Fertigungsstätten Boeings.

Erster Motorflug der Welt durch O. Wright 1903

12 Sekunden dauerte. Die Brüder Wright bauten verschiedene Verbesserungen in ihr Fluggerät ein und konnten am 5. Okt. 1905 ihren längsten Flug realisieren: er dauerte beachtliche 35 Min. und führte über eine Strecke von 39 km. Das Fluggerät war inzwischen soweit ausgereift, daß es auch Kurven und "Achter" fliegen konnte. Ihr 1908 erprobter "Flyer" hatte bereits einen 30 PS Motor und 2 Sitze. Anschließend versuchten sie, ihr Fluggerät an Firmen zu verkaufen, aber kaum jemand hatte Interesse.

In Europa hatten zwischenzeitlich andere Flugzeugentwickler Erfolge in technischer Verbesserung der "Lufthüpfer" erzielt: Bei der Flugwoche in Reims/Frankreich 22.- 28.8. 1908 flog Hubert Latham als erster in 155 m Höhe und Henri Farman legte in 3 Std. eine Strecke von 180 km zurück. Die erste Überquerung des Ärmelkanals am 25.7.1909 heizte in Europa zusätzlich das Flugfieber an.

Erfolge, die in Zeitungsberichten ausführlich gefeiert wurden. Bald entstanden in Europa eine Fülle an Flugzeugfirmen, die oft lediglich aus kleinen Werkstätten bestanden und je nach Flugtüchtigkeit ihrer Produkte bankrott machten oder von größeren und erfolgreichen Firmen aufgekauft wurden. - Frankreich war in der Pionierzeit führend, bald entstanden auch in Deutschland bedeutende Firmen, die auf deutsche Patente für lei-

Voisin-Doppeldecker, hergestellt in der franz. Fabrik von Henri Farman, damals erfolgreichster Franzose.

stungsstarke, leichte und zuverlässige Flugzeugmotoren zurückgreifen konnten. Denn nicht nur die Aerodynamik im Flugzeugbau, sondern auch die Zuverlässigkeit der Motoren und ihre Leistung war entscheidend für den Gesamterfolg im Verkauf der Flugzeuge.

In EUROPA (1909-17) hatten die Flugzeughersteller gute Absatzmärkte, da insbesondere die Postministerien am Kauf von Fluggerät interessiert waren, um die Laufzeit wichtiger Post gegen entsprechende Gebühr zu verkürzen. Für den Personentransport in größerem Umfang waren die damaligen Flugzeuge noch zu wenig leistungsstark.

In NORDAMERIKA dominierten dagegen die damals übermächtigen Eisenbahngesellschaften, die in Monopolstellung das gesamte Transportwesen bis hin zu politischen Entscheidungen kontrollierten. Sie hatten kein Interesse am Entstehen von (schnelleren) Flugverbindungen z.B. im Postverkehr.

Der junge **BILL BOEING** hatte mit Begeisterung die Zeitungsartikel aus Europa gelesen. Sein Traum war die Gründung einer eigenen Flugzeugfabrik. Im Bundesstaat Washington mit Wasserstraßen rauf nach Kanada, - so argumentierte er zu Recht, - hatte die Eisenbahn keine Chance, und das Postflugzeug konnte Briefe erheblich schneller befördern als die dortigen Schiffe.

1916 gründete er als 35-jähriger die "Pacific Aero Products Company" für die Herstellung von Postflugzeugen. Zusätzlichen Aufschwung für die junge Firma brachte der 1. Weltkrieg mit Aufträgen der US- Regierung für den Bau von Militärflugzeugen.

Als nach Kriegsende die Nachfrage nach Flugzeugen abrupt zurückging, widmete sich Boeings Firma vorwiegend der Herstellung von Möbeln.

Erster internat. Postflug in Nordamerika am 3. März 1919. Rechts Bill Boeing, Links der Pilot Eddie Hubbart vor dem Boeing Flugzeug

Neuen Aufschwung erhielt die Firma 1926, als die US- Regierung einen regelmäßigen Postverkehr einrichtete. Bill Boeing sicherte sich für seine *"Boeing Air Transport"* (Vorläufer der United Airlines) die Lizenz für die lukrative Strecke Chicago -> San Francisco.

★ In der Zeit 1920- 26 enstanden zugleich die größten amerikanischen Konkurrenten für Boeing: die Flugzeughersteller *Douglas* (1920) und *Lockheed* (1926).

Bei den gewaltigen Entfernungen innerhalb der USA wurde das (schnellere) Flugzeug zur zunehmenden Konkurrenz für die Eisenbahn-Gesellschaften. Airlines wurden gegründet, so die *"TWA"*, *-"Eastern"*, *-"American"*, *-"United"* und *"Pan Am"*. Diese Airlines benötigten wegen des Erfolges auf ihren Flugstrecken immer mehr Flugzeuge, was das Geschäft der Flugzeughersteller ankurbelte. Bald ging es darum, wer die besseren Flugzeuge baute:

★ 1933 hatte BOEING die zweimotorige Propellermaschine **B 247** herausgebracht, die 10 Fluggäste innerhalb von nur 20 Std. (!) von der US-Ostküste zur Westküste flog. Dabei waren noch 7 Zwischenstops zum Auftanken der Maschine nötig. Die B 247 galt als das damals modernste Verkehrsflugzeug und bot erheblichen Zeitvorteil gegenüber der Eisenbahn, die für die gleiche Strecke gut 4- 5 Tage brauchte.

★ 1934 folgte die DC 2 des Konkurrenten Douglas. Sie war etwas schwierig zu steuern, erreichte aber 200 km/h und realisierte die Strecke New York -> Los Angeles mit Zwischenstops in nur 18 Std.

Boeing hatte inzwischen weitere Unternehmen der Flugzeugindustrie gegründet bzw. aufgekauft und zur "United Aircraft & Transport Corporation" zusammengeschlossen. Zusammen mit Fabriken für Flugzeuge und Motoren sowie verschiedener Fluglinien und Luftpost-Lizenzen beherrschte die Boeing in den 30-er Jahren den Großteil des US-Marktes. Im Anti-Kartell-Gesetz (1934) zwang der amerikanische Kongreß den Trust zur Aufsplittung. Boeing zog sich enttäuscht zurück und verkaufte sämtliche Anteile.

★ 1936 erschien die DC 3 des Konkurrenten DOUGLAS. Der 2- motorige Propellerflieger galt in damaliger Sicht als das technisch "zuverlässigste und wirtschaftlichste" Fluggerät. Die DC 3 konnte 21 Passagiere bei einer Geschwindigkeit von 320 km/h transportieren und hatte modernste Instrumente der Navigation und des Funkverkehrs an Bord. Sie war damals eines der meistverkauften Flugzeuge und zur großen Konkurrenz für Boeing geworden.

★ **2. Weltkrieg**: der große finanzielle Erfolg kam für Boeing, als die Firma umfangreiche Regierungsaufträge zur Produktion von Propeller- Kampfflugzeugen erhielt. 1944 rollten täglich 16 Bomber des Typs B 17 aus den Hallen. Hinzu kamen Exemplare des neuen und noch schlagkräftigeren Modells B-29/ Flying Fortress. 50.000 Menschen rund um Seattle waren zu dieser Zeit für Boeing beschäftigt.

★ Auch nach **Ende des 2. Weltkrieges** gab es dicke Aufträge von der US- Regierung: Während des Korea Krieges (1950- 53) und des Konfliktes mit der UdSSR fertigte Boeing die neuentwickelten Bomber B- 47 und B- 52 (mit leistungsstarken Jet- Triebwerken) sowie Raketen vom Typ Titan und Minuteman.

Das Einkommen aus Rüstungsaufträgen hatte Boeing ein umfangreiches Finanzpolster geschaffen. Der Company ging es Anfang der 50-er Jahre nun darum, die weltweit besten Verkehrsflugzeuge im Bereich Düsenjets zu liefern.

★ JET- ZEITALTER

* Im **militärischen Bereich** wurden Jet- Flugzeuge bereits im 2. Weltkrieg eingesetzt. Die Deutschen waren in Technologie führend. Mit der Heinkel 178 hatten sie 1939 das erste funktionsfähige Düsenflugzeug der Welt gebaut. In Weiterentwicklung waren kurz vor Kriegsende äußerst effizente Kampfjets entstanden, z.B. die Messerschmitt Me 262, die mit 1- 2 Piloten Geschwindigkeiten knapp unterhalb der Schallgrenze erreichte.

Derartige schnellfliegende Jet- Kampfflieger waren den traditionellen Propellerflugzeugen überlegen, konnten aber kurz vor Kriegsende den Ausgang nicht mehr beeinflussen. Auch die Engländer hatten Kampfjets entwickelt, - so den Gloster. In den USA arbeitete General Electric an der Weiterentwicklung der neuen Triebwerke.

ANTRIEB war nicht mehr ein schwergewichtiger Kolbenmotor (wie bei Propellermaschinen), sondern ein Düsen- Strahltriebwerk. Dieses war in Baugröße und Gewicht erheblich kleiner und leichter, - bei geringerem Spritbedarf und gleichzeitig höherer Schubleistung. Zudem war beim Kolbenmotor die maximale Geschwindigkeit auf ca. 75o km/ h begrenzt, - während bei Düsen- Strahltriebwerken zunächst nur die Schallmauer das Speed- Limit setzte. Sie wurde 1947 über dem Roger Salzsee in Südkalifornien überwunden. 1953 erreichten Weiterentwicklungen die 2- fache Schallgeschwindigkeit und 1954 sogar Flughöhen über 24.000 m.

* **Verkehrsflugzeuge**: es lag nahe, die in militärischen Kampffliegern erprobte Technologie des Düsenantriebs auch bei Verkehrsflugzeugen zu übernehmen. Allerdings konnte man die kleinen Kampfflugzeuge (Platz für 1- 2 Personen) nicht einfach auf dem Reißbrett zu großen Passagiermaschinen für 3o Personen "erweitern".

Die angestrebten Fluggeschwindigkeiten von 9oo km/h nahe der Schallmauer sowie die Zuladung von 3o oder mehr Passagieren bedeutete eine erheblich höhere Belastung der einzelnen Bauteile (z.B. beim Durchfliegen von Turbulenzen). Auch waren bei Jets dieser Größe die Aerodynamik neu zu berechnen (betreffend Tragflächen und Leitwerke) - sowie ein stabilerer Rumpf und stärkere Triebwerke zu entwickeln.

★ 1952: die Comet des britischen Herstellers De Havilland war das erste Verkehrsflugzeug mit Jet-Triebwerken. Sie wurde insbes. von der britischen Airline BOAC eingesetzt und erlebte 1953/54 mehrere mysteriöse Abstürze. Grund war, - wie spätere Untersuchungen ergaben, - eine mangelhafte Bauweise im Flugzeugrumpf. Er war in Konstruktion dem Druck in großer Höhe nicht gewachsen. Die Abstürze der Comet führten in der Presse zu gewissen Vorbehalten gegenüber den neumodischen Düsenjets.

BOEING dagegen setzte voll auf die neue Technologie mit Jet-Triebwerken und investierte mehr als 3oo Mill. US in den Bau eines leistungsfähigen und sicheren Verkehrsflugzeuges mit Düsenantrieb: die B 7o7. Sie war viermal so groß wie die Comet und konnte 181- 195 Passagiere transportieren bei einer maximalen Geschwindigkeit von 917 km/h. Ihre Reichweite war 5.000 km nonstop. Noch während der Planungsphase bestellte *Pan Am* 2o Flugzeuge.

★ 1954: am 15. Juli hatte ein Prototyp der B 7o7 seinen ersten erfolgreichen Flug. Firmengründer Bill Boeing konnte ihn noch miterleben, starb aber 1 Jahr später. Nach weiteren Verbesserungen wurde das Flugzeug dann 1958 der Öffentlichkeit übergeben. Am 26. Okt. 1958 eröffnete die B 7o7 den Transatlantik-Nonstop Flug von London nach New York. Der 4- strahlige Düsenjet wurde später von fast allen Airlines der Welt eingesetzt und galt als das wirtschaftlichste und zuverlässigste Flugzeug seiner Zeit.

Im gleichen Jahr 1958 erschienen die mit Düsenjets bestückten Verkehrsflugzeuge der Konkurrenten: die DC 8 (für 177, später 259 Passagiere) des Herstellers Douglas sowie die weiterentwickelte "Comet 4".

NORDATLANTIKROUTE: der Jet hatte hier bei einer Flugzeit von nur 8 Std. gegenüber dem Schiff (4 - 6 Tage) erheblichen Zeitvorteil. Zwar gab es zuvor Propellerverbindungen: derartige Flüge waren aber sehr unkomfortabel, da Propellermaschinen in Höhen von nur ca. 6.000 m fliegen, wo die Luftturbulenzen erheblich mehr zu spüren sind. Nicht selten wurden die Passagiere der Propellermaschinen von Stürmen über dem Atlantik übel durchgeschüttelt, und die Spucktüten häuften sich an Bord. Zudem waren wegen der kürzeren Reichweite der Propellermaschinen 2 Zwischenstops an den beiden Brückenköpfen Irland und Neufundland nötig. Jets dagegen konnten London (Paris, Frankfurt etc.) -> New York Nonstop fliegen und zwar in Höhen von rund 1o.ooo m.

Die neuen Jets auf der Nordatlantikroute machten schon bald den Passagierdampfern erhebliche Konkurrenz und führten Ende der 6o-er Jahre zu deren Einstellung. Die Nordatlantikroute ist wegen der intensiven Handelskontakte zwischen Nordamerika und Europa die Verkehrsroute der Welt mit dem höchsten Passagieraufkommen. Für die Marktführer Boeing und Douglas bedeutete dies bald dicke Auftragsbücher, da die Nachfrage nach Düsenjet- Verkehrsflugzeugen groß war.

Hinzu kam, daß auf den Langstrecken innerhalb des sehr verkehrsintensiven **NORD-AMERIKA** . immer mehr Menschen aufs Flugzeug umstiegen. Die Zugfahrt New York -> Los Angeles dauerte 4 - 5 Tage, per Jet dagegen nur ca. 6 Std. Der Jet konnte die Strecke Nonstop fliegen, nicht dagegen die früheren Propellermaschinen.

Die US- Airlines, aber auch die Europäer (wie Air France, SAS, Iberia und Lufthansa) kauften daher in großen Stückzahlen die teuren Jets. Eine weitere Belastung waren die erheblich gestiegenen Start- und Landegebühren auf Airports. Denn diese mußten z.B. die Pisten auf 4 km Länge für den Jetbetrieb erweitern, neue Hallen für die Flugzeugwartung bauen, die Flugsicherung ausbauen etc.

Viele Airlines rangierten bald knapp am Konkurs. Dies um so mehr, da sie noch eine Vielzahl an alten Propellermaschinen in ihren Beständen hatten, die rumstanden und nur schwer zu verkaufen waren.

Als dann das Passagieraufkommen zu Beginn der 6o-er Jahre stark anstieg (immer mehr Leute wechselten vom Zug bzw. Schiff aufs Flugzeug), - kamen die Airlines mit ihren neuen Jets in die Gewinnzone und erteilten neue Aufträge an die Flugzeughersteller.

BOEING hatte ab 1958 mit der Entwicklung seines neuen Düsenjets **B 727** begonnen, der **1964** ausgeliefert wurde. Er war als Mittelstreckenjet konzipiert, konnte 131 - 189 Passagiere transportieren und war das erfolgreichste Verkehrsflugzeug der Welt. In den 2o Jahren seiner Produktion bis 1984 wurden insgesamt 1.831 (!) Flugzeuge verkauft.

Die Erfolge mit der B 7o7 und B 727 sicherten der Boeing Company Supergewinne. Hinzu kam **1967** die **B 737**: ein für Kurzstrecken konzipierter Düsenjet, der 115 - 148 Passagiere befördert und wegen seiner Wendigkeit und Zuverlässigkeit bei vielen Airlines der Welt noch heute sehr beliebt ist (z.B. Lufthansa, dort nennt er sich "City Jet"). Die B 737 wurde ähnlicher Verkaufserfolg wie zuvor die B 727, - und Boeing avancierte zum weltweit führenden Hersteller für Verkehrsflugzeuge, gefolgt von Douglas:

Der Konkurrent DOUGLAS hatte währenddessen nicht geschlafen, sondern seine DC 8 in Langversion herausgebracht, die mehr Passagiere fasste. Die Verlängerung des Rumpfes bedeutete geringere Entwicklungskosten, als bei einem totalen Neukonzept eines

Flugzeuges. Dann folgte die DC 9; beide waren in der zivilen Luftfahrt sehr erfolgreich und fanden ihren Einsatz bei vielen Airlines.

BOEING JUMBO 747, eines der erfolgreichsten Großraumflugzeuge der Welt.

✤ GROSSRAUM- FLUGZEUGE (Jumbo B 747)

1965 hatte die US- Regierung den Bau des damals größten militärischen Jet- Transportflugzeuges GALAXY ausgeschrieben. Den Wettbewerb gewann im Aug./Sept. 65 der US- Flugzeughersteller Lockheed zusammen mit Triebwerkhersteller General Electric.

Ein Milliardenauftrag, bei dem Boeing und sein Partner Pratt&Whitney (Triebwerke) leer ausgegangen waren. Man war schockiert und berief eilig eine Konferenz ein. Warum nicht, so die Überlegungen der Boeing Company, ein Großraum- Flugzeug für die zivile Luftfahrt bauen?! Weltweit waren die Passagierzahlen stark angestiegen (1965: rund 2oo Mill. Passagiere), und mit einem weiteren Anstieg war zu rechen, so daß sich der Bau eines Großraumflugzeuges anbot.

Umgehend wurde der Boeing-Chefingenieur Sutter aus dem Urlaub zurückgeholt und begann mit 1oo Ingenieuren die Planung des B 747. Damals gab es noch keine computergestützten Konstruktionsprogramme; mehr als 7o.000 handgezeichnete Pläne mußten angefertigt werden. Der Rumpf des Riesenvogels sollte 68,63 m lang sein und 4oo - 5oo Passagiere fassen. Hieraus ergab sich eine Spannweite der Flügel von 59,64 m und Höhe des Heckleitwerkes von 19 m, was einem 5 stöckigen Haus entspricht.

Die Konkurrenz munkelte: wenn es überhaupt gelänge, einen Vogel in der Größe eines Fußballplatzes in die Luft zu bringen, - so seien die geschätzten Konstruktionskosten von einer Milliarde Dollar so hoch, daß sie Boeing in den Bankrott stürzen würden.

Am 13.4.1966, noch im Vorstadium der Planung, bestellte *Pan Am* (damals bedeutendste Airline der Welt) bei Boeing 25 Jumbos zum Auftragswert von 525 Mill. US. Damit war erster Grundstein zur weiteren Finanzierung des Jumbo- Projektes gesetzt.

Da Boeing damals in seinen bestehenden Werken mit der Produktion der B 7o7, B 727 und B 737 ausgelastet war, kaufte die Firma im Juni 1966 ein riesiges Areal von 3 Mill. Quadratmeter in Everett und baute in Rekordzeit von nur 11 Monaten die Fertigungshallen. Allein 34.000 Tonnen Stahl wurden verbaut, Anlieferung über eine eigens gebaute Eisenbahnstrecke. Die Endmontagehalle hat ein Raumvolumen von 5,6 Millionen Kubikmeter und ist größte Halle der Welt.

Das Planungsteam wurde bei gigantischen Lohnkosten auf 4.000 (!) Ingenieure aufgestockt, um die pünktliche Fertigstellung des Vogels zu realisieren. - Auch im organisatorischen Bereich sprengte die Planung des Jumbo 747 alles bisher Gehabte: nötig waren 15.000 Zuliefererfirmen, die ihren Sitz in 49 US- Bundesstaaten und 6 weiteren Ländern hatten. Diese mußten nach Vorgabe die einzelnen Komponenten des Riesenvogels entwickeln und die Teile nicht nur pünktlich, sondern auch in vereinbarter Qualität liefern. Insbes. Pratt & Whitney hatte erhebliche Probleme bei der Entwicklung des Triebwerkes, welches riesige Schubkraft besitzen mußte, um den schweren Riesenvogel in die Luft zu erheben.

Am **21. Juni 1968** war die Endmontage abgeschlossen, und man begann mit dem Innenausbau der Passagierzelle, der elektrischen Komponenten sowie der Lackierung. Als der Riesenvogel dann am **3o.9.1968** aus der Halle gezogen wurde, hatten bereits 26 Airlines Bestellungen erteilt, um gegenüber Pan Am konkurrenzfähig zu bleiben - und die Auftragsbücher der Boeing umfaßten 115 feste Bestellungen. Die anwesenden Journalisten gaben dem Riesenvogel mit seiner markanten Nase den Namen *"JUMBO"*.

Anschließend wurden die Bordsysteme getestet, - Erstflug am 9.2.1969. Danach mehr als 1o Monate Tests in der Luft (1.o13 Flüge, 1.449 Flugstunden), um das amtliche Zulassungsdokument der Luftfahrtbehörde zu erhalten (3o.12.1969). Kein Verkehrsflugzeug der Welt mußte sich derart umfangreicher Tests unterziehen wie der Jumbo, welches u.a. mit der Größe des Jets und der Fülle an technologischen Neuerungen zusammenhing. Und nie war ein derart umfassendes industrielles Produkt in so kurzer Zeit fertiggestellt, nämlich in nur 4 Jahren.

Die neuen Triebwerke von Pratt & Whitney erwiesen sich als erheblich leiser und schubstärker als die Vorgängermodelle (z.B. für die B 7o7). Maxim. Fluggeschwindigkeit des neuen Jumbos in der Version B 747-2oo: 96o km/h, Flughöhe: 13.6oo m, Reichweite ohne Zwischenstop: 9.5oo km, Platz je nach Bestuhlung für 45o- 5oo Passagiere.

22.1.197o: erster Passagierflug mit der *PAN AM* auf der Strecke New York-> London. Die Reisenden waren fasziniert von der Geräumigkeit im Inneren des Großraum-Jets, - dies im Gegensatz zur engen und langen Röhre einer DC 8 Langversion. Im Oberstock des Riesenjets gab es anfangs eine Bar. Der Raum wurde später umgerüstet für die Bestuhlung von First Class Sitzen. Die Piloten lobten die hervorragenden Flugeigenschaften des Riesenvogels, der sich zudem im Lauf der Jahre als äußerst zuverlässig erwies. Und die Fluggäste buchten lieber auf Flüge mit dem Jumbo B 747 denn solche in engen, früheren Jets wie DC 8 oder DC 9. Dies wiederum füllte die Auftragsbücher von Boeing, die bald den bestellenden Airlines lange Wartezeiten einräumen mußte.

Der **Jumbo 747-2oo** revolutionierte seit Einführung 197o den Weltreiseverkehr. Fortan konnte ein erheblich höhere Zahl von Passagieren bei hohem Komfort über weite Strecken transportiert werden.

Praktisch alle bedeutenden Airlines der Welt kauften den Jumbo. Vom Typ B 747-2oo wurden zwischen 197o-91 insgesamt 393 Stück abgesetzt. Die Palette der Käufer reichte von Lufthansa, Air France, Iberia, Alitalia bis SAS, von British Airways, Swiss Air bis Olympic und hin zu allen wichtigen nord- und südamerikanischen Airlines sowie denen von Asien und Afrika.

Auch der Preis für einen fabrikneuen Jumbo stieg: während die allerersten Jumbos (1966 von der Pan Am bestellt) "nur" 2o Mill. US kosteten, waren 197o bereits 8o Mill. US zu zahlen, 198o kostete er 16o Mill. US.

Für die Airlines bedeutete die Einführung des Jumbos zunächst eine hohe finanzielle Belastung. Ähnlich wie seinerzeit bei der Umstellung von Propeller auf Jet, mußte nunmehr eine große Anzahl veralteter B 7o7 und DC 8 ausrangiert werden. Für solche Mengen an alten Jets gab es kurzfristig keine Käufer.

Die Jets kamen daher auf die Halde: dies waren Wüstenairports (z.B. Marana bei Phoenix/Arizona oder Davis Monthan Air Force Base bei Tucson/Arizona), wo bald Hunderte alter B 7o7 oder ähnliches Fluggerät rumstand und auf Käufer wartete. Das heiße und trockene Wüstenklima konservierte die dort abgestellten Jets. Teils wurde das veraltete Gerät später von Ferien- Charterflugairlines gekauft. Teils aber auch von Ländern der 3. Welt, wo man sich die Neuanschaffung eines Jumbos nicht leisten konnte, aus Prestigegründen aber für internationale Strecken einen Langstreckenjet des Typs B 7o7 benötigte. So setzte z.B. die südamerikanische Air Paraguay auf ihrer Strecke Asuncion/ Paraguay -> Frankfurt/Deutschland noch bis in die 8o-er Jahre die lauten B 7o7 ein.

Weiterhin dienten und dienen diese Wüsten-Abstellairports als "Ersatzteillager", - ähnlich wie bei Autos der Autofriedhof. Heute finden sich dort auch Jumbos der 1. Generation. Es gibt Verwertungsfirmen, die Jumbos aufkaufen und - statt einen neuen Käufer zu suchen, - ihn ausschlachten. Die Praxis hat gezeigt, daß hier höhere Gewinne zu erzielen sind. Dies gilt wohlgemerkt für den Ersatzteilverkauf an Jumbobetreiber in der 3. Welt, und nicht für den Verkauf an Top-Airlines.

Flugpreise: bei der Einführung des Jumbos 197o hofften viele Flugpassagiere auf billigere Preise. Immerhin konnten mehr Passagiere pro Flugzeug transportiert werden. Eine Hoffnung, die sich aber zunächst nicht erfüllte.

Die Airlines argumentierten: wer mit dem komfortablen B 747 fliegt, zahlt für den Komfort selben Preis wie zuvor. Erst die Öffnung des Preisgefüges innerhalb der USA während der Carter- Regierung brachte massiven Preiskampf der einzelnen Airlines untereinander und damit billigere Flugtickets. Gleichzeitig führte dies zur Gründung neuer Airlines wie "Peoples Air", die mit knallharten Billigangeboten später Bankrott gingen. Ebenso mußten in den 8o-er Jahren traditionelle US- Airlines schließen oder wurden fusioniert.

Konkurrenz für den Jumbo: Firmen wie Douglas hatten nicht geschlafen und eigene Produkte entwickelt, um am lukrativen Markt der Großraumflugzeuge teilzuhaben. McDonnel Douglas lieferte **1971** die **DC 1o** aus, die lediglich 3 Triebwerke hatte und bei ähnlicher Größe eines Boeing Jumbos ähnliche Passagierkapazität und Zuladung bot. - Lookheed brachte **1972** die **Tristar** heraus, ebenfalls mit nur 3 Triebwerken. Beide Flugzeugtypen hatten ihren Markt, konnten aber nicht das Monopol von Boeing mit seiner B 747 brechen.

Die größte Konkurrenz entstand den Boeing-Jumbos ab **1974** durch den europäischen AIRBUS. Seit der 5o-er Jahre waren die europ. Flugzeughersteller ins "out" geraten wegen der Übermacht der nordamerikanischen Firmen. Die Situation hatte sich verschärft seit Einführung der B 747 und der DC 1o.

Zur Sicherung von Arbeitsplätzen wurde daher mit Unterstützung europäischer Regierungen die AIRBUS- INDUSTRIE gegründet. Ziel: der Bau eines Großraumflugzeuges, das der US- Industrie Paroli bietet. Konzept: verschiedene Hersteller innnerhalb Europas stellen die einzelnen Teile des Airbus her, z.B. deutsche das Rumpfheck und Seitenleitwerk sowie Tragflügel, - englische u.a. den Rumpfkasten, - spanische das Höhenleitwerk etc. Die einzelnen gefertigten Teile des Flugzeuges werden innerhalb Europas mit Spezialflugzeugen zur nächsten weiterverarbeitenden Fabrik geflogen; Endmontage in Toulouse Südfrankreich.

Entwickelt wurde in Gemeinschaftsarbeit ein Großraum-Jet modernster Technologie, der z.B. im Cockpit Bildschirme statt bisheriger Analog- Anzeigeinstrumente einsetzte. Bei den Triebwerken beschränkte sich der Airbus auf lediglich 2 Antriebsmotoren. Sie wurden vom US- Hersteller General Electric entwickelt und sind extrem sparsam im Spritverbrauch, gleichzeitig leise und sehr leistungsstark. Auch die Zusammenarbeit zwischen den einzelnen Herstellern war exzellent realisiert und funktionierte bestens. Die ersten Airbusse (A 3oo) wurden 1974 ausgeliefert. Sie setzten sich wegen ihrer hervorragenden Flugeigenschaften, modernem Cockpit und sparsamem Verbrauch schnell in Europa und bei anderen Airlines der Welt durch. Auch die Tatsache, daß der Airbus lediglich 2 Triebwerke besitzt (gegenüber 4 beim Jumbo), spart den Airlines erhebliche finanzielle Unterhaltskosten. - Auf dem nordamerikanischen Markt begann der Verkaufserfolg mit einem größeren Airbus- Kontingent an die "Eastern". Weitere US- Airlines zogen mit Bestellungen nach.

✦Bis 1986 hatten weltweit 6o Airlines 42o Airbusse bestellt. Dies in lediglich 12 Jahren. - BOEING hatte dagegen in der Zeit 197o- 86 (=16 Jahre) von allen Varianten seines Jumbos 5oo Stück verkauft und sah daher besorgt in die Zukunft. Eilig wurden die Ingenieure mit der Entwicklung eines modernen Jumbos beauftragt.

✦1988 wurde der neue Jumbo B 747-4oo ausgeliefert. Er konnte bis zu 57o Passagiere transportieren und war nunmehr mit ähnlich modernem Anzeige-Instrumentarium im Cockpit ausgestattet. Statt bisher rund 9oo Anzeigeinstrumente, Schalter und Leuchten im alten Jumbo war dies auf 365 reduziert. Durch Gewichtsreduzierung (neue Alulegierungen, Verwendung von Kohlefaser etc.), aber auch aerodynamische Überarbeitung und leistungsstärkerer Motoren (der verschiedenen Hersteller, Pratt & Whitney, General Electric und Rolls Royce) war der Jumbo erheblich verbessert.

Mit 412 Passagieren und Gepäck sind nonstop 13.5oo km möglich (Rekord am 17.8.89 durch die Quantas, die 17.95o km nonstop realisierte, allerdings waren nur 24 Passagiere an Bord). Der neue Jumbo war von Anbeginn ein Verkaufserfolg und insgesamt der erfolgreichste aller Jumbo-Typen (1988- 91: insges. 437 Stück).

✦Arbeitsplätze bei Boeing: trotz des neuen Boeing 747-4oo bereitete der europäische Airbus nach wie vor erhebliche Konkurrenz. In verkaufter Stückzahl sind heute beide Hersteller fast gleich. Boeing setzte daher auf seine Neuentwicklungen eines (wie Airbus) zweimotorigen Flugzeuges, der B 767 und B 777.

Boeing wirft den Europäern vor, daß mit Unterstützung von Regierungsgeldern das Konkurrenzprodukt "Airbus" aufgebaut wird, - finanzielle Mittel, über die Boeing als Privatfirma nicht verfügt. BOEING beschäftigt heute in den Produktionsstätten am Puget Sound (die wichtigsten in Everett, Kent, Auburn und Renton) rund 1oo.ooo Menschen und repräsentiert damit weiterhin den bedeutendsten Industriezweig im Nordwesten.

✦Whidbey Island

Langgestreckte Insel nordwestlich von Seattle. Eines der lohnendsten Ziele im Puget Sound. Die Küstenlinie ist ausgefranst durch Buchten und Halbinseln, Sandstrände und einsame, grüne Uferabschnitte.

Im Innern Wälder, Felder, romantische Seen und idyllisch gelegene Ortschaften. Von vielen Punkten großartige Ausblicke über den Puget Sound, auf die Olympic Mountains und die Vulkankegel von Mt. Baker und Mt. Rainier.

Eine ländliche Insel, an Wochenenden und im Sommer allerdings Ausflugsziel der Großstädter aus dem nahegelegenen Seattle. Zu dieser Zeit voll und langfristig ausgebucht.

An sonnigen Wochentagen im Mai oder Oktober dagegen eine einsame
Idylle. Gute Wander- und Campmöglichkeiten; abwechslungsreich auch
für Radfahrer und Segler. Per Auto ein lohnender Tagesausflug ab Seattle
oder Abstecher auf dem Weg Richtung North Cascades und Kanada.

Tourist INFO In Coupeville, 5 S.Main St. Dort erhältlich die Broschüre
Experience Whidbey Island: detaillierte Karten, die das verzwickte Netz von Nebenstraßen auf der Insel übersichtlich
darstellen. Hilfreich für Auto- und Radfahrer sowie bei Wanderungen.

Telefon: Vorwahl 2o6.

Von Süden erreicht man die Insel ab Interstate 5, Exit 182 Richtung Mukilteo, dann per Fähre nach CLINTON. Kein Ort zum Verweilen, am
besten gleich weiter nach LANGLEY: Kleinstädtchen (9oo Einw.) mit
hübschem Zentrum entlang der 1st Street; Fassaden im Western-Stil.
Touristisch aufbereitet für Wochenend- und Sommergäste, aber nicht aufdringlich. Bei schönem Wetter ist das beste an Langley der Blick über die
Buchten des Puget Sound hinüber zum verschneiten Mt. Baker und den
Cascade Mountains.

Übertroffen wird diese Aussicht noch von der USELESS BAY auf der
gegenüberliegenden Seite der Insel (zu erreichen ab Hwy. 525 über die
Double Bluff Rd.). Kilometerlanger, halbkreisförmiger Sandstrand. Der
Blick geht über den Puget Sound zum Mt. Rainier, dessen verschneites
Massiv wie ein Koloß in der Landschaft steht. Besonders deutlich von hier
aus zu sehendie klassische Kegelform des Vulkans. Davor wie winzige
Bauklötze die Hochhäuser der Skyline von Seattle.

Nördlich des Ortes FREELAND zweigt vom Hwy. 525 die HONEYMOON BAY ROAD ab: Lohnender Umweg entlang einer tief eingeschnittenen Meeresbucht und vorbei am winzigen Honeymoon Lake. Blicke
über die Bucht auf Mt. Baker.

Kurz vor Coupeville der FORT CASEY STATE PARK. Inmitten von
saftigen Wiesen stehen die ehemaligen Kasernengebäude, ausgerichtet in
Reih und Glied. Ab 189o sollte das Fort zusammen mit Fort Flagler und
Fort Worden auf dem gegenüberliegenden Festland die Einfahrt zum Puget
Sound verteidigen gegen Angriffe, die jedoch niemals erfolgten. In den
5o-er Jahren entstand dann der State Park.

Auf der Spitze der Landzunge die betonierten Befestigungsanlagen und
einige der Artillerie-Kanonen. Das beste auch hier wiederum der Blick:
Gegenüber liegt Port Townsend und dahinter die schneebedeckte
Bergkette der Olympic Mountains. Containerschiffe dampfen durch die
enge Meerespassage und beleben die Szenerie. Nach Süden hin auch der
Vulkankegel des Mt. Rainier im Blickfeld. Eines der Super-Panoramen
von Whidbey Island.

Hinter den Befestigungsanlagen das ADMIRALTY HEAD LIGHTHOUSE, ein malerischer Leuchtturm, den man besteigen kann. Unten ein winziges Museum, das das Verteidigungssystem am Puget Sound veranschaulicht.

Neben dem State Park die Gebäude von KEYSTONE HARBOR mit dem Landesteg der Fähre nach Pt. Townsend (siehe "Verbindungen"). Rückweg zum Hwy. 525 und nach Coupeville am besten über die Hill Road und EBEY'S LANDING: langgezogener Kiesstrand, gegenüber die Olympic Peninsula mit ihrem Gebirgsmassiv und Mt. Rainier im Süden. Von hier schöne Wanderung am Strand entlang und um das Kap herum.

COUPEVILLE (1.3oo Einw.): Schönster Ort der gesamten Insel. Das Zentrum unten am Hafen mit Fassaden im Western-Stil. Hier tummeln sich die meisten Besucher. Die anderen Teile des Ortes voller viktorianischer Villen. Viele aus dem 19. Jhd. ‚perfekt restauriert und hinter akkurat gepflegten Vorgärten; kein Stäubchen scheint hier herumzuliegen. Betont malerisch in die idyllische Landschaft gesetzt, so daß es schon fast museumshaft steril wirkt.

OAK HARBOR (17.ooo Einw.): Größte Stadt auf Whidbey Island. Stützpunkt der US-Navy, eine der vielen Militärbasen im Puget Sound. Wenig ansprechendes Stadtbild mit Motels, Fast-Food Lokalen, Supermärkten und Tankstellen.

Nördlich von Oak Harbor der DECEPTION PASS: enge Schiffsdurchfahrt zwischen den felsigen Ufern von Whidbey Island und Fidalgo Island. An einer Stelle nur 6o m breit. Dort treffen die Gezeitenströme aufeinander, werden durch den engen Kanal verstärkt und verquirlen zu maelstromartigen Strudeln. Je nach Stand von Ebbe und Flut lautstark tosendes Wirbeln und Brodeln. Eindrucksvoll zu beobachten von der Highway-Brücke über die Meerenge.

> Die Durchfahrt wurde 1792 von Captain Whidbey entdeckt, der im Auftrage von George Vancouver unterwegs war, um eine Schiffspassage durch das Inselgewirr des Puget Sound zu finden. Zur Mission des britischen Seefahrers Vancouver an der Nordwestküste Amerikas siehe Seite 1o7.

Bereits auf dem Festland jenseits von Fidalgo Island liegt das Städtchen LA CONNER, voll abgestellt auf Touristen und Wochenendausflügler: Shopping in Boutiquen, Galerien und Andenkenläden. Das SKAGIT COUNTY HISTORICAL MUSEUM (5o2 4th St.) bietet Exponate zur lokalen Geschichte der *Indianer und Siedler,* ist aber keinen gesonderten Abstecher wert (geöffn. Mi-So von 13- 17 Uhr, Eintritt 1 US).

Am schönsten und zentral auf der Insel übernachtet man in und um Coupeville. Im Sommer und an Wochenenden aber unbedingt reservieren. Ausweichmöglichkeit in den preiswerten Motels von Oak Harbor.

In Coupeville selbst vor allem zahlreiche Bed&Breakfast Häuser in den alten viktorianischen Villen. Alle relativ ähnlich und für ca. 9o US das DZ. Drei allein entlang Main St.:

"<u>The Anchorage Inn</u>" (Tel. 678-5581), "<u>Inn at Penn Cove</u>" (Tel. 678-8ooo), "<u>The Victorian</u>" (Tel. 678-53o5).

"<u>Captain Whidbey Inn</u>", 2o72 W.Whidbey Island Inn Rd., 5 km westlich von Coupeville, direkt an der Bucht. Idyllisch gelegen zwischen Wald und Wasser. Rustikales Blockhaus aus dem Jahr 19o7 mit stilähnlichen Dependancen. Eingerichtet im Landhausstil. Locker-freundliche Atmosphäre. DZ ab ca. 7o US. Tel. 678-4o97.

"<u>Countryside Inn</u>", Motel am Hwy. 2o Nähe Coupeville. Von Süden kurz hinter der Kreuzung mit Morris Rd. Rustikale Holzgebäude am Waldrand. Parkplätze direkt vor den Zimmern. Einrichtung gemütlich im rustikal-eleganten Landhausstil. DZ ca. 55 US, mit Kitchenette 75 US. Außerhalb der Saison preiswerter. Tel. 678-561o.

"<u>Fort Casey Inn</u>", 1124 S.Engle Rd., 5 km südlich von Coupeville am Eingang zum Ft. Casey State Park. Am Hang gelegen in den ehemaligen Wohnhäusern der Offiziere. Große Rasenflächen, schöner Blick auf die Bucht. Wohneinheiten mit zwei Zimmern und Küche. Ca. 9o US bei 2 Personen, jede weitere 1o US zusätzlich. Tel. 678-8792.

"<u>Acorn Motor Inn</u>", 8o66 State Hwy. 2o, Oak Harbor. Schlichtes Gebäude am Stadtrand im Geschäftsviertel. Zimmer modern und funktional eingerichtet. DZ ca. 5o US, im Juli/August höher. Tel. 675-6646.

Weitere Motels dieser Art und Preisklasse am nördlichen Ortsausgang von Oak Harbor.

"Fort Casey State Park", 5 km südlich von Coupeville. Neben dem Fähranleger nach Pt. Townsend. Standplätze auf baumloser Halbinsel, etwas exponiert. Picknicktische und sanitäre Anlagen inkl. Duschen. Stellplatz ca. 8 US. Weitere ähnlich ausgerüstete Campingplätze in den State Parks "Fort Ebey", "South Whidbey" und "Deception Pass".

An den schönen Stellen der Insel ist Essen ausgesprochen teuer. Lediglich in Oak Harbor findet man preiswerte Fast-Food Lokale. Bei schönem Wetter ist Picknick allemal die empfehlenswerteste Alternative.

Feine Küche im "<u>CAPTAIN WHIDBEY INN</u>" (siehe Hotels) und in "<u>ROSIE'S GARDEN RESTAURANT</u>", 6o6 Main St., Coupeville. Abends kein Hauptgericht unter 15 US. Ein wenig einfacher und preiswerter geht's zu im "<u>TYEE RESTAURANT</u>", 4o5 Main St., Coupeville.

SELBSTVERSORGER

Beste Infrastruktur an Geschäften und Supermärkten in Oak Harbor:

"<u>ENNEN'S FOODS</u>", Hwy. 2o im Harbor Towne Center. Lebensmittelgeschäft, 24 Std. geöffnet.

"SAFEWAY", 3ooth/Ecke 8oth Street, am Hwy. 2o. Gut sortierter Supermarkt.

Picknick: Picknickplätze unter Bäumen mit Holztischen und schöner Aussicht in fast allen State Parks der Insel. Besonders zu empfehlen der "Fort Casey State Park".

SPORT

Radfahren: Ist auf Whidbey Island ein Traum. Leicht wellige Hügellandschaft, leere Nebenstraßen, frische Luft, und immer wieder phantastischen Ausblicke. Schönes Wetter allerdings vorausgesetzt. Verleih: "All Island Bicycles", 3o2 N.Main St., Coupeville. "The Pedaler", 5o6 S. Bayview Rd., Langley. Leihgebühr ca. 2o US am Tag.

Segeln: Ideales Segelrevier in den Buchten rund um Whidbey Island. Kräftige Winde ohne übermäßigen Seegang. Allerdings starke Gezeitenströme. Segeltörns mit "North Isle Sailing", 255o N.Swanton Rd., Oak Harbor; Tel. 675-836o. Halber Tag für eine Gruppe von 6 Personen ca. 1oo US.

Wandern: Nur Laufen ist umsonst auf Whidbey Island. Allerdings kaum weniger lohnend als Radfahren und Segeln. Von den State Parks aus markierte Wanderwege. Schön auch Wanderungen entlang der Strände, z.B. bei Ebey's Landing oder vom Fort Casey State Park aus. Aber auch Touren quer über die Insel nach eigenem Gusto machen Spaß. Viele kleine Straßen und Feldwege durch das ländliche Gebiet.

Irgendwo ist immer das Meer oder ein schneebedeckter Vulkan in Sicht. Schönes Wetter natürlich auch hier Bedingung; aber die Chancen auf der Insel stehen nicht schlecht. Sie liegt im Windschatten der Olympic Mountains, die einen großen Teil des Regenwetters abfangen.

Verbindungen Whidbey Island

Bus: Entlang Hwy. 2o und 525 pendelt von Mo- Sa ein Gratis-Bus von "Island Transit". Durchquert die Insel von Nord nach Süd zwischen Oak Harbor und dem Fähranleger in Clinton. Berührt Coupeville, den Ft. Casey State Park und Langley. Leider kein öffentlicher Busanschluß nach Seattle.

Fähre: Pendelverkehr zwischen Clinton im Südteil der Insel und Mukilteo auf dem Festland, nördlich von Seattle. Halbstündliche Überfahrten, 2o Min./ Auto inkl. Fahrer ca. 4 US, jede weitere Person 2 US.

Keystone-Port Townsend (Olympic Peninsula): 12 x tägl., 3o Min., ca. 2 US, Auto 6 US.

Auto: Auf der Insel problemlos entlang Hwy. 525, der im Norden in Hwy. 2o übergeht. Außerdem ein verzweigtes Netz von Nebenstraßen. -> Nach Seattle: Fähre Clinton-Mukilteo, von dort Hwy. 525 bis Interstate 5 (4o km, ca. 1 Std.). -> Nach Norden: über Fidalgo Island und die beiden Brücken nur wenige Kilometer zur Interstate 5 bei Burlington. Von dort entweder I-5 zur kanadischen Grenze oder Hwy. 2o in die Cascade Mountains.

SAN JUAN ISLANDS

Einsame Inselgruppe am nördlichen Rand des Puget Sound, wo dieser mit der Strait of Juan de Fuca zusammentrifft. Auf den über 17o Inseln felsige Ufer, viel Wald. Ein Wirrwarr aus Wasserwegen, Buchten und engen Durchfahrten bildet ein Traumrevier für Segler, Kanuten und Motorschiffer. Viele der Inseln sind winzig, unbewohnt oder in Privatbesitz.

Nur 4 der Inseln sind per Fähre zu erreichen: <u>LOPEZ</u> und <u>SHAW</u> liegen am nächsten zum Festland, sind aber auch am wenigsten entwickelt. Geeignet für Wanderungen an menschenleeren Küsten und durch einsame Wälder. Übernachtung auf minimal ausgestatteten Campingplätzen.

Etwas größer und leicht touristisch angehaucht ist <u>ORCAS</u>: Die Fähre legt an im Ort Orcas, eine Straße führt quer über die Insel bis Eastsound und Doe Bay. Der Besuch lohnt vor allem für eine Wanderung durch den <u>MORAN STATE PARK</u>: Durch einsame Wälder hinauf zum 735 m hohen Mount Constitution, von dem aus man einen herrlichen Blick über die gesamte Inselwelt der San Juan Islands hat. Bei schönem Wetter im Hintergrund die Vulkankegel von Mt. Baker und Mt. Rainier.

San Juan

Hauptanlaufhafen der gesamten Inselgruppe ist <u>FRIDAY HARBOR</u> auf San Juan. Ausgangspunkt für abwechslungsreiche Fahrrad- oder Kajaktouren. Während der längsten Zeit des Jahres dümpeln die Motor- und Segeljachten im Hafen eher beschaulich vor sich hin; in den Sommermonaten dagegen viel Betrieb und Touristenrummel. Besuch dann entweder per Tagestour oder langfristig vorbuchen, denn unbelegte Hotelbetten oder freie Campingplätze sind zu dieser Zeit nicht zu erwarten.

 "National Park Service", Spring St./Ecke 1st Street.
Post: Blair St./Ecke Reed St. **Telefon**: Vorwahl 2o6

Auch wer nur einen Tag auf San Juan verbringt, sollte einen Blick ins <u>WHALE MUSEUM</u> in der 1st Street werfen: Kleine Ausstellung mit geballter Information über Wale und Delphine. Viele Schrifttafeln und Skiz-

Puget Sound 227

zen, man braucht etwas Zeit und Konzentration für ein ausführliches Studium der aufschlußreichen Texte. Außerdem Wal-Skelette und Videofilme. In einer Art Telefonzelle werden die Kommunikationsgeräusche der Wale fürs menschliche Ohr hörbar gemacht. Göffnet tägl. von 11- 16 Uhr, Juni-Sept. von 1o- 17 Uhr; Eintritt 3 US.

Bei längerem Aufenthalt lohnt der Abstecher zum SAN JUAN ISLAND NATIONAL HISTORICAL PARK. Hinter dem langen Namen verbergen sich zwei Parkeinheiten: AMERICAN CAMP im Süden der Insel und ENGLISH CAMP im Norden. Einige Gebäude und Reste von Verteidigungsanlagen erinnern an einen Konflikt zwischen Großbritannien und den USA, den sogenannten "Schweinekrieg".

Nach der Aufteilung des Oregon Territory zwischen den beiden Nationen im Jahre 1846 (siehe Geschichte im Einleitungskapitel) blieb der Grenzverlauf im Bereich der San Juan Inseln noch jahrzehntelang strittig. 1859 standen sich Truppen der beiden Staaten in den jeweiligen Camps auf San Juan gegenüber. Der Streit konnte jedoch diplomatisch beigelegt werden; bei einem Schußwechsel kam lediglich ein Schwein ums Leben, das dem Konflikt später den Namen gab.

Zwischen American Camp und English Camp liegt an der Westküste der Insel LIME KILN POINT STATE PARK. Von hier aus vor allem während der Sommermonate gute Chancen, einen der Orca-Wale (irreführend auch Killer-Wale genannt) zu sichten, die vor der Küste auf Lachsfang gehen. Info über die Erfolgschancen zur jeweiligen Jahreszeit im Whale Museum von Friday Harbor.

Gehobene Übernachtungspreise auf der Insel. Billig kommt nur weg, wer in der Jugenherberge oder auf einem Campingplatz nächtigt.

"Jacquelin": Das Segelschiff liegt im Hafen und bietet eine originelle Bed&Breakfast Unterkunft an Bord. Übernachtung in den typischen engen Kajüten. Mal was völlig anderes und ein Kontrast zum Einerlei der immergleichen Motels. DZ ab ca. 8o US. Tel. 378-5661.

"The Inn at Friday Harbor", 41o Spring St. Mehrere Holzgebäude im Motel-Stil, ca. 5oo m vom Hafen. Kleines Hallenbad. Zimmer einfach ausgestattet, Möbel im Stil der fünfziger Jahre, ziemlich abgewohnt. DZ ab ca. 7o US, außerhalb der Saison bis zu 2o US weniger. Tel. 378-4351.

"San Juan Inn", 5o Spring St. Wenige Schritte vom Hafen, mitten im Getümmel der ankommenden und abfahrenden Besucher. Bed&Breakfast in einem älteren Holzhaus. Zimmer unteschiedlich ausgestattet mit Antiquitäten. DZ ab ca. 7o US, leichtes Frühstück inkl. Tel. 378-2o7o.

Weitere Bed&Breakfast Häuser dieser Qualität und Preisklasse in Hafennähe.

"Friday Harbor Youth Hostel": 1st St./Ecke Spring St. Gut getarnt und schwer zu finden im Gebäude des Restaurants "Bistro". Zwei Schlafsäle, außerdem einige Doppelzimmer.

Übernachtung ca. 16 US, DZ 38 US. Eine weitere Jugendherberge auf Orcas Island: "Doe Bay Village Resort". Ähnliche Preise.

"Lake Dale Campground", 2627 Roche Harbor Rd., Tel. 378-2350. 6 km von Friday Harbor. Sanitäre Anlagen inkl. Duschen. Stellplatz inkl. Fahrzeug ca. 8 US, ohne PKW etwas billiger. Im Sommer unbedingt reservieren. Weitere Campingplätze auch auf den drei anderen großen Inseln.

Das kulinarische Angebot von Friday Harbor konzentriert sich rund um den Hafen und ist innerhalb von zehn Minuten abzuklappern. Fast alle Lokale entlang Spring St. und 1st Street. Die Auswahl nicht berauschend: übliche internationale Küche für Touristen, garniert mit einem Tupfer Seafood. Alternativen: Pizza, chinesisch oder mexikanisch. Qualität nirgends hinreißend, die Preise höher, als sie dafür sein sollten.

SELBSTVERSORGER

"KING'S MARKET", Spring St./Ecke 1st St. Gut sortierter Supermarkt. Alles Nötige für ein Picknick am Hafen oder irgendwo auf der grünen und einsamen Schokoladenseite der Insel.

SPORT

Radfahren: Macht viel Spaß auf den meist flachen, teils leicht hügeligen Strecken über die Insel. Wenig befahrene Straßen mit Blick aufs Meer und gegenüberliegende Inseln. Verleih in Friday Harbor: "Island Bicycles", 380 Argyle St., ca. 12 US pro Tag. Auch auf den anderen drei zugänglichen Inseln Fahrradverleih zu ähnlichen Preisen. Auf einer Tagestour läßt sich jede von ihnen bequem erkunden.

Kanu/Kajak: Das Pendant zum Radeln ist das Paddeln um die Inseln herum. Eines der schönsten Naturerlebnisse in Washington State. Geführte Touren entlang San Juan oder Orcas Island in robusten und sicheren Kajaks veranstaltet "Shearwater": Info über Tel. 376-4699 oder im Whale Museum von Friday Harbor. Tagestrip ca. 50 US inkl. erfahrenem Führer. Auch mehrtägige Touren möglich. Halbtages-Trips ab Orcas Island bietet "Island Kayak Guides" für ca. 25 US (Doe Bay Village, Orcas Island, Tel. 376-4755).

Wandern: Auf allen Inseln schöne Wanderungen entlang der Küste und durch einsame Wälder. Besonders zu empfehlen die Tour zum Mt. Constitution (siehe Orcas Island).

Verbindungen San Juan Island

Den eigenen Wagen per Fähre mitzubringen, lohnt nicht. Besser die Kosten sparen und sich dafür auf einer der Inseln ein **Fahrrad** oder Moped mieten. Spart zudem Wartezeit in den Autoschlangen vor der Fähre. Moped-Verleih in Friday

Harbor bei "Susie's Moped", 1st St./Ecke A St. Ca. 1o US pro Stunde, 4o US pro Tag. Fahrrad-Verleih siehe "Sport".

Fähren: ab <u>Anacortes</u> mit "Washington State Ferries" 12 x tägl. nach Friday Harbor auf San Juan Island. Etwa jede zweite Fähre stoppt auch in Lopez, Shaw und Orcas. Bezahlt wird nur in westlicher Richtung, die Rückfahrt ist automatisch eingeschlossen. Auto inkl. Fahrer bis Friday Harbor ca. 2o US. Unmotorisierte Personen 5 US, egal zu welcher Insel. Direktfähre ca. 1 Std., mit Stops auf den anderen Inseln 2 Std. In Anacortes 2 x tägl. Busanschluß nach Seattle mit "Evergreen Trailways".

<u>Sidney/Vancouver Island</u>, Kanada: 1 x tägl. Autofähre ab Anacortes über Friday Harbor. Pro Person ca. 6 US; Autos 26 US, im Sommer 31 US. Überfahrt ab Friday Harbor ca. 1 Std.

<u>Victoria/Vancouver Island</u>, Kanada: Ab Friday Harbor mit "Victoria Clipper" 1 x tägl. Personenschnellboot (2 Std., ca. 25 US).

<u>Seattle</u>: Ab Friday Harbor mit "Victoria Clipper" 1 x tägl. Personenschnellboot über Port Townsend auf der Olympic Peninsula. 3 Std., ca. 3o US, bis Pt. Townsend 1 Std., ca. 1o US.

<u>Ab Semiahmoo/Blaine</u>: Wer wenig Zeit mitbringt, bekommt einen guten Eindruck von der gesamten Inselgruppe auf einer Tour mit "Gray Line" ab Semiahmoo, direkt südlich der kanadischen Grenze. Rundfahrt ca. 8 Std. inkl. 3-stündigem Aufenthalt in Friday Harbor. Täglich von Mai-Okt., ca. 4o US. (Details siehe "Blaine" am Ende dieses Kapitels).

Bellingham (45.ooo Einw.)

Industrie- und Universitätsstadt am nördlichen Puget Sound. Letzte größere Stadt vor der kanadischen Grenze. Fähranleger für die Schiffe des

"<u>ALASKA MARINE HIGHWAY</u>":
1 x pro Woche Autofähre nach Juneau und Skagway, Alaska. Spektakulärer Trip entlang der Nordwestküste des amerikanischen Kontinents. Bis Skagway 3 Tage, pro Person ca. 22o US, Auto 25o US. Meist langfristig ausgebucht (bis zu 6 Monate). Auch ohne Auto extrem frühzeitige Reservierung unbedingt nötig. Buchungsbüro in Seattle, 355 Harris St., Tel. 676-8445. Zu erreichen ab Seattle per Interstate 5 (14o km, ca. 2 Std.). Schnellster Weg zum Fähranleger über Exit 25o.

Wer auf die Abfahrt der Fähre wartet, kann sich die Zeit vertreiben im <u>WHATCOM MUSEUM OF HISTORY AND ART</u>, 121 Prospect St.: Großzügig ausgestellte Exponate zur lokalen Geschichte sowie Kunstwerke und Fotos aus dem Nordwesten. Das Museum ist untergebracht in einem prachtvollen viktorianischen Haus aus dem 19. Jhd., früher das Rathaus von Bellingham. Geöffn. Di-So von 12- 17 Uhr, Eintritt frei.

Einen letzten Kunstgenuß vor dem Abdampfen in die endlose Wildnis Alaskas bietet das OUTDOOR SCULPTURE MUSEUM auf dem Gelände der Western Washington University: Unter freiem Himmel eine Gruppe von rund 2o Skulpturen bekannter amerikanischer Künstler. Ständig geöffnet, Eintritt frei.

Blaine (2.3oo Einw.)

Langweiliger Grenzort an schöner, fast geschlossener Bucht, die je nach Stand der Gezeiten trockenliegt oder überflutet ist. Letzte Gelegenheit, vor der kanadischen Grenze seine US-Dollars loszuwerden.

Südlich, in SEMIAHMOO, Ausgangspunkt einer Schiffstour zu den SAN JUAN ISLANDS: Abwechslungsreiche Kreuzfahrt durch die Inselgruppe. Man sieht viele der großen und kleineren Inseln vom Wasser aus und gelangt an Stellen, die sonst nur mit eigenem Boot zugänglich wären. Vorbei an Naturschutzgebieten, wo häufig Robben und die ins amerikanischen Staatswappen aufgenommenen Weißkopf-Adler zu sehen sind. Mit Glück begleitet auch ein Schwarm Orca-Wale das Schiff.

Tourveranstalter ist "Gray Line", Tickets am Kai in Semiahmoo (Exit 27o von I-5, von dort ausgeschildert zum "Semiahmoo Resort"). Dauer ca. 8 Std. inkl. 3-Std. Aufenthalt in Friday Harbor auf San Juan Island; pro Person ca. 4o US.

"**The Inn at Semiahmoo**", am Fähranleger Semiahmoo südwestlich von Blaine, Komfortables Sporthotel direkt am Meer. Tennis, Golf und großer beheizter SW-Pool mit Fitneß-Center. Ruhige Lage. Große Zimmer, luxuriös und geschmackvoll ausgestattet, viele mit Meerblick. DZ ab ca. 145 US. Tel. (2o6) 371-2ooo oder 8oo-854-26o8.

"**Bay Side Motor Inn**", 34o Alder St, am Ortsrand gelegenes Motel. Stabiles Steingebäude, grau und unverputzt. Beheizter SW- Pool. Einfach eingerichtet, aber sauber und gepflegt. DZ ca. 38 US. Tel. 332-5288.

Weitere Motels in ähnlicher Preislage entlang der Hauptstraße durch Blaine.

GRENZÜBERGANG KANADA

Nördlich von Blaine und 17o km von Seattle endet Interstate 5 an der kanadischen Grenze. Führt jenseits weiter als Hwy. 99 direkt ins Zentrum von VANCOUVER (5o km, ca. 1 Std.). Kanadas westlichste Großstadt lohnt auf jeden Fall den Besuch. Weltoffenes Tor zum Pazifik in schönster Lage an einem Geflecht von Buchten und Wasserwegen. Von der Atmosphäre vergleichbar mit Seattle.

Abfertigung am Grenzübergang zügig. Deutsche, Schweizer und Österreicher brauchen für Kanada kein Visum. Notwendig ist allerdings ein kurzer Gang zum "Immigration Office": Paßkontrolle und ein paar Fragen über Aufenthaltsdauer, Reisezweck etc. Einreisestempel in der Regel gültig für 6 Monate. Bei erneuter Aus- und Einreise innerhalb dieser Frist ist aber die gleiche Prozedur noch einmal erforderlich. Auch die Einreise in die USA ist für Deutsche, Schweizer und Österreicher inzwischen auf dem Landweg ohne Visum möglich.

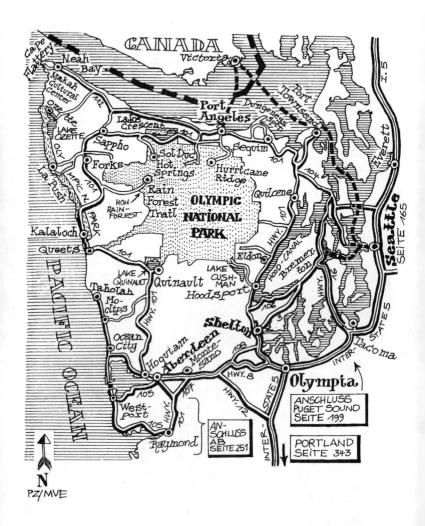

OLYMPIC PENINSULA

Abgelegen, wenig erschlossen und vom Tourismus nur an einigen Stellen berührt. Dieser westliche Teil des Staates Washington ist "timberland", Holzfällerland. Riesige Wälder, ebensolche Kahlschläge, aufgeforstete Gebiete. In West-Washington werden Bäume "geerntet" und verarbeitet wie anderswo Weizen oder Kartoffeln. Auf den Straßen in kurzer Folge die Holztransporter und in den Häfen Papierfabriken und Berge von Baumstämmen.

Landschaftlicher Höhepunkt ist der <u>OLYMPIC NATIONAL PARK</u> im Zentrum der Halbinsel: Dichte Regenwälder mit jahrhundertealtem Baumbestand. Darin einige der schönsten Wanderwege des gesamten Nordwestens. Die Küsten einsam mit vereinzelten Hafenstädtchen, die noch beschaulich vor sich hinträumen.

Klima: Regen charakterisiert die nordwestliche Ecke des Staates Washington. Zwar existieren regionale Unterschiede, und Orte wie Port Angeles oder Port Townsend bekommen aufgrund mikroklimatischer Einflüsse wenig Feuchtigkeit ab, aber insgesamt fällt auf der Olympic Peninsula mehr Niederschlag als in den meisten anderen Regionen Nordamerikas. Von Mitte Juni bis Mitte September jedoch häufig stabile Wetterlagen und gute Chancen für längere Sonnenscheinperioden.

Temperaturen gemäßigt, Frost normalerweise nur in den Höhenlagen der Olympic Mountains. Dort gibt es über sechzig Gletscher und Schnee bis in den Frühsommer.

★ OLYMPIC NATIONAL PARK

Grandioser Nationalpark mit uralten Regenwäldern und dem verschneiten Gebirgszug der Olympic Mountains. Wird überragt vom weithin sichtbaren Gipfel des 2.428 m hohen Mount Olympus. Der Nationalpark bildet den Kern der Olympic Peninsula und besitzt einen "Ableger" an der Pazifikküste. Wanderungen durch den Regenwald und in die Wildnis gehören zu den großartigsten Natur-Erlebnissen im Nordwesten der USA.

> Die Einrichtung des Nationalparks geht auf die beiden US- Präsidenten Theodor und Franklin D. Roosevelt zurück: Per Dekret bestimmte Theodor Roosevelt 2 Tage vor Ende seiner Amtszeit 1909 zunächst eine begrenzte Zone als National Monument.
>
> Ihm kam es vor allem auf den Erhalt der Wapiti- Hirsche an, die in den Regenwäldern grasen. Wapitis sind die größten Land-Säugetiere an der Nordwestküste und gehören neben dem Elch zu den stattlichsten Vertretern der Hirsch-Familie. Ein männliches Tier kann bis zu einer halben Tonne schwer werden.
>
> 1938 erweiterte Franklin D. Roosevelt das Schutzgebiet und erklärte es zum Olympic National Park; eine Entscheidung, die vor allem den Wäldern zugute kam. Denn diese hatten besonders während des I. Weltkrieges gelitten, als Präsident Wilson das damalige National Monument kurzerhand halbierte und einen Teil für die Holzindustrie freigab. Vor allem die Flugzeugindustrie benötigte seinerzeit die wertvollen Edelhölzer.

Mit dem Auto ist der Nationalpark über den HWY 1o1 zu erreichen, der ihn fast vollständig umrundet. Vom Hyw. 1o1 führen Stichstraßen zum Beginn des Parks, bzw. auch teils rein. Von folgenden Stellen läßt er sich am besten erkunden:

-> Lake Cushman im Südosten: zu erreichen ab Olympia via Hwy. 1o1.

-> Hurricane Ridge im Norden: per Stichstraße ab Port Angeles.

-> Lake Crescent: dort führt Hwy.1o1 einige Kilometer durch den Park.

-> Sol Duc Hot Springs: Stichstraße ab Hwy.1o1 zu den heißen Quellen.

-> Hoh River im Westen: erreichbar ab Forks.

-> Lake Quinault im Südwesten: direkt am Hwy. 1o1.

-> Kalaloch: dort durchquert Hwy. 1o1 den Küstenabschnitt des Parks.

VISITORS CENTERS : Hauptbüro in Port Angeles an der Straße zur Hurricane Ridge. Außerdem die Storm King Information Station am Südufer von Lake Crescent, - die UFS/NPS- Inform. Station am Hwy 1o1 nördl. von Forks und das Visitors Center am Hoh Rainforest. - Bei den anderen Zufahrten Ranger Station: weniger gut ausgerüstet, aber hilfreich bei Fragen und Schwierigkeiten.

> DER REGENWALD
> Der undurchdringliche Dschungel des Regenwaldes der Olympic Peninsula befinden sich

in den Tälern, die in westlicher Richtung zum Pazifik offen sind und deshalb die warmen Meereswinde hereinlassen.

Treffen diese Winde dann auf die Olympic Mountains, steigen sie an und kühlen ab. Die in ihnen enthaltene Feuchtigkeit geht als Regen in den Tälern nieder, bis zu 5oo Zentimeter Niederschlag fallen jährlich. Nebel und milde Temperaturen tragen zusätzlich bei zur Bildung dieser Regenwälder in der gemäßigten Zone.

Sie sind die Heimat der Douglas-Tannen, die mit einer Höhe von bis zu 9o m zu den gewaltigsten Bäumen der Erde gehören und fast bis an die majestätischen Redwoods von Kalifornien heranreichen. Die Baumkronen sind häufig mit hängenden Moosen zugewachsen, so daß sich gewaltige grüne Kuppeln bilden. Flechten und Pilze klammern sich an den Stämmen fest und erzeugen skurrile Formen und Auswüchse.

Im Regenwald existiert ein unendlicher Kreislauf von Leben, Sterben, Verwesen und der Entstehung neuen Lebens: Nach einem Jahrhunderte währenden Dasein fallen die riesigen Bäume um, verwesen und bilden den idealen Nährboden für üppiges Wachstum anderer Pflanzen. Farne und Kleeblätter vermischen ihr Grün mit dem rötlich faulenden Holz der umgestürzten Stämme. Aus Baumstümpfen wachsen frische Schößlinge. Bizarre Formen entstehen in der Kombination von verfaulenden Stämmen und darauf festwachsenden Moosen.

Die Feuchtigkeit ist allgegenwärtig, man kann sie förmlich riechen. Düfte von Moder und frischem Grün vermengen sich zu einer "dichten" Atmosphäre. Dahinter die geheimnisvollen Geräusche plätschernder Bäche oder rauschender Flüsse. Mit etwas Glück trifft man bei Wanderungen auch auf Wapiti-Hirsche und anderes Rotwild, die im Unterholz grasen und den Regenwald vor dem totalen Zuwachsen bewahren. Am Wegesrand jede Menge Kleintiere wie Lurche und Schnecken.

Ob ein kurzer Spaziergang auf einem der Schnupperpfade oder eine Wanderung auf markierten Trails tief in die Wildnis hinein, der Regenwald der gemäßigten Zone vermittelt ein echtes Urwald-Erlebnis. Dazu zahlreiche Vorteile gegenüber dem tropischen Dschungel: weder mörderische Hitze noch Moskitos oder Schlangen.

Ursprünglich befand sich im Nordwesten des amerikanischen Kontinents der größte zusammenhängende Regenwald der gemäßigten Zonen. Nach jahrzehntelangen systematischen Kahlschlägen ist davon inzwischen nicht mehr viel übrig. Der Olympic National Park ist dadurch eines der wichtigsten Gebiete geworden, in denen die jahrhundertealten Bäume vor der Kreissäge geschützt sind.

Doch auch innerhalb des Parks ist die typische Flora und Fauna des Regenwaldes aufgrund der speziellen geographischen Bedingungen gefährdet: Wegen der schroffen Bergketten existieren keine vollständig zusammenhängenden Waldstücke. Sie ziehen sich vielmehr wie lange Zungen durch die engen Täler und sind voneinander getrennt durch felsige und schneebedeckte Berge.

Früher bestand eine Verbindung zwischen diesen Waldstücken über die Wälder rund um den Nationalpark, so daß Tiere im Schutz der Bäume von einem Tal ins andere wechseln konnten. Die Kahlschläge außerhalb der Parkgrenzen haben dies nun unmöglich gemacht: Der Regenwald innerhalb des Nationalparks und damit sein gesamtes ökologisches System wurden in Fragmente zerstückelt. Pflanzen und Tiere, die sich früher problemlos ausbreiten konnten, müssen nun gewaltige "Sprünge" durch ungewohntes Terrain machen, um von einem Abschnitt in den anderen zu kommen. (Einzelheiten zum Kampf um den Erhalt der Wälder im gesamten Nordwesten der USA im Kapitel "Natur und Umwelt" im Einleitungsteil dieses Bandes).

OLYMPIA ≫→ PORT TOWNSEND

16o km, ca. 2- 3 Std. über Hwy. 1o1. Zunächst vierspurig ausgebaut, später Landstraße in landschaftlich reizvoller Umgebung zwischen Olympic Mountains und dem Meeresarm des HOOD CANAL. Der schönste Teil der Strecke südlich von QUILCENE mit weitem Ausblick auf Berge und Puget Sound.

Beim Dorf Hoodsport Abstecher zum LAKE CUSHMAN auf einer der wenigen Zufahrten zum Olympic National Park. Am Ende des langgestreckten Bergsees beginnt der Park, kurz darauf endet die Straße. An der Ranger Station Staircase Picknickmöglichkeit, ein einfacher Campingplatz, und dahinter beginnt die Wildnis. Von hier nur noch weiter per Wanderung durch die einsame Bergwelt. Wanderkarten und Tips zu den hier beginnenden Trails bei den Rangern.

✱ Port Townsend (7.ooo Einw.)

Hübsches Küstenstädtchen in bevorzugter Lage an der Spitze einer Halbinsel zwischen Puget Sound und der Strait of Juan de Fuca. Wegen der guten Fährverbindungen nach Seattle und Kanada am Wochenende Ausflugsziel der Großstädter.

Das Stadtbild mit zwei Gesichtern: Am Hafen das Geschäftsviertel mit traditionellen zweistöckigen Backsteingebäuden. Die Fassaden wurden restauriert, im Innern Kneipen, Kunstgalerien und Souvenirläden.

Auf einem Hügel pittoreske Wohnviertel mit Häusern wie aus dem Ei gepellt: frisch gestrichen, kleine Vorgärten, Terrassen, Blumenrabatten.

 Visitors Information am Ortseingang in einem kleinen Häuschen. - Chamber of Commerce: 2437 Sims Way
Post: Polk St./Ecke Water St.   **Telefon**: Vorwahl 2o6

Zur Jahrhundertwende war Port Townsend wichtiger Hafen und Handelspunkt. Aus dieser Zeit stammen noch viele hervorragend erhaltene und renovierte viktorianische Villen.

Einige funktionieren heute als Bed & Breakfast- Häuser, andere sind zu besichtigen: z.B. das ROTHSCHILD HOUSE, Franklin St./Ecke Taylor St. Gebaut 1868, acht Zimmer, ausgestattet mit dem Mobiliar jener Epoche. Geöffnet von Juni-August Mi-So von 9- 16.3o Uhr, im September nur an Wochenenden. Eintritt 1 US. - Ähnlich das JAMES HOUSE, Harrison St./Ecke Washington St., geöffnet tägl. 11- 16 Uhr, Eintritt frei.

JEFFERSON COUNTY HISTORICAL MUSEUM, Madison St./Ecke Washington St. Befindet sich im ehemaligen Gerichtsgebäude, in jedem Fall sehenswert, eines der besseren Regional- Museen in Washington. Zu sehen u.a. der Richtertisch mit Zeugenstand.

Aus Platzmangel sind die Räume bis oben vollgestopft mit Fotos, alten Stichen, Dokumenten und Gerätschaften aus der Geschichte von Port Townsend und Umgebung. Viele originelle Stücke wie z.B. ein Tresor des U.S. Post Office, Teile von Schiffswracks, Feuerspritzen, Uralt-Kameras, Uniformen, indianische Kleidung und Flechtarbeiten.

Im Keller das Original-Gefängnis: Eisengittertüren, eine rundum metallische Einzelzelle, Fußketten und Eisenkugeln. Angeblich hat Jack London hier 1897 auf seinem Weg nach Alaska eine Nacht zubringen müssen. Museum geöffnet Mo-Sa von 11- 16 Uhr, So von 13- 16 Uhr; Eintritt frei.

<u>FORT WORDEN</u>, 4 km nördl. der Stadt. Eine der Befestigungsanlagen, die die Einfahrt zum Puget Sound im 19. Jhd. absichern sollten. Nach dem II. Weltkrieg in Ruhestand versetzt, heute auf dem einstigen Kasernengelände eine Jugendherberge und während der Sommermonate kulturelle Veranstaltungen wie das "Fiddle Tunes Festival" (um den Nationalfeiertag am 4. Juli) und das "Jazz Port Townsend" Ende Juli/Anfang August. 1981 war Fort Worden Drehort für den Film und Schmachtfetzen "An Officer and a Gentleman".

PORT TOWNSEND, Mainstreet Ende des 19. Jhds. Damals wichtiger Hafen- und Handelspunkt. Die Mainstreet mit elektrischer Straßenbahn.

238 Olympic Peninsula

"**James G. Swan**", Water St./Ecke Monroe St., am Hafen. Neues Holzgebäude mit elegant eingericheten Zimmern. Schöner Blick über den Hafen und Bucht. Suiten ab ca. 9o US, im Hof einige Holzhäuschen ab ca. 7o US. Tel. 385-1718 und 800-776-1718

"**Palace Hotel**", 1oo4 Water St. In einem der Backsteingebäude in Hafennähe. Besteht seit über hundert Jahren, imzwischen im viktorianischen Stil restauriert und eingerichtet. Zimmer unterschiedlich in Größe und Ausstattung, mit Privat- oder Gemeinschaftsbad. DZ je nach Qualität 6o-1oo US, leichtes Frühstück inkl. Tel. 385-o773 und 800-962-o741.

"**Port Townsend Motel**", 2o2o Washington St. Neues Motel am Ortseingang. Etwas zurückversetzt von der Straße, daher ruhig. Whirlpool in separatem Glasgebäude. Zimmer hell und modern möbliert, mit Kühlschrank und Kaffeemaschine. DZ ab ca. 72 US. Tel. 385-2211.

"**Point Hudson**", originelles Motel auf der Spitze der Landzunge am Jachthafen. Ruhige Lage. Ehemaliges Gebäude der Küstenwache, direkt am Wasser. Zimmer einfach und spärlich eingerichtet. DZ ab ca. 35 US, im Sommer ab 45 US. Tel. 385-2828.

Bed & Breakfast: Übernachtung in zahlreichen viktorianischen Villen zu gehobenen Preisen, dafür komfortable Zimmer, ausgestattet mit Antiquitäten und Stilmöbeln. Beispiele:
"**The James House**", 1238 Washington St. Tel. 385-1238., DZ je nach Größe und Ausstattung 55-13o US. "**Ann Starrett Mansion**", 744 Clay St., Tel. 385-32o5. DZ 7o-135 US. "**Heritage House Inn**", 3o5 Pierce St., Tel. 385-68oo. DZ 6o- 1o5 US.

"Fort Worden Hostel", 4 km nordwestlich von Pt. Townsend im ehemaligen Militärkomplex. Ruhige Lage und schöner Blick auf die Bucht. Kein öffentlicher Transport ab Stadtmitte, aber gute Chancen zu trampen. Übernachtung ca. 11 US.

"Fort Worden State Park", 4 km nördlich der Stadt, Tel. 385-473o. Etwas exponierte Stellplätze auf einer Wiese. Hundert Meter zum Strand. Schöner Blick über die Bucht. In der Nähe die Betonbunker der ehemaligen Befestigungsanlagen. Sanitäre Anlagen inkl. Duschen. Stellplatz ca. 12 US.

"LANDFALL" am äußersten Ende der Water St. und Yachthafen. Einfache Fischerkneipe mit Holzbänken und Tischen. Lockere Atmosphäre, viel Seglerpublikum. Salate und Sandwiches um 5 US, Fisch- und Seafoodgerichte ca. 1o US.

"LIDO", Water St./Ecke Tyler St. Hafennähe. Gepflegtes Lokal mit internationaler Küche. Hauptgerichte (Steaks und Seafood) abends 1o- 2o US, mittags jeweils rund 5 US billiger.

"DAY STAR CAFE", Water St./Ecke Quincey St. Einfaches Lokal mit kleinen Gerichten um 5- 1o US. Frühstück ab 4 US.

"THE TOWN TAVERN", Water St./Ecke Quincey St. Rustikale Kneipe in altem Backsteinhaus. Holztheke, gezapftes Bier und Pool-Billard.

"SILVERWATER CAFE", Quincey St., am Pier. Kleines Restaurant. Einfache Möblierung, aber recht gemütlich mit Blick auf den Pier. Fleisch- und Fischgerichte um 1o US.

"FOUNTAIN CAFE", 92o Washington St. Winzig und ur-gemütlich in einem Holzhaus aus dem 19. Jahrhundert. Kleine Tische, dichtgedrängt. Hauptsächlich Nudelgerichte, aber auch Sandwiches, Suppen, Salate. Preise ca. 5- 1o US.

Selbstversorger: SAFEWAY am Ortseingang. Riesiger Supermarkt mit ebensolcher Auswahl. Gute Käsetheke und Salatbar mit frischen und zubereiteten Salaten.

Picknick: im Fort Worden State Park. Picknickplätze mit Blick auf den Puget Sound und die Strait of Juan de Fuca.

Angeln: in den Sommermonaten Saison für den Lachsfang. Hervorragende Reviere um Port Townsend. Detaillierte Vorschriften und unterschiedliche Fangzeiten für die einzelnen Lachsarten. Info, Ausrüstung und Touren über "Sea Sport", Washington St./Ecke Benedict St., Tel. 385-3575.

Verbindungen ab Port Townsend

Auto: Hwy. 1o1 nach Port Angeles (75 km, ca. 1 Std.) und Richtung Süden nach Olympia (16o km, ca. 2,5 Std.) Außerdem per Hwy. 1o4 und Hwy. 3 über die Kitsap Peninsula nach Tacoma (14o km, ca. 2 Std.). Bei Poulsbo Abzweigung auf Hwy. 3o5 Richtung Winslow auf Bainbridge Island, von dort per Autofähre nach Seattle (8o km, inkl. Fährtransport ca. 2- 3 Std.)

Bus: -> Sequim: Mo-Sa mit "Jefferson Transit" (Linie 8) 5 x tägl./ 1 Std./ ca. o,75 US. Dort Anschluß mit "Clallam Transit" nach Port Angeles.

-> Poulsbo: Mo-Sa mit "Jefferson Transit" (Linie 7) 2 x tägl., 1 Std., ca. o,75 US. Dort Anschluß mit "Kitsap Transit" zur Fähre nach Seattle.

-> Port Ludlow: 4 x tägl. mit "Jefferson Transit" (Linie 9g), 1 Std., ca. o,75 US. Dort 1 x pro Tag Anschluß an den Greyhound-Bus zwischen Port Angeles und Seattle.

Fähren: -> Keystone/Whidbey Island: Mit "Washington State Ferries" 12 x tägl. Autofähre, 3o Min., ca. 2 US, Autos 6 US. Durchschnittliche Frequenz, je nach Jahreszeit und Wochentag ein paar Trips mehr oder weniger.

-> Seattle: Mit "P.S.Express" 3x tägl., nur Personenfähre. 2 Std., ca. 35 US Hin- und Rückfahrt.

> -> <u>Victoria/Kanada</u>: 1 x tägl. Personenfähre, 3 Std., ca.36 US, retour 6o US. Schiff stoppt auch in Friday Harbor auf San Juan Island (2 Std., ca. 21 US, retour 35 US).

PORT TOWNSEND ⇒⇒→ PORT ANGELES

75 km, ca. 1 Std. Keine aufregende Strecke, auch der Ort <u>SEQUIM</u> bietet nichts, was einen Aufenthalt lohnen würde. Für Naturfreunde evtl. reizvoll der kurze Umweg ab Sequim zur <u>DUNGENESS NATIONAL WILDLIFE REFUGE</u>: Natur- und Vogelschutzgebiet an einer weit ins Meer hinausragenden Nehrung, der Dungeness Spit. Über 25o Arten von Wasservögeln finden hier Zuflucht. Schöne Wanderung über die sandige Landzunge. Bei gutem Wetter Blick auf die Strait of Juan de Fuca bis hinüber nach Vancouver Island in Kanada.

✦ Port Angeles (18.ooo Einw.)

Größte Stadt auf der Olympic Peninsula in privilegierter Lage zwischen dem Meer und den schneebedeckten Gipfeln der Olympic Mountains. Im Hafen Holzverarbeitung und -verladung. Die Baumstämme lagern auf den Kais und schwimmen zu Tausenden im Wasser.

Port Angeles ist vor allem interessant als Ausgangspunkt für Touren zur <u>HURRICANE RIDGE</u> im Olympic National Park und wegen der schnellen Fährverbindung nach Victoria auf Vancouver Island/Kanada. Im Ort hauptsächlich amerikanische Einheitsstraßen mit den üblichen Wohn- und Geschäftshäusern.

Tourist INFO <u>Chamber of Commerce</u>, E.Railroad Ave., am Fähranleger. Geöffn. Mo-Fr von 1o-16 Uhr, im Sommer tägl. von 9-22 Uhr. An der Zufahrt zur Hurricane Ridge auch das zentrale <u>Visitors Center</u> des Olympic National Park. Details siehe <u>Hurricane Ridge</u>.

<u>Post</u>: 424 E. First St. <u>Telefon</u>: Vorwahl 2o6

EDIZ HOOK: Bogenförmige Halbinsel um den Hafen. Am Ende die Lotsenstation und das Gebäude der Küstenwache. Von hier läßt sich die phantastische Lage von Port Angeles am besten erkennen: Im Vordergrund der Hafen, dahinter etwas erhöht die Stadt, dann die verschneiten Berge der Olympic Mountains. Zufahrt via Marine Drive und über das Gelände der Papierfabrik, die die gelben Seiten der Telefonbücher herstellt.

Im Stadtzentrum das <u>ARTHUR FEIRO MARINE LABORATORY</u>, City Pier, am Fähranleger. Meeresbiologische Forschungsstation mit kleiner Besucherabteilung. Aquarien und Pools mit einigen Exemplaren der Unterwasser- Fauna des Nordwestens. Geöffn. Sa/So von 12- 16 Uhr, im Sommer tägl. von 1o- 2o Uhr. Eintritt ca. 1 US.

Nicht weit davon das <u>CLALLAM COUNTY COURTHOUSE</u>, Lincoln

St./Ecke 4th Street. Backsteingebäude im georgianischen Stil, mit Säulen am Eingang und einem Uhrturm. Im Innern Regionalmuseum mit Dokumenten und Ausstellungsstücken zur Geschichte der Region, der Holzwirtschaft und des Hafens. Geöffn. Mo-Fr von 1o- 16 Uhr, im Sommer auch Sa. Eintritt frei.

"**Bayton's on the Bluff**", 824 W. 4th St. oberhalb des Hafens. Bed & Breakfast in ruhiger Wohngegend. Von den Zimmern großartiger Blick über Hafen und Meer bis nach Kanada, bei schönem Wetter sogar zum Mount Baker. Freundlich- familiäre Atmophäre. Geschmackvoll eingerichtete Zimmer mit Gemeinschaftsbad. DZ ab ca. 65 US. Tel. 457-5569.

"**The Tudor Inn**", 1lo8 S. Oak St., abseits vom Zentrum in ruhiger Wohngegend. Bed & Breakfast in altenglischem Fachwerkhaus, aufwendig und elegant mit Antiquitäten möbliert. Veranda und Garten. Die Zimmer relativ klein, bis auf eines nur mit Gemeinschaftsbad. DZ je nach Größe und Ausstattung ca. 6o- 9o US. Tel. 452-3138.

"**Uptown Motel**", Laurel St./Ecke 2nd St. Großer Motelkomplex mit mehreren Gebäuden auf dem Hügel oberhalb des Hafens in ruhiger Lage. Viele Zimmer mit Blick aufs Meer oder die Olympic Mountains. Modern und funktional eingerichtet, allerdings je nach Preisklasse recht unterschiedliche Qualität. DZ ab ca. 45 US, im Sommer ab 6o US. Tel. 457-9434.

"**Hill Haus Motel**", 111 E. 2nd St., zentral in ruhiger Wohngegend oberhalb des Hafens. Zimmer mit Blick aufs Meer oder die Berge. Ausgesprochen gepflegte Einrichtung. DZ ab ca. 45 US, im Sommer ab 75 US. Tel. 452-9285.

"**Aggie's Inn**", 6o2 E. Front St. Dreistöckiges Hotel/Motel an der Durchgangsstraße Nähe Zentrum. Mit Sauna und Mini- Hallenbad. Zimmer freundlich und hell, etwas abgewohntes Mobiliar. DZ ab ca. 45 US, im Sommer ab 6o US. Tel. 457-o471.

Eine Reihe der üblichen einfachen Motels entlang der Ausfallstraße befinden sich Nähe Aggie's Inn auf der E.First St. (DZ ca. 35- 6o US), z.B. "**Royal Victorian**", 521 E.First St., Tel. 452-2316, DZ ca. 32 US, im Sommer ab 4o US.

"House of Health Hostel", 511 E. First St., Tel. 457-3515. Zentral Nähe Fähranleger. In etwas heruntergekommenem Stadthaus. Mit finnischer Sauna und Whirlpool. Übernachtung pro Person ca. 11 US.

Schöner Platz an der Strecke zur Hurricane Ridge. Details siehe dort.

"GOLDEN GATE", 1O6 W. Front St. Großes Lokal, aber durch geschickte Abteilungen nicht ungemütlich. Rote Samttapeten und chinesische Lampen. Ausgezeichnete chinesische Küche insbesondere in Zubereitung von Shrimps und Muscheln, aber auch bei vegetarischen Gerichten mit diversen Gemüsesorten. Große Portionen zu günstigen Preisen. Hauptgerichte 5- 8 US, mehrgängige Menüs ab ca. 8 US. Mittags etwas preiswerter.

"SMITTY'S", 536 Marine Dr. In dem kleinen Häuschen am Holzhafen etwas Fast- Food Atmosphäre. Aber neben verschiedenen Sandwiches (ab ca. 4 US) auch Salatbar, Seafood und Steaks. Hauptgerichte inkl. Vorspeise ab 1o US.

"DOWNRIGGERS", 115 E.Railroad Ave. Im ersten Stock des Shopping-Centers am Fähranleger. Weiter Blick übers Meer bis nach Kanada. Steaks, Fisch und andere Hauptgerichte für ca. 1o- 15 US. Mittags auch kleinere Gerichte ab 5 US.

"THE BUSHWACKER", 1527 E.First St. Nobelrestaurant, spezialisiert auf Fisch und Seafood. Feine Lachs- und Austerngerichte. Besonders gut die Seafood- Combinations mit einer Auswahl leckerer Meerestiere aus dem Pazifik. Hauptgerichte ca. 1o- 2o US inkl. freier Auswahl an der Salatbar.

SELBSTVERSORGER

SAFEWAY, 115 E. 4th St. Großer, moderner Supermarkt, 24 Std. geöffnet.

PICKNICK: genügend Lebensmittel einpacken für den Ausflug zur Hurricane Ridge. Dort dann ein zünftiger Mittagsimbiß in der klaren Bergluft mit atemberaubendem Blick auf den Mount Olympus. Kein Panorama-Restaurant bietet mehr.

Verbindungen ab Port Angeles

Auto: Über Hwy. 1o1 nach Forks im Westen (9o km, ca. 1,5 Std.). Richtung Osten auf dem gleichen Highway nach Port Townsend (75 km, ca. 1 Std.).

Bus: Terminal zentral in der Liberty St., zwischen 1st St. und Front St. Mit Greyhound 1 x tägl. nach Seattle, 3 Std., ca. 15 US.

Mit den lokalen Bussen von "Clallam Transit" 7 x tägl. nach Forks (2 Std., ca. o,75 US). Unterwegs ab Sappho ein Anschlußbus (Linie 16, 1 Std., o,5o US) nach Neah Bay. Richtung Osten nach Sequim und von dort weiter mit "Jefferson Transit" nach Port Townsend.

Fähren: Vom Anleger in der Railroad Ave. nach Victoria auf Vancouver Island in Kanada: Mit "Victoria Rapid Transit" 2 x tägl. (im Sommer häufiger) Personenfähre, 1,5 Std., ca. 2o US hin und zurück. Mit "Black Ball Transport" 2 x tägl. (im Sommer 4 x) Autofähre, 1,5 Std., ca. 6 US pro Person one way, Auto inkl. Fahrer 24 US. Frühzeitige Reservierung für PKW ratsam, Tel. 457-4491.

✦Hurricane Ridge

Zu erreichen ab Port Angeles über eine Stichstraße, die zu einem Höhenkamm von fast 1.600 m führt. Die Straße endet an einem Parkplatz mit Snack Bar. Großartiger Ausblick auf die Strait of Juan de Fuca, weiterhin auf einige der 60 Gletscher der Olympic Mountains und den Regenwald des Olympic National Park. Landschaftlich einer der Höhepunkte auf der Olympic Peninsula, zudem leicht per Auto zu erreichen.

Zentrales Visitors Center des Olympic National Park an der Zufahrt im Süden von Port Angeles. Geöffnet tägl. von 8- 18 Uhr, im Winter kürzer. Hier zahlt man den Eintritt von 3 US pro PKW für den Nationalpark. Das Ticket gilt 7 Tage, daher aufheben und an anderen Stellen des Parks benutzen. Erhältlich hier auch die Camping- Permits für Übernachtungen im Park.

"Heart o'the Hills Campground", 6 km südl. von Port Angeles, direkt beim Eingang zum Nationalpark, mitten im Wald. Stellplätze relativ weit voneinander getrennt. Picknicktische, Toiletten, Wasser, jedoch keine Duschen. Stellplatz ca. 6 US.

Wandern: von der Ranger Station Hurricane Ridge 3 Rundwanderwege zwischen 1 und 2 km Länge. Am meisten sieht man auf dem High Ridge Loop: Auf der einen Seite reicht der Blick bis zum Mount Olympus, auf der anderen bis zur Strait of Juan de Fuca und nach Kanada. Der Loop läßt sich mit den beiden anderen Rundwegen auch zu einer längeren Tour kombinieren (Holztafel mit Karte gegenüber der Ranger Station). Die Pfade allerdings oft noch bis in den Frühsommer hinein verschneit.

Etwas schwieriger ist die Halbtagestour über den Switchback Trail: Ausgangspunkt an der Straße, ca. 3 km unterhalb von Hurricane Ridge. Zunächst bergauf, dann die meiste Zeit bergab, vorbei am Lake Angeles, bis zum Campingplatz "Heart o'the Hills" am Parkeingang. Rund 12 km.

TRANSPORT: für die 27 km Port Angeles -> Hurricane Ridge kein öffentlicher Busverkehr. Im Sommer täglich Tagestouren mit "Olympic Van Tours" (Tel. 452-3858), ca. 16 US. Bie 2 Personen lohnt sich schon ein Mietwagen für ein paar Stunden oder einen Tag: BUDGET, 111 E.Front St., Tel. 452-4774 oder ALL STAR, 602 E.Front St., Tel. 452-8001.

PORT ANGELES ⇒→ FORKS

90 km, ca. 1,5 Stunden auf der direkten Strecke. Die vielen lohnenden Stops und Abstecher (Crescent Lake, Sol Duc Hot Springs, Neah Bay) machen die Strecke schnell zu einem Tagestrip. Öffentliche Busverbindung mit "Clallam Transit" zwischen Port Angeles, Forks und Neah Bay; Details siehe Port Angeles.

Wenige Meilen westl. von Port Angeles führt der Hwy. 101 für kurze Zeit durch den Olympic National Park und entlang des <u>CRESCENT LAKE</u>: ein glasklarer Bergsee in einsamer Waldlandschaft, nur wenig Häuser. Bis spät in den Frühling sind einige der umliegenden Gipfel noch verschneit. Die Straße schlängelt sich am Südufer des Sees entlang. Dort das <u>Storm King Inform. Center</u> des National Parks und die <u>Lake Crescent Lodge</u>.

Am besten zugänglich ist der See am <u>EAST BEACH</u>. Schon bevor er in Sicht kommt, rechts abbiegen (ausgeschildert): kleiner Strand mit Blick über den See. Im Sommer ist das Wasser warm genug zum Baden. Gute Picknickmöglichkeit.

2 km vom Westufer des Sees Abzweigung einer Straße zu den <u>SOL DUC HOT SPRINGS</u>. Das heiße Thermalwasser fließt in Becken, - eine warme Entspannung bei kühlen Regentagen oder nach einer Wanderung. Geöffn. Ende Mai - Ende Sept., Eintritt ca. 5 US. Ferienresort für Übernachtung. In der Nähe der Quellen beginnen viele markierte Wanderwege zu Wasserfällen und Bergseen, die an Sommerwochenenden allerdings stark frequentiert sind.

Weiter westlich zweigt vom Hwy. 1o1 bei <u>SAPPHO</u> eine Nebenstraße ab Richtung <u>NEAH BAY</u> und <u>CAPE FLATTERY</u>. Landschaftlich schöne Strecke entlang der Strait of Juan de Fuca und Blick hinüber zur Kanadischen Küste. Sehenswert in Neah Bay das <u>MAKAH MUSEUM</u>: Anthropologische Ausstellung zur Kultur und zum Alltagsleben der Makah-Indianer. Rekonstruktion eines der typischen "long houses" sowie eines ausgetüftelten Drainage-Systems gegen die ständigen Regenfälle. Holzkanus, Kultgegenstände, Totempfähle. Geöffn. Mi-So von 1o- 17 Uhr, im Sommer täglich. Eintritt 3 US.

> Das Museum verdankt seine Existenz zwei <u>Naturkatastrophen</u>: um 15oo verschüttete eine Schlammlawine das <u>Indianerdorf Ozette</u> an der Küste südlich von Neah Bay. Mehrere "long houses" mit allem Inventar wurden darunter begraben und blieben jahrhundertelang verborgen. Im Januar 197o peitschte eine Sturmflut die Küste Washingtons, und die Wellen legten das Dorf wieder frei.
>
> Ein Glücksfall für Archäologen und Anthropologen, die sich in zehnjähriger Arbeit daranmachten, die hervorragend erhaltenen Gegenstände (Harpunen, Lanzen, Kochgeräte, Kultgegenstände) zu bergen und zu katalogisieren. Aufgrund dieses Fundes konnte ein großer Teil der längst vergessenen Lebensweise der Küstenindianer im Nordwesten rekonstruiert werden.
>
> Auch die <u>Makah-Indianer</u> beteiligten sich an den Ausgrabungen. Für sie stand weniger ein archäologisch-wissenschaftliches Interesse im Vordergrund, sie erlebten vielmehr eine Wiedergeburt ihrer eigenen Tradition und Geschichte. Sie kam zu einem Zeitpunkt, als das Interesse der Indianer an ihrer eigenen Kultur neu erwacht war und durch die Funde bei Ozette einen gewaltigen Schub erhielt. Das neue indianische Selbstbewußtsein manifestiert sich nun im Museum, das auch von den Indianern verwaltet und betreut wird.

Westlich von Neah Bay führt eine holprige Straße Richtung <u>CAPE FLATTERY</u>, dem nordwestlichsten Punkt der Olympic Peninsula. Das Kap ist nur zu Fuß zu erreichen, ca. 1/2 Std. vom Endpunkt der Straße.

Von den Klippen ein weiter Blick zum winzigen Tatoosh Island vor der Küste und hinüber nach Vancouver Island in Kanada.

Die Pazifikküste südlich von Cape Flattery ist einsam und nur an wenigen Stellen mit dem Fahrzeug zu erreichen. Ein großer Teil davon gehört zum Küstenabschnitt des Olympic National Park.

Zwei mögliche Zufahrten: zwischen Neah Bay und Sappho zum LAKE OZETTE, ein See direkt hinter einem schmalen Küstenstreifen. Von dort Fußwege zum einst verschütteten Indianerdorf Ozette. Kurz vor Forks Abzweigung zum Fischerdorf LA PUSH. Das Dorf trist, von dort aber schöne Strandwanderungen in der Einsamkeit des Nationalparks.

✦Forks (2.800 Einw.)

Trostloses Holzfällernest am Hwy. 1o1. Lediglich interessant als Übernachtungs- und Versorgungsstation bei Trips zum Hoh Rainforest im Olympic National Park. Restaurants, Läden, Hotels.

Visitor Information: Hwy. 1o1 am Südrand des Ortes. Daneben das FORKS TIMBER MUSEUM mit einer kleinen, informativen Sammlung zur Holzwirtschaft in der Region. Geöffn. Di-Sa von 1o- 18 Uhr, So 13- 17 Uhr. Eintritt frei.

Telefon: Vorwahl 2o6.

"Miller Tree Inn", E.Division St. Angenehmes Bed&Breakfast Haus am Ortsrand in ruhiger Lage. Umgeben von Wiesen und Bäumen. Familiäre Atmosphäre. Zimmer im Country-Stil mit Gemeinschaftsbädern. Großer Aufenthalts- und Frühstücksraum. DZ je nach Größe ca. 5o- 6o US. Tel. 374-68o6.

"Forks Motel", am Hwy. 1o1 im Ortszentrum. Großes Motel mit mehreren Gebäudetrakten. Möblierung einfach und funktional. DZ ab ca. 4o US. Tel. 374-6243 und 8oo-544-3416.

Jugendherberge: am Hwy. 1o1 zwischen Forks und Kataloch, Nähe Abzweigung der Stichstraße zum Hoh Rainforest. Details siehe dort.

"THE SMOKEHOUSE", Hwy. 1o1, 2 km nördlich von Forks. Einfaches Landgasthaus mit breiter Auswahl an Gerichten. Spezialität ist der selbstgeräucherte Lachs. Hauptgerichte abends ab 1o US inkl. Selbstbedienung an der Salatbar. Daneben auch preiswertere kleine Imbisse.

"PACIFIC PIZZA", am Hwy. 1o1 im Ortszentrum. Einfache Pizzeria, Nudelgerichte und Pizzas ab ca. 5 US.

Selbstversorger: unbedingt in Forks ausreichend einkaufen. Sowohl später am Hoh Rainforest als auch weiter südlich am Lake Quinault nur dürftig ausgestattete Läden. Großer Supermarkt am südlichen Ortsausgang von Forks: THRIFTWAY.

✦ Hoh Rainforest

Einer der wenigen, aber besonders attraktiven Zugänge zum Regenwald des Olympic National Park. Auf kurzen Rundwegen, aber auch Mehrtagestrails erhält man einen ausgezeichneten Einblick in die "Märchenwelt" des Regenwaldes.

ZUFAHRT: ab Forks über den Hwy. 1o1 südlich, ca. 2o km. Hier zweigt eine ausgeschilderte 3o km Stichpiste östlich ab, rauf zum Rainforest. Sie endet am Visitor Center, dem Ausgangspunkt der Wanderwege.

Kein öffentlicher Transport zum Visitor Center. Der Bus von Port Angeles endet in Forks. Im Sommer lediglich eine teure Tour ab Pt. Angeles mit "Olympic Van Tours", Tel.: (2o6) - 452- 3858.

Mietwagen daher sinnvoll. Allerdings Problem, wer ab Hoh Rainforest Visitor Center den lohnenden Trail über die nördl. Bergkette rüber nach Sol Duc Hot Springs wandern will. Vorab in Port Angeles Verbindungen abchecken, u.U. mit "Olympic Van Tours".

Hoh Rainforest Visitor Center. Info-Material und Kartenskizzen zu den Wanderwegen. Hier ist auch das "wilderness permit" für Mehrtagestrails erhältlich. Eintritt zum Nationalpark 3 US pro PKW. Das Ticket ist 7 Tage gültig und kann auch an anderen Zufahrten zum Olympic National Park verwendet werden.

Rainforest Hostel, am Hwy. 1o1 auf halber Strecke zwischen Forks und Kaloch, Tel. (2o6) 374-227o. Mangels anderer Unterkunft das einzige Dach überm Kopf in der Nähe des Regenwaldes. Abgelegene Herberge mit Familienanschluß. Ruhige Lage am Waldrand. Zwei Schlafsäle zu jeweils 4 und 6 Betten. Pro Person ca. 8 US.

"Hoh Rainforest Campground" beim Visitor Center. Schöner Platz auf Wiesen unter Bäumen, direkt am Fluß. Picknicktische, Toiletten, Wasser; keine Duschen. Stellplatz 6 US, keine Reservierung möglich. Ist der Platz voll, gibt es weitere entlang der Straße zwischen Hwy. 1o1 und Visitor Center. Für Wanderer im Nationalpark existieren primitive Campmöglichkeiten entlang der Trails, einige davon mit offener Schutzhütte.

Wandern: direkt beim Visitor Center beginnen zwei Rundwege Hall of Mosses und Spruce Nature Trail (1 bzw. 2 km). Sie zeigen typische Beispiele für die Pflanzen des Regenwaldes. Vor allem bei der Hall of Mosses Baumgruppen mit den lang und haarig von den Ästen herunterhängenden Moosen, die grüne Kuppeln bilden. Lohnt sehr!

Hoh River Trail: einer der großartigsten Wanderwege in Washington. Retour ca. 55 km, 2- 3 Tage bis zum Blue Glacier. Führt die ersten 2o km relativ eben entlang des Hoh Rivers im Tal aufwärts durch den Regenwald. Dieser Teil lohnt auch als Halbtages- oder Tagestour, je nachdem wie weit man vordringt.

Das letzte Teilstück des Trails biegt dann südwärts ab und steigt sehr steil im Tal des Glacier Creek aufwärts zum Blue Glacier, einem der Gletscher des Mount Olympus (2.431 m). Innerhalb von 8 km Trail sind 1.1oo m an Höhe zu überwinden. Erlebnis und Blick lohnen die Anstrengung: Gletscher und Gipfel direkt vor der Nase, der Nationalpark mit seinen Regenwäldern zu Füßen und im Hintergrund. Vorausgesetzt klares Wetter, die Gipfel und Gletscher sind jedoch oft von Wolken verhüllt.

Erste Durchquerung der Olympic Peninsula übrigens erst 189o. Eine von der Seattle Press finanzierte Expedition machte sich ab Port Angeles südwärts auf den Weg. Damals war die Halbinsel in ihrem Inneren noch nicht kartographiert, gewissermaßen eine "Terra Incognita". Da es keine Trails gab, mußte sich die Expedition mit ihrem schweren Gepäck querfeldein durch die dichten Wälder des unwegsamen Berglandes schlagen und benötigte fast 1/2 Jahr.

Erste Besteigung des Mount Olympus erst 19o7. Erhebliche Probleme bereiteten die Klimabedingungen mit plötzlich aufziehendem dichten Nebel, der jegliche Orientierung unmöglich machte und Regengüssen, die die Teilnehmer durchnäßten. Nicht ungefährlich auch der Gletscherbereich, der entsprechende Ausrüstung und Kenntnis erfordert.

Bedingungen, die auch heute gelten. Für die Gipfelbesteigung ist ein spezielles Permit der Ranger nötig. Ebenso muß man die Ausrüstung vorzeigen. Nie alleine gehen, damit bei Unfällen der/die Partner Hilfe holen können.

Am Blue Glacier, dem größten der Gletscher gibt es seit der 3o-er Jahre eine Gletscherforschungsstation, heute zugleich Rangerstation (Glacier Meadows).

Anstrengend, aber lohnend bei klarem Wetter ist der Trail ab Rangerstation Olympus (noch unten im Tal des Hoh Rivers) über die nördliche Bergkette des Tales rüber nach Sol Duc Hot Springs. Im Tal des Lake Creek gehts rauf zum fast 2.ooo m hohen Bogachiel Peak und weiter entlang der Bergkette, vorbei an kleineren Seen und Wasserfall. Details zum Mehrtagestrail, der entsprechende Ausrüstung und ein "wilderness permit" benötigt, im Hoh Rain Forest Visitor Center.

FORKS ⟶ LAKE QUINAULT

11o km, ca. 2 Std. Nach rund 2o km wird die Abzweigung zum Hoh Rain Forest erreicht. - Bei KALALOCH erreicht der Hwy. 1o1 den schmalen Küstenabschnitt des Olympic National Park und führt einige Kilometer hindurch. Gelegentlich führen Stichstraßen zum langen Sandstrand, der mit Treibholz und mächtigen ausgebleichten Baumstämmen übersät ist. Faszinierende Strandabschnitte mit donnernder Brandung abseits jeglicher Zivilisation.

Baden ist hier ebenso gefährlich wie anderswo an Washingtons Pazifikküste: tückische Strömungen, kaltes Wasser und mit der Brandung angeschwemmte Baumstämme stellen nicht zu unterschätzende Gefahren dar. Auch bei Strandwanderungen extreme Vorsicht: die hereinkommende Flut schneidet schnell die Verbindungswege zum sicheren Ufer ab. Ebenso bestehen Gefahren, wenn starke Winde das Strandgut wie Holz in die Luft schleudern; wer nicht aufpasst: tödliche Geschosse!

"Kalaloch Lodge": einziges zugleich aber auch angenehmes Hotel in diesem Bereich des Hwy 1o1. Hotel plus kleines Blockhüttendorf direkt oberhalb der Klippen am Meer, Zugang zum Strand. Rustikaler Komfort. Die Zimmer und Blockhütten in Größe und Ausstattung unterschiedlich, analog ihr Preis. DZ im Hotel ab ca. 5o US, die Häuser für 4 Personen 73- 95 US. Tel. (2o6) 962-2271.

"Kalaloch Campground" in der Nähe der Lodge zwischen Hwy 1o1 und Strand. Gepflegte Anlage mit Wiesen sowie Baum- und Buschbestand. Stellplätze in großzügigem Abstand, manche mit Meerblick. Picknicktische, Toiletten, Wasser; keine Duschen. Stellplatz ca. 6 US. - Im Ort Kalaloch auch Tankstelle.

★Lake Quinault

Bergsee am südwestlichen Rande des Olympic National Park, umgeben von dichtem Regenwald. Campingplätze und einige Hotels/Motels. Einer der bequemsten Ausgangspunkte zum Kennenlernen des südwestlichen Regenwaldes und für Wanderungen in die Wildnis des Nationalparks.

Vom Hwy. 1o1 jeweils eine Straße zum Nord- bzw. Südufer. Beide lassen sich zu einer knapp 5o km langen Rundtour um den See und entlang des Quinault River verbinden. Einige Streckenabschnitte führen durch den Regenwald. Ein Teil der Straße östlich des Sees ist nicht asphaltiert.

Quinault Ranger Station am Südufer des Sees, Tel. 288-2525.
Telefon: Vorwahl 2o6

"Lake Quinault Lodge" am Südufer des Sees. Traditionsreiches Waldhotel. Mit Holzschindeln paßt es sich dieser abgelegenen Gegend an. Große rustikale Lobby mit gemütlichen Sitzecken und Kamin. Terrasse zum See, Hallenbad, Restaurant. Zimmer eher einfach im Landhausstil, Bäder modernisiert. Zusätzlich ein neues Nebengebäude. DZ im Neubau ab ca. 8o US, im Hauptgebäude ab 85 US. Tel. 288-2571 und 800-562-6672.

"Rainforest Resort Village" am Südufer. Rustikales Feriendorf mit Hotel, Restaurant und kleinen Holzhäuschen. Alles direkt am See. DZ im Hotel ab ca. 7o US, die einfachen Häuser mit Kitchenette ab 5o US. Tel. 288-2535 und 800-255-6936.

"Lake Quinault Resort Motel" am Nordufer. Absolut ruhig gelegen, direkt am See. Alle Zimmer modern eingerichtet mit Kitchenette. Terrasse zum gepflegten Garten und See. Ruderboote stehen für Gäste zur Verfügung. DZ ab ca. 32 US, im Sommer ab 5o US. Tel. 288-2362.

"Amanda Park Motel" am Quinault River, zu erreichen direkt vom Hwy. 1o1. Ein-

Olympic Peninsula 249

faches Motel am Flußufer, ruhige Lage. Einrichtung neu, aber spärlich mit Plastikstühlen. Kleine Veranda. Während der Saison die preiswerteste Unterkunft am Lake Quinault. DZ ca. 4o US, im Sommer 45 US. Tel. 288-2237.

 "Willaby Campground" am Südufer. Liegt schön unter Bäumen. Weite Abstände zwischen den Stellplätzen. Picknicktische, Toiletten, Wasser; keine Duschen. Stellplatz 6 US, keine Reservierung möglich. Wenn der Platz voll ist: vergleichbarer Campground ein Stück weiter am Südufer: "Falls Creek".

 "QUINAULT MERCANTILE" gegenüber der Ranger Station am Südufer. Snack-Bar im besonders schnellen Fast-Food Stil für Notfälle. Die wenigen Alternativen sind allerdings weitaus teurer.

"LAKE QUINAULT LODGE": Hotelrestaurant am Südufer. Rustikalvornehmes Ambiente mit Blick auf den See. Internationale Küche, Spezialität Fisch und Seafood. Hauptgerichte ca. 1o- 15 US.

"RAINFOREST VILLAGE RESORT": in der kleinen Ferienkolonie am Südufer. Gemütliches Lokal mit Blick auf den See. Internationale Küche, Hauptgerichte um 1o US.

Selbstversorger: QUINAULT MERCANTILE am Südufer gegenüber der Ranger Station. Supermarkt mit dem Nötigsten. Ein ähnlicher Laden im Rainforest Village Resort. Besser Vorräte mitbringen.

Picknick: viele attraktive Picknickmöglichkeiten rund um den See.

Wandern: Quinault Loop Trail: einfacher, gut ausgebauter Rundweg zum Anschnuppern des Regenwaldes. Ausgangspunkt Willaby Campground am Südende des Sees. Zunächst am See entlang, dann in einen Wald mit bis zu 9o m hohen Douglas-Tannen. Überquerung eines kleinen Sumpfgebietes auf Holzbohlen. Manchmal sieht man Wapiti-Hirsche, die im Wald äsen. Rundweg 6 km, ca. 2 Std.

Der Loop läßt sich gut verbinden mit dem Willaby Creek Trail, der nach gut der Hälfte des Weges abzweigt. Er führt tiefer in die Wildnis und ist weniger ausgebaut. Kann sehr feucht und matschig sein, feste Wanderschuhe sind Voraussetzung. Umkehrpunkt am Ufer des Willaby Creek, wo ein großer Baumstamm über den Bach gestürzt ist. Dieser Abstecher vom Loop bringt erst das richtige "Regenwald- Feeling", da der enge Pfad nur mit Mühe sich seinen Weg durch den dichten Urwald bahnt. Sümpfe werden mit querliegendem Baumstamm überquert. Wanderung über beide Trails insgesamt 12 km, ca. 3- 4 Std.

Verbindungen: kein öffentlicher Transport zum Lake Quinault. Per Auto über Hwy. 1o1 Richtung Süden nach Aberdeen (7o km, ca. 1 Std.) und Richtung Norden nach Forks (11o km, ca. 2 Std.).

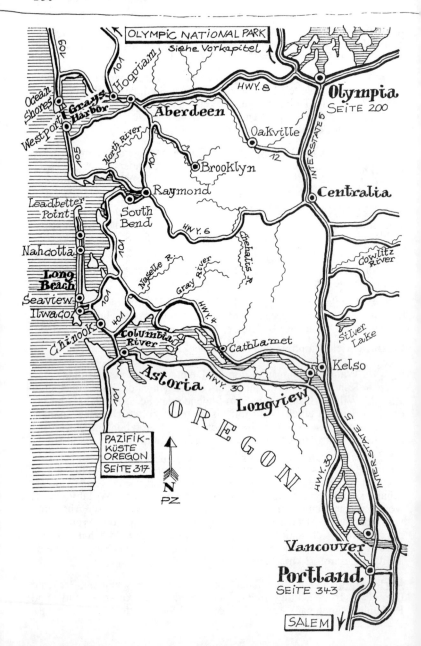

SÜDWEST WASHINGTON

Ähnlich abgelegen und wenig erschlossen wie die Olympic Peninsula. Entlang der Pazifikküste Buchten, Halbinseln und endlose Strände. Zum Baden allerdings zu kalt und zu gefährlich. Landschaftlich besonders reizvoll die Long Beach Peninsula und das Mündungsgebiet des Columbia River. Im Hinterland das Reich der Holzindustrie; kaum Orte oder Straßen.

Klima: Gemäßigtes Meeresklima. Die Winter mild und extrem regnerisch. Von Juni bis September häufig konstantes Hochdruckwetter mit langen Sonnenscheinperioden.

LAKE QUINAULT ⋙→ LONG BEACH

17o km, ca. 3 Std. auf der direkten Strecke über Hwy. 1o1. Einige Abstecher zur Küste möglich, aber nicht übermäßig aufregend.

Zwischen Lake Quinault und Aberdeen Wälder, Kahlschläge und Aufforstungen. Auf dem Highway in kurzer Folge die Holzlaster. Daß in der Region eine harte Auseinandersetzung um die Abholzung der Wälder geführt wird, merkt auch der Durchreisende. An Häusern oder Restaurants Schilder, die sich zur Holzwirtschaft bekennen: "This house is supported by timber dollars".

Neben jedem Wald ein Hinweis auf das Jahr der Abholzung und Neuan-

pflanzung. Botschaft: Wir holzen nicht nur ab, sondern forsten auch wieder auf. Die Umweltschützer halten dagegen, daß der jahrhundertealte Urwald durch schnellwachsende Nutzholz-Plantagen nicht zu ersetzen ist. Weitere Details zur hochbrisanten Auseinandersetzung um die Wälder im Nordwesten der USA im Kapitel "Natur und Umwelt".

Robert Gray

Größte Stadt entlang der Strecke ist **ABERDEEN** (18.000 Einw.), lebt vom Fischfang und den Sägemühlen. Industrie und triste Durchgangsstraßen bestimmen das Stadtbild. An die historische Bedeutung der Region erinnert Grays Harbor Historical Seaport: Ende des 18. Jhds. kreuzte vor der Küste Washingtons der amerikanische Pelzhändler Robert Gray und manifestierte damit die territorialen Ansprüche der USA im Nordwesten des Kontinents (Details siehe Kapitel "Geschichte"). Im Hafen die Rekonstruktion eines der Segelschiffe von Gray.

Von Aberdeen Abstecher zur Küste über Hwy. 1o9 möglich. Die Küstenstraße führt durch mehrere Badeorte wie Ocean Shores oder Pacific Beach. Sie sind ohne besonderen Charakter, eher interessant als Naherholungsgebiet für den Ballungsraum Seattle. Dazu Strände, Wälder und im Norden die Quinault Indian Reservation.

Von Aberdeen Richtung Süden 2 Alternativen: entweder direkt via Hwy. 1o1 nach Raymond oder Umweg entlang der Bucht von <u>GRAYS HARBOR</u> zur Pazifikküste. Die Küstenstraße führt durch Wälder, Marschland und vorbei an einigen Stränden. Bei Ebbe sind die Austernbänke von Grays Harbor zu sehen. In Bay City besteht die Möglichkeit sich bei "Brady's Oysters" einen preiswerten Vorrat der begehrten Meerestiere zuzulegen. Vom Badeort <u>WESTPORT</u> Personenfähre zum Norduferder Bucht von Grays Harbor. Insgesamt auch dieser Abstecher vom Hwy. 1o1 zur Küste nicht besonders aufregend.

Auch <u>RAYMOND</u> bietet kaum mehr als tristes Holzfäller-Ambiente. Von dort verläuft die Straße entlang der <u>WILLAPA BAY</u>, bekannt für intensive Austernzucht. Der Seafood- Market in der Shell-Tankstelle von <u>SOUTH BEND</u> verkauft erstklassige Austern frisch aus der Bucht oder geräuchert. Weiter südlich das weite Marschland der <u>WILLAPA NATIONAL WILDLIFE REFUGE,</u> ein Naturschutzgebiet mit vielfältiger Vogelwelt.

✦ Long Beach Peninsula

Bewaldete Halbinsel nördlich der Mündung des Columbia River, parallel zur Pazifikküste. Angenehm ruhiges Urlaubsgebiet mit verträumten kleinen Orten. Während der Sommerferien wird's allerdings etwas lebendiger.

Strände, Naturschutzgebiete, Austernzucht und einige Erinnerungen an die Siedlungsgeschichte des Staates Washington.

 Visitors Center in Seaview, an der Kreuzung der Highways 1o1 und 1o3.

Post: In Seaview an der Kreuzung der Highways 1o1 und 1o3. - **Telefon**: Vorwahl 2o6.

ILWACO, SEAVIEW und LONG BEACH sind die Hauptorte der Halbinsel und Eingangstor für Ausflüge zur Südspitze oder auf die gut 4o km lange nördliche Landzunge.

Die Hauptattraktion der Halbinsel liegt im Westen: Über 4o km ununterbrochener SANDSTRAND, dahinter Dünenlandschaft. Hat allerdings einen schweren Nachteil: Schwimmen und selbst Waten in der ungeheuren Brandung kann lebensgefährlich sein. Unerwartet hohe Wellen, tückische Strömungen und eiskaltes Wasser. Der Pazifik macht seinem Namen hier keine Ehre, auch wenn er noch so ruhig aussehen mag. Nicht ungefährlich für Spaziergänger auch der erlaubte Strandverkehr von Allrad-Fahrzeugen, die sich zeitweise in Scharen hier austoben.

FORT CANBY STATE PARK: Im Süden der Halbinsel, umfaßt die gesamte Landzunge im Mündungsgebiet des Columbia River. Vom Küstenabschnitt bei NORTH JETTY aus Blick auf den meist windgepeitschten Mündungstrichter und das Cape Disappointment. Auch die beiden Leuchttürme am Kap und am North Head sind von hier zu sehen.

Innerhalb des State Park auch das LEWIS AND CLARK INTERPRETIVE CENTER. Aufwendige und anschauliche Dokumentation der Expedition von Meriwether Lewis und William Clark durch den Nordwesten des amerikanischen Kontinents (18o4- o6 von St. Louis bis zur Columbia Mündung und zurück). Dokumente, Karten, Dia-Show. Geöffnet tägl. von 9- 17 Uhr, außerhalb der Sommersaison nur Sa/So von 1o- 15 Uhr. Eintritt frei. (Ausführliche Beschreibung dieser für die Erschließung des gesamten Oregon-Territory bedeutsamen Forschungreise Seite 11o).

Vom Museum schöner Blick aufs Meer und ein Fußweg zum Leuchtturm am CAPE DISAPPOINTMENT, das nach Süden hin in die Mündung des Columbia River hineinragt.

Das "Kap der Enttäuschung" führt seinen Namen nicht zu Unrecht. Tückische Strömungen, vorgelagerte Sandbänke, die angrenzende Felsküste und vor allem die Winterstürme haben diesen Küstenabschnitt in den Friedhof des Pazifik verwandelt. Über 2oo Schiffe aller Größe und Bauart sind während der letzten zwei Jahrhunderte an der Einfahrt in den Columbia River gescheitert. Der erste, der die Barriere überwand, war der amerikanische Kapitän und Pelzhändler Robert Gray. Er drang 1792 in die Mündung ein und benannte den Fluß nach seinem Schiff Columbia.

Längst nicht alle Verluste sind bekannt, aber schon die Namensliste der offiziell erfaßten Schiffe ist erschreckend. Seit 1792 der britische Tender "Chatham" verlorenging, ist kaum ein Jahr ohne Katastrophe verstrichen. 1853 versank die "Oriole", beladen mit dem Baumaterial für die Konstruktion des ersten Leuchtturms an der Flußmündung. 1881 erwischte es gleich 6 Schiffe. Und auch die moderne Schiffstechnik scheint der Passage am Cape Disappointment nicht vollständig gewachsen zu sein. In den achtziger Jahren waren noch 11 Verluste zu beklagen. Zuletzt sank 1991 das Fischerboot Sea King.

Fotos von gestrandeten Schiffen am Cape Disappointment im ILWACO HERITAGE MUSEUM (115 S.E. Lake St., Ilwaco). Außerdem Gebrauchsgegenstände der Indianer und Pioniere. Geöffnet während der Sommersaison Mo-Sa von 9-17 Uhr, So von 12- 16 Uhr; von Okt.-März nur Mi-So 13- 17 Uhr. Eintritt 1,25 US.

Die Fahrt nach Norden jenseits der Orte Seaview und Long Beach bringt zunächst nicht viel Neues. Kleine Ferienkolonien, Wälder und gelegentlich ein Zugang zum Strand. Interessanter jedoch der Ort NAHCOTTA an der Willapa Bay: Zentrum der Austernzucht. Ein großer Teil der Bucht ist belegt mit Austernbänken, am Ufer Berge leerer Muschelschalen.

OYSTERVILLE: schönster Ort der Halbinsel; ein malerisches Dörfchen an der Bucht, von der Zeit vergessen. Wunderschöne alte Wohnhäuser, ein weißes Kirchlein aus dem Jahr 1872 und ein Schulhaus wie aus einem Wildwest- Film. Alles gut erhalten und gepflegt, ohne Andenkenläden und Rummel. Wo andernorts ganze Museumsdörfer zusammengetragen werden, um das "American Heritage" zu bewahren, steht Oysterville einfach so in der Landschaft, wie es gewachsen ist. Schlicht, schön, sehenswert.

Die Halbinsel endet im Norden im LEADBETTER POINT STATE PARK: Naturschutzgebiet, ideal für Wanderungen durch Wälder, Dünen und Marschlandschaften. Gutes Terrain zur Beobachtung der zahlreichen Vogelarten, die Unzahl von Mücken beeinträchtigt leider das Naturerlebnis. Ausgangspunkt für Wanderungen am Ende der Stackpole Road nördlich von Oysterville. Zwischen April und August die Schutzzone in der Nordhälfte des Parks respektieren.

Die meisten Unterkünfte im Ort Long Beach entlang der Hauptstraße. Meist Einheits-Motels für 3o- 6o US, viele von ihnen heruntergekommen und in der Saison teuer vermietet. Empfehlenswert folgende:

"The Shelburne": Pacific Hwy. in Seaview. Besteht seit 1896 als Hotel und Gasthaus. Heute restauriert und modernisiert, ohne seinen romantischen und nostalgischen Charakter verloren zu haben. In der Lobby flackert der Kamin. Jedes Zimmer mit eigenem Stil, geschmackvoll mit europäischen und amerikanischen Antiquitäten eingerichtet. Freundliche Besitzer, die auch auf deutsch eine Menge hilfreicher Tips geben können. DZ je nach Größe und Ausstattung ca. 75- 12o US, phänomenales Frühstück inkl. Tel. 642-4142.

"Nendels Inn": loth Street, am Strand in Long Beach. Von außen zwei triste Kästen. Allerdings in ruhiger und schöner Lage am Meer. Viele Zimmer mit Meerblick, einfach

Südwest–Washington

und funktional eingerichtet mit kleiner Sitzecke. DZ ab ca. 53 US. Tel. 642-2311.

"**Super 8 Motel**": 5oo Ocean Beach Blvd., Long Beach. Kein Motel im üblichen Sinn, sondern dreistöckiges Holzgebäude. Hinter den Dünen in Strandnähe. Helle Zimmer, modern und funktional eingerichet. DZ je nach Saison ca. 42- 65 US. Tel. 642-8988 und 8oo-8oo-8ooo.

"**Sand-Lo**": Hauptstraße am Nordrand von Long Beach, etwas von der Straße zurückversetzt. Gepflegtes, modernisiertes Motel. Zimmer hell und freundlich. DZ ab ca. 36 US, außerhalb der Saison ab 33 US. Tel. 642-26oo.

"**Heidi's Inn**": Spruce St./Ecke Hwy. 1o1, im Zentrum von Ilwaco. Nächstgelegene Unterkunft zum Fort Canby State Park. Freundliches Motel, etwas zurückversetzt von der Straße. Parkplatz im Innenhof. Zimmer mit Kaffeemaschine und Kühlschrank. DZ ab ca. 35 US, im Sommer ab 4o US. Tel. 642-2387.

"Fort Columbia State Park", einige Kilometer östlich der Halbinsel beim Ort Chinook, Tel. 777-8755. Auf dem Gelände einer früheren Kaserne, heute State Park. Ruhig und schön gelegen oberhalb der Mündung des Columbia River. Weit vom Schuß, aber gemütlich. Geöffnet nur Juni bis Mitte September. Pro Person ca. 11 US.

"Fort Canby State Park", an der Südspitze der Halbinsel, Abzweigung in Ilwaco, Tel. 642-3o78. In weitläufigem Parkgelände mit Wiesen und Bäumen. Gepflegte sanitäre Anlagen. Stellplätze ca. 8- 12 US.

Größere Auswahl in Long Beach entlang der Hauptstraße. Meistens Fast-Food oder überteuerte Abfütterungshallen für Touristen. Gut bedient ist man in den folgenden:

"THE SHOALWATER", Pacific Hwy. in Seaview. Romantisches Nobelrestaurant in historischem Gebäude. Wechselnde Karte mit frischen Produkten der Saison. Atmosphäre und Qualität machen es zur ersten Wahl für Feinschmecker. Hauptgerichte 15- 2o US.

"THE ARK", in Nahcotta am Fischerhafen. Zwischen Bergen von Austern- und Muschelschalen. Nobelrestaurant mit Blick auf die Bucht. Frischer Fisch und Seafood. Besonders zu empfehlen die Austern-Zubereitungen. Allerdings nicht billig, Hauptgerichte ca. 15- 2o US.

"MILTON YORK", Pacific Hwy. im Zentrum von Long Beach. Café; gemütlich mit Fotos und Keramiktellern an der Wand. Frühstück ab 3 US, tagsüber und abends kleine Gerichte und Sandwiches für 4- 8 US. Außerdem Kaffee und Kuchen.

"CHUCK'S", Pacific Hwy. in Long Beach. Einfaches Lokal, vorne die Fast-Food Abteilung, hinten etwas gepflegterer Speisesaal. Reichlich Fisch- und Fleischgerichte, ca. 8- 1o US inkl. Auswahl an der Salatbar.

Selbstversorger: "JOLLY ROGER", am Fischerhafen in Nahcotta.

Absolut frische Austern direkt aus der Bucht. Außerdem Muscheln und Räucherfisch.

"ART'S SEAFOOD AND MARKET", Hauptstraße am Nordrand von Long Beach. Kleiner Supermarkt mit guter Fischabteilung.

"SID'S MARKET", Pacific Hwy. im Ortszentrum von Seaview. Moderner und gut sortierter Supermarkt.

Picknick: Wer am 4o km langen Strand oder in den dahinterliegenden Dünen keinen passenden Ort fürs Picknick findet ist selbst schuld. Etwas weniger windige und sandige Alternative ist der Fort Canby State Park.

TRANSPORT AUF DER LONG BEACH PENINSULA

Hwy. 1o3 verläuft in Nord/Süd Richtung über die gesamte Halbinsel von Ilwaco bis Leadbetter Point State Park. Bus Nr. 2o von "Pacific Transit System" verkehrt 13 x tägl. zwischen Ilwaco und Oysterville (45 Min., o,35 US). Aus- und Einsteigen überall an der Strecke möglich.

Auto: Hwy. 1o1 ist die Hauptverbindungsstraße ab Long Beach: Nach Süden über den Columbia River nach Oregon (Astoria/ 3o km, ca. 3o Min.); Richtung Norden über Aberdeen zum Lake Quinault (17o km/ ca. 3 Std.).

Bus: Bus- Terminal von "Pacific Transit System" in Ilwaco, Heritage Museum.

-> Astoria, Oregon: Bus Nr. 24, 4 x tägl., 3o Min., ca. o,5o US

-> Aberdeen (umsteigen in South Bend und Raymond, kein Anschluß zum Lake Quinault): Bus Nr. 5o, 2 x tägl., 5 Std., ca. 1,5o US.

LONG BEACH ≫→ VANCOUVER/WA.

19o km, ca. 3 Std. Wenig abwechslungsreiche Strecke, teils am Nordufer des Columbia River. Nach Portland/Oregon auf jeden Fall den Weg über Astoria und das Südufer vorziehen. Astoria und die Fahrt über die Brücke an der Columbia-Mündung bringen weitaus mehr als die Strecke durchs südwestliche Washington (siehe "Astoria", S. 336).

Kurz hinter Ilwaco durchquert man den unscheinbaren Ort CHINOOK. Kaum zu glauben, daß hier um 189o das höchst Pro-Kopf Einkommen der USA produziert wurde. Lachsfang in der Mündung des Columbia River war damals die magische Formel und das Geheimnis des Reichtums.

Der Lachsfang begann um 1865, später entwickelte sich daraus eine florierende Industrie. Gefangen wurde mit kleinen Ruderbooten für 2 Mann, die lange Schleppnetze quer über den Fluß spannten. Wegen des Gewichts der Netze, Strömung und Winden ein nicht ungefährlicher Job; es gab immer wieder Tote.

Gleichzeitig entstand eine Konservenindustrie. Hier waren die Chinesen beliebte Arbeits-

Südwest–Washington 257

LINKS: Lachs-konservenfabrik nähe Flußmündung des Columbia Rivers. Wegen der Gezeitenunterschiede waren die Fabriken auf Stelzen gebaut. Illustration aus dem Harpers Magazin 1882.

UNTEN: im Oberlauf des Columbia Rivers wurden Lachse teils auch mit sogen. "Lachs-Rädem" gefangen. (1890)

kräfte, die die stupide Tätigkeit mit äußerstem Fleiß erledigten. Der Lachs vom Columbia River war weltweit äußerst gefragt, z.B. 1879 wurden 1o6.1o2 Kisten mit Lachs nach England und 238.5oo nach San Francisco verschifft. Konservenfabriken gab es in

Dampfschiff auf dem Columbia River Nähe Mündung bei den Basaltklippen von Cathlamet.

Südwest-Washington 259

Chinook, aber auch in Astoria/Oregon. Die großen Zeiten sind vorbei, und Chinook ist heute ein unbedeutendes Nest.

DAMPFSCHIFFAHRT auf dem Columbia River: in der 2. Hälfte des 19. Jhds und bevor die Eisenbahn 1883 Portland erreichte, war der Columbia River der wichtigste Inlands- Verkehrsweg.

Er wurde mit Dampfschiffen befahren, teils auch mit Schaufelrad- Dampfern. Bei Kaskaden mußten die Waren ausgeladen und am Ufer entlang transportiert werden. Ein umständlicher und zeitaufwendiger Vorgang.

In der Ausgabe vom Dez. 1882 berichtet das amerik. Harpers Magazin über diese Flußfahrt, die streckenweise als landschaftlich großartig geschildert wird. Die Kapitäne, so Harpers, verfügten über große Erfahrung. Sehr schwierig war es, die schwerfälligen Schaufelraddampfer durch Flußverengungen und die dortigen Stromschnellen und Strudel zu steuern.

Die Kaskaden bei The Dalles erforderten Ausladen der Waren; parallel zum Fluß verlief dort ein 1o km Eisenbahngleis, mit dem die Kaskaden umgangen wurden. Anschließend wieder Verladung der Waren aufs Schiff.

Später baute die Oregon Railway and Navigation Company eine Gleisverbindung von The Dalles nach Walla Walla und weiter zur Mündung des Snake Rivers in den Columbia River. Ab diesem Zeitpunkt gab es nur noch wenige Frachtschiffverbindungen von The Dalles zur Snake River Mündung, da der Verkehr nunmehr über die Schiene lief. - Als dann am 8.9.1883 die Transkontinentalstrecke der Northern Pacific Railway eröffnet wurde, führte dies zu einer weiteren Reduzierung des Schiffsverkehrs auf dem Columbia River. Weitere Details siehe auch ab Seite 413.

FORT COLUMBIA STATE PARK (2 km östlich von Chinook): einst Befestigungsanlage zur Verteidigung der Flußmündung und zum Schutz des naheliegenden Handelsposten vor Indianerangriffen. Heute einsames Parkgelände zwischen den früheren Kasernengebäuden. In einem der Häuser eine Jugendherberge (Beschreibung siehe Long Beach Peninsula).

Nach weiteren ca. 5 km Abzweigung zur Brücke über den Columbia River nach Astoria (Details siehe dort). - Der Hwy. 4o1 dagegen führt zunächst weiter am Nordufer des Flusses entlang und biegt später ab ins Landesinnere. Ab NASELLE dann Hwy. 4 bis zu den Zwillingsstädten LONGVIEW und KELSO. Beide Städte höchstens Durchgangsstation für die Weiterfahrt auf Interstate 5 Richtung Olympia im Norden oder Portland im Süden.

An der Strecke nach Norden zahlreiche Kleinstädte ohne besonderen Charakter, aber lohnende Abstecher zum Mount St. Helens oder Mount Rainier (siehe Kapitel "Cascade Mountains/Wa.").

Erwähnenswert an der Autobahn Richtung Süden lediglich der letzte Ort vor Überquerung der Grenze nach Oregon: VANCOUVER, gibt immer wieder Anlaß zu Verwirrung und Verwechslung mit seinem 5oo km entfernten Namensvetter in Kanada. Zur Vermeidung von Verwechslungen wird der Zusatz angebracht: "Vancouver, WA" (Washington) bzw. "Vancouver, B.C." (British Columbia, Kanada).

CASCADE MOUNTAINS WA.

MT. TACOMA
Stich Ende 19. Jhd.

Bergkette zwischen Nordkalifornien und Kanada, die sich in Washington von ihrer schönsten Seite zeigt.

Neben den imposanten schneebedeckten Gipfeln ist Wasser das auffälligste Merkmal der Umwelt: Regen, Schnee, Flüsse, Gebirgsbäche, Seen. Neben der Katastrophenlandschaft am Mount St. Helens (nach dem Vulkanausbruch zur Touristenattraktion Nr. 1 avanciert) hauptsächlich grandiose einsame Gebirgs- und Waldgebiete, in denen Naturfreunde und Wanderer voll auf ihre Kosten kommen.

Die Gletscher am Mount Baker und Mount Rainier sind relativ leicht erreichbar und gehören zu den landschaftlichen Höhepunkten.

Das Gebirge ist erdgeschichtlich jung, seine Formation noch lange nicht zum Abschluß gekommen. Im Innern der Erde gärt es, und der Ausbruch des Mount St. Helens im Jahr 1980 war nur einer in der Reihe von vielen, die bereits erfolgt sind und noch kommen werden. Ausführliches zur Entstehung der Cascade Mountains und zu den Ursachen der dortigen Vulkanaktivitäten im Kapitel "Natur und Umwelt".

KLIMA: die Cascade Mountains bilden die klassische Wetterscheide im Bundesstaat Washington. Sie sind verantwortlich für das feuchte Klima im Küstenbereich und die trockene Landschaft im Osten des Staates. Die Gebirgskette mit Höhen bis zu rund 4.4oo m (Mt. Rainier) ziehen Niederschläge an: die feuchte Luft über dem Pazifik steigt vor den Bergen auf und regnet sich ab.

Von Oktober bis April daher Unmengen an Regen und in den höheren Lagen weltrekordreife Schneehöhen und gesperrte Straßen. Von Juni bis Mitte September in der Regel konstant gute Wetterlagen. Erst zu dieser Zeit ist auf der Höhe der Schnee getaut.

STRASSENNETZ: im Bereich der gesamten Cascade Mountains nur äußerst grobmaschig. Viele Querverbindungen über die Gebirgskette sind zudem mehr als 6 Monate im Jahr wegen Schnee gesperrt. Busverbindungen gibt es nur auf wenigen Strecken, so daß sich damit keine passable Rundtour zusammenbauen läßt. Mietwagen daher ab Seattle oder anderen Ausgangspunkten nötig.

Innerhalb der Cascade Mountains keine NORD/SÜD Verbindung. Schnellste Verkehrsader am westlichen Rand des Gebirges ist die Interstate 5, die von der kanadischen Grenze über Seattle-> Tacoma -> Olympia bis zum Columbia River im Süden führt. - Im Osten keine derartige Schnellverbindung: der Hwy. 97 schlängelt sich entlang der Berge.

In WEST/OST- Richtung gibt es 6 Übergänge, die sich zu Rundtouren verbinden lassen. Am beliebtesten ist der *NORTH CASCADES LOOP*, der von Seattle -> Everett -> Mt. Vernon via Hwy. 2o (= North Cascades Hwy.) über das Gebirge und südlich des Mt. Baker nach Winthrop führt. Großartige und wilde Landschaften im North Cascades Nation. Park. Die Straße ist nur Mitte Mai - Mitte Okt. befahrbar. Retour über's Gebirge via Hwy. 2 und Stevens Pass (im Winter durch Schneeräumfahrzeuge freigehalten) nach Seattle. Eigenes Auto nötig, da kein Busverkehr zwischen Mt. Vernon und Winthrop.

SOUTH CASCADES LOOP : führt von Auburn (südl. Seattle an der I 5) via Hwy. 41o zum Mt. Rainier Nat. Park, ebenfalls erreichbar ab Tacoma und Hwy 7. Der Mt. Rainier ist mit 4.394 m höchster Gipfel der Cascades, verschiedene Zufahrten in Nähe des Gipfels. Sie sind von Spätherbst bis Frühjahr wegen hoher Schneefälle nicht befahrbar. Retour entweder über den Hwy. 12 via Randle, - oder noch den Mt. St. Helens Nat. Park einbauen, der über Nebenstraßen erreicht wird. Auch hier eigenes Auto wegen fehlendem durchgängigem öffentl. Transport nötig.

Der *North- und South- Loop* lassen sich via Winthrop -> Chelan -> Ellensburg -> Yakima verbinden. Bei genügend Zeit (ca. 1 Woche) und eigenem Auto lohnender Rundtrip in den Cascades Mountains des Bundesstaates Washington. Details siehe folgender Text.

Cascade Mountains WA.

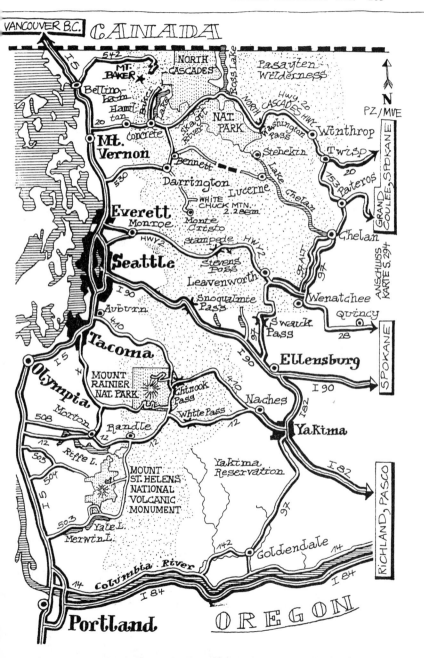

✱Mount Baker (3.284 m)

Der nördlichste der Vulkan- Kolosse in den Cascade Mountains. Der Gipfel ist das ganze Jahr über schneebedeckt und thront über dem Grenzgebiet zwischen Washington und Kanada. Bei klarem Wetter ein Orientierungspunkt selbst von den Inseln des Puget Sound. Die Höhenlagen sind für Wanderungen nur während der Sommermonate zugänglich, dafür sehr lange Saison im Skigebiet.

Erreichbar ist das Mount Baker Massiv über zwei Straßen: Hwy. 542 im Norden und Hwy. 2o im Süden. Eigenes Auto notwendig, da kein öffentlicher Transport.

⇨ NORD-ZUFAHRT

Ab Interstate 5, Exit 255 bei Bellingham. Dann ca. 1oo km bis zum Ende der Straße nordöstlich des Gipfels. Die Strecke führt in großer Schleife um den Nordhang des Vulkans und endet bei einem Skigebiet in 1.445 m. Einfache Unterkünfte in den Orten Glacier und Maple Falls am Hwy. 542.

Ski alpin: das Skigebiet am Mount Baker hat die längste Saison im Staat Washington (Ende Okt. bis Mitte Mai). 7 Sessel- und 2 Schlepplifte. Pisten aller Schwierigkeitsgrade, und an den Hängen der Berge Superpanorama auf den Dome und Shuksan Arm. Höchste Stelle auf 1.53o m am Gipfel des Panorama Dome, der seinen Namen zu Recht trägt: Der Blick auf den benachbarten Mount Baker läßt selbst fanatische Skiläufer vor der Abfahrt eine Weile staunend pausieren. Tagesticket während der Woche ca. 15 US, Sa/So 22 US. Ausrüstung pro Tag ca. 2o US.

Langlauf: "Salmon Ridge", ca. 65 km von Bellingham am Hwy. 542. 3o km gespurte Loipen. Tageskarte ca. 8 US, Ausrüstung 12 US.

⇨ SÜD-ZUFAHRT

Ab Interstate 5, Exit 23o und dort auf den North Cascades Highway (Hwy. 2o). Kurz hinter dem kleinen Ort HAMILTON links ab zum BAKER LAKE und rein in die waldreiche Landschaft unterhalb der Gletscher. Die Straße endet am Nordostufer des Sees, gelegentlich Blick zum Gipfel. Am Stausee gute Camp- und Wandermöglichkeiten. Übernachtung in und um Concrete am Hwy. 2o (siehe "North Cascades Highway").

Tourist INFO Informationszentrum des Mount Baker- Snoqualmie National Forest (Tel. 2o6-856-57oo) in Sedro Wooley am Hwy. 2o. Ausführliches Material und Karten zu Wandern und Camping rund um Mount Baker sowie im gesamten Bereich der nördlichen Cascades.

"Koma Kulshan Campground", unten im Tal am Upper Baker Dam. Etwas verwilderter Platz im Wald. Toiletten, Wasser; keine Duschen. Die Benutzung des Campground ist gratis.

"Baker Lake Resort" weiter oben am Baker Lake, geöffnet Mitte Mai bis Ende September. Stellplätze unter Bäumen, viele mit Blick auf den See. Außerdem zahlreiche Holzhütten, umgeben von gepflegtem Wiesengelände. Sanitäre Anlagen inkl. Duschen. Kleiner Laden mit dem Allernötigsten. Stellplätze ca. 1o US (Wochenende 12 US), Hütten je nach Ausstattung ca. 45- 9o US. Tel. 2o6-853-8325.

Zwischen beiden Plätzen entlang der Straße weitere, sehr einfache Campgrounds des National Forest Service.

Wandern: Baker Pass Trail, Tagestour zum Rand des Gletschers, nur möglich von Mitte Juli bis September. Ca. 1o km retour, teilweise extrem steil. Es geht von etwa 1.ooo rauf in 1.5oo m Höhe. Unterwegs ständig grandioser Blick zum Gipfel. Zu erreichen: Abfahrt von der Baker Lake Road kurz vor dem Staudamm nach links Richtung Schrieber's Meadow, ungeteerte Straße bis zum Ausgangspunkt des Trails.

✦ North Cascades Highway (Hwy. 2o)

Nördlichste Querverbindung durch die Cascade Mountains, von Mt. Vernon an der Pazifikküste nach Winthrop/Twisp am Ostrand der Gebirgskette. Faszinierende Strecke durch die rauhen und einsamen Gebirgslandschaften des NORTH CASCADES NATIONAL PARK.

> Bereits 1814 erforschte Alexander Ross die abgelegene Region. 188o- 191o folgten Prospektoren, die nach Gold, Zinn, Blei und Platin suchten. Die Minen wurden jedoch bald wieder geschlossen, da der Abtransport im unwegsamen Gelände zu schwierig und kostspielig war.
>
> Erneutes Interesse erfuhr die Gebirgsregion ab 2o-er Jahren, da das ständig wachsende Seattle nach Stromversorgung durch Wasserkraft suchte. Die "Seattle City Light" baute zwischen 1924 und 61 im Bereich der Gebirgskette 3 Staudämme (George Lake, Diablo Lake und Ross Lake). Dies führte zur Erschließung mit Straßen zu den Dämmen, - Verkehrswege, die bald auch Wanderer und Naturliebhaber nutzten. 1968 wurde die Region zur Nat. Recreation Area erklärt und 1988 zum Nationalpark.
>
> Im Bereich des Nationalparks gibt es eine Vielzahl an Gletschern, mehr als 1.5oo verschiedene Pflanze, Hunderte von Tierarten und viele Wanderwege und Mehrtagestrails, - diesbezüglich eine der attraktivsten Regionen in Washington.

Stark alpiner Charakter, steile Felswände, verschneite Gipfel sowie ungeheure Wassermengen in den Stauseen, Flüssen und Wasserfällen. Das Wasser scheint überall aus der Erde zu quellen und stürzt manchmal im breiten Strom aus den Felswänden heraus. Der Highway endet auf der Ostseite im Methow Valley, im Winter ein ausgedehntes Langlauf- Skigebiet.

Die Straße führt durch eine der abgelegensten und einsamsten Regionen der USA. Auf großartigen Trails erreicht man spätestens 1 km vom Highway entfernt die absolute Wildnis.

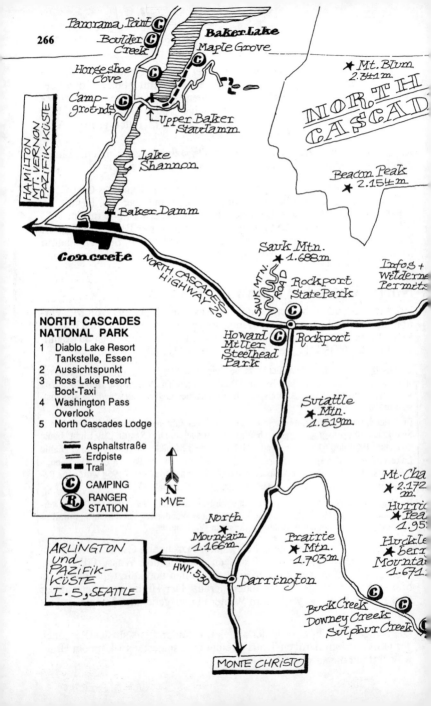

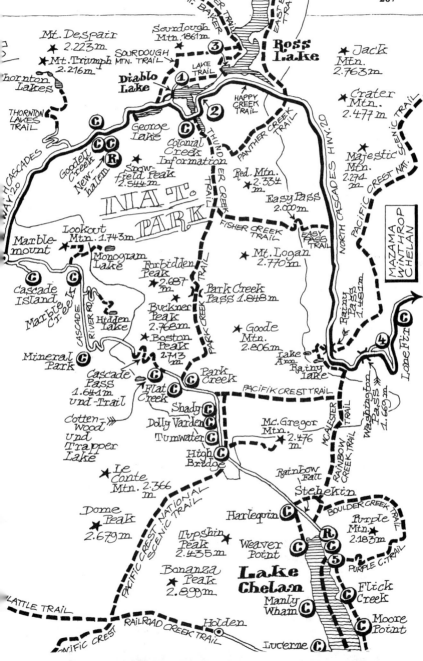

Tourist INFO Informationszentrum im Ort Sedro Woolley am Hwy 2o. Weiterhin Rangerstation bei Marblemount am Hwy. 2o. Hier gibts neben Infos auch das "wilderness-permit", erforderlich für Mehrtageswanderungen. Weitere Infobüros in Chelan sowie in Stehekin am Nordende des Lake Chelan (offen nur im Sommer). Erhältlich von dortigen Rangers ausführliches Material, Karten und Infos für Wanderungen.

Telefon: Vorwahl in allen Orten westlich vom Washington Pass (inkl. Lake Diablo) 2o6. Östlich gilt die Vorwahl 5o9.

Verbindungen: eigenes Auto nötig, da kein öffentlicher Transport. Die Straße kann nur während der schneefreien Zeit (ca. Mitte Mai bis Anfang Okt.) befahren werden.

Der erste Abschnitt verläuft von der Pazifikküste (I- 5) bei Mt. Vernon ostwärts und erreicht **CONCRETE**: Mini- Nest mit 6oo Einw. am Westrand der Cascades. Wegen Kalkvorkommen gab es hier um die Jhd.-Wende Zementwerke, von denen heute nur noch die Silos übrig sind. Einige Fassaden aus dieser Zeit werden als "Historic Downtown" angepriesen. Die Straße führt nicht ohne Grund am Ort vorbei. Evtl. Übernachtungsstop vor dem Trip in die Berge.

"**Cascade Mountain Inn**": 384o Pioneer Lane, im Ortsteil Birdview, kurz hinter der Abzweigung zum Baker Lake ab Hwy. 2o rechts ab. Bed&Breakfast in neuem Landhaus. Idyllisch zwischen Wald, Wiesen und Bergen; absolut ruhig. Zimmer gemütlich und geräumig. Dekoriert im Stil der verschiedenen Länder, in denen die deutschen Besitzer einen Teil ihres Lebens verbracht haben. Sie sind ausgezeichnete Kenner der Region und vermitteln Herzlichkeit und echte Gasthaus-Atmosphäre im traditionellen und positiven Sinn. DZ ca. 9o US, inkl. üppigem Frühstück. Tel. 826-4333.

"**North Cascade Inn**": 4284 Hwy. 2o, am Westrand von Concrete. Kleines Motel im Country-Look. Ruhig, da etwas vom Highway zurückversetzt. Dunkles, abgenutztes Mobiliar; die Zimmer ebenfalls düster. Sanitäre Anlagen sauber und modern. Restaurant nebenan. DZ ca. 43 US. Tel. 853-8771.

ROCKPORT: mit zwei Campingplätzen. Bei klarem Wetter lohnt der Abstecher rauf zum Sauk Mnt. (1.688 m). Die Erdpiste schlängelt sich in endlosen Serpentinen am Hang rauf und überwindet 4oo Höhenmeter. Oben großartiger Blick auf den Mount Baker und eine Vielzahl weiterer Gipfel. Zu Fuß braucht man ab Hwy. 2o wegen des Höhenunterschiedes rund 3 Std. retour.

MARBLEMOUNT: winziges Kaff und letzter Ort vor Überquerung der Bergkette. Ranger Station (Info und gratis- permit für nächtliches Campen in der Wildnis), Übernachtungsmöglichkeit im Ort und letzte Tankstelle.

"**The Log House Inn**": direkt am Hwy. 2o. Country-Stil, sehr einfach mit 5 Gästezimmern. Gemeinschaftsbad. DZ mit ca. 22 US ausgesprochen preiswert. Tel. 873-4311.

Camping "**Cascade Island**": rund 1,5 km westlich von Marblemount. Weitere entlang der Erdpiste zum Beginn des Cascade Pass Trail, siehe folgender Abschnitt.

Cascade Mountains WA. 269

Einer der schönsten Wanderwege quer durch den südlichen Teil des N. Cascade Nat. Park hat seinen Ausgangspunkt in Marblemount. Hier beginnt eine Erdpiste (Cascade River Road) entlang des gleichnamigen Rivers, die fast bis unterhalb des Boston Peak (2.713 m) im Nationalpark führt.

Erster Stützpunkt kann der Marble Creek Campinplatz sein, wo ein Trail auf den Lookout Moutain (1.743 m) führt mit großartigem Rundblick auf die Gletschergipfel des McAllister und Eldorado im Nationalpark. Ein Seitentrail führt zum Monogram Lake.

Weiter südlich an der Erdpiste ist der Mineral Park Campingplatz letzter Stützpunkt vor Überquerung der Gebirgskette (Cascade Trail).

Die Erdpiste (Cascade River Rd.) ab Marblemount bis zu ihrem Endpunkt beträgt ca. 3o km. Der CASCADE TRAIL überquert in vielen Serpentinen den Cascade Pass (1.641 m) zwischen dem Boston und Middle Cascade Gletscher. Anstrengend, gute Ausrüstung vorausgesetzt, aber grandioses Hochgebirgspanorama. Westlich erreicht der Trail den Cottonwood Campground. Hier beginnt eine Erdpiste zum Nordufer des Lake Chelan/Stehekin, befahren im Sommer von Shuttle-Bussen des Nationalparks. Ab Stehekin im Sommer regelmäßiger Schiffsverkehr über den See nach Chelan. Alle Details zum Trail und zu Verbindungen in der Rangerstation Marblemount bzw. Stehekin.

HWY 2o: östlich Marblemount beginnt der schönste Teil der Strecke. Die Asphaltstraße führt entlang des Skagit River, der in diesem Bereich für Wildwassertouren genutzt wird. Dichter Wald, graue Felsen und Gebirgsbäche, die in den Fluß hinunterschießen. Das Tal stellenweise sehr eng. Steil aufragende Felswände, dazwischen passen gerade noch der Fluß und die Straße. Wilde Berglandschaft, die reißenden Bäche haben tiefe Kerben in die Felsen geschnitten. Bäume klammern sich mühsam an den steinigen Boden.

"Goodell Creek Campground", gepflegt unter dichten Laubbäumen. Zugang zum Skagit River. Wasser, Toiletten, keine Duschen. Stellplätze in angenehmem Abstand, getrennt durch Bäume und Büsche. Ca. 5 US.

Nähe des Campinplatzes am Hwy. 2o beginnt nördlich eine Erdpiste, die in Serpentinen steil am Nordhang des Tales aufsteigt. Später Fortsetzung als Thornton Lakes Trail zu den gleichnamigen Seen im Hochgebirge unterhalb des Mt. Triumph (2.216 m).

GORGE CREEK FALLS, wo die Wassermassen über die Felsen stürzen und unter einer Brücke hindurchrauschen. Der Gorge Lake wurde durch einen Staudamm aufgestaut. **Warnung** für den Bereich zwischen Gorge Creek und Newhalem: der Fluß ist hier wegen Strudeln und reißender Strömung für Schlauchboot oder Kanu extrem gefährlich!

DIABLO LAKE: kleiner Stausee zwischen steilen Felswänden. Schönen Blick auf See und umliegende Berge hat man von der Staumauer sowie vom (2) Diablo Lake Overlook am Ostrand des Sees. Weitaus größer ist ROSS LAKE, ein Stausee, der sich rund 3o km in die Berge hineinzieht und bis nach Kanada reicht. Von der Straße ist nur ein kleiner Teil sichtbar. Erreichbar durch Wanderweg ab Ross Dam.

"Diablo Lake Resort": (1) Nähe Staumauer im Wald oberhalb des Nordufer des Sees. Mehrere gut ausgestattete Hütten mit Bad und Kitchenette. Restaurant. Hütten ab ca. 55 US. Tel. 386-4429.

"Colonial Creek Campground", Hwy. 2o am Lake Diablo. Stellplätze im Wald, getrennt durch Bäume und Waldstücke. Einige direkt am Seeufer. Picknicktische, Wasser und Toiletten, jedoch keine Duschen. Stellplatz ca. 7 US.

BADEN/WASSERSPORT: zum Baden oder Wasserskifahren sind beide Seen wegen ihrem Gletscherwasser zu kalt. Insbes. der Ross Lake ist aber sehr beliebt für jegliche Art von Boot-Sport und Angeln. Es gibt Rampen, wo die Amerikaner ihre Boote zum See runterfahren können, sowie Wasser Taxis auf dem Ross Lake.

Happy Creek Forest Trail: Kurzwanderweg flach durch den Wald Nähe Ross Lake und beginnend am Hwy. 2o (siehe unsere Karte). Im Rollstuhlfahrer- freundlichen Amerika ist der Trail auch für diese Gruppe erreichbar und bietet schöne Waldlandschaften. Für alle anderen, die keine größeren Wanderambitionen haben, bietet der Trail den Genuß des Relaxens vom Autofahren auf einem kurzem Spaziergang durch schöne Natur.

Lake Trail: beginnt am Diablo Staudamm und führt oberhalb des Nordufers rüber zum Ross Lake Resort (3) am gleichnamigen See. Eine leichte 5 km Wanderung von ca. 1 1/2 Std. Retour über den Ross- Staudamm zum Hwy. 2o, oder den Lake Trail mit dem Sourdough Mtn. Trail zu einer Rundwanderung verbinden.

Sourdough Mtn. Trail: anstrengende Bergwanderung rauf in 1.824 m unterhalb des gleichnamigen Gipfels (1.881 m). Der Trail bringt bei klarem Wetter großartigen Blick auf die im engen Tal liegende Stauseen sowie auf umliegenden Berggipfel.

East Bank Trail: entlang des Ostufers des Ross Lake rauf zur kanadischen Grenze und Nordufer des Sees. Vorab klären, inwieweit Rückholung mit Wasser- Taxi über den See möglich ist. Oder besser gleich hinwärts mit dem Taxi auf dem See und dann die Strecke zurück zum Hwy. 2o wandern. Weitere Campingplätze und Rangerstation gibt es erst im äußersten Norden des Sees nahe der kanad. Grenze.

Panther Creek Trail: führt vom Hwy. 2o in engem Tal rauf zum Forth of July Pass (1.067 m) und von dort runter zum Südufer des Diablo Lake.

Eine 2- Tageswanderung, die ein "wilderness permit" der Rangers benötigt.

Thunder Creek/Park Trail: mehrtägige Langstreckenwanderung vom Südufer des Diablo Lake über den 1.848 m hohen Park Creek Pass runter zum Nordufer des Lake Chelan. Nur für erfahrene Wanderer, "wilderness permit" von den Rangern nötig. Dort auch Details zum Trailverlauf, Karten sowie Informationen zur Begehbarkeit.

Der **HWY. 2o** verläuft nach Ross Lake weiter entlang des Tales des Ruby und Granite Creek ständig bergauf. Als Strecke reizvoll durch einsame Bergwelt ohne jegliche Siedlung.

RAINY PASS (1.481 m): wie der Name besagt, muß hier mit häufigem Regen gerechnet werden; dann ist die Sicht auf die umliegenden Berge entsprechend reduziert.

Rainy Trail: ab Pass und Hwy. 2o führt ein leichter 15 Min. Spaziergang zum kleinen Rainy Lake mit Abzweigung zum Lake Ann (Extrazeit plus ca. 3o Min. retour). Wenn die Wetterbedingungen gut sind, lohnen beide Abstecher.

Trail zum Nordufer Lake Chelan: beginnt rund 4 km südlich vom Rainy Pass am Hwy. 2o. Zunächst 5 km Anstieg im Tal des Bridge Creek und weiter auf dem McAlester Trail zum gleichnamigen Paß. Dort Rainbow Creek Trail runter zum Nordufer des Lake Chelan. Insges. ca. 2o km, die eine Übernachtung und "wilderness permit" benötigen. Details von den Park Rangers.

WASHINGTON PASS (1.669 m): höchste Stelle des Hwy. 2o und kurzer Wanderweg zum (4) Washington Pass Overlook: Superpanorama auf den Osthang der Cascades Mountains und ihre schroffen Gipfel.

Wenn es am Paß regnet oder selbst im Juni noch schneit, reicht der Blick häufig nicht weiter als 5o m. Trotzdem nicht verzeifeln: Erstens ist das hier an der Tagesordnung, und zweitens sind die Chancen groß, daß wenige Kilometer weiter östlich die Sonne herauskommt, da der Osthang von den feuchten Einflüssen des Pazifikklimas verschont bleibt.

WINTHROP (4oo Einw.): die Hauptstraße ist gesäumt von hölzernen Wildwest-Fassaden. Der Ort eine Kulisse wie im Hollywood-Film, die Bürgersteige überdacht, nostalgische Sättel oder Wagenräder vor den Geschäften, die obligatorische Bank. Statt Pferden allerdings Chevrolets und Pick-ups aufgereiht entlang der Straße.

Wintrhrop lebt vom Tourismus, das "John Wayne Building" ist einer der Anhaltspunkte dafür, daß die Western-Kulisse in Winthrop nicht original ist, sondern für die Touristen am North Cascades Highway auf alt getrimmt wurde. - Unterm Strich erster "größerer" Ort auf der Ostseite der Cascades mit Hotels, Restaurants und Tankstelle.

272 Cascade Mountains WA.

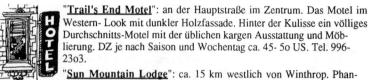

"Trail's End Motel": an der Hauptstraße im Zentrum. Das Motel im Western- Look mit dunkler Holzfassade. Hinter der Kulisse ein völliges Durchschnitts-Motel mit der üblichen kargen Ausstattung und Möblierung. DZ je nach Saison und Wochentag ca. 45- 5o US. Tel. 996-23o3.

"Sun Mountain Lodge": ca. 15 km westlich von Winthrop. Phantastisch gelegenes Nobelhotel auf einer Bergkuppe mit Rundumblick auf die Cascades und das Methow Valley. Sport- und Freizeithotel mit geheiztem SW-Pool und Whirlpool im Freien. Im Winter Anschluß an das Loipen- Netz des Methow Valley. Die Zimmer komfortabel- luxuriös im modernen Landhaus-Stil. Günstigste DZ je nach Saison und Wochentag ca. 9o- 11o US. Tel. 996-2211.

"Idle-A-While": im Ort Twisp, 12 km südlich von Winthrop. Freundliches Motel abseits der Straße. Mehrere flache Gebäude und einige gesonderte Wohneinheiten in kleinen Holzhäuschen. Überdachter Whirlpool und Sauna. Die Zimmer einfach eingerichet, DZ ca. 4o US, Häuschen mit Kitchenette 45 US. In der Nebensaison billiger. Tel. 997-3222.

"Sportsman": am östlichen Ortsrand von Twisp, auf einer Wiese und von der Straße zurückversetzt. Von außen eher abscheckend mit Wellblechdächern, die Zimmer aber für ein Motel sehr gemütlich mit Holzverkleidung und ordentlichen Möbeln. Zwar klein, aber wohnlich und sauber. Einige Einheiten mit Kitchenette. DZ ab ca. 35 US, in der Nebensaison läßt sich handeln. Tel. 997-2911.

CAMPINGPLÄTZE bestehen auf der Ostseite der Cascade Mountains seit "Lone Fire" am Hwy. 2o und wenige km nach dem Washington Pass.

"Early Winters Campground": 5 km vor Mazama am Hwy 2o. Etwas verwildert unter Bäumen. Einige Stellplätze am rauschenden Gebirgsfluß. Picknicktische, Wasser, Toiletten; keine Duschen. Ca. 6 US.

Weitere Campingplätze nördlich von Mazama und Seitentälern.

Ski-Langlauf: Methow Valley am Osthang der Cascades. 15o km Loipen im Bereich der Orte Mazama, Winthrop und Twisp. Dichteste Konzentration und schönste Strecken westlich von Winthrop und südöstlich von Mazama. Saison Dez.- Feb. Tagespaß ca. 8 US, Ausrüstung 12 US.

In diesem ablegenen Landesteil keine kulinarischen Höhenflüge erwarten. Die Mahlzeiten in den wenigen Restaurants sind einfach und bodenständig. Je nach Saison stehen frischer Lachs oder Forellen auf dem Speiseplan. Wer sich selbst versorgt, bringt am besten einen Grundstock an Nahrungsmitteln mit; die Läden in den winzigen Orten sind nicht übermäßig gut ausgestattet.

WINTHROP ⤳ CHELAN

1oo km, ca. 2 Std. über Hwy. 2o, später Hwy. 153. Angenehme, aber wenig aufregende Fahrt entlang des Methow River. Die zweite Streckenhälfte am engen LAKE PATEROS. Ödes, felsiges Land. Durch Bewässerung ausgedehnte Apfelplantagen entlang des Flusses.

Der Washington State deckt fast den gesamten Bedarf an ÄPFELN der USA sowie exportiert vorwiegend in die Länder Asiens.

Von den 80 Millionen Kisten, die Washington jährlich produziert, entfallen allein 1o % auf die Täler um Chelan, und der "Red Delicious" ist hier der König. Künstliche Bewässerung der Plantagen macht diesen Segen seit Ende des letzten Jahrhunderts möglich. Auch wenn die Produktion seit Jahren zurückgeht, bleibt der Apfel aus Chelan einer der Marktführer in der Welt.

Großen Anteil am Erfolg des Apfels haben die mexikanischen Wanderarbeiter, die je nach Erntezeit als billige Arbeitskräfte eingesetzt werden. Sie sind wegen der strengen Immigrationsbestimmungen noch anspruchsloser und dadurch für die Apfelproduzenten die billigste Alternative auf dem Arbeitsmarkt.

✦Chelan (3.ooo Einw.)

Am Südostende des gleichnamigen Sees, der die wichtigste Ferienregion im Osten der Cascade Mountains darstellt. Der Ort Chelan selbst ist etwas farblos, bringt aber alle wichtigen Einrichtungen wie Hotels, Restaurants und ist Ausgangspunkt für Touren und sportliche Aktivitäten am See.

Chamber of Commerce, 1o2 E.Johnson St./Ecke Columbia St., Tel. 682-35o3.

Post: 144 E.Johnson St. - **Telefon**: Vorwahl 5o9

Im Ort Chelan sehenswert lediglich das HISTORICAL SOCIETY MUSEUM, Woodin Ave./Ecke Emerson St. Kleine Ausstellung mit den üblichen lokalen Erinnerungsstücken wie Fotos, alte Schreibmaschinen, Uniformen und Waffen. Eine Besonderheit allerdings die riesige Sammlung von "apple labels": Hunderte kleiner Plakate, die die Apfelkisten der jeweiligen Produzenten identifizierten. Ein origineller Gang durch die Geschichte des Apfelanbaus und der Werbemethoden in einem der größten Obstanbaugebiete der USA. Viele der graphisch sehr ansprechenden Blätter werden verkauft, ein ungewöhnliches Souvenir. Museum geöffnet Mo-Sa von 13- 16 Uhr, Eintritt frei.

Die Alternativen sind klar in Chelan: entweder Motel oder Bed&Breakfast im Ort oder eines der komfortablen Ferien-Hotels am Seeufer.

"**Campbell's Resort**": 1o4 W.Woodin Ave., im Ortszentrum direkt am Seeufer. Eigener Strand mit Bootsanleger. SW-Pool und Whirlpool. Gebäude im Motel-Stil, die Zimmer mit Blick auf den See. Balkon oder Terrasse. Hell und modern eingerichtet. DZ im Juli/Aug. ab ca. 1oo US, in der restlichen Jahreszeit je nach Saison billiger. Tel. 682-2561 und 800-553-8225.

"**Judge Long's Pink Lady**": 427 3rd St. Eine der preiswerteren Bed&Breakfast Alternativen von Chelan. In ruhiger Wohngegend Nähe Mündung des Flusses in den Lake Chelan. 5 Gästezimmer, eingerichtet im französischen Country-Stil. DZ ab ca. 7o

US, inkl. leichtes Frühstück. Tel. 682-5735 und 800-729-2408.

"**Midtowner Motel**": 721 Woodin Ave. Motel mit mehreren Gebäudekomplexen an der Hauptstraße. Sauna und SW-Pool (windgeschützt und teilweise überdacht). Alle Zimmer mit Kühlschrank. DZ in der Hochsaison ca. 60 US, Nebensaison 40 US. Im Winter läßt sich der Preis noch weiter herunterhandeln. Tel. 682-4051.

"**Mom's Montlake Motel**": 823 Wapato Ave., in ruhiger Nebenstraße am Ortsrand. Motel mit etwas persönlicherem Stil als der Durchschnitt. Kleine, schnuckelige Häuschen in einfachem Gartengelände. Gemütliche Zimmer, klein mit Holzverkleidung. Einige Einheiten mit Kitchenette. DZ in der Hochsaison ca. 45 US, in der Nebensaison je nach Marktlage weniger. Tel. 682-5715.

"Lake Chelan State Park", am Südwestufer des Sees, ca. 15 km vom Ort Chelan, Tel. 687-3710. Zu erreichen ab Chelan über South Shore Road. Am Seeufer mit Strand. Picknicktische und sanitäre Einrichtungen inkl. Duschen. Gepflegte Anlage, geöffn. Mitte April bis Ende September. In den Sommermonaten unbedingt reservieren. Stellplatz ca. 8 US.

"LAKE GARDEN", 119 Woodin Ave. Halbwegs gemütlich, auch wenn es von außen nicht so erscheint. Chinesische und amerikanische Küche. Mehrgängige Menüs mit chinesischen Gerichten 6- 12 US, mittags preiswerte kleine Gerichte unter 5 US.

"THE CROCKERY", 114 Emerson St. Typisches Steak- und Seafood-House. Düstere Atmosphäre, Tische im "Abteilstil" der Eisenbahn. Frühstück ab ca. 3 US, riesige Mittagskarte vom Truthahn bis zum Fisch für 5- 7 US. Abendessen feiner und teurer: Steaks und Seafood zwischen 10 und 20 US.

"CAMPBELL'S", 401 W.Woodin Ave. Der richtige Ort für ein gepflegtes Abendessen. Feine Küche mit frischen Produkten der Region und der Saison. Hervorragend die Lamm-Spezialitäten. Hauptgerichte mittags 5- 7 US, abends 10- 15 US.

Selbstversorger: "SAFEWAY", Johnson St./Ecke Columbia St. Großer, moderner Supermarkt mit breitgefächertem Angebot.

"APPLES": Wer Äpfel mag, befindet sich am Lake Chelan im Paradies. Die süßen "Red Delicious" sind überall und preiswert zu haben. Für völlig Ausgehungerte liegen auch einige im Körbchen zur Selbstbedienung beim Tourist Info der "Chamber of Commerce" aus.

SPORT

Windsurfen: Der Lake Chelan ist ein Super-Revier für Surfer. Fallwinde von den Bergen geben den richtigen Schwung. Je nach Wetterlage für Anfänger und Experten. Verleih: "Chelan Boat Rentals", 1210 Woodin Ave., ca. 10 US pro Stunde.

Kanu: Touren auf dem See werden interessanter, je weiter man zu den entlegenen und landschaftlich schönen Stellen vordringt. Verleih: "Ship'n Shore", 123o W.Woodin Ave., ca. 1o US pro Boot und Stunde.

Wandern: vom Ort Chelan keine lohnenden Touren. Wer mit dem Boot nach Stehekin fährt, stößt allerdings in die schönste Landschaft der Cascade Mountains vor. Details siehe "Lake Chelan".

Verbindungen ab Chelan

Auto: Nach <u>Norden</u> über Hwy. 97 (später 153 und 2o) zum North Cascades Highway: bis Winthrop 1oo km, ca. 2 Std. Nach <u>Westen</u> über Hwy. 97 (später Hwy. 2) und den Stevens Pass zum Puget Sound: bis Seattle 25o km, ca. 4- 5 Std. Nach <u>Süden</u> über Hwy. 97 bis Yakima (22o km, ca. 4- 5 Std.). Ri. <u>Osten</u> via Hwy. 97/173 nach Grand Coulee (13o km, ca. 2 Std.).

Schiff: 2 Boote verkehren vom Ort Chelan über die gesamte Länge des Sees nach Stehekin. Sommerfahrplan von Mitte April bis Mitte Oktober; im Winter eingeschränkter Verkehr.

"<u>Lady of the Lake</u>": das größere und langsamere Schiff. 1 x tägl. morgens ab Chelan, 4 Std. one way, 1.5 Std. Aufenthalt in Stehekin, Rückkehr gegen Abend in Chelan. Roundtrip ca. 22 US.

"<u>Lady Express</u>": Schnellboot. Abfahrt ebenfalls 1 x tägl. morgens ab Chelan, 2 Std. pro Strecke, dazu 1 Std. Aufenthalt in Stehekin. Rückkehr am frühen Nachmittag in Chelan. Roundtrip ca. 4o US.

Flug: Super-Erlebnis der Flug im einmotorigen Wasserflugzeug von Chelan nach Stehekin entlang der gesamten Länge des Sees. Großartiges Panorama. Roundtrip ca. 75 US.

<u>Tip</u>: Geht auch in Kombination mit dem Schiff: Flug einfach 4o US plus Bootstrip mit "Lady of the Lake" (15 US one way) macht insgesamt 55 US und lohnt auf jeden Fall mehr als die Rundtour mit dem Schnellboot.

Bus: lediglich eine einzige umständliche Verbindung mit "Empire Lines" nach <u>Grand Coulee</u> (8 Std., ca. 15 US) und <u>Spokane</u> (1o Std., ca. 27 US). Umsteigen und lange Wartezeit in <u>Wenatchee</u>. Von dort auch Verbindung rüber nach Seattle am Puget Sound.

Lake Chelan

Der 75 km lange Stausee windet sich wie ein Regenwurm durch die östlichen Bergketten der Cascade Mountains. Ein schmaler Wasserweg, begrenzt von dicht bewaldeten Ufern, im Hintergrund die felsigen und schneebedeckten Gipfel.

Nur der äußerste Südost- Bereich des Sees um CHELAN ist per Straße erschlossen: Am dortigen Nordufer wenige Meilen bis Manson, sowie am Südwest-Ufer eine Erdpiste zu den Campingplätzen "Twenty Five Miles Creek" und "Ramona Park".

Der eigentliche Reiz beginnt im nördlichen Teil des Sees/Stehekin: erreichbar nur per Boot oder Wasserflugzeug (siehe oben "Verbindungen), oder über einen gut 8o km langen Trail entlang des östlichen Ufers. Die meisten realisieren den See aber per Boot oder Wasserflugzeug, um dann ab Stehekin dort lohnendere Wanderungen einzubauen.

STEHEKIN: am Nordende des Sees, Ausgangspunkt für Wanderungen und Campingplätze weiter nördlich. Der Shuttle Bus des Nationalparks fährt auf der Erdpiste bis "High Bridge" und weiter zum Endpunkt beim "Flat Creek Camping" (im Sommer regelmäßig). Ansonsten für Autos gesperrt, - dafür gibts "Natur-pur", jede Menge an Campingplätzen und spektakuläre Trails in großartiger Berglandschaft.

Rangerstation in Stehekin am Endpunkt der Schiffsverbindung über den See. Kartenmaterial, Infos zu Trails und Campgrounds, sowie "wilderness- permits" für Mehrtagestrails.

Purple Creek Trail/Boulder Creek Trail: umrundet den 2.183 m hohen Purple Mtn. Ein anspruchsvoller Trail für erfahrene Wanderer mit entsprechender Ausrüstung.

Rainbow Fall: an der Erdpiste vom Bootsanleger und der Erdpiste rauf nach High Bridge. Hier befindet sich ein Schulgebäude, das von Siedlern 1928- 88 genutzt wurde.

Cascade Pass Trail: führt vom Endpunkt der Piste und dortigem "Flat Creek" Campingplatz über die Gebirgskette zu einer Erdpiste nach Marblemount am Hyw. 2o (Details siehe dort).

Rainbow Creek/McAlester Trail: führt von Stehekin nördlich zum Rainy Pass/Hwy 2o. Details siehe dort.

Weitere Trails siehe Infos in der Rangerstation Stehekin.

CHELAN ⋙➤ WENATCHEE ⋙➤ ELLENSBURG

Rund 65 km bis Wenatchee. Alternative entweder über den Hwy. 97 am östlichen Ufer des Columbia Rivers, - oder den Hwy. 97 Alt. westlich. Obstplantagen und öd-karge Berghänge am Columbia River. **WENATCHEE** (18.000 Einw.) ist ebenfalls Zentrum des Apfelanbaus und bietet als Ort noch weniger als Chelan.

Bei Wenatchee macht der Hwy. 97 einen scharfen Knick nach Westen, verläßt den Columbia River und nähert sich wieder den Cascade Mountains. Knapp 3o km Autobahn bis **LEAVENWORTH** (1.5oo Einw.),

Cascade Mountains WA. 277

wo eine US-Kopie eines "bayrischen Alpendorfes" den Besucher erwartet.
Ursprünglich eine Holzfällersiedlung Ende des 19. Jhds., als das Gleis der "Great Northern Railway" den Ort erreichte (Details siehe Kapitel "Geschichte"). Als sich dann die "good times" dicker Profite Ende der 60-er Jahre im Holzhandel dem Ende neigten, besann man sich auf die Vergangenheit deutscher Einwanderer.
Wenn die Landschaft schon alpinen Charakter hat, warum dann nicht auch ein bayerisches Dorf hineinsetzen? Kalkuliert wurde mit amerikanischen Klischees zu Europa und touristichen Einkünften aus einer hingestylten "Bayernblüte" in den Cascades.
Das Konzept erwies sich kommerziell erfolgreich. Den Besucher begrüßt heute ein deutschsprachiges Schild "Willkommen zu Leavenworth". Weiter gehts im "Enzian Motor Inn", "Bayern Village Motel" oder "Glockenspiel Mall". Dazu jede Menge Edelweiß, Bratwurst, Andenken- Kitsch und eine geballte Ladung an Fachwerkfassaden.

Ab LEAVENWORTH entweder über den Hwy. 2 retour nach SEATTLE. Die Straße überquert den 1.237 m hohen Stevens Pass. Im Winter nach Möglichkeit von Schneeräumfahrzeugen freigehalten. ZUG: der transkontinentale Amtrak von Chicago nach Seattle (tägl.) unterquert den Stevens Pass.

Oder: ab Leavenworth südwärts über den Hwy 97 nach ELLENSBURG. Der Hwy. hervorragend ausgebaut, jedoch kurvenreich und absolut einsame Landschaft. Mit 1.25o m höchste Stelle ist der SWAUK PASS.

"Mineral Springs", einige Kilometer südlich vom Swauk Pass. Schön gelegen unter Bäumen oberhalb der Straße. Picknicktische, Wasseranschluß. Stellplatz ca. 5 US. Auf der anderen Straßenseite die Plätze für Wohnmobile sowie ein Restaurant. Für Camper ein erholsamer Zwischenstop auf der Strecke zwischen Chelan und Mount Rainier.

Südlich vom SWAUK PASS verläßt der Hwy. 97 wieder das Gebirge und führt in die weite Steppenlandschaft von Ost-Washington. Der Abstecher vom Highway nach **ELLENSBURG** ist nicht unbedingt nötig: eine durchschnittliche amerikanische Stadt mit Midwest- Charakter. Verkehrsknotenpunkt, im Zentrum einige Fassaden aus dem 19. Jhd.

Ellensburg liegt an der Autobahn **Interstate 9o**: der schnellste Weg zurück nach Seattle und West-Washington. Führt entlang mehrerer großer Bergseen über den Snoqualmie Pass, knapp 1.ooo m hoch und ganzjährig befahrbar. In der Nähe des Passes mehrere Skigebiete (Details zum Skilaufen siehe Kapitel "Seattle/Sport").

Landschaftlicher Leckerbissen direkt an der Strecke sind die SNOQUALMIE FALLS: von senkrecht abfallenden Felswänden stürzt rund 8o m ein Wasserfall in die Tiefe. Je nach Jahreszeit ein unterschiedliches Schauspiel: bei Hochwasser (z.B. nach der Schneeschmelze) tost das Wasser über die gesamte Kante, sonst nur zwei tief eingefurchte Kerben. Ein Wanderweg führt zum Fuß des Wasserfalls, von wo man die Wucht des Wasserfalls noch eindrucksvoller erleben kann. Zu erreichen über die Abfahrt "Snoqualmie" ca. 45 km westlich von Seattle.

ELLENSBURG ⇶→ MT. RAINIER NAT. PARK

Nach Süden weiter bis <u>YAKIMA</u> (55 km ab Ellensburg) auf der Interstate 82, die sich in kühnem Schwung den Berg hinaufwindet. Ein Prachtstück an Streckenführung und Aussicht. Nicht verpassen auf der Höhe die Abfahrt zum <u>Vista Point</u>: vom Parkplatz Superblick in die Ferne auf die Hügel und Ebenen Ost- Washingtons sowie im Nordwesten die verschneite Bergkette der Cascades. Ein bemerkenswerter Eindruck von den Dimensionen, die in diesem Land herrschen.

Zwischenstop in <u>YAKIMA</u> lohnt wegen des ausgezeichneten Museums zur Indianer- Kultur und Besichtigung der Weingüter. Details zu Yakima siehe Seite 295. Die Straße zum Mount Rainier Nat. Park zweigt nördlich von Yakima von I-82 ab: Exit 31.

---

8 km westl. von <u>Naches</u> dann Alternative: entweder über den Hwy. 12 via <u>White Pass</u>. Oder die nördliche Route via Hwy. 41o zum <u>Chinook Pass</u>. Beide Strecken sind an km in etwa gleich lang, der Hwy. 41o aber steiler, kurvenreicher und <u>im Winter</u> gesperrt.

<u>CHINOOK PASS</u>: entlang des Hwy. 41o rauf zum Pass eine Vielzahl an Campingplätzen. Straße und Fluß schlängeln sich durch ein enges, wildromantisches Tal mit Felsen, Wald und reißenden Bächen.

An der Strecke rauf zum Pass rund 1o Campingplätze, meist einfach ausgestattet, aber in schöner Lage im Wald bzw. Flußnähe. Tip u.a. "Indian Flat", Picknicktische, Toiletten, Stellplatz ca. 5 US.

Die Passhöhe auf 1.655 m, kurz danach beginnt der Nationalpark: abenteuerlich in den Fels gehauenene Serpentinen führen steil bergab. Die Abzweigung in den südlichen und schöneren Teil des Parks (Hwy. 123) kommt unverhofft hinter einer Kurve. Nach Norden weiter Hwy. 41o mit Abzweiger zum Skigebiet Crystal Mountain.

<u>WHITE PASS</u>: mit 1.37o m weitaus niedriger als der Chinook Pass, daher auch im Winter in der Regel passierbar (u.U. mit Schneeketten). Gut ausgebaute Durchgangsstraße für den Hauptverkehr zwischen Yakima und Mount Rainier/Mount St. Helens.

Die Straße führt entlang der Stauseen Rimrock Lake und Clear Lake. Erodierte Felsformationen, dichte Wälder, Flüsse. Steile Felsabbrüche bilden eine Art Canyon mit bizarr geformten Wänden, die an senkrecht aneinandergelehnte Balken erinnern. Gut 1o Campingplätze.

✦Mount Rainier National Park

Ein schlafender Vulkan auf einem ausgedehnten Bergmassiv. Mit 4.394 m Höhe und 26 Gletschern die höchste Erhebung der Cascades und einer der faszinierendsten Berge an der US-Westküste.

Der majestätische Riese ist eines der großen Naturerlebnisse im Nordwesten: sei es bei einer Gipfelbesteigung, einer Wanderung zu den Gletschern oder bloß zum Sonnenuntergang aus einem Hochhausfenster in Tacoma oder Seattle. In den tieferen Lagen des Nationalparks Regenwälder mit üppiger Vegetation. Im August auf hochgelegenen Wiesen die Blütenpracht vieler Wildblumen.

Eines der regen- und schneereichsten Gebiete der Welt: von Juli 1971 bis Juni 1972 fiel in Paradise am Südhang 28,5 m Schnee, die höchste jemals auf der Erde offiziell gemessene Menge!

Besonders nah an die Gletscher kommt man am Südhang über die Straße nach <u>PARADISE</u>. Dort zieht sich vor allem der <u>NISQUALLY GLETSCHER</u> relativ weit ins Tal hinunter. Eindrucksvoller Blick zu Gletschern und Gipfel ebenfalls von der Straße nach <u>SUNRISE</u> im Nordosten des Nationalparks.

Sowohl Paradise als auch Sunrise ideale Ausgangspunkte für Wanderungen entlang des Vulkanmassivs und zu den Gletschern. Erst zu Fuß erschließt sich diese grandiose Wildnis richtig. Straßen berühren nur

MOUNT RAINIER, Blick auf den schnee- und eisbedeckten Gipfel von einem der Seen. Illustration verg.-Jhd.

Randbereiche, rund 97 % des Nationalparks sind unberührte Natur. Bei OHANAPECOSH im Südosten ein Waldstück mit riesigen Douglas Tannen, die bis zu 1.ooo Jahre alt sind: der Grove of the Patriarchs.

ZUFAHRTEN ZUM MT. RAINIER NATIONALPARK

Von **OST**: die beiden Hwys. 41o und 12 (im Vorkapitel beschrieben). Der Hwy. 41o biegt im National Park dann Ri. Norden ab und führt (nachdem er den Nat. Park wieder verlassen hat) später in einer Westschleife nach Tacoma.

Der Hwy. 12 erreicht den Nationalpark an seiner Südostspitze. Dort Abzweigung zum Parkeingang bei Ohanapecosh, wo Richtung West der Hwy. 7o6 abzweigt. Dieser führt via Paradise und Longmire südlich am Gipfel des Mount Rainier entlang und verläßt den Nationalpark beim Nisqually Entrance.

Von **WEST** (Tacoma): entweder über den Hwy. 41o (siehe oben). Oder Hwy. 7 via Elbe, dort weiter Hwy. 7o6 via Ashford zum Nisqually Entrance in der Südwestspitze des Nationalparks.

Ab Tacoma wird der Nordwesten des Nationalparks über zwei Stichpisten erreicht, die zum Ipsut Creek und Mowich Lake führen. Ab diesen Endpunkten (mit einfachen Campingplätzen) gehts weiter nur per Trail.

Ebenfalls ist der Nationalpark ab Interstate 5 / Exit 68 und weiter über den Hwy. 7 nach Morton, dort Hwy. 7 nach Elbe und Hwy. 7o6 zum Nisqually Entrance erreichbar.

SÜD: siehe Querverbindung Mt. Rainier -> Mt. St. Helens Seite 285.

TRANSPORT, JAHRESZEIT

Ausflugsbusse der Gray Line ab Seattle und Tacoma im Sommer zum Nationalpark, ansonsten kein öffentl. Transport. Eigenes Auto sinnvoll.

Alle Straßen im Bereich des Nationalparks sind wegen Schnee in der Regel von Okt.- Anfang Juni gesperrt, manchmal auch länger. Ausnahme: die Westzufahrt via Nisqually Entrance bis Paradise, die je nach Wetterbedingungen ganzjährig freigehalten wird, im Winter Schneeketten nötig.

Tourist INFO VISITORS CENTERS in Paradise, Ohanapecosh und Sunrise. Weitere Rangerstationen in anderen Bereichen des Nationalparks. Das Infocenter in Paradise ist erstklassig ausgestattet: ein Museum zur Ökologie des Nationalparks, Panoramafenster im obersten Stock, Cafeteria, Ruheräume für Wanderer sowie Duschen. Über Tel. 569-2211 bekommt man Infos zu Wetter, Straßenzustand etc.

Eintritt: an den Zufahrten Rangerstationen, wo die 5 US Eintritt pro PKW bezahlt werden. Das Ticket ist 7 Tage gültig; aufbewahren bis zum endgültigen Verlassen des Nationalparks. Dafür erhält man eine ausgezeichnete Karte.

Post: im National Park Inn, Longmire. - **Telefon**: Vorwahl 2o6.

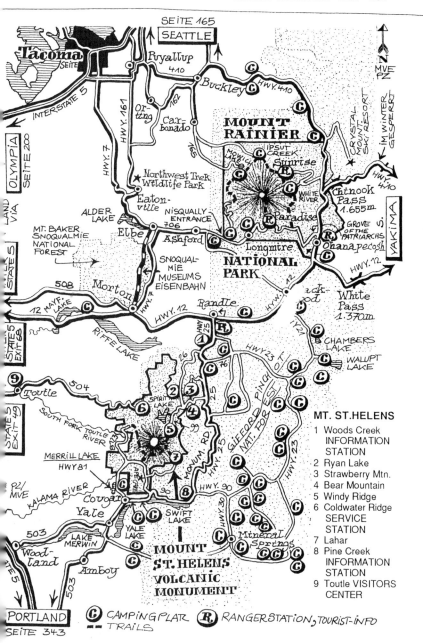

Im Nationalpark nur 2 kleinere Hotels (in Longmire und Paradise), die wegen weniger Zimmer schnell ausgebucht sind, unbedingt rechtzeitig reservieren!

Ausweichmöglichkeiten in Ashford (westl. Zufahrt) und in Packwood (im Süden), Letzterer ist auch günstig für den Besuch des Mount Helens (Hotelliste siehe dort).

"National Park Inn": in Longmire, im südlichen Teil des Nationalparks. Modernisiertes Berghotel am Waldrand. Rustikales Ambiente, Holz ist vorherrschendes Bau- und Dekorationsmaterial. Verschieden ausgestattete Zimmer. Ganzjährig geöffnet. DZ mit Gemeinschaftsbad ca. 5o US, mit Privatbad 7o US. Tel. 569-2275.

"Paradise Inn": in 1.65o m Höhe im südlichen Teil des Nationalparks und praktisch vor der Haustür der Gletscher von Mount Rainier. Geöffn. nur Ende Mai bis Anfang Oktober, und auch dann oft noch von dicken Schneewänden umgeben. Traditionsreiches Berghotel aus den Anfangsjahren des Tourismus. Riesige Lobby mit gewaltigen Holzbalken, Galerie, rustikalen Möbeln und Kamin. Zimmer in mehreren Gebäudekomplexen, recht eng, aber gemütlich. Viele mit Blick auf den Gipfel. Statt TV und Telefon eine Auswahl an Gesellschaftsspielen. DZ mit Gemeinschaftsbad ca. 55 US, mit Privatbad 75 US. Tel. 569-2291.

"Meadow Mountains Inn": am Hwy. 7o6 in Ashford. Bed&Breakfast in urigem Landhaus. Ruhig, mitten in einem parkartigen Wiesengelände mit Teich. Benutzung von Wohnzimmer (inkl. Klavier) und Terrasse inbegriffen. Zimmer groß und hell, eingerichtet mit alten Möbeln im Landhausstil. Freundlich- familiäre Atmosphäre. DZ mit Privatbad je nach Größe ca. 6o- 8o US. Tel. 569-2788.

"Nisqually Lodge": am Hwy. 7o6, westlicher Ortsrand von Ashford. Neues Hotel im Country- Look am Waldrand. Freundliche Atmosphäre in dem 21- Zimmer Haus. Whirlpool. DZ von Okt.- April ca. 55 US, im Sommer ab 7o US. Frühstück inklusive. Tel. 569-88o4.

"Mount Rainier Country Cabins": Hwy. 7o6 bei Ashford, kurz vor dem Eingang zum Nationalpark. Kleine Holzhütten auf einer Wiese am Waldrand. Einfach ausgestattete Schlafräume. DZ ca. 43 US, mit Kitchenette und Kamin 65 US. Tel. 569-2355.

Die Plätze im Nationalpark sind äußerst einfach ausgestattet. Dafür gibt's Duschen im Visitors Center von Paradise.

"Ohanapecosh Campground" im Südosten des Nat. Parks. Schöner Platz abseits der Straße unter hohen Bäumen. Angegliedert an eine Ranger Station. Rauschende Bäche in der Nähe. Picknicktische, Toiletten, Wasser, jedoch keine Duschen. Stellplatz ca. 8 US.

"White River", einziger Platz im Nordosten des Parks im Bereich Sunshine/ White River. Sehr einfach ausgestattet, geöffn. nur Mitte Juni bis Ende September. Stellplatz ca. 6 US.

Im äußersten Nordwesten des Nationalparks die beiden Campings am Isput Creek und Mowich Lake.

"Cougar Rock" am Hwy. 7o6 zwischen Longmire und Paradise. Schönster und größter Platz im Park. Zentral im Südabschnitt zwischen steilen Felswänden. Geöffn. nur Mitte Mai bis Okt. Ausgedehntes Gelände im

Wald, Stellplätze getrennt durch Bäume oder ganze Waldstücke. Picknicktische, Toiletten, Wasser; keine Duschen. Stellplatz ca. 6 US.

"Sunshine Point" beim dortigen Nisqually Entrance, am Fluß. Die Stellplätze auf einer Wiese, teils im Wald, angenehme Abstände. Primitive Toiletten, Wasser, Picknicktische. Stellplatz ca. 5 US.

"Big Creek" Nähe Ashford an der dortigen Abzweigung nach Packwood. Eine Vielzahl weiterer Campingplätze befindet sich südöstlich des Mt. Helens sowie am Hwy. 41o nach Tacoma.

"NATIONAL PARK INN" im gleichnamigen Hotel in Longmire. Gepflegt rustikale Atmosphäre im großen Speisesaal. Salate und kleinere Gerichte ca. 5- 8 US, Abendessen ca. 8- 15 US.

"PARADISE INN" im gleichnamigen Hotel in Paradise. Großer Speisesaal mit Kamin, lockere Atmosphäre. Fisch- und Fleischgerichte ca. 8- 15 US. Tagsüber auch preiswerte Snackbar mit Sandwiches und Getränken. Geöffnet Ende Mai bis Anfang Oktober.

"JACKSON GRILL": Cafeteria im Visitors Center in Paradise. Selbstbedienung für Getränke und Snacks. Preiswert. Geöffnet Juni- Oktober.

Selbstversorger: kleiner Laden mit Snack-Bar in den beiden Hotels von Longmire und Paradiese. Unbedingt Verpflegung von außerhalb mitbringen. Letzte, wenn auch nicht überragende Möglichkeiten sich einzudecken, bestehen in Ashford und Packwood. Die Ort sind winzig, die Geschäfte entsprechend. Größere Mengen besser schon vorher besorgen.

Picknick: viele schöne Plätze an den Straßen durch den Nationalpark mit Tisch und Bänkchen. Um so schöner, wer wandert: den Picknickplatz sucht man sich selber, oft bei großartigem Blick auf Gletscher und den Vulkangipfel. Unbedingt Müll wieder zurück zum Ausgangspunkt des Trails und dortigen Abfalleimern bringen!

Wandern: Saison in den höheren Lagen am Mount Rainier in der Regel nur von Mitte Juli bis Mitte Oktober. Einige Trails im Tal sind je nach Wetterbedingungen schon eher zugänglich. Von Paradise auch Wanderungen im Schnee möglich.

Insbesondere bei Mehrtagestrails ("wilderness permit" von den Rangern nötig!) muß man mit plötzlichem Wetterumschwung rechnen. Sie sind an der Tagesordnung, auch wenn die allgemeine Lage stabil ist. Der Berg produziert sein eigenes Wetter, und das manchmal ziemlich unverhofft. Mit der Ausrüstung bei Mehrtagestrails also auf alles gefaßt sein.

NISQUALLY VISTA TRAIL: einfacher Rundweg (2 km, ca. 1 Std.) ab Visitors Center in Paradise. Schöner Ausblick auf den Gipfel von Mount Rainier und die Abbruchkante des Nisqually Gletschers. Nur im Hochsommer begehbar.

SKYLINE TRAIL: eine der schönsten Touren, 7 km Rundweg, eine Halbtagestour. Ausgangspunkt Parkplatz beim Hotel Paradise Inn. Der steil ansteigende Trail führt dicht an den Nisqually Gletscher heran, dessen Abbrüche man von oben betrachten kann. Höchste Stelle am Panorama Point (2.o7o m), liegt ca. 43o m über dem Ausgangspunkt. Bei klarem Wetter zugleich Blick auf den Mount Rainier, meist verhüllt er sich aber in einer Wolkendecke.

Der erste Abschnitt bis Panorama Point ist auch bei Schnee machbar, da viele Bergsteiger den Pfad auf ihrem Weg zum Gipfel "präparieren" (solide Ausrüstung natürlich unerläßlich). Wegen der verschneiten Landschaft rundum fast noch schöner als der Trail im Hochsommer.

WESTSIDE ROAD: eine Erdpiste führt vom Südwesteck des Nationalparks/Nisqually Entrance entlang des Tahoma Creek und anschließend in Serpentinen rauf zum Round Pass (1.189 m). Weiter bis zum Kalpatche Ridge mit Ranger Station. Hier beginnt ein Mehrtagestrail rauf zum Mowich Lake mit Campingplatz, Rangerstation und Erdpiste mit Anschluß an den Hwy. 165 nach Tacoma. Details zum Trail von den Parkrangern.

WONDERLAND TRAIL: umrundet den Vulkangipfel des Mt. Rainier in einem 15o km Trail. Mindestens 1o- 14 Tage kalkulieren, da das Gelände sehr schwierig ist, realisierbar nur Mitte Juli - Ende Sept.

Es geht durch alle Vegetationszonen, anstrengend insbesondere auch der ständige Auf- und Abstieg von Tälern auf querliegende Bergketten. Detailkarte und entsprechende Ausrüstung nötig, ebenfalls das "wildernes permit", Infos von den Parkrangern.

Bergsteigen: die Besteigung des Mount Rainier ist in den Sommermonaten auch für Nicht- Experten möglich. Voraussetzung sind gute Kondition, angemessene Ausrüstung und nach Möglichkeit Vorbereitung am Berg selbst inkl. Höhenanpassung. Immerhin ist der Gipfel 4.394 m hoch, und ab ca. 2.8oo m macht sich die dünne Luft bemerkbar mit Leistungsschwäche.

Weniger erfahrene Kletterer sollten sich unbedingt einer Gruppe anschließen.

Bedingung ist in jedem Fall die Ab- und Rückmeldung beim Visitors Center sowie ein dort erhältliches kostenloses "permit" für die Übernachtung im Zwischenlager Camp Muir auf etwa 3.ooo m Höhe. Bei der Anmeldung gibt's weitere Regeln für die Besteigung (minimale Gruppengröße, Ausrüstung für die jeweilige Jahreszeit etc.).

Ausgangspunkt für die Tour zum Gipfel ist Paradise. Dauer bei guter sportlicher Kondition ca. 2 Tage retour. 1. Tag: Aufstieg bis Camp Muir, 2. Tag: zum Gipfel und zurück nach Paradise. Höhenunterschied ab Paradise: 2.75o m.

Detaillierte Informationen von den Parkrangern. Wer eine geführte Tour inkl. eintägiger

Vorbereitungskurse buchen will, sollte frühzeitig Kontakt aufnehmen mit "<u>Rainier</u> <u>Mountaineering</u>" in Paradise (Tel. 2o6- 569-2227, von Okt.-Mai in Tacoma Tel. 2o6- 627- 6242, 535 Dock St., Tacoma, WA 984o2).

<u>Ski</u>: einzig freigehaltene Zufahrt im Winter ist die Westzufahrt Hwy 7o6 / Nisqually Entrance bis <u>PARADISE</u>. Hier großartiges Langlauf- Eldorado in der Winterlandschaft unterhalb des Vulkans.

<u>CRYSTAL MOUNTAIN</u>: direkt östlich des Nat. Parks, zu erreichen über den Hwy. 41o mit Abzweigstraße. Hier befinden sich Abfahrtspisten aller Schwierigkeitsgrade, 1o Sessellifte etc. Saison ist Mitte Nov.- Mitte April. Unterkunft rechtzeitig buchen, Tagesticket für die Skilifte ca. 15 US, am Weekend 25 US.

<u>WHITE PASS</u>: an der gleichnamigen Paßhöhe/Hwy. 12. Kleines Skigebiet mit einfachen Pisten, nicht immer schneesicher. Saison ist Nov. bis April, 6 Lifte.

MOUNT RAINIER ⟫→ MOUNT ST. HELENS

Vergl. Karte Seite QW. Je nach Strecke ca. 2 - 3 Std. (1oo - 14o km). Kein öffentlicher Transport, Mietwagen daher nötig, bzw. Touren ab Seattle oder Portland buchen.

QUERVERBINDUNGEN:

* ab <u>südöstlichem Parkausgang Mt. Rainier</u> (Ohnapecosh) über den ganzjährig befahrbaren Hwy. 12 via Packwood bis Randle. Dort auf den Hwy. 25 (Monument Road), der den Mt. St. Helens östlich umfährt und Zugangsstraßen zum Gipfelbereich besitzt. Im Winter sind der Hwy. 25 sowie die Straßen zum Gipfel gesperrt.

  Oder ab <u>Packwood</u> über Hwy. 21, 23, 9o durch die Bergwaldgebiete des Gifford Pinchot Nat. Forest. Vorteil außer schönen Landschaften: entlang der Strecke gibt es eine Vielzahl an Picknick- und Campingplätzen. Die Straßen erreichen den Mt. St. Helens von Süd, sie sind im Winter gesperrt.

* ab <u>südwestlichem Parkausgang Mt. Rainier</u> (Nisqually) über den ganzjährig befahrbaren Hwy. 7o6 via Ashford nach <u>Elbe</u>.

In <u>ELBE</u> sehenswert die <u>evang. luth. Kirche</u>, die 19o6 von deutschen Einwandern aus dem Elbe- Raum gebaut wurde. 5 Bankreihen und ein kleiner Altar, noch heute von der evangelischen Gemeinde für den Gottesdienst benutzt.

Vor der Kirche die <u>Mt. Rainier Scenic Railroad</u>. Sie verbindet auf einem landschaftlich schönen 22 km Gleis von Elbe durch den Mt. Baker Snoqualmie Nat. Forest südwärst nach Morton. In der Zeit Ende Mai - Ende Sept. an Wochenenden Fahrten mit alten Eisenbahnwaggons, gezogen von einer Dampflok durch die Wälder. An Bord Livemusik und Restaurantwaggon.

<u>NORTHWEST TREK WILDLIFE PARK</u> rund 3o km nördlich von Elbe bei Eaton-

> ville. Großer Wildpark mit Tieren ausschließlich aus dem Nordwesten der USA. Gehalten meist in weitläufigen Freigehegen, die ihrer natürlichen Umwelt weitgehend entsprechen. Bären, Biber, Wölfe, Hirsche, Elche, Dickhorn-Schafe, Bisons und viele Vogelarten.
>
> Auf einer einstündigen Bustour durch das offene Gelände begegnet man vielen der Tiere, natürlich nicht immer allen, da sie sich frei bewegen und deshalb auch im Dickicht verschwinden können. In der Regel aber ein guter Querschnitt. Ungünstig sind die heißen Mittagsstunden, wenn sich die Tiere im schattigen Unterholz verkriechen. Insgesamt ein informativer Überblick über die Tierwelt des Nordwestens, den selbst hartnäckige Wanderer in den offenen Wäldern kaum so vollständig sehen können. Geöffnet von 9.3o- 17 Uhr (von Feb.- Okt. täglich, in der restlichen Zeit nur Fr- So). Eintritt ca. 6,5o US.

Von Morton dann Hwy. 12 nach Randle und weiter auf dem Hwy. 25 (Monument Road) siehe oben. Er ist im Winter gesperrt.

* Zufahrt von WEST: ab Interstate 5/Exit 49 die Ausfahrt nach Toutle (Hwy. 5o4). Hier befindet sich das Visitor Center mit hervorragender Multimedia Show (Details siehe unten "Tourist Info").Weiter auf Hwy. 5o4 zum Vulkan, Details siehe unten, Routenbeschreibungen.

FLUG: wer ganz nah an den Mt. St. Helens Krater heran will, muß 65 US springen lassen für einen Hubschrauberflug über Vulkan und Katastrophengebiet. Zwei Firmen sorgen für dieses aufregende Erlebnis: "Fly Wright" ab 19 Mile House, westlich von Toutle über Hwy. 5o4 (Tel. 838-9141 oder 8oo-422-5792) oder "Maple Grove Campground" in Randle (Tel. 497-2o32).

✦ Mt St. Helens Nat. Volcanic Monument

Eine der größten Attraktionen in Washington State. Am 18. Mai 198o explodierte der Vulkan und verwüstete große Teile seiner Umgebung. Bei der gewaltigen Eruption wurde der Gipfel weggesprengt, übrig blieb ein Krater, in dem es auch jetzt noch gelegentlich brodelt.

Noch imposanter die umliegende Landschaft, zu erleben auf der Durchfahrt oder bei Wanderungen. Eine unheimliche Mischung aus gigantischer Zerstörung, aschebedeckter Öde, verbrannten Baumstämmen und zaghaft aufkeimendem neuen Leben. Ein anschauliches Beispiel für die Urgewalten, die im Innern der Erde schlummern und an der gesamten Pazifikküste Amerikas für vulkanische Aktivitäten sorgen.

> 18. Mai 198o: schon wochenlang hatte es am Mount St. Helens gebrodelt, jetzt löste sich durch ein Erdbeben der gesamte Nordhang des Vulkans und riß den Gipfel mit sich in die Tiefe. Der größte bekannte Erdrutsch aller Zeiten bildete den Auftakt zur Explosion des Berges. Durch den seitlich abgebrochenen Vulkan entstand eine Druckwelle, die ebenfalls zur Seite hin eine ungeheure Kraft entwickelte: der "_lateral blast_", ein verheerendes, aber relativ seltenes Phänomen bei Vulkanausbrüchen.
>
> Über 3oo Grad betrug die Temperatur der Luftströme, die mit einer Geschwindigkeit von rund 1.ooo Kilometern pro Stunde über die benachbarte Landschaft jagten. Der "_lateral_

blast" schuf drei unterschiedlich starke Zerstörungszonen, die sich etwa halbkreisförmig um den Vulkan herum gruppierten:

In unmittelbarer Nähe des Kraters entwurzelte der Feuersturm sämtliche Bäume und wirbelte sie in die umliegenden Täler. In einer etwas weiter entfernten Zone wurden die Bäume entwurzelt oder abgebrochen, aber nicht mehr fortgeschleudert. Noch weiter entfernt vom Krater versiegte die ungeheure Kraft der Druckwelle graduell und ließ die Bäume stehen, in der Hitze verbrannten jedoch die Stämme.

Am Rand dieser Zerstörungszone war der Übergang zur intakten Natur vollkommen abrupt. Wie an der geraden Linie eines Kahlschlags standen verkohlte Stämme direkt neben lebendigen Bäumen, denen man keine Spuren der Katastrophe ansah.

Nach dem seitlichen Feuersturm schossen aus dem Erdinnern Dampf und Asche bis zu 2o.ooo m hoch in den Himmel. Über eine halbe Milliarde Tonnen Asche fielen auf die Erde herunter. Die Lava quoll in glühenden Lawinen aus dem Krater. Ströme aus Schlamm und Fels stürzten in die Täler. Insgesamt entwickelte die etwa neun Stunden dauernde Explosion die Energiemenge von 27.ooo Atombomben des Hiroshima-Typs und verwüstete damit ein Gebiet von über 6oo Quadratkilometern.

Den Ausbruch von Mount St. Helens hatten Wissenschaftler vorausgesehen: Schon Anfang 198o deuteten verschiedene Erdbeben darauf hin, daß sich im Vulkan nach einer Pause von 123 Jahren wieder etwas regte. Kleinere Explosionen folgten. Kritisch wurde es, als sich am Nordhang des Kraters eine Ausbuchtung formte, die von Tag zu Tag weiter aufquoll. Die Umgebung des Vulkans wurde daraufhin zum Sperrgebiet erklärt, Bewohner evakuiert. Trotzdem tötete der Ausbruch noch 57 Menschen: halsstarrige Anwohner, Schaulustige, Journalisten und einige Forscher, die gerade dabei waren, weitere Meßinstrumente zu installieren.

Für die Forschung war und ist die Explosion von Mount St. Helens ein Glücksfall. Nie zuvor konnten die vorbereitenden Anzeichen eines Vulkanausbruchs so präzise studiert werden. Die Erkenntnisse dienen heute der Vorhersage von Eruptionen an Vulkanen in anderen Teilen der Welt und ermöglichen rechtzeitige Warnungen und Evakuierungen.

Auch im nachhinein ist das Katastrophengebiet ein offenes Lehrbuch für die Forschung. Naturwissenschaftler können verfolgen, wie sich eine total zerstörte Landschaft langsam und auf natürliche Weise wieder erholt, - in gewissem Sinne eine Evolution im Kleinformat. Eine der wesentlichsten Erkenntnisse ist bisher, daß die Vernichtung doch nicht so vollständig war wie zunächst vermutet. Unter der Erde und im Wasser von Seen überlebten Samen, Knollen und sogar verschiedene Kleintiere wie Ameisen oder Fische. Inzwischen keimt die Vegetation sichtbar wieder auf. Zusätzlich zu den verbliebenen Resten von Leben trug der Wind weitere Samen und Insekten heran, die sich nun gegenseitig bei der Fortentwicklung unterstützen. Trotzdem wird es noch Jahrzehnte dauern, bis die Spuren der Zerstörung beseitigt sind. Der einst majestätische Wald braucht weitaus länger, um die Landschaft wieder in seiner alten Größe zu beherrschen.

Doch neben dem Neubeginn des Lebens gärt es weiter. Auch mehr als ein Jahrzehnt nach der großen Explosion ist Mount St. Helens noch nicht völlig zur Ruhe gekommen. Nach einer längeren Pause in den Jahren 1986- 89 ereigneten sich erneut Eruptionen: Asche und Wasserdampf wurden bis in Höhen von 1.ooo m geschleudert. Fels- und Schneelawinen begleiteten diese Explosionen.

Die Auswirkungen beschränkten sich jedoch in der Regel auf die Kraterränder selbst. Die Eruptionen waren offenbar nicht von den Urgewalten tief im Erdinneren verursacht.

288 Cascade Mountains WA.

Vielmehr war Regen und Schnee in den Kraterboden eingedrungen und hatte sich dort im heißen Gestein erhitzt. Sich fortbewegende Risse im Gestein treffen von Zeit zu Zeit auf kochendes Wasser oder Dampf, der unter Druck steht. Der durch die Felsspalte plötzlich auftretende Drucknachlaß bewirkt eine explosionsartige Freigabe von Dampf, der auch Gestein und Asche mit sich reißt.

Im Laufe der nächsten Jahre wird der Vulkan wohl zur Ruhe kommen. Natürlich nur vorübergehend, denn die Cascade Mountains bleiben ein explosives Gebirge. Zu den Ursachen der vulkanischen Aktivität im gesamten Nordwesten der USA siehe Kapitel "Natur und Umwelt".

Tourist INFO Hauptstelle ist das <u>Visitors Center bei TOUTLE</u> (9). Besuch lohnt in jedem Fall, da breitestes Angebot an Information. U.a. Multimedia Show zur Eruption von 1980, Vergangenheit und Zukunft des Vulkans. Weiterhin Broschüren, Bücher, Filme, Vorträge und geführte Wanderungen.

Kleinere Informationsbüros auch bei <u>RANDLE</u> (Woods Creek Information Station, 1) und <u>PINE CREEK</u> (8).

Direkt am Mt. St. Helens keine Hotels/Motels. Günstige Standorte im <u>Nordosten</u> sind <u>Randle</u> und <u>Packwood</u> am Hwy. 12. Vorteil: sie liegen zwischen dem Mt. Rainier Nat. Park und dem Mt. Helens Nat. Monument: somit zentraler Stützpunkt zwischen den beiden Attraktionen.

"<u>Cowlitz River Lodge</u>", Packwood, 13069 Hwy. 12. Neues, komfortables Motel in Country Stil. Ruhig, da von der Hauptstraße zurückversetzt am Waldrand. Solide Mittelklasse, DZ im Winter ca. 45 US, im Sommer ca. 55 US. Tel. 494-REST.

"<u>Tatoosh Motel</u>", Packwood, 12880 Hwy. 12. Freundliche und hilfsbereite Besitzer, die jeden Raum individuell gestaltet haben. Zimmer holzverkleidet im gemütlichen Country-Stil. Whirlpool im gepflegten Gartengelände. DZ je nach Größe und Ausstattung ab ca. 40 US. Mit Abstand beste Wahl in der unteren Preiskategorie rund um Mount St. Helens. Tel. 494-5321.

"<u>Woodland Motel</u>", 11890 Hwy. 12, 7 km westlich von Packwood zwischen Hauptstraße und Waldrand. Kleines, einfaches Motel. Familiär-freundliche Atmosphäre. Etwas abseits von Zivilisationsspuren, dafür aber besonders günstig gelegen für die Tour zur Windy Ridge. Zimmer klein und einfach ausgestattet. DZ ab ca. 36 US, mit Kitchenette ab 45 US. Tel. 494-5298.

"<u>Hampton House</u>", Randle, 409 Silverbrook Rd., Bed&Breakfast, 1 km östlich der Abzweigung zum Mount St. Helens. Weiße Villa am Waldrand in absolut ruhige Lage. Geräumige, helle Zimmer; individuell eingerichtet. Zwei Zimmer mit Gemeinschaftsbad für je 60 US, die restlichen mit Privatbad, ca. 70 US. Reichliches Frühstück inkl. Tel. 497-2907.

"<u>Tall Timber Motel</u>", Randle, Hwy. 12 Nähe Abzweigung zur Windy Ridge. Extrem einfach in kleinem Holzgebäude, dafür DZ nur ca. 26 US. Tel. 497-2991.

<u>Weitere Motels</u>, die nach dem Ausbruch des St. Helens 1980 schnell und billig hingestellt wurden für den Besucherstrom. Seither nichts dran gemacht, sondern nur abkassiert. Unschlagbar ist natürlich die Nähe zur Windy Ridge.

Cascade Mountains WA. 289

"Lone Fir Resort" in Cougar direkt südlich vom Mt. St. Helens Nat. Monument. Tel.: 238- 521o.
Auch in **Morton**, dem nordwestlichen Ausgangspunkt sowie in **Woodlands** an der Interstate 5 gibt es eine Vielzahl an Motels.

"Packwood R.V. Park": in der Ortsmitte von Packwood, Tel. 494-5145. Gepflegter Rasenplatz unter Laubbäumen. Ruhige Lage, trotzdem Nähe zu Restaurants und Geschäften. Picknicktische und sanitäre Anlagen inkl. Duschen. Ca. 8 US pro Zelt, 12 US für Wohnmobile.

"Maple Grove Riverside Campground": in Randle an der Zufahrtsstraße Hwy 25 zum Mount St. Helens. Auf einer großen freien Wiese am Fluß. Picknicktische und sanitäre Anlagen inkl. Duschen. Zelte ca. 6 US, Wohnmobile 15 US.

"Iron Creek": südlich vom Visitors Center "Wood Creek" (1), an der Abzweigung Hwy 25/76. Mitten im Wald, der nächstgelegener Platz zur Windy Ridge. Schön, aber sehr einfach ausgestattet, ohne Duschen. Stellplatz ca. 5 US.

Entlang des Hwy. 21/23 südwärts gibts jede Menge weiterer Campingplätze (siehe Karte Seite 281). Ebenso 2 Campingplätze an der Straße zwischen Pine Creek und Cougar.

Sowohl in Randle als auch Packwood einige einfache Lokale entlang Hwy. 12. Stillen den Hunger im Rahmen von Fast-Food und simpler Hausmannskost. Am besten bedient ist man noch im "CRATER HOUSE", direkt an der Straße kurz vor Windy Ridge. Barbecue-Hähnchen und Chili an Picknicktischen. Das Essen einfach, aber gut und preiswert. Und der Blick von der Veranda auf den Krater ist sowieso unbezahlbar. Ein Mittagessen hier auf der Höhe ist passend und weitaus angenehmer als in den eher tristen Lokalen unten im Tal.

SELBSTVERSORGER: im Ortszentrum von Packwood passabler Supermarkt: "Blanton's Market".

⭑ Nordeinstieg Mt. St. Helens

Ab Randle über den Hwy. 25 zur WOODS CREEK INFORMATION STATION (1).

Rund 5 km südlich zweigt der Hwy. 26 ab zum RYAN LAKE (2) mit Blick zum Vulkan. Die Straße ist nicht für Trailers oder Motor Homes zu empfehlen. Sie trifft südlich auf den Hwy. 99.

Alternative: ab Woods Creek den Hwy. 25 südlich bis zur Abzweigung des Hwy. 99. Er führt rauf nach Windy Ridge (5) rund 6 km vom Kraterrand entfernt. Rund 1 Std. Fahrt, die Straße ist gut ausgebaut, aber kurvig. Wegen der Schneemengen von Ende Okt. bis Ende Mai nicht befahrbar.

Schon die Strecke den Berg hinauf ist ein Erlebnis, ein offenes Buch der Botanik und Evolution. Zunächst dichte Vegetation und feuchter Regenwald. Dann Nadelwälder, an deren Ästen die Moose herunterhängen. Urplötzlich hinter einer Kurve das <u>Bild der Zerstörung</u>. Umgemähte und entrzelte Baumstämme zu Tausenden. Die schwarzen Stämme kreuz und quer verstreut wie bei einem überdimensionalen Mikado-Spiel. Dazwischen tote Bäume, die bizarr in der öden Landschaft stehen.

Ein trostloses, geradezu unheimliches Bild. Dies um so mehr, wenn sich Nebelschwaden oder Wolkenschleier an den Hängen entlangziehen. Am Boden schon wieder <u>das erste Grün</u>: Pflanzen, die in der verbrannten Erde ihren Nährboden finden. Teils schon 2- 3 m hohe Tannen, die noch zaghaft und verloren zwischen den schwarzen Stümpfen und Stämmen. Doch wer in den letzten Jahren regelmäßig hier war, merkt die Veränderung und ist überrascht vom Tempo, mit dem die Natur sich regeneriert. Überraschend und beeindruckend die Dimensionen der verbrannten Flächen. Hinter jeder Kurve ein neues Zerstörungsgebiet, mal mit stehenden dann wieder umgestürzten Bäumen. An anderen Stellen nur noch ein Feld voller Stümpfe, deren Stämme einfach weggefegt wurden.

Im weiteren Verlauf führt der Hwy. 99 entlang des <u>SPIRIT LAKE</u>, der sich beim Ausbruch wesentlich erweitert hat und noch heute halb mit Baumstämmen angefüllt ist. In der Ferne sieht man den absolut übergangslosen Schnitt zwischen dem Katastrophengebiet und den noch intakten Wäldern. Eine gerade Linie, wie bei den Kahlschlägen der Holzfäller.

<u>WINDY RIDGE</u> (5): südlicher Endpunkt des Hwy. 99. Von hier direkter Blick in den Krater, der 6 km entfernt liegt. Trails führen östlich um den Vulkan nach Lahar (7) sowie südlich bis zum Endpunkt des Hwy. 8123.

<u>APE CAVE</u>: Lavahöhle, die bei einer Eruption des Vulkans vor ca. 1.9oo Jahren entstand. Die Gänge können mit der Taschenlampe erforscht werden. Zufahrt: Hwy. 25 bis zur <u>PINE CREEK INFORMATION STATION</u> (8) am Ostende des Swift Stausees, Tankstelle. Von hier auf dem Hwy. 9o entlang des Stausees bis zu seinem westl. Ende, hier Abzweigung einer Piste nördl. in rund 3 km zur Cave.

Südeinstieg Mt. St. Helens

Ab Interstate 5/Exit Woodland und weiter Hwy. 5o3 nach <u>COUGAR</u>. Hier biegt nordwärts der Hwy. 81 ab zum <u>MERRILL LAKE</u> mit gleichnamigem Campingplatz. Weiter nördlich über die Nebenstraße Hwy. 8123) zu ihrem derzeitigen Endpunkt im Westbereich des Vulkans.

Ab Cougar ebenfalls Ri. Ost Straßenanschluß zum Hwy. 25 (Monument Road), Details siehe "Nordzufahrt".

Westeinstieg Mt. St. Helens

Ab Interstate 5, Exit 49 nach <u>TOUTLE</u>. Hier befindet sich das beste Info-Center zum Mount St. Helens. Weiter auf dem neu ausgebauten Hwy. 5o4 rauf zum Vulkan, zur COLDWATER RIDGE STATION (6): der schnellste und bequemste Zugang. Derzeit bestehen keine Straßenquerverbindungen rüber in den Ostteil des Mt. St. Helens.

Wandern: das zerstörte und wieder zum Leben erwachende Gebiet um den Vulkan ist ein Erlebnis: nur auf Wanderungen ist es möglich, genauer hinzuschauen und zu erkennen, wie und wo neue Pflanzen durch den Aschestaub dringen und die Katastrophenlandschaft langsam wieder mit Leben erfüllen.

Nach Jahren der Vorsicht und Forschung werden immer mehr Trails angelegt, die auch eine bessere Sicht auf den Krater ermöglichen als der Blick von der Straße oder vom Parkplatz.

Allerdings keine Übernachtung innerhalb des National Monument erlaubt, nur Tagestouren möglich. Die Trails sind in der Regel begehbar zwischen Ende Mai und Ende September.

HARMONY TRAIL: einziger Zugang zum Spirit Lake. Ausgangspunkt an der Hwy. 99 zur Windy Ridge. Der Trail ist teilweise extrem steil, schöne Aussicht auf den Lake, zu dessem Ufer der Pfad runterführt. Außerdem gute Sicht zum Krater. Vorsicht am Ufer: steile Abhänge mit lockerem Boden. Retour ca. 2 Std, 3,5 km.

INDEPENDENCE PASS TRAIL: Startpunkt am Hwy. 99, rund 1,5 km nördlich vom Harmony Trail. Guter Blick auf den Krater und Spirit Lake. Endet am Norway Pass, 11 km retour, eine Halbtagestour.

NORWAY PASS TRAIL: Startpunkt am Hwy. 26, knapp nördlich vor seiner Einmündung in den Hwy. 99. Der Trail führt westlich zum Norway Pass, retour ca. 7 km, eine Halbtageswanderung mit steilen Teilstücken. Zunächst bleibt der Mt. St. Helens versteckt, dafür bei gutem Wetter Blick hinüber zu Mount Rainier und Mount Adams. Beide Trails (Norway und Independence) lassen sich miteinander zu einer Halbtageswanderung kombinieren, vorausgesetzt der Rücktransport ab Straße ist geklärt.

Bergsteigen: seit 1987 ist es wieder erlaubt, den Kraterrand zu besteigen. Möglich von Mitte Mai bis Ende Okt. Aufstieg über die Südseite des Vulkans, technisch nicht besonders schwierig. Die Anzahl der Bergsteiger ist beschränkt, die Nachfrage groß. Daher frühzeitige Anmeldung erforderlich, um ein "permit" zu erhalten: Mount St. Helens National Volcanic Monument, Route 1, Box 369, Amboy, WA 98601, Tel. 206-247-5800.

Columbia River Gorge

Spektakulärer Durchbruch des Columbia River durch die Bergkette der Cascade Mountains. Der zentrale Bereich liegt zwischen The Dalles/Hood River und Washogal. Der Fluß bildet die Grenze zwischen den Bundesstaaten Washington und Oregon. Entlang beider Seiten des Flusses gibt es

Straßen, und zwar auf der südlichen Seite (Oregon) die Autobahn <u>Interstate 1</u> sowie der landschaftlich sehr lohnende <u>Columbia Gorge Highway</u>, - auf der nördlichen Seite (Washington) der <u>Hwy. 14</u>.

Die Columbia River Gorge erlebt man am eindrucksvollsten auf der Südseite. Beschreibung siehe Kapitel "Cascade Mountains/Oregon" (Seite QW).

Wer sich trotzdem aufs Nordufer verirrt: interessanter Stop im <u>MARYHILL MUSEUM</u> (kurz vor der Kreuzung von Hwy. 14 mit Hwy. 97). Zusammengetragen von einem exzentrischen Quäker namens Samuel Hill, der sich seit 19o7 in der Gegend aufhielt und hier seine Ideen von einer utopischen Kolonie verwirklichen wollte. Die Kolonisten liefen ihm aber davon, so daß er sich anderen Aufgaben widmete.

Herausgekommen ist u.a. das Museum mit respektablen Kunstwerken: neben russischen Ikonen, antiken Schachspielen und indianischem Kunsthandwerk auch eine Sammlung von Skulpturen Rodins. Geöffn. Mitte März bis Mitte November tägl. von 9- 17 Uhr, Eintritt ca. 3 US.

Weitere Hinterlassenschaften Samuel Hills sind eine Nachbildung der englischen Kultstätte Stonehenge (ca. 6 km weiter östlich, ebenfalls am Hwy. 14) und der weitaus bemerkenswertere "Columbia River Scenic Highway" am Südufer des Flusses in Oregon. Details siehe Seite 414.

Ost-Washington

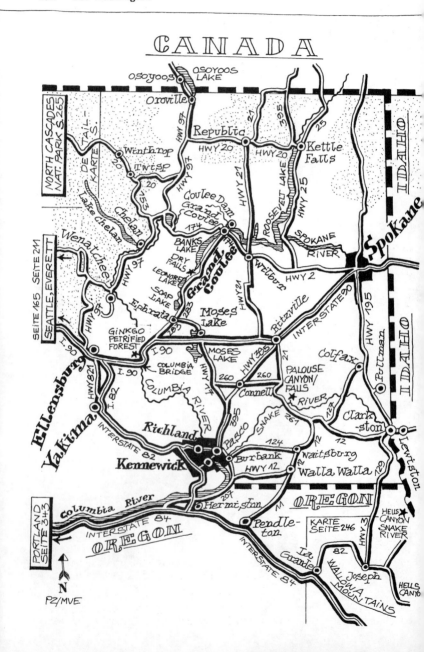

OST-WASHINGTON

Jenseits der Cascade Mountains beginnt eines der landwirtschaftlich ergiebigsten Gebiete der USA: Wein-, Obst- und Getreideanbau.

Um YAKIMA Zentrum des Weinanbaus. Dort und in der Nähe auch deutliche Spuren indianischer Kulturen.

Trockene Steppe wechselt mit bewässerten Obstanbaugebieten am Fuß der Cascades. Weiter im Osten riesige Getreidefelder, die sich über ein weites Hügelland erstrecken.

Landschaftlicher Leckerbissen ist GRAND COULEE, ein von eiszeitlichen Wassermassen ausgeschürfter Canyon mit außergewöhnlichen Felsformationen.

Ost- Washington ist relativ dünn besiedelt, nur wenige Städte, der Tourismus noch in den Kinderschuhen.

Klima: weitaus trockener als die nordwestliche Pazifikküste und die Cascade Mountains, die fast die gesamte Feuchtigkeit abfangen. Die Sommer daher heiß und trocken, im Winter häufig Schneefall und örtlich sehr kalt.

▶ Yakima (55.000 Einw.)

Zentrum der umliegenden Wein- und Obstanbaugebiete. Yakima hat die monotone Midwest- Atmosphäre der amerikanischen Städte: breite Ausfallstraßen mit Motels, Tankstellen und Burger- Shops.

Kein wirkliches Zentrum in der regelmäßigen Anordnung von Straßen, die mit Zahlen und Buchstaben gekennzeichnet sind. Die glühende Sommerhitze verstärkt noch die Lethargie der Provinz, wo die Bewohner in ihren übergroßen Pick- ups oder Cabriolets um die Blocks kurven.

Bei klarem Wetter eine phantastische Kulisse: in der Ferne die verschneiten Gipfel von Mount Rainier und Mount Adams. Auch die anderen Attraktionen liegen außerhalb: die Weingüter und ein sehenswertes indianisches Museum.

 Visitors & Convention Bureau, 1o N. 8th Street, schräg gegenüber vom Greyhound- Terminal.

Post: 112 S. 3rd Ave. - **Telefon**: Vorwahl 5o9.

OLD TOWN: umgeben von Parkplätzen, Holzfabriken, Lagerhallen und stillgelegten Bahngleisen stehen ein paar Backsteinhäuser aus der Pionierzeit. Das BAHNHOFSGEBÄUDE mit klassischer Klinkerfassade ist eine Schönheit aus der Zeit des Eisenbahnbooms, gut erhalten und restauriert.

Dahinter liegt TRACK 29: eine Mischung aus Eisenbahnmuseum und Disneyland: ausrangierte Personen- und Güterwaggons, ergänzt durch neu errichtete Holzhäuser im Western- Stil. Belebt durch Restaurants, Kitsch-

und Souvenirläden. Idealisiertes Schaubild von Yakimas Vergangenheit.

YAKIMA VALLEY MUSEUM, 21o5 Tieton Drive: vielfältige Sammlung zur Pionierzeit im östlichen Washington mit Gebrauchsgegenständen der ersten Siedler sowie Kunsthandwerk der Indianer. Großer Bestand an Kutschen, Plan- und Pferdewagen. Geöffn. Mi-Fr von 1o- 17 Uhr, Sa/So von 12- 17 Uhr. Eintritt ca. 1 US.

Die weiteren Sehenswürdigkeiten liegen vor den Toren der Stadt und sind über die Interstate 82 schnell zu erreichen:

YAKIMA INDIAN NATION CULTURAL CENTER, ca. 25 km südöstlich der Stadt bei Toppenish (I-82, Exit 5o). Der Museumsbau in Form eines überdimenisonalen Indianerzeltes. Eines der informativsten Museen zur Geschichte und Kultur der Indianer des Nordwestens. Großzügig ausgestellt und didaktisch gut aufbereitet.

Anthropologische Abteilung mit Kleidung, Kunsthandwerk und Erklärungen zur indianischen Mythologie. Felszeichnungen aus der Vorzeit. Geschichte der Landnahme durch die Weißen und ihre Folgen für die Lebensweise der Indianer anhand von Fotos und Dokumenten. Verträge zwischen der US- Regierung und den Indianern. Exemplare der Tepees, schnell auf- und abbaubarer Zelte, unterschiedlich ausgestattet für Sommer und Winter. Außerdem Dokumentation der verheerenden Auswirkungen des Dammbaus am Columbia River auf die Fischgründe der Indianer. Geöffn. tägl. von 9- 17 Uhr, am Wochenende bis 21 Uhr; Eintritt ca. 2 US.

WEINGÜTER

Südöstlich der Stadt ziehen sich die Weinberge (zusammen mit Obstplantagen) die früher öden und trockenen Hügel hinauf. Künstliche Bewässerung; an vielen Stellen ist der Übergang von der Wüste zur blühenden Plantage abrupt wie ein Schnitt.

Viele wineries veranstalten Führungen und bieten Weinproben. Der Wein ist hervorragend, und die winemakers freuen sich noch ehrlich über jedes Interesse an ihrer Arbeit und ihren Produkten.

Gut zu verbinden mit dem Besuch des Indian Cultural Center sind 3 Betriebe in ZILLAH: vom Museum zurück auf I-82 Richtung Norden zum Exit 5o und weiter Richtung Buena auf dem Highland Drive. Von dort sind die Weingüter ausgeschildert. Die kleine Rundtour gibt einen guten Überblick über verschieden große Betriebe mit unterschiedlicher Weinbau-Philosophie:

COVEY RUN, 15oo Vintage Rd. Relativ junges Weingut, erst seit 1982 in Betrieb. Schön gelegen auf einem Hügel mit Blick über Weinberge und Obstplantagen. Im Angebot zahlreiche Weiß- und Rotweine. Besonders gut Chardonnay und Merlot. Geöffnet tägl. von 1o- 17 Uhr.

HYATT VINEYARDS, 2o2o Gilbert Rd. Kleiner Betrieb inmitten der eigenen Weingärten. Bei klarem Wetter Superblick über das Yakima Valley bis zum Mount Adams und Mount Rainier. Hauptprodukte Chardonnay und Merlot. Geöffnet tägl. von 11- 17 Uhr.

<u>BONAIR</u>, 5oo S. Bonair Rd. Kleines Weingut, Touren und Beratung durch die engagierten Besitzer. Die besten Weine sind Riesling und Chardonnay. Von April bis Oktober geöffnet tägl. von 1o- 17 Uhr, sonst nur am Wochenende.

<u>Amerikanischer Wein = Kalifornien?</u> Die Gleichung ist gängig, aber längst nicht mehr richtig. Der Weinbau in Washington State ist zwar kleines, aber typisches Beispiel dafür, daß auch andere Regionen inzwischen hervorragende Tropfen erzeugen. Dies oft mit Hilfe kalifornischer Winzer und deren Knowhow. Sie kehrten der perfekten Produktions- und Marketing-Maschinerie des Napa- und Sonoma Valley den Rücken und begründeten Weingüter um Yakima.

Den Grundstein für den Weinbau legten vor Urzeiten die <u>Cascade Mountains</u>. Durch die häufigen Vulkanausbrüche bei der Auffaltung des Gebirges bildeten sich immer neue Schichten von Lava und Asche, - <u>optimale Böden für den Weinanbau</u>. Während der letzten Eiszeit entstanden die Täler des Columbia River und seiner Zuflüsse, die für die <u>Wasserversorgung</u> unerläßlich sind.

Daß diese Region ideale Bedingungen für den Weinbau besitzt, wurde erst vor wenigen Jahren richtig erkannt. Auf dem <u>vulkanischen Boden</u> hatte sich im Laufe von Jahrtausenden eine durchlässige Lehmschicht gebildet. Die Wassermassen des Columbia River und seiner Nebenflüsse üben eine kühlende Wirkung auf die heiße, wüstenhafte Umgebung aus. Die Regenfälle sind zwar unbedeutend, aber die Schneeschmelze in den Cascade Mountains sowie die Staudämme am Columbia River sind günstige Voraussetzungen für die künstliche Bewässerung.

Richtig begonnen hat die Weinproduktion im Yakima Valley <u>Anfang der 7o-er Jahre</u>. Seit <u>1984</u> ist die Region offiziell als eigenständiges Weinbaugebiet unter der Bezeichnung "<u>Columbia Valley Appelation</u>" anerkannt. Während 1977 nur 11 Betriebe existierten, konnte mittlerweile bereits das erste Hundert überschritten werden.

Seither haben sich vor allem sogenannte <u>Außenseiter</u> hier angesiedelt und versuchen, ihre Philosophie vom Weinbau mit einem alternativen Leben abseits der amerikanischen Metropolen zu verbinden. Dafür finden sie hier ein ideales Experimentierfeld: die Erwerbskosten für Grund und Boden sind vergleichsweise niedrig, - und die klimatischen sowie Bodenverhältnisse erlauben den Anbau von fast allen Rebsorten. Derzeit ist es noch nicht nicht entschieden, welche Reben an welchem Ort die besten Resultate zeigen. Mutige Einzelgänger probieren aus, was den Forschungsabteilungen der Großbetriebe zu kostspielig und wenig erfolgversprechend erscheint.

Das <u>Yakima Valley</u> ist derzeit noch <u>Geheimtip für Insider</u>. Neue Kreationen der Produzenten sind weiterhin an der Tagesordnung und Überraschung für den Weinkenner. Die meisten Kleinbetriebe verkaufen ihre Weine direkt an die Besucher und an Händler im Bundesstaat Washington. Angesichts der Qualität der Weine dürfte dies nicht mehr lange so bleiben.

Eine <u>Vielzahl an Motels,</u> wer von Nord über die <u>North First Street</u> nach Yakima hineinfährt. Fast hat man den Eindruck, Yakima besteht nur aus Motels. Alles, von bekannten Motel-Ketten bis hin zu Billig- Motels.

Hier ist Motel neben Motel ein Preis- und Qualitätsvergleich möglich. Zudem außen angezeigt, ob "vacancy" (frei) oder "no vacancy".

Teurere Motels:

"<u>Towne Plaza</u>": 6o7 E. Yakima Ave. Absolut zentral in der Innenstadt. Großer Motel-Komplex mit 2 SW-Pools. Ruhige Zimmer zum Innenhof. Geräumig, hell und komfortabel möbliert. DZ je nach Größe und Saison ca. 6o- 85 US. Tel. 248-59oo.

"<u>Comfort Inn</u>": 17oo N. First St. Modernes Motel mit SW-Pool und Sauna. An der Zufahrtsstraße von Norden. DZ je nach Saison und Größe ca. 55 - 65 US. Tel. 248-565o und 8oo-221-2222.

"<u>Econo Lodge</u>": 51o N. First St. An der gleichen Straße, Zentrumsnähe. Einfaches Motel mit SW- Pool. Zimmer modern und funktional eingerichtet. DZ ab ca. 4o US. Tel. 457-6155 und 8oo-446-69oo.

"<u>Yakima KOA</u>", 15oo Keyes Rd. Gepflegter Platz mit modernen sanitären Anlagen inkl. Duschen. Östlich von Yakima; ab I-82 über Exit 34, von dort noch ca. 2 km. Stellplatz ab ca. 14 US. Tel. 248-5882.

"GRANT'S BREWERY PUB", 32 N.Front St. Eigentümlich, aber wahr: Im Wine-Country von Yakima wird eines der besten Biere der amerikanischen Westküste gebraut. Direkt von der Quelle empfehlenswert vor allem das dunkle "Scottish Ale" sowie ein Hefeweizenbier (insgesamt rund zehn Sorten). Selbst für Weintrinker eine Sünde wert. Als herzhafte Grundlage gibt's kleine Gerichte für ca. 3- 6 US. Alles in der angemessenen Umgebung: ein gemütlicher Pub im alten Bahnhofsgebäude.

"<u>BABYLON</u>", 3o9 E. Yakima Ave. Einfaches griechisches Lokal. Trotz Plastikstühlen und Fliesenfußboden nicht ungemütlich. Mittags Salate und kleine Gerichte um 3- 5 US, abends Spezialitäten wie Moussaka oder Souflaki für 6- 8 US.

"<u>GOLDEN CROISSANT</u>", 6 N. Third St. Café mit ein wenig Fast- Food Atmosphäre. Gutes Frühstück mit Croissants oder französischem Baguette. Mittags Sandwiches und Suppen ab ca. 3 US.

"<u>GOLDEN WHEEL</u>", S. First St./Ecke Yakima Ave. Etwas düsteres Ambiente. Sitzecken in verschiedenen Räumen und Nischen. Vielseitige kantonesische Küche. Hauptgerichte ca. 5- 8 US.

"SANTIAGO'S", 111 E. Yakima Ave. Dekoration etwas chaotisch, von Backsteinwänden bis hin zu Gemälden und kitschigen Gardinen. Aber angenehme und ruhige Atmosphäre. Gilt als mexikanisches Gourmet-Restaurant, serviert aber eher "Tex- Mex"-Küche mit stark amerikanisiertem Einschlag. Einige originelle Kreationen und vor allem Riesenportionen. Für 5 US wird man rundum satt.

Selbstversorger: Je nach Saison ist Obst das Lebensmittel in und um Yakima: Äpfel, Birnen, Weintrauben, Kirschen etc. Hervorragende Qualität und günstige Preise. Hier läßt sich ohne weiteres mal für ein oder zwei Tage eine Vitamin- Diät einlegen. Verkaufsstände an den Straßen um Yakima. Für die sonstige Versorgung ein Supermarkt im Stadtzentrum: "GARY'S RED APPLE MARKET", 8o2 E. Yakima Ave.

Picknick: Empfehlenswert ein Ausflug zu den Weingütern im Südosten der Stadt. Essen einpacken, eine Flasche Wein direkt beim Winzer erstehen und sich irgendwo am Rande eines Weinbergs niederlassen. Manche Weingüter mit Picknicktischen und bei klarem Wetter großartigem Blick auf das Yakima Valley und die Cascade Mountains mit Mount Adams und Mount Rainier.

Verbindungen ab Yakima

Auto: Richtung Westen: Nach Seattle über I-82 und I-9o direkte Autobahnverbindung (22o km, ca. 2,5 Std.). Über Hwy. 12 in rund 2 Std. sowohl zum Mount Rainier National Park als auch zum Fuß von Mount St. Helens.

Nach Norden per Hwy. 97 zum Lake Chelan (22o km, ca. 3 Std.). Außerdem nach Grand Coulee (25o km, ca. 3 Std.) und Spokane (32o km, ca. 4 Std.).

Richtung Südwesten nach Richland via I-82 (12o km, ca. 1,5 Std.).

Bus: Greyhound-Terminal im Zentrum, 6o2 E.Yakima Ave.

-> Portland: 1 x tägl., 4,5 Std., ca. 35 US

-> Seattle: 3 x tägl., 3 Std., ca. 2o US

-> Spokane: 1 x tägl., 5 Std., ca. 25 US

YAKIMA ⟩⟩→ GRAND COULEE

Bis zum Staudamm von Grand Coulee 25o km, ca. 3 Std. Wegen vieler lohnender Stops unterwegs aber gut 1 Tag einplanen. Kurz hinter Yakima zwei Möglichkeiten:

Richtung ELLENSBURG entweder über die kühn geschwungene Autobahn I-82, die über die Höhenzüge führt. Phantastische Ausblicke auf die Cascades inkl. der vulkanischen Kolosse Mount Rainier und Mount Adams. Dazu noch weites Panorama auf die endlosen Täler Ost- Washingtons. Details zu dieser Strecke siehe Seite 278.

Nicht weniger spektakulär die <u>YAKIMA CANYON ROAD</u> (Hwy 821, ab I-82/ Exit 24). Führt entlang des Flusses durch ein vom Yakima River tief eingeschnittenes Tal. Zu beiden Seiten die steilen Felswände des Canyons, die sich im Fluß spiegeln. Kräftiger Kontrast zwischen den grünen Ufern des Flusses und den öden, staubtrockenen Hängen zu beiden Seiten. Kurz vor Ellensburg trifft die Straße wieder auf die I-82. Zeitaufwand ein paar Minuten mehr als über die Autobahn.

Kleine Entscheidungshilfe: sind die Berge mit Wolken verhangen, dann die Canyon Road fahren. An klaren Tagen ist die Strecke über die Autobahn eindrucksvoller.

Bis <u>ELLENSBURG</u> 55 km. Typische Kleinstadt, Verkehrsknotenpunkt, kleines Zentrum mit historischen Fassaden, Abstecher lohnt nicht. Die Autobahn teilt sich südlich der Stadt. Nach Grand Coulee zunächst über I-9o Richtung Spokane.

Langsam bleibt das Vorgebirge der Cascade Mountains zurück, es beginnen die weitläufigen Täler Ost- Washingtons, endlose Steppen und landwirtschaftlich genutzte Flächen mit verstreuten Farm- Häusern. Kaum noch Verkehr auf Autobahn und Straßen, während im Rückspiegel die Umrisse von Mount Rainier und Mount Adams immer kleiner werden.

Schon nach wenigen Kilometern stellt sich ein Gefühl ein, als hätte man sich auf die Durchquerung des nordamerikanischen Kontinents eingelassen, auch wenn bloß Grand Coulee oder Spokane das Ziel ist. Hier beginnen ganz offensichtlich die endlosen Weiten Amerikas. Und wer beharrlich auf I-9o bleibt, erreicht nach ein paar Tagen tatsächlich Chicago und später Boston.

<u>GINKGO PETRIFIED FOREST</u>: versteinerter Wald aus der Urzeit. Vom Besucherzentrum schöner Blick auf den hier aufgestauten Columbia River und die steilen Felswände des Canyons. <u>Zu erreichen</u>: etwa 4o km östlich von Ellensburg, kurz bevor die Autobahn den Canyon des Wanapum Lake überquert: Exit 136

Im <u>Interpretive Center</u> (geöffn. Mitte Mai bis Mitte September tägl. 1o- 18 Uhr) Exemplare der verschiedenen versteinerten Baumarten, die in Ginkgo gefunden wurden. Von außen sehen sie wirklichen Baumstämmen zum Verwechseln ähnlich, auch die Struktur aufgeschnittener Stämme enthüllt das charakteristische Muster der Jahresringe. Poliert erscheinen sie mit ihren bizarren Strukturen und Farben wie phantastische Kunstwerke der Natur. Das geologische Phänomen ist gleichzeitig ein ästhetischer Genuß. Sehr informativ die 1o Min. Diashow zur Entstehung der Canyons und versteinerten Wälder in Ost- Washington.

Ost-Washington 301

Im Besucherzentrum auch Skizzen zu den beiden Rundwegen durch den Wald (ca. 3 km entfernt): Interpretive Trail (1,5 km, ca. 3o Min.) und Hiking Trail (5 km, 1- 2 Std.). Ganzjährig zugänglich. Dort sieht man das versteinerte Holz in seiner natürlichen Umgebung, rauh und unpoliert in dicken Stämmen. Die sichtbaren Baumreste sind nur ein winziger Bruchteil dessen, was noch unter der Erde begraben liegt.

Nur an wenigen anderen Stellen in den USA (z.B. im Yellowstone National Park oder in Arizona sowie bei Calistoga/Napa Valley in Kalifornien) findet sich das Phänomen der versteinerten Wälder. Nirgends aber existieren so viele verschiedene Baumarten wie in Ost-Washington: etwa zweihundert, darunter auch der Ginkgo, der längst ausgestorben ist und nach dem der versteinerte Wald benannt wurde.

Die Entstehungsgeschichte des Petrified Forest ist eng verknüpft mit den geologischen Umwälzungen, die zur Bildung der großen Canyons geführt haben (siehe auch "Grand Coulee"). Vor 16 Millionen Jahren war dieser Teil des Landes vollständig bewaldet und mit Sümpfen und Gewässern bedeckt. Umgestürzte Bäume versanken, saugten sich mit Wasser voll und blieben auf diese Weise erhalten. Später floß aus riesigen Erdspalten Lava übers Land, bedeckte und verbrannte die gesamte Vegetation.

Die versunkenen Bäume jedoch blieben erhalten und verwandelten sich über Jahrmillionen durch chemische Prozesse in Stein. Die eiszeitliche Ausschürfung riesiger Canyons durch Gletscher und ungeheure Wassermassen brachte später die vor Urzeiten versunkenen Bäume wieder zum Vorschein. Die große Masse der einstigen Wälder liegt allerdings weiterhin im Boden Ost- Washingtons begraben.

"KOA Kampground", an der Straße zum Interpretive Center. Stufenförmig angelegt mit schönem Blick auf den Canyon. Wenig Schatten. Gepflegte sanitäre Anlagen inkl. Duschen. SW- Pool. Stellplätze für Zelt und Wohnmobil ca. 11- 17 US.

Auf der Weiterfahrt Richtung Grand Coulee kurz hinter der Brücke über den Columbia River kurzer Stop am Scenic View: Parkplatz mit überwältigendem Blick auf den aufgestauten Fluß und die Wände des Canyons. Auf der Anhöhe die Silhouette einer Metall- Plastik mit springenden Pferden. Stellt dar, wie nach einer Indianer- Legende der Große Geist die Pferde auf die Erde brachte.

22 km nordöstlich der Columbia Brücke Exit 283 Richtung Ephrata/ Coulee Dam. Von dort (Hwy. 155) noch 13o km bis zum Staudamm.

Grand Coulee

Eine der großartigsten Landschaften im Nordwesten: ein urzeitlicher Canyon, angefüllt mit neuzeitlichen Stauseen. Abwechslungsreiche Fahrt vorbei an steilen Felswänden und bizarren Basaltformationen, die auf eine geologisch einmalige Entstehungsgeschichte zurückblicken können.
Insgesamt eine Region, die zwar touristisch mit einer Vielzahl an Campingplätzen erschlossen ist, jedoch nicht überlaufen. Hauptziel der Besucher ist der GRAND COULEE DAM am Nordende des Canyons.

Einer der gewaltigsten Staudämme Amerikas und wichtigster Stromerzeuger im Nordwesten. Zugleich reguliert er die Bewässerung im nördlichen Abschnitt des Columbia River.

Die Entstehungsgeschichte des Grand Coulee Canyons ist schlichtweg dramatisch und beginnt vor über 15 Millionen Jahren. Damals bildeten sich in der Erdkruste tiefe Risse, aus denen Unmengen von Lava strömten. Dieser Prozeß wiederholte sich im Abstand von Tausenden von Jahren immer wieder, so daß sich baumkuchenartig eine Lavaschicht auf der nächsten ablagerte. An den Wänden des Canyons sind diese Schichten noch heute präzise zu erkennen. Die ständigen Lavaflüsse schufen mit der Zeit eine 1.5oo m dicke Ablagerung, die Hochebene des Columbia Plateau.

Zu jener Zeit existierten die Cascade Mountains noch nicht, so daß in der Region ein feuchtes Meeresklima herrschte, welches ein schnelles Aufkommen von Vegetation auf dem fruchtbaren vulkanischen Boden begünstigte. Mit jeder neuen Phase vulkanischer Aktivität wurde die gesamte Pflanzen- und Tierwelt vernichtet. Lediglich umgestürzte Baumstämme, die in Seen und Sümpfen versunken waren und sich voll Wasser gesogen hatten, blieben zwischen den Lavaschichten erhalten und versteinerten im Laufe der Zeit (siehe "Ginkgo Petrified Forest"). Als sich vor etwa 2 Mill. Jahren die tektonische Aktivität auf weiter westlich gelegene Gebiete konzentrierte, türmte sich dort die Barriere der Cascades auf und verwandelte das dahinterliegende Land in eine trockene Steppe.

Während der letzten Eiszeit schoben sich bis zu 3 km dicke Gletscher von Kanada nach Süden vor. Einer von ihnen blockierte den Lauf des Columbia River etwa an der Stelle, wo sich heute der Grand Coulee Dam befindet. Die überlaufenden Wassermassen, angefüllt mit scharfkantigen Eisbergen, ergossen sich über das Columbia Plateau nach Süden und gruben tiefe Rinnen ins poröse Lavagestein: die Coulees. Doch die Kanäle, die jahrhundertelang durch die stetige Kraft des Wassers geschaffen wurden, waren unbedeutend gegen das, was innerhalb weniger Wochen passieren sollte:

Am Lake Missoula im heutigen Montana hatte sich ein ähnlicher Eisdamm gebildet wie am Columbia River. Als dieser Damm vor etwa 18.000 Jahren brach, ergossen sich die aufgestauten Wassermassen mit unvorstellbarer Gewalt über das Columbia Plateau. Die ausströmenden Fluten waren zehnmal so groß wie die Wassermenge aller Flüsse der heutigen Erde. Im südlichen Washington war die Flutwelle 25o m hoch, beim heutigen Portland erreichte sie immer noch 125 m.

Die bereits bestehenden Coulees wurden durch diese Naturgewalten innerhalb von kürzester Zeit tief ausgeschürft. Man schätzt, daß der Grand Coulee durch die Ströme nach dem Dammbruch praktisch innerhalb von nur 4 Wochen entstanden ist. Erdgeschichtlich gesehen eine wahnsinnige Geschwindigkeit für einen Erosionsprozeß, der sonst Jahrmillionen in Anspruch nimmt. Der Strom durch den Grand Coulee bildete an einer Stelle (den heutigen "Dry Falls") einen Wasserfall, der größer war als alles Vergleichbare, was die Erde je gesehen haben dürfte.

Als am Ende der Eiszeit die Gletscher geschmolzen waren, kehrte der Columbia River in sein ursprüngliches Flußbett zurück. Auf dem Plateau jedoch verblieben die ausgetrockneten Coulees als bizarre Canyons. Erst als im 2o. Jahrhundert Ingenieure die Idee des urzeitlichen Gletscherdammes aufgriffen und den Grand Coulee Dam konzipierten, konnte das Wasser des Columbia River wieder aufgestaut und in die Coulees geleitet werden. Sie tragen mit ihren Wasserläufen nun zur Förderung der Landwirtschaft auf dem Columbia Plateau bei (Details siehe "Grand Coulee Dam").

FAHRT DURCH DEN GRAND COULEE: von der Interstate 9o

zwischen Ellensburg und Spokane Exit 283 Richtung Ephrata/Coulee Dam. Kurz hinter EPHRATA beginnt die ungewöhnliche Landschaft mit dem SOAP LAKE: ein klarer See in einer öden Umgebung, der seinen Namen nicht zu unrecht trägt. Nachdem man die Hand ins Wasser gesteckt hat, fühlt sich die Haut glatt und seifig an. Grund dieses Phänomens sind die Bestandteile des Wassers: 17 Mineralien sowie Ichtyol-Öl. Schon die Indianer hatten die heilende Wirkung des Wassers erkannt und schlugen ihre Sommerlager an den Ufern des Sees auf. Heute ein eher vernachlässigter Ort mit etwas Ferienbetrieb.

Nördlich von Soap Lake beginnt der eigentliche Canyon. An seinen Wänden läßt sich studieren, in welch bizarren, manchmal aber auch geometrisch regelmäßigen Formen die Lavaflüsse vor Millionen von Jahren erkalteten. Bei den DRY FALLS braucht man etwas Phantasie, um sich vorzustellen, wie die eiszeitlichen Wassermassen hier auf einer Breite von über 5 Kilometern hinunterstürzten und den weltgrößten Wasserfall bildeten. Der beinahe kreisrunde Felsabbruch ist rund 12o m hoch und auch im "Trockenzustand" noch imposant.

Oberhalb von Dry Falls hat man im Grand Coulee durch einen Staudamm inzwischen den BANKS LAKE geschaffen. Der Damm verhindert, daß das Wasser über die Fälle herunterfließt. Im Verlauf der Strecke wird der Canyon breiter und tiefer. Mitten im Tal plötzlich wie eine urzeitliche Insel der 215 m hohe Tafelberg des STEAMBOAT ROCK, den die Wasserfluten stehengelassen haben. An seinem Fuß ein State Park, von dem aus ein Wanderweg auf den Berg hinaufführt. Von oben atemberaubender Blick über Banks Lake und Grand Coulee.

Ca. 2o km nördlich von Steamboat Rock endet der Grand Coulee am GRAND COULEE DAM, 168 m hoch und an seinem Fuß ca. 15o m dick. Der Damm staut den Columbia River zum ROOSEVELT LAKE, der sich über rund 23o km bis zur kanadischen Grenze erstreckt.

Die Staumauer entstand im Rahmen von Arbeitsbeschaffungsmaßnahmen während der Wirtschaftskrise der Dreißiger Jahre. 7.000 Menschen errichteten in achtjähriger Bauzeit (1934- 42) das größte Beton- Bauwerk der USA. Die Konstruktion war ein nationales Ereignis, persönlich beschlossen von Präsident Franklin D. Roosevelt. Die Öffentlichkeit nahm regen Anteil daran, was sich in Zeitungsberichten aus jener Zeit widerspiegelt oder auch im Song "Roll on, Columbia" des Folk-Sängers Woody Guthry: "Your power is turning our darkness to dawn, so roll on Columbia, roll on".

Die Stromerzeugung galt zunächst nur als zweitrangiges Ziel, wichtiger erschien die Verwirklichung eines kolossalen Bewässerungsprojektes im Tal des Columbia River. In die Zeit der Fertigstellung des Staudamms fiel jedoch der Eintritt der USA in den II. Weltkrieg. Daraufhin wurde sofort die Kapazität des Dammes zur Erzeugung von Energie verstärkt. Grand Coulee versorgte einen wesentlichen Teil der Rüstungsindustrie (vor allem Aluminiumproduktion und Flugzeugindustrie), den die US- Regierung in den Nordwesten verlegt hatte. Auch die Weiterentwicklung dieser Industriezweige nach dem Krieg beruhte hauptsächlich auf der Versorgung mit billiger Energie durch den Staudamm, der noch heute als größter Stromerzeuger im Nordwesten der USA fungiert.

Der Anblick der grauen Betonmauer ist zunächst nicht gerade mitreißend. Interessanter nur während der Sommermonate (Ende Mai bis Ende September), vorausgesetzt, es steht genügend Wasser zur Verfügung. Dann werden mittags (13- 13.3o Uhr) die Tore geöffnet, und ein weißer Wasserschwall donnert mit imposantem Getöse die Staumauer hinab.

Abends dann eine LASER- LIGHT- SHOW. 35 Minuten lang wird auf die Staumauer und das herabstürzende Wasser ein etwas naiv-propagandistischer Zeichentrickfilm projiziert. Inhalt: Die Geschichte der Eroberung des Westens sowie Bau und Funktion des Staudamms. Am schönsten noch die Zwischenspiele: geometrische und abstrakte Licht- und Farbkompositionen.

Die Light- Show ist gratis, am besten zu sehen und zu hören unterhalb des Besucherzentrums. (Ende Mai bis Ende Juli ab 22 Uhr, im August ab 21.3o Uhr, im September ab 2o.3o Uhr). Ist in trockenen Jahren nicht genügend vom kostbaren Naß vorhanden, fällt der Spaß am Mittag aus, die Laser-Show wird statt auf das herabstürzende Wasser nur auf die Betonwand projiziert.

Neben dem überdimensionalen Staudamm fristet das COLVILLE TRIBAL CULTURAL MUSEUM ein Schattendasein; irgendwie symbolisch für die Rolle, die die indianische Bevölkerung hier seit über 15o Jahren spielt. In einem kleinen Raum eine Ausstellung von handwerklichen und kunsthandwerklichen Produkten der Indianerstämme in dieser Region. Vorwiegend Körbe und Umhängetaschen. In einem zweiten Raum Informationen zur Kultur und Geschichte: Lebens- und Jagdgewohnheiten sowie die Auseinandersetzung mit weißen Siedlern und der US- Regierung. Alles äußerst bescheiden. Geöffn. während der Sommermonate tägl. von 1o- 18 Uhr, Eintritt ca. 1 US.

Ein Plakat mit dem Motto "When the river was free, the salmon gave us life" deutet zurückhaltend an, daß der Bau des Staudamms am Grand Coulee verheerende Konsequenzen für den Lachsfang und damit die Lebensgrundlage der Indianer hatte. Ein Aspekt, der in den offiziellen Broschüren über die Segnungen des Staudamms gern beiseite gelassen wird.

Doch die Probleme mit der Staumauer sind nur ein Aspekt in der langen Leidensgeschichte der Indianerbevölkerung in der hiesigen Colville Indian Reservation. Schon der Name war nicht ihr eigener. Unter dem Begriff "Colville" faßte die US- Regierung 12 verschiedene Stämme zusammen, die als Nomaden im Nordwesten lebten und jeweils ihre eigene Sprache und Kultur besaßen.

Nach zahlreichen Kämpfen und Niederlagen gegen weiße Siedler und US- Truppen sprach Präsident Grant den Colville- Stämmen 1872 ein Reservat zwischen Columbia River und kanadischer Grenze zu. Aber schon kurz darauf wurden große Teile wieder für Bergbau und Besiedlung freigegeben. Nach und nach beschnitten und verkleinerten die Behörden das Reservat bis zu seiner heutigen Ausdehnung nordwestlich von Lake Roosevelt. Die Verträge mit den Indianern wurden wie so oft nur solange eingehalten, bis "höhere Notwendigkeiten" sie obsolet machten. Ausführliches zur Kultur und Geschichte der Indianer im Nordwesten siehe Seite 95.

In der Nähe des Staudamms 3 Orte, die nicht besonders einladend wirken, sich aber als Übernachtungsstandorte nach der Fahrt durch den Grand Coulee anbieten: <u>ELECTRIC CITY, GRAND COULEE</u> und <u>COULEE DAM</u>.

Gut bestückt mit Info- Material sowie einem pathetischen Film über den Staudamm ist das <u>Visitor Arrival Center</u>, direkt gegenüber der Staumauer. Im Winter geöffnet von 9- 17 Uhr, im Sommer von 8.3o Uhr bis zum Ende der Laser- Show. Hier auch Details über die <u>Gratis Touren</u> zu den Elektrizitätswerken und Pumpstationen am Grand Coulee Dam. Eindrucksvoll während dieser Touren vor allem die Fahrt in einem gläsernen Fahrstuhl an der Staumauer hinauf.

Post: In Grand Coulee an der Durchgangsstraße neben dem Restaurant "Sage Inn". - **Telefon**: Vorwahl 5o9.

Vorwiegend einfache und preiswerte Hotels in den Orten Grand Coulee und Coulee Dam. Die Unterschiede sind nicht übermäßig groß.

"<u>Coulee House Motel</u>": 11o Roosevelt St., Coulee Dam. Direkt gegenüber der Staumauer mit Blick auf die Laser- Show. Komfortabel mit SW- Pool und Sauna. Helle, geräumige Zimmer, manche mit Kühlschrank. DZ ab ca. 58 US. Tel. 633-11o1.

"<u>Trail West Motel</u>": 1o8 Spokane Way, Grand Coulee. Relativ ruhige Lage in einer Nebenstraße. Kleiner SW- Pool. Zimmer spärlich und sehr einfach möbliert. DZ ab ca. 4o US. Tel. 633-3155.

"<u>Center Lodge Motel</u>": 5o8 Spokane Way, Grand Coulee. Den Berg hinauf am Ortsrand, ruhige Lage. Klein, einfach, aber mit ca 26 US pro DZ ausgesprochen billig. Tel. 633-o77o.

Für außergewöhnliche Ansprüche ist rund um den Staudamm nicht viel zu holen. Wer's originell mag, weicht aus zum Soap Lake im Süden des Canyons: "**<u>Notaras Lodge</u>**", Tel. 246-o562. Blockhaus aus massiven Baumstämmen. die Zimmer komfortabel-rustikal eingerichtet mit knöcheltiefem Teppichboden. Jeder Raum individuell und exzentrisch ausgestattet: "Old Mexico", "Outlaw Room" oder "Indian Room" verraten schon im Namen das Innere. DZ ca. 43 US, Suites mit Whirlpool 85 US.

Am schönsten etwas weiter entfernt vom Staudamm im Canyon von Grand Coulee:

"<u>Steamboat Rock State Park</u>": 2o km südlich vom Staudamm, einmalig gelegen am Fuße des Tafelbergs. Mitten im Canyon und direkt am Ufer von Banks Lake mit Bademöglichkeit. Gepflegter Rasenplatz, wenige Bäume. Toiletten und Duschen. Stellplätze ca. 8- 12 US. Ideal für etwas längeren Aufenthalt und die Erkundung von Grand Coulee.

"<u>Soap Lake Resort</u>": am Nordufer des gleichnamigen Sees, Südrand des Canyons von Grand Coulee. Gepflegter Rasenplatz unter Bäumen. Großzügige sanitäre Anlagen, schöner SW- Pool. Nur im Sommer geöffnet. Am Wochenende haben Mitglieder Vorrang, daher nach Möglichkeit reservieren. Stellplatz ca. 15 US. Tel. 246-11o3.

Anzahl und Qualität lassen darauf schließen, daß die Besucher nicht unbedingt hierher kommen, um gut zu essen. Das Angebot ist extrem dürftig.

"MELODY", 512 River Dr., Coulee Dam. Von den meisten Tischen aus Blick auf den Staudamm. Sandwiches (3- 5 US) sowie Fisch- und Fleischgerichte ohne größeren kulinarischen Anspruch für ca. 8- 15 US.

"SAGE INN", 415 Midway, Grand Coulee. An der Durchgangsstraße. Von außen einladendes Fachwerkgebäude, innen eher abweisendes Fast- Food- Ambiente. Verschiedene Fisch- und Fleischgerichte für ca. 8- 15 US, Sandwiches um 4 US.

"SIAM PALACE", 515 Grand Coulee Ave., Grand Coulee. Nicht besonders gemütlich: Sitzecken wie im Eisenbahnabteil. Einfache chinesische und thailändische Küche. Hauptgerichte ca. 4- 8 US, Menüs um 7 US.

"THAT ITALIAN PLACE", 213 Main St., Grand Coulee. Am Ortsrand Richtung Spokane. Plastikstühle und -tische, einfaches Fast- Food- Ambiente mit Selbstbedienung. Pizza- und Nudelgerichte für ca. 3- 6 US. Große Portionen.

Selbstversorger: "SAFEWAY": Passabler Supermarkt an der Durchgangsstraße in Grand Coulee.

Picknick: Am besten auf der Grünfläche unterhalb der Staumauer und gegen 13 Uhr zum Lunch: Dann werden die Tore geöffnet und die Wassermassen strömen die Betonwände hinunter. Ein weitaus angenehmerer Hintergrund für ein Mittagessen als der ansonsten eher triste Staudamm.

Verbindungen Grand Coulee

Auto: Hwy. 174 nach Spokane (14o km, ca. 2 Std.); Hwy. 155 Richtung Süden durch den Canyon von Grand Coulee (bis Yakima 25o km, ca. 3 Std.); Hwy. 174 nach Westen zum Lake Chelan (13o km, ca. 2 Std.).

Bus: Mit "Empire Lines" ab Grand Coulee Dam 1x täglich nach Spokane (2 Std., ca. 16 US) und zum Lake Chelan (8 Std. wegen Umsteigen und Warten auf Anschluß in Wenatchee, ca. 15 US).

GRAND COULEE ⇒→ SPOKANE

14o km, ca. 2 Std. auf der direkten Strecke über Hwy. 172 und Hwy. 2. Dieser Teil Washingtons gehört zu den größten Weizenproduzenten der Welt. Die Strecke führt durch das wellige Hügelland der "rolling hills". Getreidefelder bis zum Horizont und zwischendurch immer mal wieder eine vereinzelte Farm mit den charakteristisch geformten Heuschobern und Silos.

Wer mehr Zeit hat, kann den landschaftlich schöneren Umweg nach Norden wählen: 25o km durch die Colville Indian Reservation und den Colville National Forest auf den Highways 21, 2o und 25. Absolut einsame und abgelegene Berg- und Waldlandschaften. Der Hwy. 25 schlängelt sich fast ununterbrochen am LAKE ROOSEVELT entlang, der durch die Staumauer am Grand Coulee entstanden ist und sich über 23o km Ri. Norden bis in die Nähe der kanadischen Grenze erstreckt.

Interessantester Zwischenstop ist im Ort REPUBLIC die archäologische Stätte STONEROSE: hier finden sich im Gestein Fossilien, die zwischen 47 und 5o Millionen Jahre alt sind. Abdrücke von Pflanzen, Insekten und Fischen, viele von ihnen längst ausgestorben.

> Stonerose ist eine der wichtigsten Fundstätten für Fossilien aus der Zeit des Eozän. Der Name stammt von Rosenabdrücken, die zu den ältesten Vorfahren der heute bekannten Rosenarten gehören und von denen vermutlich auch Apfel-, Pflaumen- und andere Obstbäume abstammen.
>
> Entstehung: Bei Stonerose befand sich vor Urzeiten ein großer See, der im Laufe der Erdgeschichte mit Lava- Asche vieler damals aktiver Vulkane gefüllt wurde. Zwischen den Lavaschichten begraben liegen Pflanzen und Tiere, die auf den Boden des Sees gesunken waren und dort von der Lava konserviert wurden.

In Stonerose ist auch für Besucher die Archäologie "zum Anfassen". Neben der Besichtigung einer Ausstellung von Fossilien kann jeder selbst das geologische Hämmerchen in die Hand nehmen und an bestimmten dafür ausgezeichneten Stellen auf die Suche gehen. Die Chancen stehen nicht schlecht für den Fund eines 5o Millionen Jahre alten Blattes oder Tierchens. Wer nicht schon Amateur-Geologe ist, wird in Stonerose leicht dazu verführt, einer zu werden.

Obendrein ist der ganze Spaß noch gratis, vorherige Einschreibung allerdings Voraussetzung: "Stonerose Interpretive Center", 61 N.Kean St. Dort auch Einzelheiten über bestimmte Verhaltensmaßregeln und Beschränkungen. Geöffn. von Mai bis Oktober, Di- Sa von 1o- 17 Uhr; Fossiliensuche 1o- 14 Uhr.

►Spokane (180.ooo Einw.)

Zentrum des landwirtschaftlich geprägten Umlandes. Die geographische Lage sagt viel aus über die Atmosphäre in der größten Stadt Ost-Washingtons: nur 3o km von der Grenze zu Idaho und gut 1oo Kilometer bis

Ost-Washington

Montana; dagegen 45o km bis nach Seattle und zur Pazifikküste. Keine Spur mehr von Westcoast- Atmosphäre, sondern schon das provinzielle Ambiente der Rocky Mountains und des Farmlands im Mittleren Westen.

Im Stadtbild ein Durcheinander von Lagerhäusern, Hotels, Einkaufszentren, Parkplätzen, verfallenen Gebäuden und modernen Neukonstruktionen. Quer durch führt die Autobahn I-9o. Das eigentliche Zentrum mit seinen traditionellen Backsteinbauten allerdings ansprechend gestaltet und restauriert. Sehenswert auf jeden Fall das ausgezeichnet bestückte Museum über die Indianerkulturen Nordamerikas.

Tourist INFO: Regional Convention & Vistiors Bureau, 926 W.Sprague Ave.

Post: 9o4 W.Riverside Ave. - **Telefon**: Vorwahl 5o9.

RIVERFRONT PARK (6): nach der Weltausstellung "Expo World's Fair" 1974 wurde das Messegelände auf einer Halbinsel im Spokane River als Freizeitpark für die Bevölkerung hergerichtet. Über die Wasserfälle der Spokane Falls führt eine Gondelbahn; zwischen Grünanlagen findet man

SPOKANE mit Wasserfall, Stich Ende 19. Jahrhundert

Theater, Pavillons, Karussells und Sportanlagen. Auch das gegenüberliegende Ufer wurde mit einbezogen, so daß mitten im Zentrum der Stadt ein weitläufiger und angenehmer Freizeitpark entstand.

Die <u>SPOKANE FALLS</u> (7) sind eher eine Mischung aus Stromschnellen und Wasserfall, durch die Stärke der rauschenden Wassermassen aber durchaus beeindruckend. Mittendrin allerdings durch ein Stauwehr unterbrochen, das seinen eigenen künstlichen Wasserfall produziert. Eine etwas unglückliche Kombination von Natur und Technik, die aber durchaus zum Durcheinander im allgemeinen Stadtbild paßt.

<u>MUSEUM OF NATIVE AMERICAN CULTURES</u> (9), 2oo E. Cataldo Ave. Rundbau in der stilisierten Form eines Indianer-Tepees. Mit Abstand die umfangreichste und vielseitigste Sammlung im gesamten Nordwesten zu den Indianer-Kulturen Nordamerikas. Leider kaum Hinweise zur Geschichte sowie keine Erläuterungen, so daß der Zusammenhang oft nicht klar wird. In vielen Fällen jedoch sprechen die hervorragenden Ausstellungsstücke für sich:

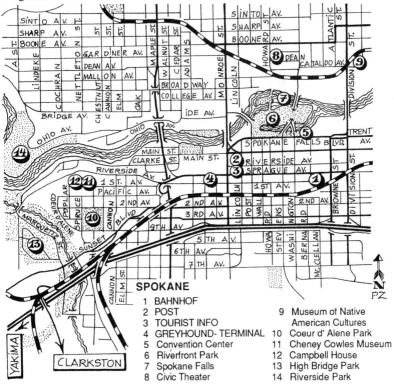

SPOKANE
1 BAHNHOF
2 POST
3 TOURIST INFO
4 GREYHOUND-TERMINAL
5 Convention Center
6 Riverfront Park
7 Spokane Falls
8 Civic Theater
9 Museum of Native American Cultures
10 Coeur d'Alene Park
11 Cheney Cowles Museum
12 Campbell House
13 High Bridge Park
14 Riverside Park

Im 1. Stock die Indianer- Kulturen aus Ost- Washington, Idaho und Montana: Lederkleidung, Sättel, Federschmuck, Friedenspfeifen, Flechtarbeiten, Schmuck und eine grandiose Sammlung Tausender Pfeilspitzen. Im 2. Stock anthropologische Ausstellung zur Kultur der Eskimos (Schlitten, Kajaks, Kleidung) sowie der Küstenindianer des Nordwestens zwischen Oregon und Alaska: vor allem Totempfähle und Kultgegenstände. Ein weiterer Raum ist den Prairie- Indianern gewidmet; eine Art Querschnitt durch alte Karl- May- Erinnerungen: Sioux, Cheyenne, Comanchen, Kiowa und Crow sind vertreten mit Kleidung und Federschmuck.

Im 3. Stock Schwerpunkt auf den Kulturen des Südwestens: Apachen, Navajo, Hopi, Pueblo. Hauptsächlich Kunsthandwerk und Kultgegenstände. Im 4. Stock süd- und mittelamerikanische Indianer-Kulturen. Vor allem Keramik aus Mexiko und Peru. Geöffnet Di- So von 1o- 17 Uhr, in den Sommermonaten auch montags. Eintritt ca. 3 US. Guter Buchladen im Eingangsbereich.

<u>CHENEY COWLES MUSEUM</u> (11), 2316 W. 1st Ave., in einem Wohnbezirk westlich von Downtown. Die moderne Fassade des Gebäudes ist eher ein Fremdkörper an der Allee mit ihren Villen. Vorwiegend Exponate zur regionalen Geschichte: Dokumente über Bergbau und Landwirtschaft, Fotos, Mineralien. Dazu einige erlesene Stücke wie eine Postkutsche oder ein Elektroauto aus dem Jahr 1916. Außerdem kleine Abteilung zur Indianer- Kultur: Körbe, Kunsthandwerk und ein Original-Tepee. Angegliedert eine Kunstgalerie mit wechselnden Ausstellungen. Geöffnet Di- Sa von 1o- 17 Uhr, So 13- 17 Uhr, Mi bis 21 Uhr. Eintritt ca. 2 US, Mi gratis.

Die Eintrittskarte berechtigt auch zum Besuch des benachbarten <u>CAMPBELL HOUSE</u> (12), der überschwenglich ausgestatteten und mit kostbarem Mobiliar vollgestopften Villa des früheren Minenbesitzers Amasa Campbell. Der Luxus amerikanischer Millionäre um die Jahrhundertwende: wertvolle Teppiche, Kronleuchter, antike Möbel. Ähnliche Öffnungszeiten wie das Museum.

Übernachtung ist vergleichsweise preiswert in Spokane. In den seltensten Fällen dürfte es zu Engpässen kommen, da die große Urlauberkarawane hier nicht vorbeizieht.

"<u>Ridpath</u>": 515 W.Sprague Ave. Das klassisch- komfortable Stadthotel im Zentrum von Downtown. Neues Backsteingebäude, die Lobby wegen des angeschlossenen Restaurants etwas hektisch. SW- Pool im Innenhof. Zimmer ausgestattet mit modernem Luxus. DZ ab ca. 77 US.

"<u>Cavanaugh's River Inn</u>": 7oo N. Division St. Rustikale Holzgebäude am Riverfront Park. Zentral. SW- Pool und Sauna. Verschiedene Gebäude im gehobenen Motel-Stil. Zimmer komfortabel eingerichtet. DZ ab ca. 68 US. Tel. 326-5577.

"<u>Holiday Inn</u>": 11o E. 4th Ave. Am Rande von Downtown, direkt neben der Autobahn I-9o. Großer SW- Pool im Innenhof. Zimmer nach hinten relativ ruhig, modern und komfortabel eingerichtet. DZ ab ca. 5o US. Tel. 838-61o1.

Ost-Washington

"**Town Centre Motor Inn**": 9o1 W. 1st Ave. Motel in zentraler Lage. Zimmer einfach möbliert, manche mit Kühlschrank. DZ ab ca. 37 US. Tel. 747-1o41.

"**Fotheringham House**": 2128 W. 2nd Ave. Bed&Breakfast in ruhiger Wohngegend in der Nähe des Cheney Cowles Museums. Parkanlage gegenüber. Holz- Villa in gepflegtem Garten. Die Zimmer mit Blümchentapeten und viktorianischer Möblierung. DZ ab ca. 35 US. Tel. 838-4363.

"**Downtowner Motel**": 165 S. Washington St. In Downtown Nähe Einkaufszentren. Äußerst einfach und anspruchslos. DZ ab ca. 32 US. Tel. 838-4411.

Juhe

Das "Youth Hostel" ist 1991 umgezogen; jetzt südlich der Autobahn: 93o Lincoln St., Tel. 838-5968. Übernachtung ca. 11 US.

"Riverside State Park", ca. 1o km nordwestlich der Stadt. Gepflegter Platz mit sanitären Anlagen inkl. Duschen. Stellplatz ca. 8- 12 US.

Große Auswahl an passablen bis guten Restaurants in Downtown, vor allem zwischen den Kaufhäusern auf Sprague Ave., Riverside Ave. und Main Ave.

"**CYRUS O'LEARY'S**", 516 W.Main Ave. Originelles Lokal mit riesiger, vollgestopfter Theke und Bar. Jugendstil- Dekoration. Tischreihen und Sitznischen. Die Speisekarte ist beinahe ein Buch mit Hunderten von Gerichten: spezielle Hamburger, Sandwiches, aber auch vollständige Abendessen. Jede Preislage zwischen 3 und 15 US. Auch geeignet für einen bloßen Drink.

"**THAI CAFE**", 41o W. Sprague Ave. Einfache Möblierung; aufgrund der holzgetäfelten Wände und Bambus- Sonnenschirmen trotzdem relativ ge-

Riverside Avenue Spokande, Ende 19. Jhd.

mütlich. Zu essen gibt's authentische Thai- Küche, extrem preisgünstig bei Hauptgerichten von 5- 8 US. Besonders zu empfehlen die verschiedenen Curries.

"THE GREAT HARVEST BREAD COMPANY", 816 W.Sprague Ave. Kleines Café und Espresso-Bar mit eigener Bäckerei, in die man vom Lokal aus reinschauen kann. Brot und Kuchen also immer frisch. Frühstück und Mittagessen unter 5 US, abends geschlossen.

"MILFORD'S FISH HOUSE", 719 N. Monroe St. Gemütliches Lokal; dunkle Holzmöbel und karierte Tischdecken. Spezialität: Seafood und Fischgerichte. Angebote je nach den frischen Produkten, die täglich aus Seattle eingeflogen werden. Für Fisch die erste Adresse in Spokane. Hauptgerichte ca. 1o- 15 US.

"THE OLD SPAGHETTI FACTORY", 152 S. Monroe St. In alter Lagerhalle. Großes Lokal, gemütlich hergerichtet mit greller und etwas übersteigerter Dekoration. Neben rohen Backsteinwänden Kronleuchter, samtbezogene Sessel und viel knallbunte Farben. Mittendrin ein Straßenbahnwaggon. Preiswerte italienische Küche. Verschiedene Nudelgerichte inkl. Salat und Nachtisch für ca. 4- 7 US.

Selbstversorger: "SAFEWAY": Supermarkt in Zentrumsnähe, 3rd Ave./Ecke Maple St.

Picknick: Angenehm und zentral im Riverfront Park, wo man vor allem an Wochenenden die Grünflächen mit einheimischen Familien teilt.

Verbindungen ab Spokane

Auto: Nach Westen Hwy. 2 bis Grand Coulee Dam (14o km, ca. 2 Std.). Richtung Südwesten über Interstate 9o bis Yakima (32o km, ca. 4 Std.) oder Richland (23o km, ca. 3 Std.). Nach Süden Hwy. 195 in die Wallowa Mountains und zum Hells Canyon. Bis Enterprise/Oregon 29o km, ca. 4- 5 Std. Richtung Osten verbindet I-9o Spokane mit den Staaten des Mittleren Westens und der Ostküste.

Bus: Greyhound- Terminal zentral, 1125 W.Sprague Ave., Tel. 624-5251.

-> Seattle: 4 x tägl., 6-8 Std., ca. 35 US
-> Yakima: 2 x tägl., 6 Std., ca. 26 US
-> Portland: 2 x tägl., 8 Std., ca. 35 US

Empire Lines fährt ab Greyhound-Terminal 1 x tägl. nach Grand Coulee (2 Std., ca. 16 US) und weiter zum Lake Chelan (1o Std., ca. 28 US; lange Fahrzeit wegen Umsteigen und Warten auf Anschluß in Wenatchee).

Ost-Washington 313

Bahn: Amtrak-Bahnhof ebenfalls zentral, 221 W. 1st Ave.
-> Seattle: 1 x tägl., 7 Std., ca. 62 US
-> Portland: 1 x tägl., 7 Std., ca. 62 US
-> Chicago: 1 x tägl., 38 Std., ca. 2oo US

Flüge: Flughafen westlich der Stadt im Dreieck zwischen Hwy. 2 und Interstate 9o. Sechs Fluglinien verbinden Spokane direkt mit allen größeren Städten an der Westküste. Per Anschlußflug in alle Städte der USA.

SPOKANE ⇝➤ HELLS CANYON/OREGON

Hwy. 195 über Lewiston/Clarkston zur Grenze nach Oregon. Bis Enterprise in den Wallowa Mountains 29o km, ca. 4- 5 Std. Südlich von Spokane Getreideanbau im welligen Hügelland, die Felder bis zum Horizont. Kein Baum oder Busch, kaum Häuser; nur die grünen, gelben oder braunen Hügelketten. Je nach Jahreszeit und Wachstum der Pflanzen ergeben Kombination und Farbe der riesigen Felder beinahe ein abstraktes Kunstwerk.

An der Strecke die Universitätsstadt <u>PULLMAN</u> (24.ooo Einw.), vollständig geprägt durch die Aktivitäten der Washington State University. Der Campus an einem Hang im Osten der Stadt. Fast jedes der vorwiegend naturwissenschaftlichen Institute unterhält ein eigenes Museum, interessant allerdings höchstens für Studenten des jeweiligen Faches.

Kurz vor Lewiston führt Hwy. 195 für einige Kilometer durch Idaho. Nicht verpassen die Abfahrt zum <u>Scenic View</u>. Von dort weiter Blick vom 84o m hohen Lewiston Hill auf das Tal des Snake River und die beiden Zwillingsstädte <u>LEWISTON</u>/Idaho und <u>CLARKSTON</u>/ Washington.

Vom Aussichtspunkt auch zu erkennen die Serpentinen der alten Straße aus dem Jahr 1917. Statt über den neuen Highway, kann man sich den Spaß machen, die alte Strecke nach Clarkston hinunterzufahren. Ist noch recht gut in Schuß und kaum befahren. Außerdem der direkte Weg nach Clarkston, so daß man sich die Durchfahrt durch das wenig attraktive Lewiston erspart.

Hinter Clarkston beginnt endgültig die Einsamkeit. Kaum Verkehr auf dem <u>Hwy. 129</u>. Auf den rund 12o km bis Enterprise/Oregon keine Tankstelle.

Im <u>GRENZGEBIET</u> zwischen Washington und Oregon eine spektakuläre Berg- und Talfahrt: Von der Hochebene Ost-Washingtons steil hinunter ins Tal das Grande River, auf der anderen Seite ebenso steil wieder hinauf in die Berge des Wallowa-Whitman National Forest. Beschreibung der Region im Nordosten Oregons im Kapitel "Hells Canyon", Seite 427.

SPOKANE ⇒→ RICHLAND

23o km, ca. 3 Std. auf der direkten Strecke über I-9o und Hwy. 395. Die Fahrt geht durch eine der größten Kornkammern der USA. Auf den rolling hills Getreidefelder soweit das Auge reicht. Menschliche Siedlungen sind hier eine Seltenheit.

Für etwas Abwechslung sorgt ein Abstecher zu den <u>PALOUSE FALLS</u>: Von I-9o bei Ritzville auf Hwy. 261 Richtung Süden. Im gleichnamigen State Park fällt der Palouse River über 6o m tief in einen hufeisenförmigen Abgrund. Besonders eindrucksvoll im Frühjahr nach der Schneeschmelze in den Bergen. Am Ende des Sommers bleibt oft nur noch ein dünnes Rinnsal übrig. Der tieferliegende Canyon aus vulkanischem Gestein, das der Fluß in Jahrtausenden ausgeschürft hat.

Vom Wasserfall weiter südlich über Hwy. 261 und 12 nach <u>WALLA WALLA</u> kurz vor der Grenze zu Oregon.

> Die Stadt hat ihre beste Zeit längst hinter sich: sie war eine wichtige <u>Zwischenstation auf dem Oregon-Trail</u> während der Einwanderungswelle Mitte des 19. Jhds. (vergl. dazu Kapitel "Geschichte").
>
> Außerdem baute ein gewisser <u>Marcus Whitman</u> hier eine Missionsstation für die ansässigen Indianer auf, handelte sich aber nur Ärger ein und wurde 1847 umgebracht. Für die US-Regierung damals ein willkommener Anlaß, zum Schutz der Siedler Truppen in den Nordwesten zu schicken und damit ihren territorialen Anspruch auf das Gebiet gegenüber den konkurrierenden Engländern kräftig zu untermauern (mehr dazu ebenfalls im Geschichtskapitel).

Diese Zeiten werden lebendig erhalten im <u>FORT WALLA WALLA</u> und im <u>WHITMAN MISSION NATIONAL HISTORIC SITE</u>, beide westlich des Stadtzentrums: Nur mäßig interessante Gebäude und Ausstellungen zum Wirken von Missionaren und Truppen in dieser entlegenen Ecke Washingtons.

Auch <u>RICHLAND</u> (33.000 Einw.) dürfte in der Regel kein Urlaubsziel sein, sondern eher Durchgangsstation auf dem schnellsten Weg zwischen Spokane und Portland/Oregon. Richland gehört zu einem Dreigestirn von gleichermaßen unattraktiven Städten, den sogenannten "<u>Tri-Cities</u>" (Richland, Pasco, Kennewick) an der markanten Biegung des Columbia River.

Nördlich der 3 Städte ein Gelände, das ganz im verborgenen ein Kapitel Weltgeschichte mitgestaltet hat: der <u>HANFORD SITE</u> des U.S. Department of Energy.

> Während des II.Weltkriegs stampften Bauarbeiter auf Geheiß der US-Regierung praktisch über Nacht eine Stadt für 5o.ooo Einwohner aus dem Boden. Der Ort in dieser vorher fast menschleeren Landschaft war gut gewählt: die Einsamkeit schützte vor neugierigen Blicken und Fragen, der Columbia River sorgte für ausreichend Kühlwasser, und die Staudämme erzeugten die nötige Energie. Zweck der streng geheimen Produktionsstätte war die Erzeugung von <u>Plutonium</u> für Atombomben.
>
> Seither ist Hanford den strahlenden Anfängen seiner Geschichte treu geblieben, wenn

auch nur mit wechselndem Erfolg. Der Plutonium- Reaktor blieb noch aktiv bis 1988, und in den 7o-er Jahren sollte hier einer der größten amerikanischen Komplexe zur Erzeugung von <u>Kernenergie</u> entstehen. Doch Fehlkalkulationen beim tatsächlichen Energiebedarf sowie bei den Baukosten führten die beteiligten Firmen in die Pleite. Nur einer der 3 geplanten Reaktoren ging nach langem Hin und Her ans Netz. Die anderen beiden blieben milliardenschwere Bauruinen.

Hanford und die Tri- Cities haben ein ungebrochenes Verhältnis zum gespaltenen Atom: Das <u>Hanford Science Center</u> (Richland, 825 Jadwin Ave.) propagiert für seine Besucher umfassend die positiven Aspekte von Atombombe und Kernkraft. Und die Schüler der örtlichen High School entschieden sich für "The Bombers" als passenden Namen ihres Football- Teams. Bei den Spielen tragen sie stolz ihre Buttons mit dem Atompilz und der aufmunternden Aufschrift "Nuke 'em".

Pazifikküste/Oregon

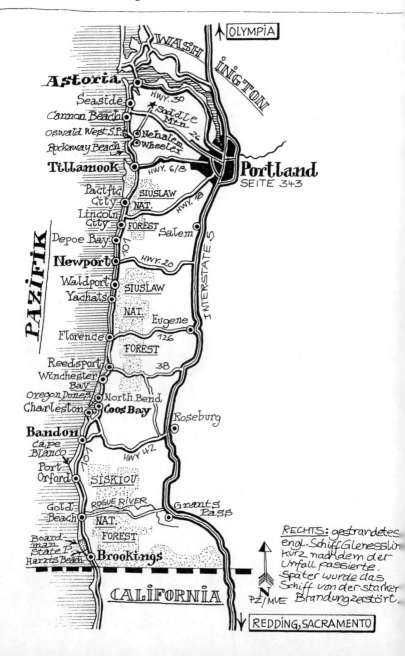

PAZIFIKKÜSTE/OREGON

Oregons große Attraktion und eine der schönsten Küsten der Welt!

Im Süden empfängt Oregon den von Kalifornien bereits verwöhnten Besucher mit einem landschaftlichen Feuerwerk: bewaldete Hügel und Berge bis direkt ans Meer,- lange, blitzsaubere Sandstrände und Dünen. Zwischendurch Steilküste mit Klippen, die von der von der starken Brandung ausgewaschen sind.

Dem Strand vorgelagert sind winzige Felseninseln, gegen die das Meer anschäumt. Je nach Wetter eine unendliche Vielfalt an Farben und Stimmungen, selbst bei Nebel ist die Küste auf unheimliche Weise verlockend.

Pazifikküste/Oregon

Die **Brandung** erreicht bei Stürmen gigantische Ausmaße und gehört zu den gewaltigsten der Erde. Über 1o.ooo Kilometer können sich die Wellen ungehindert im Pazifik aufbauen, kein Riff, keine Inselgruppe hält sie auf. Bis zu 6 Meter hoch krachen sie gegen Felsen und Strand. Die Lichtquellen mancher Leuchttürme, oft in einer Höhe von bis zu 4o m angebracht, müssen durch Drahtgitter gegen Steine geschützt werden, die die Brandung in die Luft katapultiert.

Derartige Kräfte bewirken eine stetige Erosion, die der Küste ihr heutiges Aussehen verschafft hat und sie ständig weiter verändert. Vom Land weggerissene Felsbrocken oder Baumstämme verstärken diesen Prozeß: die Flut wirft sie gegen die Küste zurück, wo sie wie Rammböcke ihr zerstörerisches Werk vollbringen. Bei ruhiger See liegen sie dagegen zu Tausenden verstreut auf den Stränden, der Anblick wirkt gespenstisch.

Über Jahrhunderte und -tausende verwandelt die See auf diese Weise Teile der Steilküste in Strandabschnitte. Die Felsen werden so lange zermürbt und abgetragen, bis nur noch flache Plattformen und Gesteinsschichten vorhanden sind. Darauf lagert die Flut zunächst eine dünne Geröll- und Sandschicht ab, im Laufe der Zeit wächst diese zu einem neuen Strand heran. Das Meer dagegen sucht sich andere Angriffspunkte, und der Erosionsprozeß nimmt seinen unaufhaltsamen Fortgang.

Kein Wunder daher, daß Oregons Küste auch in den Wintermonaten ein äußerst attraktives Reiseziel sein kann. Zwischen Januar und April gibt es sogar mancherorts (z.B. in Bandon) organisierte Wanderungen während der Winterstürme. Den STORM WATCHERS bietet sich ein überwältigendes Schauspiel, wenn die schweren Brecher auf dem Strand ausrollen oder mit meterhohen Gischtfontänen an den vorgelagerten Felsen aufschlagen. Die Szenerie samt Wolkenbildung und Pfeifen des Orkans ist umwerfend, - wie auch die Windstärken.

Der HIGHWAY 1o1 verläuft ständig in Küstennähe, oft ist der Blick aufs Meer aber durch Bäume und dichte Waldstücke versperrt. Dafür gibt es zahlreiche Stichstraßen zu State Parks und sogenannten viewpoints, von denen man das Panorama in Ruhe und abseits der Straße genießen kann.

Die südliche Fortsetzung der Pazifikküste in Kalifornien hat einen völlig anderen Charakter als die Küste Oregons, ist aber landschaftlich ebenfalls ungemein vielseitig. Ausführliche Beschreibung der rauhen Schönheit der kalifornischen North Coast und ihrer majestätischen Redwood- Wälder im Velbinger-Führer Band 53 KALIFORNIEN.

Klima: das ganze Jahr über kühl und windig. Im Winter viel Regen, besonders während der Stürme November bis Februar. Auch im Sommer plötzlich auftretende Regenschauer oder Nebelbänke. Beste Monate Ende Mai bis September: Lufttemperaturen nicht viel mehr als 2o Grad, und das Wasser des Pazifik so kalt, daß es höchstens für Abgehärtete einen Badespaß bringt. Dafür ist die Luft so frisch, sauber und gesund wie kaum sonst in den USA.

✶ Brookings (3.5oo Einw.)

Wenige Meilen nördlich der kaliforn. Grenze. Der Ort selber ist weniger attraktiv mit amerikanischem Einheitsbrei aus Tankstellen, Motels und

Shopping Malls, hat aber in der näheren Umgebung großartige Küstenlandschaften.

Geschichte: der Küstenbereich wurde von Cabrillo (1542) und Sir Francis Drake (1579) erkundet. Besiedlung der Region aber erst in der 2. Hälfte des 19. Jhds. durch Holzfäller. Im 2. Weltkrieg wurde Brookings (1942) von japanischen Kampffliegern bombardiert, die hier einen Stützpunkt an der US- Westcoast errichten wollten.

CHEICO VALLEY HISTOR. MUSEUM: am südl. Ortseingang. Kleines Museum mit Exponaten erster Siedler (Kleider, Koffer etc.) und Indianer (Kanu, Kunstgewerbe etc.). Eintritt frei.

HARRIS BEACH STATE PARK: nördlich anschließend an Brookings. Mehrere Sandstrand- Abschnitte unterhalb der rund 4o m hohen Küste und vorgelagert eine Vielzahl an Mini- Felsriffs im Meer. Campingplatz. Bei starken Winden krachen die Wellen gegen die Riffs und sprühen Schaumfahnen. - Größte vorgelagerte Insel ist Goat Island, die wichtigste Insel Oregons für Seevögel (Kormorane, Pelikane).

KALMIOPSIS WILDERNESS AREA: an den Berghängen der rund 1.5oo m hohen Gipfel des Pearsoll Peak und des Chetco Peak dichte Regenwälder. Zu erreichen über Zufahrtspisten und im Anschluß Mehrtages- Trails.

BROADMAN STATE PARK: einer der faszinierendsten Abschnitte der Oregon Küste. Eingeschnittene Strandbereiche zwischen Küstenklippen und Felstoren im Meer (größtes die Thomas Creek Bridge südl. von Gold Beach). Gut ein Dutzend "Viewpoints" für Stop und Blick auf die Küste.

Gold Beach

In den 6o-er bis 7o-ern des verg. Jhds. schürften hier Goldsucher nach dem Wertmetall, daher der Name. Auch Berühmtheiten wie Clarke Gable und Winston Churchill probierten ihr Glück.

Heute ein Ferien-Resort an der Küste und Mündung des Rogue Rivers, durch wildes Bauwesen allerdings ziemlich verschandelt. Die Brücke aus dem Jahr 1932 hat zwar historischen Wert, ist aber kaum Beispiel einer gelungenen Architektur. - Hotels, Motels und Campingplätze sowie eine Reihe guter Restaurants am Hafen, die sich den Blick bezahlen lassen (billigere im Ortsinneren).

Chamber of Commerce, 51o Ellensburg, Gold Beach
Post: Moore St.

TIP sind Trips mit JETBOOTEN auf dem Rogue River. Die hoch- PS- bestückten Boote fahren rund 5o bzw. 16o km retour den Fluß aufwärts und besuchen Indianersiedlungen sowie verlassene frühere Goldcamps. Am oberen Flußlauf befinden sich Lodges, in denen übernachtet werden kann. Speziell in diesem Flußbereich sind Fahrten mit den Jetbooten recht aufregend, da der Fluß Stromschnellen besitzt, und die Boote mit relativ hoher Geschwindigkeit um die Felsbrocken im Wasser fahren.

Mehrere Companies in Gold Beach, Preise und Angebot vergleichen (ca. 25 - 5o US je nach Länge des Trips).

Billiger läßt sich der Fluß per Boot ab Grants Pass erkunden, einem Ort im Landesinneren direkt an der Autobahn I-5 (Details siehe dort).

Gratis, aber anstrengender ist der ROGUE RIVER TRAIL, ein Wanderweg, der ab Gold Beach dem Flußlauf kilometerweit ins Landesinnere folgt.

✦ Port Orford (1.ooo Einw.)

Rund 1oo km nördlich der kalif. Grenze. Winziger Ort mit mehreren Motels, die teils schönen Blick auf die Küste haben, Campingplätzen und Restaurants.

BATTLE ROCK: riesiger Felsbrocken am Strand direkt vor dem Ort. Weiße Siedler kämpften hier 1851 gegen die dort lebenden Indianer. Den Weißen ging es um Gold, sie verschanzten sich auf dem Fels und besiegten mit ihren Gewehren die Indianer, die später in Reservate verfrachtet wurden.

Bei entsprechenden Winden ist Battle Rock spektakulär: ein von Brandung und Sturm zerzauster Fels. Von hier das typische Panorama der Oregon-Küste: Im Vordergrund der Strand mit verstreuten Felsbrocken, eine Bucht mit winzigen Eilanden, im Hintergrund die bewaldeten Berge. (Abzweigung zum Parkplatz am südlichen Ortsrand neben dem Information Center).

Der Blick von der vordersten Spitze von Battle Rock ähnlich großartig wie vom Parkplatz, das Gefühl jedoch geradezu berauschend, denn man steht im pfeifenden Wind direkt über dem Wasser auf Höhe der sich brechenden Wellen. Ergänzen läßt sich das Landschafts- Erlebnis mit einem wunderbaren Eis vom Bonnie's Ice Cream Shoppe direkt neben dem Parkplatz. Über 2o klassische und ausgefallene Sorten zur Auswahl.

CAPE BLANCO: rund 18 km nördlich von Port Orford und die westlichste Spitze von Kontinental-USA. Der Name (weißes Kap) wurde von span. Seefahrern wegen der vielen weißen Muscheln gegeben. Auf dem Kap der älteste noch in Betrieb befindliche Leuchtturm Oregons (187o). Die Stürme erreichen Windgeschwindigkeiten von 2oo km/h und mehr (Rekord wurde mit 294 km/h gemessen), wobei der Regen fast flach ins Land getrieben wird.

Im Cape Blanco State Park viele Seeotter. Zu Beginn des 19. Jhds. soll es mehr als 1oo.ooo Tiere gegeben haben, die jedoch fast von den Pelzjägern ausgerottet wurden. Sie stehen heute unter Naturschutz.

Von Port Orford ca. 4o km durchs Landesinnere. Die Küste liegt versteckt hinter Wiesen und Wald. Nicht nur wegen des kleinen Ortes DENMARK erinnert hier vieles an Skandinavien. Am Straßenrand häufig Stände, die Schnitzarbeiten aus Myrtle Wood anbieten, einer Lorbeer- Art, die nur im südlichen Oregon vorkommt. Der Hwy. 1o1 erreicht das Meer erst wieder bei Bandon.

◆Bandon (2.5oo Einw.)

Kleines Städtchen an der Mündung des Coquille River. Das Zentrum direkt am Hafen und Flußufer, nennt sich "Old Town", wurde aber nach einem Brand 1936 neu aufgebaut und auf alt getrimmt. Nach Süden zieht sich der Ort entlang des Strandes in privilegierter Lage zum Meer. Fast endlose Strandabschnitte zu beiden Seiten der Flußmündung. Ein angenehmer Übernachtungsort, der sich auch für ein paar entspannte Tage am Meer lohnt.

 Highway 1o1/ Ecke Chicago St., an der Einfahrt nach Old Town.

Post: 1o5 12th Street. - **Telefon**: Vorwahl 5o3.

Die OLD TOWN ist in 1o Min. zu Fuß abgelaufen. Raus zur Flußmündung oder zu den Stränden ist es schon eine kleine Wanderung. Ansonsten muß das Auto herhalten.

HISTORIC SOCIETY MUSEUM (Coquille River Museum): Dokumente zu den Ureinwohnern Indianer sowie zur Stadtgeschichte.

STERNWHEELER ROSE: Lustiger Mississippi- Schaufelraddampfer im Miniformat. Rundfahrten auf dem Coquille River, Abfahrt am Hafendock in Old Town. Pro Person ca. 1o US.

SOUTH JETTY PARK: das südliche Ufer der Flußmündung. Ein besonderes Schauspiel, wenn die anrollenden Pazifikwellen gegen das Wasser des ablaufenden Flusses ankämpfen. Bei einsetzender Flut ein dramatisches Spritzen und Brodeln, im Hintergrund der malerische Leuchtturm.

SCENIC BEACH LOOP: Straße südlich des Zentrums, oberhalb der Klippen und hinter den Dünen. Von hier Zugänge zum Strand und zu mehreren Aussichtspunkten im Naturschutzgebiet des Bandon State Park. Bester Überblick über den gesamten Strand am FACE ROCK. Gegenüber im Meer eine massive Felseninsel mit senkrecht abfallender Steilküste.

Auch vor COQUILLE POINT (erreichbar über 11th Street) liegen mehrere winzige Inseln. Hier Möglichkeit zur Beobachtung von Seevögeln, wohl die beste Stelle für Bird- Watching an der gesamten Küste von Oregon. Rund ein Dutzend verschiedene Vogelarten haben ihre Nistplätze auf den Felsen.

STORM-WATCHING: die Ortsgruppe in Bandon veranstaltet Seminare sowie Ausflüge. Infos übers Touristbüro.

"**Seabird Inn**": 3165 Beach Loop Rd. Südlich des Ortes hinter den Dünen und wenige Schritte zum Strand. Kleines Bed&Breakfast Haus, von den Besitzern mit Hingabe und Freundlichkeit betrieben. Absolut ruhig, den weitläufigen Garten besuchen sogar die Rehe. Aufenthaltsraum mit Kamin für kühle Abende. Zimmer groß, geschmackvoll eingerichtet mit weißen Korbmöbeln im modernen Country-Stil, Privatbad. DZ ca. 75 US, inkl. Frühstück mit kulinarischen Überraschungen. Tel. 347-2o56.

"**Lighthouse**": Jetty Rd., direkt an der Flußmündung. Bed&Breakfast in modernem Holzgebäude. Einige Zimmer mit wunderbarem Blick auf Leuchtturm und Flußmündung. Großer, gemütlicher Aufenthaltsraum mit Kamin und Bar. Zimmer hell und modern eingerichtet, alle mit Privatbad. DZ in der Nebensaison ab ca. 65 US, Juni-Okt. ab 75 US. Tel. 347-9316.

"**The Inn at Face Rock**": 3225 Beach Loop Rd. Komfortables Motel, über die Straße zum Strand. Zimmer in mehreren kleinen Gebäuden auf einem weitläufigen Wiesengrundstück. Terrasse oder Balkon. Gepflegte Anlage und Einrichtung. DZ Okt-April ab ca. 4o US, sonst ab 55 US. Tel. 347-9441.

"**Windermere Motel**": 325o Beach Loop Rd. Kleines Motel auf der Düne, Zugang zum Strand. Mehrere Giebelhäuschen, in denen die Zimmer untergebracht sind. Alle mit Meerblick, manche mit Kitchenette. DZ ab ca. 5o US. Tel. 347-371o.

"**Sunset Motel**": 1755 Beach Loop Rd. Oberhalb der Klippen, viele Zimmer mit Blick aufs Meer und den Sonnenuntergang. Zugang zum Strand über die Straße. Verschiedene Gebäude und Abteilungen, ebenso unterschiedliche Zimmergröße und Qualität. Insgesamt gepflegt bis komfortabel. Einfachstes DZ ab ca. 3o US, Mini-Apartments mit Kitchenette 85 US. Tel. 347-2453.

"**Sea Star Guest House**": 37o 1st Street. Hinter der Jugendherberge in Old Town. Blick auf den Hafen. Verschiedene Zimmergrößen, rustikal eingerichtet. DZ je nach Größe ca. 3o- 5o US. Tel. 347-9632.

"**Table Rock Motel**": 84o Beach Loop Rd. In Meeresnähe oberhalb der Klippen. Ein paar Schritte, und man hat einen wunderbaren Überblick über die Flußmündung. Abgesehen vom Pfeifen des Windes sehr ruhig. Zimmer äußerst unterschiedlich: vom einfachsten Motel- Zimmer bis zum Mini- Apartment mit Kitchenette. Zugang zum Strand. DZ in der einfachsten Version ca. 22 US. Tel. 347-27oo.

Eine ganze Reihe einfacher **Motels** am Hwy. 1o1, allerdings relativ laut und weniger schön gelegen. In der Regel keineswegs preiswerter.

"Sea Star Hostel": 375 2nd Street Mitten in Old Town, zentral Nähe Bus- Terminal und Restaurants. Kleines Holzhaus mit komplett ausgerüsteter Küche. Im Schlafsaal ca. 8 US pro Person, einige DZ für 2o- 24 US. Tel. 347-9632.

"Blue Jay Campground": ca. 5 km südlich von Bandon am Ende des Beach Loop. Strand in der Nähe. Nur während der Sommermonate geöffnet. Ruhiger Platz zwischen Bäumen. Gepflegte sanitäre Anlagen inkl. Duschen. Stellplatz ca. 1o US.

"Bullards Beach State Park", Zufahrt ab Hwy. 1o1 direkt nördlich der Brücke über den Coquille River. Phantastischer Platz in einem gepflegten Parkgelände. Bäume, Büsche, manchmal ganze Waldstücke trennen die Stellplätze. Zu Fuß zum Leuchtturm oder zur Flußmündung. Gute sanitäre Anlagen inkl. Duschen. Stellplatz ca. 1o US, außerhalb der Sommersaison 7 US. Ganzjährig geöffnet.

"ANDREA'S", 16o Baltimore St. Am Hafen. Einfache, rustikale Atmosphäre. Vielseitige und anspruchsvolle Küche zu günstigen Preisen. Originelle Zubereitungen; natürlich Seafood, aber auch Vegetarisches oder Lamm von der eigenen Farm. Unbedingt probieren, wenn im Angebot: die "Blackberry Blintzes".

"LA FAMILIA", 1st Street/Ecke Delaware St. Einfaches mexikanisches Lokal am Hafen. Kleine Auswahl preiswerter Gerichte a la mexicana. Ca. 4- 6 US für Tacos oder Tostadas.

"BOATWORKS", South Jetty Rd., an der Flußmündung. Auf zwei Stockwerken mit Blick auf Fluß, Meer und Leuchtturm. Fisch- und Seafoodspezialitäten, alles extrem frisch. Aber auch Lamm oder Rippchen. Lockere Atmosphäre, viel Betrieb. Hier, wie fast überall in Bandon, läuft nach 21 Uhr nichts mehr. Hauptgerichte inkl. freier Auswahl an der Salatbar ca. 1o- 15 US, mittags preiswerter.

"BAVARIAN BAKERY", 17o 2nd Street. Im Zentrum von Old Town. Rustikales "bayerisches" Ambiente. Kleines Café mit hausgebackenem Kuchen. Geöffnet auch zum Frühstück.

Selbstversorger: so klein Bandon auch ist, hier gibt's fast alles direkt vom Produzenten: "BANDON FISH MARKET", 1st Street, direkt am Hafen. Frischer und geräucherter Fisch. Preiswert.

"BAVARIAN BAKERY", 17o 2nd Street. Frisches Brot und Kuchen.

"BANDON'S CHEDDAR CHEESE", Hwy. 1o1, an der nördlichen Ortsausfahrt. Käse direkt von der Fabrik mit Gratis- Blick in die Käserei.

"CRAN BERRY SWEETS", 1st Street/Ecke Chicago St. Süßwarenfabrik, hauptsächlich verarbeitet werden die in der Umgebung auf Feldern angebauten Preiselbeeren. Kostproben gratis. Ein Video zeigt die farbenfrohen Erntearbeiten, bei denen die Felder geflutet werden und die schwimmenden Beeren einen knallroten Teppich bilden.

Picknick: In der Regel etwas zu windig für ein angenehmes Mittagessen im Freien. Bei schönem Wetter der Bullards Beach State Park am Nordufer des Flusses.

Windsurfen: Zum Baden für den Normalverbraucher zu kalt, bieten die Strände von Bandon sowie die Mündung des Coquille River ideale Bedingungen für Windsurfer. Ein Super-Revier für Könner. Ausrüstung bei "Big Air Windsurf", Hwy. 1o1 am Südrand des Ortes.

Angeln: Von Anfang Mai bis Mitte September ist in Süd-Oregon Lachs-Saison. Der Fang ist stark reguliert, es gibt viele Vorschriften und Details zu beachten. Info und Lizenzen bei "McNair Hardware", 2nd Street in Old Town.

Verbindungen ab Bandon

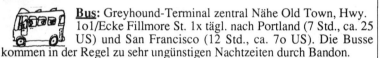

Auto: Hwy. 1o1 nach Süd und Nord ist die Lebensader. Bis zur kalifornischen Grenze 14o km, ca. 2,5 Std., bis Newport 19o km, ca. 3- 4 Std.

Bus: Greyhound-Terminal zentral Nähe Old Town, Hwy. 1o1/Ecke Fillmore St. 1x tägl. nach Portland (7 Std., ca. 25 US) und San Francisco (12 Std., ca. 7o US). Die Busse kommen in der Regel zu sehr ungünstigen Nachtzeiten durch Bandon.

BANDON ⟫→ NEWPORT

19o km, ca. 3- 4 Std. über Hwy. 1o1, wegen einiger lohnender Stops und Abstecher aber durchaus als Tagesreise einzuplanen. Abwechslungsreiche Strecke durchs Inland und zeitweise entlang der Küste.

Der erste empfehlenswerte Umweg bereits 15 km nördlich von Bandon zum SOUTH SLOUGH SANCTUARY (links ab über Charleston Rd.). Naturschutzgebiet an tief eingeschnittener Meeresbucht und Flußmündung. Die Vermischung von Salz- und Süßwasser ermöglicht hier eine besondere Vielfalt an Pflanzen und Tieren. Marschland und Gezeitentümpel. South Slough ist eine der wenigen noch natürlich gebliebenen Flußmündungen in den USA, denn diese waren andernorts häufig bevorzugte Wohngebiete der Siedler.

Am Eingang das Interpretive Center (geöffnet tägl. von 8.3o- 16.3o Uhr, von Sept.- Mai nur Mo- Fr): Kleine Ausstellung mit verständlich aufbereiteter Einführung in die Pflanzen- und Tierwelt von South Slough. Schöner Blick über die Wald- und Flußlandschaft. Ausgangspunkt des interessanten Lehrpfades Estuary Study Trail (5 km, ca. 2 Std.) mit Informationen über die ökologischen Grundlagen sowie die Eingriffe der Menschen in diese Landschaft.

Auf der gleichen Straße Richtung Norden nach 6 km die Abzweigung "State Parks" zu den SHORE ACRES: angelegt als privater Park eines Holzindustriellen, heute öffentlicher botanischer Garten, geöffn. 8- 2o Uhr. Wie Kunstwerke liegen die ausgewaschenen Sandsteinklippen an der Küste. Das Meer brodelt in winzigen Buchten und engen Kanälen, und die Brandung ergießt sich über vorgelagerte Mini- Inseln. Die Gartenanlage unmittelbar oberhalb des Meeres wie in einem englischen Schloßpark:

Rasenflächen, Hecken, ein Teich und viele blühende Büsche und Blumen.

Von Shore Acres noch 3 km bis <u>CAPE ARAGO</u>: von der Spitze des Kaps weiter Blick nach Norden entlang der Küste. Auf den vorgelagerten Felsen mehrere Seehund- Kolonien, vom Kap aus mit dem Fernglas gut zu beobachten. Noch näher kommt man auf dem kleinen Parkplatz ca. 1 km vor Cape Arago heran. Von dort sind Hunderte von Tieren oft mit bloßem Auge gut zu sehen.

Rückfahrt zum Hwy. 1o1 direkt nach Norden über Cape Arago Hwy. und Charleston nach

Coos Bay/North Bend

Zentrum der Holzwirtschaft und wichtigster Exporthafen an Oregons Pazifikküste. Die große Meeresbucht der Coos Bay bot schon Mitte des 19. Jhds. den Schiffen optimalen Schutz, und von hier wurde Holz u.a. nach San Francisco während des Goldrausches exportiert.

Die Stadt nannte sich zunächst Marshfield und wurde erst 1944 in Coos Bay umbenannt. Beide Städte sind heute miteinander verwachsen und wegen der Vielzahl an Holzwerken nicht unbedingt einladend, - aber nützlicher Stützpunkt für die nähere Umgebung wegen guter Infrastruktur an <u>Hotels</u> und <u>Restaurants</u>.

<u>COOS HISTORICAL MUSEUM</u>: Nähe der McCullough Brücke, die über

MARSHFIELD (Coos Bay)

zu sehen ein Schiff, das strandete, sowie der berühmte Ford T in Langversion.

die Coos Bay führt. Exponate zur Stadtgeschichte u.a. auch eine alte Dampflok und Maschinen der Holzwirtschaft wie z.B. Dampfmaschine als Motor für Seilwinden.

<u>COOS ART MUSEUM</u> (235 Anderson St.): Ausstellung regionaler Künstler und einziges Museum seiner Art an der Küste Oregons.

<u>MYRTLEWOOD HOUSE</u> (am Hwy 1o1, im südl. Ortsteil): die Fabrik kann besichtigt werden. Das Hartholz "Myrtlewood" wächst nur im Südwesten Oregons und wird u.a. für den Bau von Möbeln verwendet.

Industriestädte, die hauptsächlich von der Holzwirtschaft leben. Nördlich von North Bend dann aber eines der größten Naturwunder des Staates:

✶ Oregon Dunes

Nördlich von North Bend und eines der größten Naturwunder des Bundesstaates. Erstrecken sich über rund 65 km bis rauf nach Florence und sind die größte Dünenlandschaft der amerikanischen Westküste.

Ungeheuer abwechslungsreich, die Sanddünen bis zu 15o m hoch. Manchmal nur der bloße Sand, zwischendurch bewachsen mit Gräsern oder Büschen. Dann wieder ganze Waldstücke am Fuß der Dünen. Zwischen Dünen und Meer ein breiter Pflanzengürtel.

Entstehung: Während der Eiszeit zermalmten Gletscher in den Cascade Mountains das vulkanische Gestein zu Sand. Die Flüsse schwemmten ihn ins Meer, wo ihn die Wellen

LINKS: das Dampfschiff "Breakwater" der Pacific Steamship Company. Es befuhr die Strecke Portland → Coos Bay. Davor eine Lieferung erster Ford T-Autos.

RECHTS: die Front Street in Coos Bay, wichtigste Geschäftsstraße.

wieder gegen die Küste spülten. Seither versetzt der Wind die Dünen und formt sie immer wieder neu.

Vom Highway selbst ist nicht viel zu sehen, man muß sich schon zu Fuß aufmachen. Tolle Wanderungen durch die Dünen und zu den Stränden. Ca. 5o % des State Park sind freigegeben für die knatternden Buggies, ein Wüstenerlebnis, auf das viele Amerikaner nicht verzichten möchten. Entlang Hwy. 1o1 zahlreiche Vermietstationen dieser Off-Road-Vehicles.

Beste Stelle für Überblick und kurzen Eindruck der <u>OREGON DUNES OVERLOOK</u>: etwa auf halber Strecke zwischen Reedsport und Florence. Dort auch Ausgangspunkt verschiedener Wanderwege (siehe "Wandern").

 <u>Information Center & Headquarters</u> am Hwy. 1o1. Karten und Details über zugängliche und gesperrte Gebiete

 "<u>Tahkenitch Campground</u>": südlich vom Oregon Dunes Overlook. Einfacher Platz Nähe See, Schwimmgelegenheit. Wasser, Toiletten; keine Duschen. Stellplatz ca. 8 US.

"<u>Jesse M. Honeyman</u>": 5 km südlich von Florence. Nähe See. Voll ausgestattet; gepflegte sanitäre Anlagen inkl. Duschen. Laden und Restaurant. Stellplatz ca. 1o- 12 US, außerhalb der Sommersaison 3 US weniger. Tel. 997-3641.

Wandern: die Oregon Dunes sind ein angenehmes und ungewöhnliches Wandergebiet. Gemäßigte Höhenunterschiede und ständige Nähe zum Meer machen den besonderen Charakter aus. Keine Angst vor den lärmenden Buggies: die beiden so entgegengesetzten Freizeitvergnügen sind in der Regel räumlich so weit voneinander getrennt, daß sich keiner über Störungen oder Behinderungen ärgern muß.

Oregon Dunes Overlook Trail: Eine der typischsten Wanderungen. Durch Wald, über offene Dünen, im Marschland und entlang des Strandes. Zunächst an den Markierungen (blaue Pfosten) zum Strand. Dann ca. 1,5 km nach Süden bis zu einer Markierung an der vordersten Düne. Ein Stück entlang des Baches, dann zurück nach Norden zum Overlook. 6 km, ca. 1-2 Std.

Tahkenitch Dunes: Ebenfalls sehr abwechslungsreich. Durch Dünen, am Strand und zu einem See. Ausgangspunkt ist der Tahkenitch Campground, 11 km nördlich von Reedsport. Zunächst durch den Wald Richtung Strand, dann durch die Dünen zum Meer. Etwa 2,5 km nach Süden am Strand entlang. Dort eine Markierung für den Rückweg über den Three Mile Lake Trail. Der See liegt gleich rechts. Zurück durch die Dünen (Markierungen!) zum Campingplatz. 1o km, Halbtagestour. Mit Picknick am See auch ein schöner Tagesausflug. Der längste Trail im Bereich der Oregon Dunes.

Im Bereich der Dünen nur ein größerer Ort: **REEDSPORT** (5.ooo Einw.). Mit seinen Einheits- Motels und Tankstellen allerdings wenig einladend. Schöner gelegen und ruhiger die 3 km entfernte winzige Siedlung **WINCHESTER BAY**, direkt am Strand der gleichnamigen Bucht.

Am Nordrand der Dünen das Städtchen **FLORENCE** (5.ooo Einw.). Ein eigentümlicher Ort: die Hauptstraße könnte kaum länger und breiter sein, gesäumt von den neuesten Errungenschaften der neonbeleuchteten Motel- und Fast- Food- Szene, Tankstellen nicht zu vergessen.

Im Gegensatz dazu unten am Fluß eine Old Town mit winzigen Häusern und Bretterbuden, alles fein für den Tourismus aufpoliert und definitiv etwas zu "putzig". Der Abstecher ins Zentrum lohnt aber alleine wegen des Kontrastes und weil vielleicht nach dem Klettern über die Dünen der Magen knurrt. Einige ordentliche Restaurants auf der Bay Street, mehr oder weniger in Sichtweite voneinander.

Nördlich von Florence kehrt der Hwy. 1o1 wieder an die Küste zurück und serviert in gewohnter Art und Weise Landschaften, die gemalt nicht schöner sein könnten. Die übliche fabelhafte Oregon- Küstenmischung aus Stränden, Felsen, Flußmündungen und Bergen. Egal an welchem der vielen State Parks oder Aussichtspunkte man anhält: ein Panorama ist schöner als das andere.

Pazifikküste/Oregon 329

Also selbst sehen und ausprobieren, bis Newport existieren viele Gelegenheiten. Empfehlenswert ist auf jeden Fall <u>CAPE PERPETUA</u>. Im dortigen Visitors Center einige Informationen über Land und Leute. Dazu markierte Wege runter ans Meer zu Felsen und Gezeitentümpeln oder zu Aussichtspunkten weiter oberhalb.

Außerdem knapp 2o km nördlich von Florence die <u>SEA LION CAVES</u>: mit einem Fahrstuhl geht's hinunter in ein Höhlenlabyrinth, das in Verbindung mit dem offenen Meer steht. Dort haben sich Seelöwen einquartiert, deren Gebrüll in den Höhlen widerhallt. Eintritt ca. 6 US.

✦ Newport (9.ooo Einw.)

Nicht unbedingt eine Schönheit, besitzt trotzdem einen gewissen Reiz durch seine Lage an der <u>Yaquina</u> Bay mit der monumentalen Brückenkonstruktion. Außerdem eine Hafenatmosphäre, wie sie andernorts längst verlorengegangen ist: rauh, unordentlich, ungehobelt. Vermutlich werden sich die Ecken und Kanten dieser Holzfällerstadt auch langsam abschleifen, denn Newport verfügt mit seinem brandneuen Aquarium über eine Attraktion, die jährlich Hunderttausende von Touristen anlocken wird.

 <u>Chamber of Commerce</u>, 555 SW Coast Hwy., Tel. 265-88o1.
<u>Post</u>: 31o SW 2nd Street. - <u>Telefon</u>: Vorwahl 5o3.

ALSEA SOUTHERN RAILWAY: Sie wurde während des 1. Weltkrieges gebaut (Yaquina Bay → Alsea Bay, 37 km), um Spruce-Holz (für Flugzeugbau) zu transportieren. Später fuhr hier ein für tourist. Zwecke umgebauter Ford T.

OREGON COAST AQUARIUM, 282o SE Ferry Slip Rd., Abfahrt vom Hwy. 1o1 unmittelbar südlich der Brücke. Eröffnet 1992, erhebt es den Anspruch, Oregons Küste und Meeresraum informativ und mit Hilfe modernster Technik darzustellen.

Inspiriert vom erfolgreichen Projekt im kalifornischen Monterey (siehe Velbinger Reihe Band 53, Kalifornien). In Newport noch aufwendiger angegangen mit Aquarien, offenen Meerwasserbecken sowie einer Freilichtzone zwischen Felsen und Gezeitentümpeln, die den natürlichen Lebensraum vieler Pflanzen und Tiere bilden.

Das Aquarium zeigt das Ökosystem so natürlich wie möglich. Seelöwen, Otter und eine vielfältige Vogelwelt in ihrer angestammten Umgebung. Der Zoo- Charakter tritt weitgehend in den Hintergrund. Eintritt ca. 7 US.

Die Forschungsstation des MARK O. HATFIELD MARINE SCIENCE CENTER besitzt ebenfalls einige Aquarien. Die Ausstellungsweise aber eher "trocken" mit ermüdenden Schautafeln und Ausstellungskästen. Geöffnet tägl. von 1o- 18 Uhr, im Winter bis 16 Uhr; Eintritt frei.

Ganz und gar drittklassig im Ortszentrum die in vielen Touristenzentren zu findenden Kopien eines Wachsfigurenmuseums oder "Ripley's Believe it or Not".

"**Embarcadero**": 1ooo SE Bay Blvd. Großer Hotelkomplex mit zahlreichen Gebäuden am Jachthafen. Alle Zimmer mit Balkon und Blick auf die Bucht. Moderner Komfort. Auch komplette Apartments mit Kitchenette. DZ inkl. Frühstück ca. 1oo US. Tel. 265-8521 und 8oo-547-4779.

"**Best Western**": 744 SW Elizabeth St. Komfortabel im Motel- Stil. Mit dunklen Holzschindeln verkleidet, thront es etwas düster oberhalb des Strandes. Fast alle Zimmer mit Meerblick. DZ ab ca. 72 US, in der Sommersaison ab 82 US. Tel. 265-8853.

"**Shilo Inn**": 536 SW Elizabeth St. in ruhiger Lage oberhalb des Strandes. Großer Komplex mit Hotel- und Motelabteilung. Fast alle Zimmer mit Meerblick. Modern und funktional ausgestattet. Hallenbad. Im Motel DZ ab ca. 6o US, von Mai- Sept. ab 75 US. Hotelzimmer komfortabler ab 85 US. Tel. 265-77o1 und 8oo-222-2244.

"**Sea Cliff**": 749 NW 3rd Street. Kleines Bed&Breakfast Haus mit 3 Gästezimmern. Strandnähe in ruhiger Lage. Gemeinschaftsbad. Reichliches Frühstück. DZ ca. 6o US. Tel. 265-6664.

"**Money Saver**": 861 SW Coast Hwy. An der Durchgangsstraße Hwy. 1o1. Motel mit solider Steinkonstruktion. Zimmer spärlich möbliert, aber sauber und ordentlich. DZ ab ca. 3o US, während der Sommersaison ab 38 US. Tel. 265-2277.

Ein ganzer Schwung weiterer **Motels** in der Preislage zwischen 3o und 45 US direkt nebenan, aufgereiht am Hwy. 1o1.

"South Beach": 3 km südlich von Newport. Gepflegter Platz mit guten sanitären Anlagen inkl. Duschen. Stellplatz ca. 12 US, außerhalb der Sommersaison 7- 9 US. Tel. 867-4715.

"Beverly Beach": 1o km nördlich von Newport. Unterhalb von Hwy. 1o1 auf Wiesen- und Waldgelände. Unter der Brücke direkter Zugang zum Strand. Gepflegte sanitäre Anlagen inkl. Duschen. Stellplatz im Sommer 1o- 12 US, in der Nebensaison 7- 9 US. Tel. 265-9278.

Relativ hohe Preise, der Service und die Essensqualität hinken derzeit meist noch weit hinterher. Bei gutem Wetter besser Picknick an der Küste. Ansonsten bietet der Bay Blvd. unten am Hafen Auswahl. Außerhalb der Sommersaison ist vieles geschlossen.

"THE WHALE'S TAIL", SW Bay Blvd./Ecke Hurbert St. Holzbalken und dicke Holztische. Einfache Fisch- und Fleischgerichte, abends mit 1o-15 US rechnen, mittags billiger.

"THE CHOWDER BOWL", einige Häuser weiter. Zünftige Fischgerichte, vor allem die relativ preiswerte und gute Muschelsuppe.

"SEAFLOWER", 156 SW Bay Blvd. Kleines Café mit Blick auf Hafen. Gut für ein ordentliches Frühstück.

"BAY HAVEN INN", SW Bay Blvd./Ecke Hurbert St. Wüste Hafen- und Holzfällerkneipe. Ein Relikt aus vergangenen Zeiten. Selbst die Stammgäste scheinen schon historischen Wert zu haben. Im Sommer wird dieses Etablissement schon leicht touristisch angehaucht.

Selbstversorger: Den Picknick- Korb füllen bei "FISH PEDDLERS MARKET", SW Bay Blvd./Ecke Hurbert St. Frischer und geräucherter Fisch, ausgezeichnete Krabben-Cocktails.

"CIRCLE K FOOD STORES": kleiner Supermarkt mit dem Notwendigsten am SW Bay Blvd. in der Hafengegend.

Größere SUPERMÄRKTE mit besserer Auswahl in den Einkaufszentren am Hwy. 1o1.

Picknick: besser als in den meisten Restaurants sitzt man bei gutem Wetter auf einem der vielen Picknickplätze mit Bänken und Tischen in den State Parks entlang der Küste. Die Auswahl ist groß, viele Plätze haben eine überwältigende Aussicht aufs Meer.

Angeln: Lachs- Fischen von Mai bis Mitte September. Info zu Örtlichkeiten, Lizenzen, Ausrüstung und Touren bei Newport Sportfishing, 1ooo SE Bay Blvd., Tel. 265-7558.

Verbindungen ab Newport

Auto: Hwy. 1o1 entlang der Küste in Nord/Süd Richtung: Bandon 19o km, ca. 3- 4 Std.; Astoria 215 km, ca. 4 Std. Nach Osten über Hwy. 2o ins Willamette Valley, bis Eugene 15o km, ca. 2,5 Std.

Bus: Greyhound- Haltestelle, 956 SW 1oth Street. 1x tägl. nach San Francisco (15 Std., ca. 85 US) sowie Portland (4 Std., 15 US). 3 x täglich mit "Valley Retriever" nach Corvallis im Willamette Valley (1,5 Std., ca. 4 US).

NEWPORT ⇒→ ASTORIA

22o km, ca. 4 Std. direkt und ohne Umwege entlang der Küste. Der nördliche Küstenabschnitt Oregons ist Urlaubs- und Ausflugsgebiet der Großstädter aus Portland. Daher relativ entwickelte Ferienorte, die meisten aber eher langweilig bis häßlich. Die Küste weiterhin vielfältig und schön. Einige lohnende Abstecher über abgelegene Strecken zu einsamen Stränden.

Bereits 1o km nördlich von Newport die Abzweigung über den OTTER CREST LOOP zum Devil's Punchbowl: eine eingestürzte Sandsteinhöhle, in die bei Flut und starkem Seegang das Meerwasser eindringt und wie in einem Hexenkessel brodelt und schäumt.

Weiter Richtung Norden entlang der Küste über den Otter Crest Loop, der sich hinaufschlängelt zum CAPE FOULWEATHER: einer der stürmischsten Orte an der gesamten Westküste der USA. Winde bis zu 15o km/h sind hier keine Seltenheit. Der Blick nach Süden ist überwältigend: Strände, Landzungen und der unendliche Pazifik. Vorausgesetzt das Wetter ist nicht "foul".

> Cape Foulweather wurde benannt vom englischen Seefahrer James Cook, der im März 1778 nach einer Entdeckungsreise durch den Pazifik von Hawaii aus die Küste Oregons erreichte. Seine beiden Schiffe Resolution und Discovery gerieten hier in einen wüsten Sturm, den sie mit Müh und Not überstanden. Ausführliches zu Cooks Mission an der Nordwestküste Amerikas sowie über die Folgen seiner Reise für die Entwicklung des "Oregon-Territory" im Geschichts-Kapitel dieses Bandes.

Weiter nördlich kehrt der Otter Crest Loop zum Hwy. 1o1 zurück. Kurz darauf **DEPOE BAY**: nur 85o Einwohner, aber selbst die kleinsten Orte brauchen ihre Superlative, dieser gleich zwei. Depoe Bay beansprucht den "kleinsten Hafen der Welt" (leider durch die Brücke weniger malerisch, als man vermuten könnte). Außerdem hat sich der Ort zur "Whale Watching Capital" von Oregon ernannt.

In der Tat sind die Chancen zur Beobachtung der vorbeiziehenden Grauwale von den vorgelagerten Kaps relativ gut. Von Dez.- Feb. wandern die Tiere gen Süden, im April/Mai kehren sie Richtung Norden in ihre Gewässer vor Alaska zurück. Details zur Migration der Wale siehe Kapitel "Natur und Umwelt".

Auch der nächste größere Ort, **LINCOLN CITY** (6.3oo Einw.) hat seinen Weltrekord: hier gibt's den "kürzesten Fluß der Welt", eine Verbindung zwischen dem Devil's Lake und dem Meer. Bei genügend Wind lassen die Kinder darüber Drachen steigen, und schon wird daraus "Kite Capital of the World". Abgesehen davon ist der Ort recht hübsch gelegen im Mündungsgebiet des Siletz River.

Im Ortsbereich großer Sandstrand, sowie mehr als 5o (!) Motels und Condominiums sowie viele Restaurants.

Der Hwy. 1o1 überquert den D-River (kürzester Flußname der Welt?). Die Durchgangsstraße durch den Ort ist allerdings elend lang mit üblichem "McDonald/Texaco" Flair.

Nördlich von Lincoln City führt der Hwy. 1o1 bis Tillamook im Landesinnern. Wer immer noch Lust auf Küste hat, nimmt den Umweg über den **THREE CAPES LOOP** (Abzweigung Richtung Cape Kiwanda/ Pacific City). Hauptsächlich flacher Uferabschnitt mit Buchten, Sandstränden und Dünen. Durch 3 Kaps ein abwechslungsreicher Küstenverlauf.

Zunächst führt die Straße durch den verschlafenen Küstenort PACIFIC CITY, nördlich davon CAPE KIWANDA. Am Ende des gelben Sandstrandes eine Landzunge aus Sandstein. Gegenüber eine unzugängliche Felsinsel mit markanter Silhoutte vor dem blauen Meer.

Am CAPE LOOKOUT dichte Wälder, die sich bis in die Dünen hinein erstrecken. Ein sonderbares Bild, beinahe wie Bäume im Schnee. Vom Anderson's Viewpoint Blick auf die Dünen und den Strand an der Landzunge von NETARTS BAY, einer fast vollständig geschlossenen Meeresbucht. Im Hintergrund 3 Felsen im Meer, von denen einer einen Torbogen bildet. Wieder mal einer der super Ausblicke an der Küste Oregons.

Hinter dem kleinen Ort Oceanside das dritte Kap: CAPE MEARES. Auch von hier ein Panorama, das postkartenreif ist. Der Blick geht über die tief eingeschnittene Tillamook Bay.

"Cape Lookout State Park": gepflegter Platz direkt hinter Strand und Dünen. Rasenflächen unter Bäumen. Sanitäre Anlagen inkl. Duschen. Beginn des 4 km langen Wanderweges zum Kap. Stellplatz im Sommer ca. 1o- 12 US, außerhalb der Saison 7- 9 US. Tel. 842-4881.

Der Three Capes Loop kehrt zurück zum Hwy. 1o1 bei **TILLAMOOK** (3.8oo Einw.). Eintöniger Ort an der schönen Bucht. Bekannt durch seine Molkereien, die guten Käse produzieren. Wer probieren will: Die Molkereien Blue Heron und Tillamook Cheese liegen direkt an der Durchgangsstraße und sind geöffnet für hungrige Besucher. Die Kühe auf den saftigen Wiesen rund um die Stadt zeigen, wo die Käseschwemme ihren Ursprung nimmt.

Auch nördl. von Tillamook großartige Küstenlandschaft. Der Hwy. 1o1 führt entlang der Tillamook- und Nehalem Bay, mehrere kleine Orte bis rauf zum Rockaway Beach. Die Straße verläuft teils am Meer, teils weit oberhalb an den Küstenbergen mit großartigem Panoramablick auf lange

Sandstrände und Landzungen.

ROCKAWAY BEACH mit knapp 1o km langem Sandstrand. Zu Beginn des Jhds. entstand hier ein beliebter Ferienort, zumal die Eisenbahn eine Verbindung mit Portland schaffte. Mehrere Motels und Restaurants.

OSWALD WEST STATE PARK: ausgeschilderte Abzweigung vom Hwy. 1o1. Die Stichpiste führt zu einem Strand (Short Sands Beach), die umgebende Klippenküste war in den verg. Jahrhunderten für Schmuggler beliebtes Versteck. Ein 5 km Trail führt entlang der Küste südlich zum CAPE FALCON.

✱ Cannon Beach (1.3oo Einw.)

Profitiert von der Nähe zu Portland. Den Namen erhielt der Beach- Resort vom 1846 vor der Küste gestrandeten Schiff Shark: am Strand verstreuten pazifische Stürme Teile des Wracks und Kanonenkugeln.

Zu Beginn unseres Jhds. wurde Cannon Beach beliebtes Seebad. Vor allem auch viele Künstler siedelten sich hier an, - heute neben Strandbetrieb, Hotels und Motels viele Kunstgalerien.

 Chamber of Commerce, 2nd & Spruce Cannon Beach. Tel.: 436- 2623. Hotellisten und Information zu Aktivitäten in der Stadt.

SANDCASTLE- COMPETITION: es gibt im Sommer gut ein Dutzend derartiger Wettbewerbe am Strand. Es geht längst nicht mehr darum, wer die schönste Sandburg baut; riesige Pyramiden, Schlösser etc. entstehen

Pazifikküste/Oregon 335

aus Sand im Wettbewerb um die Prämie. Mehr als 1o.ooo Besucher bewundern die Kunstwerke der rund 9oo Teilnehmer. Fotos der schönsten Werke sind im Touristenbüro der Chamber of Commerce ausgestellt.

<u>STORMY WEATHER FESTIVAL</u>: alljährlich im November mit Musikveranstaltungen. Im Dezember folgt das <u>DICKENS FESTIVAL</u> mit Theateraufführungen. Generell sind während der Fesivals Zimmer extrem knapp in Cannon Beach, rechtzeitig vorbuchen.

<u>HAYSTACK ROCK</u>: der Küste vorgelagerter riesiger Felsmonolyth. Mit knapp 3oo m ist er dritthöchster der Welt. Bei Ebbe kann man rüberlaufen, auf dem Fels nisten Seevögel. Umliegend verstreut weitere Felsbrocken dekorativ im Meer.

Seaside (5.8oo Einw.)

Gegründet 1873 vom Postkutschen-und Eisenbahn-Tycoon Ben Holladay,

ROCKAWAY: nördlich von Tillamock an der Küste. Zu Beginn unseres Jhds. beliebter Ferienort, der zudem per Zug von PORTLAND (siehe rechts) erreicht werden konnte.

LINKS: Ford T, mit dem die reicheren Leute die Strandbereiche erreichten.

der mit seinem angesammelten Kapital auch im Betrieb eines Seebades verdienen wollte. Damals ging die Rechnung auf, vor allem auch wegen der Nähe zur Großstadt Portland.

Tourist INFO Chamber of Commerce Vistitors Bureau, 7 N. Roosevelt. Tel.: 738 - 6391.

Seaside glänzt heute durch eine Vielzahl an Spielhallen, der Ort ziemlich phantasielos hinter den Strand gebaut. Schnurgerade Strandpromenade direkt hinter den Dünen. Shopping-Arkaden und Restaurants; im Convention Center wird alljährlich im Juli die Miss Oregon gewählt.

Es gibt Schöneres an der Küste, aber Seaside hat die schnellste Verbindung nach Portland.

SADDLE MOUNTAIN: der knapp 1.000 m hohe Berggipfel ist höchster im nördl. Küstenbereich Oregons. Zu erreichen über den Hwy. 26 mit Abzweigung bei Elsie und dortiger Stichpiste zum Berg. Bei klarem Wetter großartiger Blick über die Küste, nach Astoria bei der Columbia River Mündung in den Pazifik und nach Portland. Am Horizont der Vulkangipfel des Mt. Hood.

★Astoria (1o.000 Einw.)

Mit Abstand die schönste Stadt an der gesamten Nordwestküste. Phantastisch gelegen auf einem Hügel, von 3 Seiten umgeben vom Mündungsgebiet des Columbia River und der Young's Bay. Steile Straßen mit vielfach hervorragend erhaltenen Wohnhäusern aus dem 19. Jhd. Die erste US- Siedlung westlich der Rocky Mountains. Heute bedeutungslose Provinzstadt mit dem Charme und Flair einer besseren Vergangenheit.

Stadtgeschichte: Seit Beginn der Erforschung des Nordwestens galt der Columbia-Mündung eine besondere Aufmerksamkeit. 1778 segelte der britische Seefahrer James Cook zwar noch im Nebel an ihr vorbei, bereits 14 Jahre später bezwang der amerikanische Pelzhändler Robert Gray erstmalig die tückische Einfahrt in den Fluß und nannte ihn nach seinem Schiff Columbia.

Im Auftrag von Präsident Jefferson erreichte 18o5 die Expediton von Meriwether Lewis und William Clark das Südufer der Columbia- Mündung. Die Forschungsreise führte von St. Louis aus quer durch den nordamerikanischen Kontinent. Im Winterlager Fort Clatsop bereitete sich die Gruppe auf die strapaziöse Rückkehr vor (Einzelheiten zur politischen Funktion der Expedition sowie zu ihren Folgen für die Besiedlung des Oregon Territory im Geschichts-Kapitel).

Als zu Beginn des 19. Jhds. vor allem britische Pelzhändler sich an der Küste des Oregon Territory niederließen, stieg auch ein Amerikaner ins lukrative Fellgeschäft: John Jacob Astor. Gestützt auf Informationen von Lewis und Clark entschied er sich für das Südufer des Columbia als Stützpunkt und ließ dort 1811 Fort Astoria errichten, die erste US- amerikanische Siedlung westlich der Rocky Mountains.

Der deutsche Einwanderer Astor hatte bereits mit seiner American Fur Company im Osten Millionen verdient und war damals der reichster Mann in Nordamerika. Sein Pelz-

Pazifikküste/Oregon 337

Imperium wollte er durch eine mächtige Handelsstation am Columbia River ausbauen. Die Felle aus dem Landesinnern wollte er in Astoria verladen und in den Orient verschiffen, wo sie damals enorme Preise erzielten.

Doch kaum war Fort Astoria gegründet, geriet die Siedlung in Schwierigkeiten. Wegen der vielfältigen Expansionsbestrebungen der USA auf dem amerikanischen Kontinent kam es 1812 zum Krieg mit England. Während sich anderswo die Truppen schlugen, nutzten die britischen Pelz- Gesellschaften am Columbia ihre wirtschaftliche Macht, um Astor und seine gerade erst gegründete "Pacific Fur Company" zu verdrängen. Die Amerikaner fürchteten eine Eroberung durch britisches Militär und verkauften daher Fort Astoria zu einem Spottpreis und zogen sich zurück.

Erst nach dem Friedensvertrag, der England und den USA ein gemeinsames Hoheitsrecht über die Region zusprach, kamen die Amerikaner zurück. Doch das Pelzgeschäft hatte seinen Höhepunkt überschritten, die Tiere standen vor der Ausrottung. Mit der endgültigen Eingliederung des Oregon Territory in die USA 1846 entwickelte sich Astoria zu einem wichtigen Hafen- und Handelsplatz.

Mit der Fertigstellung der transkontinentalen Eisenbahnen nach Portland und Seattle Ende des 19. Jhds. nahm die Bedeutung der Stadt rasch wieder ab. Heute machen die Schiffe hier nicht mehr fest, sondern fahren direkt weiter nach Portland. Astoria ist vom Big Business ausgeschlossen, auch der Massen- Tourismus macht einen Bogen um die malerische, aber häufig verregnete Stadt.

Tourist INFO Chamber of Commerce, 111 W. Marine Drive, Tel. 325-6311. Hilfreich eine Schautafel mit den Fotos vieler Hotels, die von hier zwecks Preisinformation oder Reservierung per Telefon direkt und gratis zu erreichen sind.

<u>Post</u>: 8th Street/ Ecke Commercial St. - <u>Telefon</u>: Vorwahl 5o3.

FORT ASTORIA an der Mündung des Columbia Rivers, 1811

338 Pazifikküste/Oregon

ASTORIA BRIDGE: Verbindung über den Columbia River zum Nordufer des Flusses und nach Washington. 6 km lang, eingeweiht 1966. Eine sonderbare Konstruktion mit einem kurzen hohen Teil für die Schiffsdurchfahrt und einem langgestreckten flachen Stück über den größten Teil des Mündungsgebietes. Überfahrt nach Norden ca. 1,5o US, nach Süden kostenlos.

Die HISTORISCHEN WOHNVIERTEL mit sehenswerten viktorianischen Villen liegen am Berg oberhalb des Flusses. Schwerpunkt entlang Franklin St. und Grant St. Eines der Schmuckstücke ist das FLAVEL HOUSE (8th Street/Ecke Duane Ave.): 1885 vom Columbia- Lotsen und ersten Millionär der Stadt, Captain George Flavel, erbaut. Das gebäude umfasst inkl. Parkgrundstück einen ganzer Straßenblock und ist ein Paradebeispiel viktorianischen Überschwangs in Architektur und Einrichtung. Geöffnet tägl. von 1o- 17 Uhr, im Winter 11- 16 Uhr. Eintritt ca. 3 US, Ticket zusätzlich gültig entweder für das Heritage Museum oder das Fire Fighters Museum.

HERITAGE MUSEUM, 16th Street/Ecke Exchange Ave. Im ehemaligen Rathaus eine Ausstellung von Fotos und Gegenständen zur Fischerei, Pelztierjagd und Holzwirtschaft. Einige Exponate auch zur deutschen, skandinavischen und chinesischen Einwanderung. Originell der verwitterte Holzschalter der Clifton Poststation aus dem Jahr 1874. Öffnungszeiten und Eintrittspreis siehe Flavel House.

COLUMBIA RIVER MARITIME MUSEUM, Marine Dr./Ecke 17th Street. Interessante Ausstellung zur Seefahrt im Nordwesten: Schiffsmodelle, Teile von gestrandeten Schiffen, Leuchtfeuer, Fernrohre, Schiffsglocken, Walharpunen, Galionsfiguren, Taucherglocken. Vollständige Kommandobrücke eines US- Kriegsschiffes aus dem II. Weltkrieg und ein Seenot- Rettungskreuzer Baujahr 1943. Vor dem Museum liegt das Feuerschiff Columbia vor Anker, bis 1979 im Dienst an der Flußmündung. Geöffnet tägl. von 9.3o- 17 Uhr, Eintritt ca. 3 US.

FIRE FIGHTERS MUSEUM, Marine Dr./Ecke 3oth Street. Am östlichen Stadtrand. Ehemaliges Brauereigebäude aus rotem Ziegelstein. Als während der Prohibition die Brauerei geschlossen wurde, nahm die Feuerwehr das Gebäude als Stützpunkt in Besitz. Heute kleines Museum mit Feuerspritzen und Leiterwagen aus dem 19. und frühen 2o. Jhd. Knallrot mit dekorativen Messingstangen und Alarmglocken, noch heute voll funktionsfähig. Öffnungszeiten und Eintrittspreis siehe Flavel House.

ASTORIA COLUMN: der nödlichste und vielleicht überragendste der vielen Panoramablicke auf die Küste Oregons. Auf dem Berg oberhalb der Stadt errichtete 1926 die Great Northern Railway einen Aussichtsturm, der römischen Trajansäule nachempfunden. Die verwitterten Malereien zur Geschichte Oregons winden sich schneckenförmig an ihrer Außenmauer nach oben und geben dem Turm einen "antiken Anstrich".

Von der Turmspitze ein vollständiger Überblick über das Mündungsgebiet des Columbia River. Kurz vor seiner Mündung in den Pazifik fließen noch der Youngs River und der Lewis&Clark River dazu. Beide bilden die Halbinsel, auf der Astoria liegt. Gegenüber das rauhe und unbesiedelte Nordufer, das schon zum Staat Washington gehört, Richtung Osten das dicht bewaldete Küstengebirge. An klaren Tagen reicht der Blick bis zum Gipfel vom Mount St. Helens und Mount Rainier in den Cascade Mountains.

FORT STEVENS: rund 15 km westl. von Astoria auf einer Halbinsel an der Columbia- Mündung. Ehemalige Artillerie- Stellungen des US Militärs, - heute Park und eine Art Freilichtmuseum mit den Resten der Befestigungsanlagen und Kasernen. Strand, Campingplatz und schöner Blick auf die Flußmündung.

Vor der Küste das Wrack des 1906 gestrandeten britischen Schoners Peter Iredale. Eines von vielen Schiffen, das den Stürmen und der tückischen Einfahrt in den Columbia River zum Opfer gefallen ist. Details zur verlustreichen Seefahrt- Geschichte dieses Küstenabschnitts im Kapitel "Long Beach Peninsula" Seite 253.

FORT CLATSOP (rund 1o km südlich der Stadt): Rekonstruktion der Blockhütten, die im Winter 1805/06 von der "Lewis und Clark Expedition" an dieser Stelle errichet wurden. Eine historische Ausstellung zu diesem Thema im Lewis and Clark Interpretive Center auf der Long Beach Peninsula am Nordufer der Columbia- Mündung (Beschreibung S. 253).

Die Übernachtungsalternativen: entweder Motel im Hafen- und Geschäftsviertel oder eines der hübschen Bed& Breakfast- Häuser in den Wohngegenden am Berg. Die Motels allerdings vergleichsweise teuer. In der Regel ist man mit einem preiswerten Bed&Breakfast- Zimmer besser bedient, zumal dort das Frühstück noch inklusive ist.

"Grand View": 1574 Grand Ave. Größeres Bed&Breakfast Haus am Berg. Geräumiger Aufenthaltsraum. Einige Zimmer mit wunderbarem Blick auf den Fluß. Eingerichtet im modernen "Country- Stil", die meisten mit hellen Korbmöbeln. Privat- oder Gemeinschaftsbäder. Reichhaltiges Frühstück inkl. Räucherlachs. DZ je nach Qualität und Größe ca. 4o- 75 US. Tel. 325-0000 und 800-488-3250.

"Franklin House": 1681 Franklin Ave. Bed&Breakfast in ruhigem Wohnviertel. Holz- Villa, bemalt und eingerichtet in kräftigen Bonbon- Farben. Große Aufenthaltsräume, freundlich- familiäre Atmosphäre. Umfangreiches und vielseitiges Frühstück. DZ je nach Größe ca. 55- 65 US, in der Sommersaison jeweils 1o US mehr. Tel. 325-5044.

"Rosebriar Inn": 636 14th Street. Ehemalige Bankiersvilla, die zeitweise als Mädchenpensionat diente und dafür erweitert wurde. Heute Bed&Breakfast mit sehr unterschiedlichen Zimmern. Neben den luxuriösen Gemächern des Vorderhauses einfache Zimmer mit Gemeinschaftsbad im hinteren Trakt. Einrichtung dem jeweiligen Standard angemessen. Gediegene Aufenthaltsräume mit Holztäfelung und bequemen Sesseln. DZ je nach Qualität ca. 45- 85 US. Tel. 325-7427.

"<u>Franklin Street Station</u>": 114o Franklin St. Bed&Breakfast mit 5 Gästezimmern in einem der ältesten Häuser der Stadt. Ruhige Wohnstraße, direkt oberhalb des Geschäftsviertels. Alle Zimmer mit antiken Möbeln und Privatbad. DZ ca. 5o- 75 US, im Sommer jeweils 1o US mehr. Tel. 325-4314.

"<u>Crest Motel</u>": 5366 Leif Erickson St. Vier Kilometer östlich der Stadt am Hwy. 3o. Auf einem Hügel mit Blick auf den Columbia River. Weitläufiges Wald- und Wiesengrundstück. Gartenmöbel und Aufenthaltsmöglichkeit auf der großen Terrasse. Positive Alternative zu den eher tristen Motels im Zentrum. DZ ab ca. 42 US. Tel. 325-3141 und 8oo-421-3141.

"<u>City Center Motel</u>": 495 Marine Dr. Wie der Name bereits nahelegt, mitten im Zentrum. Eines von mehreren ähnlichen Motels in dieser Gegend. An lauter Durchgangsstraße. Zimmer groß und gepflegt mit Sitzecke, aber ziemlich düster. DZ ab ca. 3o US, in der Sommersaison ab 48 US. Tel. 325-4211.

"<u>Rivershore Motel</u>": 59 W. Marine Dr. Nähe Astoria Bridge an lauter Durchgangsstraße. Zimmer renoviert und modernisiert; geräumig und hell. DZ ab 3o US, im Sommer allerdings stattliche 48 US. Tel. 325-2921.

"<u>Astoria Dunes Motel</u>": 288 W. Marine Dr. Durchgangsstraße am westlichen Stadtrand. Kleines, aber ordentliches Hallenbad. Viele Zimmer nach hinten mit Blick auf den Fluß. Das beste der Stadtmotels. DZ ca. 48 US, außerhalb der Sommersaison läßt sich der Preis herunterhandeln.

"Fort Columbia State Park": am Nordufer des Flusses in Washington, ca. 3 km westlich der Astoria Bridge. Zu erreichen ab Astoria mit dem Chinook-Bus von "Pacific Transit System". Auf dem Gelände einer ehemaligen Kaserne, heute State Park. Absolut ruhig und schön gelegen oberhalb des Flusses. Eine abgelegene, aber gemütliche Herberge. Geöffnet nur Juni bis Mitte September. Übernachtung ca. 11 US. Tel. (2o6) 777-8755.

"Fort Stevens State Park": 15 km westlich von Astoria. Großzügiges und sehr gepflegtes Park-/Wald-Gelände in Strandnähe. Stellplätze auf Wiesen und im Wald verstreut. Oft getrennt durch dichte Busch- und Baumgruppen. Sanitäre Anlagen inkl. Duschen. Stellplatz im Sommer 1o- 12 US, in der Nebensaison 7- 9 US. Tel. 842-4981.

"PIER 11 FEED STORE", 11th Street, auf dem Holzpier am Ende der Straße. Speisesaal direkt über dem Columbia River. Rustikal mit Holzbalken an der Decke. Spezialität Fisch- und Seafoodgerichte (ca. 8- 12 US). Auch Steaks. Mittags preiswerte Tagesgerichte um 6 US.

"<u>COLUMBIAN CAFE</u>", Marine Dr./Ecke 11th Street. Kleines, etwas unordentlich-heruntergekommenes Lokal im Holzfällerstil. Gutes Frühstück um 4 US, Mittagessen. Vegetarische Gerichte 4- 6 US. Mi- Fr auch abends geöffnet, dann zusätzlich Fisch und Seafood aus dem Fang des jeweiligen Tages.

"LITTLE DENMARK", 125 9th Street. Schmuckes Café im skandinavischen Stil. Frühstück 3- 5 US. Mittags Smörrebrod, Hering und andere nordische Gerichte für 4- 6 US. Abends geschlossen.

"PACIFIC RIM", 229 W.Marine Dr., direkt unter der Brücke. Interieur eine Mischung aus Fast- Food und billiger Kneipe. Aber locker-freundliche Atmosphäre und gutes, preiswertes Essen. Italienische Küche mit amerikanischem Einschlag. Pizza ab ca. 5 US, diverse Nudelgerichte 4- 6 US. Abends etwas teurer, dafür Vorspeise inkl.

SELBSTVERSORGER: "SAFEWAY", Duane St./Ecke 11th Street. Gut ausgestatteter Supermarkt.

"JOSEPHSON'S", 1o6 Marine Dr. Erstklassiger Räucherlachs, frisch aus dem Rauch.

FESTE & FESTIVALS: Um den 21. Juni das "Scandinavian Midsummer Festival". Astoria feiert mit skandinavischer Folklore die wichtigste Einwanderergruppe im nordwestlichen Oregon. Eine lange Traditon hat auch die "Astoria Regatta", ausgetragen Anfang August seit 1894. Segelregatten begleitet von Schiffsbesuchen, Paraden, Lachs- Essen und Feuerwerk.

Verbindungen ab Astoria

Auto: Nach Portland über Hwy. 3o entlang des Columbia River (16o km, ca. 2,5 Std.). Unwesentlich länger die Strecke über Seaside und Hwy. 26. Richtung Süden entlang der Pazifikküste über Hwy. 1o1 (bis Newport 215 km, ca. 4 Std.). Nach Norden in den Staat Washington über die 6 km lange Astoria Bridge (Maut ca. 1,5o US).

Bus: Greyhound- Terminal im Zentrum, 9th St./Ecke Duane Ave.

-> Portland: 2 x tägl., 3 Std., ca. 14 US

Mit "Pacific Transit System" -> Chinook, Washington: 4 x tägl., 3o Min., ca. 0,5o US. Dort Anschluß nach Ilwaco und weiter bis Aberdeen.

PORTLAND

(440.000 Einw., im Großraum ca. 1,5 Mill. Einw.)

Größte Stadt Oregons, am Willamette River. Gebaut im üblichen Schachbrettmuster der US-Städte. Der Besuch lohnt wegen lebendiger Kunst- und Musikszene sowie einer Vielzahl an Kneipen und Restaurants. In den Randbezirken des Zentrums viele Parks.

Portland erhielt viele Auszeichnungen als eine der "lebenswertesten Städte der USA" wegen guter Verkehrsmittel, geringer Luftverschmutzung und hohem Freizeitwert. Großartige Pazifikküsten mit ihren Ferienresorts sind ebenso schnell zu erreichen wie die Columbia Gorge, die Cascade Mountains und der schneebedeckte Vulkankegel des Mt. Hood mit seinen Wintersportgebieten im Osten der Stadt.

Geschichte: als offizielles Stadtgründungs- Datum gilt 1851. Allerdings hatten sich bereits Anfang der 4o-er Jahre einige Siedler im Bereich der Flußmündung Willamette/Columbia niedergelassen. Sie waren über den *Oregon Trail* (Details Seite 117) gekom-

PORTLAND um 1910: Sixth Avenue Ri. Nord im Bereich Yamhill und Morrison Street.

men und rodeten an der Flußmündung die Wälder, um Landwirtschaft für Eigenbedarf zu betreiben. Die Lage war optimal, zumal es im nahen Pazifik jede Menge an Meeresfisch gab und im Columbia River reiche Lachsvorkommen.

Als bis Ende der 4o-er Jahre immer mehr Siedler über den Oregon- Trail in den Nordwesten einwanderten (letzter Abschnitt des Trails war der Columbia River), - expandierte die Siedlung an der Flußmündung. Sie hatte bald den Spitznamen "Stumptown" wegen der vielen gefällten Bäume, deren Stümpfe in der Landschaft rumstanden. Das Tal an der Flußmündung erwies sich für Landwirtschaft als sehr fruchtbar, was weitere Siedler anzog, die sich hier als Bauern niederließen.

Goldrausch in Kalifornien: 1848 wurden die ersten Goldnuggets am Westhang der Sierra Nevada entdeckt. Ab 1849 setzte dort ein gewaltiger Boom ein: Zehntausende von Abenteurern und Glücksrittern aus aller Welt machten sich auf den Weg nach Kalifornien, um an dem sagenhaften Reichtum teilzuhaben.

Für das junge PORTLAND (=Hafenland) bedeutete der kalifornische Goldrausch erheblichen Aufschwung ab 1851: Die Bauern im Willamette Valley produzierten Weizen und andere Agrarprodukte, die sich auf den Märkten in San Francisco zu hohen Preisen absetzen ließen.

Zwar war ab Portland der Schiffstransport über viele hundert km entlang der stürmischen Westküste nötig, - aber die Goldschürfer in Kalifornien hatten für alles andere Zeit, als sich ihre Lebensmittel selber zu produzieren. In den Folgejahren kamen auch Siedler nach Kalifornien, die ihre Profite in dort neu gegründeten Landwirtschaft tätigten, was den "Import von Portland" reduzierte.

Dafür wurden in den 6o-er Jahren neue Goldfelder im südl. und östl. Oregon sowie in Ost- Washington entdeckt, für deren Goldschürfer wiederum Portland und das Willamette Valley als Lebensmittellieferanten dienten.

SCHAUFELRAD-DAMPFER auf dem Willamette River bei Portland Ende 19. Jhd. Eine Vielzahl derartiger Schiffsverbindungen bestand damals tägl. auf der Strecke Portland → Astoria und Portland → The Dalles. Hinzu kam die Strecke Portland → Salem/Willam. Valley.

Zusätzlichen Aufschwung Portlands als Verkehrsknotenpunkt im Nordwesten brachte die Einrichtung einer regulären Schiffsverbindung auf dem Columbia River (Details Seite 259 und 413), sowie der Bau von Schleusen im Willamette River, der fortan Schaufelraddampfern den regulären Verkehr rauf bis Salem ermöglichte. Im Willamette Valley lagen inzwischen die wichtigsten Getreideanbaugebiete Oregons.

Um 1870 hatte Portland die frühere Bedeutung Astorias als Hafen abgelöst, und via Portland wurden große Mengen an Getreide, Mehl und Wolle exportiert.

1883 erreichte das erste transkontinentale Eisenbahngleis den Nordwesten in Portland, was der Stadt erheblichen Aufschwung brachte: riesige Siedlerströme setzten ein, die nunmehr den Kontinent bequem per 4- tägigem Eisenbahntrip auch in die neuen Gebiete des Nordwestens der USA überqueren konnten.

Auch ermöglichte die Eisenbahn den Warenaustausch mit dem Osten der USA, was Portland zusätzlich als wichtigsten Versorgungspunkt im Nordwesten förderte. Im Stadtzentrum 6 th bis 3 th Ave. entwickelte sich eine rege Bautätigkeit mit bis zu 15- stöckigen Hochbauten, und elektrische Straßenbahnen bedienten den öffentlichen Transport.

Eine Vielzahl an weiteren regionalen Eisenbahngleisen entstanden bis zur Jhd.- Wende um Portland und rauf nach Seattle. Entscheidender Einschnitt in der

Fifth Ave. Ecke Morrison Street um 1920. PORTLAND damals als eine der wichtigsten Metropolen im Nordwesten der USA.

OREGON ELECTRIC RAILWAY von Tonquin → Portland 1912

Stadtentwicklung Portlands war zunächst 1893 die Eröffnung eines neuen transkontinentalen Gleises, das entlang der kanadischen Grenze direkt nach Seattle führte. Dies reduzierte die Bedeutung Portlands als vormals wichtigstem Verkehrsknotenpunkt im Nordwesten.

Weiterhin wurden immer größere Ozeanschiffe gebaut. Hier hatte der Hafen Seattle mit seiner natürlichen Meeresbucht (Puget Sound) erheblich bessere Bedingungen anzubieten als der Flußhafen von Portland, der nur von kleineren Schiffen erreicht werden konnte und zunehmend an Bedeutung verlor.

Allerdings profitierte auch Portland am Goldrausch (ab 1896) am Yukon und in Alaska: Seattle war damals das Eingangstor in den Norden mit Aurüstungsshops und Schiffsverbindungen , - und Portland der Lieferant für Getreide und Mehl, welches über das neue Eisenbahngleis nach Seattle transportiert wurde.

In den Jahren um die Jhd.- Wende bauten die Eisenbahngesellschaften das Gleisnetz um Portland weiter aus. Fortan lief der Warenverkehr weitgehend über die Schiene, und die Stadt entwickelte sich zur Handelsmetropole im Zentrum der am dichtesten besiedelten Region Oregons (Bereich Portland bis Salem, Eugene). Weitere Geschäftsgebäude entstanden im Stadtzentrum, Land- und Forstwirtschaft waren die wichtigsten Wirtschaftszweige.

Der Eintritt der USA in den II. Weltkrieg brachte der Stadt hohe Einkünfte und wirtschaftlichen Aufschwung: Innerhalb weniger Monate baute die US-Regierung Portland zu einem der wichtigsten Produzenten von Rüstungsgütern in den Vereinigten Staaten aus. Die Werften der "Kaiser Shipyards" beschäftigten rund 100.000 Menschen, die zum Teil in eigens zu diesem Zweck zusammengestellten Sonderzügen aus dem Osten herbei-

FORD-AUTOMOBIL, 1907 für den Schienenverkehr umgebaut und von der Southern Pazific zur Überwachung ihrer Gleisstrecken um Portland eingesetzt.

OBSERVATION CAR der Straßenbahn Portlands (1915). Er wurde für Sight Seeing Fahrten durch die Stadt eingesetzt und war sehr beliebt. Die Fahrt ging insbesondere auch durch Residencial Areas, wo reiche Villen zu bestaunen waren. Besucht wurden die Erholungsgebiete im Süden der Stadt, aber auch die wichtigsten Geschäftsstraßen des Stadtzentrums. Der rund 1.Std.-Rundtrip kostete 50 Cents.

REIFENHÄNDLER in Portland 1912: die Erfindung des Autos war zunächst Gewinn, benötigte bei den damals schlechten Straßen aber jede Menge Reifen. Rechts der Besitzer der Reifenhandlung, Mr. Winters, in einem Stapel Reifen.

geschafft wurden. Während der Kriegsjahre wuchs die Stadtbevölkerung um 160.000. Ganze Vorstädte wurden fast über Nacht aus dem Boden gestampft, um der Wohnungsnot Herr zu werden.

Die Werften produzierten bis 1945 Hunderte von Kriegsschiffen und Flugzeugträgern, die vor allem im Pazifikkrieg gegen Japan eingesetzt wurden. Nach Kriegsende war der große Boom zwar vorbei, die Industriestruktur blieb jedoch in ihren Grundzügen erhalten. Da auch Holz- und Landwirtschaft weiterhin florierten, konnte Portland seinen Platz hinter Seattle als zweitwichtigste Metropole des Nordwestens behaupten.

In den letzten Jahren macht die Lokalpolitik Schlagzeilen durch den engagierten Einsatz für Umweltbelange sowie das erfolgreiche Bemühen um die Gestaltung einer City, in der sich Bewohner und Besucher gleichermaßen zu Hause fühlen.

Klima: gemäßigt und noch beeinflußt vom feuchten Pazifikwetter. Häufig kurze Schauer, am wenigsten Regen von Juli bis September.

 Visitors Information Center, Salmon St./Ecke Front Ave. am Waterfront Park. Viel Material und sehr hilfreiches Personal. Geöffn. Mo- Fr von 9- 17 Uhr, Sa nur bis 15 Uhr.

Telefon: Vorwahl 5o3, Notruf 911. - **Post**: Zentral im Pioneer Courthouse, 6th Ave. am Pioneer Courthouse Square.

Karten: ausgezeichneter Stadtplan von Downtown mit vielen Sehenswürdigkeiten und Geschäften gratis in Powell's Bookstore (1oo5 W. Burnside St.), erhältlich ebenfalls im Touristbüro. Dort auch das Portland Book mit vielen Informationen und Übersichtskarten der einzelnen Stadtteile.

Verbindungen ab Portland

 Flug: der Portland Internat. Airport (PDX) liegt nördlich der Stadt am Columbia River. Moderner Airport mit Shopping Mall im Hauptgebäude und Car-Rentals. Er wird derzeit ausgebaut auf ein kalkuliertes Volumen von 11 Mill. Passagieren zur Jahrtausendwende.

* INTERNATIONALE FLÜGE nach Asien, z.B. Bangkog, Seoul, Taipei und Tokyo.

* NATIONALE FLÜGE zu rund 7o Städten der USA. Besonders gute Verbindungen entlang der Westküste mit der "**United**": tägl. viele Nonstopflüge nach San Francisco, Oakland, Los Angeles, Seattle und Eugene. - Gute Verbindungen in den Osten der USA ab Portland mit "**Delta Airlines**".

Die "**Horizon Air**" ist die wichtigste Regionalairline innerhalb von Oregon und Washington mit Hauptstützpunkt Portland und Bend. Angeflogen werden in OREGON: Salem, Eugene, Medford, Klamath Falls, Cocos Bay, Bend und Pendleton. In WASHINGTON: Yakima, Pasco, Walla Walla, Spokane, Moses Lake, Wenatchee, Seattle, Port Angeles und Bellingham an der kanad. Grenze. - Weiterhin Verbindungen nach Idaho und Salt Lake City, sowie nach Victoria und Vancouver/Kanada.

"**Alaska Airline**": Flugstrecken ab Portland nach Alaska.

AIRPORT <-> DOWNTOWN/PORTLAND: Fahrzeit ins Zentrum je nach Verkehrslage ca. 25 Min. In die Innenstadt entweder per Taxi (ca. 2o US), mit dem öffentlichen Bus Nr. 12 (ca. o,9o US) oder mit einem der Door-to-Door Sevices wie z.B. "Move Out" (Kleinbusse zu Hotels, Bahnhof etc.; 1. Person ca. 8 US, jede weitere 4 US. Tel. 936-168o).

Bus: der Greyhound-Terminal (18) liegt relativ zentral am Rande von Old Town in einer etwas düsteren Gegend: NW 6th Ave./ Ecke Glisan St. Ein moderner Terminal mit Restaurant, Lebensmittelgeschäft, Schließfächern und Mini- Fernseher in der Wartehalle. Außerdem eine Hotel-Information mit gratis Telefon-Verbindung zu einigen preisgünstigen Hotels. Stadtbusse: Richtung Transit Mall/ Downtown alle lokalen Busse ab NW 5th Ave./Ecke Glisan St. (gratis).

-> Salem: 8 x tägl., 1 1/2 Std., ca. 7 US
-> Eugene: 8 x tägl., 3 Std., ca. 15 US
-> Grants Pass: 5 x tägl., 7 Std., 3o US
-> Ashland: 5 x tägl., 8 Std., ca. 35 US
-> Bend: 3 x tägl., Fahrzeit abh. Strecke.
-> Baker City via I-84, ca. 7 Std., 3o US
-> Klamath Falls: 3 x tägl., 9 Std., ca. 4o US. Weiter nach Lakeview ca. + 4 Std.
-> San Francisco: 2 x tägl. Inlandsstrecke über Eugene, 16 Std., ca. 85 US
   1 x tägl. Küstenstrecke über Newport, 2o Std., ca. 85 US
-> Seattle: 1o x tägl. via Olympia, 3- 4 Std. bis Seattle, ca. 22 US.

Preise nur grobe Richtwerte, oft macht Greyhound erstaunlich günstige Sonderangebote. Return-Tickets sind manchmal billiger als one- way. Ähnlich wie bei Flugtarifen abhängig von Reisezeit und -tag, frühzeitiger Reservierung und ähnlichem.

Bahn: der Amtrak- Bahnhof (19) in der noblen Union Station, 8oo NW 6th Ave., in der Nähe des Greyhound-Terminals. Stadtbusse: ab Bahnhof Richtung Downtown. Fahren innerhalb der gratis Zone.

-> Seattle: 3 x tägl. via Olympia (2 Std., ca. 15 US), Tacoma (3 Std., ca. 2o US). Fahrzeit bis Seattle 4 Std., ca. 3o US.
-> Oakland/San Francisco (mit dem "Coast Starlight"): 1 x tägl., 19 Std., ca. 13o US. Die Strecke führt südl. Portland via Salem (1 Std. 1o Min), Eugene (ca. 2 1/2 Std.) und Klamath Falls (7 Std.). Auch Schlafwagen.
-> Los Angeles (mit dem "Coast Starlight"): 1 x tägl., 3o Std., ca. 165 US. Die Strecke gilt als eine der schönsten Eisenbahnfahrten im Westen der USA, zwischen Santa Barbara und L.A. fährt der Zug entlang der Küste. Allerdings abklären, welche Strecken nachts gefahren werden. Auch Schlafwagen.
-> Pasco, Spokane (mit dem "Empire Builder"): 1 x tägl. Die Strecke führt zunächst durch die Columbia Gorge und entlang des Norduferes des Flusses nach Pasco (4 Std.). Dort zweigt die Strecke Richtung Nordost ab nach Spokane (7 Std., ca. 6o US). Weiter via St. Paul/Minneapolis nach Chicago. Auch Schlafwagen.
-> Hood River, The Dalles, Pendleton, Baker City (mit dem "Pioneer"): 1 x tägl. Die Strecke führt durch die Columbia Gorge, Fahrzeit bis Hood River 1 Std., bis

The Dalles 1 Std. 4o Min. Anschließend folgt das Gleis dem Südufer des Flusses und zweigt vor Pendleton (ca. 4 Std.) Richtung Südost ab (Baker City ca. 8 Std.). Der Zug fährt weiter via Denver nach Chicago. Auch Schlafwagen.

Alle <u>Zeitangaben</u> ab Portland. Preisgünstiger <u>Amtrak Railpass</u>, der für die Benutzung des Streckennetzes z.B. im Westen der USA gilt, siehe Kapitel Anreise/ Zug.

<u>Auto</u>: Portland liegt an der zentralen und schnellen Interstate 5. Nach Süden über Salem (8o km, ca 1 Std.) und Eugene (18o km, ca. 2,5 Std.) ins kalifornische Central Valley. Nach Norden bis Seattle (28o km, ca. 3,5 Std.). Richtung Küste über Hwy 26 nach Astoria (16o km, ca. 2,5 Std.). Nach Osten über Interstate 84 in die unendlichen Weiten des östlichen Oregon und weiter nach Idaho.

<u>Mietwagen</u>: für Touren durch den gesamten Nordwesten und bis nach Kanada ist Portland (neben Seattle) der beste Ausgangspunkt. Viele lohnende Rundtrips sind möglich, so daß man den Wagen wieder am Ausgangspunkt abgeben kann. Ab Portland auch attraktive Tagestrips zur Columbia River Gorge, zum Mount Hood oder an die Küste.

Viele <u>internationale und regionale Autovermieter</u> sowohl in der Stadt wie auch im Airport. Preisvergleich lohnt, am besten fährt man zum <u>Flughafen</u> raus, da dort die einzelnen Anbieter nahe nebeneinander liegen. Ansonsten rumtelefonieren (Tel.-Buch/Gelbe Seite).

Bei manchen Autovermietern sind auch <u>Einwegmieten</u> möglich, z.B. in Portland angemietet und in Seattle zurückgegeben, kostet aber Aufpreis (Rückführungsgebühr).

Transport in PORTLAND

<u>Downtown</u> und <u>Old Town</u> liegen nahe zusammen und lassen sich bequem zu Fuß erkunden.

Beste Verbindung zwischen beiden Stadtteilen ist die Straßenbahn <u>MAX</u>. Per MAX auch zum Lloyd District und per Bus oder Auto zum Washington Park (Details dort).

Bus/Straßenbahn:

Verbundnetz der beiden Verkehrsmittel. Die Busse laufen unter der Bezeichnung TRI- MET, die Straßenbahn unter MAX (Metropolitan Area Express).

<u>Information</u>: hilfreich das Büro von TRI- MET (1) am Pioneer Courthouse Square, Eingang zwischen den Wasserfällen. Auskunft, Fahrpläne, Stadtpläne und Tickets für das gesamte öffentliche Verkehrsnetz.

TRANSIT MALL: die 5th und 6th Ave. sind im Downtown-Bereich reserviert für Fußgänger und den öffentlichen Bus-Verkehr. Viele Haltestellen der wichtigsten Linien. Gut ausgeschildert, mit Plänen und Fahrkartenautomaten. Auf der 6th Ave. alle Busse Richtung Norden, auf der 5th Ave. nach Süden.

Die Straßenbahn MAX kreuzt den Transit-Mall auf der Höhe des Courthouse Square (1). Dort bester Anschluß von Downtown nach Old Town und zum Lloyd District.

Preise: innerhalb von Downtown und Old Town ist die Benutzung von Bus und Straßenbahn GRATIS. Die Zone ist begrenzt durch den Fluß, Hwy. 4o5 und NW Hoyt St. Innerhalb dieser Grenzen liegen alle Sehenswürdigkeiten von Downtown/Old Town sowie Greyhound-Terminal und Amtrak-Bahnhof. Außerhalb der Zone o,9o US pro Ticket, bei weiteren Entfernungen 1,2o US. Tageskarte auf allen Strecken 3 US.

Willamette Shore Trolley: ein nostalgischer Straßenbahnwaggon (BJ. 1913) fährt eine 9o Min. Rundtour entlang des Willamette River zum Lake Oswego im Süden der Stadt. Die Strecke führt landschaftlich schön durch Parks, Waldgebiete und entlang alter Villen. Abfahrt: SW Moody St./Ecke Sheridan St., Fahrten von März bis Dezember, Fahrpläne wechseln je nach Saison. Info über Tel. 222-2226.

Vintage Trolleys: um die Jhd.- Wende wurden elektrische Straßenbahnen in Portland installiert. Eine der berühmtesten der damaligen Strecken war die *"Council Crest Line"*, die ab 189o in Serpentinen bei großartigem Panorama rauf zum Westhügel Council Crest (siehe S. 364) führte. Weiterhin veranstalteten mehrere *"Observation Cars"* (Foto Seite 347) Sight Seeing Touren durch die Stadt, die damals sehr beliebt waren.

Ende der 8o-er Jahre unseres Jhds. wurden 4 Replikas der damaligen Waggons nachgebaut, liebevoll rekonstruiert mit Eichen-Interieur und authentischer damaliger Außenbemalung. Heute eingesetzt durch Tri-Met ab Lloyd Center (23).

River- Trips: mehrere Schaufelrad- Dampfer fahren ab Portland auf dem Willamette River. Infos im Portland Tourist Büro.

Taxi: eigentlich nicht nötig bei den guten Busverbindungen. Bei Bedarf: Radio Cab Company (Tel. 227-1212), 24 Stunden im Einsatz. Fahrpreis zum Flughafen ca. 2o US.

Auto: im Zentrum von Portland wegen gutem öffentl. Transport überflüssig. Zudem in Downtown wenig Parkraum und hohe Gebühren. - Auch der Washington Park ist mit öffentl. Bussen erreichbar. Im Großbereich von Portland ist jedoch eigenes Auto wegen der Entfernungen nützlich.

ORIENTIERUNG: Der Willamette River teilt das Stadtzentrum in West/Ost, - und die Burnside Street in Süd/Nord.

Analog sind die Straßen bezeichnet. Beispielsweise trägt die 5 th Ave. in ihrem Verlauf nordwestl. von Burnside Street /Willamette River den Zusatz **N.W**, und südwestlich den Zusatz **S.W**.

Selbes gilt auch für die waagerecht verlaufenden Straßen, Beispiel Salmon St.: ihr Bereich im Süd-Westen hat den Zusatz **S.W**, ihr Abschnitt östlich des Willamette Rivers hat den Zusatz **S.E**.

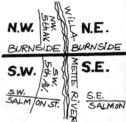

Damit läßt sich bei Adressangaben die jeweilige Position innerhalb dieser 4 Quadranten im Schnittpunkt Willamette River/Burnside Street ermitteln. Für denjenigen, der nicht in Portland aufgewachsen ist, ein zunächst gewöhnungsbedürftiges System. Dies um so mehr, als viele Straßen (siehe oben Salmon St.) nicht durchlaufen, sondern durch den River unterbrochen sind.

HAUS-NUMMERN: beginnen jeweils ab Schnittpunkt der Achsen Willamette River und Burnside Street. Beispiel 5 th Av.: ihr südwärts führender Abschnitt hat ab Burnside St.: Nr. 1, südwärts aufsteigend in Numerierung. Dito Ri. Nord.

Ⓐ DOWNTOWN

Geschäfts- und Kulturzentrum von Portland. Viel Lebendiges und Sehenswertes hinter den Hochhausfassaden.

PIONEER COURTHOUSE SQUARE (1), Broadway/ Ecke Morrison St., das Zentrum von Downtown. Hier befand sich früher ein wenig schöner Parkplatz, der in den 8o-er Jahren im Rahmen der Stadtverschönerung verschwand. Die roten Backsteine am Boden tragen die Namen der Bürger, die den Platz durch Spenden mitfinanzierten.

Das PIONEER COURT-HOUSE (1): ein schlankes 12 stöckiges Hochhaus, ist eines der ältesten noch erhaltenen Gebäude der Stadt (1869- 73 erbaut). Besichtigung innen auch der Räume möglich, sofern keine Gerichtsverhandlungen.

WEATHER MACHINE: ebenfalls am Court House Platz. Eine rund 8 m hohe Säule, die jeden Mittag 12 Uhr bei Fanfarenklang Rauch ausstößt und anschließend per Symbolfigur das Wetter anzeigt. Ein Drache z.B. symbolisiert stürmisches Wetter, Helia (eine stilisierte Sonne) zeigt sonniges Wetter und der "blue hero" bedeutet wolkenbedecktes Wetter. Die weather machine ist eher als bewegtes Kunstwerk gedacht; wer genaue Wetterinformationen benötigt, wählt die Tel. Nr. 275- 9292.

Ebenfalls am Court House Square eine Zweigstelle des Powell Bookshops mit Reiseabteilung, sowie Post und Informationsbüro der städtischen Bus-

und Straßenbahnlinien. Konzipiert wurde der Platz als öffentlicher Versammlungspunkt; nicht selten treten hier Straßenkünstler auf, Musikveranstaltungen mittags, - eine Art "open air living room". - Im Umkreis mehrere Shopping Galerien, z.B. "Pionier Place" mit rund 8o Shops.

SOUTH PARK BLOCKS: die Parkanlage zieht sich über 12 Straßenblocks entlang der Park Ave. Grünanlage mit alten Bäumen und Denkmälern bedeutender Persönlichkeiten, u.a. Präsident Roosevelt. An der Parkanlage im Bereich Krezung Main St. bis Jefferson St. eine Gruppe von Gebäuden mit Museen und Kulturzentren:

ARLENE SCHNITZER CONCERT HALL (2). Der ehemalige Filmpalast "Portland" wurde für Konzertveranstaltungen umgebaut. Elegant vor allem das restaurierte Marmorfoyer mit seinen Kristallüstern.

PERFORMING ARTS CENTER, Ecke Broadway/ Main St. (3) besteht aus 2 Gebäuden mit insgesamt 3 Sälen. Auf der gegenüberliegenden Straßenseite hinter einer modernen Glas- und Klinkerfassade das Dolores Winningstad Theater und das Intermediate Theater. Das runde Foyer wirkt trotz der hohen Glaskuppel intim und einladend.

MASONIC TEMPLE (5): gegenüber an der Park Ave., ein Gebäude der Freimaurer mit protziger Säulenfassade.

PORTLAND ART MUSEUM (6), 1219 SW Park Ave. Großzügig ausgestellt die Sammlung amerikanischer, europäischer und asiatischer Kunst. Die kleine, aber exquisite asiatische Ausstellung enthält neben Keramik, Plastiken und Holzschnitten auch ein großes Wandrelief aus einem Grab der Han-Dynastie (22- 221 n.Chr.). Im Obergeschoß europäische Malerei und Plastik von der Renaissance bis zur Gegenwart, u.a. einige hochkarätige französische Impressionisten.

Eigene Abteilung zur indianischen Kunst der Nordwest Küste. Beeindruckend vor allem die großformatigen bemalten Holztafeln, Trommeln und Masken. Die Kunstwerke aus Kamerun im Nebenraum provozieren einen interessanten Vergleich. Geöffnet Mo- Sa von 11- 17 Uhr, So 13- 17 Uhr, erster Donnerstag im Monat bis 21 Uhr. Eintritt ca. 3 US.

OREGON HISTORICAL CENTER (4), 123o SW Park Ave. Unübersehbar durch die haushohen Fassadengemälde mit Themen aus der Pionierzeit. Oregons Geschichte wird in wechselnden Ausstellungen und einer permanenten Sammlung lebendig gemacht. Gebrauchsgegenstände, Planwagen, Utensilien der Goldgräber und Holzfäller. Dazu ein viktorianisches Wohnhaus in miniature. Einige Schaukästen zur Kultur der Indianer im Nordwesten. Alles auf engem Raum, aber abwechslungsreich und gut erläutert. Geöffnet Mo.- Sa. von 1o- 17 Uhr, So 12- 17 Uhr. Eintritt frei.

THE PORTLAND BUILDING (7), 5th Ave./Ecke Madison St. Fertiggestellt 1982, erstes postmodernes Gebäude in den USA. Gemisch aus

354 Portland

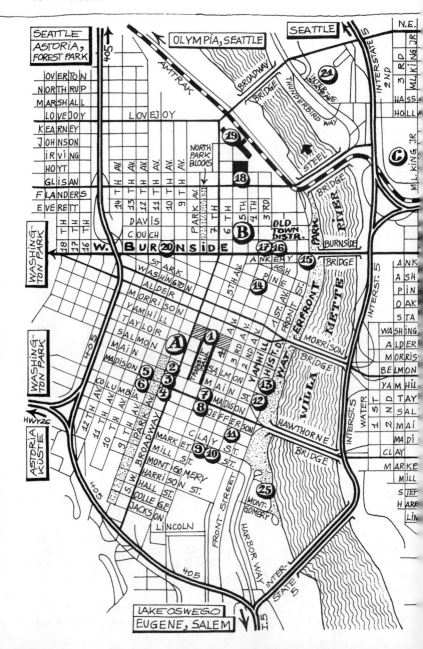

verschiedenen Stilrichtungen. Am Eingang die überdimensionale Portlandia, eine Art Galionsfigur und Freiheitsstatue. Bester Blick auf die Gebäudefront vom gegenüberliegenden Standard Plaza Building, einfach die Rolltreppe in den ersten Stock nehmen. Daneben wirkt die CITY HALL (8) eher bieder und konservativ.

Gewaltige Wassermassen rauschen über die terrassenartige IRA KELLER FOUNTAIN (9), einen Brunnen von ungewöhnlichen Ausmaßen, Clay St./Ecke 3rd Ave. Gegenüber eine weitere Abteilung des Performing Arts Center, das CIVIC AUDITORIUM (1o). Hier finden die großen Opern und Konzerte Portlands statt.

YACHT MARINA (25): südlich der Hawthorne Bridge am Fluß. Eldorado der Reichen von Portland, die hier ihren Hafen für die Luxus-Motoryachten haben.

WATERFRONT PARK (zwischen Front Street und Ufer des Willamette Rivers). Hier befanden sich die Waren- und Lagerhäuser für die Schiffe, die an dieser Stelle festmachten. Als sich dann der Hafen zu Beginn unseres Jhds. erübrigte (siehe Kap. "Geschichte Portland"), wurden die Gebäude abgerissen, um Platz für eine Stadtautobahn zu schaffen.

In den 7o-er Jahren wurde die Autobahn entfernt, um hier Platz für eine Grünfläche zu schaffen. Innerhalb der USA, wo generell das Auto dominiert, eine erstaunliche Leistung,- und sehr zur Freude der Spaziergänger und Jogger. Von hier guter Blick über den Fluß mit seinen Brücken. Bemerkenswert die Hawthorne Bridge mit ihrer Metall- Hebekonstruktion und einem ulkigen Brückenhäuschen, das in den Verstrebungen hängt.

MILLS END PARK (14), Front Ave./Ecke Taylor St. Eher eine Art vergrößerter Blumentopf in der Straßenmitte mit einer Mini-Palme und ein paar Blümchen. Der Trend zu Superlativen hat dieses Werk geschaffen: da Portland schon den größten Stadtpark der USA besitzt (Forest Park), warum dann nicht auch den kleinsten der Welt? Bestätigt vom Guinness Buch der Rekorde.

YAMHILL HISTORIC DISTRICT: erstreckt sich über 6 Straßenblocks um den heutigen Yamhill Market (1st Av./Yamhill St.).

In der Nähe des Flußhafens entwickelten sich in der 2. Hälfte des 19. Jhds. das Handels- und Geschäftsviertel. Damals waren die Gebäude in Holz gebaut. Schwere Stadtbrände von 1872/73 zerstörten das Viertel fast komplett. Es wurde neu aufgebaut in Backstein und Eisenkonstruktion in den 8o-ern des 19. Jhds. Einige dieser Gebäude sind heute noch erhalten und bilden den Yamhill Historic District.

Yamhill Market (Ecke 1st Av./Yamhill und Taylor St.): hier befand sich im 19. Jhd. ein Bauernmarkt. Zu Beginn der 8o-er Jahre unseres Jhds. wurde ein modernes Betonflachgebäude für die heutigen Bedürfnisse gebaut. Kaum architektonisch schön, aber funktional. Verkauf von Gemüse, Fisch, Fleisch etc. sowie preisgünstige Restaurants.

SKIDMORE HISTORIC DISTRICT: schließt sich nördlich an, entlang des Flusses. Auch hier noch mehrere alte Gebäude aus der Zeit der Jhd.-Wende z.B. das NEW MARKET THEATRE (1st Av./Ash St.), südl. des Ankeny Park. Das Theater wurde 1872 gebaut und beherbergt heute Restaurants sowie Shops.

(B) OLD TOWN

Offizielle Distriktbezeichnung des Bereichs nordwestl. der N.W. Burnside Street und des Willamette Rivers.

Alte Gebäude jedoch fast nur noch im HISTORIC OLD TOWN DISTRICT (Bereich 1st Av./Davis und Couch St.). Einige Häuser stammen aus den 8o-er Jahren des verg. Jhds. und wurden liebevoll restauriert. Ein lebendiges Viertel mit Restaurants, Kneipen und Geschäften.

ANKENY PARK (15), N.W. Burnside Street bei der gleichnam. Brücke. Im Park die Skidmore Fountain, - ein Brunnen von 1888, der nach dem Willen seines Stifters Stephen Skidmore den Durst von "Pferden, Menschen und Hunden" stillen sollte. Beachte die Reihenfolge! Immerhin waren damals die Pferde der wichtigste "Antrieb" für die Fuhrwerke, die die Waren vom Flußhafen zu den Lagerhäusern und Geschäften transportierten.

Heute wird der Ankeny Park für den SATURDAY MARKET genutzt, einer der größten open- air Märkte in den USA. Angebot von Lebensmitteln über Souvenirs, Kunsthandwerk bis Flohmarkt. Jeden Samstag und Sonntag zwischen April und Weihnachten.

JEFF MORRIS FIRE MUSEUM (15) am Ankeny Park. Blitzblank rausgeputzte Oldtimer- Feuerwehrautos und eine riesige Glocke, die die Bürger im Alarmfall aus dem Bett werfen sollte.

Portland 357

AMERICAN ADVERTISING MUSEUM (16): 9 NW/2nd Ave. Untergebracht im Ericson Saloon (1895), einer damaligen Kneipe in Hafennähe.

Besucht lohnt: Ein Museum zur Werbung in den USA. Hochinteressante Ausstellung, angefangen mit Zeitungsannoncen aus dem Amerikanischen Bürgerkrieg, farbige Illustrierten-Reklame, die erste Coca Cola Werbung, alte Neonschilder von Tankstellen, Werbeverpackung zur optimalen Vermarktung von Produkten (z.B. Cornflakes), sowie Firmenlogo des "Greyhounds".

Auch politische Werbung z.B. verschiedener Präsidentschafts- Wahlkampagnen. Aus einem alten Rundfunkgerät tönen Aufnahmen früher Radiowerbung. Fernsehprogramm mit Spots der 5o-er Jahre sowie besonders gelungenen und typischen Reklamesendungen aus der Geschichte des amerikanischen TV. Die Ausstellung ist nicht übermäßig groß, aber sehr informativ und in der Auswahl repräsentativ. Geöffnet Mi- Fr von 11- 17 Uhr, Sa/So von 12- 17 Uhr. Eintritt ca. 3 US.

CHINATOWN GATE (17), 4th Ave./Ecke Burnside St.: kunstvolles chinesisches Tor mit 5 Dächern, 64 Drachen und zwei bronzenen Löwen. Das Gate eröffnet den Eingang zur CHINA TOWN von Portland. Ende des 19. Jhds. befand sich in Portland die zweitgrößte chinesische Siedlung

Die Brandbekämpfung war wichtiger Aspekt in der Geschichte Portlands und seiner vielen Holzbauten. Hier der Feuerwehrchef (rechts) in seinem nagelneuen Ford (1906). Vorn der Hund, links sein Assistent und Chauffeur.

(nach San Francisco). Außer ein paar Restaurants und Läden ist vom damaligen Chinatown hier nicht viel übriggeblieben.

UNION STATION (19): markantes Bahnhofsgebäude mit hohem, schlankem Turm, gebaut 1894. Das Gebäude dient heute den Amtrak- Verbindungen und steht unter Denkmalschutz.

PEARL DISTRICT (im Bereich der North Park Blocks bis N.W. Burnside St.): Alte Geschäftshäuser wurden restauriert, viele Boutiquen, Restaurants und Kunstgalerien. Hier auch eine der größten Buchhandlungen der Welt: POWELL'S BOOKSHOP (2o), 1.oo5 N.W. Burnside St./Ecke 1oth Av. Buchliebhaber können im Labyrinth der Gänge tagelang schmökkern, angeblich mehr als 5oo.ooo Buchtitel (siehe auch "Shopping in Portland").

Ⓒ EAST SIDE

Der Willamette River besitzt im Stadtzentrum auf seiner westlichen Seite die größere Wassertiefe; daher entstanden an dieser Uferseite im 19. Jhd. Hafen, Lagerhäuser und Geschäftsgebäude. Der östliche Bereich wurde erst zu Beginn unseres Jhds. intensiver bebaut, als auch Brücken ans andere Ufer führten. Er war zunächst Wohnviertel.

EAST SIDE ist ab Downtown (z.B.Transit Mall oder Ankeny) bequem zu erreichen mit der Straßenbahn MAX , die u.a. zum Lloyd Shopping Center fährt, aber auch andere Punkte in East Side verbindet.

OREGON CONVENTION CENTER: 777 NE Martin Luther King Jr. Dient vorwiegend Großveranstaltungen. Fertiggestellt 199o, "the newest landmark of Portland", wie der Touristprospekt damals stolz vermerkt. Ein riesiger Rundbau für 1o.ooo Menschen mit 2 markanten 45 m Türmen aus Glas und Stahl.

LLOYD CENTER (23), riesiges Shopping Center mit mehr als 17o Geschäften. Als das Center 1959/6o eröffnet wurde, war es eines der größten der USA. U.a. auch eine Eislaufbahn sowie der größte Kinopalast der Stadt mit rund 1o Vorführsälen. Heute gibt es noch größere Shopping Centers in den USA, z.B. in Los Angeles (dort mit rund 4oo Shops).

CAROUSEL COURTYARD (22), Holladay St zwischen N.E. Seventh und Ninth Av. Freizeitpark mit viktorian. Pavillon, Bäumen und Blumen. Genutzt im Sommer zum Picknick auf dem Rasen. Im Park ein restauriertes Karussell aus dem Jahr 1895 und ein Kindertheater.

Nebenan das CAROUSEL MUSEUM: in 2 Räumen sind rund 6o Figuren des Möbelschreiners Charles Loof ausgestellt, der in seiner Freizeit Karussell Figuren herstellte. Sie bestimmten um die Jahrhundertwende entscheidend die amerikanische Jahrmarktszene, heute begehrte Sammlerobjekte. Originelle Tierfiguren aus Deutschland und Frankreich ergänzen die Ausstellung. Geöffnet Sa/So von 11- 17 Uhr, in den Sommermonaten täglich. Eintritt ca. 1 US.

MEMORIAL COLISEUM (21): dient Sportveranstaltungen für u.a. Basketball und Hockey sowie als Konzerthalle.

BROADWAY DISTRICT (entlang des N.E. Broadway zwischen den Querstraßen Martin Luther King und 25th Av.): mit vielen Shops und Restaurants. HOLLADAY MARKET (24): zwischen N.E. Broadway und Lloyd Shopping Center. Markt mit Lebensmitteln, Blumen, Fleisch, Backwaren etc., sowie preiswerte Restaurants.

FÄHRE über den Willamette River (1885), oben Hafengebäude am Westufer des Flusses. Bereits damals wurde der Bau von Brücken über den Fluß nach East Side diskutiert. Die Besitzer der lukrativen Flußfähren versuchten, dies zunächst zu unterbinden (Brücken seien zu teuer, es fehle an Kapital etc.) — Erste Brücke war die MORRISON BRIDGE (1887), weitere folgten zu Beginn unseres Jhds.

✦ WASHINGTON PARK

Im Westen der Stadt, zu erreichen über den Hwy. 26 (die Schnellverbindung in den südlichen Teil des Parks), - bzw. über die W. Burnside

Street in westlicher Verlängerung (erreicht den nördlichen Teil sowie den Macleay Park). - Die mittlere Zufahrt ist die Jefferson St ab Downtown.
Hauptverbindung durch den Washington Park ist Sheerwood/Kingston Dr., der sich in vielen Kurven am Hang durch den Park schlängelt und mehrfach guten Blick auf Portland und den Fluß freigibt. Direkt unterhalb das Nobelviertel NOB HILL mit eleganten Gärten und Luxusvillen.

BUS: Nr. 63 ab Transit Mall/Downtown. Der Bus fährt zum Zoo (1), Museum of Sience (2), Forestry Center (3) und verbindet zum Rose Test Garden (4) und Japanese Garden (5).

ZUG: eine Schmalspurstrecke mit Dampflok verbindet den Zoo (1) mit Rose Test Garden (4) und Japanese Garden (5).

Geschichte: der Washington Park (332 acre) wurde Ende des 19. Jhds. von den Olmstead Brüdern angelegt, damals die bedeutendsten Landschaftsarchitekten der USA, die auch den Central Park/New York und den Golden Gate Park/ San Francisco konzipierten.

Unbebaute Fläche an den West Hills von Portland stand damals ausreichend zur Verfügung. Es konnte daher großzügig geplant werden. Die Parkanlagen gehen über in Villenviertel der Reichen, Tennisplätze und Wanderwege.

Heute ein Freizeitpark, mit Joggingstrecken, - Tummelplatz der Großstädter, ohne daß es irgendwo richtig voll wird.

ZOOLOGISCHER GARTEN (1): vor rund 11o Jahren gegründet, erhielt in letzter Zeit Auszeichnungen wegen seiner Zucht asiatischer Elefanten. Gleichzeitig größte Präsentation von Schimpansen in den USA. Weitere Abteilungen zeigen Tiere aus der Tundra Alaskas, u.a. Grizzly Bären, sowie Pinguine aus der Antarktis. Im Park des Zoos im Sommer Aufführungen von Jazz- und Bluegrass- Konzerten.

OREGON MUSEUM OF SCIENCE AND INDUSTRY (2), 4o15 SW Canyon Rd., Nähe Zoo. Zwei Original- Flugzeuge vor dem Gebäude. Im Museum physikalische und chemische Prozesse anschaulich präsentiert per Anfassen, Ausprobieren und Spielen. Das Museum macht Spaß: Kindern, Jugendlichen und Erwachsenen wird auf jedem Wissensniveau etwas geboten. Einblick in Optik, Wärme, Wellen, Meteorologie u.a. intensive Verwendung von Videos und High Tech.

In den einzelnen Abteilungen interessante und verständliche Experimente und Kurzvorträge. Spezielle Ausstellung zu Entwicklung und Problemen der Raumfahrt. Im Planetarium (zusätzlich 5 US) verschiedene Programme zur Entstehung und Existenz des Universums sowie Musik- Laser-Shows. Geöffnet tägl. von 9- 17 Uhr, Eintritt ca. 4,5o US. Am Wochenende viel Betrieb, daher besser meiden. Sehr guter Gift Shop. - Das Museum soll im Laufe der 9o-er Jahre verlegt werden ans Ostufer des Willamette River, direkt an die Marquam Bridge.

WORLD FORESTRY CENTER (3), 4o33 SW Canyon Rd. Das passende

WASHINGTON PARK
1 Zool. Garten und Zoo
2 Museum of Science and Industry
3 World Forestry Center
4 Japanese Garden
5 Rose Test Garden
6 Lewis Clark Monument
7 Hoyt Arboretum
8 Pittock Mansion
9 Beginn des Forest Park

Museum zum Park und zur wirtschaftlichen Grundlage des Staates Oregon: Das Museum der Bäume Amerikas. Am Eingang ein über 2o m hoher "sprechender Baum" aus Fiberglas. Unterstützt von optischen Tricks wird erklärt, wie ein Baum so überlebt (Wasseraufnahme, Fotosynthese etc.). An anderer Stelle die Stümpfe aller Baumarten des Kontinents sowie Abteilungen zu Forstwirtschaft und Bekämpfung von Waldbränden. Geöffnet tägl. von 9- 17 Uhr, Eintritt ca. 3 US.

Vom Forestry Center führt die Knight Street nordwärts, rechts Abzweigung des kurvenreichen Kingston Drive zum

JAPANESE GARDEN (4): ein steiler Weg führt ab Parkplatz rauf, man kann aber auch eine Bahn nehmen. Eintritt 3,5o US für eine lebendige Mischung japanischer Landschaftsarchitektur: Wasserläufe, Brücken, Grünflächen, Teehaus und Steingarten.

ROSE TEST GARDEN (5): großer Rosengarten. Mit mehr als 4oo Arten der größte "rose test garden" der USA. Seit rund 8o Jahren besteht der Garten, Tafeln an den Wegen berichten von den Zuchtergebnissen. Alljährlich im Juni findet ein Wettbewerb der Rosenzüchter *("The Rose Festival")* statt: es geht um die schönste Rose, verbunden mit Veranstaltungen in Portland wie Freiluftballonfahrten, Racing Shows etc. Schönste Zeit zum Besuch des Rose Gardens: Mai bis Juli, aber auch in den anderen Monaten lohnt der Besuch, allein schon wegen des Blicks auf den Vulkangipfel Mt. Hood östlich der Stadt.

HOYT ARBORETUM (7): nördlich des Washington Parks. Rund 15 km Wanderpfade führen durch eine Waldlandschaft mit mehr als 7oo Baumarten aus dem Nordwesten der USA und dem Rest der Welt, die entsprechend gekennzeichnet und erklärt sind. U.a. kalifornische Redwoods, libanesische Zedern, chilenische Araukarien, nordafrikanische Korkeichen und australische Eukalyptus-Bäume.

✱ MACLAY PARK

Schließt sich nördlich an den Washington Park an. Hier liegt der höchste Punkt der westlichen Hügel Portlands (ca. 3oo m oberhalb der Stadt) sowie:

PITTOCK MANSION (8) 3229 NW Pitock Drive. Die Villa Henry Pittocks, des Herausgebers der Zeiung "The Oregonian". Er begann als Druckerlehrling und übernahm später die Zeitung, die ihm großen Reichtum einbrachte. Mit dem Bau seiner "bescheidenen" 22-Zimmer-Villa wurde 19o9 begonnen, fertiggestellt 1914. Sie sollte seinen Reichtum und seine Macht in Portland repräsentieren.

Die Villa liegt an der höchsten Stelle der West Hills von Portland. Nach dem Tod Pittocks war das Gebäude für 5o Jahre soziales Zentrum der "upper class" von Portland und wurde anschließend der Öffentlichkeit übergeben als Museum und State Monument. Zu sehen: antike Möbel aus der Kollektion Pittocks sowie sein feudaler "life-style" in der Vielzahl seiner Räume. Eintritt 3 US. Zugleich schöner Blick auf Portland, den Vulkan Mt. Hood und die Kette der Cascade Mountains.

Verbindungen: eigenes Auto, oder BUS Nr. 77 ab Portland Downtown. Busfahrer fragen nach für Haltestelle für Pittock Mansion. Von dort ca. 1 km zu Fuß bis zur Villa.

✱ FOREST PARK

Größter "Park" Portlands, beginnt beim Maclay Park und erstreckt sich über 5.ooo acres Richtung Nordwest. Gegründet 1948, in dem Sinn kein "Stadtpark", sondern eine riesige "wilderness area" mit dichten Wäldern, in denen es Hirsche, Elche und Bären gibt, Wasserfälle und hohen alten Bäumen. Die Flußläufe sind reich an Forellen. Der Forest Park ist zugleich größte "wilderness area" innerhalb einer amerikanischen Stadt.

Es gibt mehr als 11o km Wanderwege verschiedenen Schwierigkeitsgrades. Weitere Informationen vom Tourist Büro in Portland.

✦ MT. TABOR PARK

Im Osten der Stadt. Portland besitzt als einzige Stadt der USA innerhalb seiner Stadtgrenzen einen erloschenen Vulkan, den Mt. Tabor. Eine Straße führt auf seinen Gipfel, oben lohnender Blick auf Portland, den Mt. Hood im Osten, den Mount St. Helens im Norden und das Willamette Valley, das sich Richtung Süden erstreckt.

✦ HAWTHORNE, SELLWOOD

Stadtviertel im Südosten Portlands. Entlang des <u>Hawthorne Boulevard</u> (Höhe 3oth bis 4oth Av.) viele Boutiquen, Restaurants und Antiquitäten-Shops. Gleichzeitig auch Tip für Liebhaber von Büchern: rund 1o Buchhandlungen mit neuen und gebrauchten Büchern.

<u>Sellwood</u> wurde 1893 Portland einverleibt. Das Stadtviertel erstreckt sich oberhalb von Klippen am Ostufer des Willamette Rivers. Auf der Straße entlang des Klippenrandes gut 3o Antiquitätenshops, die größte Konzentration in Portland und Tip, wer sich hierfür interessiert. Achtung: die Shops öffnen meist erst gegen 11 Uhr und sind So./Mo. geschlossen.

Bei der Sellwood Bridge der <u>Oaks Park</u>: bereits zur Jhd.-Wende ein beliebter Vergnügungspark. Die Portländer prominierten unter schattigen Bäumen, es gab Gartenlokale und für die Kinder Karussells. Zu sehen heute u.a. eine alte Wurlitzer Orgel und eine Rollschuhbahn.

PORTLAND ROSE FESTIVAL zur Jhd. Wende. Das Festival wurde erstmals 1889 gefeiert, Pferde zogen Wagen, die mit Rosen geschmückt waren. Seit 1907 wird das Fest alljährlich gefeiert (ausgenommen 1918 und 1926).

✯ COUNCIL CREST PARK

Südlich des Hwy. 26, zur Jhd.-Wende ein Freizeitpark mit einer hölzernen Achterbahn ("Trip up the Columbia") und einem Aussichtsturm. Erreicht wurde der Park ab Downtown in 2o Min. mit einer Straßenbahn ("Council Crest Line") über ein Serpentinengleis den Hang rauf mit Panoramablick.

1929 strich die Stadtverwaltung alle Konzessionen der Vergnügungsbetriebe (u.a. auch, da es Proteste der anliegenden Bewohner der Residencial Areas wegen Lärmbelästigung gab) und wandelte das Gebiet in einen *"scenic park"* um. Höhe über der Stadt rund 3oo m, lohnender Rundblick.

✯ TRYON STATE PARK, LAKE OSWEGO

Im Süden der Stadt, wilderness area mit rund 2o km Trails. Von der Port-

land Universität führt der Terwilliger Boulevard Path (4 km) über einen Hügel zum Tryon State Park.

LAKE OSWEGO: heutiges Stadtviertel und gleichnamiger See im Süden Portlands. Noch zur Jhd.- Wende ein verschlafenes Nest mit Erdstraßen, wo die Fuhrwerke bei Regen im Schlamm versanken. Aufschwung brachte die Southern Pacific, deren Gleis von Portland nach Oakland/Kalifornien durch Oswego führte (siehe auch Foto). Ansonsten war der See beliebtes Ausflugsziel mit Badebetrieb im Sommer.

Ob sich der See und das Stadtviertel heute lohnt, sei dahingestellt. Im Stil heutiger US- Großstädte "modern" zugebaut und ohne besondern Reiz.

In jedem Fall lohnend ist aber die Fahrt mit dem WILLAMETTE SHORE TROLLEY! Das Gleis wurde zur Jhd.-Wende angelegt und führt vom Stadtzentrum Portland auf schöner Strecke durch Parks und Waldgebiete, vorbei an feudalen Villen zum Lake. Im Einsatz sind Straßenbahnwagen BJ 1913, ein 9o Min. Retourtrip, - very relaxing! Abfahrt im Stadtzentrum: SW Moody St./Ecke Sheridan St., Fahrten März bis Dezember.

OREGON CITY: im äußersten Süden von Portland, Details siehe S. 375.

AUSFLÜGE AB PORTLAND

Die Erreichbarkeit lohnender Ziele in der Nähe von Portland ist ein weiterer Pluspunkt für die Lebensqualität der Stadt. In nur rund 1 Std. ist das Wander- und Skigebiet am MT. HOOD zu erreichen (Details siehe Seite 4o9), - im Norden lohnt der MT. ST. HELENS (Details Seite 286), - sowie die Schlucht COLUMBIA GORGE (Seite 413). Im Westen liegen die Seebäder Oregons, Details siehe Kapitel Pazifikküste (S. 317).

LINKS OBEN: Dampfloks der Southern Pacific rangieren Waggons in Oswego. LINKS UNTEN: Observatory Tower im Council Crest Park zur Jhd.-Wende. In der Nähe befand sich eine Achterbahn ("Trip up the Columbia") siehe oben.

MUSEEN PORTLAND

Außer den vorgenannten Museen (z.B. "American Advertising Museum" siehe Old Town, unbedingt lohnend, - dem "Kunstmuseum" siehe Downtown und den Museen im Washington Park) unter Umständen lohnend:

OREGON MARITIME CENTER & MUSEUM: 113 SW Front Ave. in Downtown. Viele Schiffsmodelle und alte Navigations- Instrumente. Das Museum berichtet über die Geschichte und Bedeutung Portlands als Hafenstadt. Ein relativ kleines Museum, geöffnet im Sommer: Mi.- So. 11 - 17 Uhr und Winter: Fr.- So. 11 - 16 Uhr.

PEARSON AIR MUSEUM: 1o5 E 5th St. in Vancouver/Bundesstaat Washington. Viele Oldtimer- Flugzeuge in Hallen am Rand des Airports. Geöffnet Mi.- So. 1o (bzw. 12) - 17 Uhr.

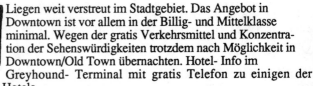

Liegen weit verstreut im Stadtgebiet. Das Angebot in Downtown ist vor allem in der Billig- und Mittelklasse minimal. Wegen der gratis Verkehrsmittel und Konzentration der Sehenswürdigkeiten trotzdem nach Möglichkeit in Downtown/Old Town übernachten. Hotel- Info im Greyhound- Terminal mit gratis Telefon zu einigen der preiswerten Hotels.

"**The Heathman**": SW Broadway/Ecke Salmon St. Bestens gelegen mitten in Downtown. Klassisches Backsteingebäude, von außen etwas unansehnlich. Innen dagegen Komfort- Hotel mit persönlicher Note und individuellem Service. Zimmer luxuriös und mit ausgesuchten modernen Kunstwerken ausgestattet. Angenehmste Alternative in der gehobenen Preisklasse. DZ ab ca. 125 US. Tel. 241-41oo und 8oo-551-oo11.

"**Marriott Hotel**": 14o1 SW Front St. Elegantes Luxus- Hotel am Waterfront Park und Willamette River. Zentral. Viele Zimmer mit Blick auf den Fluß und die Brücken. Hallenbad, Sauna und Fitneß- Center. Zimmer modern mit dem üblichen Komfort der Nobel-Klasse. DZ ab ca. 8o US. Tel. 226-76oo.

"**Riverside Inn**": 5o SW Morrison St. Gesichtsloser moderner Neubau. Zentral am Waterfront Park. Viele Zimmer mit Blick auf den Willamette River. Funktionale Einrichtung. DZ ca. 72-82 US. Tel. 221-o711 und 8oo-648-644o.

"**Portland Inn**": 1414 SW 6th Ave. Großer moderner Block. Günstig gelegen in Downtown. Parkgarage unter dem Hotel. SW- Pool. Die Zimmer hell und geräumig, sachlich- kühl möbliert. Gute Mittelklasse. DZ ca. 72 US. Tel. 221-1611 und 8oo-648-644o.

"**General Hooker's**": 125 SW Hooker St. Nähe Zentrum. Bed&Breakfast. Viktorianisches Haus in ruhiger Lage, Dachgarten mit schöner Sicht. Leichtes Frühstück mit Vollwertkost und Früchten. DZ ab ca. 65 US. Tel. 222-4435.

"**The Mark Spencer**": 4o9 SW 11th Ave. Großer Backsteinkasten am Rande von Downtown. Einfache, aber gepflegte Zimmer. Alle ausgerüstet mit modernem Bad und Kitchenette. Für ca. 5o US eine gute Wahl in der Mittelklasse. Tel. 224-3293 und 8oo-548-3934.

"**Cape Cod**": 5733 SW Dickinson St. Bed&Breakfast südlich von Downtown. Per Auto schnell ins Zentrum. Whirlpool im Hof, großer Gemeinschaftsraum. Zimmer teilweise mit Antiquitäten möbliert. Geöffnet nur März bis Oktober. DZ ca. 45- 5o US, die billigen mit Gemeinschaftsbad. Tel. 246-1839.

"<u>Travelodge</u>": 949 E.Burnside St. Auf der Ostseite des Flusses an verkehrsgünstiger Durchgangsstraße. Solides Motel mit SW- Pool am Parkplatz. Zimmer funktional und ordentlich eingerichtet. DZ ca. 43 US. Tel. 234-8411 und 8oo-255-3o5o.

"<u>Saharan Motel</u>": 1889 SW 4th Ave. Richtung Süden am Rand von Downtown. Gute Busverbindung ins Zentrum. Kleines Motel, leicht heruntergekommen. Die Zimmer düster und muffig mit spärlicher und einfacher Möblierung. Die Lage auf der "richtigen" Seite des Flusses und die mangelnde Konkurrenz in dieser Preisklasse sprechen dafür. DZ ab ca. 38 US. Tel. 226-7646.

"<u>Friendship Inn</u>": 8oo E.Burnside St. Großes Motel auf der Ostseite des Flusses, aber verkehrsgünstig nach Old Town und Downtown. Verzweigter Gebäudekomplex. Zimmer klein, etwas abgewohnt. Für ca. 33 US pro DZ akzeptabel. Tel. 233-8415 und 8oo-453-4511.

"<u>St. Francis Hotel</u>": 111o SW 11th Ave. Stadthotel zentral in Downtown. Altes, heruntergekommenes Backsteingebäude. In der Lobby die Dauergäste beim Fernsehen. Möbel alt und abgewohnt, aber Zimmer und sanitäre Anlagen sauber. Für ca. 28 US mit Privatbad die billigste Alternative in Zentrumsnähe. Tel. 223-2161.

"<u>Midtown Motel</u>": 1415 NE Sandy Blvd. Einfaches Motel östlich des Flusses. An Durchgangsstraße, vordere Zimmer laut. Gute öffentliche Verbindungen in die Innenstadt. DZ ab ca. 25 US. Tel. 234-o316.

Eine Reihe weiterer Motels dieser Art (Preisklasse 25- 4o US) entlang Sandy Blvd.

JUGENDHERBERGEN

"<u>Portland International Hostel</u>": 3o31 SE Hawthorne Blvd. Nicht sehr günstig gelegen auf der Ostseite des Flusses. Aber per Bus Nr. 5 Verbindung nach Downtown. Übernachtung ca. 12 US pro Person. Tel. 236-338o.

"<u>YWCA</u>": 1111 SW 1th Ave. Besonders attraktiv wegen der zentralen Lage in Downtown. Nur für Frauen. SW- Pool und Fitneß- Center. Einzel- und Doppelzimmer mit und ohne Privatbad. EZ mit Bad ca. 26 US, DZ 36 US. Tel. 223-6281.

 In der Stadt und näheren Umgebung Fehlanzeige. Alternative ist der Platz im "<u>Milo McIver State Park</u>", ca. 4o km südöstlich der Stadt. Über Hwy. 211 beim Ort Estacada. Gepflegte Anlage am Fluß, gute sanitäre Einrichtungen inkl. Duschen. Stellplatz ca. 1o- 12 US.

Empfehlenswert und relativ nah auch die Plätze rund um die Columbia River Gorge und Mount Hood. Details in den entsprechenden Kapiteln unter "Cascade Mountains".

Die Auswahl ist groß, und die Qualität hervorragend. Cafés und Kneipen, die weniger für die leiblichen Bedürfnisse als wegen der dort veranstalteten Live- Musik besucht werden, sind aufgelistet im Abschnitt "Musik/Disco".

In fast allen Bars und Restaurants eine Auswahl der heimischen Biere, die in der Regel nach englischen Vorbildern gebraut sind: Ale und Porter sowie dunkles Stout. Portland ist eines der Brauerei- Zentren an der amerikanischen Westküste. 9 Brauereien produzieren derzeit ca. 4o Biersorten.

Die Szene bestimmen Klein- Brauereien, die sich inzwischen aber einen Markt erobert haben und nicht nur für die eigene Kneipe brauen, sondern auch in Flaschen abfüllen. Am meisten verbreitet sind "Blitz- Weinhard" und "Widmer". Klares Wasser aus den Cascade Mountains sowie Hopfen- Anbau in der Umgebung sorgen für gehobene Qualität.

"<u>METRO ON BROADWAY</u>", Broadway/Ecke Taylor St., zentral. Eine vielseitige Möglichkeit, sich mit Essen und Getränken zu versorgen. 5 verschiedene Restaurants unter einem Dach mit gemeinsamem Speisesaal: eine Bar, ein Café, ein griechisches, ein italienisches Lokal sowie ein Deli für Sandwiches und Getränke zum Mitnehmen. Funktional, aber nicht ungemütlich eingerichtet. An den Seiten die verschiedenen Theken, an denen man seine Bestellung aufgibt. Lockere Atmosphäre. Viele Gerichte unter 5 US.

"<u>HARRINGTON'S</u>", 6th Ave./Ecke Main St. Eingang nach unten wie in einen U- Bahn Schacht. Große, aber gemütliche Kellerbar mit mehreren Theken und verschiedenen Abteilungen. Bekannt für originelle Frühstückszubereitungen. Spezialitäten von Sandwiches bis Lachs. Hauptgerichte abends ca. 8- 12 US, aber auch kleinere Imbisse für 4- 6 US. Für 1 US kann sogar eine einzelne Auster bestellt werden. 8 Biere verschiedener Kleinbrauereien Oregons im Ausschank.

"<u>UP FRONT</u>", 833 SW Front Ave. Am Waterfront Park. Modern gestylte Bar mit einem Maschendrahtzaun in der Mitte. Kleine Gerichte und Sandwiches, mittags ca. 4- 6 US, abends 7- 12 US. Ausgefallene Salat- Kombinationen, die satt machen.

"<u>YAMHILL MARKET PLACE</u>", Yamhill St./Ecke 1st Ave. Modernes, etwas steriles Einkaufszentrum mit Gemäldegalerien und mehreren Restaurants auf der 3. Ebene: griechische, mexikanische, vietnamesische und italienische Küche. Dazu noch Joghurt-, Hamburger- und Salatbar. Der gemeinsame Speisesaal etwas zu groß, um mehr als Fast- Food- Atmosphäre aufkommen zu lassen. Der unbestreitbare Vorteil: große Auswahl und günstige Preise. Viele Gerichte unter 5 US.

"<u>PADDY'S</u>", Yamhill St./Ecke 1st Ave. Gepflegte Bar mit englischen Pub-Elementen. Bemerkenswert die Flaschensammlung hinterm Tresen, die bis zur Decke reicht. Kaum etwas Hochprozentiges, das es hier nicht gibt.

Eine dichte Konzentration ziemlich ähnlicher <u>CHINESISCHER RESTAURANTS</u> in der Nähe der Kreuzung 4th Ave./Davis St.

"<u>ELEFANT & CASTLE</u>", 2nd Ave./Ecke Washington St. Pub mit englischer Küche. Neben Fish 'n Chips (5 US) auch etwas einfallsreichere Gerichte wie Suppen und Pies (ca. 4- 7 US).

"<u>KELLS</u>", 112 2nd Ave. Gemütlicher irischer Pub. Holzdecken und rohe Backsteinwände. Häufig live irische Folklore. Daneben, etwas gepflegter, das Restaurant. Irish Stew und andere Spezialitäten wie Steak and Kidney Pie oder Lambchops. Hauptgerichte mittags ca. 6- 8 US, abends 8- 15 US.

"<u>LE PANIER</u>", 2nd Ave./Ecke Ash St. Französisches Café mit lockerer Atmosphäre. Helle Kiefernmöbel. Treffpunkt bei Kaffee, Croissant und Kuchen.

"<u>UOGASHI</u>", Couch St./Ecke 1st Ave. Japanisches Restaurant mit der größten und besten Sushi- Auswahl in Portland. Hauptgerichte ca. 6- 1o US, Menüs für 1o- 12 US.

"<u>OLD TOWN PIZZA</u>", 226 NW Davis St. Originelle und ur-gemütliche italienische Espresso- Bar. Sofas der verschiedensten Stilrichtungen, kleine Sitzecken, viel antiker Klimbim. Pizza am "Fahrkartenschalter"; jede Größe, Geschmacksrichtung und Preislage.

"<u>BIJOU</u>", 3rd Ave./Ecke Pine St. Beliebtes Café. Alternative Atmosphäre in früherer Lagerhalle. Holzfußboden, simple Möblierung, lange Theke. Vollwertkost und Salate (ca. 4- 6 US) sowie konventionelles amerikanisches Frühstück (6 US).

"<u>DAN & LOUIS OYSTER BAR</u>", 2o8 SW Ankenny St. Im Stil einer Hafenkneipe, vollgestopft mit Schiffsmodellen, Fotos und Nautika. Spezialität die frischen Austern, ca. 7,5o US das Dutzend. Andere Fisch- und Seafood-Gerichte 6- 1o US.

"<u>ANN HUGHES COFFEE ROOM</u>", W.Burnside St./Ecke 11th Ave. Simples Café neben dem riesigen Buchladen von Powell's. Hier lassen sich die gerade gekauften Bücher bei einer Tasse Kaffee studieren. Dazu eine ungeheure Auswahl an Zeitungen und Zeitschriften. Viele Dauergäste, die hier stundenlang die Zeit vertrödeln oder konzentriert lesen.

"<u>JAKE'S FAMOUS CRAWFISH</u>", SW 12th Ave./Ecke Stark St. Bar und Restaurant im englischen Pub- Stil. Holzverkleidung und Samttapeten. Spezialität Seafood, vor allem Austern. Mo- Fr an der Bar von 16- 18 Uhr pro Auster o,5o US.

"<u>BOGART'S</u>", 1oth Ave./Ecke Alder St., im Einkaufszentrum "Galleria". Bar und Kneipe für Kino- Freaks. Der ganze Laden vollgestopft mit Humphrey Bogart Devotionalien: Fotos, Filmplakate, Zeitungsausschnitte. Sämtliche Gerichte (ca. 3- 6 US) tragen den Namen eines Bogart- Films.

"<u>AL-AMIR</u>", 223 SW Stark St. Libanesisches Restaurant. Angenehm ruhige Atmosphäre. Die roten Backsteinwände hier und da mit Teppichen oder Bildern behängt. Kräftig gewürzte arabische Gerichte, auch verschiedene vegetarische Angebote. Besonders gut die kleinen und vielfältigen Vorspeisen sowie das Fladenbrot. Hauptgerichte ca. 8- 15 US.

"THE HEATHMAN", SW Broadway/Ecke Salmon St. Vorzügliche Küche mit regionalen Produkten aus dem Nordwesten. Schwerpunkt Fisch und Meerestiere. Erstklassige Weinkarte mit den besten Tropfen Oregons. Eines der Spitzenrestaurants von Portland. Vornehm und teuer.

"THE HEATHMAN PUB", 9o1 SW Salmon St. Vom Frühstück bis zum Abendessen viel Betrieb. Rund um einen Steinofen, in dem Brot und Pizza gebacken werden. Pizza und leckere Kleinigkeiten von 5- 15 US. Ein gutes Dutzend Biere vom Faß aus zahlreichen Micro- Breweries des Nordwestens.

"ATWATER'S", 111 SW 5th Ave. Im 3o. Stockwerk eines Hochhauses. Hervorragende Küche mit regionalen Spezialitäten, dazu großartiger Blick auf Portland und Umgebung. Hauptgerichte ca. 15- 3o US.

"PAZZO", 627 SW Washington St. Eines der führenden italienischen Restaurants von Downtown. Gepflegtes Ambiente mit holzgetäfelten Wänden und karierten Tischdecken. Pizza nur mittags, abends italienisch inspirierte Küche mit feinen Produkten aus dem Nordwesten. Bemerkenswert die Weinkarte, auf der fast alle "wineries" Oregons mit einem oder mehreren Weinen vertreten sind.

SELBSTVERSORGER

"LE PANIER", 2nd Ave./Ecke Ash St. Bäckerladen mit französischem Baguette, Croissants und feinen Kuchen.

"SAFEWAY", Jefferson St./Ecke 1oth Ave. Zentral gelegener Supermarkt, auch frische Produkte und eine große Auswahl an Salaten.

"TUCK LUNG", Davis St./Ecke 4th Ave. Chinesischer Supermarkt mit riesiger Auswahl an orientalischen Lebensmitteln. Gewürze, Tee, gebratene Peking-Enten.

"HOLLADAY'S MARKET", 12oo NE Broadway, neben dem Lloyd Center Mall. Moderne Halle mit Verkaufs- und Imbißständen. Obst, Gemüse, frischer Fisch, Bäckerei, Kaffeerösterei. Atmosphäre zwischen Markt und Feinkostladen; viel lockeres, qualitätsbewußtes Publikum.

"HEATHMAN BAKERY", 9o1 SW Salmon St. Von früh morgens bis in den späten Abend zahlreiche Sorten von frisch gebackenem Brot direkt aus dem Steinofen.

Picknick: Die zahlreichen Parks der Stadt bieten ungeahnte Möglichkeiten. Am schönsten irgendwo in der Abgeschiedenheit des Washington Park.

SHOPPING

Einkaufszentren

"LLOYD CENTER MALL": NE 9th Ave./zwischen Halsey und Multnomah St. Riesiges Shopping Center auf 3 Ebenen. Bei seiner Eröffnung 1959/6o war es eines der größten der USA. Rund 17o Shops, sowie mehrere Kaufhäuser und Kinopalast. In der Mitte eine Eislaufbahn. Bäume und Bänke im Innenhof, Kuppeldächer aus Glas. Geöffnet werktags von 1o- 21 Uhr, sonntags 12- 17 Uhr.

"PIONEER PLACE": 7oo SW Fifth Ave. im Zentrum von Downtown. Größeres Einkaufszentrum mit rund 8o Shops.

"NORDSTROM": am Pioneer Courthouse Square. Großes, elegantes Kaufhaus im Zentrum von Downtown.

"GALLERIA": 921 SW Morrison in Downtown. Shopping Mall mit rund 5o Boutiquen und Gift-Shops.

"JANTZEN BEACH CENTER": 14o5 Jantzen Beach Center, mit rund 1oo Shops sowie 3 Department Stores.

"CLACKAMAS TOWN CENTER": 1o93 Clackamas Town Center (Off I-2o5 bei der Sunnyside Rd). Rund 18o Shops.

"WASHINGTON SQUARE & SQUARE TOO": riesiges Shopping Center Off Hwy. 217 (zwischen I-5 und Hwy 26). Insgesamt 6 Department- Stores und rund 1oo Shops.

Bücher

"OREGON HISTORICAL CENTER", 123o SW Park Ave. Buchladen im Museum, gut bestückt mit Literatur über Oregon sowie allgemeinen Reisebüchern.

"POWELL'S BOOKS", 1oo5 W.Burnside St. Riesiger Buchladen mit einem Labyrinth von Stockwerken, Sälen, Abteilungen und Regalen. Man kann hier tagelang stöbern und lesen, ohne daß es jemand stören würde. Große Abteilung mit Reiseliteratur und Landkarten zu Oregon, der Westküste und den USA. Stellt alle anderen Buchläden des Nordwestens hinsichtlich Auswahl in den Schatten.

"POWELL'S TRAVEL STORE": 7o1 SW 6th Ave. Eine Filiale direkt im Zentrum von Downtown, spezialisiert auf Reiseliteratur und Landkarten.

Sonstiges

"MADE IN OREGON", 34 NW 1st Ave. Marktähnlicher Laden mit Produkten aus Oregon. Neben Pullovern, Jacken und Mützen auch Lebensmittel, Wein und Konserven. Vieles stark reduziert, da aus Großbestellungen oder Schadensfällen. Ständig wechselndes Warenangebot.

"NIKE TOWN", 6th Ave./Ecke Salmon St., Downtown. Futuristisches Sportgeschäft, in dem der Kauf von Sportartikeln nur noch Nebensache zu sein scheint. Video- Leinwände, Fernsehschirme und Sportlerstatuen vermitteln den Eindruck eines Raumschiffes aus dem neuesten Science Fiction Film. Sportschuhe jeder Art gibt's aber auch.

"CHARLEY'S LEATHER": eines der besten und teuersten Ledergeschäfte von Portland. Hauptgeschäft: 5319 SW Westgate, Filialen am Washington Square, im Clackamas Tower Center und im Lloyd Shopping Center.

"SELLWOOD ANTIQUE ROW" im Stadtviertel Sellwood mit rund 3o Antiquitätengeschäften. Geöffnet in der Regel Di. - Sa. 1o/11 Uhr - 17 Uhr.

"SATURDAY MARKET": 1o8 W Burnside. Einer der größten open air Märkte der USA, mit rund 25o Ständen. Findet jeden Samstag und Sonntag von März bis Weihnachten statt.

"FOTOGRAPHIC IMAGE GALLERY": 2o8 SW 1st. Ausstellung von Fotos sowie Verkauf von Fotos, Drucken und Büchern.

UNTERHALTUNG

Veranstaltungskalender: in Portland zirkuliert eine große Zahl von gratis Broschüren und Werbe-Zeitungen. Das meiste ist unbrauchbar und hauptsächlich Reklame. Informativ dagegen der wöchentliche _"Downtowner"_ (gratis) mit Konzert-, Kino- und Theaterprogrammen sowie Hintergrundinformationen. Dazu die Angebote der Jazz- Bars und Rock-Clubs. Knapper, aber ebenfalls informativ und gratis der wöchentliche _"Portland Guide"_. Eine monatliche Liste von Veranstaltungen publiziert auch die Portland Visitors Association. Gratis im Visitors Center.

Theater, Oper, Konzerte

"MUSIC THEATER OREGON", 17oo SW 4th Ave. Aufführungen im Civic Auditorium. Große Musicals und New Yorker Broadway-Erfolge.

"PORTLAND REPERTORY THEATER", 25 SW Salmon St. Gegenwartstheater, experimentelle Stücke.

"PERFORMING ARTS CENTER", Broadway/Ecke Main St. In mehreren Sälen klassisches und modernes Theater, Musicals, Konzerte.

Kino

"LLOYD CINEMAS", 15lo NE Multnomah St., im Lloyd Center. Unübersehbar ragt der rot gerahmte Glasturm des Foyers wie ein Schiffsbug hervor. 1o Kinosäle unter einem Dach. Hauptsächlich aktuelle Kino- Hits.

"KOIN CENTER", SW 3rd Ave./Ecke Clay St. Sechs Kinosäle mit vorwiegend aktuellen Hollywood-Produktionen.

"NORTHWEST FILM & VIDEO CENTER", 1219 SW Park Ave., im Oregon Art Institute. Täglich wechselndes Programm mit Film- Klassikern sowie Experimental- und Außenseiterproduktionen.

Musik/Disco

Portland ist das Jazz- Zentrum der gesamten amerikanischen Westküste. Das ganze Jahr über Großveranstaltungen und Festivals, aber auch unzählige kleine Jazz- Clubs und Musik- Kneipen. Die Stadt erscheint geradezu im Jazz- Fieber. Aber auch Fans anderer Musikrichtungen kommen nicht zu kurz: Live Rock, Blues, Folk oder Country&Western in vielen Kneipen und Bars.

Im PORTLAND ART MUSEUM (Foyer) im Herbst und Frühjahr jeden Mittwoch 17.3o- 19.3o Uhr kostenlose Jazz- Veranstaltungen.

"QUEST", 2nd Ave./Ecke Pine St. Diskothek mit Live- Musik. Avantgarde-Rock der neunziger Jahre.

"ELI'S", 424 SW 4th Ave. Live- Bands, hauptsächlich Hard- Rock.

"KEY LARGO", 31 NW 1st Ave. Musikkneipe, Live- Gruppen. Karibische und lateinamerikanische Rhythmen, außerdem Blues und Jazz.

"KELLS", 112 2nd Ave. Gemütlicher Pub mit rustikalen Möbeln zwischen Backsteinwänden. Live irische Folklore.

"CISCO & PANCHO'S", NW Couch St./Ecke 5th Ave. Mexikanische Cantina mit Live- Bands. Am Wochenende häufig Rock- Musik.

"BRASSERIE MONTMARTRE", 626 SW Park Ave. Nobler Jazz- Club. Täglich Live-Konzerte.

"CAFE VIVO", 555 SW Oak St. Von Dienstag bis Samstag abends Live Jazz mit wechselnden Gruppen und Solisten.

"DAKOTA CAFE", 239 SW Broadway.

Täglich wechselnde Jazz- und Blues-Bands.
"JAZZ DE OPUS", 33 NW 2nd Ave. Jazz- Club der gehobenen Kategorie.
"EAST AVENUE TAVERN", 727 E.Burnside St. Country&Western sowie internationale Folkmusic. Täglich wechselnde Gruppen.
"PONDEROSA LODGE", 1o21o N.Vancouver Way. Etwas außerhalb der Stadt einer der besten Country&Western Clubs.

Feste und Festivals
Beinahe jede Woche ein Kunst- oder Kulturfestival. Information über das aktuelle Programm beim Visitors Center.

Jährlicher Höhepunkt ist während des gesamten Monats Juni das PORTLAND ROSE FESTIVAL mit Rosen- Shows, Paraden, Kultur- und Sportveranstaltungen.
"OREGON SHAKESPEARE FESTIVAL": Von Nov.- April fünf klassische und moderne Stücke, im Mittelpunkt Werke von Shakespeare. Im Intermediate Theater des Performing Arts Center.
"MOUNT HOOD FESTIVAL OF JAZZ": An einem der ersten August-Wochenenden. Im Mount Hood Community College in Gresham. Bedeutendstes Jazz- Festival des Nordwestens.

SPORT

Jogging: mit seinen vielen Stadtparks ist Portland ein Traumland für Jogger. Besonders schön die Strecken im Waterfront Park entlang des Willamette River oder durch die Wälder des Washington Park.

Wandern: kaum zu glauben, aber die Großstadt bietet attraktive Wanderwege in den weitläufigen Parks im Westen der Stadt. Verschiedene Distanzen bis hin zu Tagestouren. Wanderkarten für Washington Park und Forest Park im Visitors Center am Eingang des Hoyt Arboretum.

Eislaufen: ganzjährig ein überdachter Eislaufring im Lloyd Center auf der Ostseite des Willamette River. Geöffnet für allgemeines Publikum tägl. von 1o- 15.3o und 19- 22 Uhr. Eintritt ca. 3,5o US. Im Dezember gibt es auch eine Eislaufbahn auf dem zentralen Pioneer Courthouse Square in Downtown. Viel Betrieb und Stimmung in der Vorweihnachtszeit.

Ski: in nächster Nähe von Portland liegen einige erstklassige Skigebiete mit langer Saison. Sogar Sommerski auf dem Gletscher ist möglich. Details siehe "Mount Hood/ Cascade Mountains".

ZUSCHAUERSPORT

Basketball: Portland fiebert mit seinen "Trailblazers", einer der erfolgreichsten Mannschaften der letzten Jahre in der amerikanischen Profiliga NBA. Man hat eine diebische Freude daran, daß die eigenen Jungs es den Großen aus L.A., New York oder Chicago zeigen. Während der Saison von Nov.- April und besonders während der darauffolgenden Endrundenspiele ist die Stadt im Basketball-Taumel: auf Wandmalereien an Hochhauswänden prangen die Stars, anfeuernde Plakate kleben in den Fenstern, Slogans an den Stoßstangen.

Gespielt wird im Memorial Coliseum, 14o1 Wheeler Ave. Tickets sind Mangelware. Tel. 231-8000 für einen Versuch. Er lohnt sich nicht nur wegen der Spiele auf Weltklasse- Niveau, sondern auch wegen des perfekten Show- Business rund um das Auftreten der sportlichen Helden.

WILLAMETTE VALLEY

Nord/Süd Tal entlang des Willamette River, gesäumt von den Bergketten der Cascade Mountains und des Küstengebirges. Bevölkerungszentrum des Staates Oregon mit viel Landwirtschaft, Weinbau sowie einer Reihe eher langweiliger Provinzstädte.

Durch das Willamette Valley die schnellsten Verkehrswege zwischen Portland und der kalifornischen Grenze. In jeder anderen Hinsicht aber erheblich weniger attraktiv als die parallel verlaufenden Strecken entlang der Küste oder durch die Cascade Mountains.

<u>Klima</u>: Gemäßigtes Klima, viel Regen durch den Pazifik-Einfluß. In den Sommermonaten allerdings relativ trocken und brütend heiß.

✦ Oregon City (15.ooo Einw.)

Im 19. Jhd. die erste Hauptstadt Oregons, heute Vorstadt von Portland. In Oregon City endet nach 3.5oo km der mühsame Oregon Trail der ersten Siedler (siehe Kapitel "Geschichte"). Sie gründeten den Ort am kleinen Wasserfall Willamette Falls. Durch den Bau einer Schleuse wurde später auch der Oberlauf des Willamette River schiffbar gemacht.

Von den Wasserfällen ist heute nicht mehr viel zu sehen, Schleusen und häßliche Fabrikanlagen haben ihnen jeglichen Reiz genommen.

SCHLEUSE in Oregon City: kleinere Schiffe fuhren auf dem Willamette River bis Salem.

CLACKAMAS COUNTY HISTORICAL MUSEUM (211 Tumwater Drive): Landkarten, Fotos, Möbelstücke und sonstige Utensilien zur Geschichte der Stadt und des Umlandes. Geöffn. Mo- Fr von 1o- 17 Uhr, Sa/So von 13- 17 Uhr. Eintritt 3 US.

Einige Straßenblocks weiter das END OF THE OREGON TRAIL CENTER, 5oo Washington St. Kleines Museum mit Dokumenten und Gegenständen, die von den Problemen der Siedlertrecks auf dem Oregon Trail berichten. Geöffn. Di- Sa von 1o- 16 Uhr, So 12- 16 Uhr. Eintritt 2 US.

Zum 15ojährigen Jubiläum (1993) des Oregon-Trail ein großangelegtes Museumsprojekt, das die Geschichte der Siedler umfassend und attraktiv dokumentieren soll. Fertigstellung ca. 1995; dann dürfte sich der Abstecher nach Oregon City eher lohnen als heute.

<u>Verbindungen</u>: Schnellste Zufahrt von Portland über Interstate 2o5, Exit 8.

★ Oregons Weinstraße

Zwar wird in vielen Teilen Oregons Wein angebaut, die dichteste Konzentration an Weinbaubetrieben findet sich jedoch westlich des Willamette River zwischen Portland und Salem, entlang des <u>Hwy. 99W</u> (das "W" stand eigentlich für "west", heute gilt es als Kürzel für "wine").

Die Fahrt über diese Weinstraße bietet mehr als der direkte Weg von Portland nach Süden auf I-5.

Gemeinsam mit Washington State hat Oregon die Konkurrenz zu den berühmten kalifornischen Weinbaugebieten von Napa und Sonoma aufgenommen. Seit Beginn der 7oer Jahre experimentieren hier engagierte und risikofreudige Winzer mit Qualitätsweinen, von denen vor allem der <u>Pinot Noir</u> inzwischen einen international anerkannten Ruf besitzt. Daneben werden Chardonnay, Riesling und Gewürztraminer angebaut, im Süden des Staates vereinzelt auch Cabernet Sauvignon.

Während sich in Washington die Weinregionen auf der trockenen und heißen Ostseite der Cascade Mountains befinden (siehe Seite 297), haben sich Oregons Winzer hauptsächlich westlich des Gebirges niedergelassen. Das Klima im nördlichen Willamette Valley ist vom Pazifik beeinflußt; das Küstengebirge im Westen schützt das Tal vor übermäßigen Regenfällen und die Cascade Mountains im Osten halten die arktischen Kälteeinflüsse ab.

Es ist erstaunlich, wie schnell Oregon zu einem der führenden Weinbaugebiete Amerikas aufgestiegen ist. Noch 1960 existierte hier weder eine Kellerei noch ein Weinberg mit edlen Rebstöcken. Eine Publikation der Oregon State University aus jener Zeit riet sogar dringend von Weinbau- Experimenten ab.

Doch einige typisch amerikanische Individualisten mit Pioniergeist ließen sich davon nicht abschrecken. Ende der 6oer Jahre kamen sie aus Kalifornien oder Seattle, kauften Grundstücke zu Spottpreisen und pflanzten die ersten Reben. Ihr anfängliches Image als "hippie- winemaker" haben sie längst abgelegt. Zwar sind die Betriebe auch heute noch relativ klein und in Familienbesitz, aber die Weinbereitung wird inzwischen professionell und mit modernster Technologie durchgeführt. Der Erfolg ist also nur konsequent: bei Vergleichsproben haben die Pinot Noirs aus Oregon schon manch renommierten Burgunder ausgestochen.

Willamette Valley

Von Portland sind es weniger als 1 Std. bis zur Weinbaugemeinde <u>NEW-BERG</u> (12.ooo Einw.). Obwohl mitten im wine country gelegen, nicht gerade das, was man unter einem romantischen Winzerdorf versteht. Erinnert eher an eine industrielle Vorstadt, beherrscht von den Leuchtreklamen entlang der typisch amerikanischen Durchgangsstraße.

In der Umgebung jedoch zahlreiche Weinberge in Hanglagen. Einfach mal abbiegen vom Highway 99 und einem der blauen Hinweisschilder zu den "wineries" folgen. Besonders zu empfehlen im kleinen Ort <u>DUNDEE</u> (südwestlich von Newberg) die Abzweigung zur "Knudsen Erath Winery": Eine Nebenstraße schlängelt sich durch eine malerische Landschaft, wo Weinberge und Wälder ineinander übergehen.

Für eine Weinprobe leicht zu erreichen: "Rex Hill" direkt am Hwy. 99, östlicher Ortseingang von Newberg. Große Auswahl an Pinot Noirs, die zu den besten Oregons gehören. Picknickmöglichkeit in der angrenzenden Gartenanlage mit Blick auf die modernen Kunstobjekte im Weinberg. Im Ortszentrum von Newberg die Probierstube von "Argyle", Produzent eines ausgezeichneten Schaumweines.

Das zweite Zentrum des wine country ist <u>McMINNVILLE</u> (18.ooo Einw.). Langgestreckter Ort entlang des Highway, ebenfalls bestimmt durch Hamburger Stops, Tankstellen und Banken. In einer der Seitenstraßen (3rd Street) der sogenannte Historic District mit rund 5o Wohn- und Geschäftshäusern aus dem 19. Jhd. Moderne Schaufensterfronten und Werbeflächen haben jedoch dem Stadtviertel wenig von seinem ursprünglichen Charme gelassen.

Am letzten Wochenende im Juli ist McMinnville alljährlich Schauplatz der <u>INTERNATIONAL PINOT NOIR CELEBRATION</u>, dem bedeutendsten Wein-Festival im Nordwesten der USA. Führende Betriebe aus Oregon stellen ihre besten Pinot Noirs vor, dazu kommen Weingüter aus Kalifornien, Australien, Neuseeland, Deutschland und Frankreich.

Weinproben: am besten einige Kilometer südlich von McMinnville, direkt am Highway 18 der <u>OREGON WINE TASTING ROOM</u>. Auf engem Raum sind die wichtigsten 'wineries' Oregons mit rund 1oo Weinen vertreten. Wer sich die Fahrt zu den einzelnen Weingütern sparen will, hat hier die Gelegenheit zu Proben und Einkauf.

"**Steiger Haus**": Mc Minnville, 36o Wilson St. Komfortables Bed & Breakfast- Haus Nähe "Historic District", in ruhiger Wohngegend am Rande eines Parks. Zimmer von unterschiedlicher Größe und Ausstattung. Gemütlicher Aufenthaltsraum mit vielerlei Lektüre über den Nordwesten Amerikas. DZ ab 6o US. Tel. 472-0821.

"**Safari Motor Inn**": McMinnville, 345 N. Highway 99W. Direkt an der Hauptstraße, ein typisch amerikanischer Motelkomplex. Die Zimmer in den hinteren Trakten relativ ruhig, groß und für den Preis gut ausgestattet. DZ ca. 4o US. Tel. 472-5187.

"**Partridge Farm**": am Ostrand von Newberg, 43oo E.Portland Rd. Bed & Breakfast-

Haus, das zum Weingut Rex Hill gehört. Der direkte Kontakt zur Wein- Szene ist damit garantiert. Zimmer komfortabel, nicht alle mit Privatbad. Familiäre Atmosphäre, gutes Frühstück. DZ ab 55 US. Tel. 538-2o5o.

 Trotz des Aufschwungs im Weinbau sind Newberg und McMinnville typisch amerikanische Kleinstädte geblieben. Folglich auch die üblichen Fast- Food Restaurants entlang der Hauptstraßen.

"NICK'S ITALIAN CAFE" in McMinnville, 521 Third St., bildet eine lobenswerte Ausnahme: täglich wechselndes Menü mit italienischen Speisen. Auf der Weinkarte sind alle wichtigen Weingüter Oregons mit einer repräsentativen Auswahl ihrer Weine vertreten. Auch ältere Jahrgänge, die selbst bei den Erzeugern längst ausverkauft sind.

★ Salem (9o.ooo Einw.)

Hauptstadt des Staates Oregon, aber eher ein verschlafenes Provinz- und Universitäts- Städtchen. Zentrum des umliegenden Agrargürtels. Hübsche Wohnstraßen, viele Grünflächen sowie das Regierungsviertel, das mit klotzigen und einfallslosen Gebäuden die ansonsten unbedeutende Stadt aufwerten soll und und doch eher verschandelt.

 Im Mission Mill Village, dem Museumsdorf im Zentrum, 12th St./Ecke Mill St.

Post: 1o5o 25th Street. **Telefon**: Vorwahl 5o3.

OREGON STATE CAPITOL: zwischen Court St. und State St., Parlamentssitz des Staates Oregon. Absolut keine Schönheit, sondern eher ein architektonischer Dorn im Stadtzentrum. Im Innern Wandgemälde zur Besiedlung Oregons und zur Ankunft der Planwagen- Trecks.

Einige Blocks weiter (12th St./Ecke Mill St.) liegt MISSION MILL VILLAGE. Kleines Museumsdorf mit Wohnhäusern und Kirche aus der Gründerzeit sowie einer kompletten Spinnerei. Zwei Museen geben Einblick in Salems Geschichte, die Kultur der einst hier ansässigen Indianer sowie in die Technik der frühindustriellen Spinnereien. Das ganze in einem schönen Parkgelände. Gebäude und Museen geöffnet Di- Sa von 1o- 16.3o Uhr, Eintritt ca. 1- 3 US je nach Besichtigungsschwerpunkt.

"**Chumaree**": 33o1 NE Market St., Nähe I-5, Exit 256. Modernes Gebäude mit mehreren Flügeln auf großem Parkplatzgelände. Abseits vom Zentrum, verkehrsgünstig für Autofahrer. Funktionaler Komfort. DZ ab ca. 65 US. Tel. 37o-7888.

"**State House**": 2146 State St., nicht weit vom Zentrum. Bed & Breakfast mit 4 Gästezimmern. Sie sind modern, aber stilvoll eingerichtet. Reichhaltiges amerikanisches Frühstück. DZ je nach Größe und Qualität (einige mit Privatbad) ca. 45- 65 US. Tel. 588-134o.

"**Motel 6**": 2250 SE Mission St., solides und gepflegtes Motel an der südlichen Ausfallstraße zur I-5, Exit 253. Abseits von Zentrum. Empfehlenswert für Autofahrer auf der Durchreise. SW- Pool auf dem Parkplatz. DZ ab ca. 35 US. Tel. 588-7191.

"**Grand Motel**": 1555 State St., zentral gelegen Nähe State Capitol und Mission Mill Village. Einfaches Motel mit SW- Pool mitten auf dem Parkplatz. Zimmer klein und spärlich möbliert. DZ ab ca. 28 US. Tel. 581-2466.

Verbindungen ab Salem

Auto: Salem liegt direkt an der Interstate 5 mit Direktverbindung nach Portland (80 km, ca. 1 Std.) und Eugene (100 km, ca. 1,5 Std.). Über Hwy. 22 zur Küste bei Pacific City (80 km, ca. 1,5 Std.).

Bus: Greyhound- Terminal zentral, 450 NE Church St.
-> Portland: 8 x tägl., 1 Std., ca. 7 US
-> Eugene: 8 x tägl., 2 Std., ca. 10 US
-> San Francisco: 2 x tägl., 15 Std., ca. 78 US

Bahn: Amtrak- Bahnhof einen Block entfernt von Mission Mill Village, 13th St./Ecke Oak St.
-> Portland: 1 x tägl., 1 Std., ca. 10 US
-> Eugene: 1 x tägl., 1,5 Std., ca. 13 US
-> Oakland/San Francisco: 1 x tägl., 17 Std., ca. 120 US

<u>Ab SALEM</u> kommt man über den Hwy. 22 und die Interstate 20 nach Bend (Details siehe Seite 405). Als Strecke lohnend quer über die Cascade

ALBANY, Mainstreet um 1907 mit Straßenbahn und Pferdekutschen.

Mountains, der zweithöchste Gipfel Oregons (Mt. Jefferson) liegt an der Strecke). <u>Tip</u>: in Detroit vom Hwy. 22 abzweigen nach <u>BREITENBUSH</u>: hier gibts Thermalquellen, in denen man baden kann.

<u>**SILVERTON**</u>: rund 4o km östlich von Salem am Hwy. 214. Hier beginnt ein 11 km Trail zum Silver Creek Canyon mit vielen Wasserfällen.

<u>**ALBANY**</u> im Willamette Valley hat rund 4oo noch erhaltene historische Häuser, viele stammen aus der Zeit Mitte bis Ende des 19. Jhds. Für den, der sich für <u>viktorianische Holzvillen- Architektur</u> interessiert, ist Albany ein Eldorado! Im örtlichen Touristbüro (435 W. First Street) gibt es eine Broschüre, die die bedeutendsten Häuser auflistet, sowie Vermittlung von Führungen.

Sehenswert im Zusammenhang der brandgefährdeten Holzhäuser das <u>Fire Museum</u> (12o, 34th Street S.E.). Ausgestellt sind Feuerwehr- LKWs der Jhd.- Wende, teils noch mit Dampf betrieben.

<u>**LEBANON**</u>: Zentrum weiter Erdbeerfelder. Alljährlich im Juni wird eine riesige Erdbeertorte gebacken, die dann die gut 15.000 Besucher des Festivals verspeisen.

<u>**CORVALLIS**</u>: Universitätsstadt (älteste staatliche Uni Oregons). Keine

OBEN: Albany 12 Jahre später. Ebenfalls Mainstreet (=First Street), das <u>Auto</u> hat Einzug gehalten. RECHTS: L.E. Blain Clothing Company, damals eines der besten Kleidergeschäfte

speziellen Sights, so doch angenehmes Klima in Bezug auf Lebens- und Wohnbedingungen. Corvallis wurde diesbezüglich zur Nr. 1 in den USA in einer Untersuchung gekürt. Der Elektronik- Gigant <u>Hewlett Packard</u> hat hier seinen Hauptsitz, und die rund 15.ooo Studenten der Universität tragen u.a. zu lebendiger Kneipenszene bei.

✦Eugene (1oo.ooo Einw.)

Zweitgrößte Stadt Oregons mit viel Geruch von Provinz. Im Stadtbild ein Durcheinander von schönen Holzhäusern neben tristen Betonfassaden, schattigen Alleen und neonbeleuchteten Durchgangsstraßen, Grünflächen und vollbetonierten Großparkplätzen.

Die sogenannten Sehenswürdigkeiten erschöpfen sich in Parks, viktorianischen Villen und unbedeutenden Regional- Museen.

Ende Juni lohnt der Aufenthalt. Dann ist die Stadt für 2 Wochen Schauplatz des <u>OREGON BACH FESTIVAL</u>, eine der bedeutendsten Konzertveranstaltungen im Nordwesten der USA. International hochklassiges Musikprogramm. Im Mittelpunkt Werke von Johann Sebastian Bach, aber auch andere klassische Konzerte, Workshops, Ballett und moderne Musik. Karten und Hotels unbedingt rechtzeitig vorher reservieren, die

Nachfrage ist groß. Programm und Tickets: "Hult Center", One Eugene Center, Eugene, OR 974o1, Tel. 687-5ooo.

Für <u>SPORTLER</u>: Eugene ist eines der Zentren des amerikanischen Universitätssportes, besonders der Leichtathletik. Hier begann das Lauf- Fieber, das sich später quer durch die USA und über die ganze Welt ausbreitete. Für Jogging- Freaks vielleicht Anlaß für ein paar Gedenkrunden in einem der städtischen Parks. Ein schöner Parcours im Alton Baker Park am Fluß ist "Pre's Trail" (in Erinnerung an den verstorbenen Läufer Steve Prefontaine): 2,5 km lang und eine der bevorzugten Laufstrecken der Stadt.

<u>SATURDAY MARKET</u> (5th Street Public Market): Waren und Boutiquen in einem ehemaligen Gebäude einer Geflügelfabrik.

Der zweite, ebenfalls Samstag stattfindende <u>Markt</u> (8th St./Oak St., open air) wurde zu einer Institution in Eugene und ist vielbesucht. Ursprünglich als open air Markt für Handwerker ins Leben gerufen, treffen sich heute hier neben Verkäufern auch Straßenkünstler und Musikanten sowie Skateboardfahrer. Streetlife vom Besten.

 Visitors Information Center, 7th Ave./Ecke Lincoln St.
Post: Willamette St./ Ecke E. 5th Ave.   **Telefon**: Vorwahl 5o3.

"**Eugene Hilton**": 66 E. 6th Ave. Mitten im Zentrum. Eckiger Glas/Beton Klotz im modernen Einheitsstil. Kleines Hallenbad mit Fitneß- Raum. Von den oberen Stockwerken Blick über die Stadt. Luxuriöse, modern gestaltete Zimmer. DZ ab ca. 8o US. Tel. 342-2ooo und 8oo-937-666o.

"**The Lion & the Lamb**": 988 Lawrence St. Große Villa in ruhigem Wohnviertel, ein freundliches Bed&Breakfast Haus. Wenige Blocks vom Zentrum. Große wohnzimmerartige Aufenthaltsräume; angenehmes Sitzen auf der umlaufenden Veranda. Zimmer eingerichtet mit moderner Eleganz, alle mit Privatbad. DZ je nach Größe ca. 6o- 75 US. Tel. 683-316o.

"**The Timbers**": 1o15 Pearl St., im Zentrum Nähe Greyhound- Terminal. Solides Motel. Zimmer ordentlich möbliert, mit kleiner Sitzecke. DZ ca. 35 US. Tel. 343-3345 und 8oo-283-3345.

"**Stage Stop Inn**": 345 W. 6th Ave. Solider Klinkerbau im Motel- Stil. Umgeben von Bäumen und etwas Grün, der Innenhof aber gnadenlos zubetoniert. Möbliert im Stil der 5oer Jahre, ziemlich abgewohnt. Für ca. 28 US (32 US in der Hauptsaison) trotzdem akzeptabel. Tel. 345-3391.

"**Downtown Motel**": 7th Ave./Ecke Lawrence St., zentral neben dem Touristenbüro. Im Stil dem "Stage Stop Inn" sehr ähnlich, die Zimmer allerdings in besserem Zustand. DZ ca. 35 US.

 "**Fern Ridge Lake**", 2o km westlich der Stadt am See. Erreichbar über Hwy. 126. Stellplatz ca. 8 US.

"**Eugene KOA**", 2oo Stuart Way, an der Interstate, Exit 199 "Coburg". Gepflegter Platz mit guten sanitären Anlagen inkl. Duschen. Günstig für

Leute auf der Durchfahrt. Stellplatz ca. 18 US.

"OREGON ELECTRIC STATION", E. 5th Ave./Ecke Willamette St. Sicher eines der originellsten Restaurants im Nordwesten. Im ehemaligen Bahnhof. Wunderbar restauriertes Backsteingebäude. In der Bar eine Samt-Plüsch Atmosphäre mit Ohrensesseln. Die früheren Bahnsteige überbaut, drei alte Waggons als Speisesäle integriert. Preise reflektieren das ungewöhnliche Ambiente: Hauptgerichte ca. 12- 18 US. Auf jeden Fall lohnt ein Bier in der ur-gemütlichen Bar oder im Straßencafé auf dem "Bahnhofsvorplatz".

"CHINA DELIGHT", 453 Willamette St., direkt am Amtrak- Bahnhof. Die übliche Riesenauswahl an chinesischen Gerichten auf der Karte. Ambiente eher rustikal. Hauptgerichte ca. 6- 8 US, Menüs in ähnlicher Preislage.

"AMBROSIA", 174 E. Broadway. Italienisches Lokal mit ausgefallener Atmosphäre: rohe Backsteinwände, ergänzt durch Jugendstilfenster und -lampen, Holzmöbel und Messingbeschläge. Pizza ca. 7 US, Nudelgerichte um 1o US.

"FETTUCINE COMPANY", 9o1 Pearl St. Bistro und Feinkostladen. Salate, Nudeln, kleine Gerichte um 4- 1o US.

"5TH STREET PUBLIC MARKET", 5th Ave./Ecke High St. Mehrere Lokale (u.a. chinesisch, thai) in einem relativ angenehm gestalteten Shopping- Komplex. Vor allem an warmen Tagen sitzt man sehr schön auf den verschiedenen Terrassen im Freien.

Verbindungen ab Eugene

Auto: Nord/Süd Anbindung über Interstate 5 nach Salem (1oo km, ca. 1,5 Std.) und Portland (18o km, ca. 2,5 Std.) sowie ins Central Valley von Kalifornien. Über Hwy. 126 eine schnelle Verbindung an die Küste bei Florence (1oo km, ca. 1,5 Std.). Durch die Cascade Mountains via Hwy. 126/242 in den Osten von Oregon (bis Bend 2o5 km, ca. 3- 4 Std.).

Bus: Greyhound- Terminal zentral, 9th Ave./Ecke Pearl St.
-> Salem: 8 x tägl., 2 Std., ca. 1o US
-> Portland: 8 x tägl., 3 Std., ca. 15 US
San Francisco: 2 x tägl., 15 Std., ca. 77 US

Bahn: Amtrak- Bahnhof ebenfalls im Zentrum, 4th Ave./Ecke Willamette St.
-> Portland: 1 x tägl., 2,5 Std., ca. 24 US
-> Salem: 1 x tägl., 1,5 Std., ca. 13 US
-> Oakland/San Francisco: 1 x tägl., 15 Std., ca. 1oo US

Bei EUGENE führt das Willamette Valley südöstlich in die Cascade Mountains. Der Hwy. 58 folgt dem Tal und überquert die Gebirgskette beim Cascade Summit rüber zum Hyw. 97, zugleich schnellste Verbindung zum Crater Lake (Details siehe Seite 396).

EUGENE ⇉→ SÜD-OREGON

Die Autobahn (Interstate 5) steigt ab Eugene in südlichem Tal aufwärts und führt in rund 3oo km zur kalifornischen Grenze (ca. 3,5 Std. mit dem Auto). Die Strecke führt vorwiegend durch dicht bewaldetes Mittelgebirge.

OAKLAND an der Interstate 5: wurde als "historic place" aufgelistet wegen mehrerer Gebäude Ende des 19. Jhd. Kleines Museum zur Geschichte der Region, Motels, Restaurants.

Südlich werden die Wälder dichter und die Berge höher. **ROSEBURG**: interessantes Regionalmuseum mit historischen Funden, insbesondere aber Exponate zur Holzfällergeschichte der Stadt und Region. - Motels, Restaurants.

Südlich von Roseburg führt die Autobahn (I 5) über drei rund 7oo m hohen Pässe (Canyon Creek, Stage Road und Sexton Mtn.) nach Grants Pass und weiter in einem Tal absteigend zur Grenze Kaliforniens. Details siehe folgendes Kapitel.

SÜD-OREGON

Großartige Wildwasser- Fahrten auf dem ROGUE RIVER, Bergtäler, Wanderungen und ehemalige Goldgräbersiedlungen (z.B. Galice und Jacksonville). Lohnend auch der Abstecher zum CRATER LAKE in den Cascade Mountains, ein erloschener Vulkan mit einem gut 1o km großen See in seinem Inneren.

Süd-Oregon lohnt bei genügend Urlaubszeit zu mehr als nur schnellen Durchfahrt auf der Autobahn (Interstate 5). Entsprechend sind Abstecher in Seitentäler möglich, Rundtrips zur lohnenden Pazifikküste, nach Nord-Kalifornien und in die Cascade Mountains Oregons.

✷Grants Pass (3o.ooo Einw.)

Vom Stadtbild nicht unbedingt attraktiv, aber Ausgangspunkt für lohnende Ausflüge z.B. zu Tropfsteinhöhlen sowie Wildwasserfahrten auf dem rauhen ROGUE RIVER. Dieser führt von den Cascade Mountains durch Grants Pass und schlängelt sich durch die Küstenberge runter zum Pazifik. Details siehe unten.

Die Stadt selbst mit der üblichen US- Mischung aus Banken, Shops,

Tankstellen und Fast Food Restaurants. In Downtown noch eine Anzahl von Backsteingebäuden aus dem 19. Jhd., allerdings stark durchsetzt mit modernen Fassaden und Schaufensterfronten.

 Chamber of Commerce, 15o1 N.E. St. Informationen insbesondere auch zu Wanderungen und Wildwasserfahrten. Tel.: 475 - 551o

Hauptverkehrsadern sind 6th und die 7th Street. Sie zweigen von der Autobahn (Interstate 5) ab und verlaufen parallel zueinander direkt ins Stadtzentrum. Entlang beider Straßen zahlreiche Motels aller Preisklassen.

Beide Straßen führen auch (ausgeschildert) zum Hwy. 199 (durchs Illinois Valley) und zum Hwy. 238 (durchs Applegate Valley nach Jacksonville und Medford).

ROGUE RIVER: der Fluß hat spektakuläre Abschnitte in einem tief eingeschnittenem Canyon, großartige Landschaften und vor allem viele Stromschnellen. Er gilt als einer der beliebtesten und schönsten Flüsse für Wildwasserfahrten im Nordwesten der USA.

Der Sport nennt sich *"whitewater-rafting"*: im Einsatz ein großes Schlauchboot ("raft"), das mit Rudern durch die Stromschnellen gesteuert wird. Dazu sind viel Geschick, Kraft, aber auch Know- How der richtigen Steuerung des "raft" zwischen den Felsen durch die Stromschnellen nötig.

ANBIETER: in Grants Pass gut 2o Outfitter, die Touristen auf Schlauchbooten durch die Stromschnellen steuern. Ein Feeling, u.U. heißer als das des Achterbahnfahrens, lohnt sich, - aber nichts für Ängstliche! Die Preise orientieren sich an Saison, Anzahl der Teilnehmer und Länge des Trips (ab ca. 18 US). Entlang des Rivers mehrere Lodges für Übernachtung.

DAMPFLOK mit Passagierzug auf der Strecke von Portland durchs Willamette Valley nach Südoregon; Beginn unseres Jhds.

> Weiterhin gibt es Jet-Boats: stark PS- bestückte Motorboote für 1o oder mehr Personen, die durch die Stromschnellen steuern. Je nach Länge des gebuchten Trips fahren die Speedboote auch durch den Hellgate Canyon mit 1oo m steil ansteigenden Felswänden (retour zum Canyon ca. 55 km). Mehrere Jet-Boat Agenturen in Grants Pass.
>
> Das Touristbüro in Grants Pass kann bei der Auswahl der verschiedenen Angebote für Raft- und Jet-Boat Trips helfen und Adressen nennen. Dort auch Verkauf von Detailkarten. Weitere Info- Anlaufstelle: Büro des US Forest Service in Grants Pass.

GALICE: an der Straße über die Küstenberge runter nach Gold Beach. In der Region wurde in der 2. Hälfte des 19. Jhds. Gold gewaschen, das die Flüsse mit sich führten. Galice am Rogue River war eines dieser Goldgräber- Camps. Die Straße führt hier eine Strecke am Fluß entlang, schöner Blick. Die Graves Creek Bridge ist östliches Ende des wildesten Teils des Rogue Rivers.

✦ Illinois Valley

Querverbindung von Grants Pass nach Crescent City an der Küste. Als Mitte des 19. Jhds. im Tal Gold gefunden wurde, kamen Tausende von Prospektoren, die hier ihr Glück versuchten. Heute führt der Hwy. 199 durchs Tal und ist schnellste Verbindung an die landschaftlich schöne Redwood- Küste Nordkaliforniens (Details siehe Velbinger-Reihe Band 53 "Kalifornien").

LAKE SELMAC: Stichstraße ab Hwy. 199 zum See. Dort Ferien-Resort mit Unterkünften, Vermietung von Booten, Pferden etc.

KERBY MUSEUM (im Ort Kerby am Hwy. 199): Exponate zur Goldgräberzeit des damals sehr reichen Tales.

CAVE JUNCTION: größter Ort im Illinois Valley, Motels, Restaurants, - zugleich Ausgangspunkt für die Oregon Caves, eine der schönsten Höhlen im Nordwesten der USA, zu erreichen über den Hwy. 46 (ab Grants Pass ca. 8o km, kein öffentl. Transport):

OREGON CAVES: weit verzweigtes Höhlensystem mit ungewöhnlichen Marmor- und Kalkablagerungen. Ein Gewirr von Stalagmiten, Stalaktiten, Säulen und anderen Formationen, die durch tropfendes und an den Wänden herunterlaufendes Wasser entstanden sind. Entdeckt 1874 vom Trapper Elijah Davidson, als er einem Bären folgte, der sich in die Höhle zurückzog. Geschützt seit 19o9 als National Monument.

> Besichtigung: nur im Rahmen einer Führung möglich, Dauer ca. 1 Std. In den Sommermonaten stündl., während der sonstigen Jahreszeit etwa 4 mal tägl. Eintritt ca. 6 US.

KALIMIOPSIS WILDERNESS: westlich von Cave Junction in den dicht bewaldeten Küstenbergen um die Gipfel Pearsoll Peak und Chetco Peak. Trails führen in die Urwaldgebiete um die Berggipfel mit seltener Fauna, die es in der Eiszeit gab, andernorts auf der Welt aber ausgestorben ist. Information zu Trails und Fauna sowie Kartenmaterial im Büro des US-Forest Service/Grants Pass.

✦ Applegate Valley

Die <u>Autobahn Interstate 5</u> führt von Grants Pass weitgehend geradlinig in weitem Tal nach Medford und Ashland Richtung Grenze Kalifornien.

Alternative zur Autobahn ist der <u>Hwy. 238</u> durchs Applegate Valley. Zwar ähnliche Landschaft, dafür erlebt man sie hautnaher und kann gelegentlich einen Zwischenstop einlegen. Das Tal wird intensiv als Ranch- und Farmland genutzt.

Ab <u>Ort Applegate</u> eine Straße zum gleichnamigen See unterhalb des Grayback Mountains (rund 2.000 m), die retour wieder zum Applegate Valley führt und den Hwy. 238 in Ruch erreicht. Wichtigster und schönster Ort am Hwy 238 ist <u>Jacksonville</u>, ca. 1o km von Medford.

✦ Jacksonville (2.ooo Einw.)

Ehemaliges <u>Goldgräbernest</u> mit knapp 1oo noch gut erhaltenen und relativ einheitlichen Holz- und Backsteinfassaden aus dem 19. Jhd.

 Chamber of Commerce, 185 North Oregon St. Tel.: 899- 6118

MEDFORD, Mainstreet. Seit Ende des 19. Jhd's die größte und wichtigste Stadt in Süd-Oregon.

Süd-Oregon

> **Geschichte**: <u>1852</u> fanden Goldsucher ein großes Nugget, was sich rumsprach und den Boom einleitete. Bald gab es im damaligen "Rock City" eine Fülle an Zelten und Holzhäusern von mehr als 2.ooo Gold- Prospektoren, sowie Besitzern von Spielsaloons, Bars, Shops und Hotels.
>
> Rock City wurde zu Ehren des damaligen Präsidenten in Jacksonville umbenannt. Verschiedene <u>Brände</u> setzten der Stadt in der <u>2. Hälfte des 19. Jhds.</u> erheblich zu, worauf im Wiederaufbau teils Steinhäusern errichtet wurde, - die 2. Bauperiode der heute noch zu sehenden Häuser. Jacksonville war damals die wichtigste und größte Stadt im äußersten Süden Oregons.
>
> Als Anfang der 8o-er Jahre des 19. Jhds. die <u>Eisenbahn</u> von Portland durchs Willamette Valley südwärts die Region erreichte, wurden die <u>Gleise</u> abseits von Jacksonville und stattdessen durch <u>Medford</u> verlegt. Dies hatte erhebliche Auswirkung auf die Stadtexpansion Medfords, während das früher bedeutende Jacksonville in Provinzschlaf verfiel.

Das <u>HISTORISCHE ZENTRUM</u> entlang der Hauptstraße ist zwar winzig, trotzdem lohnt ein kurzer Aufenthalt. Nur selten findet man einen Ort, wo der Charme einer "Western-Town" so gut erhalten ist. Viele Andenkenläden und Boutiquen. Jacksonville ist keine Geisterstadt, sondern offiziell deklariert zum "National Historic Landmark".

Wenige Schritte vom Zentrum eine Art natürliches Amphitheater, Schauplatz des alljährlich **BRITT FESTIVALS**. Von Mitte Juni bis Anfang September ein vielseitiges Musikprogramm: Folk, Jazz, Country & Western, Pop, Klassik. Viele bekannte und erstklassige Interpreten.

Das Programm ist erhältlich über P.O. Box 1124, Medford, OR 975o1. Rund 2.ooo Plätze werden per Reservierung belegt (Tel. 773-6o77 und 8oo-882-7488). Etwa 1.5oo weitere befinden sich auf der Wiese vor und hinter den reservierten Sitzreihen. Sie werden allabendlich direkt vergeben; wer zuerst kommt, hat Vorrang. Preise je nach Programm und Sitzplatz ca. 1o- 3o US.

✯Medford (42.ooo Einw.)

Erfuhr seinen Aufschwung in den 8o-er Jahren des 19. Jhds., als die <u>Eisenbahn</u> Medford erreichte. Der damalige Ort hieß "Middle Ford", welches später in "Medford" verkürzt wurde.

Heute größte Stadt in Süd-Oregon, Industrie und wirtschaftliches Zentrum. Keine Sights, die einen Aufenthalt lohnen, - lieber weiter nach Ashland oder Jacksonville. Wenn wegen der dortigen Festivals die Hotels ausgebucht sind, ist Medford Übernachtungsalternative. <u>Zahlreiche Motels</u> in der Nähe der Autobahn-Ausfahrt.

✯Ashland (18.ooo Einw.)

Ausnahemerscheinung unter den Städten des amerikanischen Westens: großartig gelegen am Hang der Siskiyou Mountains, bei klarem Wetter das Panorama der Cascades gegenüber. Im Ortskern mal kein Schachbrett, sondern unregelmäßige Straßenführung. Ansehnliche Villen, viel Grün, lockere Atmosphäre wie in einer kleinen Universitätsstadt.

Chamber of Commerce, 11o E. Main St., direkt im Zentrum. Viel Info-Material zu Ashland und SüdOregon. Tel. 483-3486.
Post: 1st St./Ecke Lithia Way.- Telefon: Vorwahl 5o3.

Landschaftlich reizvolle Umgebung für Tagesausflüge: die Canyons des Rogue River sowie zahlreiche Berge und Seen in den Siskiyou Mountains.

Trotz seiner geringen Größe ist Ashland neben Portland das kulturelle Zentrum Oregons. Im Mittelpunkt steht das SHAKESPEARE FESTIVAL, jedes Jahr von Ende Februar bis Ende Oktober (!). Während dieser Zeit täglich hochkarätige Aufführungen auf den verschiedenen Bühnen und viel Betrieb in der Stadt.

Mitten in der Stadt der LITHIA PARK, eine attraktiv gestaltete Parkanlage. Lockere Atmosphäre auf Wiesen und unter schattigen Bäumen. Bei schönem Wetter Treffpunkt von Sportlern, Studenten und Theater- Enthusiasten. Direkt daneben (N. Main St./Ecke Pioneer St.) die 3 wichtigsten Theater der Stadt:

ELIZABETHAN THEATRE: auf dem Programm in der Regel ausschließlich die klassischen Shakespeare- Dramen.

ANGUS BOWMER THEATRE: benannt nach einem Lehrer aus Ashland, der in den 3oer Jahren den Anstoß für das Festival gab. Auf dem Spielplan Shakespeare und andere klassische, manchmal auch moderne Autoren.

THE BLACK SWAN: Schwerpunkt moderne Stücke.

Festival-Programm und Reservierungen über P.O. Box 158, Ashland OR 9752o-o158, Tel. 482-4331. Eintrittspreise ca. 15- 22 US, Montags keine Vorstellungen. Einen interessanten Blick hinter die Kulissen bietet die Backstage Tour, während der Vorstellungstage tägl. 1o Uhr, Eintritt 7 US. Vorbereitung der Kostüme, Aufbau der Kulissen, manchmal Gespräche mit Schauspielern.

Daneben existiert noch eine Anzahl weiterer Bühnen und Kabaretts, die nicht auf dem offiziellen Festival-Kalender erscheinen. Sie bieten eine breite Palette, vom klassischen Theater über Musicals und Komödien bis zu experimentellen Stücken. Profitieren von der Popularität Ashlands und den oft langfristig ausverkauften Stücken der 3 Hauptbühnen.

Rund um das Festival auch Ballettabende, Filme, Vorträge, Work-Shops, Diskussionen. Volles Programm für Theater- und Shakespeare- Enthusiasten. Während der Sommermonate findet vieles im Freien statt.

KINO: "Varsity", 174 E. Main St. Mehrere Kinosäle unter einem Dach. Aktuelle Hollywood-Hits und ausgefallene internationale Filme.

"Glenyan Koa", ca. 8 km Richtung Klamath Falls am Hwy. 66. Hervorragend ausgestattet inkl. Duschen und einem Lebensmittelladen. Stellplatz ab ca. 15 US.

An langen Wochenenden oder während der Sommerferien besser vorher reservieren. Außerhalb der Festival- Saison lassen sich Preisnachlässe aushandeln.

Zahlreiche <u>Motels</u> der gehobenen Kategorie (DZ ca. 4o- 25o US) an den beiden Autobahnausfahrten. Kleinere und preispreiswerte Motels aufgereiht am Siskiyou Blvd., der Verbindungsstraße zwischen Autobahn und Zentrum (DZ ca. 25- 4o US). In der Stadt mehrere <u>Bed&Breakfast-</u> Häuser. Beim Touristenbüro liegen Broschüren beinahe aller Übernachtungsmöglichkeiten mit Beschreibung und Preisen aus. Empfehlenswert unter anderen:

"**<u>Ashland Hills Inn</u>**": 2525 Ashland St., verkehrsgünstig Nähe der südlichen Autobahnausfahrt und 4 km ins Zentrum auf direkter Straße. Großer Motelkomplex mit Restaurant, SW-Pool, Whirlpool. Zimmer ruhig, geräumig und komfortabel. Preisen fürs DZ zwischen 4o und 2oo US je nach Saison und Ausstattung. Tel. 482-831o.

"<u>**Oak Street Station**</u>": 239 Oak St. Günstig gelegenes Bed&Breakfast- Haus, nur 2 Bloks von den Theatern entfernt in ruhiger Seitenstraße. Villa aus dem Jahr 188o, vollständig restauriert und komfortabel eingerichtet. Gutes und ausgiebiges Frühstück. DZ ab 7o US. Tel. 482-1726.

<u>**Jugendherberge**</u>: 15o Main St., pro Person ca. 12 US. Während der Festival- Saison rechtzeitig vorbuchen.

Rund um die Theater und entlang Main Street gut 25 Restaurants aller Art und Preisklassen. Viele mit Terrassen oder Höfen im Freien. Schwerpunkte: französische, italienische, orientalische und vegetarische Küche. In wenigen Minuten hat man einen Rundgang beendet und kann sich für seinen Favoriten entscheiden. An dieser Stelle erwähnenswert, weil nicht auf den ersten Blick zu finden:

"<u>ROGUE BREWERY</u>", 31 Water St. Im Keller eines alten Backsteinhauses. Kneipe mit zahlreichen Bieren aus der eigenen Brauerei.

"<u>WINCHESTER INN</u>", 35 S. 2nd St. Eines der Spitzenrestaurants in Süd- Oregon. Nobles Ambiente in ehrwürdiger Villa. Bei gutem Wetter auch draußen.

Selbstversorger: "<u>SAFEWAY</u>", Supermarkt am Siskiyou Blvd., wenige Blocks vom Zentrum Richtung Interstate 5.

"<u>CHATEAULIN</u>", 52 E. Main St. Delikatessen und hervorragende Auswahl an Weinen aus Oregon und Kalifornien. Vertreten sind auch die beiden 'wineries' aus der Umgebung von Ashland ("Weisinger's" und "Ashland Vineyards"), die respektable Chardonnays und Cabernet Sauvignons produzieren. Große Auswahl an Weinen auch im "<u>ASHLAND WINE CELLAR</u>", 38 Lithia Way.

<u>**Picknick**</u>: Im schattigen Lithia Park zwischen Joggern, lesenden Studenten und spielenden Kindern.

Verbindungen ab Ashland

Auto: Ashland liegt verkehrsgünstig an der Interstate 5 (nach Eugene 280 km, ca. 3 Std., wenige Minuten bis zur kalifornischen Grenze). Über den Hwy. 66 östlich nach Klamath Falls (11o km, ca. 2 Std.) und weiter zum Crater Lake.

Bus: Greyhound besitzt keinen Terminal in Ashland. Der Bus hält Lithia Way/Ecke 2nd Street. Info über Abfahrtszeiten: Tel. 779-21o3.
-> Portland: 3 x tägl., 7 Std., ca. 32 US
-> San Francisco: 3 x tägl., 9 Std., ca. 55 US.

Südlich von <u>ASHLAND</u> steiler Aufstieg zur Paßhöhe von <u>SISKIYOU SUMMIT</u> (1.3oo m). Kurz darauf die kalifornische Grenze und weiterhin landschaftlich abwechslungsreiche Strecke, besonders bei Annäherung an das schneebedeckte Massiv von Mount Shasta.

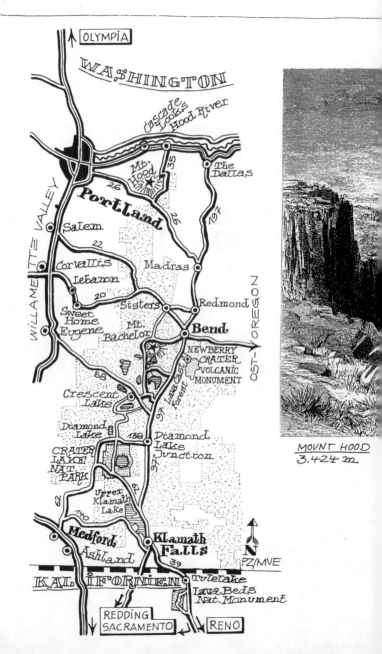

MOUNT HOOD
3.424 m

CASCADE MOUNTAINS/OR.

Oregons Anteil an den Cascades zeigt überall die Spuren vulkanischer Aktivität, am eindrucksvollsten am <u>CRATER LAKE</u> sowie in den Lavalands südlich der Stadt <u>BEND</u>. Dort haben Eruptionen der Cascades-Vulkane Landschaften von beinahe außerirdischem Charakter und unwirklicher Schönheit hinterlassen.

An der Grenze zu Washington hat sich der <u>COLUMBIA RIVER</u> ein Bett durch die Berge gegraben und eine gigantische Schlucht geschaffen. Das Gebirge ist ein Paradies für Wanderer, Kletterer und Skiläufer, der Besucherstrom hält sich in Grenzen.

<u>Klima</u>: Die Cascade Mountains sind im <u>Winter</u> die kalte und rauhe Ergänzung zur regnerischen und nebligen Küste. Im <u>Sommer</u> dagegen angenehm warme Temperaturen und viel Sonnenschein. Am Osthang der Berge auch außerhalb der Sommermonate eher sonniges und trockenes

Klima, die Schlechtwetterfronten regnen sich meist im Westen ab.

Straßen: schnellste Nord/Süd- Verbindung ist der Interstate 5, der westlich und parallel zur Gebirgskette der Cascade Mountains runter zur Grenze von Kalifornien führt.

Auf der Ostseite parallel zur Gebirgskette der Hwy. 97 . - Weiterhin mehrere Querverbindungen über das Gebirge. Je nach Höhenlage und Schneefall sind sie durchgehend teils nur Juni- Anf. Okt. befahrbar, - bzw. im Winter als Stichstrecke zum jeweiligen Skigebiet freigehalten.

Um flexibel in der Region zu reisen, ist eigenes Auto (Mietwagen) nötig, da manche Punkte wie Crater Lake keinen öffentlichen Transport besitzen.

SÜDEINSTIEG CASCADE MOUNTAINS

Wer (siehe Vorkapitel) bis MEDFORD gefahren ist, kann über den Hwy. 62 direkt den CRATER LAKE erreichen, eine der Hauptattraktion im Süden Oregons. Problem sind dort allerdings die nur wenigen Unterkünfte (notfalls nach Klamath Falls ausweichen, dort viele Motels).

Bei mehr Zeit lohnt der Südschlenker zum LAVA BEDS NAT. MONUMENT in Nordkalifornien, zu erreichen über den Hwy. 39/139) ab Klamath Falls.

★Klamath Falls (18.000 Einw.)

Holzfällerstadt am riesigen Upper Klamath Lake mit hinterwäldlerischem Provinz- Charakter. Außer einem informativen Museum (County Museum) über den hier ausgefochtenen Krieg der US- Armee gegen die Modoc- Indianer, sowie einem weiteren Museum (Favell Museum) - bietet die Stadt selbst herzlich wenig. Sie ist aber wegen der Vielzahl an Motels guter Ausgangspunkt für den Besuch des Crater Lake und des Lava Beds Nat. Monument.

Tourist INFO Departement of Tourism, im Klamath County Museum, Tel.: 884 - 0666.

KLAMATH COUNTY MUSEUM, 1451 Main St., umfangreiche Ausstellung zur Geschichte der Grenzregion zwischen Oregon und Kalifornien. Viele archäologische Fundstücke (Werkzeuge, Pfeilspitzen) von prähistorischen Indianerkulturen.

Bemerkenswert vor allem die ausführliche Dokumentation des Modoc Krieges. Einmal nicht die bloße Glorifizierung "zivilisatorischer Heldentaten" der US-Armee, sondern eine zurückhaltend-kritische Präsentation von Ursache und Hergang der Auseinandersetzung. (Details zum Verlauf des Konfliktes siehe Geschichtskapitel dieses Bandes). Museum geöffnet tägl. 8- 18 Uhr, Eintritt frei.

FAVELL MUSEUM (31 Main Street): Exponate von Indianerkunsthandwerk (Stein, Körbe, Holzschnitzereien etc.) sowie eine große Ausstellung von Pfeilspitzen.

Da die Übernachtungsmöglichkeiten in der unmittelbaren Nähe des Crater Lake dünn gesät sind, muß man während der Hauptsaison im Sommer evtl. nach Klamath Falls ausweichen, wo ausreichend Zimmer vorhanden sind. Entlang der Durchgangsstraßen und im Stadtzentrum die üblichen Motels der unteren und mittleren Kategorie. Wer etwas komfortabler übernachten will, hat dagegen keine große Auswahl.

"**Klamath Manor**": 219 Pine St., zentral in ruhiger Nebenstraße. Schöne Stein-Villa, wie man sie im Nordwesten nur selten findet. Bed&Breakfast. Bequeme und stilvoll eingerichtete Aufenthaltsräume, im Garten ein Whirlpool. Die Zimmer groß, hell und nach englischem Geschmack eingerichtet. Ausgezeichnetes, reichhaltiges Frühstück, nachmittags "tea-time". Die angenehmste Unterkunft in der näheren und weiteren Umgebung des Crater Lake. DZ ca. 4o US, mit Privatbad 6o US. Tel. (5o3) 883-5459.

Die Auswahl beschränkt sich auf einfache Lokale ohne großen Anspruch. Lobenswerte Ausnahme ist das "**CLASSICO ITALIAN RISTORANTE**", 4o4 Main St.: Geschmackvolles Dekor mit einer Mischung aus roten Backsteinwänden und edlen Wandbehängen. Gemütliches und freundliches Ambiente. Das italienische Essen ist überdurchschnittlich gut, die Portionen überdimensional: schon die Antipasti für ca. 5 US machen zwei Personen satt. Darüber läßt sich die triste Atmosphäre auf den wenig belebten Straßen der Stadt vergessen.

Um die Jahrhundertwende baute die Southern Pacific ihre Streckenverbindung von Oakland (San Francisco) nach Portland/Oregon. Bevor die Eisenbahn 19o9 Klamath Falls erreichte, mußten die Passagiere in Thrall/Nordkalifornien aussteigen und mit der Kutsche über die Berge nach Keno reisen. Hier wartete das Dampfschiff Klamath und fuhr auf dem Klamath River die knapp 2o km bis zum Ort Klamath Falls.

Mit Fertigstellung des Eisenbahngleises war der Dampfer nicht mehr nötig und wurde auf einem Eisenbahnwaggon (siehe Foto) zum Upper Klamath Lake verfrachtet.

Im Zusammenhang des Klamath County Museums lohnt der rund 13o km retour Abstecher zum LAVA BEDS NAT. MONUMENT in Nordkalifornien Nähe der Grenze zu Oregon. In der gigantischen Landschaft aus Lavabrocken und unterirdischen Höhlensystemen hatten sich 1873 die Modoc- Indianer verschanzt und konnten monatelang der Übermacht der US-Armee standhalten.

Zu erreichen ab Klamath Falls über den Hwy. 39/139 und ca. 1o km südlich des Ortes Tulelake ausgeschilderte Abzweigung. Ein Teil der unterirdischen Gänge und Höhlen kann auf eigene Faust erforscht werden. Ausführliche Details im Velbinger Band 53 "Kalifornien".

Verbindungen ab Klamath Falls

Bus: Greyhound nach Eugene, Portland sowie nach Kalifornien. - Weiterhin regionale Buscompany zu Orten der näheren und weiteren Umgebung.

ACHTUNG: kein öffenlicher Transport zum Crater Lake. Eigenes Auto daher nötig (6o km, ca. 1 Std. bis Parkeingang über Hwy. 97 und 62) Nach Ashland im Westen über Hwy. 66 (11o km, ca. 2 Std.).

Zug: der "Coast Starlight" fährt 1 mal tägl. rauf nach Portland (ca. 7 Std.) und weiter bis Seattle (+ 4 Std.), - sowie 1 mal tägl. runter nach Oakland (ca. 1o 1/2 Std) und Los Angeles, Schlafwagen rechtzeitig buchen!

Flug: der Airport liegt südlich der Stadt und wird von Regional- Airlines angeflogen.

✦ Crater Lake National Park

Rund 9o km nördlich von Klamath Falls und eines der größten Naturwunder Oregons. Ein riesiger Vulkankrater von rund 1o km Durchmesser, angefüllt mit dem blauesten Wasser, das man sich vorstellen kann. Der Rand des Kraters ist fast das ganze Jahr schneebedeckt, was durch Reflektion noch das intensive Blau des Wassers verstärkt. Je nach Sonnenstand unglaubliche Spiegelungen, die steilen Kraterwände wiederholen sich auf der Wasserfläche.

Tiefste Stelle im Kratersee 589 m, Wasseroberfläche in 1.882 m. Im südlichen und östlichen Bereich Vulkankegel von 2.45o - 2.7oo m Höhe, die per Trail bestiegen werden können.

Im westlichen Teil des Kratersees zudem eine kegelformige Insel (Wizard Island). Grandiose Szenerie und Schönheit wie aus einer anderen Welt!

Geschichte: nicht ohne Grund war der Crater Lake bereits zur Jahrhundertwende beliebtes Ausflugsziel (siehe auch Foto nächste Doppelseite von der Crater Lake Lodge am Südrand des Sees). Bereits 19o2 wurde der Crater Lake Nationalpark begründet.

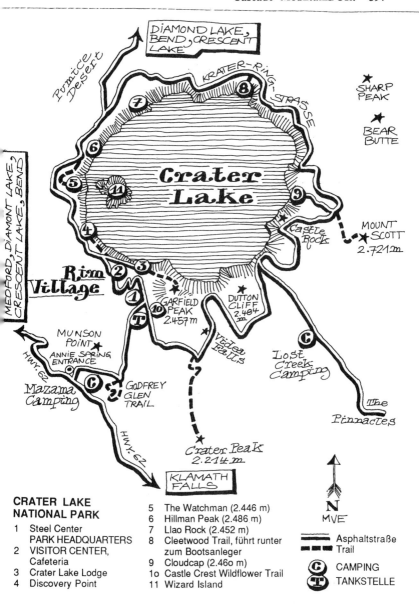

CRATER LAKE NATIONAL PARK

1. Steel Center PARK HEADQUARTERS
2. VISITOR CENTER, Cafeteria
3. Crater Lake Lodge
4. Discovery Point
5. The Watchman (2.446 m)
6. Hillman Peak (2.486 m)
7. Llao Rock (2.452 m)
8. Cleetwood Trail, führt runter zum Bootsanleger
9. Cloudcap (2.460 m)
10. Castle Crest Wildflower Trail
11. Wizard Island

===== Asphaltstraße
- - - Trail
C CAMPING
T TANKSTELLE

Cascade Mountains/OR.

Erdgeschichtlich ist der Crater Lake relativ jung und Produkt des dortigen Mt. Mazama, der mehr als eine halbe Million Jahre existierte und in Abständen immer wieder Feuer und Asche aus dem Innern der Erde freisetzte. Im Laufe der Zeit hatte er sich zu einem über 3.5oo m hohen Kegel geformt, der die Cascade Mountains im südlichen Oregon überragte.

Vor rund 7.ooo Jahren explodierte der Berg in einer gewaltigen Eruption. Im Pumice Desert nördlich des heutigen Vulkankraters liegt eine bis zu 15 m dicke Ascheschicht der damaligen Eruption, die in ihrem Ausstoß sogar das südliche Kanada und 8 Bundesstaaten der heutigen USA erreichte. Die freigesetzte Energie war 4o mal größer als die beim Ausbruch von Mount St. Helens im Jahre 198o, der ebenfalls gewaltige Ausmaße besaß.

Die unter dem Vulkan vorhandene Magma- Kammer leerte sich vollständig, so daß der gesamte Berg in sich zusammenbrach und einen runden Kessel bildete. Dessen Boden blieb zunächst noch zu heiß, als daß sich dort Wasser hätte sammeln können. Kleinere Nachfolge- Eruptionen jedoch schotteten die Oberfläche endgültig vom Erdinnern ab, so daß der Boden auf dem Grund des Talkessels abkühlen konnte. Bei diesem Prozeß entstanden zwei kleinere vulkanische Kegel, von denen einer heute als Wizard Island aus dem Wasser herausragt.

In den Mythen und Legenden der Indianer ist die große Explosion noch lebendig. Sie galt ihnen als Höhepunkt des grausamen Kampfes der bösen Kräfte der Unterwelt mit den guten Mächten des Himmels und des Lichts. Deswegen war das Betreten dieses "Kampfplatzes" für sie Tabu, Medizinmänner verboten sogar den Anblick des Naturwunders. Über fünfzig Jahre lang verheimlichten die Indianer auch den Weißen die Existenz des Sees, bevor ihn 1853 einige Goldsucher per Zufall entdeckten.

Da der Vulkan seit rund 4.ooo Jahren nicht aktiv war, konnte sich im Laufe der Zeit durch Schnee und Regen das Wasser im Kessel ansammeln. Der See ist ein abgeschlossenes Öko- System, da er keinerlei Zu- oder Abfluß besitzt. Niederschläge, Versickern und Verdunstung halten sich bei seiner gegenwärtigen Oberfläche die Waage, so daß der Wasserspiegel im Laufe des Jahres nur um etwa einen Meter schwankt. Wegen der im Laufe des Sommers in den tiefen Gewässern aufgestauten Wärme friert der See auch selten zu, zuletzt 1949.

 Visitor Center (2) in Rim Village. Geöffnet im Sommer tägl. Verkauf von Detailkarten, Büchern, Ranger- Permits für Mehrtagestrails, sowie ein anschauliches Modell des Crater Lakes. Infos und Permits für Mehrtagestrails auch im Park Headquarters (1).

Telefon: Im gesamten Nationalpark sowie in der Umgebung gilt die Vorwahl 5o3.

ZUFAHRT zum Nationalpark: ab Klamath Falls (9o km, ca. 1 Std.) sowie ab Medford (12o km, ca. 1 1/2 Std.) auf dem Hwy. 62. Keinerlei öffentlicher Transport; ohne Mietwagen geht daher nichts.

Die Zufahrt bis RIM VILLAGE wird in der Regel ganzjährig freigehalten, - die Rundstraße um den Krater ist in der Regel jedoch nur Juni bis Okt. befahrbar.

PARKEN: nur an ausgewiesenen Stellen der Krater- Rundstraße. Wer hier z.B. mit Wohnmobil übernachten will, benötigt ein spezielles Permit der

Parkrangers im Headquarter (1).

TANKEN: in den Sommermonaten ist eine Tankstelle Nähe des Park-Headquarters (1) geöffnet, geschlossen Okt. bis Mai.

CRATER LAKE- RUNDSTRASSE: gut 5o km um den See mit vielen Aussichtspunkten und Picknickplätzen.

Der Abstieg runter zum See ist nur auf dem Cleetwood Trail (8) im Nordbereich des Kraters erlaubt. Der 2 km Trail führt steil runter zu einem Bootsanleger, wo im Sommer tägl. 1o - 16 Uhr Schiffe über den Kratersee fahren. Dauer ca. 2 Std., ca. 1o US.

Wandern: am intensivsten erlebt man die Schönheit des Sees und die Ruhe, die er ausstrahlt, auf Wanderwegen abseits der Straße. Sie sind leider von Oktober bis oft in den Juli hinein verschneit. Während der Sommermonate jedoch ein grandioses Erlebnis.

Cleetwood Cove Trail: der einzige Pfad entlang der Innenseite des Kraters zum See hinunter. Vom Ufer eine völlig neue und einzigartige Perspektive

CRATER LAKE, rechts die Crater Lake Lodge. Im Vordergrund Camper mit damaligen Automobilen.

der gewaltigen Landschaft. Steile Abschnitte. Retour 3 km, ca. 1- 2 Std.

<u>Mount Scott Trail</u>: steiler Aufstieg zur Spitze des 2.721 m hohen Mount Scott. Von oben ein grandioses 36o- Grad- Panorama. Im Blickfeld nicht nur der Crater Lake, sondern auch die Gipfel der Cascades sowie die weiten Ebenen Ost- Oregons. Ausgangspunkt: Parkplatz am östlichen Rim Drive. Hin und zurück 8 km, ca. 4- 6 Std.

<u>Garfield Peak Trail</u>: Nähe des Kraterrandes zum 2.457 m hohen Garfield Peak. Ständig neue und atemberaubende Blicke auf den See. Retour 5,5 km, ca. 2- 3 Std.

"<u>Crater Lake Lodge</u>", oben am Krater in Rim Village. Traditionshotel, gebaut um die Jhd.- Wende. Das Hotel wird momentan restauriert, daher bei Red. Schluß dieses Bandes keine Preisangaben möglich.

"<u>Mazama Cabins</u>": nächstgelegene Unterkunft am südlichen Parkeingang. Rustikale Häuser im Wald beim gleichnamigen Campingplatz. Geöffnet Mitte Mai bis Mitte Oktober. Unbedingt frühzeitig reservieren. DZ ca. 77 US. Tel. 594-2511.

"<u>Fort Klamath Motel</u>": am Hwy. 62 in der winzigen Siedlung Fort Klamath, ca. 1o km südlich des Parkeingangs. Einfaches Motel an der Durchgangsstraße. Von außen abweisend, die Zimmer aber für ca. 4o US passabel und ausgesprochen sauber. Tel. 381-2234.

"<u>Aspen Inn</u>": ebenfalls am Hwy. 62. Einfaches, aber gepflegtes Motel. Verschiedene Zimmergrößen und Ausstattung. DZ ab ca. 32 US, kleine A- Häuser ab 42 US. Tel. 381-2321 und 8oo-553-2321.

"<u>Sun Pass Ranch</u>": Hwy. 62 Richtung Klamath Falls. Mitten auf der grünen Wiese. Bed&Breakfast auf dem Bauernhof. Möglichkeit zu Ausritten in die Umgebung sowie Vermietung von Moutain Bikes. Große, helle Zimmer; relativ neu und modern- rustikal möbliert. DZ mit Gemeinschaftsbad ca. 65 US, mit Privatbad 75 US. Tel. 381-2259.

Ist hier nichts mehr frei ist, weiterfahren bis KLAMATH FALLS, dort existieren ausreichend Unterkünfte.

"Mazama Campground", direkt am südlichen Parkeingang. Großer Platz mit Lebensmittelgeschäft, Toiletten, Wasser; keine Duschen. Keine Reservierung möglich. Frühzeitig eintreffen, im Sommer ist der Andrang riesig. Geöffnet Juni- September. Stellplatz ca. 1o US.

"Crater Lake Campground": etwas besser ausgestattet (inkl. Duschen). Ca. 2 km außerhalb des Nationalparks am Hwy. 62. Gepflegter Rasenplatz unter Bäumen. Stellplatz ab 12 US.

Restaurant und Cafeteria in Rim Village am Kraterrand. Das übliche Angebot für den hastigen Touristen, auch die Preise entsprechend hoch. Daneben ein winziger Laden mit Getränken, Schokolade und Kleinkram. Am besten also vorsorgen und sich vor der Fahrt zum Crater Lake mit ausreichend Lebensmitteln eindecken. Im Sommer ist ein Picknick mit Blick auf den See sowieso die unschlagbare Alternative.

WINTERSPORT: Zufahrt über Hwy. 62 bis zum Headquarter der Park Ranger (1). Dort Verleih von Langlaufski und traumhaft schöne Strecke in der winterlichen Einsamkeit im Bereich des Kraters!

CRATER LAKE ⟫⟶ BEND

Die DIREKTVERBINDUNG führt vom Crater Lake an dessen Westseite zum Highway 138 und weiter bis Diamond Lake Junction am Hwy. 97. Dieser nordwärts durchs Gebiet der Lava Lands mit Vulkangipfeln rauf nach Bend. Sehr lohnende Strecke (ca. 14o km, 2 Std.), wegen einer Vielzahl an Abstechern sollte man aber gut 1 Tag einplanen.

Wenn die Strecke durch den Crater Lake Nat. Park wegen Schneefällen gesperrt ist, bleibt nur der Umweg südlich via Hwy. 62 und Fort Klamath zum Hwy. 97. (Fahrzeit plus ca. 1 1/2 Std.).

ALTERNATIVE: via Diamond Lake und Crescent Lake rauf zum Mt. Bachelor, dem höchsten Vulkangipfel der Region. In der Umgebung viele Seen und lohnende Wanderungen, im Winter ist der Vulkangipfel eine der wichtigsten Skiregionen der USA. Auch als Rundtrip ab Bend erreichbar. Wer länger in der Region bleiben will: keine schlechte Idee, Standquartier in Bend plus Tagesausflüge.

Lava Lands

Eines der eindrucksvollsten Naturphänomene in Oregon: südlich von Bend mehr als 3oo Vulkankegel (*"Buttes"*) in Landschaften, die teils aus erstarrten Lavamassen und schwarzen Aschefeldern bestehen, - teils aber auch von dichten Wäldern bewachsen sind. Die schönsten Stellen sind leicht ab Hwy. 97 erreichbar.

NEWBERRY CRATER: 1991 als National Monument unter besonderen Schutz gestellt. Ausgeschilderte Abfahrt vom Hwy. 97 (nördl. von La Pine) und weitere ca. 2o km.

Hauptattraktion im Krater ist ein riesiges Obsidian-Feld (1.3oo Jahre alt, erdgeschichtlich also eine recht geringe Zeitspanne). Das schwarz glänzende Obsidian- Gestein erinnert in seiner Struktur an Glas. Es entsteht bei einer besonders raschen Abkühlung von Lavaflüssen.

Ein Pfad führt hinauf auf die riesige Gesteinshalde. Der Weg zur Spitze lohnt nicht nur wegen der unwirklichen mondartigen Landschaft. Die US- Astronauten der Nasa- Mission zum Mond übten hier als Testgelände. Oben grandioser Rundblick über den Newberry Crater und seine beiden Seen Paulina- und East Lake. Bei klarem Wetter in der Ferne die Gipfel der Cascades.

Mehrere Campingplätze am Paulina Lake sowie East Lake, übliche Preise und Ausstattung, sowie Unterkünfte.

Der rund 6.34o m hohe PAULINE PEAK kann im Sommer per Straße erreicht werden. Superrundblick!

LAVA CAST FOREST: auf einem Rundwanderweg in Lavafeldern die Abdrücke nach Vulkanausbruch abgestorbener Bäume. Vor ca. 7.ooo Jahren explodierte der Newberry Vulkan, wobei gewaltiger Lavaausfluß entstand und die dortigen Wälder überflutete.

LAVA RIVER CAVE: fast 2 km lange Höhle, ebenfalls Produkt eines Vulkanausbruchs. Beim Ausfluß der Lava erkalteten die oberen Schichten, während die darunter fließende, glühende Lava noch einen Abfluß fand und nach Erkalten Hohlräume und bizarre Tunnel entstanden.

Die Höhle läßt sich mit der Taschenlampe erkunden. Eintritt ca. 1,5o US, die Leihgebühr für die Lampe beträgt 1,5o US. Warme Kleidung für den Besuch der Höhle nötig.

BENHAM FALLS: westlich des Hwy. 97 und über Nebenstraße zu erreichen. In Pinienwäldern ein Picknickplatz und Trail zum Wasserfall.

 Lava Lands Visitor Center am Hwy. 97, ca. 15 km südlich von Bend. Broschüren, Videofilme und Dia- Shows über den Vulkanismus in der Region. Geöffnet tägl. von 9- 16 Uhr.

LAVA BUTTE. (1.53o m): direkt hinter dem Visitors Center. Auf einer Straße kommt man mit dem Auto bis zum Gipfel. Von dort Blick in den knapp 5o m tiefen Krater des erloschenen Vulkans. Die letzte Eruption fand vor rund 6.2oo Jahren statt. An den Hängen ist die rote Lava-Asche teils überwachsen mit Bäumen.

 Ein Wanderweg führt entlang des Kraterrandes. Von der höchsten Stelle Blick auf die Lavamassen, die beim Ausbruch des Vulkans große Teile der umliegenden Wälder vernichteten. Sie ragen wie schwarze Zungen in die verbliebenen Waldstücke hinein. Hier oben der beste Überblick über die gesamten Lava Lands mit den vielen charakteristischen Vulkankegeln. Dahinter als Kontrast die verschneiten Berge der Cascades, der 36o- Grad-Rundblick auch rüber in die weiten Ebene Ost- Oregons.

✦ Mount Bachelor (2.76o m)

Höchster Vulkankegel in Central- Oregon. Im WINTER zählen die Hänge des Vulkans gemäß US Ski-Magazine zu den 5 besten Skigebieten der USA, auch die US- Nationalmannschaft trainiert hier. Supererlebnis, die Hänge runterzurauschen. Schneesicherheit bis Ende Mai, je nach Jahr geht die Saison auch bis Anfang Juli.

Einer der 9 Sessellifte geht bis zum Gipfel. Der obere Teil der Pisten über

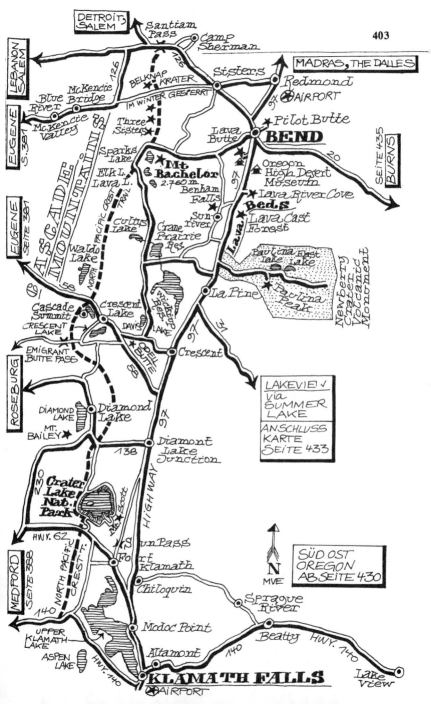

die freien Hänge des Vulkans, weiter unten durch die Wälder.

Alpin: Tagesskipaß ca. 3o US, 3 Tage für ca. 77 US. Verleih von Ausrüstung ca. 15 US/Tag. Es gibt eine Vielzahl an Skiliften und Abfahrten aller Schwierigkeitsgrade. - **Langlauf:** 6o km gespurte Loipen, Tagesticket ca. 1o US.

Auch im SOMMER ist der Mt. Bachelor mit seinen schwarzen Lavakegeln der Nebenkrater ein lohnendes Ziel. Ab Sunrise Lodge führen die Sessellifte "Sunrise Chair" und weiter mit dem "Summit Express" (ca. 1o US) bis auf den 2.76o m hohen Gipfel. Oben spektakulärer Rundblick: bei klarem Wetter hat man das Gefühl, über ganz Oregon schauen zu können. Warme Kleidung mitbringen; wegen der Höhenlage sowie Winden kann es am Gipfel ganz schön kalt werden. Der Betrieb des Liftes ist abhängig von der Wetterlage.

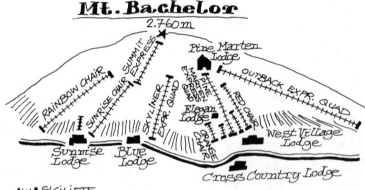

Im Bereich des Vulkans mehrere Lodges. Die von der Lage schönste ist die "**Pine Marten Lodge**": sie liegt in rund 2.54o m Höhe im oberen Bereich des Vulkans mit grandiosem Panoramablick. Erreicht wird die Lodge mit dem Pine Marten Express Quad- Sessellift.

Zimmer in allen Lodges für die Wintermonate sehr frühzeitig reservieren. Billiger wirds dann ab Mitte April. - Alternativen: breites Übernachtungsangebot in Bend (Details siehe dort), allerdings meist nicht so komfortabel wie die Mt. Bachelor Lodges, dafür billiger. - Weitere Lodges in Sunriver, rund 25 km südl. von Bend. Dort auch Golfplatz.

CASCADE LAKES (Sparks-, Elk- und Lava Lake): südlich vom Mt. Bachelor. Kleine romantische Bergseen, umgeben von dichten Nadelwäldern. An den Ufern Wanderwege, Picknickplätze und Badestrände.

Knapp südl. des Sparks Lake ein Obsidian- Feld, entstanden bei einem Vulkanausbruch, der noch nicht allzu lang zurückliegt. Die Halde mit den übereinandergetürmten schwarz glänzenden Gesteinsbrocken scheint erst kürzlich von einem gigantischen Lastwagen hier abgeladen zu sein.

Der Besuch des Mt. Bachelor kann mit den Cascade Lakes ab Bend auf einem Rundtrip verbunden werden, - dem sogen. *"Cascades Lake Loop"*. Ca. 160 km, auf relativ kurzer Strecke hier alle typischen Landschaftsformationen der Cascades.

Streckenverlauf: ab Bend Ri. West zum Mount Bachelor, dort nach Süden zu den Cascade Lakes. Beim Stausee Crane Prairie Res. rüber zum Hwy. 97, von Okt. bis Mai jedoch gesperrt. Während dieser Zeit wird nur die Direktverbindung Bend -> Mt. Bachelor freigehalten.

◆ Bend (20.000 Einw.)

Größter Ort am Ostrand der Cascade Mountains. Bester Ausgangspunkt für Touren zu landschaftlichen Leckerbissen wie Mount Bachelor, Cascade Lakes, Lava Lands und den John Day Fossil Beds.

In der Nähe der Stadt das unbedingt sehenswerte High Desert Museum. Wegen des nahen Skizentrums am Mt. Bachelor und des guten Klimas seit Mitte der 8oer Jahre groß in Mode: Schickeria- Treff, dennoch Infrastruktur auch für Normalverbraucher.

Central Orgeon Welcome Center: supermodernes Infozentrum am nördlichen Ortseingang, Hwy. 97/Ecke Empire Ave.

Post: Wall St./Ecke Franklin St. Telefon: Vorwahl 5o3.

Geschichte: Französische Trapper gaben dem Fluß Deschutes den Namen (des chutes = die Wasserfälle). 1825 kam der Pelztierjäger Peter S. Ogden in die Region, er war auf Suche nach Bibern. 1843 erforschte die militärische Verrmessungstruppe unter Leitung John C. Fremont diesen Teil des heutigen Oregons.

Henry L. Abbot, der 1855 für eine Eisenbahngesellschaft nach einem eventuellen Streckenverlauf für ein Gleis suchte, notierte damals, daß die Gegend zwar landschaftlich schön sei, für eine Besiedlung jedoch weniger attraktiv.

Die ersten Siedler kamen in den 6o-er Jahren während des zwischenzeitlich ausgebrochenen Goldrausches. Sie betrieben im Tal Rinderzucht und versorgten die Goldsucher mit Lebensmitteln.

Zu Beginn unseres Jahrhunderts wurden die ersten Kanäle vom Fluß zu Sägewerken gebaut, 1911 erreichte die Eisenbahn Bend, so daß auch der Abtransport der Holzbretter gesichert war. Aus einer früheren landwirtschaftlichen Siedlung wurde ein Holzfällercamp, das sehr schnell expandierte.

PILOT BUTTE: einer der vielen vulkanischen Kegel der Region, sozusagen ein Ausläufer der Lava Lands mitten in der Stadt. Oben der perfekte 36o- Grad- Rundblick, die in der Ebene ausgebreitete Stadt zu Füßen. Im Süden die Lava Lands mit weiteren kegel- oder kuppelförmigen "Buttes". Bei gutem Wetter auch die Gipfel von Mount Bachelor, den Three Sisters sowie Mount Hood im Norden. (Zu erreichen über Greenwood Ave./

Hwy. 2o, ca. 1 km Richtung Osten. Eine geteerte Straße führt in Spiralen auf den Gipfel.)

HIGH DESERT MUSEUM: rund 1o km südl. von Bend am Hwy 97. Erstklassige Zusammenstellung zur Ökologie und Geschichte des zentralen und östlichen Oregon. In der Abteilung "Spirit of the West" ein Gang durch die Geschichte wie in einer Art Zeit-Tunnel: Lebensweise der indianischen Ureinwohner, Eindringen der Pelzjäger, Ankunft der Siedler mit ihren Planwagen.

Dazu ein simulierter Gang durch eine Mine inkl. der Anlagen zum Goldwaschen. In einer "Western- Town" Nachbildungen von Bank, Sattlerei und Gemischtwarenladen. Detailgetreu bis hin zum Spucknapf; im Hintergrund eine Geräuschkulisse, die zu den jeweiligen Ausstellungen paßt. Alles anschaulich und lebendig dargestellt und mit einem Hauch von Disneyland versehen. Insgesamt glorifizierend, die Schattenseiten (Indianervertreibung etc.) wurden ausgespart.

Angrenzend ein weitläufiges Freigelände mit einer immensen Vielfalt von Pflanzen und Tieren aus Oregons High Desert. Ein botanischer Garten, ergänzt durch Tiergehege (Raubvögel, Stachelschweine, Otter und die sonst selten sichtbaren Kleintiere der Wüste). Zu bestimmten Zeiten Fütterungen und Vorträge.

Informativer Ausstellungskiosk zur Forstwirtschaft einst und jetzt. Daneben eine Holzfällerhütte, voll eingerichtet inkl. Klohäuschen dahinter. Kleine Sägemühle, die zu bestimmten Zeiten in Gang gesetzt wird. Das Museum geöffnet tägl. von 9- 17 Uhr, Eintritt ca. 5 US.

"**Mountain View Lodge**": Bed&Breakfast in luxuriösem Blockhaus. Die rustikale Konstruktion kontrastiert mit der supermodernen Ausstattung, die den Gästen zur Verfügung steht: Whirlpool, Billard, Video, Musikanlagen und vieles mehr. Zimmer holzgetäfelt und relativ eng. Gemeinschaftsbadezimmer. Opulentes Frühstück. Übernachtung in dem exklusiven Haus nur nach telefonischer Voranmeldung. DZ je nach Größe 65- 135 US. Tel. 388-3855.

"**Comfort Inn**": 612oo Hwy. 97, am Südrand des Ortes. Neues, modern ausgestattetes Motel. Beheizter und überdachter SW- Pool. DZ je nach Saison und Größe ca. 6o- 72 US. Tel. 388-2227 und 8oo-221-2222.

"**Red Lion**": 849 NE 3rd Street, Nähe Stadtzentrum. Gehobener Motel- Stil. Mehrere zweistöckige Gebäude, davor die Parkplätze und mittendrin der SW- Pool. Zimmer modern und komfortabel eingerichtet. DZ ca. 55 US. Tel. 382-8384.

"**The Griffin Inn**": 144 NW Irving Ave. Bed&Breakfast. Niedliches kleines Haus in ruhiger Seitenstraße von Downtown. Verschiedene Zimmergrößen mit und ohne Privatbad. DZ ab ca. 5o US, zur Skisaison ab 6o US. Tel. 382-9446.

"**Westward Ho Motel**": 9o4 SE 3rd Street, an der Durchgangsstraße. Massives Steingebäude im Motel-Stil. Relativ ruhig, da von der Straße zurückversetzt. Hallenbad und Whirlpool. DZ ca. 38 US. Tel. 382-2111 und 8oo-999-8143.

"**Cascade Lodge**": 42o SE 3rd Street, Durchgangsstraße südlich Downtown.

Einfaches Motel mit kleiner Gartenanlage und geheiztem SW-Pool. DZ ca. 32 US. Tel. 382-2612.

"Alpine West Lodge": 6144o Hwy. 97. An der Durchgangsstraße südlich des Zentrums. Kleines Motel, die Zimmer winzig und spärlich möbliert. Für den Preis von ca. 28 US pro DZ in der Hochsaison aber akzeptabel und eine der billigsten Unterkünfte in Bend. Außerhalb der Saison läßt sich sogar noch handeln. Tel. 389-o25o.

Jede Menge ähnlicher **Motels** entlang der Nord/Süd Strecke durch den Ort. Eins am anderen, die Auswahl in jeder Preisklasse ist groß. Wenn nicht gerade Hochsaison ist, kann man in der unteren und mittleren Preisklasse durchaus über den Preis verhandeln.

"Tumalo State Park": 8 km nordwestlich von Bend am Hwy. 2o. Am Fluß. Gepflegte sanitäre Anlagen inkl. Duschen. Stellplätze im Sommer ca. 1o- 12 US, sonst 7- 1o US. Tel. 388-6o55.

"La Pine State Park": ca. 4o km südlich von Bend am Hwy. 97. Mitten in den Lava Lands; geeignet für Ausflüge zu den Kratern sowie für die Tour zum Mount Bachelor und den Cascade Lakes. Ebenfalls am Deschute River und ähnlich ausgestattet wie Tumalo. Gleiche Preise.

"YOKO'S": 1o28 N. Bond St. Japanisches Restaurant mit einfachem Ambiente. Helle Kiefernmöbel und dezente Wanddekoration. Guter Querschnitt durch die japanische Küche, viele Gerichte leicht amerikanisiert. Besonders zu empfehlen die Sushi- Bar und alle Gerichte mit Teriyaki- Soße. Hauptgerichte ca. 9-13 US, mittags etwas preiswerter.

"PILOT BUTTE DRIVE-IN": Greenwood Ave., am Fuße des Pilot Butte. Ein Fast-Food Lokal mit der großen Hamburger- Attraktion: Für knapp 1o US ein überdimensionaler Burger. Ausreichend für 2 Personen; was übrig bleibt, nimmt man mit nach Hause. Nicht nur groß, sondern auch gut. Wenn schon Hamburger, dann hier.

"DESCHUTES BREWERY": 1o44 NW Bond St. Pub der lokalen Mini-Brauerei. Im Ausschank gute Ales und Porters. Dazu Suppen, Salate und je nach Saison kleine Gerichte mit frischen Produkten (ca. 3- 6 US).

"PASTRIES BY HANS": 915 NW Wall St. Einfaches, kleines Café mit den besten Kuchen weit und breit. Außerdem Sandwiches auf knusprigem Brot. Mo- Fr geöffnet bis 16 Uhr. Ideal für Frühstück und schnellen Imbiß.

"STUFT PIZZA": 125 NW Oregon Ave. Von den zahlreichen Pizzerien im Ort mit Abstand die beste. Und nicht mal teurer als die anderen.

"GOODY'S": Wall St./Ecke Minnesota Ave. Eiscafé mit Super- Süßigkeiten und Eiskrem.

"OLD BEND BLACKSMITH SHOP": 211 NW Greenwood Ave. Klein, rustikal und gemütlich in altem Backsteinhaus. Gute Adresse für Steaks und Fleischgerichte im Zentrum von Bend. Hauptgerichte ca. 7- 15 US.

"TUMALO FEED COMPANY": 64619 Hwy. 2o, ca. 5 km nordwestlich der Stadt. Rustikales Ambiente im Western- Stil. Freundlich-familiäre Atmosphäre. Hervorragende Hausmannskost nach Westernart: gute Steaks, Bohnen, Bratkartoffeln. Große Portionen. Hauptgerichte um 1o- 15 US.

SELBSTVERSORGER

"WAGNER", großer Supermarkt am Nordrand des Ortes, Hwy. 97. Eine Filiale ebenfalls am Südausgang der Stadt.

Picknick: Am schönsten bei einem Ausflug zu den Cascade Lakes. An den Ufern der Seen zahlreiche gut ausgestattete Plätze mit Tischen und Bänken.

Verbindungen ab Bend

Auto: Bend ist der Verkehrsknotenpunkt für Zentral- und Ost-Oregon. Hwy. 2o verbindet mit dem menschenleeren Südosten (bis Burns 21o km, ca. 2,5 Std) sowie über die Cascades mit den Städten im Willamette Valley (bis Albany 2oo km, ca. 3- 4 Std.). Nord/Süd Verbindung über Hwy. 97 (bis Klamath Falls 22o km, ca. 3 Std., bis The Dalles 21o km, ca. 3 Std.). Hwy. 126 Richtung Osten zu den John Day Fossil Beds (19o km, ca. 2,5 Std.).

Bus: Greyhound- Terminal ungünstig gelegen, ca. 2 km außerhalb der Stadt, 2o45 E. Hwy. 2o. Nur per Taxi ins Zentrum (ca. 5 US). Trotz der vorhandenen Verbindungen lohnt es kaum, mit dem Bus nach Bend zu kommen, da sämtliche Attraktionen um die Stadt herum liegen und nur per Auto zu erreichen sind.

-> Salem: 1 x tägl., 3 Std., ca. 18 US
-> Portland: 1 x tägl., 4,5 Std., ca. 2o US
-> Yakima, Washington: 1 x tägl., 6 Std., ca. 32 US
-> Redding, Kalifornien: 1 x tägl., 7 Std., ca. 62 US
-> Sacramento, Kalifornien: 1 x tägl., 1o Std., ca. 9o US

Flug: der Airport liegt nördlich der Stadt am Hwy 97 Nähe der Stadt Redmond. Die größte Regionalairline "Horizon Air" verbindet tägl. mit Portland und Klamath Falls.

BEND ⇾ MOUNT HOOD

17o km, ca. 2,5 Std. über Hwy. 97 und 26. Möglich direkt ab Bend auch der 6o km lange Umweg über SISTERS: ein für Touristen mit Western- Fassaden herausgeputztes Dorf. Alles ziemlich kommerziell aufgezogen. Der Ort allerdings malerisch gelegen vor den drei Gipfeln des Vulkans Three Sisters.

Richtung Norden durchquert Hwy. 26 die WARM SPRINGS INDIAN RESERVATION. Vor allem im Ort Warm Springs vermarkten die Indianer ihr "kulturelles Erbe" für die durchreisenden Touristen: Wigwams als Motelzimmer, Souvenirläden und Tänze in vollem Federschmuck auf dem Marktplatz.

✦ Mount Hood (3.424 m)

Schnee- und gletscherbedeckter Vulkan, derzeit nicht aktiv. Seine Silhouette prägt die gesamte Region. Am schönsten ist er von der Ostseite, wo seine Hänge steil aus dem hügeligen Obstbaugebiet hervorragen. Erstklassige Skigebiete, die teils bis in den Sommer Saison haben.

Tip: Ob ab Bend oder Portland, die Tour zum Mount Hood am besten verbinden mit der Fahrt zur Columbia River Gorge.

Der Hwy. 26 führt direkt hinein in eine rauhe Bergwelt: Felsen, Nadelwälder und wilde Gebirgsbäche. Ist der Gipfel wolkenfrei, taucht er immer wieder in einer neuen, fotogenen Pose auf. Hinter der Kreuzung mit Hwy. 35 der BARLOW PASS (1.267 m). In der Nähe auch die Abzweigungen zu den drei Skigebieten Timberline, Mt. Hood Meadows und Ski Bowl.

MT. HOOD: Illustration der Eruption des Vulkans am 4. Juli 1887. Blick vom Government Camp auf den rund 15 km entfernten Gipfel mit Rauchfahne.

Geschichte: die Indianer nannten den Vulkan "Wy-east" und hatten vor ihm viel Respekt, da sie glaubten, daß sich auf seinem Gipfel die Wohnung des "guten", aber auch "bösen Geistes" befindet. Auch die ersten Weißen, die in die Region kamen, waren fasziniert von der Schönheit des schnee- und gletscherbedeckten Vulkans.

Was heute noch vom Vulkan nach einer Vielzahl von Eruptionen über die Jahrtausende übriggeblieben ist, ist der Nordrand eines ehemals großen Kraters, der fast 200 m tief war und einen Durchmesser von fast 1 km hatte. Weitere Eruptionen bauten den Gipfel am Nordrand mehr als 250 m der heutigen Höhe auf. Das dortige Eis am Gipfel führte jedoch im Zusammenhang weiterer Eruption (heiße Lava ließ das Eis schmelzen) zu einem Bergrutsch der Gesteinsmassen, was die Höhe des Gipfels wieder reduzierte.

Da die Weißen relativ spät in die Region kamen, datiert die erste urkundlich notierte Eruption von 1865: "Rauch und Feuer, verbunden mit rumpelndem Geräusch wie Donner". Bereits 1869 wurden weitere Eruptionen reportiert, sowie 1887.

Einer der ersten Forscher am Mt. Hood war David Douglas, ein schottischer Botaniker, der 1825 den Fuß des Vulkanes besuchte. Nach ihm sind die "Douglas Fir" benannt, riesige Tannenbäume, wie sie für Oregon und auch den Bereich des Vulkans typisch sind.

Erste Gipfelbesteigung 1857. Wegen der Nähe zu Portland kam der Mt. Hood ab 1906 für Skifahrer in Mode, - zunächst im Bereich des Government Camp am Hwy. 26. Ende der 20-er Jahre entstanden hier größerer Skibetrieb sowie Unterkünfte, und 1934 der erste Schlepplift.

SKIBETRIEB GOVERNMENT CAMP

Ende der 30-er Jahre besuchten bereits an Winterwochenenden mehrere 10.000 Menschen die Region um den Mt. Hood und seine Skigebiete.

Timberline Lodge: älteste und traditionsreichste Lodge am Mt. Hood. Ein Vorläufer und relativ einfaches Hotel wurde 1924 gebaut. In den 30-er Jahren entstanden Pläne für eine feudale und komfortable Lodge, die sowohl dem stark angewachsenem Skibetrieb dienen, als auch die Bedeutung Oregons und seines markantesten Vulkans repräsentieren sollte.

Die kalkulierten Baukosten waren gewaltig, zumal nur in den wenigen Sommermonaten gebaut werden konnte und auch Zufahrtsstraßen angelegt werden mußten. Erst als sich 1937 der damalige US- Präsident Roosevelt persönlich einschaltete, kam die Sache in Schwung. Die Bauarbeiter waren in Zelten Nähe Government Camp untergebracht. Auch den Winter über sollte gearbeitet werden, um das Prestige Projekt "Timberline Lodge" voranzutreiben. Mehrere Blizzards im Jan. 37 blockierten die Arbeit, - Ende 1937 war die Lodge fertiggestellt und wurde von Präsident Roosevelt feierlich eigeweiht.

Das riesige Steingebäude mit dicken Fichtenbalken steht heute unter Denkmalsschutz als _"National Historic Landmark"_. Viele Berühmtheiten haben hier übernachtet, wie Wernher von Braun (langjähriger Leiter der NASA), die Schauspieler Sidney Poitier, James Steward, der Olympiasieger Toni Sailer etc.

MOUNT HOOD

1 Timberland Lodge und Ski Area
2 Palmer Chair Lift
3 Hood Meadows Ski Resort
4 Cooper Spur Ski Area
5 Ski Bowl Multorpor

=== Asphaltstraße
■■■ Trail
Ⓒ CAMPING

SKI: wegen Schneesicherheit bis in den Frühsommer trainiert auch das US-Skiteam häufig am Mount Hood. Tageskarten für die einzelnen Gebiete ca. 25 US, Ausrüstung 15 US.

TIMBERLINE: Winter- und Sommerskigebiet bei der gleichnamigen Lodge. Pisten aller Schwierigkeitsgrade, auch Flutlichtpiste; 5 Sessellifte. Der Palmer-Lift führt ins Gebiet des ewigen Schnees mit Möglichkeit zum Sommerskilauf. Tagestickets ca. 2o US, Ausrüstung 15 US.

Kinofans wird Timberline bekannt sein: hier drehte Stanley Kubrick 1979 viele Szenen für seinen Gruselschocker "Shining", in dem sich Jack Nicholson als Schriftsteller in ein einsames Berghotel zurückzieht und von der seltsamen Atmosphäre dort langsam in den Wahnsinn getrieben wird.

MOUNT HOOD MEADOWS: östlich des Barlow Pass. Größtes Skigebiet am Mount Hood. 9 Sessellifte, Flutlichtpiste sowie Langlaufgebiet mit gespurten Loipen.

SKI BOWL MULTORPOR: westlich des Barlow Passes beim Government Camp und am nächsten zu Portland (ca. 8o km). Alpin und Langlauf, Flutlichtpiste.

BERGSTEIGEN: die Besteigung des 3.424 m hohen Gipfels verlockt alljährlich Bergsteiger aus aller Welt. Praktisch nur Mai bis Mitte Juli möglich, da später im Hochsommer die Sonne Schnee abtaut, was zu gefährlichem Steinschlag führen kann.

Die noch relativ "leichteste" Strecke zum Gipfel beginnt ab Timberline Lodge (1) und benötigt bei guter körperlicher Kondition retour ca. 12 - 15 Std. Entsprechende Ausrüstung wie z.B. Steigeisen, Pickel, Lebensmittel, Kompaß und Seil nötig, nähere Information in der Lodge.

Gefahren bestehen u.a. im Gletscherbereich des Gipfels, aber auch wegen plötzlicher Wetterstürze und Nebel am Gipfel. Zudem macht sich ab ca. 2.7oo m die dünnere Luft bemerkbar; so kostet der Anstieg dort mehr Kraft als in tieferen Höhenlagen (wer sich nicht vorher akklimatisiert hat). Wer die Besteigung plant, sollte bereits über bergsteigerische Erfahrung im Gletschereis verfügen. Unbedingt auch Ratschläge und Warnungen von Fachleuten in der Lodge beachten!

Es gibt in der Nähe des Vulkans eine Reihe von Campingplätzen. Sie sind in der Regel nur Mai bis Sept. geöffnet.

Zwei einfache, aber außerordentlich schön gelegene Plätze einige Kilometer nördlich von Mount Hood Meadows am Hwy. 35: "Sherwood" sowie "Robin Hood Campground". Mitten im Wald an einem Gebirgsbach, ausgestattet mit Picknicktischen und Toiletten. - Schön gelegen auch der "Clear Lake Camping" am gleichnam. kleinen Gebirgssee. - Ein Schwung weiterer Campingplätze bei Zigzack am Hwy. 26 Ri. Portland.

"Timberline Lodge": feudales Hotel in rustikalem Stil an der Südost- Seite des Vulkans, eröffnet 1937 (siehe auch Kapitel Geschichte). Es ist in jedem Fall Tip, wer hier oben gemütlich übernachten will (DZ je nach Saison ca. 65 - 17o US). Sehr gutes Restaurant.

Direkt beim Hotel beginnen Skilifte, im Sommer zudem schöne Kurzwanderungen zu Meadows mit Wildblumen.

Keine weiteren Hotels. Grund dürfte die Nähe zu Portland sein, welches über den Hwy. 26 in rund 1 Std. erreicht werden kann.

Rangerstation des National Forest im Ort Zigzack am Hwy.26. Information zu Wanderungen und Bergsteigen.

Der Hwy. 26 führt via Ort Zigzack steil runter ins Tal des Salmon River. Kurz hinter Brightwood dann gut ausgebaute, mehrspurige Straße nach Portland (Details siehe dort).

Der Hwy. 35 schlängelt sich an der Ostseite des Mt. Hood Vulkans entlang und führt nordwärts zur Stadt Hood River am Columbia River. Die rauhe Gebirgslandschaft wird langsam abgelöst von einem hügeligen Obst- und Weinbaugebiet. Immer wieder Ausblick auf die schneebedeckte Kuppe des Mount Hood, am schönsten vom ausgeschilderten Panorama Point kurz vor Hood River.

Hood River

An der Mündung des Hood Rivers in den Columbia River. Heute Surfer-Paradies auf dem aufgestauten Columbia River.

Der Ort 1854 gegründet und war in der 2. Hälfte des 19. Jhds. wichtiger Verkehrspunkt, denn der Columbia River konnte wegen seiner vielen Stromschnellen westlich in der Schlucht der Columbia Gorge nicht mehr von Frachtschiffen befahren werden. Die Waren mußten daher im Ort Hood River ausgeladen und mit Pferdefuhrwerken (später per Eisenbahn) entlang des Flusses transportiert werden.

Erst der Bau der Staustufe Cascade Locks (Details siehe dort) ermöglichte Schiffen den Verkehr durch die Schlucht. In den 3o-er Jahren wurde dann zur Stromgewinnung der Bonneville Staudamm gebaut, der den Columbia River als langgestreckten See in der Schlucht bis über Hood River hinaus aufstaute. Heute ist Hood River wichtiges Freizeitzentrum.

 Chamber of Commerce, Port Marina Park, Tel.: 386 - 2ooo. Infos zu Veranstaltungen sowie Unterkünften.

PORT MARINA PARK am aufgestauten Columbia River. Durch den engen Durchbruch der Schlucht blasen kräftige Westwinde ins Landesinnere, - Eldorado für Windsurfer! Der Fluß ist an dieser Stelle meist gespickt mit den bunten Segeln. Auch Verleih von Windsurfbrettern an der Marina.

HOOD RIVER MUSEUM: Ausstellung zur Stadtgeschichte von ersten Funden prähistorischer Zeit, Siedlungsgründung, hin zu Landwirtschaft, alten Fotos, Puppen und sonstigen Exponaten.

COLUMBIA GORGE HOTEL: in schöner Lage mit Blick auf den Fluß. Gebaut 1921 im Auftrag von Simon Benson, der damals im Holzhandel zu großem Reichtum gekommen war und auch den "Columbia River Highway" mitfinanziert hatte. Mit dem Hotel wollte er einen Markstein setzen und kalkulierte sicher auch mit Einkünften von zahlungskräftigen Gästen. Das Hotel hat viel vom Flair der "roaring twenties", gute Küche, DZ je nach Saison ca. 14o - 19o US. Zu erreichen: I-84, Exit 62 Hood River.

Columbia River Gorge

Gewaltige Landschaft am Durchbruch des Columbia River durch die Cascade Mountains Richtung Küste. Zu beiden Seiten zwängen Berge und steile Felswände den Strom in ein enges Bett. Im spektakulärsten Teil der Schlucht eine Vielzahl an Wasserfällen, abwechslungsreiche Waldlandschaft und Aussichtspunkte.

Westlich von Hood River zwängt sich die Interstate 84 in das enge Tal zwischen Felswänden und Flußufer. Der Columbia River erscheint hier eher wie ein langgestreckter Bergsee.

Bei den CASCADE LOCKS existierten früher gefährliche Stromschnellen, die 1896 durch Schleusenanlagen entschärft wurden, um den damaligen Fracht- und Passagierschiffen die problemlose Fahrt zu ermöglichen. Als dann 5 km flußab in den 3o-er Jahren der BONNEVILLE STAUDAMM gebaut wurde zur Stromgewinnung, verschwanden die Cascade Locks im Stausee. Heute befindet sich hier eine Marina für Sportschiffe und Windsurfer. Für touristischen Betrieb fährt ein nachgebauter Schaufelraddampfer über den Stausee.

Der Bonneville Staudamm ist einer von mehreren im Columbia River, die den Großteil des Strombedarfes der Bundesstaaten Oregon und Washington liefern. Das Projekt wurde in den 3o-er Jahren von Präsident Rosevelt unterstützt und zu einem Zeitpunkt, als die Flußschiffahrt auf dem Columbia River wegen bestehender Gleis- und Straßenverbindungen nicht mehr Vorrang hatte.

BEACON ROCK am Nordufer des heutigen Stausees, senkrechte Felswand von 25o m Höhe.

COLUMBIA GORGE SCENIC HIGHWAY: Parallelstraße zur Interstate, zweigt wenige Km westl. von Bonneville ab und ist schönste Strecke durch die Schlucht.

Baubeginn 1913. Ziel war wenige Jahre nach Erfindung des Autos die landschaftliche Erschließung der Schlucht für Autotouristen. Die Straße an den Bergwänden der Schlucht sollte die schönste "Scenic Road" im Westen der USA werden.

Finanziert u.a. vom Holz- Magnaten Simon Benson, der sich den Straßenbauingenieur Samuel Lancaster holte. Studiert wurden damalige Straßenbauten in den europ. Alpen, dortige Streckenführung und Tunnelbautechnik. Fertigstellung 1916.

Im Rahmen zunehmenden Verkehrsaufkommens war der alte Hwy. mit seinen vielen Kurven in den 5o-er Jahren so stark belastet, daß man unten am Fluß die neue Interstate 84 baute.

Der alte Hwy. führt durch Waldgebiete mit üppiger Vegetation, vorbei an überhängenden Felsen und Abgründen. Teils noch die Original- Straßenbegrenzungen aus Stein, die inzwischen durch die dauernde Feuchtigkeit dicht bemoost sind.

Bei den HORSETAIL FALLS beginnt eine Serie weiterer Wasserfälle. Einer der schönsten ist MULTNOMAH FALLS: über einen Felsvorsprung stürzt das Wasser senkrecht in ein Becken, von dort aus noch einmal in einem kleineren Fall zur Straße hinunter. Gesamthöhe fast 19o m; ein steiler Pfad führt rauf zur Felskante.

"Ainsworth State Park": am Historic Highway in der Nähe der Multnomah Falls. Schönster Platz der Columbia River Gorge, im Wald oberhalb der Straße gelegen. Gepflegtes Gelände, sanitäre Anlagen inkl. Duschen. Stellplatz ca. 12 US.

Entlang der Strecke weitere kleinere Fälle bis zu den LATOURELL FALLS, die direkt von der Straße sichtbar sind. Von dort schlängelt sich der Highway den Berg rauf bis CROWN POINT: grandioser Aussichtspunkt auf einem vorstehenden Felsen. Flußauf geht der Blick in die Schlucht, flußab in die weite Ebene Richtung Portland.

Weiter westlich noch ein lohnender Stop am CHANICLEER POINT. Von dort ebenfalls ein großartiger Blick auf die steilen Felswände und die Gesamtheit der Columbia River Gorge.

Am dicht bewaldeten Ufer des Sandy River kehrt der Historic Highway ins Tal zurück und trifft bei Troutdale wieder auf die Interstate 84, über die in wenigen Minuten Portland erreicht wird. Auf der Nordseite des Columbia, bereits in Washington, führt ebenfalls eine Straße am Ufer entlang. Sie ist aber weder so schön wie der Historic Highway noch so schnell wie die Interstate 84, so daß es eigentlich keinen Grund gibt, via Nordufer zu fahren.

OST-OREGON

Der an Fläche größte Teil Oregons liegt östlich der Cascade Mountains. Mit wenigen Ausnahmen steppen- und wüstenähnliche Landschaften. Nur wenige größere Städte, dünne Besiedlung, kaum Touristen.

Lohnend der <u>HELLS CANYON</u> an der Genze zu Idaho. Mit 2.44o m ist er der tiefste Canyon der Welt. Die <u>WALLOWA MOUNTAINS</u> erreichen Höhen bis fast 3.ooo m, Wiesen, Wälder, schöne Wanderungen, Wild-

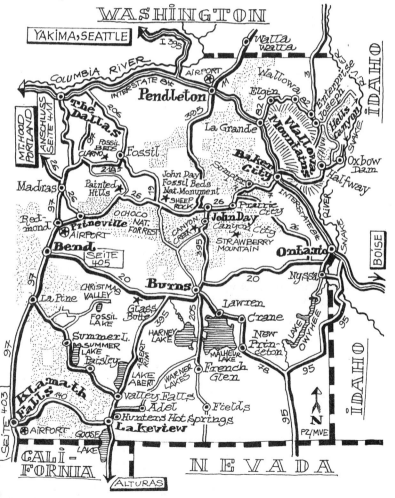

wasserfahrten und verschneite Berggipfel.

JOHN DAY FOSSIL BEDS N. M. gehört zu den bedeutendsten Fossilienfunden des Nordwestens: versteinerte Knochen, Tiere und Pflanzen in bizarrer Landschaft.

Südlich von Burns der MALHEUR LAKE mit Wildlife Refuge. Südwestlich schließen sich weitere Seen, wüstenähnliche Landschaften und Stätten mit Fossilienfunden an. - Südöstlich riesige Steppenlandschaften, die zur Rinderzucht genutzt werden.

Klima: östlich der Cascade Mountains extremere Wetterverhältnisse als an der Pazifikküste oder im Willamette Valley. Im Sommer trocken und heiß in den Prairien und auf der Hochebene, - im Winter eiskalt. Nennenswerte Niederschläge nur an einigen Bergketten im Nordosten (Blue Mountains, Wallowa Mountains), vor allem während der Wintermonate.

PORTLAND ⟫⟶ WALLOWA MOUNTAINS

Der schnellste Weg in den Nordosten Oregons führt über die Autobahn **Interstate 84**. Die Strecke Portland -> Baker City: 49o km, ca. 5- 6 Std. Im folgenden Kapitel beschrieben.

Ebenfalls möglich: der **Hwy. 26** am Mt. Hood entlang, später via John Fossil Beds Nat. Monument. Landschaftlich und bezügl. Stops sehr lohnende Strecke. Portland -> Baker an km in etwa gleich lang wie die Interstate 84, benötigt aber erheblich mehr Zeit. Details ab Seite 42o.

⤵ **Via Interstate 84**: Zunächst durch die attraktive Schlucht des Columbia River (Details siehe Vorkapitel), dann erreicht die Straße die Ebene, die Landschaft wird eintöniger.

✱ The Dalles (11.ooo Einw.)

Größter Ort am Columbia River, u.a. Industrie, - touristisch heute kaum interessant, abgesehen von seiner Funktion als Stützpunkt mit Motels, Restaurants und Shops.

 Chamber of Commerce, 4o4 W. 2nd St., Tel.: 296 - 2231. Information zu Übernachtung und Verkehrsverbindungen.

Geschichte: die Stromschnellen bei The Dalles dienten den Indianern als ideale Fanggründe für ihre Hauptnahrung Lachs. Für die ersten Siedler dagegen, die über den Oregon Trail den Columbia River erreichten, bedeuteten die Kaskaden ein gefährliches Hindernis auf ihrer Floßfahrt flußab.

Um 187o, als größere Flußschiffe den Columbia befuhren, mußten die Waren bei den Kaskaden umständlich ausgeladen und mit Pferdefuhrwerken am Ufer entlang transportiert werden. Dies brachte der Siedlung Einnahmen und führte zu wirtschaftlichem Aufschwung. Bej den Kaskaden wurde dann auch das erste Eisenbahngleis Oregons (1o km) verlegt, betrieben von der *Oregon Railway & Steamship Company*.

Die Gesellschaft erwirtschaftete mit ihren Dampfschiffen auf dem Fluß und ihren Eisenbahngleisen bei den Stromschnellen dicke Gewinne. Damals lief die Haupteinwandererroute nach Oregon sowie der Warenverkehr fast ausschließlich über den Columbia River und den Umschlagspunkt The Dalles.

Die Siedlung expandierte, ebenso die Company. Ihre Gewinne investierte sie in den Bau weiterer Gleisstrecken (z.B. nach Walla Walla/Washington).

1883 wurde das erste Transkontinental- Gleis nach Portland/Oregon eröffnet, das im Bereich The Dalles entlang des Columbia Rivers führt. Zu Beginn unseres Jhds. verschwanden durch einen Staudamm die gefährlichen Stromschnellen unter der Wasseroberfläche, - und die frühere Bedeutung von The Dalles reduzierte sich als Warenumschlagsplatz weiterhin. Neue Industrien entstanden, heute ist The Dalles trotz dieser Industrien nicht mehr als ein Provinznest.

Pendleton (15.000 Einw.)

Zentrum des Weizenanbaus von Nordost-Oregon. Außerdem gibt es Wollfabriken, die besichtigt werden können.

 Visitor & Convention Bureau, 25 S.E. Dorion. Tel.: 800- 452- 9404 (in Oregon), - außerhalb: 800- 547 - 8911.

Touristische Hauptattraktion ist das alljährliche "PENDLETON ROUND-UP" (2. Woche im Sept.): eines der größten Rodeos im amerikanischen Westen. Für 4 Tage und Nächte ist die provinzielle Ruhe außer Kraft gesetzt. Zehntausende von Teilnehmern und Besuchern überschwemmen den Ort, der dann unter Cowboy- Stiefeln und Stierhufen vibriert. (Details zum nordamerik. Rodeo siehe Kapitel "Sport" im Einleitungskapitel dieses Bandes). Parallel zum Festival gibt es "Stagecoach- Rennen", Präsentationen von Indianerstämmen und vieles mehr.

UNTERKUNFT: Pendleton hat zwar eine Reihe von Motels und Hotels; zur Zeit des "Pendleton Round-up" ist jedoch ohne langfristige Vorbuchung kaum ein Zimmer zu bekommen. Das Touristbüro vermittelt Privatquartier.

La Grande

Bei der Autobahn I-84 in einem weiten Tal. Zu Zeiten des Oregon- Trails war La Grande Versorgungsstützpunkt für die Einwanderer. Heute ist La Grande Stützpunkt im Nordosten von Oregon für Fahrten zum Hells Canyon und für Wanderungen in den Wallowa Mountains. Im Umkreis Ski-Resorts.

 Chamber of Commerce, 1502 North Pine. Tel.: 963 - 8588.
Das Büro des "Wallowa Whiteman National Forrest" in La Grande verkauft Detailkarten zum Gebiet der Wallowa Mountains und gibt Informationen zu Wanderungen.

Im Ort Motels und Restaurants sowie Shops für Lebensmittel. - Details zu Baker City Seite 424, Hells Canyon, Wallowa Mountains ab Seite 427.

⮧ Via Highway 26 von Portland nach Baker City

Ab PORTLAND führt der Hwy. 26 im Tal des Salmon Rivers steil aufwärts zur Region südlich des Mount Hood Vulkans (Details Seite 4o9).

Weiter südöstlich durch das Indianer-Reservat Warm Springs nach Madras und von dort nach

✱ Prineville (5.ooo Einw.)

Bester Stützpunkt in der Region mit mehreren Motels und Restaurants. Das Klima ist extrem trocken, kaum Niederschläge. Östlich schließt sich über gut 1oo km der Ochoco National Forrest an, bewaldetes Bergland mit Höhen bis zu ca. 2.ooo m. Er ist eine der unerschlossensten Regionen Oregons. Seit hier Edelsteine gefunden wurden, Ziel von Hobby-Mineralogen, Infos zum Nat. Forrest im Touristbüro von Prineville.

 Chamber of Commerce, 39o N. Fairview, Prineville. Tel.: 447 - 63o4

Im weiteren Verlauf führt der Hwy. 26 nordöstlich über den Ochoco Pass (ca. 1.557 m) zum:

✱ John Day Fossil Beds Nat. Monument

Wüsten- und Erosionslandschaft, in der Archäologen immer wieder auf 3o- 5o Millionen Jahre alte Pflanzen- und Tierfossilien stoßen. Der Besuch lohnt sich auch für Nicht-Archäologen wegen der überwältigenden Landschaftsformationen: die Berge sind wegen Mineralablagerungen bunt gefärbt, bizarr erodierte Felsen und unheimlich anmutende Mondlandschaften.

Die FOSSIL BEDS bilden kein zusammenhängendes Gebiet, sondern verteilen sich auf 3 verschiedene Stellen: einmal nördl. am Hwy. 218 bei Clarno, - zwei weitere am Hwy. 26: Painted Hills sowie Sheep Rock.

CLARNO: liegt nördlich am Hwy. 218 Nähe des Ortes Fossil. Vor allem bizarre Felsnadeln: sie sind die Überreste urzeitlicher Lavaflüsse und Schlammlawinen. An zwei kurzen Rundwegen fossile Spuren von Tieren, die vor 45 Millionen Jahren in der Region lebten, u.a. Rhinozerosse und Krokodile.

PAINTED HILLS, ausgeschilderte Abzweigung vom Hwy. 26, ca. 15 km östl. vom Ochocos Pass, dann noch 1o km über eine Nebenstraße. Kegelförmige vegetationslose Hügel, deren Gesteinsschichten ausgewaschen sind, wodurch sich an den glatten Oberflächen faszinierende farbige Muster in verschiedenen Tönen gebildet haben: rot, braun, grau, grün und ocker. Abstrakte Kunstwerke der Natur.

 Guter Überblick über die "bemalten Hügel" auf dem Painted Hills Overlook Trail: Ausgangspunkt am Parkplatz, ca. 2 km vom kleinen Info-Kiosk entfernt. 1 km, ca. 2o Minuten Gehzeit.

Anstrengender ist der Carroll Rim Trail, der die Painted Hills aus der Vogelperspektive zeigt. Der Pfad führt an einem Berghang entlang auf den schmalen Grat des Carroll Rim. Ausgangspunkt auf der gegenüberliegenden Straßenseite des Overlook. Retour 4 km, ca. 2 Std.

SHEEP ROCK: ausgeschilderte Abzweigung vom Hwy. 26 via Hwy. 19.

Tourist INFO Visitor Center am Sheep Rock, Hwy. 19. Informative Ausstellung, in der die fossilen Fundstücke Zeichnungen gegenüber gestellt werden, die die Gesamtheit des Tiers oder der Pflanze zeigte, zu der das Fossil gehörte. Dazu eine knappe, aber einsichtige Darstellung des erdgeschichtlichen Zeitalters bis vor 5o Millionen Jahren. Ein Video-Film informiert über die geologische Entstehung der Fossil Beds. Geöffnet tägl. von 8.3o- 18 Uhr.

Der SHEEP ROCK thront als markanter Felsen eindrucksvoll über der Ebene. Absoluter Höhepunkt ist hier das BLUE BASIN, rund 5 km nördlich vom Visitor Center. Ein erodiertes Tal, in dem starke Regenfälle den Sandstein zu bizarren Formen ausgewaschen haben. Eine Mondlandschaft, nur ein paar Vögel zwitschern in der Stille des kraterförmigen Tales. Erreichbar über den

Island in the Time Trail, der leicht bergauf zwischen den Gesteinsformationen führt. Unter Glaskuppeln am Weg die Nachbildungen der hier gefundenen Fossilien. Sie machen den Trail zum paläontologischen Lehrpfad. Retour 2 km, ca. 1 Std.

Während der Island in the Time Trail in den Krater des Blue Basin hineinführt, verläuft der Blue Basin Overlook Trail auf einem Höhenzug oberhalb des Tals. Der Blick von oben ist spektakulär. Gleicher Ausgangspunkt, aber steilere Streckenabschnitte, 5 km, ca. 2- 3 Std. Für alle Trails im Sommer genügend Flüssigkeit mitnehmen: glühende Hitze! Zur Regenzeit sind sie teils nicht passierbar.

Östlich von Sheep Rock führt der Hwy. 26 zunächst durch den Canyon PICTURE GORGE. Wer genau zählt, kann 17 übereinanderliegende Lavaschichten erkennen, durch die sich der John Day River gegraben hat. Der Name stammt von Felszeichnungen, die Indianer in die Wände des Canyons geritzt haben. Am Ausgang der Schlucht Blick auf kahle Tafelberge, die fast wie Abraumhalden erscheinen.

▶John Day (2.ooo Einw.)

Der kleine Ort am Hwy. 26 bietet Gelegenheit zum Auftanken und einer kurzen Rast. Dabei lohnt ein Blick ins kuriose KAM WAH CHUNG MUSEUM: winzige Apotheke und Wohnräume von Doc Ing Hay, einem chinesischen Arzt, der um die Jahrhundertwende in dem verschachtelten Holzhäuschen lebte. Das Inventar original erhalten; Medizinkästen im Laden, Pritsche und Möbel im Wohnraum. Dazu eine exotische Sammlung

Ost-Oregon

von Kräutern und Arzeneien fernöstlicher Heilkunst. Geöffnet Mo- Do von 9- 12 und 13- 17 Uhr, Sa/So nur 13- 17 Uhr. Eintritt ca. 1,5o US.

Im Ort Unterkunft und Restaurant, weitere in Prairie City am Hwy. 26.

Chamber of Commerce, 281 Main Street, John Day. Tel: 575 - o547. Informationen zur Region, auch betr. Strawberry Mtn. Wilderness Area mit Trails für Wanderungen.

Geschichte: John Day, nach dem der Ort und der Fluß im Tal benannt ist, war Teilnehmer der Astor Overland Expedition (181o- 12). Als dann 1862 GOLD am Canyon Creek (am heutigen Hwy. 395, südl. von John Day) entdeckt wurde, boomte der Ort. Noch größer war damals Canyon City, mit 1o.ooo Einwohnern (!) das kommerzielle Zentrum der Goldschürfer und später Minenarbeiter. Weitere Boomtown im Dreieck um den Strawberry Mountain war Prairie City. Auch viele Chinesen kamen in die Region. Sie waren früher als Bauarbeiter für Eisenbahnstrecken tätig und versuchten ihr Glück als Goldwäscher im Fluß. Später, bis um die Jhd.- Wende, wurde Gold in Minen geschürft.

CANYON CITY (1895): Pferde ziehen einen schweren Dampfkessel, der von einer Minengesellschaft angeschafft worden war und als Motor in einer Mine diente.

CANYON CITY mit alljährlichem Festival im Juni in Erinnerung an die Goldboomzeiten bis zur Jhd.- Wende. Im Ort ein kleineres Museum zur Geschichte der Goldgräber.

PRAIRIE CITY: Dewitt Museum im ehemaligen Bahnhof der Strecke von Baker City via Sumpter nach Prairie City. Das Gleis wurde nach der Jhd.- Wende eröffnet und war bis in die 5o-er Jahre in Betrieb. Heute im restaurierten Gebäude Exponate zur Geschichte der Region, insbes. auch Goldgräberzeit.

STRAWBERRY MOUNTAINS: schneebedeckte Gipfel um 3.000 m, die

südlich das Tal des John Day Rivers begrenzen. In Prairie City eine <u>Ranger Station</u> mit Infos und Karten zu mehr als 1oo Trails im Bereich der Mountains. Wer Mehrtagestrails plant, benötigt ein "Wilderness Permit" der Rangers.

<u>SUMPTER</u>: weitere Boomtown aus der Zeit des Oregon- Goldrush. <u>1895</u> erreichte die <u>Eisenbahn</u> den Ort, der kurz nach der Jhd.- Wende gut 3.5oo

BAHNHOF von Sumpter zur Jhd.-Wende.

Einwohner hatte, - für damalige Zeiten und die abgelegene Lage eine beachtliche Zahl. Durch den Bau des Gleises konnte nunmehr auch schweres Gerät für die Minen rangeschafft werden, so z.B. große Dampfkessel.

<u>SUMPTER VALLEY RAILROAD</u>: im Sommer am Wochenende fährt eine historische Dampflok der ehemaligen "Sumpter Valley Railroad" mit alten Waggons auf dem Schmalspurgleis gut 2o km.

SUMPTER CITY: 1900, ein schwerer Dampfkessel für die Red Boy Mine ist mit der Eisenbahn angekommen und wird mit Pferden zur Mine geschafft.

★Baker City

Die heutige Kleinstadt an der Autobahn I-84 war Mitte des verg. Jhds. bedeutender Stützpunkt auf dem Oregon- Trail sowie während des Goldbooms ab ca. 1862 wichtigster Versorgungspunkt in diesem Teil Oregons.

Rund 135 Gebäude aus der Zeit der Jhd.- Wende sind noch erhalten und stehen unter Denkmalschutz. Der Besuch lohnt, auch wegen der Museen. Weiterhin ist Baker City südlicher Ausgangspunkt für den Besuch des Hells Canyon; in Baker City viele Motels und Restaurants.

Tourist INFO Visitor and Convention Bureau, 49o Cambell Street. Tel.: 523 - 5855 (in gesamt- USA gebührenfrei: 8oo- 523 - 1235)

Geschichte: zur Zeit der Einwanderung über den Oregon- Trail (ab ca. 1841) war Baker wichtiger Versorgungs- und Militärstützpunkt. Das Gebiet gehörte den Indianern, und je mehr Weiße mit ihren Planwagen auf dem Trail westwärts zogen, desto häufiger gab es Angriffe. Weitere Details zum Oregon- Trail siehe Seite 117.

Als 1862 in den Flüssen zwischen Baker City und John Day GOLD entdeckt wurde, setzte ein weiterer Zuwandererstrom ein. Die Bevölkerung in Baker wuchs in nur 2 Jahren auf fast 7.ooo Einwohner, und die expandierende Siedlung (begünstigt durch ihre Lage am Oregon- Trail) wurde zum wichtigsten Versorgungspunkt der umliegenden Goldgräbercamps. Hinzu kam Ende der 7o-er Jahre der Bau eines Eisenbahngleises der *Oregon Railway & Navigation Company* vom Columbia River nach Baker, - 1883 in das Transkontinental Gleis der *Great Northern* vom Missouri nach Portland integriert. 1895 wurde das Schmalspurgleis der Sumpter Railway von Baker nach Sumpter gebaut.

BAHNHOF in BAKER (1890). Links eine Dampflok Bj. 1883, deren Dampfkessel mit Kohle beheizt wurde. In gewisser Weise Unikat in einer Region, die über Holz, aber nicht Kohle verfügt.

Ost-Oregon 425

Entlang der <u>MAIN STREET</u> viel Backsteinbauten aus der Zeit, als Baker seinen Boom hatte. Heute der Bereich mit den meisten Restaurants. Viele viktorianische Stadtvillen der zu Reichtum gekommenen Unternehmer im Umkreis des Stadtzentrums.

In der <u>US- NATIONALBANK</u> ist ein 80,4 ounce Goldnugget ausgestellt, einer der größten, die damals gefunden wurden.

<u>OREGON TRAIL REGIONAL MUSEUM</u> (2490 Grove St.): Dokumente und Gerätschaften der ersten Siedler, die auf dem Weg nach Westen mit ihren Planwagen hier durchkamen. Außerdem eine große Mineraliensammlung. Geöffnet von Mai bis September tägl. 9- 16 Uhr, Eintritt frei.

<u>OREGON TRAIL INTERPRETIVE CENTER</u> (rund 8 km östlich der Stadt am Hwy. 86): Lebendig gestaltetes historisches Museum zur Geschichte der Siedler- Trecks über den Oregon Trail. In einer Art Zeit-Tunnel erlebt man Details vom Leben und Leiden der Menschen, die mit ihren Planwagen den halben Kontinent durchquerten. Modernste Museumstechnik sorgt für spezielle Effekte, die die Probleme und Entscheidungsnotwendigkeiten der Siedler hautnah vermitteln. Anschaulich eingerichtet auch der ersehnte plötzliche Ausblick auf ein grünes Tal nach den Strapazen in Prairie, Wüste und Bergen.

Kurze Wege führen zur Nachbildung eines Minenortes aus dem 19. Jhd.

BAKERCITY, Main Street (1898). Gefeiert wird das "Fourth of July" Festival. Rechts eine Straßenbahn, die vom Pferd gezogen wurde.

sowie zu den Spuren der Planwagen, die sich in dem ausgetrockneten Boden seit 15o Jahren erhalten haben und markant hier zusammenlaufen. Bei entsprechendem Sonnenstand erkennt man vom Berg auch die kilometerlangen Wagenspuren in der Ebene. Geöffnet tägl. von 9- 17 Uhr.

<u>MINERS JUBILEE</u>: alljährliches Festival Ende Juli in Erinnerung früherer Zeiten des Goldbooms. Das Fest hat lange Tradition, es gibt u.a. Wettbewerbe im "gold-panning", Paraden etc. Unterkünfte sind während dieser Zeit extrem knapp; das Touristbüro wegen Privatquartieren kontaktieren.

BAKER CITY ⟫⟶ HELLS CANYON

Der <u>Hwy. 86</u> führt von Baker City südlich um die Wallowa Mountains (Details S. 429) durch eine faszinierende Einöde. Die Berge felsig, erodiert und steppenartig bewachsen. Die Straße im Tal, parallel zu kleinen Flüssen, deren Wasser für ein wenig karge Landwirtschaft abgeleitet wird.

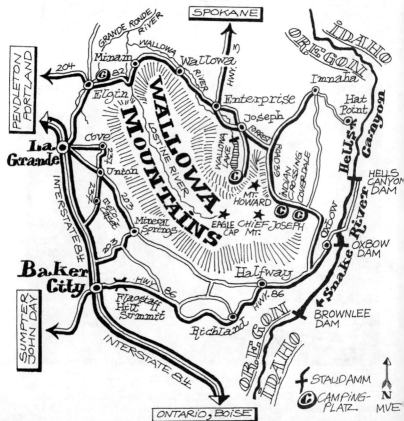

Rund 8o km nach Baker City am Hwy. 86 die Minisiedlung **HALFWAY** mit Tankstelle, Lebensmittelshops, Unterkünften und kleinem Touristbüro. Der Ort ist Ausgangspunkt für den Hells Canyon.

Das Angebot in Halfway sowie oben am Oxbow Dam ist minimal. Wegen der relativ kurzen Entfernung von Baker City übernachten die meisten dort und realisieren den Ausflug zum Canyon als Tagesausflug.

Wer trotzdem in Halfway oder in Oxbow übernachten will, sollte vor allem im Juli und August rechtzeitig reservieren.

"**Clear Creek Farm**": an einer Nebenstraße nördlich von Halfway. Im Ort Richtung Norden, bei der Schule rechts ab, nach ca. 5 km links auf eine ungeteerte Straße. Bed& Breakfast auf dem Bauernhof mit Ententeich. Ländlich einfach, aber freundlich und gemütlich. Auf dem Grundstück verstreut noch einige kleine Häuschen. Gemeinschaftsbäder. DZ ca. 4o US. Tel. 742-2238.

"**Birch Leaf Lodge**": in Halfway, ca. 5 km nördlich des Ortes. Bed&Breakfast. Gepflegtes Bauernhaus in herrlichem Garten. Ein Bach plätschert hindurch. Große Terrassen und Balkons. Absolut ruhig. DZ mit Gemeinschaftsbad je nach Größe und Ausstattung ca. 3o- 55 US. Tel. 742-299o.

"**Halfway Motel**": im Ort Halfway. Am Schild neben dem Haus steht "Winter Creek Inn". Kleines, sehr einfaches Motel. DZ ab ca. 3o US. Tel. 742-5722.

"**Dixie's**": in Oxbow Dam, kurz vor der Brücke die ungeteerte Straße links ab. Nächstgelegene Unterkunft zum Canyon. Bed&Breakfast. Das Haus mit riesiger Terrasse, die Zimmer einfach und funktional. Gemeinschaftsbäder. DZ ca. 45 US. Übernachtung auch in 4- Bett- Zimmern, ca. 25 US pro Person. Tel. 785-3352.

Ab Halfway weitere ca. 3o km bis **OXBOW** am Snake River. Der Ort noch kleiner, aber direkt am Fluß und dem hier befindlichen Oxbow Staudamm.

✦ Hells Canyon

Mit bis zu 2.44o m der tiefste Canyon Nordamerikas. Er besitzt eine Länge von 16o km und zieht sich entlang der Grenze zwischen Oregon und Idaho. In der Schlucht verläuft der Snake River, der in Teilbereichen per Jetboat sowie organisierten Schlauchbootfahrten über die Stromschnellen befahren werden kann. In vielen Bereichen ist der Fluß aber durch Staudämme aufgestaut zur Elektrizitätsgewinnung.

Die geologische Entstehungsgeschichte des Hells Canyon ähnlich der Coulees im östlichen Washington (siehe Seite 3o2). Vor etwa 17 Millionen Jahren bildete sich durch ständig wiederkehrende Lava- Ausflüsse aus der Erdoberfläche im Osten Oregons und Washingtons ein riesiges, fast ebenes Plateau. In der Folge schürfte das Wasser des Snake River das poröse Lavagestein langsam aus.

Während der Eiszeit beschleunigte sich dieser Erosionsprozeß, da der Fluß, der in der Nähe des Yellowstone Park entspringt, aus den Rocky Mountains besonders viel Gestein und Gletscherabbrüche mit sich führte. Als vor ca. 17.ooo Jahren im heutigen Idaho ein Gletscherdamm brach, hinter dem sich ein gigantischer See gebildet hatte, ergossen sich für kurze Zeit immense Wassermassen über das Lava- Plateau, die den Can-

> yon weiter vertieften. Mitte des 19. Jhds. war er wegen seiner vielen Stromschnellen für die Einwanderer auf dem Oregon-Trail unpassierbar. Sie kürzten zudem die Nordschleife des Canyons und Snake Rivers Inland via Tal und Baker, La Grande ab.
>
> In unserem Jhd. erhielt der Canyon 3 Staudämme, die an dieser Stelle Seen bildeten und nicht mehr seine Tiefe erahnen lassen.

OXBOW STAUDAMM: beim Mininest Oxbow. Hier führt eine Straße über den Stausee östlich nach Idaho und auf der dortigen Seite des Snake Rivers nordwärts zum HELLS CANYON STAUDAMM. Zunächst ist die Schlucht noch breit und nicht übermäßig tief. Später verengt sie sich, die Straße mußte zum Teil in den Fels gesprengt werden. 6o km nördlich von Oxbow ist das Tal extrem schmal, die Wände gehen beinahe senkrecht nach oben. Die Straße endet am Hells Canyon Staudamm.

Oben von der Staumauer spektakulärer Blick in die enge Schlucht unterhalb. Dort befindet sich ein <u>Bootsanleger für Wildwassertrips</u> auf dem Snake River südwärts.

> **Veranstalter**: Es gibt mehr als 15 sogen. "Outdoorfitters". Veranstalter, die Wildwassertrips auf dem Snake River anbieten. Entweder per "Jetboat" (hoch PS- bestückte Motorboote), oder per Schlauchboot.
>
> Die Bootsführer verstehen ihr Handwerk. Der Flußverlauf ist ab Hells Canyon Staudamm südwärts teils sehr eng, vorbei an Felsbrocken mitten im Wasser. Je nach Wasserstand kann der Snake River hier ziemlich wild sein. Insbesondere die Fahrt mit dem Schlauchboot ist ein kleines Abenteuer und bringt über die Stromschnellen viel Spaß.
>
> <u>Die Trips</u> entweder im Angebot <u>ab Baker City</u> (inkl. Transport zum Canyon), oder ab Büros in Oxbow. Je nach Länge des Trips und Ausgangspunkt Preise zwischen 2o und 12o US.

HAT POINT LOOKOUT: im nördlichen Bereich des Hells Canyon. Hier hat man den tiefsten Blick in die Schlucht: gut 1.98o m (!) runter zum Snake River. Am Horizont das gewaltige Gebirgsmassiv der Seven Devils Mountains in Idaho. Der Aussichtspunkt ist über eine Forststraße ab Hwy. 86 nördlich nach <u>Imnaha</u> und von dort über eine 35 km enge und kurvenreiche Erdpiste zu erreichen. Insgesamt ab Halfway ca. 1oo km.

Pauschaltouren von Veranstaltern ab Baker City sowie teils auch Oxbow. Kein öffentlicher Transport.

"Hells Canyon Park", zwischen Oxbow und Hells Canyon Dam in Idaho. Gepflegter Rasenplatz unter Bäumen direkt am aufgestauten Snake River mit Bademöglichkeit. Einfache sanitäre Anlagen inkl. Duschen. Wohnmobile müssen auf den Wegen stehen, daher eine etwas gedrängte Atmosphäre. Zelt ca. 1 US, Camper 3 US.

Weitere Campingplätze an der Forest Road 39 nach Joseph ("Coverdale" und "Indian Crossing").

Selbstversorger: Kleine Läden in Halfway. Besser vor der Fahrt zum

Hells Canyon in Baker City mit ausreichenden Lebensmitteln eindecken.

✦ Wallowa Mountains

Alpine Bergkette mit verschneiten Felsnadeln und vielen Gipfeln bis fast 3.000 m. Außerdem gibt es mehr als 40 kleinere Bergseen, endlose Wälder und in den Tälern Wiesen.

Die Wallowa Mountains sind Eldorado für Wanderer, die Einsamkeit suchen und Freude haben an Mehrtagestrails mit Campieren in der Wildniss.

Zum Anschnuppern lassen sich die Mountains auch per Auto umrunden: Abzweigung ab Hwy. 86 zwischen Oxbow und Halfway. Dort nordwärts auf der Forest Road 39 nach JOSEPH. Hier führt eine Stichpiste südwärts entlang des Wallowa Stausees zum Fuß der Hauptgipfel sowie eine Seilbahn auf den Mt. Howard.

Ab Joseph auf dem Hwy. 82 in nördlicher Umrundung nach Elgin. Entlang der Westseite der Mountains führt der Hwy. 203 via Union nach Mineral Springs. Die Rundtour umfaßt ca. 300 km und kann entsprechend (z.B. Interstate 84) abgekürzt, oder mit anderen Routen in Ost-Oregon verbunden werden. Eigenes Fahrzeug nötig, da streckenweise auf dem Rundtrip kein öffentl. Transport.

Joseph: Das kleine Nest liegt malerisch vor der Bergkulisse, besitzt einige einfache Motels sowie Restaurants und ist bester Einstiegspunkt für Trips tiefer in die Bergwelt der Wallowa Mountains.

Der Name Joseph erinnert an einen Häuptling der Nez Perce Indianer, die in den Wallowa Mountains ihre Jagdgründe hatten, von Siedlern und 1877 auch der US-Armee endgültig aus den Tälern vertrieben wurden. Weitere Details siehe Seite 124.

WALLOWA COUNTY MUSEUM: untergebracht in einem 1888 gebauten Haus, das früher als Bank bzw. einer Zeitung diente. U.a. eine kleine Abteilung zur Geschichte der Nez Perce Indianer, sowie der Siedler und weitere bescheidene Exponate zur lokalen Geschichte. Ein Sammelsurium aus Möbeln, Geschirr etc., - das kurioseste "Museumsstück" ist noch in Betrieb: ein Bullerofen in umgebauter Öltonne. Geöffnet tägl. 10-17 Uhr.

Wallowa Lake: Stausee, der sich südlich von Joseph tief in die Gebirgskette erstreckt. Eine Straße führt am Ostufer entlang zum WALLOWA LAKE STATE PARK am Südende des Sees. Hier befinden sich ein im Sommer stark frequentierter Campingplatz, weitere Unterkünfte und eine Marina am See.

Eine Seilbahn führt rauf zum Gipfel des rund 2.700 m hohen MT. HOWARD. Oben bei klarem Wetter grandioser Rundblick auf umliegende Gipfel, mehrere Trails.

EAGLE CAP WILDERNESS: lohnendes Wandergebiet südlich des Wallowa Lake, mit Wäldern, Bergseen (z.B. Sunshine Lake) und Mehrtagestrails. Weitere Infos von Park-Rangern.

Enterprise: kommerzielles Zentrum der Region, 1o km westl. von Joseph am Hwy. 82. Shops, Restaurants, mehrere Motels und Tankstelle. Der Ort ist keine Schönheit, aber nützlich zur Versorgung. Im Ort zweigt der Hwy. 3 nördlich nach Spokane/Washington ab, von dort der schnellste Einstieg in die Region Oregons (Wallowa Mountains und Hells Canyon).

Wallowa: Am Hwy. 82, alljährlich finden hier Ende Juli die "Chief Joseph Days" statt: Rodeo, Paraden und Stände mit Snacks und Drinks, - eines der größten Festivals im äußersten Nordwesten Oregons. Im Ort Motels und Restaurants. - Auf den Flüssen Grande Ronde und Minam im Sommer organisierte Wildwasserfahrten mit Schlauchbooten.

La Grande siehe Seite 419, Baker City siehe Seite 424

SÜDOST OREGON

Eine Vielzahl an lohnenden Stellen, allerdings gewaltige Entfernungen dazwischen, die entsprechend Fahrzeit brauchen. Das Gebiet umfaßt rund 3o % der Fläche Oregons, hier leben aber nur rund 2o.ooo Menschen.

Geschichte: erste Europäer, die die Region erkundeten, waren zu Beginn des 19. Jhds. Trapper der Hudson's Bay Company, so 1825 Peter Skene Ogden.

1843 bereiste eine Expedition unter John Freemont und Kit Carson speziell auch den Bereich des Summer Lakes (östl. des heutigen Hwy. 97).

In der 2. Hälfte des 19. Jhds. siedelten sich Rinderzüchter in den endlosen Weiten Südost- Oregons an, allerdings benötigten die Farmen gewaltige Landfläche.

Für die Amerikaner ist der Südosten Oregons Teil des SAGEBRUSH COUNTRY, Land der Beifuß- Sträucher.

Es erstreckt sich vor allem innerhalb des GREAT BASIN zwischen den Rocky Mountains im Osten sowie Sierra Nevada und Cascade Mountains im Westen. Die Hochebene ist durchzogen von eigenen Gebirgsketten und wegen ihrer Abgeschirmtheit ausgesprochen trocken und unfruchtbar. Keiner der Flüsse erreicht das Meer, alle versickern irgendwo im steppenartigen Boden.

"Sagebrush" ist die fast überall die dominierende Pflanze. Die Sträucher haben zahlreiche Unterarten und können bis zu

Südost-Oregon 431

3 m hoch werden. Brauchbar sind sie als Viehfutter, weshalb sich schon im 19. Jhd. Rancher in der Einöde des Great Basin niederließen und auf Tausenden von Hektar ihr Vieh über die Weiden trieben. Noch heute besitzen große Ranches mehrere 1o.ooo Rinder, und der Südosten Oregons ist das "empire of cattle and cowboys".

Das Sagebrush Country war auch bevorzugter Lebensraum wilder Pferde. Um die Jhd.-Wende existierte ein Bestand von mehreren 1oo.ooo Mustangs, Nachkommen von Pferden, die von frühen spanischen Expeditionen zurückgelassen wurden. Die Rancher fingen sie ein und zähmten sie für ihre Zwecke, - auch die US- Kavallerie versorgte sich ausgiebig.

Erst als das Auto die Pferdekraft immer mehr verdrängte, geriet paradoxerweise die Existenz der Mustangherden in Gefahr. Bis 197o fing man die Pferde im großen Stil ein, um sie zu Hundefutter zu verarbeiten. Als sie dadurch kurz vor der Ausrottung standen, stellte ein Bundesgesetz sie unter Naturschutz. Inzwischen existieren wieder einige 1o.ooo Exemplare, nicht unbedingt zur Freude der Rancher, die um das spärliche Futter für ihr Vieh fürchten.

✦Lakeview (1.9oo Einw.)

Im äußersten Süden Nähe der Grenze zu Kalifornien. Nach Burns der

Pferdefuhrwerke und Kutschen waren im 19. Jhd. in den Weiten Südost-Oregons das einzige Verkehrsmittel, da sich hier wegen dünner Besiedlung der Bau von Eisenbahnen nicht lohnte. LINKS: Fuhrwerk mit Post in Burns. Wegen der Entfernungen brauchte auch die Post entsprechend Zeit.

größte Ort im Südosten Oregons, liegt in knapp 1.600 m Höhe. Damit ist Lakeview zugleich die höchstgelegene Stadt Oregons. Viele Motels sowie Restaurants. Westlich und östlich begrenzen 2.600 bis 3.000 m hohe Berggipfel das Tal von Lakeview. Campingplatz u.a. rund 15 km südlich am Nordostufer des Goose Lake, Nähe der Grenze zu Kalifornien.

Tourist INFO Lake County Chamber of Commerce im Courthouse, Lakeview. Tel.: 947 - 6040.

Die Stadt ist Verwaltungs- und Handelszentrum für die umliegenden riesigen Rinderfarmen des Countys. LAKE COUNTY FAIR (im September): das größte und älteste Amateur-Rodeo des Nordwestens der USA. Weitere Rodeo-Veranstaltungen am letzten Mai- sowie ersten und letzten Juni-Wochenende

SCHMINK MEMORIAL MUSEUM (E Street): rund 5.000 Exponate zur Pionier- Vergangenheit der Region.

INDIAN VILLAGE (508 N 1 st): umfangreiche Sammlung mit Indianer-Kunstgewerbe und Waffen.

OLD PERPETUAL GEYSIR (am Hwy. 395 nördl. der Stadt): der Geysir bläst alle 90 Sekunken eine 20 m hohe Wasserfontäne in die Luft. Temperatur des Wassers bei Austritt aus dem Boden: rund 92 Grad Celsius.

HUNTERS HOT SPRINGS (nähe des Geysirs): heiße Thermalquellen, in denen man baden kann. Direkt anbei eine preiswerte Lodge für Übernachtung.

WARNER CANYON SKI AREA (rund 10 km nördlich von Lakeview): die Saison reicht von Mitte/Ende Dez. - Ende März je nach Wetterbedingungen. Sicher eines der ungewöhnlichsten Skigebiete der USA: nur rund 100 km nördlich und östlich befinden sich Steppen- und Wüstengebiete, ausgetrocknete Seen und riesige Sanddünen. - Das Skigebiet umfaßt rund 15 Abfahrten, ca. 6 km Langlaufloipen und 150 km markierte Strecken für Snowmobils, die man in der Ski Area mieten kann.

ROCKHOUNDING: die Canyons und Täler nordwestlich von Lakeview sind Eldorado für Mineraliensammler. Tips und Infos bezüglich der besten Fundstellen im Touristbüro von Lakeview.

GEARHART MOUNTAIN WILDERNESS: westlich von Lakeview, über kleine Nebenstraßen erreichbar, die durch dichte Wälder führen. Oben am 2.760 m hohen Gearhart Mtn. Trails völlig abseits der Zivilisation. Infos und Kartenmaterial von den Park Rangern in Lakeview bzw. Paisley und Silver Lake.

LAKEVIEW ⇒ LA PINE, BEND (Hwy 31)

Ausgesprochen lohnende Querverbindung. Zunächst nordwärts auf dem Hwy 395 bis VALLEY FALLS. Dort zweigt links der Hwy. 31 ab, der

Südost-Oregon 433

rauf nach <u>PAISLEY</u> führt, Mininest, Restaurants. Nördlich am Hwy. 31 <u>heiße Thermalquellen</u> (Summer Lake Hot Springs, Eintritt fürs Bad im Pool ca. 1,5 US).

Der Summer Lake ist Zwischenstation für Zugvögel (beste Zeit für Beo-

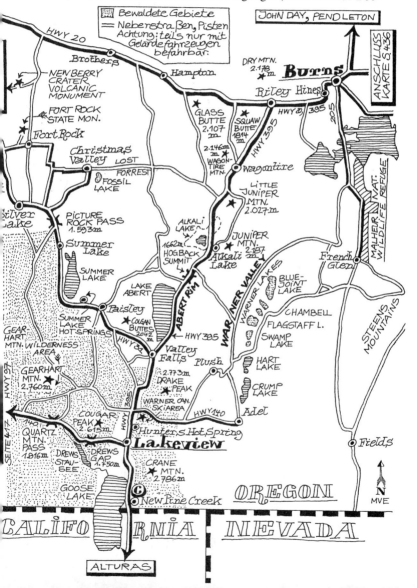

bachtungen: Frühling), Wildlife-Station von Rangern.

Nördlich des knapp 1.6oo m Picture Rock Pass Abzweigung einer Straße durch Steppen und wüstenähnliche Regionen zum CHRISTMAS VALLEY: hohe Sanddünen, sowie anbei der "Lost Forrest" mit Ponderosa Pinien inmitten der Wüstenlandschaften. Im Mininest Christmas Valley zwei Motels, DZ ca. 3o US.

Rund 5 km östlich vom Ort Christmas Valley liegt der FOSSIL LAKE. In Frühzeiten der Erdgeschichte befand sich hier ein See, dessen Ufer dicht mit Pflanzen bewachsen war, und wo sich Elefanten und andere Tiere im Wasser suhlten. Als dann über Jahrmillionen hinweg sich das Klima veränderte, versiegte der See.

Heute finden sich im Fossil Lake jede Menge Versteinerungen von Tieren und Pflanzen. Allerdings Achtung: es ist verboten, Funde wegzuschaffen. Für Paläontologen ist der Fossil Lake dagegen ein wahres Eldorado und bietet der Wissenschaft einen Einblick in die Frühgeschichte der Erde.

FORT ROCK STATE PARK: der rund 1oo m hohe Kegel eines erloschenen Vulkans erhebt sich fast senkrecht über der Steppe und ist schon von weitem zu sehen. Auf einer Seite ist der Kraterrand eingebrochen, so daß man zu Fuß reingehen kann.

Eine Straße verbindet Fort Rock mit dem Newberry Vulkan (Details siehe Seite 4o1), - der Hwy. 31 dagegen trifft bei La Pine auf den Hwy. 97, rauf nach Bend (Details Seite 4o5).

LAKEVIEW ⟫→ BURNS (HWY. 395)

Der Highway 395 führt von Lakeview rauf nach Valley Falls und von dort weiter nordöstlich nach Riley am Hwy. 2o (-> Burns). Die schnellste Verbindung durch diesen Teil Südost- Oregons, sie verläuft auf der Trasse einer Postkutschenverbindung aus dem 19. Jhd., - heute durchgehend asphaltiert, aber kaum Siedlungen unterwegs.

Im Bereich des Abert Lake folgt der Hwy. 395 dem ABERT RIM: die größte Erdfaltung Nordamerikas. Sie erhebt sich rund 6oo m über dem See. Eine schlechte Erdpiste zweigt nördlich des Hogback Summit in Südost- Richtung ab zum Warner Valley, ist schwierig zu befahren, bietet aber großartigen Blick.

ALTERNATIV- STRECKE via Warner Lakes nach Burns: braucht wegen teils sehr schlechter Erdpisten und großer Distanzen entsprechend Zeit, - ist landschftlich aber oft spektakulär. Zunächst ab Lakeview Hwy. 395 bis zur Abzweigung des Hwy. 14o nach ADEL: Mininest in den endlosen Weiten Südost- Oregons.

Von Adel führt eine Piste nordwärts zu den teils ausgetrockneten WARNER LAKES: gigantische Weite mit gelben Sandbereichen, grauem Gestein und gelegentlichen Wasserflächen. Eine Einöde von landschaftlicher

Südost-Oregon 435

Großartigkeit, allerdings fast ohne jegliche menschliche Siedlung.

Zurückzulegen sind ab Lakeview bis Burns rund 3oo km, auf denen es nur in Adel, Plush und French Glen Siedlungs-Stützpunkte gibt. Vorab in Lakeview die Befahrbarkeit der Piste erkunden, Fahrzeug volltanken und Lebensmittel sowie Getränke mitnehmen. Weiterhin Detailkarten, auch sollte das Fahrzeug in gutem Zustand sein, denn bei Pannen gibt es kaum Hilfe, da die Verbindung nur sehr dünnes Verkehrsaufkommen aufweist.

Im Ort Plush Rangerstation. Östlich schließt sich das Hart Mountain Nat. Refuge an, Details zu French Glen und Malheur Nat. Wildlife Refuge siehe "Umgebung Burns".

Burns (ca. 3.ooo Einw.)

Am Hyw. 2o, zusammen mit dem Nachbarort HINES rund 4.5oo Einwohner und größte Siedlung im Zentrum Südost-Oregons. Vom Ortsbild nichts speziell Lohnendes, aber nützlich als Stützpunkt in den endlosen Weiten Ost-Oregons wegen mehrerer Motels und Restaurants. Interessante Trips in die Umgebung.

 Harney County Chamber of Commerce, 18 West D. Street. Tel.: 573 - 2o36.

Geschichte: Burns wurde in den 8o-er Jahren des verg. Jhds. gegründet und hatte auch zur Jhd.-Wende kaum mehr als 3oo Einwohner, die vorwiegend von der Rinderzucht in den endlosen Steppengras-Landschaften lebten.

Den Ranchern, die sich hier ansiedelten, standen riesige Landstriche zu Verfügung, die sie kurzerhand in "Eigenregie" für sich in Besitz nahmen oder in dubiosen Verträgen von der Regierung erhielten, - wobei auf frühere Besitzverhältnisse der Indianer wenig Rücksicht genommen wurde. Einer der größten Landbesitzer war der Rinderzüchter John Devine, der allerdings im harten Winter 1889/9o einen Großteil seiner Rinder verlor und wegen finanzieller Schwierigkeiten seinen Landbesitz an den Cattlebaron Henry Miller verkaufte.

Umstritten als Cattlebaron war Pete French, der die *French-Glenn Livestock Company* aufbaute. Er hatte die Tochter von Dr. Glenn geheiratet, dem große Landstriche gehörten. Kurz danach starb Dr. Glenn auf Grund eines mysteriösen Mordes, und Pete French weitete die Ranch als Besitzer auf rund 1oo.ooo acres aus. Ihm gehörten 3o.ooo Rinder, und die Weidezäune umfaßten weite Bereiche südwestlich von Burns.

Weiterhin war Burns damals Stützpunkt für die long-distance Postkutschenverbindungen, die sich hier kreuzten: * Von Nord die Strecke Austin (am heutigen Hwy. 26) via Goldgräberstadt Canyon City nach Burns und weiter nach French Glen, Fields nach Kalifornien. * Von West die Strecke von Bend via Burns nach Ontario an der Grenze zu Idaho. In Burns wurden die Pferde gewechselt, zusätzliche Einnahmen hatten die Hotel- und Restaurant-Besitzer.

Erheblichen Aufschwung brachte der Bau eines Eisenbahngleises, das Mitte der 2o-er Jahre Burns erreichte. Die Eisenbahn ermöglichte den Abtransport der Rinder, und Burns expandierte innerhalb weniger Jahre auf ca. 2.ooo Einwohner.

HARNEY COUNTY MUSEUM: eine frühere Brauerei, Exponate zur Pio-

436 Südost-Oregon

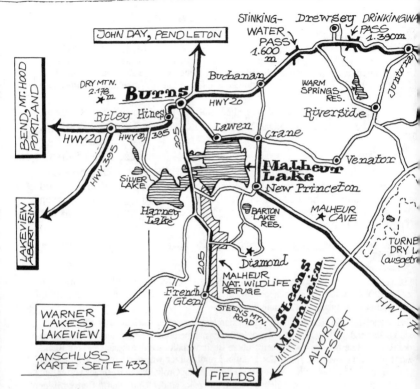

niergeschichte der Stadt mit Detailstücken wie Möbeln, Fotos, Werkzeugen etc.

Umgebung von Burns

Rund 80 km westlich von Burns am Highway 20 die <u>GLASS BUTTES</u>: Berge aus schwarz glänzendem Obsidian-Gestein, entstanden durch Lava-Ausbrüche aus der Erdoberfläche. Die Glass Buttes gehören zu den größten Obsidianablagerungen in Nordamerika und dienten den Indianern jahrtausendelang als Steinbruch zur Herstellung von Pfeilspitzen und Werkzeugen.

<u>MALHEUR LAKE</u>: rund 30 km südlich von Burns. Der See ist größter Oregons, teils mit marschigen Ufern und liegt inmitten weiter Grassteppe. Er ist wichtiger Stützpunkt u.a. für Zugvögel. Südlich an den See anschließend das <u>MALHEUR LAKE NAT. WILDLIFE REFUGE</u>: mehrere 100 Vogelarten, eines der wichtigsten Vogelreservate im Nordwesten der USA und Eldorado für Birdwatchers. Fernglas mitbringen; Hauptzufahrt ab Burns ist der Hwy. 205.

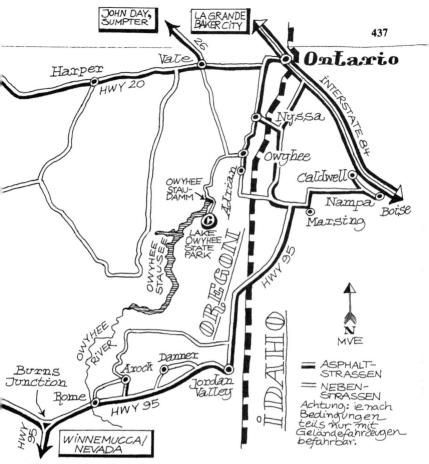

FRENCH GLEN: am Südende des Wildlife Refuge. Das dortige gleichnamige <u>Hotel</u> stammt von ca. 1920 und ist einfacher, aber gemütlicher Stützpunkt für Reisende in dieser abgelegenen Einöde Oregons. Nur wenige Zimmer. Das Gebiet gehörte zur Jhd.-Wende dem Rinderbaron Pete French, siehe Kapitel Geschichte.

STEENS MOUNTAIN: zu erreichen ab French Glen über eine Erdpiste, die in rund 100 km Rundtrip rauf in die Bergkette und retour nach French Glen führt. Spektakulärer Blick auf die Ebene und den Malheur Lake sowie südöstlich auf die Wüste Alvord. Rechtzeitig volltanken, Lebensmittel, Trinkwasser und Karte mitnehmen; keinerlei Siedlungen unterwegs.

Die Piste ist eine der höchsten in Oregon, steile Anstiege und vielfach sehr schlechter Zustand. Infos über Befahrbarkeit im French Glen Hotel.

<u>FIELDS</u>: im äußersten Süden Nähe der Grenze zu Kalifornien. Über die

heutige Erdpiste Hwy. 2o5 verlief eine Postkutschen- Route, die in Fields ihre Versorgungsstation hatte. Noch erhalten die damalige Poststation, heute als Geschäft und Mini-Motel genutzt.

DIAMOND: Vulkankrater östlich des Malheur Wildlife Ref. und vom dortigen Hwy. 2o5 zu erreichen, bzw. vom Hwy. 78 ab New Princeton.

✱ Weiter in den äußersten Südosten Oregons

Gewaltige Entfernungen bei meist wenig landschaftlicher Abwechslung. Ob es sich lohnt, den Rundtrip Burns -> Ontario -> Jordan Valley -> Burns (ca. 65o km) zu fahren, sei dahingestellt.

BURNS -> ONTARIO (Hwy. 2o): rund 80 km östlich von Burns werden 2 Pässe überquert mit den bezeichnenden Namen "<u>Stinking Water</u>" (1.6oo m) und "<u>Drinking Water</u>" (1.39o m). An ersterem Paß Funde von versteinerten Eichen und Fossilien. Auch Mineraliensammler kommen auf ihre Kosten (Infos zu den besten Fundstellen im Tourist Büro Burns).

<u>ONTARIO</u> an der Grenze zu Idaho ist Zentrum der Schafzucht sowie der Landwirtschaft (künstl. bewässerte Felder). Motels, Restaurants.

Tourist INFO Visitor & Convention Bureau, 173 S.W. 1st St. Tel.: 889 - 8o12 und 95o5.

NYSSA: alljährlich in der ersten Juni-Woche treffen sich die Gesteinssammler zu einer großen <u>Tauschbörse</u>, die weit über die Grenzen Oregons hinaus berühmt ist.

<u>OWYHEE RIVER</u>: südlich von Nyssa in engem Tal rund 6o km aufgestaut zur Elektrizitätsgewinnung. Eine Zufahrtsstraße führt zur Staumauer und weitere ca. 5 km entlang des Ostufers zum <u>LAKE OWYHEE STATE PARK</u> mit Campingplatz und Vermietung von Booten.

Südlich des Stausees zwängt sich der Oberlauf des Owyhee Rivers durch eine rund 3oo m tiefe Schlucht, - beliebt bei Wildwasserfahrern; Einstieg bei <u>Rome</u> am Hwy. 95.

<u>JORDAN VALLEY</u>: zu erreichen über den Hwy. 95. Die Gegend wurde Ende 19. Jhds. von Basken aus den Pyrenäen besiedelt, die Schafzucht betrieben und den Ort Jordan Valley gründeten. Die Zucht von Schafen und Rindern ist auch heute noch wichtigster Wirtschaftszweig. Nördlich des Ortes die <u>JORDAN CRATERS</u>: ein Gebiet mit einer Reihe von Vulkankegeln, Lava- und Obsidianfeldern.

<u>PILLARS OF ROME</u>: westlich beim Ort Rome, eine Felswand mit mehreren breiten "Säulen" und als "regionale Attraktion" gehandelt.

Ab <u>ROME</u> ca. 2o km bis **BURNS JUNCTION**, einem Mini- Nest mitten in der "Prairie", Tankstelle, Motel. Richtung <u>Süd</u> führt der Hwy. 95 an die Grenze von Nevada und weiter nach Winnemucca: viele hundert km endlose Einsamkeit in der Grassteppe, Siedlungen sind Raritäten. - Richtung

<u>Nordwest</u> führt der Hwy. 78 retour nach Burns. 16o km weitgehend durch völlige Einsamkeit.

INDEX

A

Aberdeen 252
Abert Lake 434
Adel 434
Alaska 167
Alaska Marine Highway 229
Albany 380
American Camp 227
Ape Cave 290
Applegate Valley 387
Ashland 388
Astoria 256, 336

B

Bainbridge Island 208
Baker City 424
Baker Lake 264
Bandon 321
Bangor 210
Banks Lake 303
Barlow Pass 409
Bellingham 229
Bend 405
Benham Falls 402
Blaine 230
Blake Island 208
Blue Basin 421
Bonneville 414
Breitenbush 380
Bremerton 210
Broadman State Park 319
Brookings 318
Burns 435
Burns Junction 438

C

Cannon Beach 334
Canyon City 422
Cape Arago 325
Cape Blanco 320
Cape Disappointment 253
Cape Falcon 334
Cape Flattery 244
Cape Foulweather 332
Cape Kiwanda 333
Cape Lookout 333
Cape Meares 333
Cape Perpetua 329
Cascade Lakes 404
Cascade Locks 414
Cascade Mountains, Or. 393
Cascade Mountains, Wa. 261
Cave Junction 386
Chanicleer Point 416
Chelan 273
Chicago 13, 19
Chinook 256
Chinook Pass 278
Christmas Valley 434
Clarkston 313
Clarno 420
Clinton 222
Columbia River Gorge 291, 413
Concrete 268
Coos Bay 325
Corvallis 380
Cougar 290
Coulee Dam 303
Coupeville 223
Crater Lake Nat. Park 396
Crescent Lake 244
Crown Point 416
Crystal Mountain 285

D

Deception Pass 223
Denmark 321
Depoe Bay 332
Diablo Lake 270
Diamond 438
Dry Falls 303
Dundee 377

E

East Lake 401
Ebey's Landing 223
Elbe 285
Electric City 305
Ellensburg 277, 278, 300
English Camp 227
Enterprise 430
Ephrata 303
Eugene 381
Everett 211

F

Fields 437
Florence 328
Forks 243, 245
Fort Canby State Park 253
Fort Casey State Park 222
Fort Clatsop 339
Fort Columbia State Park 259
Fort Rock State Park 434
Fort Stevens 339
Fort Worden 237
Fossil Lake 434
Freeland 222
French Glen 437
Friday Harbor 226

G

Galice 386
Gingko Petrified Forest 300
Glass Buttes 436
Gold Beach 319
Gorge Creek Falls 269

Grand Coulee 3o1, 3o3
Grand Coulee Dam 3o3
Grants Pass 384
Grays Harbor 252

H

Halfway 427
Hamilton 264
Hanford Site 314
Harris Beach State Park 319
Hells Canyon 313, 427
Hines 435
Hoh Rainforest 246
Honey Moon Bay 222
Hood Canal 211, 236
Hood River 413
Hurricane Ridge 243

I/J

Illinois Valley 386
Ilwaco 253
Jacksonville 387
John Day 421
John Day Fossil Beds 42o
Jordan Valley 438
Joseph 429

K

Kalaloch 247
Kalifornien 318, 394
Kalimiopsis Wilderness 386
Kanada 21, 23o
Kelso 259
Kennewick 314
Kerby 386
Keyport 21o
Keystone Harbor 223
Kitsap Peninsula 21o

Klamath Falls 394

L

La Conner 223
La Grande 419
La Push 245
Lake Chelan 271, 275
Lake Cushman 236
Lake Ozette 245
Lake Pateros 273
Lake Quinault 248, 251
Lake Roosevelt 3o7
Lake Selmac 386
Lakeview 431
Langley 222
Lassen Peak 149
Latourell Falls 416
Lava Beds Nat. Monument 394, 396
Lava Butte 4o2
Lava Cast Fores 4o2
Lava Lands 4o1
Lava River Cave 4o2
Leadbetter Point State Park 254
Leavenworth 276
Lebanon 38o
Lewiston 313
Lime Kiln Point State Park 227
Lincoln City 332
Long Beach 253
Long Beach Peninsula 252
Longview 259
Lopez 226
Louisiana Territory 111

M

Malheur Lake 436
Marblemount 268
McMinnville 377
Medford 388, 394
Merrill Lake 29o

Mexico City 1oo
Moran State Park 226
Mount Bachelor 4o2
Mount Baker 264
Mount Hood 4o9
Mount Howard 429
Mount Olympus 247
Mount Rainer Nat. Park 278
Mount St. Helens 149, 286
Multnomah Falls 414

N

Nahcotta 254
Naselle 259
Neah Bay 244
Netarts Bay 333
New Orleans 111
New York 12, 19
Newberg 377
Newberry Crater 4o1
Newport 329
Nordwest-Passage 1o1
North Bend 325
North Cascades Highway 265
North Cascades Loop 262
North Jetty 253
Nyssa 438

O

Oak Harbor 223
Oakland 384
Ohanapecosh 28o
Olympia 2oo
Olympic National Park 234
Olympic Peninsula 233
Ontario 438
Orcas 226
Oregon Caves 386
Oregon City 375

Oregon Dunes 326
Oregon Territory 121
Oregons Weinstraße 376
Ost-Oregon 417
Ost-Washington 295
Oswald West State Park 334
Otter Crest Loop 332
Owyhee River 438
Oxbow 427
Oysterville 254

P/Q

Pacific City 333
Packwood 285
Painted Hills 4o20
Paisley 433
Palouse Falls 314
Paradise 279
Pasco 314
Paulina Lake 4o1
Paulina Peak 4o2
Pazifikküste/Oregon 317
Pendleton 419
Picture Gorge 421
Pilot Butte 4o5
Pine Creek 288, 29o
Port Angeles 24o
Port Gamble 211
Port Orford 32o
Port Townsend 236
Portland 12, 343, 418
Poulsbo 21o
Prairie City 422
Prineville 42o
Puget Sound 37, 199
Pullman 313
Quilcen 236

R

Rainy Pass 271
Randle 288
Raymond 252

Reedsport 328
Republic 3o7
Richland 314
Rockaway Beach 334
Rockport 268
Rocky Mountains 119
Rogue River 385
Rome 438
Roosevelt Lake 3o3
Roseburg 384
Ross Lake 27o
Ryan Lake 289

S

Saddle Mountain 336
Salem 378
San Francisco 13
San Juan 226
San Juan Islands 226, 23o
Sappho 244
Sea Lion Caves 329
Seaside 335
Seattle 12, 165
Seaview 253
Semiahmoo 23o
Shaw 226
Sheep Rock 421
Shore 324
Silverton 38o
Siskiyou Summit 391
Sisters 4o8
Skagit River 269
Snoqualmie Falls 277
Soap Lake 3o3
Sol Duc Hot Springs 244
South Bend 252
South Cascades Loop 262
South Pass 119
South Slough Sanctuary 324
Spirit Lake 29o
Spokane 3o7

St. Louis 112
Steamboat Rock 3o3
Steens Mountains 437
Stehekin 276
Stevens Pass 277
Stonerose 3o7
Strawberry Mountains 422
Süd-Oregon 384
Südost-Oregon 43o
Südwest-Washington 251
Sumpter 423
Sunrise 279
Swauk Pass 277

T

Tacoma 2o4
The Dalles 418
Three Capes Loop 333
Tillamook 333
Tillamook Bay 333
Timberline 411
Toutle 288, 29o
Tri-Cities 314
Troutdale 416
Tumwater Falls 2o1

U/V

Useless Bay 222
Valley Falls 432
Vancouver, Kan. 13, 23o
Vancouver, Wa. 256, 259
Vashon Island 2o8

W

Walla Walla 314
Wallowa 42o
Wallowa Lake 429
Wallowa Mountains 429
Warm Springs Indian Reservation 4o9
Warner Lakes 434

Washington Pass 271
Wenatchee 276
Westport 252
Whidbey Island 221
White Pass 278
Willamette Valley 375
Willapa Bay 252
Willapa Nat. Wildlife Refuge 252
Windy Ridge 290
Winthrop 271

Y/Z

Yakima 278, 295
Yakina Bay 329
Zillah 296

PERSONEN-REGISTER

A/B

Abbot, Henry L. 405
Allen, Woody 56
Astor, John Jacob 107, 336
Benson, Simon 414
Boeing, William Edward 212

C

Captain Jack 123
Carson, Kit 430
Chief Joseph 125, 429
Churchill, Winston 319
Clark, William 111, 336
Cook, James 102, 332
Custer, George Armstrong 130

D

Day, John 422
Denny, Arthur 166
Devine, John 435
Dickson, Joseph 116
Douglas, David 410
Drake, Francis 100, 319

F

Ferrer, Lorenzo 101
Flavel, George 338
Franklin, John 103
Fremont, John C. 405, 430
French, Pete 435
Fuca, Juan de 101

G

Gable, Clark 319
Gould, Jay 135
Grant, Ulysses 123, 124
Gray, Robert 107, 252, 336
Guthry, Woody 303

H/J

Haenke, Thaddäus 102
Hancock, Forrest 116
Harriman, Edward 135
Hill, Jerome 134, 136, 139
Hill, Samuele 292
Jefferson, Thomas 110, 336

K/L

Kientpoos 123
Kubrick, Stanley 412
Lancaster, Samuel 414
Lewis, Meriwether 111, 336

M

Mackenzie, Alexander 107
Malaspina, Alejandro 102
Mehegan, Mary 134
Mercer, Asa 166
Middler, Bette 56
Miller, Henry 435
Muir, John 156

N/O

Nicholson, Jack 412
Ogden, Peter S. 405

P/R

Parry, William E. 103
Pérez, Juan José 102
Perham, Josiah 135
Pittock, Henry 362
Pullman 140
Rodríguez Cabrillo, Joao 100, 319
Roosevelt, Franklin D. 144, 146, 303
Ross, John 104

S

Sealth 166, 211
Sitting Bull 125, 129, 130, 133
Skidmore, Stephen 356
Smith, Lyman C. 182
Stevens, John F. 135

V/W

Van Horne, William 135
Vancouver, George 107
Villard, Henry 133
Wagner, Webster 140
Whitman, Marcus 122, 314

VERLAGS PROGRAMM

Reihe unkonventioneller Reiseführer im Verlag Martin Velbinger, München. Mit vielen Tips vollgepackt, – alles, was man zur Planung und für unterwegs braucht. Die Fülle hilfreicher Details und Infos zu – Hotels – Restaurants – Verbindungen – Sport – Stränden etc. besticht, der locker- lebendige Stil macht Freude zum Lesen und motiviert zum Selbstentdecken und Ausprobieren. – "Eine Reihe von ungemein hohem Gebrauchswert" –

> "ein oder zwei tips können schon den Kaufpreis des Buches wieder einsparen!"

VERLAG MARTIN VELBINGER

Bahnhofstr. 1o6 82166 Gräfelfing / München
TEL: (089) - 85 10 19   FAX: (089) - 85 43 253

USA

Volker Mehnert, Martin Velbinger

Kalifornien

inkl. Reno Las Vegas

VERLAG MARTIN VELBINGER

Die Reiseführer mit dem hohen Gebrauchswert

COUPON

Ich bestelle hiermit folgende VELBINGER REISEFÜHRER:

Anzahl Titel   Preis DM

....

....

....

....

....

(zuzügl. Versandspesen 7 DM)   Summe

☐ Summe liegt per Verrechnungsscheck bei
☐ Summe wurde auf Psch. Kto. München 20 65 60 - 808 überwiesen

MEINE ADRESSE:

....

....

....

....

....
(Datum, Unterschrift)

OR. 1

Coupon ausfüllen und Verrechnungsscheck beilegen, bzw. Überweisung auf Postscheckkonto.

VERLAG MARTIN VELBINGER

447

Bahnhofstr. 1o6 82166 Gräfelfing Tel: o89-85 1o 19 Fax: o89-85 43 253 Telex: 52 14 86o

TITELÜBERSICHT

SÜDOST - EUROPA

- Bd. o4 Griechenland/Gesamt .... 44,- DM
- Bd. 3o Griechenland/Kykladen .... 36,- DM
- Bd. 32 Griechenland/Dodekanes .... 36,- DM
- Bd. 21 Kreta .... 42,- DM
- Bd. 35 Ungarn .... 32,- DM
- Bd. 41 Österreich/Ost ...... 32,- DM
- Bd. 42 Österreich/West .... 32,- DM
- Bd. 16 Jugoslawien/Gesamt 36,- DM
- Bd. 34 Jugoslawien/Inseln-Küste .... 32,- DM

SÜD - EUROPA

- Bd. 11 Toscana/Elba .... 36,- DM
- Bd. 15 Golf von Neapel/Campanien .... 36,- DM
- Bd. 12 Süditalien .... 36,- DM
- Bd. 14 Sardinien .... 32,- DM
- Bd. 23 Sizilien/Eolische Inseln ... 39,8o DM
- Bd. o6 Südfrankreich .... 39,8o DM
- Bd. 46 Côte d'Azur/Provence .... 39,8o DM
- Bd. 13 Korsika .... 36,- DM

SÜDWEST - EUROPA

- Bd. o5 Portugal/Azoren/Madeira .... 42,- DM
- Bd. 48 Andalusien .... 36,- DM

WEST - EUROPA

- Bd. 25 Bretagne/Normandie/Kanalinseln .... 44,- DM
- Bd. 26 Französische Atlantikküste/Loire .... 39,8o DM
- Bd. 24 Irland .... 36,- DM
- Bd. 17 Schottland .... 36,- DM
- Bd. 57 Wales .... 32,- DM
- Bd. 27 Südengland .... 44,- DM

NORD - EUROPA

- Bd. 18 Schweden .... 44,- DM
- Bd. 28 Skandinavien/Nord 39,8o DM
- Bd. 29 Finnland .... 39,8o DM
- Bd. 5o Dänemark .... 42,- DM
- Bd. 19 Norwegen/Süd-Mitte 46,- DM

STÄDTEFÜHRER

- Bd. o7 Paris .... 36,- DM
- Bd. 1o Wien .... 29,8o DM

AMERIKA

- Bd. 53 USA/Kalifornien ... 44,-- DM
- Bd. 54 USA/Oregon Washington .... 46,-- DM
- Bd. 58 USA/Südwesten .. 46,-- DM
- Bd. o8 Bahamas/Florida .... 26,8o DM
- Bd. o2 Südl. Karibik ...... 39,8o DM
- Bd. o3 Mexiko .... 42,-- DM
- Bd. 36 Chile/Antarktis/ .... 42,-- DM
- Bd. 37 Venezuela/Guyanas .... 39,8o DM
- Bd. 38 Kolumbien/Ecuador .... 39,8o DM
- Bd. 39 Brasilien .... 39,8o DM
- Bd. 56 Argentinien Paraguay/Urug ... 39,8o DM

NAHER OSTEN/AFRIKA

- Bd. 45 Israel .... 36,- DM
- Bd. 44 Togo .... 32,- DM
- Bd. 43 Kenya .... 36,- DM
- Bd. 51 Marokko .... 36,- DM

Warum nicht mal was total Neues ausprobieren?

Chile Zunächst mal: "am Ende der Welt" (aus europäischer Weltkugel-Sicht). Der 4.000 km lange Handtuch- Schlauch Chile (maxim. 250 km breit) zieht sich durch alle Klima- und Vegetationszonen:

* <u>im Norden</u> endlose Wüsten am Pazifik mit großartigen und einsamen Stränden, in der Wüste verlassene Wildwestsiedlungen der Salpeterzeit

* oft nur über 150 km landein über <u>steile Andenpisten rauf in 4.000 m</u> zu Salzseen vor der grandiosen Kulisse der 6.000-er Vulkankette. Jede Menge an off-road Pisten und Freiraum an Abenteuer, wie es der Geländewagenfahrer in Europa nie findet!

* <u>Santiago</u>, die Hauptstadt, massiv smogbelastet. So doch gute Restaurants und Ausgangspunkt für die Erschließung des Landes, die ab Santiago sternförmig beginnen.

* <u>Robinson Crusoe Insel</u>: 700 km der Pazifikküste vorgelagert. Der rund 1.000 m hohe Inselgipfel ist dicht mit Urwäldern überwuchert. In früheren Jahrhunderten Pirateninsel, wo die Schiffe ausgebessert wurden. Hier lebte Alexander Selkirk, ein schottischer Seemann, der 1704 hier ausgesetzt wurde und in totaler Einsamkeit 4 Jahre und 4 Monate wartete, bis das nächste vorbeikommende Schiff ihn wieder aufnahm.

  Selkirk diente später als Vorbild für die Romanfigur Robinson Crusoe (geschrieben von Daniel Defoe, wurde Weltbestseller). Auch heute noch ist der Besuch der Insel ein gewisses Abenteuer, da die Insel nur mit kleinen Propeller- Sportflugzeugen erreicht werden kann, und man bei schlechtem Wetter oft auf Tage festhängt. Excellent die fangfrischen Lobster, - ein touristisches Zielgebiet fernab des Gängigen.

* <u>Osterinsel</u>: per se hochkarätig bei Chile- Besuch. Knapp 4.000 km westlich der Küste im Pazifik mit dem Mysterium der rund 300 Steinfiguren.

* <u>Chilenisches Seengebiet</u>: zählt zum Schönsten, was Südamerika an Natur, Weitläufigkeit, Vulkanen und Natur zu bieten hat. Zieht sich zwischen Andenketten mit engen fjordähnlichen Seen (und Fährüberfahrten) rüber nach Argentinien. Vielzahl an Querverbindungen auch per Schiff.

* <u>Insel Chiloe</u>: wer auf Meeresfrüchte steht (Muscheln, Austern etc.) fangfrisch wie an kaum anderer Stelle der Welt. Chile versorgt insbesondere auch Europa mit seinen Produkten.

* <u>Carretera Austral</u>: führt definitiv in Pioniergebiete entlang eng eingeschnittener Fjorde, Vulkane und Gletschergebiete. Vielfach auch Naturschutzparks, großartige Natur in Weitläufigkeit und Einsamkeit fernab des 08/15- Tourismus.

* Absolutes <u>Highlight</u> ist die Fahrt von Pto. Montt per Schiff 3 Tage nach Pto. Natales durch die endlosen Fjorde der südchilenischen Pazifik-Küste. Im Gegensatz zu Norwegen so gut wie nicht bewohnt, - und ein Trip ans Ende der Welt.